MYANMAR

Unterwegs im Land der weißen Elefanten

Tobias Esche

Trescher Verlag

1. Auflage 2014

Trescher Verlag
Reinhardtstr. 9
10117 Berlin
www.trescher-verlag.de

ISBN 978-3-89794-261-5

Herausgegeben von Bernd Schwenkros und
Detlev von Oppeln

Reihenentwurf und Gesamtgestaltung:
Bernd Chill
Satz und Bildbearbeitung:
Martina Gerber
Lektorat: Sabine Fach
Stadtpläne und Karten: Johann Maria Just,
Martin Kapp, Bernd Chill
Druck: Druckhaus Köthen

Gedruckt auf chlorfrei gebleichtem Papier

Printed in Germany

Alle Angaben in diesem Reiseführer wurden
sorgfältig recherchiert und überprüft. Dennoch
können Entwicklungen vor Ort dazu führen,
dass einzelne Informationen nicht mehr aktuell
sind. Gerne nehmen wir dazu Ihre Hinweise und
Anregungen entgegen. Bitte schreiben Sie an
post@trescher-verlag.de.

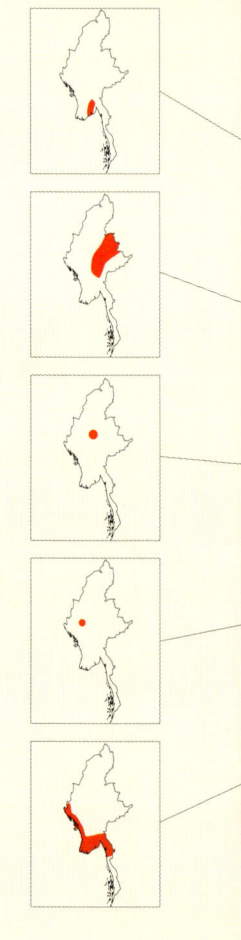

Reisetipps von A bis Z

Essays

Auf der Plattform der Shwedagon Paya in Yangon

Vorwort

Seit 1993 fördert Myanmar aktiv den Tourismus, aber erst im Jahr 2012 wurde die Zahl von einer Million Besucher überschritten. In all den Jahren wurde die Situation im Land in den westlichen Medien immer als unfairer Machtkampf einer bösen Militärregierung gegen Aung San Suu Kyi dargestellt. Stichworte wie ›ein isoliertes Land‹, ›Vorposten der Tyrannei‹ und obendrein eine ›Gefahr für die regionale Sicherheit‹ verschreckten viele Reisewillige. Viele Jahre lang wurde Myanmar von den wenigen Reisenden, die das Land besucht hatten, überschwenglich gelobt, aber von vielen, die nie dort waren, verdammt. In Myanmar gibt es dazu ein schönes Sprichwort: »Es gibt meine Wahrheit, es gibt Deine Wahrheit und es gibt die Wahrheit.«

Auf der Internationalen Tourismusbörse 2013 in Berlin hingegen wurde Myanmar endlich als ›die neue Destination‹ gehandelt, und entsprechend groß ist die Resonanz bei den Reisewilligen. Zwei Jahrzehnte voller Halbwahrheiten in den Massenmedien haben unzählige Interessierte schlecht beraten, aber nun ist eine der Prioritäten der gegenwärtigen Regierung, einen Tourismus-Masterplan zu implementieren, um den sprunghaft angestiegenen Besucherzahlen gerecht zu werden. Es werden Investitionen getätigt, Straßen verbreitert, und die Hilton-Gruppe hat einen Vertrag unterschrieben. Der frühere General und jetzige Präsident von Myanmar, U Thein Sein, genießt große Sympathie im Land, wenngleich er doch der sogenannten Militärjunta der letzten 20 Jahre entstammt und eines ihrer führenden Mitglieder war. Diese ungeahnte Beliebtheit überrascht viele Beobachter.

Über all dem steht nach wie vor eine unvergleichliche Reiseerfahrung, denn kaum ein Land bietet so vielfältige Eindrücke wie Myanmar. Es geht entweder mit dem Rucksack per Bus und Pferdekutsche durchs Land, oder man fährt auf dem luxuriösen Dampfer ›Road to Mandalay‹ zwischen Mandalay und Bagan auf dem mächtigen Ayeyawady. Die atemberaubende Tempellandschaft Bagans wird niemand jemals wieder vergessen können, während man zuvor im Shan-Staat in abgelegenen Dörfern Teebauern besucht hat, deren Welt bis an das Ende ihres Tals reicht. Zurück in der Metropole Yangon beeindruckt eine charmante und doch marode Altstadt, in der sich das Leben öffentlich auf der Straße abspielt – so wie überall in Myanmar. Zwischen all den neuen Autos klingeln immer noch die Riksha-Fahrer, und kleine Garküchen am Straßenrand und Teestuben füllen sich zur Mittagszeit. Positiv gesehen sind auch diese Entwicklungen Ausdruck einer Kultur, der der Spagat zwischen Tradition und Moderne immer wieder mit erstaunlicher Lässigkeit gelingt.

Eine Aussage zu dem früher als Burma bekannten Land trifft weiterhin zu: Es ist so ursprünglich wie kein zweites Land in Asien, auch wenn es jetzt erste Geldautomaten gibt. Die vergleichsweise wenigen Reisenden der letzten Jahrzehnte waren und sind verzaubert von der Herzlichkeit seiner Bewohner und den herausragenden Sehenswürdigkeiten. Fast alle Besucher im größten Land Festland-Südostasiens antworten auf die Frage, was ihnen am besten gefällt, dass es die Menschen und ihr heiteres, scheinbar grundloses Lächeln sind – Myanmar ist und bleibt das unbekannte Land.

Hinweise zur Benutzung

Im Kapitel **Land und Leute** (→ S. 20) werden vor allem die lange und wechselvolle Geschichte Myanmars, der Buddhismus und der Geisterglaube sowie die ethnische Vielfalt des Landes dargestellt, was wichtig für ein tieferes Verständnis des Landes ist.

Myanmar ist beinahe doppelt so groß wie Deutschland und grenzt gleichzeitig an zwei der bevölkerungsreichsten Länder der Erde: Indien und China; nicht alle Gebiete sind zugänglich. Der **Reiseteil** (ab → S. 138) beschreibt die meisten, aber nicht alle Ziele, die man besuchen kann. Hinweise zur Anreise, zu Unterkünften und Restaurants stehen in den Infokästen am Ende der jeweiligen Kapitel.

Im Anhang finden sich die ausführlichen **Reisetipps von A bis Z** (→ S. 348), ein Kapitel zum Thema **Bahnfahren in Myanmar** (→ S. 365), ein **Sprachführer** (→ S. 372), ein Glossar (→ S. 392) sowie ausgewählte Literatur- und Internetempfehlungen (→ S. 394).

Sprache und Eigennamen

Die Sprache Myanmars (Myanma) hat keine einheitliche lateinische Umschrift. Es existieren somit leicht unterschiedlich aussehende, aber dennoch gleichlautende Wörter in lateinischer Umschrift für Sehenswürdigkeiten, Straßennamen und dergleichen. Die Stadt Pyin U Lwin kann demnach auch als Pyin Oo Lwin geschrieben werden, und der mächtige Ayeyawady-Fluss kann auch Ayeyarwady heißen. Das Wort ›Pagode‹ wird in diesem Buch nur selten benutzt, da dieser Begriff in den allermeisten Fällen per Definition nicht zutreffend ist. Pagoden findet man in China, damit ist ein mehrstufig überdachtes, offenes Gebäude mit religiösem Zweck gemeint. In Myanmar wurde der Begriff ›Pagoda‹ erst mit der Ankunft der britischen Kolonialmacht geprägt, in Ermangelung eines Worts für das, was in Myanmar schon immer als ›Paya‹ bekannt war. So heißt eine wichtige Straße in Yangon auf Englisch ›Shwedagon Pagoda Road‹, aber auf Myanma ›Shwedagon Paya Lan‹.

Der Begriff Paya beschreibt in Myanmar buddhistische Andachtsstätten im allgemeinen. Er bezeichnet sowohl den Stupa, den begehbaren Tempel, aber auch hochgestellte Mönche. Ein Stupa heißt in Myanmar Zedi; er ist in der Regel massiv und damit nicht begehbar (Ausnahmen gibt es), wohl aber die Anlage um den Stupa herum. Demgegenüber steht der Tempel, in dem Buddhastatuen verehrt werden.

Zeichenlegende

- 🛈 Allgemeine Informationen
- 🚗 Straßenverbindungen
- 🚌 Busverbindungen
- 🛏 Unterkünfte
- ✕ Restaurants
- 🍸 Bars, Diskotheken etc.
- 🏛 Museen und Galerien
- 🎪 Feste, Veranstaltungen
- ⦿ Möglichkeiten für Trekkingtouren

Entfernungstabelle

Strecke von	nach	Kilometer	Fahrzeit	Flugzeit
Yangon	Mandalay	691	7–8 h	1 h
	Bagan	682	8–9 h	1,5 h
	Heho (Inle)	700	11 h	1,5 h
	Thandwe (Ngapali Beach)	528	18–22 h	1,5 h
	Myitkyina	1470		2,5 h
	Naypyitaw	400	4 h	1 h
	Golden Rock	176	3 h	
	Bago	80	1 h	
	Mawlamyine	299	7 h	
	Ngwe Saung Beach	232	6 h	
Mandalay	Heho (Inle Airport)	323	8 h	1 h
	Bagan	293	7 h (Schiff 9 h)	
	Pyin U Lwin	67	2 h	
	Hsipaw	112	5 h	
	Kalaw (Inle)	266	7–8 h	
	Lashio	280	6–7 h	50 min
Bagan	Mandalay	293	7 h	1 h
	Mount Popa	42	1 h	
	Yangon	682	8–9 h	1 h
	Sale	40	2 h	
Heho (Inle Airport)	Pindaya	70	2 h	
	Nyaungshwe	30	1 h Taxi 30 000 K	
	Mandalay	323	8 h	50 min
	Kalaw	38	1,5 h	
Nyaungshwe	Taunggyi	30	1 h	
Mawlamyine	Thanbyuzayat	67	1 h	
	Hpa-an	50	1 h	

Das Wichtigste in Kürze

Informationen

Das staatliche Reisebüro Myanmar Travels and Tours (MTT) ist behilflich bei Sondergenehmigungen, darüber hinaus ist es wenig sinnvoll, mit allgemeinen Anfragen dort vorstellig zu werden. Anfragen zu Sondergenehmigungen können auch direkt an Reisebüros in Yangon gerichtet werden. Die Rezeption des Hotels ist mitunter der beste Ansprechpartner für Fragen rund ums Reisen und andere organisatorische Dinge.

Klima und Reisezeit

Mit Ausnahme des äußersten Nordens befindet sich das Land im Einflussbereich des Indischen Monsuns. Es gibt drei Jahreszeiten: November bis Februar (Winter, beste Reisezeit), März bis Mai (heiße Jahreszeit), Mai bis Oktober (Regenzeit). Die Hauptreisezeit liegt zwischen Oktober und Februar bis März. In der Regenzeit ab Juni bis September kann man das verregnete Yangon kurz besuchen und dann in den niederschlagsärmeren Norden nach Bagan und Mandalay sowie zum Inle-See reisen, muss sich aber auch dort auf Regen gefasst machen.

Visumpflicht

Ein gültiges Visum, für das die Botschaft Myanmars in Berlin gegenwärtig zwei bis vier Wochen Bearbeitungszeit benötigt, ist nach wie vor zwingend vorgeschrieben. Anrufe werden in der Hauptsaison von der Botschaft in Berlin fast nie beantwortet.

Aussagen zu zukünftigen ›Visa on arrival‹ sind weiterhin widersprüchlich. Auch wenn bald mit einer Änderung der Regelung zu rechnen ist, kann es sein, dass man ohne Visum nicht an Bord eines Flugzeugs gelassen wird, da die Fluglinien aufgrund der mangelhaften Kommunikation seitens der Behörden in Myanmar oftmals davon nichts wissen. Die Fluggesellschaften haften für jeden Passagier, den sie ohne Visum nach Myanmar befördern, so dass hier mit Schwierigkeiten zu rechnen ist. Obendrein sollte man sich im Klaren sein, dass der Flughafen Yangon (RGN) schon jetzt an der Belastungsgrenze arbeitet und eine baldige Visa-on-arrival-Regel alle Möglichkeiten sprengen würde. Zur Zeit ist eine Gesetzesvorlage in Arbeit, die zuerst den Bewohnern der ASEAN-Staaten ein ›echtes‹ VOA ermöglichen soll. Visa für Teilnehmer von Gruppenreisen organisiert der Veranstalter. Mehr zum Visum → S. 363.

Es ist empfehlenswert, nach der Ankunft in Yangon reichlich **Kopien** des Reisepasses, des Visums und des Einreisestempels anzufertigen, da diese das Einchecken in Hotels erheblich vereinfachen und unterwegs abseits der Haupstrecken häufiger von den Behörden eingesammelt werden.

Anreise

Jahrelang war die Einreise nach Myanmar nur auf dem Luftweg über Bangkok nach Yangon möglich. Heutzutage gibt es auch andere Möglichkeiten: Ein angenehmer Weg ist die Verbindung mit Qatar Airways ab allen großen Städten Europas über das Drehkreuz Doha und weiter nach Yangon in zwei etwa sechsstündigen Abschnitten. Ansonsten verlässt man Europa entweder in Richtung Bangkok, Singapur oder auch sogar Vietnam, um von dort aus zurück nach Yangon zu fliegen. Neuere Verbindungen bieten die Strecke Bangkok–Mandalay oder auch Yangon–Chiang Mai und sogar Mae Sot (Thailand)–Mawlamyine an. Über Land einzureisen ist seit

August 2013 an vier Grenzübergängen mit Thailand möglich. Dort werden aber keine Visa für Myanmar erteilt, dieses muss man zuvor an einer Botschaft einholen. Achtung: Das Touristenvisum (T) gilt nur für eine einmalige Einreise (S). An wenigen Grenzorten in den anderen Regionen Myanmars ist eine Einreise über Land in Einzelfällen möglich, während die anschließende Weiterreise ins Land erhebliche Vorbereitungen und Genehmigungen voraussetzt und möglicherweise zu Problemen führt, da die Beamten vor Ort kaum informiert werden. Mehr dazu → S. 348, 361.

Reisebeschränkungen

Im Westen herrscht im Rakhine-Unionsstaat eine angespannte Sicherheitslage aufgrund der Zusammenstöße zwischen den aus Bangladesch eingewanderten Muslimen (sog. Rohingya) und der buddhistischen Bevölkerung. Ngapali Beach, Sittwe und Mrauk-U aber sind sicher und für Touristen geöffnet. Vor allem die Grenzgebiete im Norden, Osten und Süden waren seit der Unabhängigkeit 1948 für Touristen aufgrund der Rebellenaktivitäten nicht zugänglich. Mit dem Übergang zu einer quasi-parlamentarischen Demokratie ab 2010 wurden erstmals entscheidende Ergebnisse bei den Verhandlungen mit verschiedenen Widerstandsorganisationen erzielt, die wohl mittelfristig in eine stabile Sicherheitslage in diesen Regionen münden werden. Erst im September 2013 wurden vier Grenzübergänge zwischen Thailand und Myanmar eröffnet und zu Ein- und Ausreiseorten für Touristen erklärt. Weitere Entwicklungen in anderen Regionen sind zu erwarten.

Allerdings befindet sich in diesen Gebieten kaum eine touristische Infrastruktur, auch wenn nun erste Regionen für Ausländer geöffnet werden. Erschwerend

Kinder in Bagan

kommt hinzu, dass lokale Beamte nie informiert werden, wenn das Heimatschutzministerium einzelne Regionen für Touristen freigibt, so dass man bei Ankunft dort von den Beamten häufig sicherheitshalber wieder weggeschickt wird.

Geld und Währung

Die Landeswährung heißt Kyat (tschat). Anfang 2014 bekam man für einen Euro etwa 1200 Kyat, für einen Dollar etwa 1000 Kyat. 1000 Schweizer Franken ergaben auf dem Aung-San-Markt etwas über eine Million Kyat. Der Kyat wird nicht international gehandelt und ist nur in Myanmar zu erhalten. Sofort bei Ankunft am Flughafen Yangon sollte in einer der Wechselstuben Geld getauscht werden. Es existiert schon seit Jahren kein Zwangsumtausch mehr. Es gibt nur Scheine, der größte Schein ist die 10 000-Kyat-Banknote, aber diese wird noch selten ausgegeben. Seit 2013 gibt es die ersten Geldautomaten (ATM) in Yangon, die auch internationale Kre-

Uhrenturm in Yangon

ditkarten akzeptieren. Vorsicht ist angebracht! Unzuverlässige Internetverbindungen und Stromausfälle haben schon manche Transaktion scheitern lassen, Konten wurden dennoch belastet, und etliche Karten wurden eingezogen. Es gibt vereinzelt Berichte, dass die Heimatbank die Karte aufgrund ›ungewöhnlicher Aktivitäten‹ sperren ließ.

Daher der Rat, nach wie vor für den gesamten Reiseverlauf ausreichend Bargeld in US-Dollar und/oder Euro mitzubringen, während die Kreditkarte nur für Notfälle reserviert bleiben sollte, bis sich die vorerst wenigen Geldautomaten vollständig etabliert haben. Dies ist möglicherweise ab Ende 2014 durch das geplante LTE-Hochgeschwindigkeitsnetz möglich. US-Dollar müssen druckfrisch und makellos sein, um Wechselkurseinbußen zu vermeiden, auch wenn die Regierung dieses Gebahren der Wechselstellen verboten hat. CB-Seriennummern sollten vermieden werden.

Beträge im Gegenwert von über 10 000 US-Dollar müssen bei der Einreise deklariert werden. Es werden keine Abgaben fällig. Das ausgefüllte Dokument erweckt nicht den Anschein, als würde jemals wieder ein Beamter einen Blick darauf werfen.

Kleidung

Sämtliche religiösen Orte, Kirchen eingeschlossen, Tempel und dergleichen sind ausnahmslos ohne Schuhe und ohne Socken sowie in angemessener Kleidung zu betreten. Deutliche Hinweisschilder an den Eingängen werden neuerdings von Touristen vermehrt ignoriert, was einigen Unmut hervorruft.

Gesundheit

Es sind keine Impfungen vorgeschrieben, die üblichen Vorsorgeimpfungen sollten aber aufgefrischt werden. Malaria ist kein großes Problem mehr, dennoch ist es ratsam, einfachste Vorsichtsmaßnahmen zum Schutz vor Mücken zu treffen. Zum Schutz vor der Sonne sind eine Kopfbedeckung und Sonnenmilch (in Myanmar nicht erhältlich) ratsam. Weiterhin sollte man ausreichend Trinkwasser, aber niemals Leitungswasser zu sich nehmen. Neulinge in Südostasien sollten sich von Straßenständen fernhalten und Milchprodukte wie Speiseeis und Joghurt meiden. Die häufigsten Beschwerden sind Erkältungen durch Klimaanlagen und Magen-Darm-Erkrankungen.

In der Regenzeit 2013 kam es in Yangon vermehrt zu Erkrankungen an Dengue-Fieber, das durch Mücken übertragen wird.

Unterkünfte und Preise

Mit zunehmenden Besucherzahlen wurden die Preise in den letzten Jahren massiv erhöht, während gleichzeitig Kapazitäten knapp wurden. Während der Hochsaison von Oktober bis März ist es dringend geboten, noch vor Ankunft ein Zimmer reserviert zu haben. Hotels aller

Kategorien sind in Myanmar vertreten, während der Trend weg von preiswerten Hotels geht. Der momentan herrschenden Zimmerknappheit wird durch zahlreiche Hotelneubauten begegnet, wobei aber mehr und mehr hochpreisige Hotels entstehen, während immer mehr Rucksackreisende sich das unverändert gleich bleibende Angebot an preiswerten Unterkünften teilen müssen. Einfache und saubere Hotels sind (noch) ab 40 Dollar zu haben, aber diese sind während der Hochsaison oft ausgebucht. Unter 40 Dollar etwas zu finden ist fast unmöglich. Am Flughafen Yangon gibt es eine Zimmervermittlung.

Individuell oder organisiert?

Eine Gruppenreise hat den Vorteil, dass vieles bereits gebucht und auch bezahlt worden ist, so dass man sich um wenig kümmern muss. Die seit 1993 vorhandene touristische Infrastruktur gibt auch Individualreisenden viele Möglichkeiten der Reisegestaltung. Einmal in Yangon angekommen, lässt sich von dort die gesamte weitere Reise problemlos organisieren und jedem wird geholfen werden. Ansprechpartner sind die Rezeptionen der Hotels und zahlreiche Reisebüros.

Verständigung

Die offizielle Sprache ist Myanma (alt: Burmesisch/Birmanisch), im Tourismus ist die wichtigste Fremdsprache Englisch. Fremdenführer gibt es aber auch mit Deutsch-, Französisch- oder Italienischkenntnissen. Viele Fahrer sprechen kaum Englisch. Manche Adressen sollte man sich im Hotel auf Myanma aufschreiben lassen und natürlich eine Visitenkarte des eigenen Hotels immer dabei haben.

Mobiltelefone

Ausländische SIM-Karten können nicht in das Mobilfunknetz Myanmars eingebucht werden (Ausnahme China). Nur am Flughafen Yangon hat man die Möglichkeit, an SIM-Karten zu gelangen und diese im eigenen Telefon zu nutzen

Mädchen in Mandalay

(Mietpreis 9 US-Dollar am Tag). SMS ins oder vom Ausland werden auch dann nicht zugestellt. Telefonate ins Ausland, auch von Festnetzanschlüssen, werden immer in Dollar abgerechnet.

Telefonnummern

Vorwahl Deutschland aus Myanmar: +49 oder 0049
Vorwahl Myanmar aus Deutschland: +95 oder 0095
Polizei: 199
Feuerwehr: 191
Touristenpolizei: +95/(0)1/376166

Flughafen Yangon: +95/(0)1/662811
International SOS Clinic Yangon: +95/(0)1/667879
Pun Hlaing International Clinic: +95/(0)1/684323
Krankenwagen Yangon: +95/(0)1/295133
24 h-Notfallnummer der deutschen Botschaft Yangon: +95/(0)9/5023209

Weitere, ausführliche Informationen im Kapitel ›Reisen im Land‹ (→ S. 130) und in den Reisetipps von A bis Z (→ S. 348).

Die schönsten Reiseziele

Eine Rundreise durch Myanmar, ob nun auf eigene Faust oder im Rahmen einer Gruppenreise, folgt in der Regel einer kreisförmigen Route nach links oder nach rechts. Von **Yangon** (→ S. 138) geht es zum Beispiel in den **südlichen Shan-Staat** (→ S. 190) mit dem Inle-See (→ S. 194) und seinen auf dem See lebenden Bewohnern. Dann folgt der Besuch der Stadt **Mandalay** (→ S. 236), der letzten Hauptstadt der Konbaung-Dynastie vor dem Einmarsch der Briten. Die letzte Station vor der Rückkehr nach Yangon und gleichzeitig der Höhepunkt für die allermeisten Reisenden ist das **Tempelfeld von Bagan** (→ S. 280), wie Mandalay ebenfalls am Ayeyawady gelegen. Unzählige Bauwerke zeugen von der architektonischen Meisterleistung und vom Glanz des ersten Großreichs auf dem Territorium des heutigen Myanmar. Zurück in Yangon hat man die wichtigs-

Im Westen des Landes gibt es herrliche Strände

Ballonfahrt über den Ananda-Tempel in Bagan

ten Stationen passiert, und kann nun entweder Teile des **Südens der Union** (→ S. 320) erkunden oder einen Badeurlaub am Indischen Ozean anhängen. Schon ab Mandalay bietet es sich auch an, den **nördlichen Shan-Staat** (→ S. 223) zu erkunden.

Yangon
Stupa Shwedagon (→ S. 145), Downtown (→ S.154), Stupa Sule (→ S. 154), Chinatown (→ S. 155), Bogyoke-Aung-San-Markt (→ S. 157), Residenz von Aung San Suu Kyi (→ S. 160), Strand Hotel (→ S. 170), U-Thant-Mausoleum (→ S. 153), Bago (→ S. 179).

Shan-Staat (Süden)
Kalaw (→ S. 196), Pindaya-Höhle (→ S. 198), Inle-See (→ S. 206), Ayethayar-Weingut (→ S. 213).

Shan-Staat (Norden)
Eisenbahnfahrt von Pyin U Lwin (→ S. 214) zum Goteik-Viadukt (→ S. 223), Lashio (→ S. 229).

Mandalay
Das Goldene Kloster zu Mandalay (→ S. 248), Mandalay Hill (→ S. 247), Nachbau des Königlichen Palastes (→ S. 245), Handwerksbetriebe (→ S. 253), Marionettentheater (→ S. 252), Mingun (→ S. 261), Innwa (→ S. 267), Sagaing (→ S. 269), U-Bein-Brücke (→ S. 272), Riesenbuddhas von Monywa (→ S. 175), Flusskreuzfahrt auf dem Ayeyawady von Mandalay nach Bagan (→ S. 255).

Bagan
Sonnenaufgang über den Tempeln von Bagan, dem ersten Territorialreich Myanmars (→ S. 280).

Süden
Goldener Felsen und Eremiten (→ S. 325), Mawlamyine (→ S. 329) und Hpa-An (→ S. 336).

Strände
Chaungtha Beach (→ S. 343), Ngwe Saung Beach (→ S. 344) und Ngapali Beach (→ S. 344).

Es heißt, die Menschen in Myanmar seien Buddhas Lieblingsvolk – der Beweis für diese Behauptung dürfte schwierig sein.
Aber anzweifeln will man sie auch nicht mehr, nachdem man
das Land besucht hat.

LAND UND LEUTE

Passanten auf der U-Bein-Brücke in Amarapura

Myanmar: Zahlen und Fakten.

Name: Republik der Union Myanmar.

Sprache: Myanma (alt: Burmesisch, Birmanisch) als Hauptsprache sowie viele weitere.

Alphabet: Schriftlich dargestellt werden die Laute durch ein Alphabet, das auf südindische Schriften zurückgeht. Das Alphabet besteht aus 33 Grund- und 17 Zusatzzeichen. Darüber hinaus gibt es spezielle Grapheme für die Vokale.

Fläche: 678 500 km², Nr. 40 Weltrangliste. (Deutschland 357030 km²).

Hauptstadt: Seit 2006: Naypyitaw (auch: Naypyidaw). Bis 2006: Yangon (5 Millionen Einwohner).

Administrative Gliederung: 7 Unionsstaaten, 7 Regionen.

Weitere große Städte: Mandalay (1 Million Einwohner), Mawlamyine (600 000 Einwohner).

Staatsgrenzen: Bangladesch (193 km), China (2185 km), Indien (1463 km), Laos (235 km), Thailand (1800 km). Küstenlinie: 1930 km.

Höchste Erhebung: Khakaborazi (5881 m) ganz im Norden des Landes.

Lange Flüsse: Ayeyawady 2170 km, Thanlwin (Quelle in Tibet) und Chindwin

Einwohnerzahl: 54,5 Millionen (Schätzung Juli 2012); Angabe der Regierung anlässlich des Referendums 2008: 57,5 Millionen.

Bevölkerung: Bamar 68%, Shan 9%, Kayin 7%, Rakhine 4%, Chinesen 3%, Inder 2%, Mon 2%, Rest 5%. Über 130 ethnische Gruppen.

Religion: Buddhisten 89%, Christen 4%, Muslime 4%, Animisten 1%, Andere 2%.

Lebenserwartung: 65 Jahre.

Alphabetisierungsrate: knapp 90%.

Staatsform: Seit März 2011 parlamentarische Präsidialrepublik, anteilige militärische Kontrolle.

Staatsoberhaupt: U Thein Sein, Präsident und Regierungschef.

Mitglied in internationalen Organisationen: ASEAN, BIMSTEC, ILO, IMF, IMO, Interpol, IOC, UNO, UNESCO, WHO, WTO.

Landeswährung: Kyat.

Pro-Kopf-Einkommen: 1300 US-Dollar (2011), 1400 US-Dollar (2012).

Inflationsrate: 5% (2011), 3% (2012).

Arbeitslosigkeit: 5,4%.

Zeitzone: MEZ + 5,5 Std. MESZ +4,5 Std. Unterschied zu Thailand: 30 Minuten.

Nationalfeiertag: 4. Januar 1948 (Tag der Unabhängigkeit).

Internetkennung: mm.

Eremit am Goldenen Felsen

Geographie

Myanmar ist fast doppelt so groß wie Deutschland. Es ist das größte Land auf dem festländischen Teil der elf Länder Südostasiens und das zweitgrößte Land ganz Südostasiens nach Indonesien. Auf der Landkarte sieht man ein Land mit großer Nord-Süd-Ausdehnung und einer schmaleren Ost-West-Ausdehnung. Zwischen der Nordgrenze zu China und Indien und der Andamanensee im Süden liegen 2050 Kilometer, während die größte Ost-West-Ausdehnung 935 Kilometer beträgt. Das Land hat in etwa die Form einer Raute und die Länge der gemeinsamen Grenzen mit seinen sechs Nachbarstaaten beläuft sich auf 6129 Kilometer, der längste Abschnitt ist der zu China mit 2192 Kilometern, während die Grenze zu Laos nur 235 Kilometer lang ist.

Die Kernzone und die sie umgebenden Gebirgsketten haben die Form eines Hufeisens. Diese Unterscheidung nutzten schon die Briten, um das Land zu gliedern. Die sieben Regionen des Landes liegen in der Kernzone, sie werden überwiegend von der Hauptbevölkerungsgruppe Bamar bewohnt. Sieben Staaten umgeben die Kernzone und tragen den Namen von je einer Bevölkerungsgruppe. Die heutigen sieben Staaten wurden von den Briten Grenzregionen (*frontier areas*) genannt.

Geographische Gliederung

Berge und Ebenen

Gebirgsketten umgeben die Zentralebene in Form eines im Süden geöffnetem Hufeisens. Im Norden ist der unzugängliche Khakaborazi ein Ausläufer des Himalaja, und mit 5881 Metern Höhe der größte Berg Myanmars sowie des festländischen Teils Südostasiens. Derzeit wird geprüft, ob nicht der Ganglam-Razi noch höher ist. Im Shan-Hochland im Osten der Union befindet sich der Inle-See als eine der großen Sehenswürdigkeiten. Das Hochland ist von einzelnen Gebirgsketten unterbrochen, der höchste Berg des Shan-Plateaus ist der Loi Leng mit 2673 Metern, unweit Lashios im nördlichen Shan-Staat. In der Region Taninthayi im Süden Myanmars bildet die Taninthayi-Yoma eine natürliche Barriere zu Thailand. Im Westen verläuft der Rakhine-Yoma nach Süden bis zum Ayeyawady-Delta.

Am Ayeyawady bei Bagan

Die großen Flüsse

Innerhalb der nach unten offenen Hufeisenform bahnen sich vier Flüsse ihren Weg nach Süden.

Der wichtigste Fluss Myanmars ist der 2170 Kilometer lange Ayeyawady (alt: Irrawaddi). Dieser entsteht aus dem Zusammenfluss von Malikha und Maykha etwa 40 Kilometer nördlich von Myitkyina im Kachin-Staat (Myitkyina bedeutet ›nahe des großen Flusses‹). Über ein Delta mit einer Fläche von rund 15 000 Quadratkilometern fließt der Ayeyawady schließlich ins Meer. Entlang des Flusses findet man die Hauptstädte früherer Reiche. Auf einer Länge von etwa 1600 Kilometern zwischen Bhamo und Pathein ist der Fluss schiffbar und wurde im Lauf der Zeit somit einer der Hauptverkehrsstraßen Myanmars. Der längste Fluss des Landes jedoch ist der Thanlwin (alt: Salween). Von seiner Gesamtlänge von 2980 Kilometern entfallen 2815 Kilometer auf Myanmar. Seine Quelle liegt im Hochland von Tibet auf 5450 Metern Höhe. Er durchfließt den östlichen Shan-Staat und mündet schließlich in den Golf von Mottama. Er ist nur auf wenigen Hundert Kilometern befahrbar, da er ein ausgesprochener Gebirgsfluss ist. Die Regierungen von China, Myanmar und Thailand planen, mehr als 14 Staudämme am Thanlwin zur Stromgewinnung zu bauen.

Der Chindwin mündet nördlich von Pakokku bei Bagan nach knappen 1000 Kilometern in den Ayeyawady. Der Sittaung hingegen ist zwar nur etwa 560 Kilometer lang, bildet aber eine natürliche Grenze, die die Bago-Region und den Mon-Staat trennen. Unweit von Kyaikhto mündet der Fluss ebenfalls in den Golf von Mottama und ist in der Region als Bewässerungsquelle für die Felder unersetzlich. Beim Überqueren des Sittaung in Richtung Mon-Staat ändert sich sofort die Landschaft von einer trockenen Ebene hin zu satter, grüner Vegetation. Im Rakhine-Staat ist der Kaladan auf rund 160 Kilometern schiffbar.

Natur und Umwelt

Wenig Industrie und vergleichsweise wenig Autos (Yangon ist nicht Myanmar!) haben bislang ihren Anteil an einer recht unberührten Umwelt. Eine der größeren Maßnahmen des Präsidenten war die Einstellung eines chinesisch-finanzierten Staudammprojekts im Kachin-Staat, dessen Inbetriebnahme neben der Zwangsumsiedlung vieler Menschen nicht zu unterschätzende Folgen für eine unberührte Naturlandschaft hätte. Demgegenüber aber steht ein immer größer werdender Bedarf an Energie. Mehr und Mehr Hotels und Hochhäuser werden gebaut, die alle mit Klimaanlagen ausgerüstet werden müssen, während die Versorgung mit Elektrizität schon seit Jahrzehnten unregelmäßig ist. Die Gasreserven vor der Küste werden überwiegend exportiert, was dringend benötigtes Geld in die Staatskasse spült.

Seit einigen Jahren werden Wälder abgeholzt, deren Edelhölzer anderswo sehr gefragt sind. Das Resultat kann man in Teilen des Shan-Staats sehen. Mittlerweile wurden von der Regierung Plantagen eingerichtet, um den Holzeinschlag planbarer zu machen, aber Profitdenken und Korruption weichen diese Maßnahmen auf.

Tschu Tschu Ey – die Plastiktüte

Das größte Ärgernis in Myanmar ist die Verwendung von Plastiktüten, oder genauer gesagt, deren Entsorgung. Überall sieht man sie herumliegen, und wer darauf achtet, wird sehen, wie aus dem fahrenden Zug, Bus oder Auto oder auch von Spaziergängern ein Plastikrest achtlos fallen gelassen wird. Plastiktüten sind modern. Beim Einkaufen im Supermarkt steht man vor einem großen Problem, wenn man eine eigene Tasche mitbringt. Die Plastiktüten, die an der Kasse ausgegeben werden, sind gefüllt mit Einkäufen und werden zum Schluss mit einem Klebestreifen des Supermarkts verschlossen. Dieser Klebestreifen signalisiert den Sicherheitsleuten am Eingang, dass alles bezahlt wurde. Wenn man also

Verkehr in Yangons Downtown

Land und Leute

Schild auf einem Flussschiff: ›Bitte den Müll über Bord werfen‹

mit seiner eigenen Tasche ankommt, muss die Kassiererin den Sicherheitsleuten extra sagen, dass alles bezahlt ist. Sogar eine Schachtel Zigaretten wird in einer kleinen Plastiktüte überreicht, und der Käufer einer Wasserflasche für unterwegs wird verständnislose Blicke ernten, wenn er die Plastiktüte zurückweist. Die Flasche einfach so zu tragen ist doch stillos.

In der Bevölkerung gelten Plastiktüten nämlich als schick, wer sie trägt, signalisiert, dass er oder sie es sich leisten kann, im modernen Supermarkt einkaufen zu gehen. Mittlerweile gab es mehrere erfolglose Versuche der Regierung, die Plastiktüten zu verbieten.

Bevor es Geschirr gab, wurde das Essen auf Blättern des Bananenbaums serviert. Einläufe wurden in Körben transportiert. Essen vom Restaurant wurde nicht in Styropor eingepackt, sondern in Blätter eingewickelt, oder man brachte einen Essensbehälter von zu Hause mit. Auf vielen Märkten wird man beobachten können, dass der allseits beliebte Klebreis weiterhin in Blättern verpackt daherkommt. Das Prinzip, Waren in Blättern zu transportieren, wird heute noch in den Dörfern angewendet. Das Bananenblatt wird nach der Benutzung einfach weggeworfen, und nach wenigen Tagen ist davon nichts mehr übrig. Aufgrund einer hohen Landflucht der Bevölkerung in die vermeintlich reiche Großstadt Yangon, treffen traditionelle Handlungen auf die moderne Plastiktüte, die nach Gebrauch einfach fallengelassen wird wie einst das Bananenblatt.

Flora und Fauna

Mehrere Faktoren haben den Pflanzenreichtum in Myanmar begünstigt. Das Land ist umgeben vom Meer und von den Bergen sowie dem Ayeyawady als Hauptbewässerungsquelle, was zusammen mit dem tropischen Klima die Rahmenbedingungen für eine große Vielfalt an Planzen und Tieren schafft. Darüber hinaus hat sicher der Buddhismus einen nicht unerheblichen Einfluss darauf, dass alles Leben, also auch das der Pflanzen, gewürdigt wird. Denn der Fischer etwa fängt nicht einfach den Fisch, sondern er rettet ihn vor dem Ertrinken. Auch die relative Abgeschiedenheit des Landes trägt dazu bei, diesen Reichtum zu bewahren – aber genau das könnte sich womöglich ändern.

Schätzungen zufolge gibt es in Myanmar etliche Tausend Pflanzenarten, unter ihnen sind etwa 2000 Baumspezies.

Zu den wichtigsten Bäumen gehört der Teakbaum (*tectona grandis*), dessen Bedeutung gerade im Holzhandel enorm ist. Auf der Strand Road in Yangon oder auf den Flüssen des Landes sieht man große Ladungen Teak, die zum nächsten Hafen transportiert werden, um von dort ins Ausland verschifft zu werden. Als 1988 die Staatskasse beinahe erschöpft war, kamen hochrangige Militärs aus Thailand mit Geldkoffern nach Myanmar und erhielten im Austausch lukrative Abholzungslizenzen, die schließlich an favorisierte Firmen in Thailand vergeben wurden. Die Folgen kann man heute in Teilen des Shan-Staates sehen. Auch findet man in den allermeisten Haushalten Myanmars eine beachtliche Anzahl von Teakmöbeln – ein Stuhl mittlerer Qualität aus Teak kostet um die 40 Euro. Neben dem Teak ist besonders der Padauk (*pterocarpus macrocarpus*) erwähnenswert, dessen Rotfärbung ihm den Namen Rosenholz einbrachte und der ebenfalls ein beliebtes Holz zur Herstellung besonders schöner Möbel liefert. Seine gelbe Blüten reifen um die Zeit des Wasserfestes Thingyan heran und werden dann von den Frauen im Haar getragen.

Unübersehbar aber ist der Bambus (*bambuseae*), der in Myanmar mit über 100 Arten vorkommt, jedoch zu den Gräsern gezählt werden muss und in unzähligen Bereichen verarbeitet wird. So wird man auf den Dörfern vielerlei Sichtschutzelemente sehen, die aus Bambus hergestellt wurden, und in einigen Restaurants am oder auf dem Inle-See wird das Mittagessen sehr ansehnlich in halbierten Bambusrohren serviert.

Die Übersicht ›Lists of Trees, Shrubs and Principal Climbers‹ von Chit Ko Ko und Hundley verweist auch auf den medizinischen Nutzen einiger Pflanzen. Der Saft einiger Jasminarten wird benutzt, um Fieber und Erkältungen zu behandeln. Die blassgelbe Magnolie hingegen findet man in der Umgebung von Bagan im April, und sie wird dort als Grundlage einer äußerst wohlriechende Parfumessenz verkauft.

Im November hingegen wird man in einigen Gegenden nach Sonnenuntergang den süßlich-pfefferigen Geruch einer Blüte bemerken, die zu einem in Myanmar einfach ›Nachtgeburtspflanze‹ genannten Gewächs gehört. Am Geruch allerdings scheiden sich die Geister, bei einigen ruft er eine leichte Übelkeit hervor, dennoch erfüllt er die dunkle Nacht im kühlen November mit der Aura von etwas Geheimnisvollem.

Alter Baum am Straßenrand

Opium wurde lange Zeit im Goldenen Dreieck angebaut, und Myanmar teilte sich mit Afghanistan die vorderen Plätze auf der Liste der weltweit größten Opiumproduzenten. Mittlerweile ist der Anbau zurückgegangen, und man versucht die Bauern dazu zu bringen, lieber Kartoffeln anzupflanzen, was ein mühseliges Unterfangen ist. Schließlich bringen einige wenige Schlafmohnkapseln mehr Profit als ein schwerer Sack Kartoffeln.

Nicht zu vergessen sind die Palmen: Die Palme als solche muss immer klassifiziert werden, denn die Palme per se gibt es so nicht. Der Palmzucker und dessen alkoholisches Derivat Palmschnaps wird beispielsweise aus der Palmyrapalme (*borassus flabellifer*) produziert, die bei den Taxifahrern beliebte Betelnuss stammt von der Arecapalme (*areca catechu*). Die Kokospalme (*cocos nucifera*) wird unter Zuhilfenahme von Affen geerntet, die damit eine wichtige Aufgabe haben, denn erstens schmeckt die Kokosnuss und wird in der Küche vielfach verwendet, und zweitens ist es sehr ungesund, wenn eine überreife Kokosnuss von der etwa 30 Meter hohen Palme herabfällt und jemanden trifft oder das Hausdach zerstört. Die großen Blätter der Nipapalme (*nypa fruticans*) hingegen werden zum Decken der Dächer benutzt und werden jährlich erneuert.

Affen in freier Wildbahn wird man vor allem am Mount Popa (→ S. 325) zu sehen bekommen. Aber Vorsicht ist aus zwei Gründen angebracht: Der überall herumliegende Kot kann bei Hautkontakt gesundheitsgefährdend sein, da so Hakenwürmer übertragen werden können, und außerdem ist einigen Touristen dort bereits die Handtasche oder die Kamera blitzschnell geklaut worden und von den Affen hoch in den Baumwipfeln ausgiebig untersucht worden.

Die schweren Stämme der Teakbäume werden auch heute noch von Arbeitselefanten durch den Wald zum Wasser gezogen, wo sie dann auf Schiffe verladen werden. Neuerdings werden jedoch auch vermehrt Traktoren und anderes schweres Gerät benutzt, so dass seit neuestem Elefantencamps für touristische Zwecke entstehen, vor allem in der Gegend um Kalaw im Shan-Staat (→ S. 196). Darüber hinaus aber sollte man als Tourist in Myanmar nicht erwarten, Elefan-

Gewürzmarkt in Pyin U Lwin

ten oder gar Tigern in freier Wildbahn zu begegnen. Dennoch befinden sich im noch recht unerschlossenem hohen Norden Reservate, in denen vielerlei wilde Tiere leben. Berühmtes Beispiel ist das Hukuang Valley Wildlife Reservat mit einer enormen Anzahl an Tigern, das im Jahr 2004 mit einer Fläche von mehreren Tausend Quadratkilometern von der Regierung ins Leben gerufen wurde.

Sehr häufig allerdings sieht man Wasserbüffel, die aus dem Leben der Landbevölkerung nicht wegzudenken sind. Nach getaner Arbeit auf dem Feld sieht man sie sich in sumpfigen Wasserlöchern am Straßenrand entspannen und gemächlich ihre Nahrung wiederkäuen.

Die Burma-Katze gilt als eigene Art und erfreut sich auch in Europa wachsender Beliebtheit. Charakteristisch ist ihr recht schmaler Körperbau, ganz im Gegensatz zu einem wohlgenährten Stubentiger, und ihre überaus große Anhänglichkeit sowie Verspieltheit. Haustiere wie in Deutschland, also Hunde und Katzen, sind in Myanmar eher unüblich, aber in letzter Zeit sieht man den einen oder anderen Hund, der auf den Straßen Gassi geführt wird. Bei den Besitzern handelt es in solchen Fällen um wohlhabende Leute, die den Hund als eine Art Statussymbol aus westlichen Fernsehsendungen kopiert haben. Dieser wird daher auch nur vom Personal ausgeführt.

In einigen Reservaten werden Vogelkundler auf ihre Kosten kommen. Nördlich von Yangon befindet sich das Moeyingyi Wetland Bird Sanctuary, wo man einige der vielen Hundert in Myanmar vorkommenden Vogelarten beobachten kann.

Trotz aller Artenvielfalt an Tieren in Myanmar gilt, dass das Land besser für Kulturreisen geeignet ist und eher nicht als Safariziel empfohlen werden kann. Bevor die entfernten Grenzregionen für den Tourismus erschlossen werden, müssen noch viele Jahre vergehen, bis man die dort lebenden wilden Tiger und eventuell den ein oder anderen weißen Elefanten mühelos besichtigen kann. Derzeit sind solche Reisen beschwerlich und kaum ratsam.

Das Land und seine Bezeichnungen

Die Myazedi-Inschrift in Bagan aus dem Jahr 1113 belegt die erste schriftliche Erwähnung des Wortes Myanmar, als Bagan auf dem Höhepunkt seiner Macht war und weite Teile des heutigen Myanmars dem Zentrum tributpflichtig waren.

Das Land hieß, mit fließenden Grenzen, schon immer Myanmar, allerdings nicht in englischer Sprache, und da liegt das Problem. Erst die Briten stellten das Kernland der Bamar unter ihre direkte Kontrolle und unterschieden fortan zwischen der Ebene des Kernlands und den Grenzregionen. Somit wurde Burma, abgeleitet von Bamar, der Name, den sie der neuen Kolonie gaben. Den Bergvölkern überließen sie die Selbstverwaltung.

Die Verfassung von 1947 wurde in zwei Sprachen veröffentlicht: Myanma und Englisch. Nur in der englischen Fassung wurde das Land Burma und seine Hauptstadt Rangoon genannt. In der Myanma-Ausgabe hieß das Land korrekt Myanmar und die Hauptstadt Yangon.

Im Jahr 1989 erließ der damals herrschende Militärrat (SLORC) das ›Gesetz zur Anpassung von Namen und Bezeichnungen‹. ›Myanmar‹ war nicht der einzige Begriff, der angepasst wurde:

koloniale Bezeichnung	heutige Bezeichnung (*Aussprache*)
Rangoon (engl.); Rangun (dt.)	Yangon (*Jangon*), Hauptstadt bis 2006
Irrawaddy	Ayeyarwady (*Eyjarwaddi*), Fluss Myanmars
Karen	Kayin, Teilstaat der Union sowie Bevölkerung
Prome	Pyay (*Pjeh*), Stadt
Maymyo	Pyin Oo Lwin, Pyin U Lwin. Stadt unweit Mandalays
Akyab	Sittwe, Stadt im Rakhine-Staat
Moulmein	Mawlamyine (*Molamjein*), Stadt im Mon-Staat
Pagan	Bagan
Pegu	Bago
Mergui	Myeik (Andere Aussprache! Wie das ›Ba‹ in Baby [Säugling])
Arakan	Rakhine (*Rackein*), Teilstaat der Union sowie Bevölkerung
Burma (engl.); Birma (dt.)	Myanmar (*Mjanmah*)

Vor dem Hintergrund der gewaltsam beendeten Demonstrationen von 1988, des Hausarrests von Aung San Suu Kyi sowie ihre wiederholten Aufrufe, Myanmar mit Sanktionen zu belegen, weigerten sich viele Staaten, diese ›Namensänderung‹ zu akzeptieren und blieben bei Burma. In der BRD wurde Birma, in der DDR Burma verwendet, in Frankreich Birmanie.

US-Außenministerin Hillary Clinton benutzte anlässlich ihres Besuches im Dezember 2011 in ihrer Rede das nichtssagende ›*this country*‹, aber weder Myanmar noch Burma. US-Präsident Barack Obama benutzte im November 2012 in Yangon schließlich beide Begriffe abwechselnd, während aber am Eingang der Botschaft der USA in Yangon in großen Lettern zu lesen ist: ›*Embassy of the USA, Rangoon, Burma*‹. Während ihrer Reise durch Europa 2012 wurde Suu Kyi, damals bereits Abgeordnete, vom Parlamentspräsidenten aufgefordert, in ihren auf Englisch gehaltenen Reden das Wort Myanmar anstelle von Burma zu benutzen. Sie kam der Aufforderung allerdings nicht nach.

Der Begriff Burma und das sich daraus ableitende Birma beziehen sich auf die Hauptgruppe der in Myanmar lebenden Völker, die Bamar. Sie stellen rund zwei Drittel der Gesamtbevölkerung Myanmars und leben überwiegend in der Kernzone des Landes, während die Minderheiten, offiziell ›*national races*‹ genannt, ihre Siedlungsgebiete überwiegend rund um die Kernzone haben. Der Begriff Myanmar bezieht alle Minderheiten ein, während Burma diese ausschließt.

Das Land der Blinden

Diese Geschichte wurde dem Autor erzählt, es handelt sich um eine freie Wiedergabe

Eine Legende besagte, dass sich in einem Teil der Welt das Land der Blinden befindet. Dessen Einwohner werden blind geboren und haben nie das Tageslicht gesehen. Viele haben versucht, das Land der Blinden zu finden. Niemand hat es gefunden. Eines Tages machte sich ein weiterer Entdecker auf, das Land der Blinden zu entdecken. Viele Wochen und Monate irrte er umher, konnte aber das Land der Blinden nicht finden. Auf einem hohen Berg geriet er in eine Schneelawine, die ihn mit sich riss. Als er nach Stunden wieder zu sich kam, fand sich schwer verletzt im grünen Tal wieder, von Menschen umringt, die ihn medizinisch versorgten. Bald ging es ihm besser, und er begann die Umgebung zu erkunden. Er hatte gleich festgestellt, dass die Menschen in diesem Tal anstelle von Augen nur Augenhöhlen hatten – er hatte tatsächlich das Land der Blinden entdeckt! Bald begann er Fragen zu stellen, etwa ob sie wüssten, was Tageslicht sei, oder ob sie die Farben rot und blau kennen würden. Die Bewohner verstanden nicht, wovon er redete. Er erklärte, dass er in seinem Kopf zwei Augen hätte, mit denen er das Tageslicht, die Sonne und das grüne Gras sehen könnte, aber er erntete nur verständnisloses Schulterzucken. Die Blinden tasteten das Gesicht des Entdeckers ab und fanden mit ihren Fingern die beiden Ausbeulungen, die ihnen völlig fremd waren. Der Entdecker beharrte weiter darauf, dass das Augen seien und er dadurch viele Vorteile hätte und vieles besser machen könnte. Und überhaupt, die Einwohner im Land der Blinden wüssten gar nicht, was ihnen entgeht.

Die Blinden waren verunsichert, denn schließlich war der Entdecker ein gelehrter Mann. Der Ältestenrat berief mehrere Sitzungen ein, die häufig in tiefster Nacht stattfanden, denn die Blinden kannten weder Tageslicht noch Dunkelheit und ihre Sinne waren so scharf, dass sie nie stolperten und alle Wege mühelos fanden. Der Entdecker hingegen stolperte auf seinem Weg zu diesen nächtlichen Sitzungen über Stock und Stein, was die Blinden noch mehr verwunderte, schließlich hatte dieser doch ›Augen‹ und konnte angeblich ›sehen‹. »Also, lieber Fremder, erkläre uns doch bitte, was Du uns voraus hast mit deinen Augen und warum es bedauerlich sein soll, dass wir weder Farben und Licht kennen. Wir verstehen nicht, dass du uns überlegen sein sollst, sondern wir denken es ist andersherum.«

Nun hatte sich der Fremde in den Monaten, in denen er bereits dort lebte, eine schöne Frau kennengelernt und sich in diese verliebt. Als er um ihre Hand anhielt, meinte der Ältestenrat, dass sie nichts dagegen hätten, wenn er eine von ihnen heiraten möchte, aber seine Reden von ›Augen‹, ›Licht‹ und ›Farben‹ passten nicht so recht in das Land der Blinden. »Einzig du, lieber Fremder, bist anders als wir. Daher darfst du diese Frau nur heiraten, wenn du dir diese sogenannten Augen, in denen wir wahrlich keinen Vorteil erkennen können, entfernen lässt, auf dass du einer von uns wirst.« Der Entdecker schwankte und bat um Bedenkzeit. In der Nacht lag er neben seiner Verlobten und konnte nicht schlafen, ob der Forderung der Blinden. Schließlich packte ihn die Angst und er stahl sich aus dem Land der Blinden zurück in seine Heimat. Er ist nie wieder zurückgekehrt.

Die vielen Völker Myanmars

»*To be a Burmese means to be a Buddhist*« lautet ein oft wiederholtes Zitat von vor über 100 Jahren, und es bezieht sich fast auf die gesamte Bevölkerung. Bereits Herbert Hoover, der vor seiner Präsidentschaft in den USA in Myanmar im Ölgeschäft tätig war, schrieb, dass die Burmesen (ein falscher Sammelbegriff für die Einwohner Myanmars) als einzige die wahrhaftig glücklichen Menschen Asiens seien.

Myanmar ist mit seinen rund 55 Millionen Einwohnern ein ausgesprochener Vielvölkerstaat. In offiziellen englischsprachigen Verlautbarungen der Regierung wird angegeben, dass über 135 ›national races‹, also Bevölkerungsgruppen, in Myanmar leben. Der in der englischen Sprache eher geläufige Begriff ›*ethnic minorities*‹, also ethnische Minderheiten, wird absichtlich nicht verwendet, zugunsten einer gewollten Gleichstellung aller Gruppen.

Die Grenzziehung während der Kolonialzeit und die britische Annahme, die verschiedenen Völker Myanmars sollten unterschieden werden, hinterließen nachhaltige Probleme in Bereichen der nationalen Einheit sowie der nationalen Identität. Der Staat stand und steht vor der Aufgabe, eine Nation aus den Teilen seiner Bevölkerung zu schmieden. Bis vor kurzem titelten die staatlichen Zeitungen auf der ersten Seite in jeder Ausgabe die offiziellen Leitlinien hinsichtlich der nationalen Identität. So ist es die Aufgabe eines jeden Bürgers, den Zerfall der Union und den Verfall der nationalen Solidarität zu verhindern, während sich das Militär als der Beschützer der Union versteht. In der aktuell gültigen Verfassung des Jahres 2008 wird den Streitkräften eine besondere, historisch gewachsene Rolle im Staatsapparat zugesprochen, um im Falle eines drohende Zerfalls der Union eingreifen zu können, wie dies schon beim Putsch 1962 und 1988 der Fall war. Ob aber Staaten Nationen erschaffen, ist fraglich.

Kleine Nonnen

Ein aktuelles Beispiel ist der neuerlich ausgebrochene Krieg im Kachin-Staat im Norden, als 2011 erneut die Kachin Independence Army (KIA) und die Tatmadaw (staatliche Armee) in gegenseitige Offensiven verwickelt waren, die bis heute andauern. Anfang 2013 fanden erste Vermittlungsversuche auf neutralem Boden statt – in China. Zu Zeiten der Militärregierung SLORC und SPDC zwischen 1988 bis 2011 wurden mehr als 17 Waffenstillstandsabkommen mit bewaffneten Organisationen ausgehandelt. Dabei darf man aber nicht vergessen, dass es sich dabei um Gruppen handelt, die in Grenzgebieten operieren und nur wenige tausend Mann stark sind.

Land und Leute

Die Bevölkerung Myanmars		
Bevölkerungsgruppe	Anteil an Gesamtbevölkerung	Religiöse Identität
Bamar	69,0 %	überwiegend buddhistisch
Shan	8,5 %	überwiegend buddhistisch
Kayin	6,2 %	15–20 % christlich
Rakhine	4,5 %	überwiegend buddhistisch
Mon	2,5 %	überwiegend buddhistisch
Chin	2,2 %	80 % christlich
Kachin	1,4 %	80 % christlich
Kayah	0,4 %	gemischt
andere einheimische Gruppen	0,1 %	gemischt
übrige	5.3 %	muslimisch/gemischt
total	100.0 %	

Schaut man sich die Siedlungsgebiete an, wird die Bevölkerungsverteilung des Landes klarer: Rund die Hälfte der Staatsfläche wird von anderen Völkern als den Bamar bewohnt, die in ihren Siedlungsgebieten aber zumeist regionale Mehrheiten bilden. Die Mehrheitsethnie Myanmars sind die Bamar, die etwa zwei Drittel der Gesamtbevölkerung stellen. Von dieser ethnischen Bezeichnung leitet sich auch der alte Name Burma (engl.) und Birma (dt.) ab. Tatsächlich leben die meisten Bamar in der so genannten Kernzone Myanmars, umgeben von Gebirgsketten. Wie in der Tabelle zu erkennen, zählt man insgesamt offiziell acht Hauptbevölkerungsgruppen. Die sieben administrativen Regionen der Kernzone Myanmars werden mehrheitlich von den Bamar bewohnt, während die sieben Staaten der Union jeweils den Namen einer der ethnischen Gruppe tragen. Die sieben Gruppen neben den Bamar haben jeweils eine eigene kulturelle Identität, die anlässlich der jeweiligen Feiertage dieser Gruppen mit traditionellen Tänzen und Brauchtum gefeiert wird. Im Nationalmuseum in Yangon und in den Museen der Gliedstaaten wird man erkennen, dass es auch die Nationaltrachten sind, die die Völker voneinander unterscheiden.

Die Vielfalt war nicht erst seit der Unabhängigkeit 1948 Grund für zahlreiche Spannungen, von denen viele wegen der Unnachgiebigkeit aller beteiligten Seiten für jahrzehntelange Bürgerkriege gesorgt haben, deren Dauer bis heute weltweit ihresgleichen sucht. Dennoch gibt es zwischen den ethnischen Gruppen auch eine Reihe von Gemeinsamkeiten. Knapp 90 Prozent der Gesamtbevölkerung sind Buddhisten.

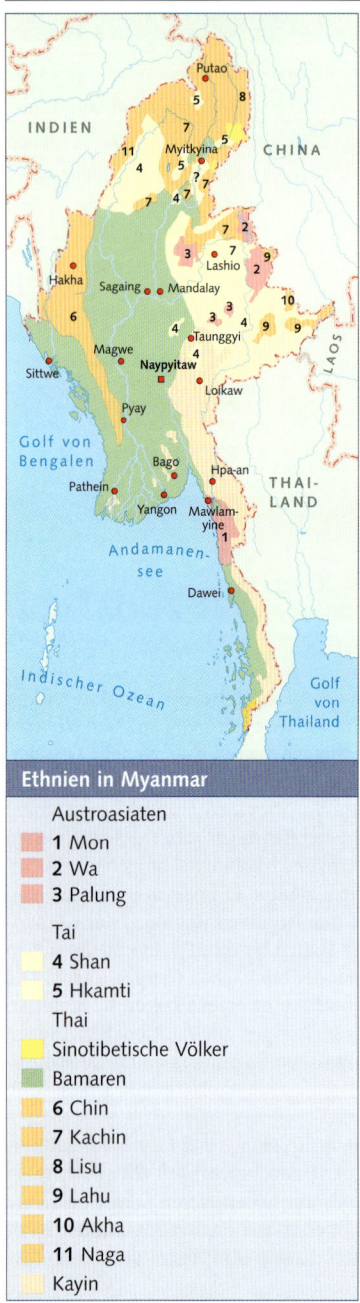

Ethnien in Myanmar

Austroasiaten
- **1** Mon
- **2** Wa
- **3** Palung

Tai
- **4** Shan
- **5** Hkamti

Thai

Sinotibetische Völker

Bamaren
- **6** Chin
- **7** Kachin
- **8** Lisu
- **9** Lahu
- **10** Akha
- **11** Naga

Kayin

Yangon ist nicht Myanmar

Wenngleich Yangon die wichtigste Metropole Myanmars sowie der Start- und Endpunkt der allermeisten Reisen ist, so galt und gilt weiterhin die Aussage, dass Yangon nicht Myanmar ist. Das echte Leben, und somit repräsentativ für die Bevölkerung, spielt sich im Dorf ab. Den Beweis dafür kann man eben aber auch an einigen Stellen in Yangon sehen. Wer aufmerksam durch kleinere Straßen läuft, wird feststellen, dass das Leben dort überwiegend öffentlich stattfindet, sei es das Waschen am Wasserfass, das Kochen oder auch das Fernsehen auf der Straße – ganz wie im Dorf, nur dass die Umgebung eine andere ist. In den vier größten Städte Myanmars leben insgesamt knapp acht Millionen Menschen. Somit leben etwa 45 Millionen Menschen nicht in Städten, sondern auf dem Land.

Landflucht ist ein Trend, der in jüngster Zeit zugenommen hat. Yangon ist die größte Stadt des Landes und zieht viele Menschen an, vor allem Jugendliche, die das elterliche Dorf verlassen und sich nach dem Leben in der Großstadt und besseren Zukunftschancen sehnen. Ob sie aber mit ihrer größtenteils niedrigen Bildung in der ›New economy‹ überleben können, ist fraglich. Das Buch ›Myanmar – Gesellschaft in Bewegung‹ erschien 2010 beim regiospectra Verlag in Berlin und behandelt auch das Thema der Landflucht in Myanmar.

Shan

Die knapp vier Millionen Shan sind mit gut acht Prozent Anteil an der Gesamtbevölkerung das zweitgrößte Volk der in Myanmar lebenden Völker. Die Shan gehören zur Gruppe der Tai-Völker,

Land und Leute

und die Sprache der Shan ist dem Thai in Thailand sehr ähnlich. So kann sich ein Shan beinahe mühelos in Thailand verständigen. Sie besiedeln die Bergregionen des Shan-Hochlandes im Nordosten und Osten Myanmars auf über 1000 Metern Höhe und gehören wie die Bamar dem buddhistischen Glauben an. Kein Volk in der Union von Myanmar war so streng hierarchisch gegliedert wie das der Shan, auch wenn der jeweilige Herrschaftsbereich zumeist klein war. Bis ins 19. Jahrhundert hinein war das Shan-Hochland in 33 Fürstentümer aufgeteilt, die jeweils unter der Herrschaft eines Fürsten, eines Sawbwas (Herr des Himmels), standen. Dennoch waren die Sawbwas wiederholte Male in der Geschichte gegenüber den Königreichen der Zentralebene tributpflichtig. Mit dem endgültigen Einmarsch der Briten im Jahr 1885 wurden den Sawbwas ihre Fürstentümer und damit auch ihre Privilegien überlassen, während aber die Zentralebene direkt unter britische Kontrolle geriet. Es wurden lediglich einige wenige Kolonialbeamte im Shan-Hochland stationiert, die sich aber nicht aktiv einmischten, sondern eher einen Beobachterstatus hatten. Aus diesem Grund gab es auch wenig bis keine Gegenwehr der Shan gegen die koloniale Besatzung der Kernzone, während die Shan aufgrund der zuvor unbekannten Privilegien Geschmack an der Macht fanden, was die Kluft zwischen den Bamar der Kernzone und den Shan weitete.

Während der Konferenz von Panlong im Shan-Staat gelang es General Aung San 1947, einige der Sawbwas und weitere Fürsten zum Beitritt zu einer unabhängigen Union ab 1948 zu bewegen, garantierte ihnen aber ein Sezessionsrecht für einen Zeitraum von zehn Jahren nach der Unabhängigkeit, das durch ein Referendum bestätigt werden musste. Als der Revolutionsrat unter General Ne Win ab 1962 alle Sawbwas entmachtete und die traditionellen Strukturen auflöste, um die administrative Gewalt der Zentralregierung bis in den Shan-Staat hinein auszuweiten, erstarkte der Widerstand der Shan. Bereits 1958, also zehn Jahre nach der Unabhängigkeit und vier Jahre vor dem Putsch, gab es nämlich bereits Sezessionstendenzen seitens einiger Sawbwas. General Ne Win, einer der frühe-

Dörfliche Abgeschiedenheit in der Gegend um Hispaw im nördlichen Shan-Staat

Die meisten Menschen leben auf dem Land, so wie dieser Junge mit seinem besten Freund

ren 30 Kameraden, zu denen auch General Aung San gehört hatte, konnte nicht zulassen, dass sich ein Teil der Union abspaltete.

Im Jahr 2013 wusste eine junge Dame aus dem Shan-Staat, inzwischen aber in Yangon lebend, Interessantes zu berichten. Auf die Frage etwa, in welcher Sprache der Schulunterricht im Shan-Staat abgehalten wird, lautete die Antwort Myanma. Die Familien sprachen aber zu Hause durchweg Shan. Der Vater dieser jungen Dame war ein enger Vertrauter des Drogenbarons Khun Sa gewesen, der 1996 ein Angebot der Militärregierung angenommen hatte, welches ihm Immunität und ein Leben in Yangon sicherte, bis er dort im Jahr 2007 starb. Khun Sa galt zu seinen Glanzzeiten als weltweit größter Heroinschmuggler, und wurde trotz eines Kopfgeldes der USA in Höhe von zwei Millionen Dollar nie ausgeliefert. Es bleibt noch zu erwähnen, dass Khun Sas Vater chinesischer Herkunft war, während seine Mutter einer adligen Shan-Familie, sprich Sawbwa, entstammte. Diese so genannte ethnische Vermischung musste also von den Briten in ein Muster gepresst werden, um verstanden zu werden. Erst danach wurde dieses Muster zu einem Problem, während die Völker Myanmars vor der Kolonialzeit einen modus vivendi gefunden hatten.

In der Stadt Lashio im nördlichen Shan-Staat befindet sich der Yan Taing Aung Stupa, was grob übersetzt ›immer siegreich‹ heißt. Dieser Stupa soll eine Replik des in Yangon stehenden Stupa Shwedagon sein und wurde erst in den 1990er Jahren von führenden Militärs der Zentralregierung dort errichtet, was man als Versuch deuten kann, das Gewaltmonopol des Zentralstaates symbolisch bis in diese entlegenen Regionen zu tragen.

Kayin (Karen)

Die Kayin (engl. Karen) siedelten ursprünglich im Delta des Ayeyawady, doch wurden sie von den nachrückenden Bamar immer weiter in Richtung Osten abgedrängt. Heute lebt noch knapp die Hälfte der Kayin im Delta des Ayeyawady und damit außerhalb des Kayin-Staates. Spricht man von den Kayin, meint man meist die Bevölkerung im Grenzgebiet zu Thailand.

Mit knapp vier Millionen Einwohnern stellen sie die drittgrößte Bevölkerungsgruppe, welche aber wiederum in weitere, kleinere Gruppen unterteilt ist. Auch diesem Volk ließen die Briten weite Teile ihrer Autonomie, was ihnen später Verbündete im Kampf gegen die nationalistischen Bamar brachte. Einem animistischen Kult zufolge erwarteten die Kayin die Ankunft eines Erlösers mit einem Buch. Somit hatten christliche Missionare mit der Bibel in der Hand große Erfolge bei der Bekehrung der Kayin. Ein großer Teil der Kayin aber bekennt sich zum Buddhismus, während aber die knapp 20 Prozent Christen unter ihnen überwiegend verantwortlich sind für Autonomieansprüche des Kayin-Staates. Während der erste Präsident der unabhängigen Union Myanmar seit 1948 ein Shan war, ernannte Premierminister U Nu einen Kayin, den Generalleutnant Smith-Dun, zum Oberbefehlshaber der Streitkräfte. Beide Ämterbesetzungen geschahen, um innerhalb der neuen und unabhängigen Union quer über alle Bevölkerungsgruppen Vertrauen aufzubauen. Schließlich wurde Smith-Dun von General Ne Win als Oberbefehlshaber abgelöst, als im Jahr 1949 eben dieser kleinere Teil der Kayin für die Unabhängigkeit des Kayin-Staates zu kämpfen begann, um einen eigenen Staat namens Kawthoolei auf Unionsterritorium zu gründen. Der taktische Arm (KNLA) der Widerstandsorganisation Kayin National Union (KNU) führte diesen Kampf mit Unterbrechungen bis ins Jahr 2012 hinein, als schließlich in der Hauptstadt des Kayin-Staates, Hpa-an, ein Waffenstillstandsabkommen besiegelt wurde, dessen Erfolg sich 2013 in der Öffnung der vier Grenzübergänge zu Thailand zeigte. Anders als früher sind Touristen hier keiner Gefahr mehr ausgesetzt.

Im Jahr 2006 unternahm der Autor dieses Buch eine halsbrecherische Expedition in die Tiefen des Kayin-Staates, wo weite Teile außerhalb der Hauptstadt Hpa-an für Touristen gesperrt waren. Das Ziel war die Grenze zu Thailand in der Stadt Myawaddy. Mit dem Motorrad ging es ab Hpa-an in Richtung Osten. Unterwegs nahm keiner der Soldaten an den zahlreichen Checkpoints Notiz von dem Weißgesicht, das auf dem Motorrad ins Rebellengebiet fuhr. Erst kurz vor Myawaddy befand sich der letzte und größte Checkpoint des staatlichen Militärs. Nach einer unrühmlichen Rückkehr des Autors mitsamt Militäreskorte nach Hpa-an wurde dem Chef des Regionalkommandos Bericht erstattet, der dann den Autor aufforderte, nach Yangon zurückzukehren. Am Busplatz in Hpa-an gab sich dem Autor ein Offizier der KNLA zu erkennen, der das Gespräch suchte, da er erfahren hatte, dass sich ein Ausländer ohne Genehmigung ins Rebellengebiet gewagt hatte. Er sagte auf Myanma: ›Aung San Suu Kyi kam nie zu uns und hat uns Nahrung und Decken gebracht, die staatliche Armee aber schon.‹

Eine Woche nach der Motorradtour im Jahr 2006 stand in der staatlichen Tageszeitung ein Artikel. Eine Bombe explodierte am Straßenrand entlang der derselben Strecke und riss 12 Menschen in einem Bus in den Tod. Wahrscheinlich war der Artikel eine Abschreckungsmaßnahme der Regierung auf den jüngsten Versuch eines Ausländers, durch den Kayin-Staat zu reisen. Ein toter Ausländer zu diesem Zeitpunkt hätte die Spannungen zwischen Zentralregierung und KNU verschärft, wobei der Begriff ›naing-an-gscha-tha‹ nur für westliche Ausländer gilt (*foreigner*), nicht aber für asiatische Ausländer, und somit für ein erhöhtes Medieninteresse in Europa und den USA gesorgt hätte – ungeachtet dessen, wer die Bombe gelegt hat. Heute dürfen Touristen diese einstmals gefährliche Strecke bereisen.

Während der Mönchsdemonstrationen 2007 wurde ein Bataillon der staatlichen Armee aus dem Kayin-Staat nach Yangon verlegt, um die Lage unter Kontrolle zu bekommen. Diese Soldaten waren besonders verroht im Kampf gegen die Rebellen im Kayin-Staat, so dass sich dadurch auch die hohe Gewalt gegen die Demonstranten erklären lässt.

Frauen im Gebet am Goldenen Felsen im nördlichen Mon-Staat

Khun Sa

Chang Shi-Fu alias Khun Sa wurde 1933 geboren und starb am 26. Oktober 2007 in Yangon. Neben seinen Funktionen als Politiker, Rebellenführer und Gründer der Shan United Army sowie der Muang Tai Army (MTA), galt er Anfang der 1990er-Jahre als der größte Heroinschmuggler aller Zeiten. Seine eigene Armee war 10 000 Mann stark. In seiner Jugend kämpfte er auf Seiten der Kuomintang, gründete aber später seine eigene, ein paar hundert Mitglieder umfassende Miliz, die Shan United Army.

Ein Jahr nach dem Militärputsch von General Ne Win 1962 übertrug er Teile seiner Kommandogewalt in ein Programm von General Ne Win, welches die Bildung von lokalen Milizen förderte, die die Militärregierung im Kampf gegen weitere Rebellen unterstützen sollte. Dieses Verfahren wird auch heute auf Grundlage der Verfassung von 2008 gezielt angewendet, um lokale Milizen in die nationalen Grenztruppen zu integrieren und sie nicht entwaffnen zu müssen. Khun Sa erhielt für dieses Vorhaben logistische und materielle Unterstützung von General Ne Win. Nachdem aber seine eigene Einheit auf knapp 1000 Mann angestiegen war, beendete er die Kooperation mit General Ne Win in Yangon und besetzte Teile des Shan-Staats, um sich der Opiumproduktion zu widmen. 1969 wurde er vom Militär der Zentralregierung verhaftet.

Nach der gelungenen Geiselnahme zweier russischer Ärzte in Yangon, durchgeführt von seinem Stellvertreter, kam er 1973 in Freiheit. Ab diesem Zeitpunkt kämpfte seine Armee auch für eine größere Autonomie des Shan-Staats und gegen die militärische Zentralregierung. Seine Aktivitäten umfassten auch Hilfeleistungen für weite Teile der Bevölkerung des Shan-Staates, was deren Loyalität noch weiter weg vom Zentralstaat zugunsten Khun Sas verschob. 1982 wurde Khun Sa nach dreitägigen heftigen Kämpfen von der thailändischen Armee von seinem Hauptquartier vertrieben und gründete 1985 mit anderen Rebellen die MTA. Sein neues Hauptquartier verlegte er in die Berge nördlich der thailändischen Provinz Mae Hong Son.

Schließlich wurde Khun Sa im Jahr 1989 aufgrund der illegalen Einfuhr von 1000 Tonnen Heroin in die USA in Abwesenheit angeklagt. Im November 1994 wurden Gefolgleute von Khun Sa in Thailand von thailändischen Sicherheitsorganisationen und der DEA (Drug Enforcement Agency, USA, Drogenbundespolizei) verhaftet und 13 Verdächtige wurden an die USA ausgeliefert. 1996 schließlich musste sich Khun Sa dem staatlichen Militär ergeben, in einer Zeit als der damalige 1. Sekretär des herrschenden Militärrats General Khin Nyunt, bemüht war, Waffenstillstandsabkommen mit einer Vielzahl von Widerstandsorganisationen zu schließen. Khun Sa wurde nicht an die USA ausgeliefert und lebte bis zu seinem Tod als erfolgreicher Geschäftsmann in Yangon. Es heißt, er habe durch Strohmänner Anteile am Traders Hotel in Yangon gehalten, das mehrheitlich aber der Shangri-La-Gruppe gehört. In diesem Hotel hatte das Anti-Drogenprogramm der Vereinten Nationen viele Jahre lang bis 2012 Büros unterhalten. Neben den vielen anderen Organisationen der UN musste aber auch das Büro des Anti-Drogenprogramms aus dem Traders ausziehen, da man dort mittlerweile die Räume für die vielen Touristen benötigt.

Sprache und Ethnizität

Eingangs wurden Gemeinsamkeiten erwähnt, die trotz aller Unterschiede dazu beitragen können, eine Nation zu bilden. Die Sprachwissenschaftlerin und Myanmar-Expertin Dr. Uta Gärtner aus Berlin stellte fest, dass Sprache hier das zentrale Leitmotiv ist, denn Sprache gilt als identitätsstiftend, und Verständigung hilft, Brücken zu bauen. Der nationale Konvent, der nach dem Militärputsch von 1988 nach den Wahlen zu einer verfassungsgebenden Versammlung 1990 über viele Jahre hinweg und mit vielen Unterbrechungen eine Verfassung ausarbeiten sollte (und das schließlich auch getan hat), wurde 2004 wieder einberufen. Während gerade ein Drittel der über 1000 Delegierten der Hauptbevölkerungsgruppe der Bamar angehörten,

Hochzeit in Pyin U Lwin. Beide sprechen ihre jeweilige Muttersprache sowie die Amtssprache Myanma

waren die übrigen zwei Drittel der Teilnehmer Mitglieder der anderen ›national races‹, unter ihnen ebenfalls Mitglieder der Waffenstillstandsgruppen.

Die über Jahre wiederholte Kritik von Daw Suu Kyi und einigen westlichen Regierungen, dass der Konvent zur Ausarbeitung einer neuen Verfassung für die Union Myanmar viel zu lange dauere, was somit die Herrschaft des Militärs weiter festigen würde, übersah aber einen wesentlichen Punkt des so sehr in die Länge gezogenen Prozesses. Die mehr als 1000 Delegierten kamen aus allen Teilen des Landes, um über einen langen Zeitraum hinweg Gedanken und Meinungen vor dem Hintergrund ihrer eigenen ethnischen Identität auszutauschen. Dabei handelte es sich um Menschen, die sich niemals in ihren Leben begegnet wären, und dieses Forum sorgte erstmalig für Begegnungen dieser Art. Man könnte also ebenfalls argumentieren, dass sich auf dem Konvent erstmalig ein Gemeinschaftsgefühl zwischen den Repräsentanten der ethnischen Gruppen für die gemeinsame Sache der Union herausgebildet hat, gerade weil es so lange gedauert hat, diese Verfassung zu erarbeiten und ihre einzelnen Punkte zu diskutieren.

Infrastrukturelle Maßnahmen wie Straßen- und Brückenbau während der Zeit der Militärherrschaft ab 1988 runden das Bild ab, doch sie wurden von Gegnern zumeist unter militärischen und taktischen Gesichtspunkten betrachtet und kritisiert, während aber diese neuen Straßen und Brücken ebenfalls dafür sorgten, dass nun eine bessere Durchmischung der Völker Myanmars durch eine bessere Erreichbarkeit ermöglicht wurde.

Die Sprache, die während des Konvents gesprochen wurde, war Myanma, die Amts- und Verkehrssprache des Landes, die von vielen der Einwohner neben ihrer eigenen Sprache (zumeist) beherrscht wird. Wenn also ein Mann aus dem

Shan-Staat eine Frau aus dem Kachin-Staat heiraten möchte, da sie sich infolge einer verbesserten Infrastruktur kennengelernt haben, dann müssen sich beide auf Myanma verständigen, da der Mann Shan und die Frau Jinghpaw spricht. Die Durchsetzung von Myanma als nationale Sprache in den Lehrplänen sämtlicher Schulen des Landes dient auch der Alphabetisierung, da die meisten der kleinen ethnische Gruppen keine eigene Schrift haben.

Gegenseitige Unkenntnis kann sich als Nährboden für Vorbehalte erwiesen, und eine Beschreibung aus der Zeit der heftigen Kämpfe, die an den Grenzen zwischen der Armee und den Widerstandsgruppen viele Jahrzehnte lang stattfanden, dient hier als Illustration. Pascal Khoo Thwe, ein Angehöriger der Padaung, einer kleinen Gruppe mitten im Shan-Staat, beschrieb 2002 in seinem Buch ›From the Land of Green Ghosts: A Burmese Odyssey‹ eine Szene in einem Krankenhaus in Thailand, nahe der Grenze zu Myanmar: »Das Krankenhaus machte keinen Unterschied, und so ergab es sich, dass sowohl Soldaten der Zentralregierung als auch Soldaten der Drogenbarone und anderer Gruppen gleichermaßen behandelt wurden, und in den selben Zimmern nebeneinander lagen. Es war ernüchternd zu sehen, dass diese Menschen, die sich noch ein paar Stunden zuvor gegenseitig umbringen wollten, hier friedlich nebeneinander in ihren Betten lagen. Manche schlossen sogar Freundschaften. Als sie sich schließlich erholten, wussten sie, dass sie zu ihren jeweiligen Einheiten zurückkehren würden, und dass das Töten weitergehen würde. Armes Burma!«

Der Status der Frau in Myanmar

Der Status von Daw Suu Kyi veranlasste einige politische Exilorganisationen, ihren Geburtstag, den 19. Juni, zu einem internationalen Frauentag zu erklären. Diese Gruppen ließen es sich ebenfalls nicht nehmen, gegen die Unterdrückung der Frauen in Myanmar zu protestieren, exemplarisch dargestellt am Hausarrest

Eine von vielen Händlerinnen

von Suu Kyi. Dem entgegenzusetzen ist aber der historisch bedingte ebenbürtige Status der Frau in Myanmar, verglichen mit vielen anderen Ländern. Die Frauen in Myanmar haben die selben Erbansprüche wie ihre männlichen Geschwister, und falls es zu einer Scheidung kommt, werden der Frau der Haushalt und die Kinder zugesprochen. Dies führt zu niedrigen Scheidungsraten. Die Frauen und Mütter in Myanmar kontrollieren nicht nur die meisten Familienangelegenheiten, sondern verwalten in der Regel auch das Geld der Familie. Auf den Märkten wird man sehr schnell feststellen, dass die überwiegende Mehrheit der Händler weiblich ist. Ein bissiges Klischee lautet, dass die Frauen das Geld verdienen, während die Männer den ganzen Tag in der Teestube verbringen. Das kann man selbst heute nicht vollständig verneinen.

Wie in vielen anderen Ländern sind Frauen in Myanmar überwiegend als Lehrerinnen und im medizinischen Bereich tätig. Speziell zu Zeiten der Regierung von General Ne Win war eine Frau die Generaldirektorin der Europa-Abteilung im Außenministerium und somit vor allem Anfang der 1970er Jahre zuständig für das delikate Verhältnis der beiden deutschen Staaten in Myanmar. Lediglich in der buddhistischen Philosophie sind Frauen dem Mann unterlegen, denn um ins Nirwana (das ›Nichtmehrsterbenmüssen‹) zu gelangen, müssen sie erst als Mann wiedergeboren werden. So lautet ein weiteres Klischee, dass sich jede Frau nichts sehnlicher wünscht, als im nächsten Leben als Mann geboren zu werden – was natürlich nicht stimmt.

Feste und Feiertage

Feste finden immer im Umkreis einer buddhistischen Andachtsstätte wie der Sule Paya oder der Shwedagon Paya in Yangon statt.

Die buddhistische Fastenzeit, die für die Zeit kurz vor Buddhas Erleuchtung steht, und auch die Regenzeit enden beide im Oktober. Für die kommenden Monate bis zum Juli finden in jedem Dorf, in jeder Stadt und an jeder Andachtsstätte wiederkehrende Feste statt. Jedem Tempel und jedem Stupa wird zu Ehren des jährlichen Geburtstages ein Fest veranstaltet. Das große Wasserfest hingegen ist eine landesweite Angelegenheit, die in Thailand Sonkran heißt.

Thingyan

Das Wasserfest Thingyan findet jedes Jahr zur heißen Zeit Mitte April anlässlich des Jahreswechsels statt. Myanmar benutzt neben dem gregorianischen Kalender eine eigene Zeitrechnung, wie man beim Lesen einiger Zeitungen erkennen kann. Zum Thingyan im April 2013 fand der Wechsel vom Jahr 1374 zum Jahr 1375 statt. Der Begriff ›Wasserfest‹ wird der regelrechten Wasserschlacht, die für die Dauer von etwa einer Woche ausgetragen wird, nicht annähernd gerecht. Das Ganze ist eher eine landesweite Party für die Jugend und für Junggebliebene. In dieser Zeit muss wirklich jede Person damit rechnen, jederzeit und an jedem Ort ohne Ankündigung mit (eiskaltem) Wasser überschüttet zu werden, und zwar von vorbeifahrenden Pick-ups mit Wasserfässern auf der Ladefläche oder aus den Fenstern von Wohnungen. In Yangon und Mandalay werden an einigen Hauptstraßen große Bühnen errichtet, auf denen dann die Jugend aus-

Jugendliche während des Wasserfestes

gelassen zu lauter Musik feiert, während Wasser aus Sprinkleranlagen und aus Feuerwehrschläuchen den ganzen Tag die Straßen kniehoch unter Wasser setzt. Der Genuss von Alkohol spielt eine große Rolle zu dieser Zeit, und die meisten ungewollten Schwangerschaften passieren während Thingyan, wenn viele Hemmungen fallen. Als Reisender sollte man während Thingyan nichts außer Bargeld dabei haben, das in einem Plastikbeutel vor Wasser geschützt ist. Elektronische Geräte sind gefährdet!

Der Legende nach steigt zu dieser Zeit Thagyamin, der König der Nat, auch bekannt als Götterkönig Sakka, auf die Erde herab. Dort angekommen trägt er die guten und die schlechten Taten der Menschen in entweder ein Buch aus Hundeleder oder in ein Buch aus Gold ein. Um den Thagyamin angemessen zu begrüßen, werden Blumen vor die Häuser gelegt.

Thadingyut-Fest

Findet im Oktober zum Vollmond statt und kennzeichnet das Ende der buddhistischen Fastenzeit, die nach dem Wasserfest Thingyan im April beginnt. Kennzeichen des Thadingyut sind beleuchtete Häuser und Bäume. Da Buddha während der Fastenzeit im Götterhimmel residiert und zum Ende der Fastenzeit wieder auf der Erde erwartet wird, soll die Beleuchtung als Wegweiser nach Myanmar dienen – damals gab es ja keine beleuchteten Straßen und Häuser, daher die Extra-Lichter.

Märtyrertag

Am 19. Juli 1947, knapp sechs Monate vor der Unabhängigkeit, wurden General Aung San sowie die Mehrheit seines Kabinetts während der morgendlichen Sitzung durch Attentäter ermordet. An den General wird offiziell jedes Jahr zum 19. Juli erinnert. Da aber seine Tochter Aung San Suu Kyi zu große Berühmtheit erlangte und dem Militärrat SLORC/SPDC ab 1989 ein Dorn im Auge war, wurde der Gedenktag bis etwa 2011 eher unter den Tisch gekehrt. Erst seit Kurzem wieder ist das Haus von General Aung San der Öffentlichkeit zugänglich, nachdem es viele Jahre lang offiziell hieß, es sei geschlossen aufgrund von Bauarbeiten.

Nationalfeiertag

Der Nationalfeiertag fällt auf die zweite Novemberhälfte oder Anfang Dezember (2014: 16. November). Im Jahr 1920 versammelten sich Studenten der Universität Yangon an einem Pavillon in der südwestlichen Ecke der Shwedagon und organisierten einen Protest gegen das neue Universitäts-Gesetz, welches Söhnen und Töchtern einiger gesellschaftlich höher gestellten Familien mehr Rechte an der Universität einräumte, während einheimische Studenten ausgeschlossen wurden und somit die Kolonialherrschaft weiter verfestigte. Am Versammlungsort der Shwedagon steht zu Erinnerung an das Ereignis, welches als Beginn des nationalen Widerstands gilt, eine Steintafel.

Weitere Feiertage

Unabhängigkeitstag: Am 4. Januar gedenkt man des Abzugs der Briten im Jahr 1948. An diesem Tag wurde Myanmar um 4.20 morgens zu einem souveränen Staat erklärt.

Unionstag: Am 17. Februar wird an das Abkommen von Panlong im Jahr 1947 erinnert, in welchem General Aung San und die Shan-Fürsten in der Stadt Panlong im Shan-Staat den Beitritt der Shan zur Union Myanmar beschlossen hatten.

Tag der Streitkräfte: Hierbei handelt es sich um den wichtigsten Feiertag für alle Militärangehörigen. Am 27. März jeden Jahres wird in Naypyitaw unter den wachsamen Augen der Gründerkönige von einst alles an militärischem Gerät aufgefahren. Der 27. März erinnert an die Aufnahme des Kampfes der Armee unter General Aung San gegen die Armee Britisch-Indiens.

Ein bis spät in die Nacht dauerndes Tempelfest ist ein Großereignis in Bagan

Das Versprechen – ein Märchen

Einstmals lebte ein reicher Mann, der eine wunderschöne Tochter hatte. Er ließ sie an der Universität studieren, und sie bereitete ihm, da sie fleißig lernte und immer aufmerksam war, viel Freude. Eines Tages saß sie am Fenster des Unterrichtsraumes, als der Griffel ihren Fingern entglitt und aus dem Fenster auf die Straße fiel. Da saß sie nun da und war in argen Nöten. Weder wollte sie den Lehrer, den sie sehr verehrte, bitten, einen Augenblick in seinem Vortrag einzuhalten, noch wollte sie den Griffel, während der Lehrer in seinen Darlegungen fortfuhr, von draußen holen. Doch noch ehe sie sich entscheiden konnte, kam draußen ein anderer Student vorbei, den sie schnell flüsternd bat, ihr den Griffel hereinzureichen. Nun war aber der Student ein etwas leichtlebiger Sohn eines Königs. Er hob zwar den Griffel auf, flüsterte jedoch:»Du musst mir vorher die Blüte der ersten Nacht versprechen.« Das Mädchen, ganz von den Worten des Lehrers eingenommen, hörte nur das Wort ›Blüte‹ und nickte. Später erfasste sie erst den wahren Sinn der Worte. Sie erschrak dabei. Doch im Verlaufe der Zeit dachte sie immer weniger daran und begann zu hoffen, dass der junge Student im Spaß gesprochen habe; denn sooft sie den jungen Königssohn noch traf, niemals erinnerte er sie durch Worte oder durch andere Zeichen an jenes Versprechen. Am Ende ihrer Universitätsstudien kehrten beide in ihre Heimat zurück. Der Prinz folgte seinem Vater auf den Thron, und das Mädchen rüstete sich, den Sohn eines reichen Mannes zu heiraten. Am Tag der Hochzeit ward sie von ihrem Gewissen geplagt und gestand ihrem Ehemann das Versprechen, das sie gegeben hatte. Als sie meinte, dass das vielleicht doch nur ein Spaß gewesen sei, erwiderte der Ehemann mit ernstem Gesicht:»Meine liebe Frau, ob das ein Scherz war oder nicht, das kann nur der junge Prinz, der jetzt König ist, entscheiden. Ein in Ehren gegebenes Wort darf jedoch niemals gebrochen werden. Es bleibt dir nichts übrig, als zu ihm zu gehen, um dein Versprechen einzulösen, sollte er es nicht im Scherze gemeint haben.«

Die junge Frau verbeugte sich vor ihrem Gatten und machte sich sofort auf den Weg. Als sie so allein in der Dunkelheit ging, überraschte sie ein Räuber und sagte:»Was bist Du denn für eine Frau, läufst hier durch die Nacht, geschmückt mit Gold und Juwelen? Gib mir die Juwelen und auch dein silbernes Kleid!«

»O Räuber«, antwortete die junge Frau, »nimm meine Juwelen, aber lass mir das silberne Kleid, denn ich kann doch nicht nackt und voller Scham des Königs Palast betreten.«

»Nein, nein«, meinte der Räuber, »dein silbernes Kleid ist ebenso wertvoll wie dein Schmuck. Ich will beides haben.«

Da erklärte sie dem Räuber, weshalb sie allein durch die Dunkelheit ging.

»Hui, deine Worte machen mich wanken«, murmelte der Räuber, »denn ich bin tief von deiner Ehrenhaftigkeit beeindruckt. Wenn du mir nur versprechen wolltest, hierher zurückzukommen, nachdem du deine erste Blüte dem König geopfert hast, würde ich dich jetzt gehen lassen.«

Sie versprach es und durfte so ihren Weg fortsetzen.

Bald kam sie unter einen Banyanbaum, aus dem eine Stimme rief:»Was ist denn das für eine Frau, die so blühend und zart ist und sich allein in die Nacht hinauswagt?«

Das waren die Worte eines Bilu, dem der Baum gehörte.

»Ich werde dich auffressen, da alle, die in der Dunkelheit unter meinem Baum hinweggehen, mir ganz allein gehören.«

»O Bilu«, flehte die junge Frau, »verschone mich, denn wenn du mich jetzt hierbehältst, wird mein dem Prinzen gegebenes Versprechen niemals erfüllt werden.« Nachdem sie den Grund ihrer nächtlichen Reise erklärt hatte, ließ sich der Bilu erweichen. »Ich muss sagen, ich bin von deiner Ehrenhaftigkeit beeindruckt. Versprichst Du mir, hierher zurückzukehren, wenn du den König getroffen hast, so will ich dich jetzt gehen lassen.«

Wiederum versprach sie die Rückkehr, und der Bilu erlaubte ihr, den Weg fortzusetzen.

Schließlich erreichte sie die Stadt und klopfte an das Tor des Königspalastes.

»Was für eine Frau bist du?«, fragten die Wächter. »Was willst du, dass du zur Mitternachtsstunde zum Palast kommst und Einlass begehrst?«

»Es ist eine Ehrenangelegenheit«, rief die junge Frau zurück. »Bitte geht und meldet dem Herrn König, dass die Studentin, mit der er gemeinsam an der Universität studiert hat, gekommen ist, ihr Versprechen einzulösen!«

Der König hatte in seinem Schlafgemach die Stimmen gehört und sah, als er aus dem Fenster schaute, die junge Frau in ihrer ganzen Schönheit. Er erkannte sie sofort, und wie ein Blitz durchlief ihn heißes Begehren nach ihr. Doch als er ihre ganze Geschichte gehört hatte, verwandelte sich das Begehren in Bewunderung.

»Meine schöne Freundin«, und bei diesen Worten verbeugte er sich vor ihr, »du bist eine edle Frau, denn du schätzt deine Ehre höher als deine jungfräuliche Keuschheit. Sei gewiß, dein Versprechen wurde von mir aus Spaß gefordert. Ich hatte es schon vergessen. Deshalb kehre in Ehren zurück zu deinem Mann!«

Die junge Frau trat den Heimweg an und kam zu dem Bilu im Banyanbaum. »O Bilu«, rief sie in den Baum, »jetzt kannst du mich verzehren. Dennoch musst du mir versprechen, meine silberne Kleidung und meinen Schmuck zu dem Räuber zu tragen, der unweit von hier auf mich wartet, und dem ich versprochen habe, dass er beides erhält.« Einen Augenblick war es still, dann sagte der Bilu: »Höre, du bist eine so wunderbare Frau, dass dir deine Ehre sogar wichtiger ist als dein Leben, dass ich dich von deinem Versprechen erlöse. Du bist frei und kannst zum Hause deines Mannes zurückkehren, von wo du gekommen bist.«

Da ging die junge Frau weiter zu dem Räuber und sagte zu ihm: »Da bin ich wieder. Nehmt meine Juwelen und mein silbernes Kleid! Obwohl ich dadurch nackt und voll Scham vor meinem Mann erscheine, werden mich die Diener doch einlassen, da sie mich kennen.«

Der Räuber sah sie mit großen Augen an, schüttelte den Kopf und erwiderte leise: »Was bist du für eine wunderbare Frau, dass dir dein Versprechen wichtiger ist als deine Juwelen und deine prachtvolle Kleidung! Nein, ich nehme dir nichts weg. Ich erlöse dich von deinem Versprechen und gebe dich frei. Kehre zurück zu deinem Mann!«

So kehrte sie wieder zurück zu ihrem Mann, der sie mit Liebe und Ehrerbietung empfing, und sie lebten noch viele Jahre glücklich zusammen.

Aus: Märchen der Völker Burmas. Übertragen und herausgegeben von Annemarie Esche. 1982, Insel-Verlag, Leipzig

Aus: Märchen der Völker Burmas. Übertragen und herausgegeben von Annemarie Esche. 1982, Insel-Verlag, Leipzig

Geisterglaube und Buddhismus

»Die Nat sind zuständig für die Probleme des Alltags, während Buddha kompetent ist für das Jenseitige.« (Myanmar: Reise in eine verlorene Zeit, Dokumentation, 2009).

Fast 90 Prozent der Einwohner sind Buddhisten, und Myanmar wird in Reiseprospekten vielfach als ›Land der goldenen Pagoden‹ bezeichnet, die das Symbol des Buddhismus sind. Gleichzeitig existiert ein Geisterglaube, der Nat-Kult, der so tief in der Bevölkerung verwurzelt ist, dass schon der Gründer des ersten Großreichs Bagan vor fast 1000 Jahren nicht in der Lage war, diesen zugunsten des Theravada-Buddhismus auszulöschen. So suchte König Anawrahta den mittleren Weg zwischen den Extremen, und integrierte den Nat-Kult in den Buddhismus. Das Wörterbuch gibt unter dem Stichwort ›Nat‹ ein Reihe von Beispielen an: ›Guter Nat‹; ›Böser Nat‹; ›König der Nat‹; ›die guten Nat um Hilfe bitten‹; und zu guter Letzt ›von einem Nat besessen sein‹.

Die Verwebung von Geisterglaube und Buddhismus

Der Animismus beschreibt den Glauben an Geister, Astrologie und Alchemie und dergleichen. Im Fall von Myanmar haben die Geister eine wichtige Funktion. Die Nat werden verehrt, und es wird ihnen geopfert, da sie sowohl Gutes als auch Böses tun können. Der Begriff Nat bedeutet Herr, Beschützer. Die ersten Nat waren Naturgeister, das heißt, es handelte sich um den Baum-Nat, den Berg-Nat oder den See-Nat sowie den Dorf-Nat. Darüber hinaus sind sie immer nur lokal vertreten, aber nicht regional. Erst später entstand der Glaube an 36 personengebundene Nat. Diese 36 Nat wurden und werden im ganzen Land verehrt.

Schrille Musik und Alkohol gehören zum Nat-Fest dazu

Die beiden wichtigsten dieser 36 Nat sind Min Mahagiri (Herr des großen Berges) und seine Schwester Goldgesicht. Sie beide stammen vom Mount Popa unweit Bagans und wurden bereits im neunten Jahrhundert zu Schutzgeistern der Stadt Bagan ernannt, 200 Jahre vor der Herrschaft Anawrahtas. Diesen beiden Nat zu Ehren wurde am Mount Popa ein jährliches Vollmondfest veranstaltet, auf welchem sich die Leute betranken und glaubten, von den Geistern besessen zu sein. Die Oberaufsicht über den Geisterglauben hatten die so genannten Ari-Mönche. Diese Aufsichtsfunktion entstand aufgrund ihrer Kenntnisse einiger buddhistischen Schriften des Mahayana-Buddhismus (der Theravada-Buddhismus ist älter) sowie des Tragens von Mönchskutten und dem damit verbundenen Ansehen.

Mit Hilfe der Schriftrollen des Theravada-Buddhismus, die sich bis 1057 im Besitz der Mon im Süden Myanmars befanden, erklärte König Anawrahta den Theravada-Buddhismus zur nationalen Religion und Ordnungsmacht des Bagan-Reichs. Er stieß, wie zu erwarten war, auf den Widerstand dieser Ari-Mönche, die großen Einfluss besaßen. So blieb Anawrahta nur der Weg der Gewalt. Er ließ alle Mönche gefangennehmen und verpflichtete sie zum Dienst an der Waffe. Das aber hatte nicht den gewünschten Effekt, denn die Menschen verehrten die Nat weiterhin, so dass Anawrahta sich entschloss, den Nat-Kult in den Buddhismus zu integrieren. Die Figuren der verehrten 36 Nat wurden aus ihren Schreinen entfernt und in einem eigens erbauten Geisterschrein auf dem Gelände der Shwezigon Paya, dem Symbol des Buddhismus, untergebracht. Der im Geisterschrein etwas abseits stehenden Figur des Götterkönigs Sakra (auch: Sakka), dem Hüter des Buddhismus, schrieb Anawrahta fortan die Rolle des Königs der Nat zu. Somit entstand der Kult um die 37 Nat.

Sakra war in Myanmar fortan bekannt als Thagyamin, der Götterkönig und König der Nat in Personalunion. Dieser Götterkönig Sakra entstammt aber der buddhistischen Kosmologie. Im Götterhimmel Tavatimsa residieren 32 Götter unter Sakras Herrschaft, während unter dem Götterhimmel Tavatimsa der Him-

Opfer für die Geister

mel der vier Himmelskönige, den Lokapalas, liegt, womit die Zahl 37 erreicht wird. Diese Verwebung war möglich, da der Nat-Kult kein starres Gebilde war, und die Ari-Mönche als Hüter des Nat-Kults ebenso buddhistischen Einflüssen unterlegen waren, was die Integration des Nat-Kults in den Buddhismus ermöglichte. Die 36 Nat wurden fortan als ausgesprochene Verehrer des Götterkönigs Sakra und somit auch als Verehrer des Buddhismus präsentiert. Dadurch war die weitere Verehrung der Nat durch die Bevölkerung möglich geworden, der Glaube an sie wurde in ein buddhistisches Gewand gehüllt, was dem Theravada-Buddhismus eine nur in Myanmar vorzufindende Prägung verschaffte.

Der Geisterglaube im Alltag

Der Geisterglaube betrifft sämtliche Lebensbereiche der Menschen in Myanmar, und den Nat wird fleißig geopfert. An fast jedem Haus hängt an der Südseite eine Kokosnuss, um dem Haus-Nat Respekt zu erweisen und um seinen Schutz zu bitten. Bis zur Gründung Mandalays gab es ein bizarres Nat-Ritual: An jeder der vier Ecken der Stadtmauer wurde ein Mensch lebendig begraben. Diese wurden als böse Nat wieder geboren und sollten die Stadt vor Angreifern von außen schützen. Man könnte fast meinen, dass der Glaube an die Geister die wahre Religion Myanmars ist und der Buddhismus zweitrangig sei – oder der Buddhismus nur als Gewand des Geisterglaubens daherkommt. Es gibt fünf Geisterkategorien.

Die **persönlichen Nat** sind Schutzgeister für einzelne Personen, wobei üblicherweise in sechs gute und in sechs schlechte Nat unterschieden wird, die miteinander konkurrieren. Das Benehmen eines Menschen zeigt also an, welche der beiden Gruppen gerade die Oberhand hat.

Die **Haus-Nat** bewachen das Haus, und in der Regel wird diese Aufgabe den beiden Nat Min Mahagiri und seiner Schwester namens Goldgesicht zugeschrieben. Beide kamen in einem Feuer ums Leben. In Myanmar wird die Flüssigkeit der Kokosnuss zum Kühlen von Brandwunden benutzt, und daher findet man an der Südostseite vieler Häuser eine Kokosnuss hängen.

Die **Dorf- und Stadt-Nat** findet man an prominenter Stelle in Bagan am Tharapa-Tor. Wie der Name bereits sagt, sind diese Nat für den Schutz des Dorfes oder der Stadt zuständig, aber sie sind von Region zu Region unterschiedlich. Den Schrein des Dorf-Nat findet man am Dorfeingang und in ihm befinden sich oft Opfergaben wie Essen und gelegentlich, vor allem im Norden, Figuren weißer Pferde. Myinbyushin (der Herr des weißen Pferdes) beschützt vor allem im Norden das Dorf gegen äußere Feinde, aber nicht gegen innere Feinde.

Interessant wird es bei den **Familien-Nat**. Sie sind regional sehr verschieden und sie beziehen sich nicht auf die Gegend, in der man lebt, sondern auf die Gegend, aus der man kommt! Wer sein Dorf verlässt, um nach Yangon zu ziehen, muss dennoch dem Nat der Heimat Opfergaben bringen und zugleich ebenso den Nat der neuen Heimat verehren.

Die **Natur-Nat** schließlich werden heute überwiegend fast nur noch durch Schreine an Bäumen verehrt, wo namentlich der Jougazou (Baumwächter) zuständig für den Schutz des Baumes ist. In Fernsehsendungen, die die Bevölkerung Myanmars in Fragen der Hygiene aufklären sollen, wird oft dargestellt, wie

Eremiten sind nicht mit Mönchen zu verwechseln

ein Mann an einem Baum uriniert (was man unterwegs sehr oft sehen wird). Dieser Man wird schließlich von Jougazou bestraft. Ziel der Fernsehkampagne und Auftrag des Baumwächter-Nat an den Sünder ist in diesem Fall der Neubau einer Toilette, anstatt in der Öffentlichkeit seine Notdurft zu verrichten.

Die königliche Liste der 37 Nat von einst wurde im Laufe der Jahrhunderte von mehreren Herrschern geändert, aber Thagyamin war immer deren Oberhaupt. Nur diese 37 dürfen auch heute noch als Figuren rund um einen Stupa errichtet werden und viele Nat der fünf Kategorien gehören zu den 37 Nat. Die Mehrheit dieser 37 Nat waren einstige Helden oder tragische Figuren, die alle eines unnatürlichen Todes gestorben sind.

Die Liste der Nat, die nicht auf der königlichen Liste erfasst wurden (*outside Nat*), ist wesentlich größer, und sie sind vielerorts erheblich populärer als die königlichen Nat. Beispielhaft sei hier Ko Myo Shin genannt, der ›Herr der neun Städte‹. Sein Wirkungsbereich befindet sich in der Gegend um Mandalay, wo in der Stadt Pyin U Lwin der größte Altar zu seinen Ehren steht. Dieser Nat gilt als Beschützer des Shan-Volks und der Reisenden. Das hat folgende, praktische Auswirkungen: Wenn in einem Auto neun Reisende sitzen, wird ein Stein als zehnter Passagier mit an Bord genommen. Bei genau neun Reisenden, so der Glaube, wird Ko Myo Shin sehr zornig! Er starb durch Selbstenthauptung.

›i-pay‹ – Geistergeld

In diesem Zusammenhang stellt sich die westlichen Vorbildern entlehnte Einführung des bargeldlosen Bezahlens an Tankstellen, in Supermärkten und sogar für den Bus als eine interessante, aber noch sehr unausgereifte Lösung heraus. In Myanmar angekommen, wird man sehr bald feststellen, dass die Banknoten unter 1000 Kyat häufig abgegriffen, schmutzig und daher unbeliebt sind. Das geht vielen so, aber es gibt oft genug Situationen, in denen man gerade 100 Kyat braucht. Findige Geschäftsleute in Yangon übernahmen die Idee des Bezahlens per wiederaufladbarer Guthabenkarte und gaben ihr werbewirksam den englischen Namen ›i-pay‹, während aber in der Landessprache unter dem Begriff ›i-pay‹ das Wort nat-baiszann zu lesen ist, was nichts anderes bedeutet als Nat-Geld, oder eben Geistergeld. Ein Taxifahrer erklärte, »das ist gut, wenn Du kein Kleingeld dabei hast«. Diese Anknüpfung an die Nat durch den Begriff Nat-Geld vereint ganz wunderbar das Konzept des tief verwurzelten Glaubens an Geister, die man ja nicht sehen kann, mit dem Konzept des bargeldlosen Bezahlens, zu dessen Zweck ja auch ›wie von Geisterhand‹ die Rechnung an der Kasse bezahlt wird. Für Touristen ist das ›Geistergeld‹ allerdings wenig praktisch.

Geisterbeschwörung – zu Besuch bei einem Nat-Pwe

Der Geistergatte ist ein Mann in Frauenkleidern, sorgfältig frisiert und geschminkt. Dieses schillernde Zwischenwesen wird in den kommenden Stunden, begleitet von einem schrill lärmenden Orchester und viel Alkohol, den Wünschenden den Segen der Nat vermitteln. Der Geistergatte, Hofnarr und Zuchtmeister zugleich, ist umringt von einer Schar Transvestiten, die zu seinem Ensemble gehört. Eine Flasche Johnny Walker Black Label wird herumgereicht, jeder nimmt einen tiefen Schluck, dessen Wirkung von der Nachmittagshitze potenziert wird. Der festlich geschmückte Raum ist gut gefüllt, Leute kommen und gehen, und in der Mitte tanzt das Ensemble um den Geistergatten. Der Veranstalter des Nat-Pwe, ein Goldhändler aus Mandalay, will die Gunst eines mächtigen Nat erwerben, so dass die Geschäfte zukünftig erfolgreich laufen – hoffentlich.

Die Anlässe für ein Nat-Pwe sind vielfältig, ein Todesfall erfordert eine Geisterbeschwörung genau so wie eine wichtige Entscheidung, die gefällt werden muss. Der Geistergatte beginnt seinen Tanz, verkleidet als Ko Gyi Kyaw, ein Nat, dessen Zuständigkeitsbereich das Glück im Geschäft und im Spiel ist. Wenn die Geschäfte gut laufen, liegt es am Einfluss von Ko Gyi Kyaw, ebenso aber auch, wenn sie schlecht laufen. Ko Gyi Kyaw war zu Lebzeiten der Schwager des späteren Nat Ko Myo Shin, dem Schutzpatron der Reisenden, aber Ko Kyi Kyaws Tagesablauf bestand aus Trinkgelagen, Hahnenkämpfen und Wetten. Wie alle Nat starb er eines unnatürlichen Todes – er wurde von einem Baum erschlagen.

Zwischen den Tanzeinlagen, zu denen das Orchester lärmt, heften die Anwesenden Geldscheine an das Kostüm des Geistergatten. Viel Geld, denn seine Dienste lässt sich das Medium fürstlich bezahlen. Viele haben es zu großem Wohlstand gebracht und darüber hinaus erfahren sie viel Respekt. Der Tanz geht weiter, und alle Anwesenden werden aufgefordert, sich ebenso in Trance zu tanzen wie das Medium. Weitere Flaschen werden geöffnet, denn das Fest zieht sich über Stunden hin. Die Gläubigen tanzen immer ungehemmter, und es fließen erste Tränen, was wohl an der Mischung von Alkohol und Ekstase liegen mag, aber vor allem am Glauben, durch das Medium mit dem Nat vereint zu sein. Mehr und mehr Scheine werden an das Kostüm des Geistergatten geheftet, dessen Helfer, die durchaus ansehnlichen Transvestiten, nehmen sie später wieder ab und verwahren sie in großen Körben. Mittlerweile ist es dunkel geworden, aber bei den Anwesenden ist keine Spur von Erschöpfung zu beobachten, sie tanzen und trinken weiter. Am nächsten Morgen warten wichtige Geschäfte, die dann hoffentlich den Segen des Nat haben werden. (Ein Nat-Pwe findet häufig statt, meistens weiß immer jemand, wann und wo).

Nat-Fest mit Geistergatte

Junge Novizen in Mingun bei Mandalay

Der Buddhismus

Der Mönchsorden in Myanmar beansprucht, der wahre Hüter des Buddhismus zu sein. Mehrere buddhistische Synoden, mit dem Zweck, den Pali-Kanon, also die buddhistischen Schriften des Theravada-Buddhismus, zu vereinheitlichen, fanden in Myanmar statt – bis in die Gegenwart hinein. Es gibt sogar eine ›Buddhistische Universität‹, was diesen Anspruch weiter untermauern soll.

Es gibt zwei große Schulen: Theravada und Mahayana. In der Gegenwart besteht der Buddhismus in verschiedenen Formen als südlicher Buddhismus (*Theravada*) in Sri Lanka, Myanmar, Thailand, Laos, Kambodscha und als nördlicher Buddhismus (*Mahayana*) in Nepal, Vietnam, China, Korea, Japan sowie in seiner tibetischen Ausprägung in Tibet, Nordostindien, Bhutan, Teilen Russlands und der Mongolei.

»Das Beste, was ein Burmese einem Engländer wünschen kann, ist die zukünftige Wiedergeburt als Buddhist, und möglicherweise noch besser, als Burmese«, schrieb bereits 1882 der britische Kolonialbeamte James C. Scott. Die Bevölkerung Myanmars versteht sich als Lieblingsvolk Buddhas.

Wie der Buddhismus nach Myanmar kam, ist nicht gesichert. Da aber das frühe Volk der Pyu im Kernland bereits Seehandel an den Küsten Südostasiens betrieb, nimmt man an, dass aus Indien kommende Händler zur Verbreitung beigetragen haben könnten. Im Gegensatz dazu steht die Annahme, Mönche aus Indien hätten den Buddhismus in das goldene Land der Mon gebracht. Beide Völker beanspruchen aber die Richtigkeit ihrer Geschichte.

Man kann streiten, ob der Buddhismus eine Religion oder eine Lebensphilosophie ist. Der Buddhismus verehrt keinen Gott und darüber hinaus wird nicht missioniert.

Land und Leute

Siddhartha Gotama und der Ursprung der Lehre

Die Jatakas (Geburtsgeschichten; Jati bedeutet Geburt) sind eine beliebte Darstellung in vielen buddhistischen Bauwerken Myanmars. Allein im Ananada-Tempel in Bagan kann man diese Jatakas, hinter kleinen Holztürchen verborgen, in zwei Umrundungen des Korridors von Anfang bis Ende verfolgen. Eine Jataka ist eine auf Legenden beruhenden Erzählung einer Existenz des Bodhisatta, bevor er als Gotama wieder geboren wurde.

Gotama ist der Name der Familie, Siddhartha bedeutet ›Derjenige, der sein Ziel erreicht‹. Siddhartha wurde der Welt später bekannt als Gotama Buddha. Das Wort Buddha leitet sich vom Wort Bodhisatta ab, was mit ›Erleuchtungswesen‹ übersetzt werden kann. Somit ist Buddha ›Der Erleuchtete‹, und zur Erleuchtung gelangte er durch verschiedene Ereignisse. Siddhartha Gotama war ein Mensch, dessen Geburtsdatum umstritten ist. Häufig wird das Jahr 563 vor unserer Zeit genannt, also vor etwas über 2500 Jahren. Sein Geburtsort war die Stadt Kapilavastu, der Hauptstadt des Sakka-Reiches, südlich von Nepal. Somit erklären sich der zweite Name Buddhas, in Myanmar bekannt als Sakkamuni, und ebenso der Name des Götterkönigs Sakka.

Im Alter von 29 Jahren verließ der Prinz den Palast und seine Familie, um die Welt kennenzulernen. Ihm wurde klar, dass alles Leben mit Leiden behaftet ist, und sein Ziel war es, einen Ausweg aus dieser für ihn frustrierenden Existenz zu finden. Sodann entsagte er seinem privilegierten Leben und zog in die Hauslosigkeit. Die Gelehrten, die er unterwegs traf, konnten ihm keine befriedigenden Antworten geben, so dass er mit der Askese begann. Sehr bald musste er aber feststellen, dass das Leiden im Zustand der Askese nicht zur Erlösung führt. Es heißt in der Legende, er habe zwischenzeitlich nur ein halbes Reiskorn am Tag zu sich genommen. Nach Jahren der Übung und der Misserfolge erkannte er schließlich die Ursachen allen Leidens, als er im indischen Bodhgaya unter einem Bodhibaum (lat. *ficus religiosa*; auch: Bobaum) meditierte. Zu diesem Zeitpunkt war er 35 Jahre alt. Er wurde zum Erleuchteten, zum Buddha, und er erlangte das absolute Wissen und im Geiste sah er seine vorherigen 27 Existenzen. Seine Erkenntnis verbreitete er die nächsten 40 Jahre in Form der Lehre (*dhamma*) von den Vier edlen Wahrheiten sowie dem Achtfachen Pfad. Er fand immer mehr Anhänger, deren Schar so groß wurde, dass er einen Mönchs- und einen Nonnenorden gründete. Bis zu seinem Tod im Alter von 80 Jahren hatte sich seine Lehre in ganz Indien verbreitet und ist von dort, über Sri Lanka, auch nach Myanmar gelangt. Bei seinem Tod ging er nach allgemeiner Auffassung direkt ins Nirwana ein. Nirwana bedeutet ›Nichtmehrsterbenmüssen‹.

Ein Stupa wird gebaut und später vergoldet

Die Lehre und der Palikanon

Seine erste Predigt über die vier edlen Wahrheiten hielt Buddha kurz nach seiner Erleuchtung im Gazellenpark der Stadt Sarnath:

Alles Leben ist Leiden
Die Gier ist die Ursache des Leidens
Die Abkehr von der Gier beendet das Leiden
Der achtfache Pfad ist der Ausweg.

Der in drei Ebenen beschriebene achtfache Pfad lautet:
Ebene 1: Wissende Einsichtigkeit
1 Rechte Ansicht
2 Rechte Gesinnung
Ebene 2: Sittliches Verhalten
3 Rechte Rede
4 Rechtes Tun
5 Rechte Lebensführung
Ebene 3: Konzentration
6 Rechte Anstrengung
7 Rechte Achtsamkeit
8 Rechte Meditation.

Drei Monate nach dem Tod des Buddha beriefen seine Schüler die erste buddhistische Synode zusammen, um die Lehre gemäß den Unterweisungen des Buddha in der damaligen Sprache Pali festzuhalten, daher stammt der Begriff Palikanon. Die weitere Überlieferung erfolgte mündlich. Während des zweiten Konzils etwa 100 Jahre später und in den folgenden Zusammenkünften kam es zur Bildung von bis zu 18 verschiedenen Schulen, die sich in unterschiedlicher Weise auf die ursprünglichen Lehren des Buddha beriefen.

Liegender Buddha in Yangon

Im 3. Jahrhundert vor Christus trat in Pataliputra (heute Patna), unter der Schirmherrschaft des Königs Ashoka, das 3. Konzil zusammen. Ziel der Versammlung war es, sich wieder auf eine einheitliche buddhistische Lehre zu einigen. Das Ergebnis war ein Text, der zum Kernstück des Abhidhammapitaka, einer philosophischen Textsammlung, wurde. Zusammen mit dem Suttapitaka, den niedergeschriebenen Lehrreden des Buddha, und dem Vinayapitaka, der Sammlung der Ordensregeln, bildet das in Pali verfasste Tipitaka (Dreikorb), die älteste große Zusammenfassung buddhistischen Schriftgutes.

Die Drei Juwelen hingegen (auch: Drei Kostbarkeiten, dreifache Edelsteine, Drei Schätze) bezeichnen im Buddhismus Buddha, Dhamma (die Lehre) und Sangha (der Mönchsorden). Sie sind für den Buddhisten die Objekte der Dreifachen Zuflucht. Erst durch die Zufluchtnahme zu den Drei Juwelen, und zwar aus tiefster innerer Überzeugung, gilt jemand als Buddhist. Die traditionelle Formel in Pali, die auch in Myanmar als Sprache des Buddhsimus gilt, lautet: »Ich nehme Zuflucht zu Buddha. Ich nehme Zuflucht zum Dhamma. Ich nehme Zuflucht zum Sangha.« Es wird dreimal hintereinander gesprochen, so wie es im alten Indien als ein Zeichen vollständiger Überzeugung Brauch war. Bei der Zeremonie der erstmaligen Zuflucht zu der Gemeinschaft verpflichtet sich der Praktizierende zumeist auch, die Fünf Silas, die sittlichen Regeln der Buddhisten, zu beachten (nicht töten, nicht stehlen, keine ausschweifenden sinnlichen Handlungen vollziehen, nicht lügen, keine Rauschmittel zu sich nehmen).

Jeder Buddhist muss seinen eigenen Weg zur Erlösung finden und Verantwortung für das eigene Denken und Handeln und die daraus folgenden Konsequenzen übernehmen, und darf sich dabei nicht auf einen Erlöser konzentrieren. Buddha hat nur den Weg zur Erlösung vorgegeben, er ist aber kein Erlöser.

Die Darstellung des Buddha

Sein umstrittenes Todesjahr (nicht Alter) sowie die in verschiedenen Ländern existierenden Zeitrechnungen und verschiedene, sich widersprechende, Chroniken können erklären, warum Legenden entstanden sind, die behaupten, Buddha wäre schon zu Lebzeiten zum Beispiel im heutigen Rakhine-Staat erschienen, und hätte Modell für die heute in Mandalay stehende Mahamuni-Statue gesessen. Das hätte dann vor etwa 2500 Jahren geschehen müssen. Nachgewiesen aber ist, dass menschliche Darstellungen des Buddha erst seit dem 1. Jahrhundert unserer Zeit entstanden sind, und zwar im heutigen Pakistan (damals ein buddhistisches Reich). Erst ab dem 5. Jahrhundert aber bildete sich die heutige Darstellung heraus, die sich aber seitdem von ihrer originalen indischen Form immer weiter entfernte. Später stellte jedes buddhistische Land den Buddha anders dar, so unterscheiden sich Figuren in China und in Myanmar erheblich.

Körperhaltungen und Gesten

Zumeist wird der Buddha sitzend dargestellt. Daneben gibt es noch die stehende und die liegende Darstellung. Beim liegenden Buddha muss man beachten, ob der Kopf in Richtung Norden zeigt. Falls ja, dann bedeutet diese Darstellung den Übergang des Buddha ins Nirwana. Im Gegensatz zum ruhenden Buddha

Buddha mit Erdberührungsgeste in einem verfallenen Tempel in Indein am Inle-See

unterscheidet man hin und wieder die Haltung der Beine: Werden Sie überschlagen dargestellt, dann ruht er nur, stirbt aber nicht.

Stehende Figuren sind eher selten, zum Beispiel im Ananda-Tempel in Bagan. Beim sitzenden Buddha ist auf Details zu achten. Am häufigsten sieht man den Lotossitz: Gekreuzte Beine, beide Füße liegen auf den Beinen und die Sohlen zeigen nach oben. Der Heldensitz zeigt ein Bein unter das andere geschlagen. All diese Beschreibungen beziehen sich auf Gotama Buddha, den vierten Buddha dieses Weltzeitalters.

Ganz selten zu sehen ist ein auf einem Thron sitzender Buddha, dessen Bein oder Beine auf dem Boden stehen. Hierbei handelt es sich um den Metteyya, dem zukünftigen fünften Buddha.

Die Handhaltung (*Mudra*) des Gotama hat eine viel größere Bedeutung. Es soll tausende verschiedene geben, aber zum Glück werden alle Buddha-Figuren in Myanmar fast immer mit der selben Handhaltung gezeigt: Die Erdberührungsgeste zeigt die linke Hand im Schoß liegend, während die rechte Hand mit dem Handrücken zum Betrachter auf den Boden zeigt. Mara (der Tod, Teufel) schickte seine Armee, um Buddhas bevorstehende Erleuchtung zu verhindern. Mit der nach unten gerichteten Hand ruft Buddha die Göttin der Erde an, die die Entbehrungen, die er auf sich nahm, um zur Erleuchtung zu gelangen, bezeugen soll. Die Göttin der Erde wringt sodann ihr Haar aus, und die gewaltigen Wassermassen spülen die Armee Maras hinfort.

Die gleiche Geste, nur mit der Handfläche nach außen gerichtet, ist die sogenannte Wunschgewährungsgeste, wie sie beim stehenden Buddha im östlichen Eingang des Ananda-Tempels in Bagan zu sehen ist. Die rechte erhobenen Hand mit der Handfläche nach außen bedeutet: ›Fürchte Dich nicht‹. Die Geste des ›Andrehen der Lehre‹ beschreibt Daumen und Zeigefinger der rechten Hand, die einen Kreis bilden. Diese Handhaltung steht für die allererste Predigt Buddhas vor seinen Schülern.

Mönch und Gesellschaft

Morgens um vier beginnt der Tag der Mönche. Zum Sonnenaufgang gegen sechs sieht man sie in langen Reihen im Gänsemarsch barfuß, meditativ einen Schritt vor den anderen setzend, die Straßen entlang gehen, den Blick gesenkt, mit ausdruckslosen Gesichtern. Vor den Häusern warten die Familien bereits und geben entweder Reis, Gemüse oder auch Geld in die Schalen. Wenn eine Familie, aus welchen Gründen auch immer, morgens spät dran und der Reis noch nicht ganz fertig gekocht ist, wartet der Mönch geduldig und schweigend die wenigen Minuten, während im Haus allerhöchste Betriebsamkeit herrscht, um dem Mönch endlich seine tägliche Nahrung zu geben. Nachdem alle ins Kloster zurückgekehrt sind, findet das Essen in Gemeinschaft statt. Die Mönche auf Lebenszeit sowie natürlich der Abt des Klosters speisen zuerst, ihnen gebühren die besten Gaben der Bevölkerung. Dann erst essen die jungen Mönche und die Novizen. Die Mönche unterstützen die Nonnen, die *Tilashin*, die wiederum verrichten Arbeiten im Kloster, sind aber separat untergebracht. Der Rest des Tages ist dem Studium der buddhistischen Schriften und der Meditation gewidmet.

Während die einen nur hin und wieder für wenige Wochen ins Kloster gehen, bleiben manche für immer. Kinderreiche, arme Familien schicken meistens einen oder mehrere Söhne im Kindesalter in die Obhut des Klosters, da sie dort ernährt werden können. Sie bleiben meistens ein Leben lang dort, bis sie sterben. In Myanmar aber stirbt ein Mönch nicht einfach so, sondern man sagt ›Er ist heimgegangen‹. Darüber hinaus existieren in der Sprache Myanma Höflichkeitsformeln, die nur Mönchen vorbehalten sind, um deren Status zu würdigen.

Mönche und Klöster leben von den Zuwendungen der buddhistischen Bevölkerung, zumeist in Form von Nahrung, aber auch Geld, die keinesfalls als Almosen bezeichnet werden dürfen, die in ›Bettelschalen‹ von ›Bettelmönchen‹ entgegengenommen werden. Karmisches Verdienst zu erwerben, bedeutet für den Buddhisten, dass er den Mönch fragen muss, ob er etwas geben darf. Falls der Mönch die Gabe annimmt, bedankt sich der Gebende, nicht der Nehmende. Der Gebende bedankt sich für das ihm zuteilwerdende karmische Verdienst, dessen Ausdruck die Annahme der Spende ist, die in die Mönchsschale gelegt wird. Somit ist der Mönch mit Nahrung versorgt, während der ›Zivilist‹ auf eine höhere Wiedergeburt im nächsten Leben hoffen darf. Die Mönche kümmern sich umgedreht auch um die Bevölkerung. Während der so genannten ›Safranrevolution‹ im September 2007 konnten Mütter ihre Kinder aufgrund gestiegener Preise für Nahrung nicht mehr versorgen und brachten sie darum ins Kloster, mit der Bitte um Aufnahme und Verpflegung.

Während der Zeit der Demonstrationen 2007 (ebenso 1990) drehten die Mönche ihre Schale um. Sie verweigerten also die Annahme von Nahrung und Geld durch (hohe) Militärs, da in einem Ort nahe Bagan demonstrierende Mönche von Soldaten verprügelt worden waren, eine spätere Entschuldigung aber ausgeblieben war. Dieser symbolische Akt des ›Umdrehens der Schale‹ ist die höchste

Mönche in Yangon

Form der Ablehnung, die einem Gläubigen zuteilwerden kann, und das geschah nur ganz wenige Male in Myanmars Geschichte. Da aber der Staat schon seit Bagan im 11. Jahrhundert auf das Wohlwollen des Mönchsordens zur eigenen politischen Legitimation angewiesen ist, war dieses Umdrehen der Schale ein Akt ohnegleichen, und mit großer Wirkung, wie sich zeigte.

In Myanmar gibt es etwa 170 000 Mönche, diese Zahl schwankt aber durch das Kommen und Gehen der Mönche auf Zeit. Jedes Dorf und jedes Stadtviertel hat ein Kloster. Klöster haben in der Gesellschaft ein Funktion,

Der Sohn geht ins Kloster

die neben ihrer Rolle als Hüter der buddhistischen Lehre auch in ihrer Bildungsfunktion begründet liegt. Schon bevor es überhaupt die ersten britischen Schulen gab, wurden Kinder in Klöstern im Lesen und Schreiben ausgebildet, deswegen waren schon vor hunderten von Jahren Abenteurer aus fernen Ländern erstaunt angesichts der hohen Lese- und Schreibfähigkeit der gesamten Bevölkerung. Aus diesem Grund wird in Myanmar für die Schule und das Kloster heute noch dasselbe Wort benutzt: *kyaung*.

Einige Äbte der Mönchsgemeinde genießen höchstmöglichen Respekt, so zum Beispiel der hochbetagte Abt aus Mandalay, der jeden Morgen um 4 Uhr die rituelle Gesichtswaschung am Mahamuni-Buddha vornimmt, eine der wichtigsten buddhistischen Andachtsstätten neben der Shwedagon Paya. Seine herrische, fast arrogant wirkende Vorgehensweise während der Zeremonie des allmorgendlichen Rituals stört die Gläubigen nicht im Geringsten. Sein Ansehen und seine Würde hat er sich durch jahrelange Meditation und dem Studium des Pali-Kanons erworben, wodurch er zu einer geachteten Autorität aufgestiegen ist. Alle Regierungen seit dem ersten Königreich Bagan waren auf das Wohlwollen des Sangha und solcher hochrangigen Geistlichen angewiesen. Falls dieses Wohlwollen entzogen werden sollte, stellt das die Daseinsberechtigung des Staates und seiner Regierung in Frage. Staatliche und auch private Spenden an Klöster, aber auch die zahlreichen Renovierungsarbeiten an Bagans verfallenen Bauwerken, sind ein Ausdruck dieser Beziehung.

Beim Besuch des Mahamuni-Buddha in Mandalay fällt eine Fotogalerie ins Auge, die zahlreiche prominente Personen bei der Verehrung des Mahamuni zeigt. Nicht nur ist der frühere 1. Sekretär des SPDC, General Khin Nyunt, dort auf Fotos zu sehen, sondern ebenfalls kürzlich gemachte Aufnahmen, die Präsident Thein Sein und seine Frau beim Niederknien vor dem Mahamuni zeigen. Wenn diese gegenseitige Beziehung gestört ist, wie etwa zur Zeit der Demonstrationen 2007, stellen sich die Mönche an die Seite der Bevölkerung, wenngleich die Klosterregeln ihnen eine politische Betätigung schon immer verboten haben, und sie sich nur der buddhistische Lehre widmen sollten.

Shinpyu – ein Junge wird Mönch

Die Novizenweihe Shinpyu ist die Anknüpfung an eine Legende, die sich zwischen Gotama Buddha und seinem Sohn Rahula zugetragen haben soll. Rahula bat seinen Vater um sein Erbe, worauf Buddha eine Zeremonie durchführte, um seinen Sohn in den Mönchsorden einzuführen. Als Buddhas Ehefrau und auch der Großvater erfuhren, dass der Kleine ohne deren Einverständnis ein Mönch wurde, baten sie Buddha, eine Regel zu erlassen, die verhindern möge, dass Kinder ohne das Einverständnis ihrer Eltern zu Novizen gemacht werden.

Bis heute ist die Novizenweihe und der Einzug ins Kloster das größte Geschenk, das Eltern ihren Kindern machen können. Es handelt sich um einen Initiationsritus, entfernt vergleichbar mit der Taufe oder Kommunion in der christlichen Welt. Buddhisten sind überzeugt, dass die Aufnahme ihrer Söhne und Töchter in den Mönchsorden der gesamten Familie karmisches Verdienst (*Karma*) bringen wird, was sich positiv auf eine zukünftige Wiedergeburt auswirken wird.

Schon mit der Geburt des Kindes sparen die Eltern Geld, um besonders den Jungen eines Tages eine Novizenweihe (*Shinpyu*) finanzieren zu können, bevor diese zwanzig Jahre alt werden. Dieses Fest und der damit verbundene, wenige Wochen währende Aufenthalt im Kloster, ist besonders für den männlichen Nachwuchs verpflichtend. Für Mädchen geschieht dies eher freiwillig und nur wenige folgen dieser Tradition, auch weil Nonnen einen niedrigeren Status haben als Mönche, und, offen gesagt, welches heranwachsende Mädchen lässt sich gerne den Kopf scheren, was aber für beide Geschlechter eine Voraussetzungen für den Einzug ins Kloster ist. Somit reicht es für die Mädchen auch, sich einen goldenen Ohrstecker in beide Ohrläppchen stechen zu lassen, womit das Ritual dann aber beendet ist.

Die eingangs erwähnte Legende hat zur Folge, dass die gesamte Zeremonie, auf die die Eltern seit der Geburt des Kindes sparen, vom Obermönch (*Sayadaw*) des jeweiligen Klosters beaufsichtigt wird. Dessen wichtigste Funktion ist es, zu Beginn der Zeremonie das Kind zu fragen, ob dieses denn die Erlaubnis seiner Eltern hat, Novize zu werden und ins Kloster gehen zu dürfen. Die Novizenweihe geschieht meist im Alter von acht oder neun Jahren, weil man annimmt, die Kinder seien dann reif genug, die Regeln des Klosterlebens und die buddhistischen Gebote (auswendig) zu lernen – ob sie auch begriffen werden, steht auf einem anderen Blatt.

Am frühen Morgen des großen Tages also versammeln sich Familie und Freunde, bevor im prachtvoll geschmückten Auto, begleitet von weiteren Fahrzeugen sowie ohrenbetäubender Musik, die große Prozession, zum Beispiel, zur Shwedagon Paya fährt. Auf dem Land und den Dörfern sieht man den Jungen noch heute hoch zu Ross mit einem großen Gefolge zu Fuß hinter ihm. In einem Dorf dauert die gesamte Zeit der Vorbereitung zur Weihe viel länger und ist auch aufwendiger als in der Stadt. In beiden Fällen aber ist der Junge am großen Tag prächtig gekleidet, anmutig mit Thanakha geschminkt und mit edlem Goldschmuck behangen – wie ein junger, verwöhnter Prinz – während sich die Prozession in Bewegung setzt. Auf der Plattform der Shwedagon angekommen, wird natürlich dem Buddha Respekt erwiesen, während aber auch die Nat nie vergessen werden dürfen. Deren Wohlwollen ist ebenso wichtig für das Gelingen der Novizenweihe Shinpyu, wie die Zeremonie selbst. Danach geht es zu dem Kloster, in dessen Nähe die Familie lebt, und die Ordination beginnt. Nachdem Familie und Freunde dem Obermönch Respekt erwiesen haben, werden dem Jungen die Haare geschoren und die Robe angelegt. Die Haare werden in einem Tuch aufbewahrt.

Der Tag begann also für den jungen Mann als verwöhnter Prinz in prächtigen Gewändern hoch zu Ross, und endet bescheiden in einer Kutte und rasiertem Kopf sowie den ganz wenigen Gegenständen, die Mönche besitzen dürfen (obwohl man heute vielfach Mönche mit Mobiltelefonen sieht). Das nämlich entspricht dem Werdegang des jungen Siddhartha, der einst ein reicher Prinz war, dann aber in die Askese, in die Selbstentsagung, zog und seine Frau und die Annehmlichkeiten des Palastes hinter sich ließ.

Nachdem der Junge also alles Weltliche abgelegt hat, wird er vor dem Sayadaw, dem Obermönch, die buddhistischen Gebote rezitieren, worauf er schließlich offiziell in den Mönchsorden aufgenommen wird. Anschließend werden alle Anwesenden verköstigt, was, wie übrigens die gesamte Zeremonie, von der Familie und Spendern bezahlt worden ist. Wie auch bei einer Hochzeit erfüllen die vielen Anwesenden, vom freudigen Anlass abgesehen, hier vor allem einen Zweck. Sie alle werden bezeugen können, dass dieser Junge tatsächlich zum Novizen geweiht worden ist und dass er vor dem Obermönch bestätigt hat, dazu das Einverständnis seiner Eltern erhalten zu haben. Das gesellschaftliche Zeugnis ist eine wichtige Institution in Myanmar, im Falle einer Scheidung etwa werden die Nachbarn immer mit einbezogen. Sofern beide Verlobte buddhistischen Glaubens sind, erfolgt eine wirksame Eheschließung bereits dadurch, dass die Ehegatten mit der Absicht, eine Ehe zu führen, gemeinsamen Wohnsitz nehmen und diese eheliche Lebensgemeinschaft jeweils sieben Haushalten in westlicher und östlicher Richtung bekannt ist.

Ab dem Augenblick der Ordination erhält der Junge einen neuen Namen, mit dem er während seiner Klosterzeit angesprochen wird. Falls Mädchen sich ebenfalls für eine volle Ordination entscheiden sollten, verläuft das Verfahren genauso. Ihre Roben hingegen sind nicht rostbraun, sondern rosa.

Im Lauf ihres weiteren Lebens, meistens zur Zeit des Wasserfests (*Thingyan*) Mitte April, dem buddhistischen Neujahr, gehen viele Männer wieder für einige Zeit ins Kloster, um innere Einkehr zu halten. Das Klosterleben schreibt strenge Regeln vor. Eine von ihnen ist das Verbot der Nahrungsaufnahme ab 12 Uhr mittags, Wasser ausgenommen. Selbstverständlich sind sexuelle Kontakte verboten, wenn die Ehefrauen ihren Mann im Kloster mit Spenden bedenken. Sie dürfen ihn nicht einmal berühren. Wenn also eine Frau, und sei es die eigene, einem Mönch eine Spende überreichen will, muss sie diese erst einem Mann übergeben, der die Spende an den Mönch weiterreicht.

Da der Autor mit vielen Freunden in Myanmar schon das ein oder andere Glas genossen hat, war der Tag des erneuten Einzugs eines Freundes ins Kloster, begleitet von Familie und Freunden, ein beeindruckendes, aber auch lehrreiches Ereignis:

»Mensch, Kumpel, sag mal, wie fühlst Du Dich jetzt so als Mönch?«

»Ich bin durstig.«

»Klar doch, hier, nimm meine Wasserflasche.«

»Nein! Du musst mich jetzt fragen, ob Du mir Wasser anbieten darfst und ich muss Dir gestatten, mir welches einzuschenken! Während Du mir das Wasser reichst, musst Du Dich vor mir verbeugen – wie meine Mutter auch.«

Die Beziehung zwischen dem *Sangha*, dem Mönchsorden, und der Bevölkerung war und ist etwas Besonderes. Dieser Respekt heißt in Myanmar ›*kadaw*‹ und hat aber darüber hinaus noch die Bedeutung von ›sich entschuldigen‹. Angestellte einer Firma und Schüler in einer Schule erweisen ihrem Vorgesetzten oder Lehrer ebenso kadaw, wie dem Mönch Respekt erwiesen wird. Zur Zeit des buddhistischen Neujahrs etwa, Mitte April, werden Schüler und Angestellte vor ihren Lehrern und Vorgesetzten niederknien, und um Entschuldigung bitten, für die Fehler, die sie begangen haben.

Eine Nonne berichtet

»Auf Englisch sagt man Nonne. In Myanmar aber heißt es Tilashin. Nach drei Jahren wurde ich ordiniert. Nun studiere ich an der internationalen Sitagu-Akademie. Tilashin bedeutet soviel wie Tochter Buddhas. Manche von uns werden schon mit drei oder vier Jahren Nonne. Später studieren sie die Lehre des Buddha. Zuerst lernen sie *paritta*, die Praxis des klösterlichen Lebens und der liebevollen Freundlichkeit, danach die Lehre des Buddha in drei Stufen. Als ich jung war, habe ich viele verschiedene Bücher gelesen, auch Cartoons, allerdings solche über das Leben des Buddha. Als ich in Yangon Sprache und Literatur studierte, habe ich auch viele Romane gelesen. Nun beschäftige ich mich nur noch mit Büchern über die Lehre des Buddha. Ich habe viele Pläne, was ich nach meinem Studium machen möchte: meditieren will ich und mein Wissen teilen. Ich möchte anderen dabei helfen, auch zu meditieren«.

Nonnen warten auf die Speisung

Ab 12 Uhr gibt es nichts mehr zu Essen für den Rest des Tages

Land und Leute

Der Buddhismus im täglichen Leben

Fünf Sittenregeln gelten für alle Buddhisten: Nicht töten, nicht stehlen, keine sexuellen Ausschweifungen, nicht lügen und – keine berauschenden Mittel zu sich nehmen. Für Mönche und Nonnen gelten weitere Regeln, wie das Nahrungsverbot zwischen 12 Uhr mittags und 4 Uhr morgens sowie das Fernhalten von Vergnügungen. Außerdem dürfen Mönche kein Gold oder Silber annehmen, was an sich nicht die Annahme von Geld betrifft. Da es aber in Myanmar für das Wort Geld zwei Entsprechungen gibt (*ngwe* für Silber; *baizsann* für Geld), kann man über das Thema der Gabe, aber auch der Annahme, von Geld streiten.

Töten stellt ein Problem dar, denn man verzehrt zwar das Schweinefleisch-Hin, aber das Schlachten wird meistens den nicht-buddhistischen Bevölkerungsgruppen Myanmars überlassen, wie etwa den Indern oder den Chinesen. So stehen auch die Fischer vor einem Problem. Die Lösung ist einfach: Der gefangene Fisch wird aufs Land gelegt, und wenn er dann stirbt, war es nicht der Fischer.

Der Begriff *Metta* beschreibt die liebevolle Hingabe an alles Leben auf der Erde, und stellt das Grundelement buddhistischen Verhaltens dar: Man sieht in Myanmar viele Straßenhunde, die alle irgendwie überleben. Als einmal ein Auto einen Hund angefahren hatte und dessen Wirbelsäule gebrochen war, nahmen sich die anwesenden Straßenhändler des Tieres an und legten es auf eine Decke. In den folgenden vier Wochen wurde der Hund gefüttert und gepflegt. Später konnte man den Hund sehen, wie er sich auf seinen Vorderpfoten durch die Straßen zog. Seine Hinterpfoten waren für immer gelähmt, aber er lebte. Dieser Straßenhund hatte und wollte keinen Besitzer, und doch wurde sich um ihn gekümmert. In dieser Geste liegt auch die Tatsache begründet, warum Myanmar als Reiseziel so beliebt ist. Zwar sind die Thais auch Buddhisten, aber in Myanmar wirkt er viel echter. Auf den Gedanken den Hund zu töten wären die anwesenden Straßenhändler nie gekommen, während er aber in Vietnam mit Sicherheit gegessen worden wäre.

Die Geschichte Myanmars

Das Militärregime bis 2011 – und vermutlich auch die gegenwärtige Regierung – handelte mit großer Wahrscheinlichkeit in der Überzeugung, dass sie die Tradition der drei großen Könige und Reichseiniger Anawrahta, Bayintnaung und Alaungpaya fortführten. Die Zeit der kolonialen Besetzung durch Großbritannien wird dabei vernachlässigt, und den beiden Generälen Aung San (gest. 1947) und Ne Win (gest. 2002) sind keine Statuen vor dem Nationalmuseum gewidmet, den Königen hingegen schon. Die eigene nationale Geschichtsschreibung (auch in den Schulbüchern) belegt diesen Umstand. So etwas geschieht aber nicht nur in Myanmar, denn der Trend zu einer angepassten Geschichtsschreibung lässt sich auch in anderen Staaten Südostasiens beobachten.

Das Nachbarland Thailand bietet sich zur Illustration an. Es heißt nach wie vor, dass Thailand niemals eine Kolonie gewesen ist. Man kann aber auch sagen, dass Thailand den Kolonialherren in den Nachbarländern auf halbem Weg entgegenkam, um die eigene Kolonisierung zu verhindern.

Die Geschichte Myanmars seit der Gründung des ersten Territorialreichs Bagan im 11. Jahrhundert bis zur Zeit der Militärherrschaft unter General Ne Win ab 1962 und des militärischen Kontrollgremiums SLORC/SPDC (→ S. 375) ab 1988 hat ein gemeinsames Moment. Der Militärrat in Myanmar führte die Tradition der drei Reichseiniger fort. Vor diesem Hintergrund wird ebenfalls klar warum im Jahr 2006 der Umzug in die neu gebaute Hauptstadt Naypyitaw im Landesinnern erfolgte. Naypyitaw bedeutet Königliche Residenz, und auf dem gewaltigen Paradeplatz stehen gigantische Statuen der drei Reichseiniger, unter deren Augen die Soldaten am Tag der Streitkräfte am 27. März marschieren. Neue Hauptstädte zu errichten ist nichts ungewöhnliches in der Geschichte Myanmars, und so ist die Königliche Residenz Naypyitaw nur eine Fortschreibung der Geschichte von vergangenen Großreichen.

Die obersten Generäle Myanmars haben ebenso wie die Könige Sakralstätten errichten und Klöster renovieren lassen, um buddhistisches (karmisches) Verdienst zu erwerben. Sie mussten sich ebenfalls mit dem Sangha, dem Mönchsorden, arrangieren, um Legitimation zu erfahren. Die Mönchsdemonstrationen des Jahres 2007, fälschlicherweise als ›Safran-Revolution‹ bezeichnet, hatten eine zeitweise Aberkennung der Legitimität des Militärrates durch den Sangha zur Folge, als hohe Äbte als auch Mönche die Spenden der Generäle ablehnten. Der Begriff ›Safran-Revolution‹ ist deswegen nicht zutreffend, da Safran überwiegend gelb ist, die Roben der Mönche in Myanmar aber dunkelrot bis rostbraun. Die Reporter der Zeitungen saßen aber in Bangkok, wo die Roben der Mönche tatsächlich gelb sind.

Eine Eigenschaft des Militärrates SPDC und seines Vorgängers SLORC (1988–2011) war es, nach außen hin stets geschlossen und einig aufzutreten. Es ist möglich, dass sich der Militärrat in der Rolle eines kollektiven *Dhammaraja* (Herrscher im Auftrag des Weltengesetzes) gesehen hat, dem es obliegt, für ein Gedeihen der Gesellschaft zu sorgen, wie es einst der König tat. Vieles, was die militärischen Eliten Myanmars ab 1988 taten, erklärt sich, wenn man ihnen die Anknüpfung an königliche Traditionen als Motivation unterstellt. Stellt man in

Rechnung, dass der Palast der Inbegriff strahlender Macht, Mittelpunkt des Reiches und somit der Welt war, wird verständlich, warum die Paläste der gefeierten und geehrten Gründerkönige so aufwendig wieder aufgebaut wurden, wie heute in Mandalay, Bago und Bagan zu sehen.

Sowohl General Ne Win ab 1962 und auch dem späteren Senior General Than Shwe ab 1992 wurden mitunter königliche Verhaltensweisen nachgesagt. Insbesondere Ne Wins Heirat mit Yadana Nat Mei (June Rose Bellamy) im Jahr 1978 erregte großes Aufsehen, da sie eine entfernte Verwandte des letztens Königs war. Während dieser Hochzeit durfte der General seine weiße Paradeuniform nicht tragen, da weiße Kleidung einst dem König vorbehalten war. Gelegentliche Zeitungsberichte, in denen es um den Fund weißer Elefanten in tiefen Wäldern geht, genießen heute wie damals besondere Aufmerksamkeit, waren doch gerade weiße Elefanten das Zeichen königlicher Autorität, derentwegen schon im 16. Jahrhundert Kriege gegen das heutige Thailand geführt wurden. Auch im Jahr 2013, in der Phase der quasi-parlamentarischen Demokratie, in der das Militär 25 Prozent der Sitze in den Parlamenten hält, tragen die Minister der Regierung unter Präsident Thein Sein weiterhin den Titel *wun-gyi*, ein Begriff, der aus längst vergangenen Zeiten stammt, und sich mit ›Träger einer großen Last‹ übersetzen lässt.

Es verwundert fast, warum die Verfassung von 2008 kein Amt des Königs oder Königin vorsah, so wie in Thailand, wo der König als moralische Autorität und Institution höchstmögliche Verehrung genießt. Mit einer bestimmten Königin in Myanmar wären wohl viele zufrieden gewesen.

Der Nachbau des Palasts in Mandalay

Überblick

2. Jh. v. Chr. bis 8. Jh. Mehrere verschiedene Staaten auf dem Gebiet des heutigen Myanmar

9. Jh. Untergang des Pyu-Reiches. Die Bamar wandern aus dem Norden ein und werden sesshaft.

825 Bago im Mon-Reich, 80 km nördlich von Yangon, wird gegründet.

849 Bagan weiter nördlich wird von einer Stadtmauer umgeben.

1044 König Anawrahta von Bagan wird gekrönt

1057 Anawrahta erobert das Mon-Reich und verschleppt Mon-Elite inkl. alter buddhistischer Schriften nach Bagan. Bagans Aufstieg beginnt.

12. Jh. Mon-Kultur dient als Basis der eigenen Kultur in Bagan. Unter König Alaungsithu (1113–1165) Herausbildung einer eigenen Kultur.

1287 Innere Schwächung Bagans gefolgt durch Einmarsch der Mongolen beendet Bagan-Ära.

1364 Nach dem Zusammenbruch des Bagan-Reiches gründen Bagans Nachfahren Innwa (bei Mandalay). Erneut wurde politische Größe erreicht, der Buddhismus wurde weiterhin als Wahrer kultureller und moralischer Identität etabliert.

1423 Shinsawbu wird (erste und einzige) Königin (1453–1477) des Mon-Reiches von Bago im Süden. Mon-Reich erlebt Blütezeit.

1454 Mrauk-U, die Hauptstadt des Rakhine-Staates im Westen, wird gegründet.

1527 Innwa wird von den Shan eingenommen und nur 28 Jahre lang beherrscht.

1531 Das zweite Königreich, die Taungoo-Dynastie, wird von König Tabinshweti mit Bago als Hauptstadt gegründet.

1558 Nachdem Tabinshwehti 1550 von Hofangehörigen der Mon in Bago ermordet worden war, kämpfte Bayintnaung um die Wiederrichtung von Tabinshwehtis Reich, indem er nacheinander Taungoo und Pyay (1551), Pathein (1552) und schließlich Innwa (1555) eroberte.

1564–69 Bayintnaung greift das Königreich Ayutthaya (Siam) an, dessen Hauptstadt er trotz hartnäckigen Widerstands 1569 einnehmen kann. Im Anschluss daran wird Siam ein Vasallenstaat von Taungoo. Tausende Siamesen werden als Kriegsgefangene und Geiseln verschleppt.

1592 Der spätere siamesische König Naresuan erhielt in Myanmar seine militärische Ausbildung, die er später zur Befreiung Ayutthayas von Myanmar erfolgreich nutzt. Mit zwei starken Armeen nimmt er den Süden Myanmars ein. 1593 überfällt er Kambodscha, das aufhört ein Machtfaktor in Südostasien zu sein.

1599 Innwa wird die Basis zur Wiederherstellung des Königreiches

1635 Die Hauptstadt wird von Bago nach Innwa verlegt.

1752 In nur zwei Tagen erobern die Mon Innwa und brennen die Stadt 1753 nieder. König Alaungpaya (1752–1760) besiegt die Mon und gründet die Konbaung-Dynastie sowie 1755 die Stadt Yangon bevor dieser dritte Reichseiniger 1760 stirbt.

1764 König Hsinbyuschin (1763–1776) baut Innwa wieder auf; Hauptstadt 1765.

1767 Ayutthaya wird durch Truppen Myanmars vollständig zerstört.

1784 König Bodawpayas Truppen erobern Rakhine und konfiszieren die berühmte Mahamuni-Buddha-Statue.

1824–26 Die Briten erklären Myanmar den Krieg aufgrund der Eroberungsfeldzüge König Bagyidaws an der Grenze zu Britisch-Indien. Myanmar muss Rakhine (Westen) und Taninthayi (Süden) abtreten.

1852–53 Der gesamte Süden Myanmars fällt im zweiten Krieg an die Briten.

1857 König Mindon gründet Mandalay.

1869 Eröffnung des Suez-Kanals fördert und vermehrt Kolonialhandel mit Südostasien.

1885–86 Dritter und letzter Krieg gegen die Briten. Mandalay wird eingenommen und König Thibaw ins indische Exil verbracht. Bis 1937 bleibt Myanmar Teil Britisch-Indiens.

1942 Auf Betreiben General Aung Sans besetzt Japan Myanmar, und die Briten werden zurück gedrängt. Schließlich helfen die Briten, die Japaner zu vertreiben.

*U Nu war Premierminister und Autor
zahlreicher politischer Schriften*

19. Juli 1947 General Aung San wird er-mordet. Seine Tochter ist zwei Jahre alt.

4. Januar 1948 Myanmar wird ein unab-hängiger souveräner Staat außerhalb des Commonwealth.

April 1955 Wilhelm Kopf, der erste Ge-sandte der BRD, nimmt in Yangon seine Tätigkeit auf. Premier U Nu befindet sich in Indonesien anlässlich der Gründung der Blockfreienbewegung.

Juni 1955 Staatssekretär Walter Hallstein in Bonn erwägt den Abbruch der diploma-tischen Beziehungen zu Myanmar aufgrund anstehender Anerkennung der DDR durch U Nu. Dieses Ereignis fördert die Entste-hung der Nichtanerkennungspolitik Bonns Ende 1955–69 (›Hallstein-Doktrin‹).

2. März 1962 General Ne Win übernimmt die Macht durch Militärputsch. Verstaatli-chung der Wirtschaft und selbst auferlegte Isolation sind die Folge. Die sozialistische Einheitspartei wird gegründet.

1965 Das Goethe-Institut sowie weitere aus-ländische Kulturinstitute müssen schließen.

1967 Kurt Georg Kiesinger kommt als ein-ziger deutscher Kanzler auf Staatsbesuch nach Myanmar. Ne Win lehnt ASEAN-Mit-gliedschaft ab.

1979 Myanmar verlässt die Blockfreienbe-wegung auf der Konferenz von Havanna.

1980 Das Wiener Übereinkommen über diplomatische Beziehungen von 1962 wird durch Myanmar ratifiziert.

1986 Bundespräsident Richard von Weiz-säcker auf Staatsbesuch in Myanmar, Ge-genbesuch durch Präsident San Yu im Jahr darauf.

1987 Dritte Geldentwertung verschärft die wirtschaftliche Situation.

1988 Rücktritt Ne Wins von allen Ämtern. Demonstrationen gegen katastrophale wirt-schaftliche Bedingungen sowie Ruf nach Demokratie werden blutig niedergeschla-gen. Ein von hohen Generälen gegründe-ter Staatsrat zur Wiederherstellung von Recht und Ordnung (SLORC) übt fortan die exekutive Richtlinienkompetenz aus. Als zentrale politische Maßnahme erlässt der SLORC ein Parteiengesetz, auf dessen Grundlage sich insgesamt 235 Parteien ein-tragen, viele aber nur, um Zuwendungen des Staates zu erhalten.

1989 Die Oppositionsführerin Suu Kyi, die Tochter Aung Sans und Generalsekretärin der Nationalen Liga für Demokratie (NLD), wird unter Hausarrest gestellt.

1990 Am 27. Mai wird ein Parlament ge-wählt, das nach informellen Regierungsan-kündigungen eine neue Verfassung ausar-beiten soll – als Ersatz für die sozialistische Verfassung, die beim Militärputsch 1988 außer Kraft gesetzt worden war. Die Nati-onale Liga für Demokratie erzielt einen Erd-rutschsieg und versucht, die politische Initi-ative an sich zu ziehen indem sie mit einem eigenen Verfassungsentwurf auftritt, obwohl der SLORC vorher ausdrücklich vor einem solchen Vorgehen gewarnt hat. Angebliche Nichtanerkennung des Wahlergebnis durch Militär sowie Niederschlagung der Demokra-tiebewegung 1988 münden in harten Sank-tionen seitens EG/EU und USA bis 2012.

1991 Friedensnobelpreis für Suu Kyi.

1995 Der Hausarrest Suu Kyis wird nach sechs Jahren aufgehoben. Die NLD zieht alle Delegierten aus der seit 1993 tagen-den verfassungsgebenden Versammlung ab.

1996 Das ›Visit Myanmar Year‹ erzielt nicht die gewünschten Besucherzahlen.

1997 Aufnahme in die ASEAN. SLORC wird umbenannt in SPDC (Staatsrat für Frieden und Entwicklung).

2001 Myanmar gewährt der US-Luftwaffe (Stützpunkte in Thailand und Philippinen) Überflugrechte zum Angriff auf Afghanistan.

2002 Teile der Familie Ne Wins werden unter Hausarrest gestellt bzw. verurteilt; Tod Ne Wins im Dezember.

2003 Suu Kyi wird nach dem Zwischenfall bei Depayin (→ S. 94) verhaftet.

2004 Der Direktor des Geheimdienstes und zugleich 1. Sekretär des SPDC, General Khin Nyunt, wird verhaftet, da er sich Anweisungen von höherer Stelle widersetzte. Endgültiges Ende der Ära Ne Win. ›Fahrplan zur Demokratie‹ tritt in Kraft.

2006 Umzug der Regierung in die neu erbaute Hauptstadt Naypyitaw im Landesinneren.

2007 Schlagartige Streichung der Subventionen für Benzin erhöht Lebenshaltungskosten erheblich. Demonstrationen mit Teilnahme von Mönchen folgen.

2008 In Folge von Überschwemmungen im Delta des Ayeyawady durch den Wirbelsturm Nargis verlieren über 100 000 Menschen ihr Leben. Befreundete asiatische Länder schicken sofort Hilfsgüter nach Myanmar. Ein vor der Küste Myanmars kreuzender Zerstörer der US-Streitkräfte mit angeblichen Hilfslieferungen an Bord schürt alte Ängste in der weit von der Küste entfernten neuen Hauptstadt Naypyitaw, in Folge dessen alte Fronten zwischen Myanmar und dem Westen erneut verhärten. Frankreichs Außenminister Kouchner, der Gründer der Hilfsorganisation ›Ärzte ohne Grenzen‹, schlägt militärische Intervention im Rahmen eines UN-Mandats vor. Myanmars neue Verfassung wird per Referendum angenommen. Nach den Wahlen von 1990 ebnet sie den Weg zu einem neuen Staat.

2010 Das Wahlergebnis von 1990 wird erst jetzt für ungültig erklärt, um Weg für Neuwahlen auf Grundlage der Verfassung von 2008 freizumachen. Die NLD lässt eine Frist verstreichen, innerhalb derer sich alle politischen Parteien erneut registrieren müssen, um zur Wahl anzutreten. Durch den Sieg der USDP und einer festgesetzten Quote für Soldaten im Parlament gewinnen militärnahe Kräfte die Oberhand.

2011 Der frühere General U Thein Sein wird Präsident, und somit Staatsoberhaupt und Regierungschef in Personalunion. Mit der ersten Sitzung des Parlaments löst sich der Militärrat SPDC per Anordnung nach über 20 Jahren selbst auf.

2012 Am 1. April erringt die neu registrierte NLD in den Nachwahlen 44 Mandate. Suu Kyi wird Abgeordnete. Als erste deutsche politische Stiftung eröffnet die Hanns-Seidel-Stiftung (CSU) eine Repräsentanz in Yangon, weitere werden folgen. Ein neues Investitionsgesetz gestattet ausländischen Unternehmen Unternehmungen in Myanmar. Coca-Cola kommt nach 50 Jahren zurück nach Myanmar. Obama, Westerwelle, Cameron, Niebel kommen zu Besuch.

2013 Präsident Thein Sein besucht Norwegen, Finnland und Österreich. Die Schweiz eröffnet eine Botschaft in Yangon. Im März wird eine Kommission eingesetzt, die die Änderung der Verfassung prüfen soll, damit Suu Kyi der Weg ins Präsidentenamt geebnet wird. Ab 1. April erscheinen erstmalig nach über 50 Jahren private Tageszeitungen.

Denkmal für Bogyoke Aung San in Monywa

Frühe Besiedlung

Die Ereignisse in der Zeit zwischen dem zweiten vorchristlichem und dem neunten Jahrhundert unserer Zeitrechnung schufen die Voraussetzungen für den Aufstieg Bagans zu einer von drei Großmächten auf dem festländischen Teil Südostasiens. Diese Voraussetzungen waren einerseits die Errichtung von Bewässerungssystemen in der Ebene in der Nähe der großen Flüsse, andererseits der zunehmende Handel an den Küsten Südostasiens. Während dieser Zeit wurde der obere Teil des heutigen Myanmar vom Volk der Pyu bewohnt und beherrscht, die diese Bewässerungssysteme errichteten ließen, was den Anbau von Reis ermöglichte. Die Grundlage für einen Agrarstaat wurde geschaffen. Darüber hinaus benutzen die Pyu bereits Münzen, um den Handel zwischen Kernzone und Küste zu ermöglichen.

In ihren Bemühungen, die Küstengebiete und damit den Handel im Süden Myanmars unter ihre Kontrolle zu bringen, muteten sie sich etwas zu viel zu und vernachlässigten die eigene Sicherheit. Die Folge war, dass ihre Hauptstadt im Landesinneren mit Leichtigkeit von den angreifenden Truppen des Königreichs Nanchao Anfang des neunten Jahrhunderts überrannt werden konnte. Nanchao befand sich auf dem Gebiet des heutigen Yunnan in China, und die Eroberung im Jahr 832 verfolgte einen Zweck: Die Entführung der arbeitsfähigen Bevölkerung nach Nanchao, denn in Agrargesellschaften war Arbeitskraft das höchste Gut. Etwa 3000 Pyu wurden verschleppt. Das folgende politische Vakuum im nördlichen Teil Myanmars schließlich ermöglichte den Aufstieg Bagans im 9. Jahrhundert, wo die aus dem Norden eingewanderten Bamar bereits siedelten.

Während die Pyu in Obermyanmar siedelten, ließen sich die Mon, weiter südlich, im Delta des Ayeyawady sowie am Golf von Mottama nieder. Die Sprache der Mon gehört zur Mon-Khmer Familie, und viele Wörter im heutigen Myanmar sind der Sprache der Mon entnommen. Das Reich der Mon im Süden erstreckte sich bis ins heutige Thailand, und spätere Chroniken nannten das Land Suvannabhumi (goldenes Land, wie der Name des Flughafens in Bangkok).

Die Legende will, dass bereits im Jahr 302 vor unserer Zeit das Mon-Königreich in der Stadt Thaton (heutiger Mon-Unionsstaat) gegründet wurde, was den Anspruch der Mon begründet, die ersten Siedler gewesen zu sein. Im November 2012 wurde angeordnet, dass eine Vorlesung an der Universität über das Pyu-Königreich nicht stattfinden darf, nachdem Vertreter der Mon, aus Sorge vor einer Manipulation der Geschichte, gegen diesen Vortrag protestiert hatten. Die Schrift der Mon war südindischen Vorbildern entlehnt und der Theravada-Buddhismus, ebenfalls aus Indien stammend, war seit etwa dem fünften Jahrhundert im Mon-Reich etabliert. Im Westen bildete sich im 4. Jahrhundert in der Nähe der Stadt Mrauk-U im heutigen Rakhine-Staat ein weiteres Königreich, während sich im Osten, im heutigen Shan-Staat, die Tai niederließen. Die Tai stammten aus dem nördlichen Reich Nanchao.

In der Geschichtsschreibung Myanmars werden sehr oft Legende und Wirklichkeit vermischt, insbesondere wenn es um buddhistische Legenden geht. So sollen etwa indische Mönche bereits im dritten vorchristlichen Jahrhundert das Mon-Reich besucht haben, um den Buddhismus zu verbreiten. Diese Zeitan-

gabe korreliert mit Buddhas Tod in Nordindien, der fortschreitenden Verbreitung seiner Lehre nach Süden und der anschließenden Ausbreitung der Lehre
in Südostasien.

Bagan – das erste Großreich

König Anawrahta wird heute als der erste Reichseiniger beschrieben, daher steht
seine Statue in der Hauptstadt Naypyitaw ganz links. Das politische Vakuum
nach dem Ende des Pyu-Reichs ermöglichte den Aufstieg Bagans. Verbesserte
Bewässerungssystem wurden angelegt, die alten Systeme wurden erweitert, was
eine gesteigerte Wirtschaftsleistung zur Folge hatte. Nach seiner Krönung im
Jahr 1044 vereinte König Anawrahta die Teilstaaten Myanmars, denn der neue
Wohlstand erlaubte die Aufstellung einer Streitmacht. Die Ausdehnung des Reiches war schließlich ungefähr deckungsgleich mit dem Territorium des heutigen
Myanmar, während die Stadt Bagan das Zentrum und die Residenz des Königs
war. Umstritten ist, ob König Anawrahta im Jahr 1057 tatsächlich in die Mon-
Hauptstadt Thaton eingefallen ist, um sich dadurch nicht nur den Zugang zum
Seehandel im Süden Myanmars zu sichern, sondern auch gleich die gesamte Kultur der Mon in sein neu gegründetes Reich zu übernehmen. Glaubhaft klingt aber
auch, dass die Hafenstadt Thaton oft gegen seeseitige Angriffe verteidigt werden
musste, so dass der geschwächte König der Mon schließlich König Anawrahta
um Hilfe bat. Dieser kam, sah und nahm. Angehörige des Mon-Volks betonen
heute noch, dass König Anawrahta Thaton zerstörte.

Anawrahta ging es besonders um die wertvollen buddhistischen Schriftrollen, die sich im Besitz der Mon befanden, aber zur Verbreitung des Buddhismus
in Bagan benötigt wurden. Bis zu jenem Zeitpunkt war der Animismus, dessen
Merkmal der Geisterglaube war, der spirituelle Anker der Gesellschaft Bagans.

Drei Statuen früherer Gründerkönige am Paradeplatz in Naypyitaw.

Die Palastfundamente in Bagan

Dieser Glaube stand unter der Aufsicht einer Sekte von Ari-Mönchen (siehe Kapitel ›Verwebung von Geisterglaube und Buddhismus‹, das eng mit der Geschichte Bagans verbunden ist). Nach der Ankunft der buddhistischen Schriftrollen in Bagan hatte sich dort innerhalb von zwei Jahrhunderten der Theravada-Buddhismus fest etabliert und währt bis heute fort.

Unter Anawrahta wurden die ersten Inschriften Bagans noch in Mon-Schrift verfasst und die Kultur der Mon war allgegenwärtig. Erst während der Regentschaft des vierten Königs von Bagan, Alaungsithu, im 12. Jahrhundert bildete sich das heutige Schriftbild der Sprache Myanmars heraus, abgeleitet aus der Mon-Schrift.

Im 12. und frühen 13. Jahrhundert war es aufgrund der gewachsenen Bevölkerung möglich, weitere Flächen bis in den hohen Norden zu besiedeln und zu bewirtschaften. Zu dieser wirtschaftlichen Entwicklung kamen neue intellektuelle und kulturelle Impulse von Außen, so dass das Königreich Bagan in der Lage war, ein monumentales Bauprogramm zu beginnen, dessen Zeugnisse den heutigen Besucher immer noch in Staunen versetzen. Die architektonische Qualität und die Anzahl der Bauwerke, die die Könige von Bagan errichten ließen, sucht ihresgleichen. In der Mitte des 13. Jahrhunderts stand Bagan auf einer Stufe mit den anderen Zentren der Macht im festländischen Teil Südostasiens, Angkor in Kambodscha und Dai Viet in Vietnam. Diese drei Zentren beeinflussten die gesamte Region Südostasien maßgeblich.

Zum Ende des 13. Jahrhunderts aber schwand Bagans Macht. Der Reichtum, bestehend aus Arbeitskraft, Ackerland und Tauschmitteln (Geld, im weitesten Sinne), verringerte sich aufgrund der gigantischen Bauprojekte für Tempel, deren buddhistischer Zweck dem ersten Territorialstaat die nötige politische Legitimation verschaffte. Einige Bauwerke in Bagan, die ausschließlich in der Spätphase des Reiches entstanden, haben anstatt vier fünf Eingänge. Der vierte Buddha dieses Weltzeitalters war Gotama Buddha, während die Ankunft des fünften Buddha, des Metteyya, (immer noch) erwartet wird. Diese Bauten mit fünf Eingängen mögen ein Anzeichen für den damals einsetzenden Pessimismus, oder auch die Ernüchterung, sein, die die letzten Könige Bagans angesichts schwindender Macht verspürt haben könnten, so dass man sich auf religiöse Erlösung anstatt auf Taten konzentrierte. Das Königreich verlor nach und nach seine tributpflichtigen Staaten an den Küsten, da diese aufgrund des immer größer werdenden Wohlstand durch Seehandel in der Lage waren, dem Zentrum Bagan durch wachsende ökonomische und militärische Macht die Stirn zu bieten.

Oft heißt es, dass die Mongolen aus dem Norden Bagan im Jahr 1287 vernichteten, aber man muss berücksichtigen, dass die Angreifer einen bereits stark geschwächten Gegner vorfanden, der obendrein die Realität verkannt hatte. Nicht nur wurde zuvor die Gesandtschaft des Mongolenkönigs Kublai Khan, der Tributzahlungen von Bagan einfordern wollte, hingerichtet, überdies schickte König Narathihapate (reg. 1254–87) den Mongolen seine Streitmacht mit dem Ziel, das Mongolenreich zu unterwerfen. Als die Mongolen Bagan erreichten, kommt wieder eine Legende ins Spiel: König Narathihapate floh vor ihnen, was ihm den Namen ›Der König, der vor den Chinesen floh‹ (*Tayokpyemin*) einbrachte. Andere Quellen sprechen vom König, der vor den Türken floh. Einige Historiker aber bezweifeln gänzlich, dass er geflohen ist. Das erste Großreich Bagan verfiel in viele kleine Überreste.

Neben der Statue König Anawrahtas auf dem Paradeplatz in Naypyitaw steht in der Mitte die Statue König Bayintnaungs, der aber erst im 16. Jahrhundert zu Ruhm kommt.

Machtverlagerung von Bagan nach Innwa

Nach dem Untergang Bagans als politisches Zentrum der Macht blieben drei Zentren, die einst Bagan tributpflichtig waren, von Bedeutung. Nun aber war es ein schwacher König, der nach der Mongoleninvasion in Bagan auf dem Thron saß. Es handelte sich um den Sohn des Königs ›der vor den Chinesen/Türken floh‹. Diese drei Zentren, Sagaing, Myinsaing und Pyinya, wurden von drei Ministern (Brüder) beherrscht, die sich bereits im Kampf gegen die Mongolen 1287 einen Namen gemacht hatten, und ihre drei Städte waren und blieben ihre Machtbasis. Der Konflikt zwischen dem schwachen König von Bagan und den drei mächtigen Ministern war vorprogrammiert. Etwa zehn Jahre später, um 1300, wurde dieser König getötet, und dessen 16 Jahre alter Sohn bestieg den Thron, als die Mongolen erneut angriffen. Die drei Brüder konnten diesen Angriff auf die strategisch wichtige Stadt Myinsaing erfolgreich abwehren, was ihr Ansehen und ihre Macht enorm stärkte, den König in Bagan hingegen weiter schwächte. Nicht lange danach erhob der jüngste der drei Brüder Anspruch auf dessen Thron in Bagan. Als die beiden älteren Brüder 1312 starben, errichtete der jüngste Bruder die neue Hauptstadt in Pyinya und nannte sie ›Stadt des Sieges‹ (Vijayapura). Durch die Heirat mit der Hauptfrau des ehemaligen Königs von Bagan stellte er darüber hinaus eine traditionelle Fortführung der Königslinie für seine Kinder sicher. Bagan als Ort selbst war unbedeutend geworden, und der König dort hatte nichts mehr zu sagen. Nachdem auch der jüngste der drei Brüder 1324 starb, verlor Pyinya an Bedeutung, während aber die Nachfahren des schon 1312 gestorbenen älteren Bruders in Sagaing (bei Mandalay) herrschten und an Einfluss gewannen.

Schließlich aber war es ein Mitglied genau dieser Familie, Thadominbya, der die Innwa-Dynastie im Jahr 1364 gründete. Er errichtete die Stadt an einer strategisch bedeutsamen Stelle am Ayeyawady und vereinte die vormals drei Zentren zu einem dominanten Machtzentrum. Das Königreich Innwa (Ava) war kleiner als sein Vorgänger Bagan, aber sein Erbe und seine Entwicklung basierten auf dem Fundament, das während der Bagan-Zeit geschaffen worden war. Bis zum Jahr 1527 blieb Innwa 163 Jahre lang das Zentrum der politischen und wirtschaftlichen Macht, der Literatur und der Künste und natürlich des Buddhismus – ganz wie Bagan zuvor.

Die Macht von Innwa reichte sogar für eine gewisse Zeitspanne bis ins weit entfernte Rakhine, wo Anfang des 15. Jahrhunderts ein eigenes Königreich entstand. 1405 wurden die nördlichen Territorien nahe China zurück erobert, die im Zuge der Mongoleninvasion 1287 an die Shan fielen. 1438 wurden sogar die Gebiete im Shan-Staat zurück erobert, die bereits zur Zeit von Bagan tributpflichtig gewesen waren. Schließlich schloss Innwa für einige Jahre sogar Frieden mit seinem südlichen Rivalen, dem Königreich der Mon bei Bago (siehe unten).

In diese Zeit, um die Mitte des 15. Jahrhunderts, fiel die erste Ankunft der Portugiesen und Spanier in Asien. Erneut erstarkten die Küstenregionen in Südostasien sowohl militärisch als auch wirtschaftlich, dieses Mal durch den Handel mit den Europäern. Innwa liegt, wie Sri Ksetra und Bagan, im Landesinneren,

Der frühere königliche Swimmingpool der Hauptstadt Innwa

aber man wollte am regen Handel an der entfernten Küste im Süden teilhaben. Der politische Fokus wanderte also weg von der Sicherheit im Zentrum hin zum weit entfernt stattfindenden maritimen Handel, ganz wie einst bei den Pyu. Aber erst im Jahr 1527 waren es die Shan aus dem nicht so weit entfernten Hochland im Osten, die Innwa überrannten und einnahmen. Erneut wurde die innere Sicherheit kommerziellen Interessen an der Küste geopfert. Man kann von einer kurzen Epoche der Shan ab 1527 sprechen, aber diese dauerte nur 28 Jahre bis 1555, als König Bayintnaung (Statue in der Mitte) die Taungoo-Dynastie schuf und Innwa zurückeroberte. Die Flüchtlinge aus Innwa wurden 1527 im tributpflichtigen Taungoo aufgenommen.

Das Reich der Mon im Süden

Innwa am Ayeyawady im Norden und Bago (alt: Pegu) am Golf von Mottama im Süden waren zusammen genommen das Ergebnis des Zusammenbruchs von Bagan im Jahr 1287. Während Innwa im Kernland eine reine Agrargesellschaft war, dessen Dynastie ab 1364 den Norden kontrollierte, herrschte das Königreich Bago im Süden und war offen für den maritimen Handel. Beide Staaten haben eine Gemeinsamkeit. Sie waren zwei konkurrierende, aber nicht verfeindete, Königreiche auf dem Territorium des heutigen Myanmar, die zeitlich gesehen zwischen der Ära Bagan und der Ära Taungoo existierten, also in der Zeit zwischen dem ersten und dem zweiten Großreich von Myanmar. Auf dem Paradeplatz in Naypyitaw stünden deren Herrscher heute also zwischen König Anawrahta ganz links und König Bayintnaung in der Mitte. Da sich aber die beiden Königreiche den Norden und den Süden teilten, war das Land nicht geeint, um der Logik der späteren Militärführung ab 1988 zu folgen, weswegen den Königen dieser Zwischenphase keine Statuen gewidmet sind.

Bago wurde wie Innwa ein Zentrum des Buddhismus

Bagan, das war die Zeit der vielen Tempelbauten, Taungoo hingegen war die Zeit des Krieges und der militärischen Expansion in weite Teile Südostasiens hinein.

Innwa und Bago unterschieden sich aber auch gewaltig. Innwa als Staat, wie bereits erwähnt, baute auf dem traditionellen Fundament seines Vorgängers Bagan im Kernland auf, und wurde von Nachkommen der drei Minister (nicht Shan!) begründet, die in Bagan große Macht genossen hatten. Dort herrschten die Bamar, die zur tibeto-birmanischen Sprachfamilie gehören.

Außenstehende wie der venezianische Kaufmann aus Venedig, Nicolo di Conti, stellten beim Besuch Innwas 1435 fest, dass die Stadt ›vornehmer als die anderen Städte‹ sei. Gekommen waren diese Besucher aber über die Hafenstadt Bago.

Das Reich der Mon im Süden war zuvor von Bagan abhängig gewesen und auch von Gouverneuren aus Bagan regiert worden. Etwa 60 Jahre nach Bagans Zusammenbruch wurde, wie in Innwa, eine neue, echte Mon-Dynastie begründet, die den maritimen Handel begrüßte. 1365 gelang es einem Händler, die Tochter des Königshauses von Sukhothai, einem Vorgängerstaat des heutigen Thailand, zu heiraten. Fortan war dieser Händler der Fürst von Mottama und damit des Mon-Reiches. In der Folgezeit fanden aber auch Rivalitäten mit dem nördlichen Königreich Innwa sowie mit den östlichen siamesischen Fürstentümern statt.

Im Jahr 1423 schließlich starb König Razadarit, und seine Tochter, Shinsawbu, ist – bis heute – die einzige Frau, die jemals in Myanmar geherrscht hat. Ab diesem Zeitpunkt begann für etwa 100 Jahre die Blütezeit des Mon-Reiches. Noch vor ihrem Tod übergab die Königin dem früheren Mönch Dhammazedi den Thron, während sie die Zeit ihres Ruhestandes ganz dem Buddhismus widmete. Unter anderem ließ sie den Stupa Shwedagon in Yangon verschönern. Es heißt, sie stiftete ihr Körpergewicht in Gold, und somit war sie die erste, die den Stupa vergolden ließ. König Dhammazedi gilt bis heute als das Vorbild eines buddhistischen Königs, während seiner Regentschaft blühte der Buddhismus auf, und er ließ den Mönchsorden (Sangha) reformieren.

Dieses Reformen des Buddhismus während des 15. Jahrhunderts waren es aber auch, die dazu beitrugen, dass das Bago-Reich im Süden und Innwa im Norden in einer Art freundschaftlichen Rivalität miteinander umgingen. Dhammazedi verkündete öffentlich, dass frühere Könige von Innwa und Bagan ein nachahmenswertes Vorbild seien, während aber auch Innwa hohe buddhistische Würdenträger aus Bago einlud, die die Hauptstadt mit ihrer Anwesenheit ehren sollten. Die Beziehungen beider Reiche zueinander wurden durch Heiraten vertieft, mit dem Ziel, diplomatische Lösungen anstatt militärischer Gewalt anwenden zu müssen. Keiner beabsichtigte, den anderen auszulöschen.

Das zweite Großreich entsteht

Schon Jahrhunderte zuvor hatten sich das Reich der Pyu und das Reich Bagan in ihren Bemühungen überanstrengt, am Seehandel teilzunehmen, was maßgeblich zu ihrem eigenen Untergang beitrug.

Innwa hatte sich ebenso mehr und mehr auf den Seehandel an den Küsten kon-
zentriert, wodurch es für die Shan, die aus dem Osten kamen, ein leichtes war,
Innwa 1527 einzunehmen. Der Historiker Michael Aung-Thwin schrieb 1991
dazu:»Burma lernte zum dritten Mal, dass die Vernachlässigung der inneren
Sicherheit des Kernlandes zugunsten gewinnbringenden Handels an den Küsten,
Katastrophen heraufbeschwor.« Die Shan blieben aber nur wenige Jahre in Innwa.

Zwischen den beiden Orten Innwa und Bago liegt Taungoo als kleiner Punkt
auf der Landkarte. Aus diesem Ort kommt Bayintnaung, der Liebling der Generäle des Militärrats bis 2011. In Naypyitaw steht er in der Mitte, zwischen König
Anawrahta und König Alaungpaya. Zuvor aber war es König Tabinshweti (reg.
1531–51), der bereits das Taungoo-Reich beträchtlich erweiterte. 1539 wurde,
nach Einnahme des Mon-Reiches, Bago zur Hauptstadt des neuen Reiches, und
von dort herrschte Tabinshweti bis weit in den Süden. Sein Nachfolger Bayintnaung (reg. 1551–81) verantwortete die größte Expansion, die bis heute in Myanmar stattgefunden hat. Neben dem Shan-Staat eroberte er weiter ostwärts sogar Siam. Die beispiellosen Siege zwischen 1562 und 1576 brachten mehr und
mehr Geld in die Staatskasse. Niemand wollte mehr gegen Bayintnaung kämpfen.

Als Bayintnaung 1581 starb war er 66 Jahre alt und hinterließ etwa 100 Söhne. Siam startete eine Gegenoffensive und eroberte den Norden Thailands und
die Shan-Fürstentümer zurück. Die heutige Region Taninthayi fiel ebenso an Siam. Die Hauptstadt Bago wurde aufgegeben und König Nandabayin (reg. 1581–
99) zog sich nach Taungoo zurück. Hier kommen schließlich die Rakhine aus
dem Westen ins Spiel. In einem Eroberungsfeldzug überfielen sie die verwaiste
Hauptstadt Bago und gelangten bis ins Ayeyawady-Delta. Einem Enkel König
Bayintnaungs aber gelang es, von Taungoo aus erneut das Reich zu einigen, aber
nur für kurze Zeit. Schließlich wurde Innwa im Jahr 1635 wieder die Hauptstadt
unter König Tharlun (reg. 1629–48). Ab diesem Zeitpunkt schließlich, als die
Hauptstadt wieder dort war, wo einst 1364 der Nachfolger des ersten Reiches
Bagan entstanden war, blieb man im Landesinneren. Die Taungoo-Dynastie war
sehr geschwächt und 1752 wurde Innwa von den Mon eingenommen.

Die Konbaung-Dynastie

Heute lernen Kinder in der Schule von den Heldentaten eines Mannes namens
U Aung Zeya, der unter dem königlichen Namen Alaungpaya in die Geschichte
einging. Ihm gelang es, erneut ganz Myanmar einzunehmen und die Konbaung-
Dynastie (1752–1885) zu begründen. Im Kampf gegen die Mon verwüstete er
Bago vollständig, und die Mon-Bevölkerung floh ins benachbarte Thailand. Wie
bereits erwähnt, dienten Eroberungsfeldzüge im vorkolonialen Südostasien der
Beschaffung von Arbeitskraft. Im Westen Myanmars, im damaligen Königreich
Manipur, ließ Alaungpaya abertausende Bewohner in das Kernland rund um das
heutige Mandalay verschleppen. 1767 gelang Alaungpayas Nachfolger Hsinpy-
ushin der finale Schlag gegen Ayutthaya, die Hauptstadt Siams, ebenfalls mit
dem Ziel, Handwerker, Künstler und Bauern in die Heimat zu entführen. Dieser Krieg von 1767 wird in Zeiten der politischen Spannungen zwischen Myanmar und Thailand auch heute noch neu thematisiert. Kinofilme in Thailand, die

alle paar Jahre neu erscheinen, zeigen den Krieg der barbarischen Bamar (von den Thais wird Myanmar auch heute noch ›Pamah‹ genannt) gegen die mutigen Thais. Auch wurde in der staatlichen Tageszeitung Myanmars dann nicht mehr über ›Thailand‹ berichtet, sondern das Wort ›Yodaya‹ benutzt, in Erinnerung an den Siegeszug in Ayutthaya. In Naypyitaw steht Alaungpayas Statue ganz rechts.

Hin und wieder erninnert Myanmar Thailand an frühere Siege

Im Jahr 1784 schließlich eroberte der nächste große Konbaung-König Bodawhpaya erneut Rakhine und brachte den goldenen Mahamuni-Buddha als Kriegsbeute in die neu gegründete Hauptstadt Amarapura. In seine Herrschaftszeit fällt auch die unvollendete Mantara-Gyi Paya in Mingun.

Die Eroberung von Rakhine dehnte den Herrschaftsbereich bis an die Grenze zu Britisch-Indien aus, was somit Auslöser für die spätere koloniale Besatzung war. Mehrere Provokationen, die von König Bagyidaw ausgingen, gaben Anlass für den ersten Einmarsch von Truppen unter britischer Flagge im Jahr 1824. Im anschließenden Vertrag von Yandabo musste Myanmar eine Million Britische Pfund Reparationen zahlen und Manipur, Rakhine und Taninthayi an die Engländer abtreten. Spätere Könige in Myanmar verkannten die Realitäten genau so, was 1852 im zweiten Krieg gegen England mündete. Als die Konbaung-Armee erneut geschlagen wurde, verlor Myanmar das Ayeyawady-Delta und Bago an Britisch-Indien. Zu jener Zeit war das Delta ein schlammiger Dschungel, aber Großprojekte zur Errichtung von Dämmen unter britischer Aufsicht machten aus dem Delta ein fruchtbares Land. Das führte zu Massenabwanderungen der Bevölkerung weg vom Kernland, das noch dem König gehörte war, zum Delta, wo Landrechte verteilt wurden. Ebenfalls wanderten zahllose Inder ein, überwiegend als Arbeitskräfte, und die Stadt Yangon wandelte sich schließlich von einem verschlafenen Fischerdorf zu einer großen, internationalen Hafen.

Ab diesem Zeitpunkt wurde Myanmar der größte Reisexporteur der Region. König Mindon galt als aufgeschlossener König, der großes Ansehen genoss. Er hatte mehr Geschick im Umgang mit den Engländern, was die vollständige Kolonisierung aber nur hinauszögerte. Anlässlich des 2400. Todestages des Buddha gründete Mindon 1857 Mandalay, um dort 1871 die fünfte buddhistische Synode abzuhalten. Ähnlich wie es Thailand zu dieser Zeit tat, um die eigene Kolonisierung zu verhindern, setzte auch Mindon enorme Modernisierungsbemühungen in Gang, welche die Wirtschaft und die Verwaltung betrafen. Myanmar wollte durch diese Bemühungen den Engländern im eigenen Land einen Riegel vorschieben, um weitere Gebietsabtretungen zu verhindern.

Die Erschaffung von Burma

Als König Mindon 1878 starb übernahm Thibaw den Thron. Der dritte und letzte Krieg gegen die Briten ging auf den Plan Thibaws zurück, den Franzosen Handelskonzessionen zu gewähren, was England nicht dulden konnte. Die Eröffnung des Suez-Kanals im Jahr 1869 und eine erhöhte Nachfrage nach tropischen Edelhölzern in Europa führte zu großen Rivalitäten zwischen den Kolonialmächten Frankreich und England in Südostasien, was zur vollständigen Kolonisierung Myanmars beitrug. 1886 wurde Burma ein Teil von Britisch Indien und hörte auf, als eigenes Land zu existieren. Großbritannien hatte nie eine wirkliche Idee gehabt, was es mit dieser Kolonie anfangen sollte. Man wusste nur, dass man direkte Herrschaft in der Kernzone ausüben wollte, verglichen mit der Möglichkeit, ein Marionettenregime zu belassen. Eine frühere Überlegung sah vor, einen religiösen Staat zu erschaffen mit einem Mönch als dessen Oberhaupt. Dieser Mönch sollte wiederum vom chinesischen Kaiser ernannt werden! Fakt ist aber, dass das heutige Myanmar auf der Landkarte ein Produkt britischer Herrschaft ist.

Der König und seine Frau wurden nach Indien ins Exil geschickt. Des Königs Armee, die Finanzverwaltung und alle übrigen traditionellen Verwaltungsstrukturen wurden abgeschafft. Die moderne Verwaltung wurde mit Ausländern besetzt. Nur zwei Jahre nach der Besatzung wurde beschlossen, die Shan-Staaten und den Rest des Landes, außerhalb der Kernzone, separat zu verwalten.

Die Legende der drei Shan-Brüder und die Folgen

Heute weiß man, dass sich die Geschichte um Innwa nach dem Zusammenbruch von Bagan wie weiter vorn beschrieben zugetragen hatte. Aber oft genug wird eine völlig andere Geschichte geschrieben, die damit beginnt, dass sich nach dem Zusammenbruch Bagans um 1287 ›die Shan im Norden von Myanmar ausbreiteten‹. Die Zeit des Shan-Königreichs Innwa wird als die Zeit der Herrschaft der drei Shan-Brüder dargestellt, eine Zeit, die chaotisch, dunkel und gefährlich wie das finstere Mittelalter war. Darüber hinaus war das Land geteilt, fragmentiert, also nicht vereint, wie eine Anomalie zwischen dem ersten vereinigten Großreich Bagan und und dem zweiten vereinigten Großreich Taungoo. Nach dem Einmarsch der Mongolen zerbrach das Reich von Bagan, die Shan und die Bamar wurden entzweit, lautete die fatale Meinung. Schließlich kamen die Shan zurück und besetzten Innwa und ganz Obermyanmar ›weil sie Shan waren‹. Sie brachten das Mit-

König Thibaw und seine Königin Supayalat im Palast von Mandalay

Innwa (Ava) liegt wie Bagan am Ayeyawady und war immer wieder die Hauptstadt Myanmars

telalter in das Kernland der Bamar. Die Shan wurden zum Opfer einer Reihe von Umständen, an deren Ende ein Geschichtsbuch steht, veröffentlicht von Sir Arthur Phayre im Jahr 1883. Er schrieb in seinem Standardwerk zur Geschichte Myanmars als erster Autor über die drei Shan-Brüder, die Myanmar beherrschten. Im Kapitel ›Shan-Könige im geteilten Burma‹ produzierte er diesen fatalen Fehler. Er beschrieb, dass der Sohn eines Fürsten aus Binnakha im Shan-Staat sich in Myinsaing nahe Innwa in der Kernzone niederließ, wo er bereits eine Shan-Bevölkerung vorfand. Bald hatte er drei Söhne. ›Diese drei Söhne wurden wohlhabend und mächtig.‹ Er nahm fälschlicherweise an, dass der Ort Binnakha im Shan-Staat lag. Tatsächlich aber war die Stadt eine alte Siedlung der Pyu, im Kernland, südlich von Bagan am Ayeyawady, wie bei Ausgrabungen 1980 festgestellt wurde. In den antiken Schriftrollen, die Phayre nicht zu lesen imstande war, taucht das Wort ›Shan‹ nicht auf.

Im Jahr 1883 aber, als sein Buch erschien, stand Myanmar kurz vor der vollständigen Kolonisierung, nachdem die Briten bereits in zwei Kriegen weite Teile Myanmars eingenommen hatten. Im Jahr 1885 fand der dritte und letzte Krieg statt. Die Briten standen vor der Frage, wie sie diese Kolonie verwalten sollten. Die Entscheidung dazu wurde letztlich in der Annahme getroffen, dass die Bamar in der Ebene und die Shan im Hochland im Osten grundverschieden waren und sich seit jeher in feindlicher Absicht gegenüber standen. Diese Annahme verkannte völlig die Art und Weise, in der die verschiedenen, so genannten, ethnischen Gruppen Jahrhunderte vor der Kolonialzeit tatsächlich in einer Art ›Leben und Leben lassen‹ miteinander umgegangen sind.

Auf der Grundlage eines Geschichtsbuchs wurde die Existenz verschiedener ethnischer Gruppen in einem Land von den Briten als das Hauptproblem in Burma, abgeleitet von Bamar, erkannt. Hierbei kann man sich das Beispiel von

England und Schottland in Großbritannien in Erinnerung rufen, dem Land, aus dem die Kolonialherren kamen. Im starken Gegensatz dazu stehen die originalen, einheimischen Chroniken, die das Thema Ethnizität nur ganz selten in Verbindung mit großen historischen Ereignissen in Myanmar brachten. Der Historiker Phayre, Brite und damit Europäer, schrieb sein Geschichtsbuch unter Zuhilfenahme von analytischen Verfahren, die er in Europa gelernt hatte, um Strukturen in der Geschichte Myanmars zu erkennen. Die von ihm erkannte Struktur ethnischer Rivalität passte in sein Weltbild. Ein Chronist eines Königs in Myanmar setzte ganz andere Schwerpunkte in seiner Chronik, aber Phayre konnte sie nicht lesen. Diese Passage aus seinem Werk wurde erst um 1960 angezweifelt, aber bis heute in weiteren Büchern verwendet.

Kolonialzeit

Nach der Besetzung des Kernlandes folgte ein zehn Jahre dauernder Krieg zwischen der Armee Britisch-Indiens und den Anhängern der alten Monarchie. Zum Ende dieses Krieges hatten Briten eine Militärverwaltung in Zentral- und Südmyanmar errichtet. Da die Briten der Ansicht waren, dass die früheren Beamten nicht vertrauenswürdig seien, besetzte man Schlüsselpositionen der Verwaltung mit vertrauenswürdigen Personen. Diese waren zumeist Angehörige der so ge-

Britische Missionare brachten das Christentum nach Myanmar:
Die Kathedrale der heiligen Dreifaltigkeit in Yangon

nannten ethnischen Minderheiten, wie die Kayin, die durch europäische Missionierung ebenfalls Englisch sprachen. Myanmar war durch den Reisanbau im Delta mittlerweile zum weltweit größten Reisexporteur aufgestiegen, was erklärt, warum auch heute mehr Kayin (Karen) außerhalb des Kayin-Staats leben als im Kayin-Staat an sich.

Durch das gestiegene Interesse Europas in Südostasien erfuhr die Wirtschaft einen gewaltigen Aufschwung. Das Eisenbahnnetz wurde im Jahr 1902 bis nach Lashio ausgebaut, um die wertvollen Edelhölzer transportieren zu können. Yangon war damals eine Stadt, die von eingewanderten Indern beherrscht wurde, nur noch ein Drittel der Bevölkerung Yangons war Bamar. Gemeinsam mit den Chinesen stiegen die Inder in den 1930er Jahren in den Geldmarkt ein und wurden als Kredithaie unbeliebt.

Die Briten hat schon zehn Jahre nach der endgültigen Kolonisierung das Prinzip der indirekten Herrschaft in den Grenzregionen durchgesetzt, und in die Zeit der kolonialen Besatzung fällt auch die erstmalige Bezeichnung für den Shan-Staat, den Kayin-Staat sowie den Kachin-Staat. Den dort herrschenden lokalen Fürsten wurde gestattet, ihre Fürstentümer weiter zu beherrschen, solange sie die allgemeine britische Oberhoheit anerkannten. Somit wurden diese Fürsten gegenüber englischen Beamten ›tributpflichtig‹, das heißt, ihre Loyalität galt der britischen Krone, die ihnen gestattete, ihre Fürstentümer zu behalten. Dies alles geschah aufgrund der britischen Annahme, dass zu früheren Zeiten die Bamar-Könige des Kernlandes im dauerhaften Krieg mit den Bergvölkern lagen. Die britische Geschichtsschreibung ging im Fall von Burma von historisch bedingten ethnischen Gegensätzen aus, so dass die indirekte Herrschaft durch lokale Fürsten in den bergigen Regionen akzeptabel schien. Große Teile der animistischen Bevölkerung dieser so genannten Grenzregionen wurden durch christliche Missionare bekehrt. Die ethnischen Gegensätze, die sich die Briten eingebildet hatten, erwuchsen erst in dieser Zeit.

Widerstand

Seit der vollständigen Besetzung gab es immer wieder Lichtgestalten, die sich den Briten erfolglos entgegenstellten. Der Grund für das Verhalten dieser Personen ist nach wie vor im Verlust des Königtums zu suchen, welches die Schirmherrschaft über den Buddhismus innehatte. Dieser Verlust der buddhistischen Identität und der Monarchie veranlasste zum Beispiel den Arzt Saya San, sich 1930 nahe Yangon zum neuen König krönen zu lassen, nachdem zwei Erdbeben als Zeichen der Rückkehr eines Königs gedeutet worden waren. Seine kleine Kampftruppe war den britischen Streitkräften hoffnungslos unterlegen, aber nach der Unabhängigkeit wurden Straßen nach ihm benannt.

Nicht zum letzten Mal in der Geschichte sollten sich die Studenten in Myanmar erheben. Studenten und buddhistische Klöster haben in der Landessprache ein gemeinsames Wort: *kyaung* steht sowohl für die Schule als auch für das Kloster. Zu Zeiten des Königtums oblag es den Klöstern, die Bevölkerung im Lesen und Schreiben auszubilden. Nach der Abschaffung des Königtums war der Mönchsorden (*sangha*) ohne Führung, was letztlich auch in einer Bildungskrise

Ziel der Stürmung des Sekretariats in Yangon durch eine bewaffnete Einheit am 19. Juli 1947 war die Ermordung General Aung Sans

mündete. Das Bildungssystem der Briten war säkular ausgerichtet, und die Universität Yangon bis 1937 der Universität von Kalkutta unterstellt. Die Studenten aus Myanmar waren somit stark benachteiligt. Ein Studentenstreik war die Folge, und die jungen Studenten Aung San und U Nu traten der Do-Bamar-Organisation (›Wir-Bamar‹) bei, deren Mitglieder sich respektvoll Thakin (›Herr‹) nannten, und sich den Briten zu widersetzen begannen.

Nach einer Verhaftungswelle zu Beginn des Zweiten Weltkrieges gelang es Aung San, nach Japan zu entkommen. Japanische Militärs bildeten ihn und 29 weitere Kameraden zu Soldaten aus, die schließlich als die ›30 Kameraden‹ in die Geschichtsbücher eingingen. Die Unabhängigkeitsarmee unter General Aung San war geboren und befreite mit Japans Unterstützung das Land. Die Japaner hatten aber zwischen 1942 und 1945 eigene Pläne in Südostasien und blieben als Besatzer im Land, vor allem um von dort den Nachschub in Richtung China über die Burma Road ab Lashio in Schach zu halten. General Aung San ging nach London, um dort um Hilfe gegen die Japaner zu bitten. Die alliierten Streitkräfte in Südostasien begannen schließlich, die Unabhängigkeitsarmee in Myanmar zu unterstützen und errangen den Sieg über die Japaner. Nach komplizierten Verhandlungen willigte das durch den Zweiten Weltkrieg geschwächte England schließlich in die Unabhängigkeit ein. General Aung San, der Gründer der Armee Myanmars, wurde am 19. Juli 1947 ermordet, die Hintergründe sind unklar.

Unabhängigkeit

Am 4. Januar 1948 wurde um 4.20 morgens die Fahne der Briten eingeholt. Die Union Myanmar war ein souveräner Staat geworden. Der frühere Kommilitone Aung Sans, U Nu, wurde Premierminister, und der Shan Sao Shwe Taik wurde Präsident. Ab diesem Zeitpunkt nahmen verschiedene bewaffnete Organisationen, die den so genannten ethnischen Minderheiten angehörten, den Kampf gegen die Regierung in Yangon auf. Viele der Gruppen wollten zumindest mehr Autonomie, viele aber auch einen eigenen Staat, wie sie es aus der Zeit der britischen Herrschaft gewohnt waren. Die Macht der Regierung reichte kaum über Yangon hinaus. General Ne Win war einer der 30 Kameraden neben General Aung San im Unabhängigkeitskampf gewesen und war nun Oberbefehlshaber der Streitkräfte unter U Nu.

Durch den Unabhängigkeitskampf erlangte das Militär eine herausragende Stellung in Myanmar, und verstand sich als Hüter der nationalen Integrität. Der Mythos um den in jungen Lebensjahren ermordeten General Aung San, dem Gründer der modernen Streitkräfte, unterstützte diesen Anspruch, da es Aung San war, der den Briten die Unabhängigkeit abrang. Es war aber auch General Aung San, der schon während des Abkommens von Panlong im Shan-Staat den anwesenden Führern der so genannten ethnischen Gruppen ein Recht zum Austritt aus der Union gewährte, in diesem Fall zehn Jahre nach der Unabhängigkeit. 1958 war dieser Zeitpunkt gekommen, und die Regierung von U Nu, innerlich zerstritten, kam General Ne Win auf halbem Weg entgegen. Die drohende Gefahr der Abspaltung des Shan-Staats würde den historischen Anspruch des Militärs auf Einheit der Union gefährden, weswegen es bereits Überlegungen gab, die Herrschaft gewaltsam zu übernehmen. U Nu wusste das und General Ne Win wurde für anfänglich sechs Monate Premierminister. Mehr Zeit gestattete die Verfassung von 1948 einem externen Manager nicht, die Regierungsgeschäfte zu führen. Der Lösungsvorschlag, nach Ablauf der sechs Monate zurückzutreten und sich erneut für sechs Monate im Amt bestätigen zu lassen, sagte Ne Win nicht zu. So wurde der entsprechende Artikel mit der Nummer 116 nach

Des weiteren behauptete Dr.Ba Maw zu wissen, dass General Ne Win darauf hinsteuere, im nächsten Jahr Staatspräsident zu werden. Den dann freiwerdenden Posten des Stabschefs strebe Brigadier Aung Gyi an, der schon jetzt alle Register ziehe, um die ihm im Wege stehenden ranghöheren Offiziere zu überspielen. Im übrigen herrschten in der Armee auch politische Spannungen, die in Zukunft zu Überraschungen führen könnten. Tatsächlich ist die Armee, wie die Ergebnisse ihrer gesondert abgehaltenen und bekanntgegebenen Stimmabgabe bei den Wahlen zeigen, mit einem gewissen Übergewicht zugunsten der "Stable"-AFPFL so weitgehend in zwei politische Lager gespalten, wie es bei den offensichtlichen Sympathien des Offizierkorps für die "Stable" wohl niemand erwartet hatte.

Ich gebe die vorstehenden Behauptungen von Dr.Ba Maw mit allem notwendigen Vorbehalt wieder, halte sie jedoch keineswegs für unglaubwürdig.

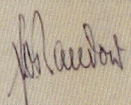

Bericht des deutschen Gesandten vom 14. März 1960

Ablauf der sechs Monate einstimmig außer Kraft gesetzt, da man gesehen hatte, dass das Militär die Dinge in den Griff bekommt. Yangon wurde gesäubert, Baumaßnahmen in die Wege geleitet. Es schien, als ob das Militär, abseits von Parteienpolitik und Interessen stehend, effektiver war als eine zivile Regierung. General Ne Win hielt 1960 wie versprochen Neuwahlen ab, die erneut Premierminister U Nu als Regierungschef bestätigten.

Dr. Ba Maw war während der Zeit der britischen Besatzung der Premierminister (1937–1939) und während der japanischen Besatzung das Staatsoberhaupt Myanmars (1943–1945). Somit war er auch nach der Unabhängigkeit ein gefragter Gesprächspartner, wenn es um politische Fragen ging. Bevor das Museum nach Naypyitaw umgezogen ist, konnte man seine Limousine im Museum der Streitkräfte in Yangon besichtigen. Der Gesandte der Bundesrepublik in Yangon, Elgar von Randow, berichtete am 14. März 1960 an das Auswärtige Amt in Bonn. Dr. Ba Maw hätte im Gespräch mit dem Gesandten unter vier Augen seine Überzeugung geäußert, dass General Ne Win zielstrebig darauf hinsteuere, schon im nächsten Jahr Staatspräsident zu werden. Am frühen Morgen des 2. März 1962, also Monate später als von Ba Maw prognostiziert, begann in Myanmar eine neue politische Ordnung.

General Ne Win und die sozialistische Revolution

Das Militär unter General Ne Win hatte die politische Macht und exekutive Richtlinienkompetenz auf einen aus hohen Offizieren gebildeten Revolutionären Rat übertragen und im Laufe weniger Tage die Verfassung außer Kraft gesetzt und alle Organe aufgelöst. Premierminister U Nu und viele weitere ranghohe Regierungsmitglieder wurden verhaftet. Das Militär hatte Gefallen an der Macht gefunden, zudem waren die Generäle unzufrieden mit der Inkompetenz U Nus und seiner Regierung. Ein Ausdruck dieser Unfähigkeit war die Errichtung von etwa 60 000 buddhistischen Bauwerken, einhergehend mit der verfassungsmäßigen Verankerung des Buddhismus als Staatsreligion im Jahr 1961, wogegen das Militär heftig protestierte. Man wusste, dass die christliche Kayin- und Chin-Bevölkerung sich bedroht fühlen würde, wenngleich auch Religionsfreiheit versprochen worden war. Darüber hinaus war U Nu ein Verfechter des Nat-Kults, der 1000 Jahre zuvor durch König Anawrahta (die Statue ganz links) dem Buddhismus untergeordnet worden war. Hauptgrund des Putsches aber war der Erhalt der Union Myanmar, deren Zusammenbruch befürchtet wurde. Führer einiger ethnischer Gruppen versammelten sich in Yangon und diskutierten die Möglichkeit, die Union zu verlassen, um eigene Staaten zu bilden. Das Militär glaubte, U Nu würde diesen Forderungen nachgeben, was Chaos hervorrufen würde, ein Leitmotiv in der Geschichte des Landes.

Der neu gebildete Revolutionäre Rat bestand aus 17 Offizieren mit General Ne Win an der Spitze. Im selben Jahr wurde die Sozialistische Einheitspartei gegründet. Führende Mitglieder, General Ne Win und der spätere oberste Richter Dr. Maung Maung, schrieben in ihren Mitgliedsanträgen zur Frage nach ihrer Ethnizität, dass sie Myanma seien, während aber General Sein Lwin angab, er sei Mon.

Sozialismus und außenpolitische Isolation

Sozialismus ist gut, burmesischer Sozialismus ist es besser: Unter diesem Motto sollten Buddhismus und den Sozialismus vereint werden und als Grundlage des neuen Staates unter General Ne Win dienen. Vor allem aber bedeutete es die Verstaatlichung der gesamten Wirtschaft. Nach 1963 wurden rund 15 000 Firmen enteignet und von teils unerfahrenen Offizieren geleitet. Das lag vor allem am ›roten General‹ Tin Pe, der dieses Ziel durchsetzen konnte. Die deutsche Botschaft in Yangon berichtete 1965, dass es nicht so sehr General Ne Wins Absicht war, eine so extreme Verstaatlichung durchzuführen. Da aber der rote General Tin Pe im Revolutionsrat mit seinen 17 Mitgliedern großen Einfluss besaß, musste sich Ne Win beugen. Im Gegenzug erhielt Ne Win das Zugeständnis des roten Generals, zum Zweck der Ausarbeitung einer neuen Verfassung, auch die Bevölkerung mit einzubeziehen, was dem roten General anfangs sehr missfiel. Die politischen Parteien wurden ein Jahr später verboten, nur die sozialistische Einheitspartei blieb bestehen.

Ab dem Putsch 1962 hat sich das Land einer freiwillig auferlegten außenpolitischen Isolation unterzogen. Oberstes Ziel der politischen Führung war es, im kalten Krieg absolute (positive) Neutralität zu bewahren, während die Beziehungen zum großen Nachbarn China eine Sonderrolle einnahmen (Myanmar war der erste nicht-kommunistische Staat, der die Volksrepublik anerkannte). Man erinnerte sich an die Invasion aus Nanchao aus dem Norden auf das Volk der Pyu und die anschließende Mongoleninvasion aus dem Norden auf Bagan vor 1000 Jahren. Jeder Staatschef seit der Unabhängigkeit bis 2011 hat seinen Antrittsbesuch als Staatsoberhaupt zuerst in China absolviert.

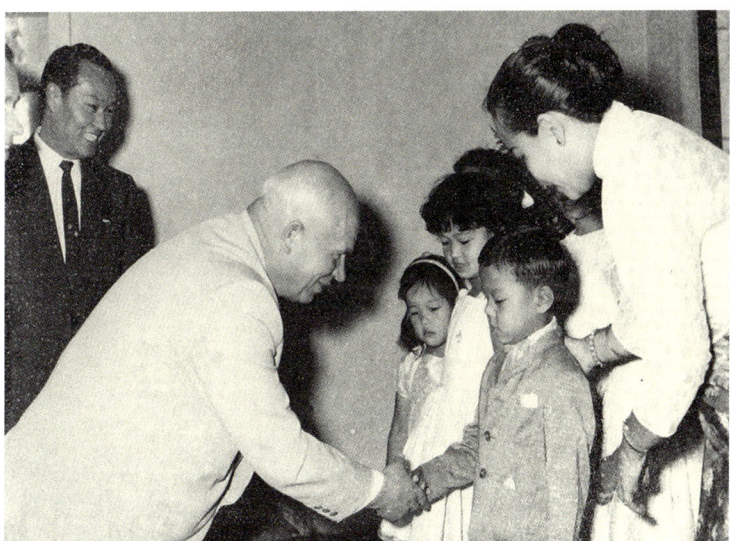

General Ne Win mit Familie in der Sowjetunion bei Chruschtschow

Land und Leute

Nachdem im Jahr 1967 die Vereinigung der südostasiatischen Staaten (ASEAN) in Bangkok gegründet worden war, lud man Myanmar ein, Mitglied zu werden. General Ne Win lehnte ab, da er der Meinung war, diese Organisation wäre zu sehr US-lastig, ganz so wie das durch die USA gegründete süd- und südostasiatische Verteidigungsbündnis SEATO zuvor. Der Krieg in Vietnam war geografisch gesehen schließlich nicht weit entfernt. Im Jahr 1979 verließ Myanmar während der Konferenz von Havanna sogar die neutralistische Blockfreienbewegung, da man den Eindruck hatte, die Bewegung wäre zu sehr sowjetlastig geworden, nicht nur während der Kuba-Krise 1962. Während Premierminister U Nu zuvor mindestens drei Mal in Erwägung gezogen hatte, die DDR diplomatisch anzuerkennen und somit Myanmar in die Einflusssphäre der Sowjetunion gebracht hätte, geschah die Anerkennung der DDR erst 1973 im Zuge der allgemeinen Entspannungspolitik unter Willy Brandt und nach dem Ende der Hallstein-Doktrin 1969.

Touristenvisa wurden anfänglich nur für einen Aufenthalt von 24 Stunden im Land erteilt, dann für eine Woche. Damals waren Reisen abseits von Yangon, Mandalay und Bagan gefährlich aufgrund zunehmender Rebellenaktivitäten im Kampf um politische Unabhängigkeit gegen die staatliche Armee. Anlässlich des Besuchs von Bundeskanzler Kiesinger im November 1967 veröffentlichte ein Journalist von der ›Zeit‹ einen Artikel, der eines der seltenen Zeugnisse zur Situation im Land darstellt:

Februar 1973: Der erste Botschafter der DDR überreicht sein Beglaubigungsschreiben an Ne Win

»Der Staatssekretär lehnte schroff ab. ›Der General spricht nie mit Journalisten. Sie haben wir auch nur ins Land gelassen, weil Ihr Kanzler den General besucht. Sonst wären Sie überhaupt nicht hier.‹ Außenminister U Thi Han rang sich wenigstens drei Antworten ab. Er ist der einzige Zivilist im Kabinett und gehört – wohl deshalb – dem allmächtigen Revolutionsrat nicht an.

›Warum lassen Sie keine Journalisten ins Land, Herr Minister?‹.

›General Ne Win meint, wenn eine Hausfrau beim Großreinemachen ist, will sie auch keine Gäste im Haus haben‹.

›Wie ist es mit Touristen? Die können Ihnen doch mit ihren Devisen sehr helfen?‹

›Wir hoffen, den Touristen bald die Tür öffnen zu können‹.

›Sind die Touristen denn trotz der Rebellen sicher?‹

›Als Fremde sind sie sicher.‹«

Die ersten Fernsehgeräte waren erst 1979 erhältlich. Ausländische Investitionen waren verboten, mit einer großen Ausnahme. Die Firma Fritz Werner Industrieausrüstungen wurde ab 1954 Ausrüster der Streitkräfte und baute ebenfalls einige Fabriken. General Ne Win und Direktor Meyer verband eine enge Freundschaft, weswegen der General bei seiner jährlichen Europareise immer auch zu Gast bei Direktor Meyer in Geisenheim war. Oft genug wussten die Botschaft der Bundesrepublik in Yangon sowie das Auswärtige Amt in Bonn nicht Bescheid über den anstehenden Besuch des Generals in Hessen, da Ne Win keinerlei protokollarische Aufmerksamkeiten wünschte. Dennoch notierte der Chef der Protokollabteilung im Bonner Auswärtigen Amt 1971, dass kein anderes ausländisches Staatsoberhaupt die Bundesrepublik so oft besucht wie der General.

Da in Folge des Putsches von 1962 die Verfassung von 1947 außer Kraft gesetzt worden war, musste man eine neue Verfassung ausarbeiten, die vor allem das Recht auf Abspaltung von Gliedstaaten der Union abänderte. Man wollte eine sozialistische Verfassung haben, weswegen überwiegend sozialistische Länder, vermehrt auch die DDR, um Kopien ihrer eigenen Verfassung gebeten wurden, um eine Arbeitsvorlage zu haben. Man entschied sich für einen starken Zentralstaat, da ein föderaler Staat als Vorstufe der Abspaltung betrachtet wurde. Im Jahr 1974 wurde Myanmar in der englischen Sprache bekannt als ›Socialist Republic of the Union of Burma‹.

Die Entstehung des SLORC

Trotz der genannten Vorteile der Isolation – kein Krieg wie in Vietnam und keine Roten Khmer wie in Kambodscha – überwogen die Nachteile gewaltig, besonders im wirtschaftlichen Bereich. Wer konnte, verließ das Land. Äcker für den Reisanbau zum Beispiel konnten ohne entsprechenden Dünger aus dem Ausland keine ausreichenden Erträge produzieren, was im starken Gegensatz zu Myanmars einstigem Ruf stand, der größte Reisproduzent der Welt gewesen zu sein. Die geringen Erlöse aus dem Export von Reis taten ihr übriges. Der Schwarzmarkthandel, besonders an den Grenzen, blühte auf. Botschaftsberichte aus jener Zeit beschrieben, dass Hausangestellte von Botschaftspersonal lieber auf ihr Gehalt verzichteten und dafür in Reis ausgezahlt werden wollten.

Im September 1987 geschah die wichtigste wirtschaftliche Reform seit 1962. Den Bauern wurde gestattet, ihre Produkte frei zu verkaufen. Aber bereits vier Tage später verkündete die Regierung, dass einige Banknoten ab sofort ersatzlos ungültig werden, was etwa zwei Drittel der im Umlauf befindlichen Banknoten betraf. Das war der dritte Vorfall dieser Art seit 1962, der darauf abzielte, den Schwarzmarkthandel einzudämmen. Da alle drei Geldentwertungen immer an einem Samstag geschahen, brachte die Bevölkerung freitags Säcke voller Bargeld zur Bank, zahlte das Geld ein, damit dieses in Erwartung einer weiteren Geldentwertung am Tag darauf geschützt war. Montags wurde das Geld wieder abgeholt. Das Ergebnis der letzten Entwertung war, dass die Bauern ihren Reis nicht länger gegen Bargeld verkaufen wollten. Somit stiegen die Preise für sämtliche Waren des täglichen Bedarfs. Im Dezember 1987 wurde Myanmar, nachdem die Regierung sehr diskret einen Antrag gestellt hatte, von den Vereinten Nationen als ein stark unterentwickeltes Land (LDC) erklärt, obwohl einige Kriterien nicht erfüllt waren. So war zum Beispiel die Alphabetisierungsrate der Bevölkerung zu hoch. Der Status eines LDC sollte die Aufnahme von Hilfskrediten ermöglichen. Dies war der Bevölkerung nicht bekannt, bis schließlich erst am 1. April 1988 einige wenige Leute den jährlichen Haushaltsbericht des Parlaments lasen. Diese Bankrotterklärung war eine Demütigung für die Menschen.

Mehrmals schon hatten sich die Studenten aus verschiedenen Anlässen gegen die Regierung Ne Wins und der Sozialistischen Einheitspartei erhoben. 1974 zum Beispiel wurde dem Generalsekretär der Vereinten Nationen (1961–1971), U Thant, das Staatsbegräbnis verwehrt. Ne Win hatte nämlich vermutet, dass der frühere Premier U Nu mit U Thant in New York gemeinsame Sache machte, um einen Regierungsumsturz in Myanmar zu erreichen. Tatsächlich aber war es nur U Nu, der U Thant ohne dessen Wissen in seine Umsturzversuche miteinbezogen hatte. Als der Leichnam U Thants in Yangon eintraf, wurde dieser von protestierenden Studenten entführt in der Absicht, dem Nationalhelden ein würdiges Begräbnis auszurichten. Ne Win lenkte schließlich ein und gewährte ein Staatsbegräbnis samt Mausoleum in Yangon. Im April 2013 wurde in Yangon das U-Thant-Museum eröffnet (→ S. 166).

»Die Streitkräfte und die Bevölkerung kooperieren im Kampf gegen die, die die Union zerstören wollen«

Der Tropfen, der das Fass zum Überlaufen brachte und eine riesige Protest-
bewegung hervorrufen sollte, war eine unpolitische Teestubenschlägerei
zwischen Studenten am 1. März 1988.
Geschlichtet wurde durch eine schnelle Eingreiftruppe der Polizei, wobei
einige Studenten ums Leben kamen,
was zu zahlreichen Protestdemonstra-
tionen führte. Mehr und mehr Leute
schlossen sich an, es gab weitere Tote.
Die Universitäten wurden geschlossen.
Am 23. Juli trat der Parteivorsitzen-
de Ne Win von allen Ämtern zurück,
nachdem sein Vorschlag, ein Mehrparteiensystem einzuführen, zum zweiten
Mal von der Partei abgewiesen worden

*In die Zeit der Militärherrschaft von 1988
bis 2011 fielen enorme Infrastrukturmaß-
nahmen*

war. Sein Nachfolger wurde am 26. Juli General Sein Lwin, welcher 1962
im Parteimitgliedsantrag angab, er sei
Mon. Aufgrund des Schießbefehls auf Studenten erhielt er den Beinamen ›Der
Schlächter‹. Im August 1988 erreichten die Proteste ihren Höhepunkt und wurden brutal niedergeschlagen. Die Angaben zu den Toten schwanken zwischen
3000 und etlichen Tausenden. General Sein Lwin wurde aus dem Amt entfernt
und durch Dr. Maung Maung ersetzt, der damals im Parteimitgliedsantrag angab, seine ethnische Zugehörigkeit sei Myanma. Dr. Maung Maung war Ne Wins
Vertrauter. Die Bevölkerung hatte zu diesem Zeitpunkt längst das Vertrauen in
jegliche Regierung verloren.

Die militärische Führung traf sich in der Residenz des zurückgetretenen
Generals Ne Win, um eine Lösung für diese festgefahrene Situation zu finden.
Anscheinend wurde beschlossen, durch verschiedenen Maßnahmen, wie dem
Freilassen von Gefängnisinsassen, ein Chaos zu provozieren, so dass eine an-
schließende Machtübernahme durch das Militär von allen begrüßt würde. Die
Rechnung ging auf, zumindest, was das Chaos anging.

Während dieser Zeit tauchten vor der Küste im Süden Myanmars fünf amerikanische Kriegsschiffe auf. China im Norden mobilisierte seine Streitkräfte entlang der Grenze. Falls die USA etwas vor Chinas Haustür unternehmen sollten,
wollte Peking nicht tatenlos zusehen.

Am 18. September 1988 übernahm das Militär direkt die Macht. Damit endete
– nach mehr als 26 Jahren eines landeseigenen ›Sozialismus‹ – eine kurze Periode von Demokratiebestrebungen, die in einem teilweisen Zusammenbruch der
Regierungsgewalt mündete. Der neu gegründete Militärrat nannte sich ›Staatsrat
zur Wiederherstellung von Recht und Ordnung‹ (SLORC). Ankündigung Nummer 1 des SLORC war die geplante Rückkehr zu einem Mehrparteiensystem,
sobald wieder Ruhe eingekehrt sei. Bereits nach neun Tagen wurde ein Parteiengesetz erlassen.

Verspielte Chance: Die Wahlen von 1990

Auf der Grundlage des Parteiengesetzes registrierten sich 235 Parteien. Am
27. Mai 1990 schließlich fanden die Wahlen statt, wobei der SLORC im Vorfeld wiederholt ankündigte, dass dieses erste Parlament zuerst eine Verfassung
auszuarbeiten hat. Das Ergebnis der Wahlen wurde keineswegs annulliert oder
nicht anerkannt, wie oft in westlichen Massenmedien behauptet wurde, sondern
für jeden einzelnen Wahlkreis detailliert aufgeschlüsselt und veröffentlicht. Annulliert wurde das Ergebnis erst im Jahr 2010, im Vorfeld der jüngsten Wahlen.
Die Siegerin der Wahl von 1990, die Nationale Liga für Demokratie (NLD), hielt
sich ab diesem Zeitpunkt nicht mehr an die Vorgaben des Militärs und präsen-
tierte zwei Monate nach der Wahl einen eigenen Verfassungsentwurf. Zwar hatte
die NLD 80 Prozent der Sitze erhalten, aber dennoch gab es 20 Prozent Sitze für
andere Parteien, deren Forderungen aber im Verfassungsentwurf der NLD nicht
berücksichtigt worden waren. Vor diesem Hintergrund hat der SLORC seine sehr
aktiven Schritte zur Rückkehr eines Mehrparteiensystems vorerst abgebrochen.

Der Stillstand im politischen System ab 1990 wurde bis 2003 nur gelegentlich
unterbrochen. Ein ab Januar 1993 einberufener Konvent zur Ausarbeitung einer
Verfassung geriet durch den Boykott der NLD zur illegitimen Angelegenheit, da
die Partei zwar anfangs mit (nur) 86 Delegierten aktiv und kritisch mitarbeitete,
bis sich die Generalsekretärin der NLD Daw Suu Kyi (sie war nie Vorsitzende der
Partei) im November 1995 dazu entschloss, sämtliche Delegierte aus dem Konvent
abzuziehen, was erneuten Stillstand ab dem Frühjahr 1996 bedeutete. Vorausge-
gangen war ein Besuch der damaligen US-Außenministerin Madeleine Albright
bei Suu Kyi, wobei die Gesprächsthemen jedoch unbekannt blieben. Ab diesem
Zeitpunkt ging die NLD unter der de-facto-Führung ihrer Generalsekretärin immer stärker auf Konfrontationskurs und richtete Appelle an das westliche Ausland,
in denen sie aufforderte, Myanmar mit Sanktionen zu belegen. 2003 schließlich
verkündete der Premierminister der Regierung, die unter der Aufsicht des Militärrates die zentrale Regierungsarbeit geleistet hatte, den ›Fahrplan zur Demokratie‹, der schließlich erfolgreich umgesetzt worden ist – vorerst ohne die NLD.

Die häufigste Abbildung: Suu Kyi und ihr Vater General Aung San

Daw Aung San Suu Kyi und die Generäle

Anfang 1991 stellte Senior General Saw Maung, der oberste General Myanmars und der Vorsitzende des SLORC von 1988 bis 1992 und somit Staatsoberhaupt, Premierminister und Verteidigungsminister in Personalunion, während der alljährlichen Kommandeurstagung fest, dass die höchste Auszeichnung des Landes, die General-Aung-San-Medaille, seit der Unabhängigkeit 1948 insgesamt nur drei Mal verliehen wurde, davon zwei Mal posthum. In der Tat hatte Daw Suu Kyi den Namen ihres Vaters, Aung San, als Namensbestandteil dem ihrigen hinzugefügt, was in Myanmar ein höchst ungewöhnlicher Vorgang ist.

Sie wurde am 19. Juni 1945 geboren und ihr Vater, General Aung San, der Begründer der Streitkräfte Myanmars (*Tatamadaw*), wurde am 19. Juli 1947 ermordet. Das historische Panlong-Abkommen, als es dem General gelang, die verschiedenen Führer der ethnischen Minderheiten Myanmars zum Beitritt zur Union zu bewegen, begründete somit auch die bis heute geltende Selbstverpflichtung des Militärs, für die nationale Einheit einzustehen und das Auseinanderbrechen der Union von Myanmar zu verhindern.

Die Witwe General Aung Sans und Suu Kyis Mutter wurde in den Jahren darauf Botschafterin in Indien, und den Großteil ihres Lebens verbrachte die heranwachsende Tochter des Nationalhelden im Ausland. In Indien drückte sie die Schulbank zusammen mit Angela Schulze, einer Diplomatentochter aus der BRD (In einem Interview mit der BILD vom April 2012 ließ Suu Kyi ausrichten, dass sie ihre gleichaltrige Schulkameradin Angela gerne wiedersehen würde). Die Familienresidenz in der University Avenue Road Nr. 54 in Yangon wurde während der Abwesenheit von Mutter und Tochter an die konsularische Vertretung der DDR vermietet.

Weitere Stationen folgten: Studium in Oxford, Praktika bei den Vereinten Nationen in New York und schließlich die Hochzeit mit dem Tibetologen Michael Aris und die Geburt zweier Söhne in London. In London plante sie am renommierten SOAS-Institut schließlich auch, mit einer Biographie über ihren Vater vor dem Hintergrund der politischen Geschichte Myanmars zu promovieren, was ihr aber aufgrund vorangegangener ungenügender akademischer Leistungen verwehrt wurde. Somit blieb ihr als Ausweg eine Dissertation zur Literatur Myanmars, ebenfalls am SOAS, aber unter anderen Zugangsbestimmungen. Im Jahr 1988 schließlich, zur Zeit der sogenannten Demokratiebewegung, war sie in Yangon in der University Avenue Road Nr. 54, um ihre todkranke Mutter zu besuchen. Während dieser Monate des Aufstands wurde sie, mehr aufgrund zufälliger Anwesenheit, Mitglied der Oppositionsbewegung und schließlich Generalsekretärin der neu gegründeten Nationalen Liga für Demokratie (NLD). Sie stieg schnell zur Sprecherin und Agitatorin der neuen Partei auf. Knapp ein Jahr später, im Juli 1989, wurde sie für das schlimmste mögliche Verbrechen verhaftet und unter Hausarrest gestellt. Die Anklage: Versuch der Zerstörung der militärischen Einigkeit.

»Sie hat das Gesicht unseres Nationalhelden General Aung San«, hört man immer wieder in den Straßen Yangons, was mit ein Grund für ihre Beliebtheit ist, gepaart mit der Tatsache, von außen zu kommen und doch dazu zu gehören. Bis zum Jahr 2009 stand sie immer wieder unter Hausarrest, abwechselnd mit Phasen der Entlassung, in welchen sie durch Reden und Reisen die Geduld der Militärregierung auf die Probe stellte. Die Versuche, sie mittels Hausarrest aus der Öffentlichkeit zu entfernen, bestärkten den Mythos um sie enorm. In Myanmar ist sie als ›The Lady‹ bekannt, oder auch einfach als ›Auntie Suu‹ (Tante Suu). In den Zeitungen wurde die Erwähnung ihres Namens vermieden, dennoch wurde sie das Symbol des Widerstandes in Myanmar und die internationale Leitfigur für Demokratie in den Augen westlicher Staaten.

Während der Demonstrationen 1988, deren Ursache in der katastrophalen wirtschaftlichen Lage vor und während 1987 zu suchen sind, und der Ruf nach Demokratie der Ausweg aus dieser Situation zu sein schien, hielten die Demonstranten Portraits von General Aung San in die Luft, aber nur in Ermangelung eines echten Symbols, welches der seit 1962 andauernden Herrschaft unter General Ne Win etwas entgegenzusetzen gehabt hätte. Kurz darauf sah man und auch heute noch sieht man die häufigste Abbildung von Suu Kyi zusammen mit einem Bild ihres Vaters im Hintergrund.

Nachdem bereits 2008 die neue und dritte Verfassung Myanmars seit der Unabhängigkeit per Referendum bestätigt worden war, wurden 2010 allgemeine Wahlen angesetzt. Dazu mussten sich die existierenden und die neuen politischen Parteien auf Grundlage des Parteiengesetzes neu registrieren. Suu Kyi befand sich innerhalb der gesetzten Frist noch im Hausarrest, wies aber den Parteivorstand an, die Frist verstreichen zu lassen, da, in ihren Augen, die Akzeptanz dieser Regelung einer Akzeptanz der neuen Verfassung gleichkommen würde, die sie jedoch ablehnte. Ihr wesentlicher Kritikpunkt an der Verfassung ist die garantierte Zuteilung von 25 Prozent der Sitze an das Militär sowie die Anforderung an den zukünftigen Präsidenten, militärische Erfahrung zu besitzen und desweiteren keine enge Verbindung zu ausländischen Staaten zu unterhalten. Teile dieser Regelungen entstammen aber noch der ersten Verfassung von 1947, an der bereits ihr Vater mitgewirkt hatte. Die Wahl von 2010, die erste nach 20 Jahren, fand ohne Beteiligung der NLD statt, da sie nach Ablauf der gesetzten‹ Frist aufhörte, eine politische Partei zu sein.

Die zweite Chance kam im Jahr 2012. Da einige Sitze im Parlament frei geworden waren, wurden Nachwahlen veranstaltet. Inzwischen hatte Suu Kyi einsehen müssen, dass auf sie keine weitere Rücksicht genommen werden würde und ihre fortwährende Sturheit vor allem ihre Anhänger in der Bevölkerung enttäuschen würde. Daher ließ sie die NLD wieder als Partei registrieren, um zu den Nachwahlen antreten zu können. Von 45 freien Mandaten errang die NLD 43, und Suu Kyi zog als Abgeordnete ins Parlament ein.

Im März 2013 wurden eine Kommission berufen, deren Aufgabe die Prüfung einer möglichen Änderung der Verfassung ist. Daw Suu Kyi soll dadurch möglicherweise der Zugang zum Präsidentenamt geebnet werden. Mehrere Bestimmungen der Verfassung verhindern gegenwärtig eine Kandidatur im Jahr 2015. Bislang darf der Präsident bei Amtsantritt nicht älter als 70 Jahre sein. Nachzuweisen ist zudem militärische Erfahrung, und der Präsident (und auch die Vizepräsidenten) darf keinerlei tiefergehende Verbindungen zu oder sogar Verpflichtungen gegenüber anderen Staaten haben – ein Merkmal staatlicher Souveränität, das schon in der ersten Verfassung von 1947 enthalten war. Suu Kyis Söhne sind britische Staatsbürger, was als tiefergehende Verbindung betrachtet werden kann.

Myanmar und der Verband südostasiatischer Staaten (ASEAN)

Mehrere Ereignisse prägten das Jahr 1997 und die Zeit danach. Bereits im Jahr zuvor fand das ›Visit Myanmar Year 1996‹ statt, mit dem Ziel, den Tourismus zu fördern und die Zahl der ausländischen Besucher erstmals auf über eine Million anzuheben. Es wurde viel investiert im Land. Es entstanden neue Hotels, die den Hotels in Bangkok in nichts nachstanden. Straßen und Brücken wurden gebaut, wo vorher nie Straßen und Brücken gewesen waren. Die Reisezeiten über Land wurden somit deutlich reduziert. Aber die Touristen blieben aus. Es kamen etwa 300 000, und die Millionengrenze sollte erst im Jahr 2012 überschritten werden. Der Militärrat SLORC hieß inzwischen ›Staatsrat für Frieden und Entwicklung‹ (SPDC), aber in seinem Inneren hatte sich wenig geändert. Die Situation zwischen Aung San Suu Kyi und dem obersten General Than Shwe war festgefahren, während westliche Staaten Myanmar verstärkt mit Handelsembargos belegten. Der SPDC hatte westwärts gesehen wenig Freunde.

Ostwärts aber wurde 30 Jahre zuvor, im Jahr 1967 in Bangkok, der Verband südostasiatischer Staaten (ASEAN) gegründet, und die Einladung, die 30 Jahre zuvor von General Ne Win abgelehnt worden war, wurde jetzt seitens der ASEAN erneuert. Myanmar nahm sie dankend an, und fortan bildeten zehn der elf Länder Südostasiens (Ost-Timor ausgenommen) in dieser regionalen Organisation eine Einheit in Verschiedenheit. Das oberste Ziel der ASEAN ist unter anderem, sich nie in die innenpolitischen Angelegenheiten seiner Mitglieder einzumischen. Es herrschen andere, asiatische Regeln. Diese ›asiatischen Werte‹ sollten dazu beitragen, der Bevormundung durch den Westen einen Riegel vorzuschieben.

Kurze Zeit später aber titelten die Zeitungen ›ASEAN-Staaten beschuldigen Soros‹. Der amerikanische Milliardär George Soros und dessen sehr umstrittene, aber finanzkräftige ›Open Society Foundation‹, arbeiteten bereits seit 1994 an

Touristen auf dem Schiff von Mandalay nach Bagan

dem Ziel, politische Reformen in Myanmar zu erreichen. Da die Mitgliedschaft in der ASEAN keine politische Reform nach dem Geschmack von Soros war, platzierte er 1997 zum zweiten Mal in seinem Leben eine milliardenschwere Wette an den Börsen, dieses Mal aber nicht gegen das Britische Pfund, sondern gegen die Währung Thailands, den Baht. Es dauerte etliche Jahre, bis sich die Länder der ASEAN von der ›asiatischen Finanzkrise‹ erholt hatten. Unzählige Menschen verloren ihre Arbeit. Die ASEAN aber bekräftigte ihren Entschluss, Myanmar als Mitglied zu behalten. Im April 2013 wurde bekannt, dass George Soros eine hohe Investition im gewinnträchtigen Mobilfunksektor Myanmars tätigen will. Letztlich bekam aber das norwegische Unternehmen Telenor den Zuschlag für den Ausbau des Netzes.

Myanmar und die USA

Zu Zeiten der Herrschaft General Ne Wins und der Sozialistischen Einheitspartei war Myanmar weit entfernt von dem, was man Demokratie nennen konnte. Dennoch hatten die USA seit 1974 ein Militärprogramm gestartet, in dessen Rahmen Myanmar Unterstützung im Kampf gegen den Opiumanbau im Goldenen Dreieck gewährt worden war. Im Jahr 1983 belief sich die Summe der Mittel auf 47 Millionen US-Dollar. In jener Zeit waren die USA der Hauptabsatzmarkt für das in Myanmar produzierte Heroin.

Unter den westlichen Staaten sahen sich ab 1990 die USA als stärksten Advokaten der Demokratie in Myanmar. Die vermeintliche Ikone der Demokratie, Aung San Suu Kyi, wurde als unterstützenswerte Person auserkoren und stilisiert. Um eine Demokratisierung in Myanmar zu erreichen, wurden die Aufrufe Suu Kyis erhört, und Myanmar in mehreren Phasen mit Wirtschaftssanktionen belegt. Dazu kamen Reisebeschränkungen für Mitglieder des Militärs. Obwohl mehrere Präsidenten sich öffentlich klar zu Suu Kyi bekannten, findet man in den später erschienenen Memoiren von Bill Clinton und von George Bush keinen Hinweis auf Suu Kyi und Myanmar.

Als die asiatische Finanzkrise von 1997 ausgestanden schien, geschah 2003 der Zwischenfall von Depayin. Suu Kyi, zu jener Zeit nicht unter Hausarrest, wurde auf einer Vortragsreise bei Depayin nördlich von Yangon von Unbekannten attackiert. Sicherheitskräfte brachten sie in ein Gefängnis, um sie vor dem wütenden Mob zu schützen. Eine weitere Phase des Hausarrests schloss sich an, zu ihrem eigenen Schutz, wie es hieß. Der Vorfall wurde nie restlos aufgeklärt. Die USA sahen sich danach veranlasst, eine härtere Stufe ihres Sanktionsprogramms gegen Myanmar aufzulegen. Neben verschärften Einreiseverboten wurde vor allem ein Importverbot von Textilien in die USA erlassen. Die Textilindustrie hatte abertausenden Näherinnen in Myanmar bis dahin ein Auskommen gesichert. Man war der Ansicht, durch verschärfte Sanktionen die Militärregierung zum Nachgeben zu bewegen und demokratische Reformen einzuleiten. Dabei wurde nicht verstanden, dass diese abgehärteten Generäle den Großteil ihrer militärischen Laufbahn an einer Front im eigenen Land verbracht hatten, in einem Bürgerkrieg gegen aufständische Organisationen, die seit der Unabhängigkeit von Großbritannien für ihre eigene Unabhängigkeit kämpften. Die Generäle in

Myanmar lagen aber andersherum ebenso falsch, als sie dachten, sie würden im damaligen Außenminister der USA, Colin Powell, dem früheren Vier-Sterne-General, einen Soldaten treffen, der Soldaten versteht. Das Überflugrecht für den Luftraum Myanmars, das den USA Ende 2001 erteilt wurde, um von ihren Luftwaffenbasen in Thailand und den Philippinen auf kürzestem Weg nach Afghanistan zu gelangen, änderte nichts an den Beziehungen.

General Khin Nyunt und der Fahrplan zur Demokratie

Während eines ihrer letzten Treffen in Yangon sagte Singapurs verehrter, aber inzwischen ergrauter Premierminister Lee Kuan Yew zum ebenfalls ergrauten General Ne Win, als sie über die desolate wirtschaftliche Lage redeten: »Gib mir Burma für ein Jahr und ich mache daraus ein zweites Singapur!« Der alte General Ne Win soll erwidert haben: »Gib mir Singapur für ein Jahr, und ich mache daraus ein zweites Burma!«. Sie blieben Freunde, bis Ne Win 2002 starb.

General Khin Nyunt, seit 1988 der 1. Sekretär des SLORC, wurde einmal von Lee Kuan Yew als der ›intelligenteste der ganzen Bande‹ beschrieben. Der Chef des mächtigen Militärgeheimdienstes seit 1983 sprach fließend Englisch und war auf der außenpolitischen Bühne nicht so ungeschickt. Zur Überraschung vieler Beobachter wurde er 2003 vom obersten General Than Shwe zum Regierungschef degradiert. Das war eine Abwertung seines Status, denn der Militärrat kontrollierte die Arbeit Regierung, die ebenfalls überwiegend aus hohen Offizieren bestand, während der Regierungschef dem Militärrat gegenüber verantwortlich war. In seiner Zeit als neuer Premierminister ab 2003 und vor seinem Hausarrest ab 2004 entwarf Khin Nyunt ein Regelwerk, das endlich den Weg zu Demokratie ebnen sollte. Dieser ›Fahrplan zur Demokratie‹ sah sieben Schritte vor, angefangen von der Wiedereinberufung der verfassunggebenden Versammlung über

Marktszene

ein Referendum hin zu Parlamentswahlen und Regierungsbildung. Der siebte Schritt lautet: ›Die Erschaffung einer modernen, entwickelten und demokratischen Nation durch die Regierung, welche vom Unionsparlament gewählt wird.‹

Keinen Bestand mehr hatte ab 2004 die Ära Ne Win. Nachdem dieser bereits 2002 gestorben war, blieb nur noch General Khin Nyunt als letzter enger Vertrauter des früheren starken Mannes übrig. Mit seiner Verhaftung aufgrund von Korruptionsanschuldigungen im Herbst 2004 wurde dieses Kapitel endgültig geschlossen, während der Fahrplan zur Demokratie den Weg vorgab.

An der Arbeit der verfassungsgebenden Versammlung hatte die NLD dieses Mal keinen Anteil. Über 1000 Delegierte tagten nördlich von Yangon und arbeiteten zwischen 2005 und 2008 in vielen Einzelsitzungen zielgerichtet an der Fertigstellung der Verfassung unter der Aufsicht des Vorsitzenden General Thein Sein, heute Präsident von Myanmar. Die lange Zeit, die es brauchte, und die Zusammensetzung der Delegierten dieser Versammlung hatten einen positiven Effekt, der erst später erkannt wurde und zuvor oft kritisiert worden war. Von den mehr als 1000 Delegierten waren gerade ein Drittel Angehörige der Bamar, die anderen zwei Drittel stellten die anderen Bevölkerungsgruppen Myanmars. Somit arbeiteten über Jahre hinweg verschiedene Menschen aus verschiedenen Teilen der Union zusammen, die sich sonst nie begegnet wären, und diskutierten über das zukünftige Grundgesetz.

Drei Könige in Naypyitaw

Am frühen Morgen des 6. November 2006 begann der Umzug der Regierung von der Yangon in die vorerst ›administrative Hauptstadt‹ Naypyitaw. Die Existenz dieser Stadt war bis dahin nur wenigen bekannt, denn sie wurde neu erbaut. Diese ›Königliche Residenz‹ befindet sich etwa auf halbem Weg zwischen Yangon und Mandalay. Im Landesinneren gelegen wie einst die Zentren der großen Reiche, knüpft sie an diese Tradition vor der Kolonialzeit an, wobei Yangon eben während dieser Kolonialzeit zur Hauptstadt erklärt wurde. Ausländern war der Zutritt lange Zeit verboten, was nicht weiter tragisch war, da es dort furchtbar langweilig ist, es sei denn man wollte ins Edelsteinmuseum, dessen jährliche Auktionen mittlerweile in Euro anstelle des Dollars gehandelt werden. Riesige beleuchtete Straßen, die man vom Flugzeug aus nachts sehen kann, verbinden die Hotelzone mit der Ministerienzone und so weiter. Man braucht mit dem Auto zehn Minuten, um von einer Zone zur nächsten zu gelangen. Große Entfernungen scheinen also Bedeutung zu haben, wenn man in Erwägung zieht, dass man im Landesinneren wesentlich besser geschützt ist vor einer wütenden Menge Demonstranten oder einer möglichen seeseitigen Invasion.

Das Aha-Erlebnis für viele aber war die Parade zum Tag der Streitkräfte am 27. März des Jahres 2007. Erstmals wurden der Öffentlichkeit (vor den Fernsehgeräten) die gigantischen Statuen der drei Reichseiniger präsentiert (→ S. 70ff), unter deren Augen die Soldaten marschierten. Das Militär knüpfte also tatsächlich an die vorkolonialen Traditionen an, und der Hausarrest von General Ne Win und seiner Familie sowie dessen Zögling Khin Nyunt zuvor waren nur wenige kleine Teilschritte, um die Vergangenheit zu überkommen.

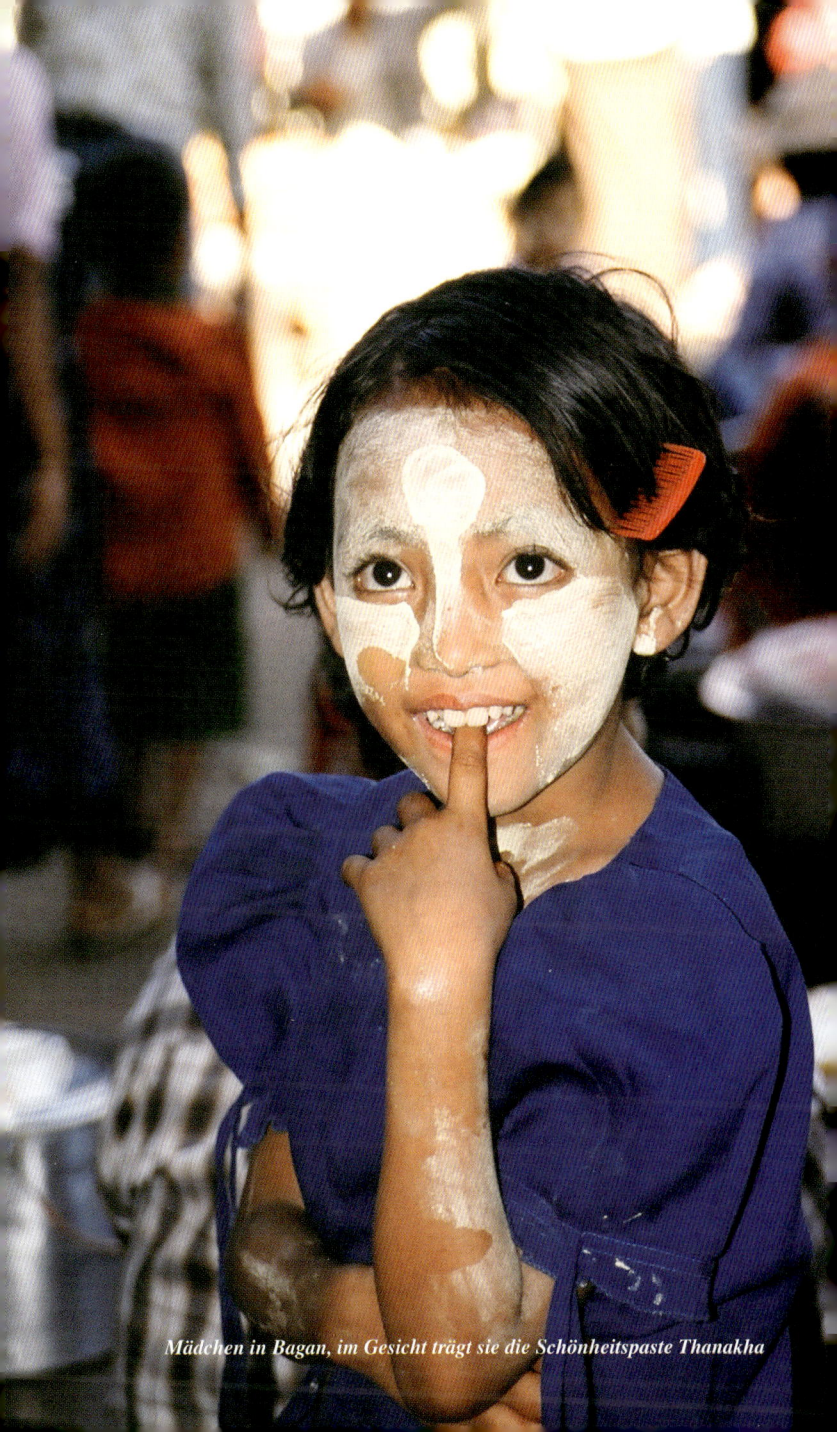

Mädchen in Bagan, im Gesicht trägt sie die Schönheitspaste Thanakha

Weder Safran noch Revolution

Diese Überschrift ist dem gleichnamigen Buch von Hans-Bernd Zöllner entnommen, das die Demonstrationen unter Beteiligung von Mönchen chronologisch aufarbeitet. Im September 2007 strich die Regierung schlagartig die Subventionen für Benzin und Diesel, was den Benzinpreis auf etwa 90 Eurocent pro Liter anhob. Diese Nachricht hatte in Myanmar in etwa den selben Effekt, der die Leute im Jahr 1987 freitags säckeweise Bargeld bei der Bank einzahlen ließ, um es vor einer möglichen Entwertung am Samstag zu schützen. Man erwartete also schlimmeres, und die Preise im öffentlichen Nahverkehr in Yangon vervielfachten sich erheblich, unabhängig von der tatsächlichen Preissteigerung des Benzins. Aufgrund gestiegener Preise wurde bei vielen das Geld knapp. Es wurde berichtet, dass einige Klöster daher keine Verpflegung von der Bevölkerung erhalten hatten. Nördlich von Bagan begannen Mönche zu protestieren, die vom Militär schließlich verprügelt wurden. Eine Entschuldigung seitens des Militärs gab es nicht. Diese Tat war unverzeihlich. In Yangon gingen die Leute auf die Straße, friedlich und von Mönchen begleitet. Als am 24. September die Menge auf etwa 50 000 Demonstranten anschwoll, kippte die Stimmung, was sich in Protestgesängen und Aufforderungen zur Freilassung von Suu Kyi zeigte. Die militärische Führung in Naypyitaw sah sich mit der Wahl ihrer neuen Hauptstadt bestätigt, reagierte aber mit roher Gewalt. Es heißt, 31 Menschen starben. All die guten Taten, mit denen das Militär buddhistisches Verdienst sammelte, waren verflogen. Einige Mönche in ihren rostbraunen (nicht safranfarbenen) Roben verweigerten sogar die Annahme von Spenden von hohen Militärs, indem sie in einem symbolischen Akt ihre Schalen umdrehten. Sogar die zurückhaltende ASEAN äußerte sich und teilte mit, man sei entsetzt.

Vergangenheit oder Zukunft?

Mönche in Yangon

Der Zyklon und das Referendum

Der Zyklon Nargis, der am 2. Mai 2008 vom Golf von Bengalen das Ayeyawady-Delta erreichte, kostete in Folge von Überschwemmungen etwa 130 000 Menschenleben. Der Vorwurf aber lautete, dass die Regierung ›internationale Hilfe‹ nicht annehmen wollte. Das stimmte nur bedingt, denn bereits am nächsten Tag trafen Hilfsgüter befreundeter Nachbarstaaten ein. Misstrauisch allerdings war man in Naypyitaw gegenüber westlicher Hilfe nach Jahren der Sanktionen. Ein US-Zerstörer vor der Küste mit angeblichen Hilfsgütern schürte alte Ängste enorm, bis man sich entschloss, aufgrund der Größenordnung der Katastrophe im Delta, die erst Tage später erkannt wurde, Helfer ins Land zu lassen. Das Ayeyawady-Delta auf dem Landweg zu erreichen, ist sehr beschwerlich. Im Laufe der viele Monate dauernden Hilfsaktionen mussten überwiegend Hubschrauber eingesetzt werden. Unabhängig von der Frage nach Moral und Anstand war das die größte Naturkatastrophe, die Myanmar je ereilt hatte. Die Verfassung wurde wie geplant am 10. Mai, also acht Tage später, zur Abstimmung gestellt und mit rund 94 Prozent Ja-Stimmen angenommen.

Die Wahlen 2010

Nachdem die NLD die Frist zur Registrierung tatenlos verstreichen ließ, wurde mit jeweils knapp 77 und 78 Prozent der Stimmen die Union Solidarity and Development Party (USDP), die dem militärnahen Basisverband USDA entstammt, in beiden Kammern die stärkste Kraft. Zusammen mit der verfassungsmäßigen garantierten 25-Prozent-Quote des Militärs waren die Verhältnisse nach der Wahl klar. Der Militärrat SPDC löste sich mit der ersten Zusammenkunft des Parlaments nach über 22 Jahren per Anordnung im Jahr 2011 auf. Zum Präsidenten wurde der frühere General Thein Sein gewählt, der zwischenzeitlich Premierminister unter dem SPDC und Vorsitzender der verfassungsgebenden Versammlung war.

Präsident Thein Sein hat im Laufe seiner andauernden Amtszeit enorme Sympathien quer durch alle Bevölkerungsschichten gewonnen. Bemerkenswert war seine Entscheidung, ein von China finanziertes Staudammprojekt nördlich von Myitkyina, der Hauptstadt des Kachin-Staats, per Anordnung einstellen zu lassen. Dessen Inbetriebnahme hätte die Zwangsumsiedlung mehrerer Tausend Menschen erfordert. Seine Entscheidung begründete er damit, dass er die Rufe nach Hilfe dieser Menschen erhören muss. Es ist mit Sicherheit anzunehmen, dass dieser recht drastische Schritt zuvor mit China verhandelt wurde, denn die langjährige Unterstützung, die China nicht nur als Vetomacht im UN-Sicherheitsrat Myanmar hat zuteilwerden lassen, wurde in Naypyitaw nicht vergessen.

Junge Frau im Shan-Staat

Die beiden deutschen Staaten in Myanmar

Nur einen Tag nach den Nachwahlen vom 1. April 2012 rief die Bundesregierung die EU dazu auf, die Sanktionen gegenüber Myanmar zu lockern. Bei den Nachwahlen hatte die Nationale Liga für Demokratie endlich den Einzug ins Parlament geschafft, und Daw Aung San Suu Kyi erhielt ein Abgeordnetenmandat. In den Monaten vor der Nachwahl hatte die Regierung Myanmars bereits zwei Minister der Bundesregierung und eine Anzahl deutscher Delegationen empfangen. Bundesaußenminister Guido Westerwelle reiste ebenfalls nach Myanmar und seine Staatsministerin unterzeichnete mehrere Abkommen zum Kulturaustausch zwischen beiden Staaten. Im Jahr 2013 wurde die Eröffnung eines Goethe-Instituts vereinbart, im September 2013 wurde dem Institut ein Gebäude in Yangon zur Verfügung gestellt, die Eröffnung wird wohl 2015 stattfinden. Vor dem Hintergrund des zunehmenden Engagements der Bundesrepublik lohnt es sich, die Geschichte der Beziehungen zwischen Deutschland und Myanmar zu betrachten.

Im Mai 1979 schickte die Provisorische Regierung der Republik Myanma [sic!] einen Brief an Premierminister [sic!] Walter Scheel in Bonn in der Bundesrepublik Deutschland. Scheel war natürlich nicht Premierminister oder Bundeskanzler, sondern der Bundespräsident der BRD, und dieses Amt war und ist eher protokollarischer denn exekutiver Natur. In ihrem Brief verlangte die ›Provisorische Regierung‹, dass Bonn sämtliche Beziehungen mit Myanmar einstellen soll aufgrund der unrechtmäßigen Herrschaft von General Ne Win seit 1962. Weiterhin wurde verlangt, dass die BRD sämtliche technische, finanzielle und auch moralische Unterstützung Myanmars beenden sollte. Bis 1988 nämlich war die BRD der zweitgrößte Entwicklungshilfegeber Myanmars, während Japan an erster Stelle stand.

Später im selben Jahr, im November 1979, überreichte der Botschafter von Bangladesch in Myanmar dem Botschafter der BRD in Myanmar, Hans-Ferdinand Linsser, einen Zeitungsartikel einer in Bangladesch erscheinenden Zeitung mit der Überschrift ›Exilanten aus Burma gründen Verein in Bonn‹. Ein Mitglied dieses Vereins, ein ehemaliger Journalist aus Yangon, von dem es hieß, er sei ein Anhänger des durch den Putsch von General Ne Win entmachteten Premierminister U Nu, teilte Journalisten in Bonn mit, dass der Name des Vereins ›Politische Exilanten aus Burma‹ sei und man sich zum Ziel gesetzt hätte, in Myanmar die Demokratie wieder einzuführen. Den Mitgliedern des Vereins wurden Aufenthaltsgenehmigungen in Bonn und anderen Ländern Westeuropas erteilt, nachdem sie ihr Universitätsstudium in Ländern Osteuropa abgebrochen hatten.

Initiiert wurden die Aktionen von einem Typus von Oppositionsgruppe im Exil, denen es erst nach dem Ende der sozialistischen Ära in Myanmar im Jahr 1988 gelang, beträchtlich an Einfluss zu gewinnen. Ihren Einfluss konnten diese Gruppen dann vornehmlich in Brüssel, London und in Chiang Mai in Thailand geltend machen, vor allem vor dem Hintergrund der blutigen Unruhen des Jahres 1988 in Myanmar und der Behauptung, dass die Wahlen des Jahres 1990 nie anerkannt worden seien.

Im Jahr 1979 jedoch hatten diese Gruppen einen schwierigen Stand, als Myanmar mit beiden deutschen Staaten verschiedentlich verbündet war und überdies ein nicht-kommunistischer Freund der USA war. Das Auswärtige Amt in Bonn hatte kein Interesse daran, dem Land, das seit 1974 in deutscher Sprache als Sozialistische Republik Birma bekannt war, zu schaden. 1973, hatte Myanmar das Akkreditierungsschreiben von Siegfried Kühnel, dem ersten Botschafter der DDR in Myanmar akzeptiert. Seit diesem Jahr bis zum Jahr 1990 hatten also zwei deutsche Staaten eine Botschaft – oder ›Stimmenhaus‹ in der Landessprache – in Yangon.

Seit dem Jahr 1954, als die DDR eine Handelsvertretung, und 1955, als die BRD eine Gesandtschaft eröffnete, wurde der Regierung Myanmars allmählich klar, welche kritischen Folgen der Ost-West-Konflikt haben könnten. Schon 1956 schrieb der Gesandte der BRD in Hongkong, Dr. Racky, an den Gesandten Dr. Wilhelm Kopf in Yangon: »Rangun ist kein uninteressanter Ort, da sich hier, wie kaum anderswo, Ost und West in einem heftigen Konkurrenzkampf befinden.«

Gesandte der DDR traten mehrfach an die damalige demokratische Regierung von Premier U Nu heran, um sie davon zu überzeugen, dass die DDR und Myanmar diplomatische Beziehungen herstellen sollten – etwas, was die Diplomaten Bonns mit aller Macht zu verhindern versuchten. Im Juni 1955 schickte der Gesandte Bonns in Yangon, Wilhelm Kopf, ein Telegramm mit Dringlichkeitsvermerk an Staatssekretär Walter Hallstein in Bonn. Kopf berichtete, dass das Außenministerium Myanmars gewillt sei, der Handelsvertretung der DDR Botschaftsrang zu gewähren. Hallsteins Antwort beinhaltete die Anweisung, dem Außenminister Myanmars den Abbruch der diplomatischen Beziehungen zwischen der BRD und Myanmar anzudrohen, falls die DDR tatsächlich eine Botschaft in Yangon eröffnen würde. Wilhelm Kopf hatte schwere Bedenken gegen Hallsteins Anordnung und es war ihm möglich, den Staatssekretär davon zu überzeugen, dass ein Beziehungsabbruch schwer nachteilig für die BRD wäre, da so letztendlich die Handelsvertretung der DDR die einzig verbleibende deutsche Vertretung in Myanmar würde.

Hallstein verwendete in seiner ersten Antwort an Kopf den Begriff ›unfreundlicher Akt‹, ein Ausdruck, der für jede mögliche Anerkennung der DDR durch einen dritten Staat benutzt wurde. Dieser Vorfall in Myanmar im Juni 1955 war mitverantwortlich für die Formulierung der bekannten Hallstein-Doktrin Ende des Jahres 1955, als auf der jährlichen Botschafterkonferenz in Bonn versucht wurde, das Problem, wie man die DDR international isolieren könne, zu lösen.

Am 15. Februar 1962 landete der Sondergesandte der DDR, Max Sefrin in Yangon und traf Premierminister U Nu sowie den stellvertretenden Außenminister James Barrington. Sefrin verfasste einen streng geheimen Bericht an seine Vorgesetzten in Ost-Berlin und behauptete, dass U Nu die Unterzeichnung eines Friedensabkommens mit der DDR in Betracht zöge – was einer Anerkennung der DDR durch Myanmar gleichgekommen wäre. Letztlich stellte sich die Darstellung Sefrins von 1962 als unzutreffend heraus, da der damalige Generalkonsul der DDR in Myanmar bei diesem Treffen anwesend war und eine andere Version darlegte: Nach dem Treffen zwischen U Nu und Max Sefrin und jenseits des Protokolls erwähnte U Nu, dass er sich eine Woche lang in einem Meditationszentrum aufhalten werde, um zu meditieren. Sefrin wollte mit U Nu meditieren, was wiederum U Nu veranlasste zu sagen, falls Sefrin tatsächlich mit ihm eine Woche lang meditieren würde, Myanmar die DDR anerkennen würde.

Nur zwei Wochen nach diesem Treffen, am 2. März 1962, ließ General Ne Win U Nu verhaften und wurde Vorsitzender des Revolutionsrates, der neuen Regierung Myanmars unter militärischer Führung. Der General besuchte die BRD und andere westeuropäische Staaten jährlich. Obwohl die Aufenthalte in der BRD rein privater Natur waren und Erholungszwecken dienten und somit keinerlei offiziellen Charakter hatten, stellte ein Mitarbeiter des Auswärtigen Amts in Bonn fest, dass der General, der fließend Englisch sprach, grundsätzlich von der Federal Republic of Germany sprach, anstatt einfach nur Germany zu sagen – ein Hinweis, dass das während des kalten Krieges außenpolitisch absolut neutrale Myanmar dennoch Probleme mit dem Umgang mit zwei deutschen Staaten hatte.

Die Beziehungen zwischen der BRD und Myanmar erreichten ihren Höhepunkt, als Bundespräsident Richard von Weizsäcker Myanmar im Februar 1986 besuchte, dessen Erwiderung durch Myanmars Präsidenten San Yu im Oktober 1987 stattfand. In der Zwischenzeit war die DDR nicht länger imstande, einen in Myanmar residierenden Botschafter zu halten. Myanmar war ebenfalls gezwungen, die Botschaft in Ost-Berlin im Jahr 1978 zu schließen, und versicherte dem Ministerium für Auswärtige Angelegenheiten der DDR mehr als einmal, dass die Schließung rein wirtschaftliche Gründe hätte.

Schließlich kamen die Unruhen in Myanmar im Jahr 1988 und die deutsche Wiedervereinigung 1990. Während die Botschaft der DDR in Myanmar abgewickelt wurde, mietet die Botschaft der Bundesrepublik Deutschland auch heute noch im vornehmen Stadtteil Golden Valley in Yangon ein Haus, das einst die Residenz des Botschafters der DDR war – zwar mit Fahnenmast im Garten, aber ohne Fahne. Die einsetzende Entspannung gegenüber Myanmar könnte bedeuten, dass Regierungsmitglieder aus Myanmar wieder nach Deutschland reisen, obwohl es unwahrscheinlich ist, dass an die frühere Häufigkeit der Besuche von General Ne Win angeknüpft wird.

Erstmals seit dem Besuch von Bundespräsident Richard von Weizsäcker im Jahr 1986 hat mit Joachim Gauck im Februar 2014 ein weiterer Bundespräsident Myanmar einen Staatsbesuch abgestattet – was eine Anerkennung der Reformen in Myanmar bedeutet.

Treffen im Februar 1962: Sefrin, Voss (links), Barrington, U Nu (rechts)

Politik und Wirtschaft

Der 23 Jahre regierende Militärrat SPDC übergab die staatliche Macht am 30. März 2011 den neu gebildeten zivilen verfassungsrechtlichen Institutionen und löste sich am selben Tag auf. Seitdem ist Myanmar eine quasi-parlamentarische Demokratie mit anteiliger militärischer Kontrolle, was die siebte Phase des Fahrplans von 2004 eingeleitet hat.

Nach über 50 Jahren Militärherrschaft sind seit den Wahlen 2010 und den Nachwahlen 2012 erstaunliche Reformen geschehen, die im April 2013 zur Aufhebung sämtlicher Sanktionen seitens der EU führten (mit Ausnahme des Waffenembargos).

Die heutige Republik der Union Myanmar ist in sieben Staaten (ethnische Minderheiten) und sieben Regionen (Schwerpunkt Bamar) gegliedert. Die Staaten und Regionen werden jeweils von einem Chief Minister plus Kabinett regiert und haben eigene Parlamente. Die Staaten bzw. Regionen sind in insgesamt 63 Distrikte, 324 Townships, 312 Städte und etwa 65 000 Dörfer gegliedert.

Die Verfassung von 2008 schreibt vor, dass dem Militär in allen Parlamenten 25 Prozent der Sitze zustehen. Die Rolle des Militärs in der Politik wird historisch begründet.

Staaten und Regionen Myanmars

Das Unionsparlament umfasst zwei Kammern: Oberhaus (Nationalitätenkammer) und Unterhaus (Volkskammer). Von den derzeit 53 politischen Parteien ist die Regierungspartei Union Solidarity and Development Party (USDP) die größte. Die USDP wurde 2010 von der vormaligen Militärregierung aus der regimenahen Massenorganisation USDA mit 24 Millionen Mitgliedern gebildet. Zusammen mit der festgelegten Quote für das Militär hält die USDP etwa 75 Prozent der Sitze.

In Folge der Nachwahlen vom 1. April 2012, die im Vergleich mit 2010 allgemein als frei und fair bewertet wurden, hat die neu registrierte NLD mit 43 gewonnenen Sitzen einen Erdrutschsieg errungen und gilt nun als wichtigste Oppositionspartei. Die NLD wird allgemein zur demokratischen Opposition gezählt, wohingegen nicht wenige Initiativen aus der Mitte des Militärs entstammen (militärische Abgeordnete unterstützten den Antrag, die Bedingungen zu überprüfen, die Suu Kyi den Weg ins Präsidentenamt

Wo man auch hinsieht: Es sind überwiegend Frauen, die Handel treiben und das letzte Wort in finanziellen Angelegenheiten haben

versperren. Warum sie das allerdings taten ist unklar). Suu Kyi steht mittlerweile dem fünfzehnköpfigen Unterhaus-Ausschuss für Rechtsstaatlichkeit, Frieden und Stabilität vor.

Regierungschef ist Präsident U Thein Sein, der zuvor General und Premierminister unter dem Militärrat war. Gleichzeitig wurden am 4. Februar 2011 seine beiden Vizepräsidenten gewählt. Sie gehören ebenso wie sämtliche Parlamentspräsidenten und auch die Chief Minister der 14 Staaten und Regionen der Partei USDP an. Das gilt auch für die 30 Unionsminister, die das Parlament am 15. Februar 2011 bestätigte. Im Rahmen einer Anfang September 2012 abgeschlossenen umfassenden Kabinettsumbildung erhöhte sich die Zahl der Minister von 30 auf 36. Im Kabinett befindet sich eine Frau, sie ist Sozialministerin.

Der Regierungschef und Präsident U Thein Sein hat seit Beginn seiner Amtszeit gewaltige Reformen eingeleitet: Zahllose politische Gefangene (prisoners of conscience) wurden freigelassen, daneben auch der ehemalige Ministerpräsident und frühere Geheimdienstchef Khin Nyunt. Seit September 2011 sind alle Interseiten im Land freigeschaltet. Die Pressezensurbehörde wurde abgeschafft, und private Tageszeitungen erscheinen erstmalig wieder nach über 50 Jahren. Die Regierung hat sich verpflichtet, Zwangsarbeit zu beenden und den Einsatz von Kindersoldaten zu sanktionieren. Bemerkenswert war der Baustopp für den umstrittenen Myitsone-Staudamm im Norden des Landes.

Im Unionsparlament finden erstmalig konkrete und zum Teil sensible Debatten zu politischen, wirtschaftlichen, sozialen und ethnischen Problemen statt. Im September 2011 verabschiedete das Parlament ein neues Gewerkschaftsgesetz, das die Vereinigungsfreiheit und das Streikrecht garantiert.

Myanmar wird von 135 unterschiedlichen ethnischen Gruppen bewohnt und ist seit der Unabhängigkeit immer wieder Schauplatz von bewaffneten Auseinandersetzungen zwischen der staatlichen Armee und bewaffneten ethnischen Widerstandsgruppen. Am 19. August 2011 wurde den ethnischen Milizen ein Friedensangebot unterbreitet, in Folge dessen bereits eine Anzahl an Abkommen unterzeichnet wurde.

Im Kachin-Staat finden seit Juni 2011 Kampfhandlungen zwischen der staatlichen Armee und der ›Kachin Independence Army‹ (KIA) statt. 80 000 Menschen flüchteten in andere Regionen Myanmars. Im Juni und Oktober 2012 eskalierten Spannungen im Rakhine-Staat zwischen buddhistischen Rakhine und muslimischen Rohingyas. In Folge der Auseinandersetzungen starben insgesamt über 160 Menschen auf beiden Seiten. Die Lage dort bleibt angespannt. Ngapali Beach, Mrauk-U und Sittwe aber waren und sind gefahrlos zugänglich.

Seit 2011 geben sich europäische und amerikanische Präsidenten, Ministerpräsidenten und Minister in Myanmar die Klinke in die Hand. Erklärtes Ziel der Regierung unter Obama ist die Verschiebung des politischen Fokus weg vom nahen und mittleren Osten hin nach Asien, um dort der Erstarkung Chinas zu begegnen. Myanmar liegt am Indischen Ozean, und China sieht Myanmar als sein ›Kalifornien‹.

Wenn China spuckt, schwimmen wir

Myanmar und China teilen sich eine gemeinsame Grenze mit über 2000 Kilometern Länge. China hat keinen Zugang zum Meer im Südwesten und hat sich in den letzten Jahrzehnten darüber hinaus wenig dafür interessiert – verglichen mit den USA und der EU – welche Art von Regierung in Myanmar existierte. China hat vor allem ein großes Interesse in Myanmar: Stabilität.

Als Vetomacht im Sicherheitsrat der Vereinten Nationen hat China (zusammen mit Russland) Anfang 2007 Myanmar vor einer Resolution bewahrt, die das Land als ›Bedrohung für die regionale Sicherheit‹ dargestellt hätte. Zu Zei-

Neubauten in Yangon

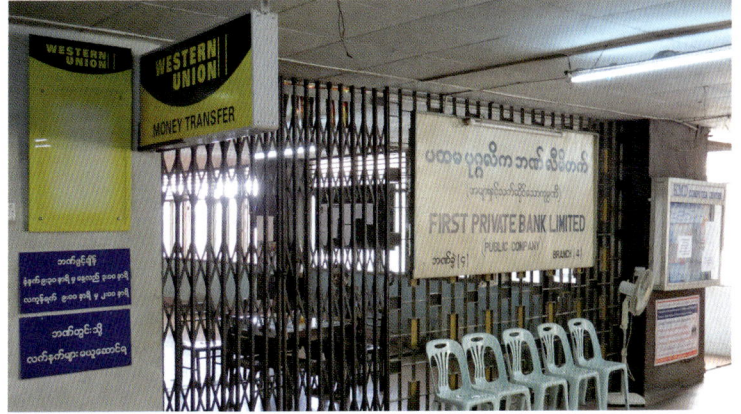

Seit 2013 ist Western Union in Myanmar vertreten

ten des SLORC/SPDC war China das wichtigste Land für Myanmar hinsichtlich wirtschaftlicher und militärischer Unterstützung in Höhe von einigen Milliarden US-Dollar.

Viele Länder der Region haben ein Interesse an den enormen Gasvorkommen vor der Westküste Myanmars (das zehntgrößte Gasvorkommen der Welt), und zuerst waren es Thailand und Frankreich, die sich diese Felder sicherten. Im Jahr 2006 erwirtschaftete Myanmar etwa zwei Milliarden US-Dollar aus den Verkäufen, als ein weiteres Gasfeld bekannt wurde. Viele Länder bewarben sich um die Rechte, aber als das Veto Chinas im Weltsicherheitsrat Myanmar vor Schlimmeren bewahrte, tauchten zwei Monate danach erste Berichte über den Bau einer Pipeline von Myanmars Westküste nach China auf.

Myanmar war das erste nicht-kommunistische Land, das 1949 die Volksrepublik anerkannte. Seitdem hat jeder Staatschef und Minister Myanmars seinen Antrittsbesuch zuerst in China absolviert, dann anderswo.

Vergangenheit, Gegenwart und Zukunft

Seit der Unabhängigkeit 1948 haben zwei Änderungen an der Verfassung sowie die Abwesenheit derselben ab 1962 und 1988 gravierende Effekte auf die Geschichte Myanmars gehabt. Im Jahr 1958 wurde General Ne Win zum kommissarischen Premierminister berufen. Der Artikel 116 aber verhinderte seine Tätigkeit über die Dauer von sechs Monaten hinaus. Die erste Möglichkeit, nach Ablauf von jeweils sechs Monaten zurückzutreten und sich sofort erneut für weitere sechs Monate ins Amt wählen zu lassen, war dem General zuwider. Somit wurde im Parlament beschlossen, den Artikel 116 außer Kraft zu setzen, was dem General die nötige Zeit gab, die an ihn gestellte Aufgabe zu erfüllen. Als der General nach 18 Monaten, also Anfang 1960, wieder Neuwahlen abhalten ließ, gelangte U Nu erneut ins Amt des Premierministers. 1961 aber entschied U Nu, den Buddhismus per Verfassungsänderung zur Staatsreligion zu erheben, während die Religionsfreiheit garantiert werden sollte. Da in Myanmar die Mehrheit der Bevölkerung dem buddhistischen Glauben angehört, es aber eine beträchtliche Anzahl Christen, Hindus und Muslime gibt, sah General Ne Win, der bereits als kommissarischer Premierminister Geschmack an und Zugang zur Macht gefunden hatte, darüber hinaus die Einheit der Nation bedroht, wenn ein Element wie Religion zum Politikum würde. Die erste Änderung der Verfassung bereitete dem General den Weg, während die zweite Änderung, die Erhebung des Buddhismus zur Staatsreligion, ein Faktor war, der den Militärputsch von 1962 begünstigte. Die Frage lautet heute, was passieren wird, falls eine Änderung an der Verfassung von 2008 die sorgfältig überlegten und traditionellen Anforderungen genügenden Bestimmungen an das Präsidentenamt außer Kraft setzt, auch wenn die Rahmenbedingungen damals anders waren.

Indes schreitet die Modernisierung des Landes unaufhaltsam voran. In den letzten Jahren haben viele Reparaturarbeiten vor allem in Yangon stattgefunden. Internationale Hilfsorganisationen eröffnen in Yangon ihre Büros, jedoch nicht in Naypyitaw, und die ersten ausländischen Banken, Ratingagenturen und Coca-Cola haben Myanmar entdeckt. SIM-Karten werden immer preiswerter, es gibt neue Autos, und der Benzinpreis erreicht ein dem Besucher vertrautes Niveau. Die ersten Geldautomaten werden aufgestellt, nachdem jahrzehntelang der US-Dollar durch das auf Vertrauen basierende Hundi-System des Schwarzmarktes ins und aus dem Land geschafft wurde. Alles scheint sich in Richtung Modernisierung zu bewegen, aber solche Änderungen hatten bereits schon in den 1950er und Anfang der 1960er Jahre in ähnlicher Art und auch Weise stattgefunden.

Die Parallelen drängen sich dem aufmerksamen Beobachter geradezu auf. Der Neubau und die Verlegung der Hauptstadt ins Landesinnere im Jahr 2006 sind Bestandteil eines bekannten, 1000 Jahre alten Musters untergehender und neu entstehender Königreiche, so dass der gegenwärtig laufende Prozess, internationalen Anschluss zu finden und mehr Shopping Malls zu bauen, damit verglichen

fremd erscheint. Selbst auferlegte Isolation ab 1962 und der von außen kommende Aufruf zum Tourismusboykott ab 1990 sorgten dafür, dass der informierte Besucher genau jetzt ein Land und seine Bevölkerung treffen wird, das immer noch einzigartig ist – und vielleicht auch bleiben wird. In all den Jahren seit 1988 und auch davor konnte sich der selten und doch gern gesehene ausländische Besucher hin und wieder an einem kleinen Geschenk erfreuen, dass ihm von Taxifahrern oder Kellnern gemacht wurde: Eine längst ungültige Banknote mit dem Bild von General Aung San, dem Gründer der Streitkräfte, die auch heute noch jeder im Portemonnaie trägt.

Juweliere in Yangon bringen es häufig
zu großem Wohlstand

Viele Nüsse gegen Suu Kyi

Die Purgiernuss (lat. *jatropha curcas*) wurde etwa im Jahr 2005 zur Staatsangele-genheit erklärt, verschwand aber wenige Jahre später wieder aus den Zeitungen. Anfangs noch konnte man häufig Losungen lesen wie ›Pflanzt die Purgiernuss an, um das Einkommen der Familie zu erhöhen!‹. In Myanmar wurde ihr englischer Begriff ›*physic nut*‹ verwendet. Man hatte erkannt, dass sich das Öl der Nuss zur Gewinnung von Biodiesel verwenden lässt, wenn man ausreichend Nüsse zur Verfügung hat. Diese Nutzpflanze gedeiht, wo sonst kaum etwas wächst, und besonders in der Trockenzone um Bagan sieht man heute noch den ein oder an-deren Strauch. Angesichts sich verteuernder Benzinpreise und abertausender Hek-tar unbebautem Land schien es eine gute Lösung, langfristig den Kraftstoffbedarf im Land teilweise selbst decken zu können. Warum verschwanden die Losungen dann in den Zeitungen? Wenn man sich heute umhört, wird eher gelangweilt auf den ein oder anderen Strauch an der Straßenecke gezeigt – mitten in Yangon!

Das Thema Purgiernuss fing als wirtschaftliche Initiative an, wurde aber bald als astrologisch bedingte Maßnahme enttarnt. Die Erklärung liefert der Name dieser Nuss auf Myanma: Kyä Szu, ein Wort, das sich nur dem Kenner der Sprache er-schließt. Kyä Szu ist die Umkehrung von Suu Kyi, dem Namen der Generalsekretä-rin der NLD. Die Erklärung dazu ist absurd, passt aber in ein bekanntes Schema, denn in Myanmar werden viele Lebensbereiche durch Geisterglaube und Astrologie beeinflusst. Wenn also im ganzen Land Kyä Szu angebaut wird, wird die schiere Menge dieser Nutzpflanze die Macht und den Status von Suu Kyi zwangsläufig neu-tralisieren. Man beachte weiterhin, dass ihr selbst gewählter Namenszusatz Aung San davon nicht betroffen ist. Als der Minister für Arbeit, Aung Gyi, etwa um 2006 als Verbindungsoffizier für den Kontakt zu Suu Kyi auserkoren wurde, geschah das auf dem Höhepunkt der Purgiernuss-Kampagne. Da diese keinen Erfolg zu haben schien, bediente man sich wirksamerer Mittel: ›Aung Gyi‹ umklammert Aung San Suu Kyi. Weder wird heute Biodiesel produziert, noch hat es verhindert, dass Suu Kyi Abgeordnete wird. Nur ein paar Sträucher sind alles, was übrig geblieben ist.

Die Früchte der Purgiernuss

Aktuelle wirtschaftliche Lage

Myanmar ist ein Land, das überaus reich an Bodenschätzen ist. Enorme Erdgasvorräte, Hölzer, Kupfer, Edelsteine, Wasserkraftreserven und umfangreiche landwirtschaftliche Nutzflächen eröffnen ungeahnte Möglichkeiten. Seit dem Militärputsch im Jahr 1988 wurde ein marktwirtschaftlich orientiertes Wirtschaftssystem eingeführt, nachdem nach 26 Jahren eines landeseigenen Sozialismus die Wirtschaft am Abgrund stand.

Nach wie vor aber ist die Wirtschaft landwirtschaftlich geprägt, der Agrarsektor erwirtschaftet etwa 35 Prozent des Bruttoinlandsprodukts. Weit über die Hälfte der Bevölkerung ist in der Landwirtschaft tätig. Die verarbeitende Industrie steuert etwa 14 Prozent bei, der Handel und Dienstleistungen sind mit etwa 37 Prozent beteiligt.

Bereits während der 1980er Jahre war die Wirtschaft überwiegend auf den Export von landwirtschaftlichen Produkten, etwa Reis oder Teak-Holz, angewiesen, während der Außenhandel, sofern nicht illegal, vollständig in den Händen der Regierung lag. Die Industrie in Myanmar war wenig entwickelt und nicht sehr fortschrittlich. Ersatzteile waren kaum verfügbar, wie zum Beispiel für die Lokomotiven, die 1964 von Krupp geliefert worden waren. Ab den 1980er Jahren schließlich stagnierte der Export von Reis aufgrund kaum verfügbarer Düngemittel, während gleichzeitig die Preise für Waren des täglichen Bedarfs stiegen, während der – zumeist geduldete – Schwarzmarkt die Waren anbot, die es in den ›Peoples Stores‹ nicht gab. Um den Schwarzmarkt gelegentlich stillzulegen, gab es drei Geldentwertungen, 1964, 1985 und 1987.

Vergleichbare Maßnahmen wurden zum Beispiel auch durchgeführt, um den Wechselkurs zum US-Dollar, wie er auf dem Schwarzmarkt gehandelt wurde, zu manipulieren. Der offizielle Wechselkurs der Banken war jahrzehntelang bei

Auch heute machen sich Leute als Rikscha-Fahrer selbstständig. Investition: etwa 100 Euro

Land und Leute

Klassenzimmer einer Schule in Mawlaik

1 US-Dollar zu etwa 6 (!) Kyat fixiert, bis er im Jahr 2012 endlich an die tatsächlichen Gegebenheiten angepasst worden ist. Derzeit liegt der Kurs bei 1 Dollar zu etwa 1000 Kyat.

Das reale Pro-Kopf-Einkommen des Landes wird auf jährlich etwa 1535 US-Dollar geschätzt. Die Inflationsrate beträgt knapp fünf Prozent. Statistiken zu Arbeitslosigkeit werden nicht erhoben, viele Menschen verdingen sich als Tagelöhner, während vor allem die ländliche Bevölkerung von Armut betroffen ist.

Eines der wichtigsten Gesetze wurde im November 2012 verabschiedet: Das neue Gesetz für Auslandsinvestitionen gestattet Investoren 100 Prozent Kapitalanteil an einigen Unternehmen.

Kürzlich wurden die Ausgaben für Gesundheit vervierfacht (drei Prozent des Haushalts) und für Bildung verdoppelt (fünf Prozent des Haushalts). Die Militärausgaben umfassen 15 Prozent des Budgets, wahrscheinlich aber mehr. Die Auslandsverschuldung beläuft sich auf 8,3 Milliarden US-Dollar. Eine im Januar 2013 getroffene Umschuldungsvereinbarung mit dem Pariser Club sieht einen zweistufigen Schuldenerlass von insgesamt 50 Prozent vor. Insgesamt erlassen die Gläubiger des Pariser Clubs Myanmar etwa 5,3 Milliarden US-Dollar.

Bildungswesen

In Myanmar herrscht Schulpflicht bis zur neunten Klasse. Bildung hat an sich einen sehr hohen Stellenwert, was sich schon am Wort für Schule ableiten lässt. Das Wort kyaung beschreibt einerseits das Kloster, andererseits auch die Schule und ähnliche Bildungseinrichtungen. Was aber schon seit langer Zeit im Kloster praktiziert wird, setzt sich auch heute noch in der Schule fort: Das sture Auswendiglernen des Pali-Kanons im Kloster oder der Geschichte Myanmars in der Schule, was wenig Raum für Diskussionen lässt.

Der Lehrer oder die Lehrerin tragen den Titel Saya oder Sayama, was sich grob mit ›Meister‹ übersetzen lässt. Sie stehen stellvertretend für eine Hierarchie, in der der Ältere, und damit Erfahrenere, stets das letzte Wort hat. Eine Infragestellung des Meisters durch einen Jüngeren, auch wenn er Recht hat, ist ein Affront. Dieses Prinzip zieht sich durch viele Bereiche der Gesellschaft.

Lehrer sind Staatsbedienstete und verdienen abgesehen von allerlei Vergünstigungen für Miete, Strom und Wasser sehr wenig Geld. Das hat zur Folge, dass nach Schulschluss, meist abends, die Schüler beim selben Lehrer ›Tuition‹ in Anspruch nehmen (müssen), was letztlich den Schulabschluss garantieren wird. Diese Tuition ist also weder kostenlos noch umsonst.

Wer es sich leisten kann, schickt die Kinder an eine der zahlreichen internationalen Schulen in Yangon und anschließend zum Studium nach Singapur oder Australien. Der Besuch einer internationalen Schule in Yangon aber geht einher mit dem Verbot des anschließenden Besuchs einer staatlichen Universität.

In Folge der durch Studenten initiierten Streiks seit der Zeit der kolonialen Besetzung bis 1988 hat der Militärrat erkannt, dass Universitäten und deren Studenten in den Städten ein Problem werden können. Seitdem wurden neue Universitäten entweder weit entfernt vom Stadtzentrum errichtet, oder zur Fernuniversität erklärt. Allerdings ist auch hier die Qualität der Lehre und Forschung zumindest fraglich.

An der Fremdsprachenuniversität (gegründet 1964 als Ersatz für das Verbot von fremdfinanzierten Sprachbildungseinrichtungen) in Yangon wird neben Französisch, Englisch, Italienisch auch Deutsch durch einen Lektor des DAAD unterrichtet. Hier prallen, um es vorsichtig auszudrücken, zwei Welten aufeinander. Die meisten Studierenden dort werden später ihr Geld als Reiseleiter verdienen.

Die bedeutendsten Universitäten des Landes sind die University of Yangon (Rede Obamas Ende 2012), die University of Mandalay, die Yangon Technological University und das Yangon Institute of Economics. Darüber hinaus gibt es zahlreiche weitere, zum Teil fachbezogene Hochschulen, darunter nicht weniger

als 24 Computeruniversitäten und 24 Technische Universitäten, deren Qualität aber an mangelnder Ausstattung und der oft geringen Qualifikation der Dozenten leidet.

Die neue Regierung seit 2011 misst der Reform des Bildungssystems, insbesondere der Qualitätssteigerung, eine große Bedeutung zu und hat angekündigt, 2013 erneut mehr Haushaltsmittel für Bildung zur Verfügung zu stellen. Das Ergebnis dieser Reform, wie so oft in Myanmar gemessen am geschichtlichen Hintergrund, bleibt abzuwarten. Die Analphabetenrate liegt in Myanmar bei offiziell sechs Prozent, laut Vereinten Nationen bei etwa acht Prozent.

Letzter Schultag vor den Ferien

Kunst und Kultur

Die Zeit der Herrschaft unter General Ne Win und 26 Jahre selbst auferlegte außenpolitische Zurückhaltung, wenn nicht sogar Isolation, haben die kunstschaffenden Menschen dazu gezwungen, sich in Ermangelung von Einflüssen von außen mit dem zu beschäftigen, was sie im Land selbst hatten. Vor allem Yangon weist heute die höchste Dichte an Art Galleries auf, auch aus ökonomischen Gründen, denn wenn es kein weiteres Einkommen gibt, wendet man sich der Kunst zu.

Literatur

von Dr. Uta Gärtner, Berlin

›Myanma-Literatur‹ erfasst die literarischen Entwicklungen, die sich in den myanmarischen Reichen seit Beginn des zweiten Jahrtausends unserer Zeit vollzogen haben, getragen von der Mehrheitsbevölkerung Bama und geschrieben in der Sprache Myanma. Das schließt auch Autoren anderer ethnischen Ursprungs ein wie in der klassischen Periode den Rakhine Shin Uttamagyaw. Die Literaturen weiterer Ethnien mit eigenen Schriftsystemen sowie ihre mündlichen Überlieferungen sind nicht einbezogen, haben aber ähnliche Inhalte, soweit es sich um vorwiegend buddhistische Völker handelt wie die Mon, deren Schriftkultur nach bisherigem Erkenntnisstand älter ist als die der Bama, die Rakhine, Shan, Pa-O, Palaung u.a. Abgesehen von den Mon ist zumeist der schöngeistige Bereich, der im engeren Sinne als Literatur gilt, nicht sehr ausgeprägt; es überwiegen Sachtexte vorwiegend zu Religion und Astrologie, aber auch zu weltlichen Themen wie Bildung, Kultur, Medizin. Bisher gibt es darüber nur wenig Forschung, während der Literatur als wesentlicher Komponente des gesellschaftlichen Lebens im Staat viel Aufmerksamkeit gewidmet ist.

Früheste Schriftzeugnisse in der Landessprache sind die Steininschriften des Reiches von Bagan. Die erste sicher datierte Inschrift ist die des Prinzen Razakumar aus dem Jahr 1113, die in vier Sprachen – Pali, Mon, Pyu, Myanma – den gleichen Inhalt berichtet, auch bekannt als Myazedi-Inschrift. Es sind vorwiegend Protokolle über geleistete Spenden für die buddhistische Lehre. Wenn auch darin Gefühle, Gedanken, Wünsche, Poesie durchaus anklingen, sind sie noch nicht Literatur im Sinne der künstlerischen Gestaltung. Aber sie haben den Boden bereitet für ihr Gedeihen ab Mitte des 14. Jahrhunderts. Während der Monarchie war der König Patron aller Dichtung. Gebunden an den Hof, bestimmten dessen Horizont und Interessen maßgeblich ihre Inhalte, die sich zwischen religiöser Verklärung und Naturalismus bewegten.

Die Stoffe wurden meist der aus Indien stammenden buddhistischen Überlieferung entlehnt, besonders den Jatakas – den Geschichten der 547 Wiedergeburten des Buddha vor seiner Erleuchtung – und den Nibbatas – Begebenheiten aus seinem Leben. Daneben waren Lobpreisung des Königs, ethisch-moralische Unterweisung, Natur, Liebe, Sehnsucht bevorzugte Themen. Der Erhabenheit von Dichtung angemessen schien nur die gebundene Rede, wobei sich für die einzelnen Themenkreise spezifische Versformen herausbildeten, die immer raffiniertere Formen annahmen. Prosa diente eher sachlichen Zwecken wie Chroniken, Gesetzestexten, königlichen Biographien und ähnlichem.

Innerhalb dieses Rahmens vollzogen sich qualitative Veränderungen wie die Einbeziehung ländlicher Idylle in den Themenkreis durch Minister Padethayaza Anfang des 18. Jahrhunderts, die Beschreibung inniger Gefühle durch einige Dichterinnen und Dichter sowie die Verwendung satirischer Elemente durch den vielseitigen Poeten U Ponnya, in seiner nationalen Bedeutung Goethe vergleichbar. Mit den siamesischen Künstlern, die nach der Eroberung Ayutthayas 1767 in das Myanma-Reich deportiert wurden, hielt die Erkenntnis Einzug, dass Literatur nicht nur lehrhaft und erhebend ist, sondern durchaus auch unterhaltend und weltlich sein darf. Stoffe wie das indischen Epos Ramayana oder die amourösen Abenteuer des javanischen Prinzen Panji Inu wurden übernommen und adaptiert. Das gab dem Drama Auftrieb und bereitete den Boden für die Akzeptanz von Prosa als Literatur.

Hatte bereits die Annektierung Niedermyanmars durch Großbritannien Mitte des 19. Jahrhunderts neue Erfahrungen und Weltsichten beschert, die sich in einer Flut volkstümlicher Dramen niederschlugen, veränderte die vollständige Eingliederung Myanmars in das britische Kolonialreich ab Januar 1886 die Existenzbedingungen der Literatur grundlegend: Mit der Abschaffung des Königshauses verlor sie ihren Patron und ihre Orientierung an den introvertierten Interessen des Hofes. Zugleich entfiel auch der didaktische Auftrag der Literatur. Zum geeigneten Medium für die literarische Verarbeitung der neuen Erkenntnisse, Erfahrungen und Ideen wurde die Prosa. Ungeachtet dessen blieb die Verskunst ein wichtiges Mittel literarischen Ausdrucks. Ein neues Publikum mit Interessen und Bedürfnissen entstand, die der realen Welt entsprangen. Die Einführung von Druckpressen ermöglichte, diesen Anforderungen gerecht zu werden; bis dahin begrenzte mühsame Vervielfältigung per Hand die Verbreitung.

Die Einrichtung englischer Schulen schuf sprachliche Voraussetzungen für die Aufnahme westlicher Literatur. Sie gab den einheimischen Autoren inhaltliche Anregungen, lieferte Instrumente der Gestaltung und wurde zur Vorlage, anhand derer die dem eigenem Milieu entnommenen Inhalte modelliert und dem Zeitgeschmack entsprechend umgesetzt wurden. So machten Übersetzungen und Adaptionen westlicher literarischer Werke den größten Teil der literarischen Neuheiten aus. Gewöhnlich wurde die Quelle der Idee nicht angegeben, sondern die Autoren kleideten die ihnen geeignet erscheinenden Motive eines englischsprachigen Werkes in Myanma-Gewänder, ergänzten, erweiterten, verwandelten sie und schufen mehr oder minder neue Werke.

Ein Musterbeispiel dafür ist der 1904 erschienene erste Myanma-Roman ›Maung Yin Maung und Ma Mae Ma‹, dessen Autor James Hla Gyaw Elemente des ersten Bandes von Dumas' ›Graf von Monte Christo‹ als Gerüst nutzte, um eine eigene Geschichte im Myanma-Milieu zu weben. Markant ist, dass sich statt der Rache – Handlungsmotiv des Dumas'schen Helden – im Einklang mit der buddhistischen Lebensphilosophie das barmherzige Verzeihen durch das Werk zieht. In ähnlicher Weise nutzten auch andere Autoren englische Vorlagen, um sie mit nationalen Inhalten zu füllen oder auch nur die Leser gepflegt zu unterhalten.

So schuf Shwe U Daung in unverblümter Anlehnung an Conan Doyle's Detektivgeschichten einen myanmarischen Sherlock Holmes namens U San Sha und führte damit das Genre Kriminalliteratur ein. Daneben entstand natürlich auch eine Menge billigen Abklatsches, darunter so genannte 4-Anna-Geschichten, den deutschen Drei-Groschen-Romanen vergleichbar. Ihre Schöpfer verteidigten sich damit, dass sie buddhistische Kultur propagierten und dank der leichten Verfügbarkeit Lesegewohnheiten förderten. Eine heutige Analogie sind die populären Bildgeschichten, in die mitunter sogar anspruchsvolle Literatur umgesetzt wird.

Die beiden Richtungen in der myanmarischen Literatur, die damals entstanden, blieben bis in die Gegenwart präsent: Zum einen wurde – vor allem von geistlichen Personen – die Tradition der ›reinen Literatur‹ fortgesetzt. Führend in dieser Periode war der Mönch Ledi Sayadaw, der mehr als fünfzig Abhandlungen vorwiegend religiösen Charakters in klassischem Prosa-Stil, gemischt mit Versen, schrieb. Sie werden bis heute verlegt und gehandelt, wie überhaupt buddhistische Literatur älteren und neueren Datums einen beträchtlichen Raum im Bücherangebot einnimmt. Zum anderen begann sich eine völlig neue nationale Literatur herauszubilden. Literatur-Magazine entstanden und boten Raum für Kurzgeschichten, die sich seit den 1920er Jahren rasant entwickelten und bis heute überwiegen.

Meilensteine der Herausbildung einer neuen Nationalliteratur waren die Romane von U Lat ›Der Jasminbusch‹ (1913) und ›Shwepyisoe‹ (1914), die sich, wenn auch noch verhalten, mit gesellschaftlichen Erscheinungen wie Anglomanentum und moralischem Verfall auseinandersetzen. Besondere Würdigung verdient Thakin Kodaw Hmaing, der kreativ Verskunst und Prosa für die Vermittlung nationaler Inhalte einsetzte. Als Begründer der modernen Prosaliteratur mit nationalem Bezug und westlicher Inspiration gilt P. Monin, der allein zwischen 1920 und 1922 sechs innovative Romane und zahlreiche Kurzgeschichten schrieb. Anfang der 1930er Jahre entstand die Literaturströmung Khitsan, übersetzbar mit ›Zeitentest‹. 1934 gab U Pe Maung Tin, Nestor der einheimischen Philologie, unter diesem Titel Gedichte und Geschichten seiner Schüler heraus, die ihre Themen dem täglichen Leben entnahmen und einen verständlichen Stil pflegten, also volkstümlich waren, zugleich aber literarische Traditionen weiterentwickelten. Begründer und Hauptexponenten der Khitsan-Literatur waren Theippan Maung Wa (U Sein Tin, 1899–1942), Zawgyi (U Thein Han, 1908–1990) und Minthuwun (U Wun, 1909–2004). Sie wurden von zwei Seiten angefeindet: Die Vertreter der traditionellen Strömung meinten, ihre Lyrik und Prosa sei banal und beschädige die Erhabenheit der Literatur. Andere bemängelte ihren apolitischen Charakter, der dem Geist der Zeit nicht gerecht würde. Ungeachtet der Kritik aber war es die Khitsan-Strömung, die der eigenständigen modernen Literatur entscheidende Impulse gab. Viele spätere Werke, auch politisch orientierte, sind von ihr inspiriert.

Die Vertreter der Richtung, die politische Aufklärung als eine primäre Aufgabe der Literatur ansahen, fanden ihre Heimat im Buchklub Nagani – Roter Drache. In der kurzen Zeit seines Bestehens von 1937 bis 1941 brachte er 71 Bücher heraus, meist Übersetzungen von Schriften zu internationalen politischen Bewegungen, aber auch 25 zu Myanmar, davon 9 belletristische Werke. Eins seiner profiliertesten Mitglieder war U Thein Pe Myint (1914–1978), der durch seine Romane und Kurzgeschichten als dem sozialen Fortschritt verpflichteter Autor ausgewiesen ist; eine Auswahl seiner Kurzgeschichten liegt in englischer Übersetzung vor. Politische Anliegen blieben auch nach der Erlangung der Unabhängigkeit im Januar 1948 für einen Teil der Literatur prägend, insbesondere die Problematik der Selbstfindung. Thema des 1955 preisgekrönten Romans von Gyanaegyaw Ma Ma Lay ›Nicht aus Hass‹ ist, dass Unverständnis anderer Kultur, anderer Denk- und Lebensweisen auch bei besten Absichten die Identität zerstört und tödlich wirkt. In jener Zeit des Bürgerkriegs gab es auch Werke mit unverblümt politischer Zielstellung wie das Drama des damaligen Premier U Nu ›Das Volk gewinnt‹, das parlamentarische Demokratie als einzige Chance propagierte und den Kommunismus als Verkörperung der Gewalt verurteilte.

Seit der Machtübernahme durch das Militär 1962 ist die Auffassung von Literatur als Mittel der Bewusstseinsbildung Tenor einer Literaturpolitik, die anmutet wie eine Neuauflage des königlichen Patronats. Mittel zum Zweck war erstens die Zensur, die 1962 mit dem Printers' and Publishers' Registration Act eingeführt und 1975 verschärft wurde. Alle Werke waren nach dem Druck der Zensurbehörde vorzulegen, die über das Erscheinen bzw. Änderungen entschied. Die meisten Kriterien waren schwammig und boten Raum für Willkür, manche aber sind allgemeingültig und bleiben nach der Auflösung der Zensurbehörde im Januar 2013 Bestandteil des Ethikkodexes, der für die Medienarbeiter entworfen wurde und auch für Literaten gilt. Zweitens sorgt ein Netz von Ehrungen und Preisen für Anreize, dem proklamierten gesellschaftlichen Auftrag der Literatur zu entsprechen, sowohl durch eigene Werke in verschiedenen Genres als auch durch Übersetzungen.

Diese Bedingungen, besonders die unberechenbare Zensur, schränkten den Schaffensraum der Schriftsteller ein und begünstigten eine Flut unverdächtiger Literatur wie Ratgeber und buddhistische Schriften. Aber sie unterbanden ihre Kreativität nicht, zumal kritische Töne durchaus zulässig waren, solange sie im Rahmen der proklamierten Ziele, der öffentlichen Moral und der kulturellen Tradition lagen. Viele Autoren prägten ihr Geschick aus, mit Allegorien und Botschaften ›zwischen den Zeilen‹ die Zensoren auszutricksen. Unzulässig war, was die politische und soziale Stabilität gefährdet, alles andere wurde ab 1988 mehr oder minder geduldet. Dazu gehört auch die Hinwendung zu postmoderner Literatur, die als Ausdruck des Rückzugs, des Protestes gegen Gängelung oder auch nur der Individualität in den 1990er Jahren aufkam.

Seit der Veränderung des politischen Klimas in Myanmar nach dem Antritt der Regierung unter Präsident U Thein Sein im Jahre 2011 ist eine Belebung der Literaturszene spürbar, begünstigt auch durch bessere technische Bedingungen wie beispielsweise Computersatz und gutes Papier. Vorherrschend sind Wiederauflagen von Werken der modernen Klassik, darunter auch solche, die in den vergangenen Jahrzehnten verboten waren oder gewesen wären, sowie essayistische Literatur. Man darf gespannt sein, wie sich die größere Freiheit auf den Bereich der Belletristik auswirkt. Sicher ist: Myanmar wird ein spannendes Leseland bleiben.

Musik

von Daphne Wolf, Yangon

Musik spielt im Alltagsleben und bei sozialen und religiösen Anlässen in Myanmar eine wichtige Rolle. Der Reisende wird unterwegs viele begeistert singende Leute treffen und Gruppen von Jugendlichen abends mit einer Gitarre zusammensitzend und die neusten Hits singend sehen. Irritieren wird ihn aber, dass Musik oft zu sehr elektronisch verstärkt wird. So werden auch in öffentlichen Bussen gerne CDs und DVDs durchgehend sehr laut abgespielt.

Ebenso fallen einem in den Straßen der Städte allerlei fremde Klänge ins Ohr. Riksha-Fahrer machen durch ihr individuelles Klingeln auf sich aufmerksam; Lotterieverkäufer laufen mit ihren Wägelchen, auf denen CD-Spieler und Lautsprecher angebracht sind, durch die Straßen; wandernde Obstverkäufer kündigen sich durch Gongschläge an; an Häusern hängen nicht selten Glöckchen als Türklingeln; Klöster befreien durch elektrisch verstärkte, mehrtägige 24 Stunden durchgehende Rezitationen einmal im Jahr die Nachbarschaft von böser Energie und reinigen sie durch ihre melodischen heiligen Texte.

Es gibt eine sehr lebendige **Pop- und Rock**-Musikindustrie, die zahlreiche Stars hervorbringt. Landesweit sehr beliebt sind die Gruppen der früheren Generation Iron Cross mit den Sängern Lay Pyu, A Nge, Myo Kyi und Waing Waing und Emperor und Zaw Win Htut, sowie Htoo Eain Thin und Sai Htee Saing.

Andere Strömungen wie Hip Hop, Hard Rock, Indie, Heavy Metall, u.a. findet man in den größeren Städten. Ebenso gibt es eine Punkmusikszene, die einige internationale Aufmerksamkeit erhalten hat.

Musikensemble in Yangon

Der Trommelkreis Hsaing Waing

Westliche klassische Musik wird von einer noch recht kleinen Gruppe von Musikern gespielt. Die Fernsehanstalt MRTV unterhält ein Symphonieorchester und ein Gruppe von jungen Musikern einer Kayin-Kirchengemeinde im Insein Township von Yangon hat das AOC Kammerorchester gegründet.

Das Gitameit Music Center im Yanking Township in Yangon ist ein lebendiger Treffpunkt von lokalen und internationalen Musikern im Bereich Klassik, Jazz und Pop. Obwohl sie dort auch Unterricht für Klavier, Violine, Solo- und Chorgesang, Gitarre, Musiktheorie u.a. anbieten, fehlt es generell noch an einer systematischen Musikausbildung in allen Bereichen. Die internationalen Kulturinstitute veranstalten regelmäßig sehr gute Konzerte von und mit Musikern aus ihren Ländern.

Die vielfältige **traditionelle Musik** Myanmars ist zunächst schwierig zu rezipieren. Es gibt erst wenige Tonaufnahmen und nur mit Glück hört man sie live gespielt. Auch wirkt sie auf dem ersten Eindruck für den westlichen Hörer eher verwirrend, voll mit lauter ungewohnten Klängen, Melodien und Rhythmen. Wenn man sich jedoch näher mit den verschiedenen Musiken und Stilen sowie ihren Geschichten befasst, stößt man auf unglaublich faszinierende musikalische Schätze und Eigenschaften.

Die Musik der **ethnischen Gruppen** ist bisher weitestgehend unzugänglich und nur auf Wanderungen im Shan-Staat trifft man mit Glück auf Gruppen, die ihre Perkussionsmusik spielen und dazu tanzen.

Die Musik der Bamar hat eine lange orale Tradition und wird seit einigen Jahrhunderten gespielt. Das wichtigste Art des Ensembles heißt *hsaing waing* und spielt vor allem zu sozialen und religiösen Anlässen wie Pagodenfesten, Spendenzeremonien, Novizenweihen, Hochzeiten und Tanztheater-Aufführungen. Das Hauptinstrument ist der Trommelkreis, *pat waing* oder auch *hsaing waing* genannt, und der Spieler ist der Leiter der Gruppe. Auf den 21 Trommeln dieses einzigartigen Instruments, die alle mit einer Stimmpaste auf exakte Tonhöhen gestimmt sind, werden nicht wie sonst Rhythmen, sondern Melodien gespielt. Weitere Melodieinstrumente sind die Gongspiele *kyi waing* und *maung zaing*, die Flöte palwei und die durch einen sehr durchdringenden Klang erkennbare Oboe *hne*.

Die rhythmische Begleitung wird gespielt von dem Trommelspiel *pat ma*, *chauk lone pat* und *hsa khun*, dem Beckenpaar *linkwin*, der Zimbel *si*, der Holzklapper *wa* und der Bambusklapper *walatkouk*.

Nach Belieben und Kapazitäten werden Instrumente zum Teil gedoppelt oder weitere Instrumente hinzugefügt, wie die mit zwei Schlägeln gespielten Trommeln *si tou* und große Gongs. Die *si tou* wird heute auch gerne zu einer Art

Schlagzeug umgewandelt und mit westlicher Bassdrum, Snare und Becken erweitert. Eine der wichtigsten Rollen neben dem *pat waing* Spieler übernehmen bei großen Aufführungen aber ein oder mehrere SängerInnen.

Eher kammermusikalisch verwendete Instrumente sind das Bambusxylophon patala und die Bogenharfe *saung gauk*, die auf Reliefs und Abbildungen in ganz Südostasien und Indien zu finden ist, aber heute nur noch in Myanmar aktiv gespielt wird. Sie hat einen wunderbaren zarten Klang und ist für den westlichen Hörer gut zu genießen. Sie wird auch als Dekorationsobjekt in verschiedenen Größen ausgestellt.

Faszinierend ist zudem, wie westliche Instrumente wie Violine, Slide Gitarre, Mandoline, Banjo u.a. seit der britischen Kolonialzeit vollständig in die burmesische Musik adaptiert wurden. So hat sich auch eine ganz besondere burmesische Spieltechnik des Klaviers entwickelt, die vor allem der Pianist war Gitalulin U Ko Ko zur Perfektion gebracht hat.

Fußball und Chinlon

James C. Scott, der britische Kolonialbeamte, wurde als Schriftsteller unter dem Namen Shway Yoe bekannt. Ihm zu Ehren wurde der Scott-Markt in Yangon benannt, bis dieser 1948 in Bogyoke-Aung-San-Markt umbenannt wurde. Scott brachte nicht nur das Fußballspiel nach Myanmar, sondern verfasste gleich dazu passend ein Zitat, das etwas anachronistisch anmuten mag, aber dennoch die Faust aufs Auge trifft: »The Burmese are very fond of football, because it is very much like fighting«. Vor wenigen Jahren erst wurde die landesweite Fußballliga gegründet, und wenn ein Spiel, zum Beispiel im Bogyoke-Aung-San-Stadion in Yangon, stattfindet, sind die Teashops am Straßenrand voll! Sogar junge No-

Mit diesem Ball wird Chinlon gespielt

vizen lassen sich kaum Spiele entgehen und daher sieht man sie des öfteren zu später Stunde im Publikum sitzen. Seit 2012 werden auch Spiele der Bundesliga in Myanmar gezeigt. Falls man sich also dem Taxifahrer als Deutscher zu erkennen gibt, kommen sofort Kommentare, die mit der Fußballbundesliga zu tun haben. Es ist wahr, dass alle (männlichen) Einwohner Myanmars, von Nord bis Süd, verrückt nach Fußball sind. Täglich sieht man sie in den Teestuben, an Straßenecken und an Taxiständen, wie sie in den Zeitungen die Fußballergebnisse studieren. Zum täglichen Studium gehören auch die genaue Analysen der Premier League aus England.

Ein Länderspiel kann sogar die Herausbildung einer Gemeinschaft fördern, wie ein Historiker mit folgender Anekdote zu berichten weiß: In Pahkang, einer Stadt im Kachin-Staat, wurde abends in einem überfüllten Teashop das Spiel Myanmar gegen Vietnam gezeigt. Als Myanmar dann ein Tor schoss, waren das Gejubel und der Applaus so groß, dass er sein Zimmer verließ, um zu sehen, was auf der Straße vor sich ging. Das überwiegend männliche Publikum bestand aus einer Mischung aus Kachin, Bamar, Pa-O, Nepalesen und Chinesen. Obwohl Myanmar mit nur einem Tor unterlag, war sich dieses Publikum vor dem Fernseher einig, dass ›unsere Jungs gut gespielt haben‹.

Wenn das Fußballspiel ein Sport ist, in dem zwei Mannschaften gegeneinander spielen, so ist das weitaus ältere Chinlon-Spiel ein Sport, in dem alle miteinander, nicht gegeneinander, spielen. Ziel ist es, den Ball aus geflochtenem Korb immer in der Luft zu halten, und zu diesem Zweck stehen die Spieler im Kreis. Jeden Tag, pünktlich ab 17 Uhr, versammeln sich die Spieler auf einer freien Fläche, ziehen ihren Longyi ganz nach oben, damit sie die Beine bewegen können. Mit einsetzender Dunkelheit ist das Spiel vorbei. Aus dem Volkssport wurde auch eine Kunst, die, überwiegend von Frauen, auf einer Bühne vor Publikum dargeboten wird. Dabei werden allerlei zusätzliche Elemente eingebaut, die die Handhabung des Balls noch erschweren. Viele Hotels und Restaurants bieten diese Shows an, ansonsten sieht man das Spiel auf der Straße in jeder beliebigen Stadt.

Kleidung

Auch wenn sich in Großstädten wie Yangon und Mandalay Jeans und T-Shirt durchgesetzt haben mögen, betrifft das überwiegend die junge Bevölkerung. Die Mehrheit trägt weiterhin ganz klassisch den Wickelrock, hier Longyi genannt. Für Männer wird er auch Paso und für Frauen Thamein genannt. Der Longyi ist eine zwei Meter lange und einen Meter breite Stoffbahn (Standardgröße), die um die Hüften geschlungen und bei Männern am Bauch, bei Frauen an den Hüften zusammengeknotet wird. Männer tragen überwiegend ein kariertes Muster, Frauen bevorzugen meistens buntere Motive. Der Longyi ist in der tropischen Hitze ein angenehm zu tragendes Kleidungsstück, da er die Luftzirkulation ermöglicht. Im Laufe eines Tages muss der Longyi immer wieder neu gewickelt werden, was dessen Trägern auf bewundernswerte Weise sogar während des Laufens gelingt.

Der Longyi ist ein äußerst vielseitiges Kleidungsstück. Oft wird man beobachten können, dass die morgendliche Dusche ganzer Gruppen an einem frei einsehbaren Becken stattfindet – mitten in Yangon oder auch am Ufer des

Ayeyawady. Besonders Frauen ziehen dann ihren Longyi über die Brust und duschen unter Zuhilfenahme einer kleinen Schüssel, die sie über ihren Köpfen ausleeren. Anschließend wird erst der trockene Longyi über den nassen Longyi gezogen, um danach den nassen Longyi auszuziehen. Sogar allein zu Hause wird der Longyi nur durch das Überziehen eines zweiten Longyi gewechselt – niemand ist gern nackt.

Zu festlichen Anlässen werden besondere Longyis getragen. Während ein Mann täglich einen grün-schwarz karierten Longyi trägt, wird er aber anlässlich einer Novizenweihe zum Beispiel einen feinen Seidenlongyi tragen, ebenso wie die anderen Mitglieder der Familie.

Den Longyi tragen sowohl Männer als auch Frauen

Abends aber, wenn das Chinlon-Spiel beginnt, wird der Longyi nach oben gezogen und neu verknotet, so dass die Spieler die Beine besser bewegen können. Das ist auch der Grund, warum der westliche Besucher in Hosen die eigene Schrittgeschwindigkeit anpassen muss – der Longyi begrenzt die Schrittweite des Vorangehenden, so dass man entweder langsamer laufen muss oder ebenfalls einen Longyi trägt. Dann aber bitte nie gepaart mit festem Schuhwerk, sondern mit einfachen Slippern.

Die verschiedenen Völker in Myanmar haben jeweils eine eigene Nationaltracht, die sich in Muster und Farbe unterscheidet. Wer sich einen Überblick verschaffen will, kann das im Nationalmuseum in Yangon tun. Landesweit wird in der Schule hingegen eine einheitliche Uniform getragen. Grüne Hose oder auch ein grüner Longyi gepaart mit einem weißen Hemd. Auf dem Hemd sind Name der Schule und die Klasse des Schülers eingestickt, die dann zu Hause, im Shan-Staat etwa, wieder gegen die Nationaltracht eingetauscht wird.

Thanakha und das Schönheitsideal

Fast jede Frau in Myanmar benutzt Thanakha, das traditionelle Make-up. Die Benutzung von Thanakha wird unterschiedlich datiert. Manchmal geht es bis in das 14. Jahrhundert zurück, manchmal aber auch bis zu Zeiten des Buddha. Die fortwährende Benutzung dieser Kosmetik bis heute und auch in Großstädten zeigt an, dass es sich hierbei um ein gefragtes und vielfältiges Naturprodukt handelt.

Der Thanakha-Baum muss etwa 35 Jahre alt sein, um seine Rinde zur Verwendung dieser speziellen Kosmetik benutzen zu können. Die Rinde wird auf einem runden und glatten Stein mit Hilfe eines Stößels zermahlen. Anschließend werden ein paar Tropfen Wasser dazugegeben, die das Pulver in eine sehr wohlriechende Paste verwandeln. Sodann wird die Paste auf das Gesicht aufgetragen, je nach Anlass in unterschiedlicher Weise. Im alltäglichen Leben wird dem Schönheitseffekt wenig Wert beigemessen, aber zu einer Hochzeit oder der Novizenweihe Shinpyu wird die Paste in filigranen und sehr ansprechenden Mustern auf das Gesicht aufgetragen. Dieser Vorgang kann dann schon einmal zwei Stunden dauern. Man wird beide Varianten sehr oft in Myanmar beobachten können. Der Zweck ist der Schutz der Haut. Die Paste kühlt die Haut und lässt sich auch so schnell nicht wieder abreiben, weswegen man sie auch gut im Alltag einsetzen kann. Thanakha-Paste verengt die Poren der Haut und reguliert den Fettgehalt, was zu einer verminderten Faltenbildung durch Sonneneinstrahlung führt. Daher sieht man besonders auf den Feldern, wie die Frauen und die Männer gleichermaßen die Paste besonders dick auflegen, bevor sie zur Reisernte gehen. Wer sich also wundert, warum auch die betagte Bevölkerung in Myanmar überwiegend so glatte Haut hat, kennt nun die Antwort. Auch an den Stränden wird Thanakha oft benutzt, denn die Bewohner Myanmars haben eine andere Einstellung zu der von uns erwünschten Sonnenbräune.

Große Kosmetikkonzerne, wie etwa NIVEA und L'Oreal, haben schon lange den Markt für Schönheitsprodukte in Südostasien und so auch in Myanmar erobern können. Dazu bedienen sie sich eines bestimmten Slogans: ›Whitening‹. Jede Hautcreme, jedes Make-up, das in den glitzernden Auslagen der Shopping Malls erhältlich ist, kommt mit einem Weißmacher daher, der angeblich die Haut weiß halten soll. Es ist in Yangon beinahe unmöglich, eine Hautcreme ohne Weißmacher zu finden. Falls das Wort ›Whitening‹ nicht vorkommt, werden wir hier nichts verkaufen, erklärt ein Vertreter der Kosmetikindustrie.

Hier treffen natürlich zwei Welten aufeinander. Der Besucher aus Europa will meistens etwas Farbe im Gesicht bekommen, wenn er in die Tropen fliegt. Am Strand wird sich mehr oder weniger intensiv gesonnt, und man denke nur einmal an die Selbstbräuner, die man in Deutschland kaufen kann. In Myanmar stößt der

Auch diese junge Frau trägt Thanakha im Gesicht

Ausländer mit seiner weißen Haut und dem Wunsch nach Bräune auf großes Unverständnis. Keine Frau aus Myanmar würde sich freiwillig in die Sonne legen. Ihre weiße Haut ist ihr höchstes Gut, ihr Schönheitsideal und Ausdruck ihres gesellschaftlichen Ansehens. Aus diesem Grund sieht man vor allem in Chaungtha Beach die jungen Frauen vollständig bekleidet ins Wasser gehen. Das mag einerseits an ihrem Schamgefühl liegen, aber sicherlich auch als Schutz vor der Sonne.

An dieser Stelle muss man auf die Geschichte zurückgreifen. Die Bezeichnung für einen Inder ist in Myanmar eine wenig schmeichelhafte: *ka-la*. Wenn man die beiden Silben ka und la einzeln übersetzt, erhält man ›schwimmen‹ und ›kommen‹. Die Inder sind also die, die schwimmend gekommen sind. Auf der Landkarte wird ersichtlich warum: Der Golf von Bengalen trennt beide Länder, und schon vor Jahrhunderten hat man die Schifffahrt der beschwerlichen Reise über Land vorgezogen (Stichwort Küstenhandel). Mit der Ankunft der Armee Britisch-Indiens in Myanmar kamen aber nicht die Engländer. Es kamen überwiegend Inder, Gurkhas und Nepalesen – kurz: dunkelhäutige Menschen im Dienst der Krone.

Bevor sie kamen, war der Stuhl als Sitzmöbel größtenteils unbekannt. In Myanmar wird man auch heute noch beobachten, dass die Menschen, wenn sie zum Beispiel auf den Bus warten, lieber hocken – und zwar stundenlang, ohne dass die Knie schmerzen. Erst mit der Ankunft der Armee Britisch-Indiens kam auch der Stuhl, ab dann in Myanmar bekannt als *ka-la-tain*: schwimmen plus kommen plus sitzen – der Sitz der Inder.

Ein weiteres Wort für einen Ausländer nicht-indischer Herkunft ist das ältere, aber weiterhin gebräuchliche Wort *ka-la-phyu*, der weiße Inder. Damit sind alle (westlichen) Ausländer gemeint, die keine dunkle Hautfarbe haben. Man erkennt also, dass in Myanmar zwischen weißen und nicht-weißen Ausländern unterschieden wird, während alle Ausländer aber schwimmend kommen, also von weit her sind. Vor diesem Hintergrund haben böse Zungen dem nigerianischen UNO-Sondergesandten Ibrahim Gambari wenig Chancen bei seinen Vermittlungsversuchen zwischen Suu Kyi und dem SLORC/SPDC unterstellt.

Spätestens mit der Fruchtbarmachung des Ayeyawady-Deltas ab 1852 kamen die Inder scharenweise aus Britisch-Indien nach Myanmar. Yangon war wenig später zu zwei Dritteln von Indern bewohnt, die sich auch bald einen Namen als Geldverleiher gemacht haben. Deren Wucherzinsen allerdings haben bald eine anti-ka-la-Stimmung erzeugt, die sich schließlich Mitte der 1960er Jahre gewaltsam entlud.

Die berühmte Yangon Universität war zu Zeiten der britischen Besatzung nichts weiter war als eine Außenstelle der Universität Kalkutta, mit überwiegend indischen Studenten, während junge Studenten aus Myanmar mit Zugangsbeschränkungen zu kämpfen hatten. Die Gründung verschiedener Studentenorganisationen in Yangon ab 1930 war eine Antwort auf diese Situation. Deren Mitglieder nannten sich Thakin (Herr, Meister) als Ausdruck ihrer Ablehnung der Bevormundung durch Ausländer. Das spätere Staatsbürgerschaftsgesetz von 1982 baut auf diesem Umstand auf, denn es begreift Chinesen und Inder nur als assoziierte Staatsbürger, nachrangig gegenüber den indigenen Staatsbürgern, aber immer noch der dritten Klasse vorangestellt, den naturalisierten Bürgern. Nur indigene Staatsbürger dürfen leitende Funktionen im Staat übernehmen.

Aus der Zeit Anfang des 20. Jahrhunderts stammen die Ressentiments gegen dunkle Haut. Auch heute wird einem Rikscha-Fahrer weniger Respekt zuteil werden, denn erstens muss er überhaupt körperlich arbeiten, zweitens arbeitet er draußen und nicht drinnen, und weil er draußen arbeiten muss, ist er dunkelhäutig. Wer weiß(er) ist, hat sehr wahrscheinlich eine gut bezahlte Arbeit in einem klimatisierten Büro. Wer dunkel ist, arbeitet draußen, von oben bis unten mit Thanakha eingerieben, um nicht noch dunkler zu werden. ›Wa lo hla lo‹ setzt dem ganzen noch die Krone auf: Fett ist schön, weil wohlhabend, und wer dazu noch weiß ist, wird begehrt.

Man darf bei aller Befremdlichkeit dabei nie vergessen, dass die Geschichte Myanmars eine äußerst wechselhafte war, und dass die Kolonialzeit und deren Folgen bis heute wirken. Der Begriff Rassismus hat in Europa einen anderen Kontext als in Myanmar und ist hier nur sehr bedingt anwendbar. Darüber hinaus ist die Mehrheit der Bevölkerung in Myanmar sehr jung, und wächst unter anderen Eindrücken auf als die Generation ihrer Eltern und Großeltern.

Interessanterweise heiraten ›ka-la-pyhu‹, also westliche Ausländer, bevorzugt einheimische Frauen mit einem dunkleren Teint, während diese aber, so hübsch sie auch sein mögen, für die männliche Bevölkerung Myanmars eher zweite Wahl sind. Man könnte also sagen, dass so allen geholfen ist.

Das Schönheitsideal weißer Haut gilt darüber hinaus auch in Thailand und anderswo. Koreanische Seifenopern sind in Myanmar auch deshalb so beliebt, weil die Schauspieler als ›sehr weiß‹ gelten.

Wer in Myanmar das Vergnügen hat, einer Mutter zu ihrem Neugeborenen zu gratulieren, macht ihr das größtmögliche Kompliment, indem er sagt, dass das Kind aber schön weiß ist. Das Gegenkompliment lautet dann oft »Du bist aber schön fett geworden«, und das ist durchaus ernst gemeint.

Junge in Bagan

Wie wird in Myanmar Geld verdient?

Während in Deutschland eher eine Angestelltenmentalität herrscht, findet man in Myanmar eindeutig eine Unternehmerkultur quer durch alle Gesellschaftsschichten vor. Selbst Angestellte in Myanmar haben nebenher noch ein oder mehrere Geschäfte, die ihnen ein zusätzliches Einkommen bescheren. Somit wird klar, dass die recht niedrigen Löhne nur eine Basis bieten, auf der das eigene geschäftliche Streben aufbaut. Sämtliche Mitglieder der Familie arbeiten daran, das monatliche Familieneinkommen zu generieren, während die Familie für alle Mitglieder gleichzeitig das soziale Netz ist. Der Staat, oder genauer der Sozialstaat, ist bei weitem nicht so ausgeprägt wie in Deutschland. Die Bevölkerung sieht den Staat weder positiv noch negativ, sie betrachtet ihn als unvermeidlich. Das fördert wiederum das Unternehmertum und hat viel Eigeninitiative zur Folge.

Als es Mitte der 1990er Jahre die ersten Mobiltelefone gab, kostete eine SIM-Karte über 5000 Dollar und war bis zum Preissturz auf 200 Euro ab 2012 für die allermeisten unerschwinglich. Der Mobilfunksektor befand sich in staatlicher Hand, und Beamte des Staates erhielten je nach Rang einige wenige oder mehrere SIM-Karten. Die schlecht bezahlten Lehrer an staatlichen Schulen oder auch an den Universitäten erhielten zumeist solche Zuwendungen. Wenn also eine Lehrerin mit etwa 30 Dollar Monatslohn, subventionierter Mietwohnung sowie verbilligtem Strom zusätzlich zwei Karten erhielt, benutzte sie davon eine, während die zweite vermietet wurde an jemanden, der keine 5000 Dollar ausgeben konnte. Es wurde eine Art monatliche Grundgebühr für die SIM-Karte festgelegt, die das schmale Gehalt der Lehrerin teilweise erheblich aufbesserte.

Da die Großfamilie zumeist ihr ganzes Geld zusammenlegt, wird sie in den meisten Fällen versuchen, Immobilien zu erwerben. Falls das Geld nicht ausreicht, wird bei chinesischen Geldverleihern – nie bei Banken – ein Kredit aufgenommen, der durch die Mieteinnahmen bedient wird. Eine kleine Wohnung in Yangon war vor der Preisexplosion ab 2010 ab 20 000 Euro zu haben.

In Myanmar wird viel Geld mit Provisionen verdient. Wenn zum Beispiel ein Interessent solch eine kleine Wohnung mieten will, wird der professionelle Makler oder auch der Bekannte alles daran setzen so eine Wohnung zu finden. Da bei Mietverträgen gleich die gesamte Jahresmiete bezahlt werden muss, wird der Vermittler bei Vertragsabschluss davon einen Teil erhalten. Selbst wenn kein Makler eingeschaltet wurde, wird derjenige, der den Kontakt hergestellt hat, mittels eines Anrufs auf seiner Provision bestehen.

Falls die Eigentümerfamilie in dieser Wohnung wohnt, wird sie bei einer genügend hohen Miete, die der neue Mieter zu zahlen bereit ist, wiederum selbst von diesem Geld eine günstigere Wohnung mieten und in diese einziehen, während der ursprünglich aufgenommen Kredit weiterhin bedient wird. Wenn die Familie nun dieses Geschäft in einem größeren Rahmen betreibt, mit vielleicht drei Wohnungen, wird sie in der Lage sein, ein (gebrauchtes) Auto zu kaufen. Dieses Auto wird sehr oft als Taxi angemeldet und an einen freiberuflichen Fahrer ohne eigenes Fahrzeug für einen festen Tagessatz vermietet. Somit wird sich neben der Wohnung auch bald das Auto amortisiert haben. Nicht selten wird die Familie noch einen kleinen Lebensmittelladen in der Nachbarschaft betreiben, der zusätz-

Immobilien sind eine beliebte Geschäfts-
grundlage

liches Einkommen generiert. In diesem Geschäft müssen dann auch die Kinder mithelfen.

Als nach den Demonstrationen im Jahr 2007 und nach dem Zyklon 2008 vor allem die Tourismusbranche und nachgeordnete Unternehmen kaum Gewinne machten, gab es viele Entlassungen. Ein Grafikdesigner berichtete, dass er aufgrund fehlender Aufträge der Hotels viele seiner Angestellten entlassen musste. Diese waren darüber weitaus weniger bekümmert, als man annehmen würde. »Dann gehe ich eben aufs Dorf zu meiner Familie zurück, dort gibt es immer Reis«. Die Angestellte des Grafikdesigners verdiente die üblichen 100 000 Kyat pro Monat, wovon sie regelmäßig einen Teil ihren Eltern ins Dorf schickte. Dieser Beitrag war nun weggefallen. Aber auf dem Land bildet das gesamte Dorf nicht nur eine Dorfgemeinschaft sondern auch eine arbeitsteilige Versorgungsgemeinschaft, in der Geld eher zweitrangig ist. Das Haus ist meist eine einfache Hütte, hinter der sich das Feld mit dem Gemüsegarten befindet. Hühner und Schweine halten sich tagsüber in der Mittagshitze unter dem Haus auf, das zum Schutz vor Überschwemmungen in der Regenzeit auf Stelzen steht. Der Fleischverzehr ist nicht nur auf dem Dorf, sondern auch in Yangon relativ gering, die meisten Gerichte bestehen vor allem aus Reis und reichlich Gemüse. Das überschüssige Gemüse des eigenen Gartens hinter dem Haus wird getauscht mit dem Nachbarn, der wiederum Reis anbaut. Der Brunnen in der Dorfmitte versorgt alle Bewohner mit Wasser.

Sobald sich aber die Gelegenheit ergibt, wird die einstige Angestellte des Grafikdesigners nach Yangon zurückkehren und ihrer Familie weiterhin einen Teil ihres Gehalts schicken. Da die Eltern im Dorf aber weitaus weniger mit Bargeld arbeiten als in der Stadt, wird dieses Geld aufgespart, wenn es nicht für einen Notfall benötigt wird. Das aufgesparte Geld wird dann entweder zur Finanzierung der Hochzeit oder auch als Anzahlung für eine Eigentumswohnung in Yangon oder Mandalay benutzt, deren Mieteinnahmen dann das Familieneinkommen erhöhen. Die Wohnung, die einst für etwa 20 000 Euro gekauft worden war, wurde zwischenzeitlich für das Vielfache verkauft, da ab 2010 der Immobiliensektor explodiert ist. Mit dem Geld wird heute ein neues Auto gekauft, denn die Importrestriktionen für Neuwagen sind weggefallen. Das restliche Geld wird benutzt, um eine neue Wohnung etwas weiter entfernt vom Stadtzentrum zu kaufen, da die meisten Mieter es sich mittlerweile nicht mehr leisten können, Mietverdoppelungen in der Innenstadt zu tragen und daher eine günstigere Wohnung finden müssen.

Essen und Trinken

Ein deutsches Diplomatenehepaar in Yangon Anfang der 1960er Jahre wusste folgendes zu berichten:

»Wir suchten einen Tischler, der uns einige Möbel anfertigen sollte. Als wir dann bei einem Tischler vorstellig wurden und unsere Wünsche äußerten, blickte er nur kurz von seiner Zeitung auf, legte diese neben seinen Schaukelstuhl und hob mit einer Hand den Deckel des neben ihm stehenden Tongefäßes an. Nachdem er kurz in dieses hinein geschaut hatte, sagte er, er habe kein Interesse an dem Auftrag, da er noch über genug Reis verfüge.«

Tatsächlich ist Reis das Grundnahrungsmittel in Myanmar, und egal was die Regierung tut, bei einer Reisknappheit gibt es kein Pardon. Man denke dabei an die Demonstrationen von 1988 oder 2007, als ebenfalls der Reis knapp beziehungsweise verteuert wurde. Die Einwohner Myanmars nehmen das Essen als ernste Angelegenheit. Die eigentliche Begrüßungsformel, abgesehen von *mingalaba*, lautet in der Tat ›Hast Du schon gegessen?‹ In beinahe jeder Unterhaltung wird ebenfalls das Thema Essen angeschnitten, ›Was kochst Du denn heute?‹ ist oft zu hören.

Eine Schüssel Reis, etwas Brühe und Gemüse ist die häufigste Hauptmahlzeit der ländlichen Bevölkerung, hin und wieder wird das Gericht mit getrocknetem Fisch oder mit einer Fischpaste namens *nga-pi* angereichert. Fleisch gibt es, aber es ist nicht wie in Deutschland der Hauptbestandteil der Mahlzeit, sondern eine Ergänzung. Von allen Fleischsorten ist das Huhn das beliebteste. Manchmal wird man in Yangons Chinatown Fahrräder sehen, mit denen bis zu 100 frisch geschlachtete Hühner zum nächsten Restaurant geliefert werden. Es gibt in Myanmar aber auch viele Vegetarier, so dass man sich während einer Rundreise ebenso vegetarisch ernähren kann. Das entsprechende Wort befindet sich im Sprachführer (→ S. 372).

Auf www.myanmore.com findet man sehr viele Restaurantempfehlungen.

Bamar-Küche

In einem einheimischen Restaurant wie zum Beispiel bei Danuphyu Daw Saw Yi in Yangon (→ S. 173) erhält man authentische wohlschmeckende Küche, und wird schnell erkennen, dass auch hier die Schälchen mit dem Fleisch nicht sehr voll sind, dafür aber an Gemüse um so mehr angeboten wird. Suppen, Bratreis und ein sogenanntes *Hin* sind die Gerichte, die in Myanmar verzehrt werden. Das Hin wird bei uns als Curry deklariert, so wie in Indien, was aber nicht zutreffend ist. Hin bezeichnet in Myanmar die Fleischbeila-

Gemüselastig: die Küche Myanmars

ge einer Mahlzeit. So gibt es Schweinefleisch-Hin, Fisch-Hin, Chicken-Hin und Rindfleisch-Hin und so weiter. Wenn man also in einem Restaurant ein Schweinefleisch-Hin bestellt, so wird dazu ebenfalls ein großer Teller Reis sowie Saucen und Gemüse serviert. Ein Hin ist nicht scharf und nicht zu würzig, eher erinnern manche Gerichte an ein Gulasch. Vorweg kommt meistens eine Suppe, die säuerlich schmeckt und sehr gesund ist.

Zum Frühstück wird in Myanmar entweder gebratener Reis, vielleicht mit einem Ei oder Gemüse verzehrt. Die Hauptmahlzeit der Nation aber ist die *Mohinga*. Diese Suppe kann man unter Umständen rund um die Uhr erhalten. Es handelt sich um ein beliebtes kleines Nudelgericht mit Fischsauce und weiteren Beigaben für Zwischendurch. Verfeinert wird sie mit Limetten, Gemüse und etwas von diesem und etwas von jenem. Es bleibt aber nicht bei dieser kleinen Auswahl. Myanmars Küche bietet ungeahnte Abwechslung, und für jeden ist etwas dabei. Weiterhin haben die verschiedenen Völker ihre eigenen Gerichte, was die Palette der Speisen unermesslich erweitert.

Weiterhin wird zum Frühstück sehr gerne ein *Oh-no-kau-swe* bestellt. Hierbei handelt es sich um eine Nudelsuppe mit Hühnchen, etwas Gemüse unter Verwendung von Kokosnussmilch. Wer allerdings mittags ein Oh-no-kau-swe bestellen möchte, wird verständnislose Blicke ernten, da es heißt, es steigere den Blutdruck. Niemandem würde es einfallen, so ein Gericht außer am frühen Morgen zu essen. In einigen Buchläden findet man daher auch große Plakate, auf denen angegeben wird, welche Kombination von Essen welche gesundheitlichen Auswirkungen haben kann. Deren Wahrheitsgehalt wird sich uns nicht erschließen.

Dessertbuffet in Mandalay

Essen am Straßenrand und auf den Gehwegen sei nur den besonders mutigen empfohlen. Nicht wenige landen danach für mehrere Tage im Bett aufgrund einer Magen-Darm-Krankheit. Eine Ausnahme, gemessen an der Zahl der Ausländer, die dort allabendlich essen, ist die 19. Straße in Yangon, wo man gegrillten Fisch und vielerlei Gemüse problemlos verzehren kann.

Chinesische Restaurants findet man sehr oft, und auf jeder Speisekarte ist natürlich auch Sweet & Sour Pork oder Chicken zu finden. Daneben gibt es Nudelsuppen und andere Nudelgerichte.

Westliche Küche

In den vergangenen zehn oder mehr Jahren hat sich einiges getan. Bereits 1997 eröffnete das erste und weiterhin beste italienische Restaurant L'Opera in Yangon, inzwischen mit angeschlossener Bäckerei. Mittlerweile bekommt man dort ohne Reservierung keinen Platz mehr. Vor kurzem eröffnete ein Pizzalieferservice, um den mehr und mehr in Yangon lebenden Ausländern eine Abwechslung zu bieten. Der Besitzer von Sharky's hat früh erkannt, dass der Bedarf an Brot und Käse zunehmen wird und ist bis heute der einzige, wenn auch sehr teure, Anbieter solcher Produkte. Noch aber gibt es keine einzige McDonald's Filiale im Land.

Es eröffnen immer mehr Eiscreme-Bars, wo man bedenkenlos einen Banana Split und dergleichen essen kann. Bei Eis am Straßenrand hingegen sollte man vorsichtig sein. Zumeist erscheinen dort die hygienischen Zustände nicht sehr vertrauenerweckend. Außerhalb von Yangon findet man kaum westliche Küche, es sei denn, man geht ins Restaurant des Sedona Hotels in Mandalay.

Getränke

Einfacher grüner Tee, der in vielen Gaststätten und Teestuben kostenlos gereicht wird, ist nach dem Wasser das Hauptgetränk in Myanmar. Süßer Tee hingegen wird aus sehr starkem schwarzem Tee, der sehr bitter ist, mit süßer Kondensmilch vermischt, so dass am Ende ein kakaoähnlicher Geschmack entsteht. Im Shan-Hochland gibt es viele Teeplantagen, von denen das ganze Jahr hindurch geerntet wird. Während einer Trekkingtour durch den Shan-Staat (Hsipaw) kommt man häufig an solchen Plantagen vorbei.

Pepsi, Coca Cola oder Sprite sowie weitere Softdrinks werden überall verkauft.

Kaffee wird als so genannter Coffee Mix verkauft, kleine Beutel, deren Inhalt, bestehend aus löslichem Kaffee, Milchpulver und Zucker in heißem Wasser aufgelöst wird. Sehr ordentlicher Kaffee wird in Pyin U Lwin angebaut. Dort hat sich der Amerikaner Greg Love mit seinem Golden Triangle Café selbstständig gemacht und verkauft Kaffee seiner eigenen Plantage.

Myanmar Beer ist die beliebteste Biermarke in Myanmar. Allein in Yangon auf der 19. Straße werden jede Nacht etliche Hektoliter umgesetzt, entweder in der Flasche oder gezapft. Da Bier im Verhältnis zum Rausch durch hochprozentigem Whisky, Rum oder Gin für die Einheimischen teuer ist, wird oft eine Flasche Myanmar-Rum für etwa einen Euro gekauft, und mit Wasser vermischt und gemeinsam getrunken.

Reisen im Land

Dem Reisen in Myanmar sind, gemessen an der Größe des Landes, nur einige Beschränkungen auferlegt, deren Kenntnis aber wichtig ist. Einige Grenzregionen, insbesondere Teile der gemeinsamen Grenze mit China und Thailand sowie Indien können nur mit einer teilweise kaum erhältlichen Reisegenehmigung und langfristiger Planung besucht werden. Lokale Reisebüros sowie das staatliche Reisebüro MTT können hier die notwendigen Auskünfte erteilen. Von Reisen in Sperrgebiete auf eigene Faust wird dringend abgeraten! Ende März 2013 kam es in Meiktila zu religiös motivierten Gewalthandlungen zwischen Buddhisten und Muslimen. Der Präsident verhängte in dieser Region den Ausnahmezustand. Im Kachin-Staat ist mit weiteren Kampfhandlungen zu rechnen. Es heißt, dass Myitkyina für Touristen offen sei. Im Rakhine-Staat kam es schon 2012 zu ähnlichen Handlungen wie in Meiktila. Recht einfach vorher zu organisieren ist ein Grenzübertritt von China nach Myanmar bei Ruili/Muse und umgekehrt. Im Süden der Union, im Kayin-Staat, sollte man sich genau erkundigen, wie weit man über Land reisen darf. Derzeit kann man von Yangon aus mit dem Bus nach Mawlamyine und Hpa-an reisen, der Landweg weiter in Richtung Dawei und Myeik ist für Ausländer aber gesperrt, was eine Rückfahrt nach Yangon und anschließenden Flug in den Süden bedeutet. Das kann sich aber aufgrund der Öffnung einiger Grenzübergänge zu Thailand sehr bald ändern (S. → 349). Man kann als Einzelreisender ohne weiteres drei Wochen auf Reisen sein und trotzdem weite Teile der zugänglichen Gebiete außer Acht lassen, will man sich den touristischen Hauptgebieten voll und ganz widmen und vermeiden, eine eher kaum zu bewältigende Flut an Informationen und Eindrücken unzureichend zu verarbeiten. Viele Reiseveranstalter allerdings beschränken das Programm auf zumeist 10 bis 14 Tage mit möglicher Strandverlängerung, während alle wichtigen Sehenswürdigkeiten besucht werden.

›Ah-nah-de‹ – Die Kraft tut weh

Ein Problem mit existierenden oder aufgehobenen Reisebeschränkungen ist, dass niemand genau Bescheid weiß und immer ungenaue Auskünfte zu erwarten sind. Wenn

Das Auto ist kaputt und alle schieben

man zum Beispiel nach Lashio fährt, weiß man, dass man ohne Genehmigung nicht an die chinesische Grenze in 130 Kilometern Entfernung fahren darf. Auf die Frage aber, wie weit man denn aus Lashio heraus fahren darf, weiß niemand eine richtige Antwort, aber man bekommt von 3 Leuten 4(!) verschiedene Antworten. Das liegt an der kulturell verwurzelten Sorge, etwas Falsches zu sagen. Niemand in Myanmar sagt gerne ›Nein, das geht nicht‹ oder das noch viel demütigendere ›Das weiß ich nicht‹ und will als Überbringer schlechter Nachrichten dastehen, obwohl diese schlechten Nachrichten dem Reisenden erheblich weiterhelfen würden. Zugrunde liegt das kulturelle Konzept von ah-nah-de (›ah‹ ist die Kraft, ›na‹ ist wehtun, ›de‹ ist ein Präsensmarker), das zwar mit ›sich genieren‹ übersetzt wird, sich aber kaum in unser westliches Verständnis übertragen lässt. Man will niemanden enttäuschen müssen. In diesem Fall ist es immer besser nachsichtig zu sein und zu lächeln, als angesichts frustrierender Situationen, die dadurch mitunter entstehen können, die Beherrschung zu verlieren.

Ein Tourist in Bagan bat die Rezeption des Hotels, die Tickets für den bereits gebuchten Weiterflug zum Strand für den nächsten Nachmittag bei der Gesellschaft zu bestätigen und ein Auto zum Flughafen zu organisieren. Am nächsten Nachmittag dann stand das Auto wie bestellt nachmittags bereit, aber der Flug fand bereits am Vormittag statt, wie im Ticket korrekt vermerkt. Die Rezeption weiß natürlich, dass der Flug zum Strand immer am Vormittag geht, seit Jahren schon, aber der westliche Reisende wird nicht über seinen eigenen Irrtum aufgeklärt, denn er hat ja immer Recht. Sie trauen sich einfach nicht.

1981 unternahm Sarah M. Bekker (The Concept of anade) den Versuch, ah-nah-de zu erklären und mittels Studien zu untersuchen. Das beste Beispiel in ihrem Artikel war das eines Busfahrers, der einen vollbesetzten Bus am Straßenrand parkte, in Ruhe Tee trinken ging, und erst nach geraumer Zeit weiterfuhr, während der

Hauptsache bequem

Bus in der Mittagshitze stand. Keiner der Passagiere wagte es, den Busfahrer auf sein Fehlverhalten hinzuweisen und sich untereinander über die Situation auszutauschen. Alle blieben still. Aber das war, wohlgemerkt, vor 30 Jahren.

Gruppenreisen

Üblicherweise beginnt und endet beinahe jede Rundreise in Yangon. Ab 2014 nutzen einige Reiseveranstalter Mandalay als Einreise- und Yangon (möglicherweise ohne Übernachtung) als Ausreisepunkt. Somit lässt sich wenigstens ein Inlandsflug sparen. Reiseveranstalter, die Gruppenreisen organisieren, werden die einzelnen Passagen überwiegend mit dem Flugzeug ansteuern, um so längere Anfahrten zu vermeiden – Myanmar ist fast doppelt so groß wie Deutschland und das Straßennetz ist nicht halb so gut. Vor Ort sind dann Tansfers mit Bussen vorgesehen, die einen zu den Sehenswürdigkeiten bringen. Bei solch einer durch ein Reisebüro verkauften Reise greift das Reisebüro in Deutschland auf Veranstalter als Vertragspartner vor Ort zurück, die dann die tatsächliche Planung der Rundreise gegenüber dem Reisebüro in Deutschland zu verantworten haben. Gleichzeitig kümmert sich das Büro in Deutschland um die Beschaffung von Visa bei der Botschaft oder wird über den Veranstalter vor Ort die Erteilung eines Visums bei der Einreise organisieren. So wird vom Veranstalter vor Ort alles rechtzeitig und umfassend organisiert, und auch die Reiseleiter, die heute fast jede europäische Sprache, mindestens aber Englisch, sprechen, führen die Gruppen entweder vom Beginn bis Ende der Reise durchs Land, oder aber es werden sogenannte Stations-Reiseleiter an den einzelnen Zielorten der Gruppe zugeteilt, während aber ein Chef-Reiseleiter die Gruppe durchgängig in allen organisatorischen Fragen betreut, ohne aber für die Erklärung der Sehenswürdigkeiten zuständig zu sein. Eine Liste mit Reiseveranstaltern findet sich auf → S. 370.

Individualreisen

Dem gegenüber steht die Möglichkeit, alles selbst zu organisieren. **Flüge ab Europa** bis nach Yangon lassen sich über das Internet mit Leichtigkeit buchen. Die Qatar-Airways-Verbindung ab allen großen Städten Europas über Doha mit Weiterflug nach Yangon teilt die Reisedauer in zwei angenehme rund sechs Stunden dauernde Blöcke auf. Das Visum muss man rechtzeitig auf dem Postweg durch die Botschaft in Berlin einholen, wo gegenwärtig zwei bis vier Wochen Bearbeitungszeit einzuplanen sind!

Diese Jugendlichen feiern das Wasserfest auf einem Bananentransporter

In Myanmar gibt es die Besonderheit, dass zwar die **großen Hotels** bekannter Ketten über Buchungsmaschinen im Internet buchbar sind, aber die Mehrzahl der häufig sehr ansprechenden **Pensionen** und preiswerten **Guest Houses** nur telefonisch oder bestenfalls per E-Mail aus dem Ausland erreichbar sind.

So muss auch der Großveranstalter von Gruppenreisen vor Ort in Yangon ganz klassisch ebenfalls zum Telefon oder zum Faxgerät greifen, um für eine von einem Reisebüro in Deutschland gebuchte Gruppenreise mit 20 bis 50 Gästen die Reservierungen der Hotels und Flüge in die Wege zu leiten. Langsam ändert sich dies, und somit wird in Zukunft auch das Reisen von Einzelpersonen einfacher zu planen zu sein.

Einige geschäftstüchtige Unternehmer, die zumeist viele Jahre im westlichen Ausland verbracht haben, erkannten diese Lücke in Myanmar und nun gibt es auch lokale, zuverlässige **Buchungssysteme im Internet**, die vor allem den Markt der Inlandsflüge über das Internet anbieten können, wobei per Kreditkarte oder Bankeinzug abgerechnet wird (www.oway.com.mm, www.myanmaraviation.aero). Das hat für Einzelreisende den großen Vorteil, nicht erst nach der Ankunft in Myanmar die Weiterreise per Flugzeug und die Unterkunft in den jeweiligen Zielgebieten organisieren zu müssen. Dies ist vor allem sinnvoll vor dem Hintergrund dramatisch zunehmender Besucherzahlen in der Saison 2012 bis 2013 und der realen Gefahr, dann keinen Inlandsflug mehr zu bekommen (→ S. 354). Insbesondere junge und ältere **Rucksackreisende** mit viel Zeit kommen in Myanmar an und bewegen sich preiswert mit Überlandbussen fort und kümmern sich in Yangon oder erst am Zielort angekommen, um eine entsprechende Unterkunft. Selbst wenn einige Guest Houses ausgebucht sind, wird doch alles Menschenmögliche unternommen, eine Unterkunft für die Gestrandeten zu finden, was dann einfach zum Teil des Abenteuers gehört. In einem **Kloster** gegen eine Spende zu

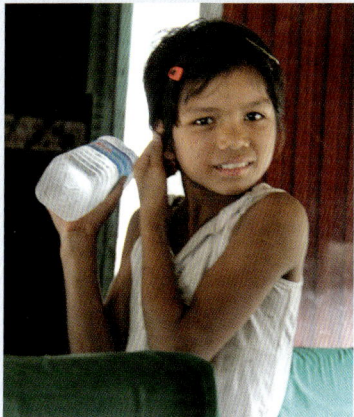

Ein junge Wasserverkäuferin im Zug

schlafen, erfreut sich seit vielen Jahren großer Beliebtheit und ist nicht nur der letzte
Ausweg. Als Inhaber eines Touristenvisums
eine Einladung zu einer **privaten Übernachtung** bei Einheimischen anzunehmen, ist
nicht erlaubt und wird wenigstens außerhalb der relativen Anonymität der Großstadt Yangon mit einiger Wahrscheinlichkeit zu Problemen führen (Meldepflicht).
Ob die Einwanderungsbehörde im Wissen
um zeitweilige Zimmerknappheit ein Auge
zudrücken wird, ist abzuwarten.

Kombi-Reisen

Eine Möglichkeit, den Mittelweg zwischen
Individual- und organisierter Reise zu finden, ist einerseits die Buchung aller internationaler Flüge über das Internet oder
durch ein **Reisebüro in Deutschland** sowie die Einholung des Visums, während
aber ein lokales **Reisebüro vor Ort** die Be-
treuung der Gäste ab/bis Flughafen Yangon übernimmt. Es gibt in Myanmar eine
Menge solcher Reisebüros, viele befinden
sich in deutscher Hand. Zu diesen nimmt
man per E-Mail Kontakt auf, und die Be-
zahlung der vorausgebuchten Leistungen
erfolgt entweder durch Überweisung auf
ein deutsches Konto oder ferner auf ein
Konto in Singapur oder Thailand, selten
wird in bar bei Ankunft bezahlt. Der große

Vorteil eines solchen lokalen Reisebüros ist
die Möglichkeit, sich abseits starrer Reise-
pläne zu bewegen und ein Höchstmaß an
Individualität – oft lassen sich sogar noch
vor Ort kurzfristige Änderungswünsche im
Reiseverlauf umsetzen, während das Reise-
tempo selbst bestimmt wird. Wie bei den
großen Veranstaltern braucht man sich ab
der Ankunft im Land um nichts mehr zu
kümmern. Wichtige Details einer solchen
Kombi-Reise sollten im Vorfeld geklärt werden, wie etwa:

▶ Wahl der Unterkunftskategorie sowie
der Verpflegung unterwegs
▶ Reiseleiter, Sprachfertigkeiten, perma-
nent oder abschnittsweise, sowie dessen
Übernachtung und Verpflegung
▶ Fahrzeug und Fahrer sowie dessen Ver-
pflegung und Übernachtung
▶ Eintrittsgelder und Gebühren
▶ Flughafentransfers (insbesondere am
Ende der Reise)

Beginn und Ende der meisten Reisen ist
Yangon, wobei bei Besichtigung der Haupt-
sehenswürdigkeiten Inle-See, Mandalay
und Umgebung sowie Bagan inklusive aller
wichtigen Kulturzeugnisse eine kreisförmi-
ge Reise in nördlicher Richtung ab Yangon
durchgeführt wird. Ob man sich dabei im
Uhrzeigersinn oder entgegengesetzt bewegt, ist unerheblich, hängt aber zumeist
von externen Faktoren wie Flugverbindungen und dergleichen ab.

Fortbewegungsmittel in Mawlaik

Auf dem Chindwin-Fluss:
Umsteigemanöver bei voller Fahrt

Einmal zurück in Yangon, kann man von dort aus den Süden erkunden oder einen Ausflug zu den Stränden der Westküste machen. Alternativ kann die Anreise und die Ausreise über den internationaler Flughafen Mandalay erfolgen, vor allem, wenn man nach China oder Nordthailand weiterreisen möchte oder von dort kommt.

Einen lokalen deutsch- oder englischsprachigen **Reiseleiter** rechtzeitig zu buchen ist ratsam. Mit oder ohne Reiseleiter – eine Reise durch Myanmar wird auf jeden Fall ein beeindruckendes Erlebnis werden, wenn dann aber noch zumeist fachkundige Führung das Programm abrundet, was im Fall der unzähligen Sehenswürdigkeiten in Bagan überaus hilfreich sein kann, kann man sich eher auf die Inhalte als auf die Organisation konzentrieren.

Falls man einen PKW oder Kleinbus mit Fahrer gebucht hat, und der Fahrer gutes Englisch spricht, stellt sich dennoch die Frage, ob dieser Fahrer auch etwas Substantielles zur Geschichte des vielschichtigen Geschichte Mandalays sagen kann. Lizenzierte Reiseleiter müssen ihre Lizenz mit Lichtbild offen tragen und haben zum Erwerb derselben mehrere Schulungen und eine Prüfung ab-

solviert und sind darüber hinaus in einem Verband organisiert.

Deutschsprachige Reiseleiter und -innen haben die Sprache zumeist an der Fremdsprachenuniversität in Yangon oder in Mandalay gelernt und konnten ihre Sprachkenntnisse häufig in Deutschland erweitern, da nicht selten Gäste im Anschluss an eine Reise ihren Führer einladen, sie in Deutschland zu besuchen. Ältere Reiseleiter waren vereinzelt im diplomatischen Dienst Myanmars tätig und wurden so auch in die Bundesrepublik oder die DDR entsandt.

Entsprechend der Reisekasse muss man sich überlegen, ob man den selben Reiseleiter während der gesamten Reise wünscht (throughout guide), oder an den einzelnen Stationen jeweils einen neuen Reiseleiter wünscht (station guide). Für ersteren müssen dann neben dem Honorar natürlich auch Transport etc. mit bezahlt werden.

Erst im Laufe der Reise, so die Erfahrung, entwickelt sich eine persönliche Beziehung zwischen Reiseleiter und Reisenden, was sich um so mehr bei Kleinstgruppen zeigen wird. Nicht selten werden dann diese Reiseleiter nach Deutschland eingeladen, wobei aber die Gastgeber sämtliche Kosten tragen. Auch bei großen Reisegruppen ab 20 Personen kann so etwas vorkommen – ein Ausdruck auch der engen Vertrauensbasis, die sich zwischen Reisenden und Einheimischen entwickeln kann. Sehr selten aber passiert es, dass ein Reiseleiter noch während der Reise ersetzt werden muss, weil die Gäste mit den Erklärungen absolut unzufrieden und sich auch ansonsten auch unzureichend betreut fühlen. Bei gemeinsamen Restaurantbesuchen, wie etwa zum Abendessen, sollten sie bedenken, dass nur wenige Einheimische alkoholische Getränke in irgendeiner Form zu sich nehmen, was respektiert werden sollte.

Inlandsflüge

Myanmar Airways International (MAI; nicht zu verwechseln mit Myanma Airways UB) verbindet Myanmar mit Teilen Südostasiens, während eine ständig wachsende Zahl von

Auch das ist eine Transportmöglichkeit: Kutsche in Pyin U Lwin

Inlandsfluggesellschaften sämtliche Orte des Landes anfliegt. Air Bagan, Air Mandalay, Yangon Airways, Air Kanbawzai sowie neuerdings Asianwings bieten zusammen eine breite Auswahl an Verbindungen, teilweise auch international. Die Fluggesellschaft Myanma Airways (UB) bedient seit langem auch die entferntesten Strecken innerhalb des Landes. Ende 2013 wurde neues Flug-

gerät in Form von Phenom Jets der Firma Embraer angeschafft, und UB war lange die einzige Gesellschaft, deren die Flüge sich online buchen ließen (→ S. 353).

Wenngleich vielfach internationale Standards eingehalten werden, was die Sicherheit im Flugbetrieb angeht, und die Piloten teilweise im Ausland ausgebildet werden, so muss man hinnehmen, dass es eben Abweichungen gibt. So wird das Flugzeug betankt, während sich Passagiere an Bord befinden, wobei aber vorschriftsmäßig die elektrische Versorgung abgeschaltet wird – man sitzt dann also im Dunkeln für die Zeit des Betankens.

Busreisen

Preiswerter kommt man in Myanmar nicht voran. Verbunden mit dem ständig in Erweiterung begriffenem Autobahn- und Straßennetz haben sich ebenfalls die Fahrtzeiten drastisch verkürzt.

Heute kommt man tagsüber in etwa acht Stunden von **Yangon nach Bagan**, bezahlt etwa 15 000 Kyat und hat dabei die Wahl zwischen vielen Busunternehmen, über die kaum Klagen zu hören sind. Mittlerweile gibt es Busse mit vollelektronischen VIP-Sesseln, was mit den Busreisen vor zehn Jahren nichts mehr zu tun hat. Empfohlen

Straßenbau mit einfachen Mitteln in Bagan

werden können aus eigener Erfahrung Busse von ELITE, die sogar Einzelsitze anbieten, sowie Busse von Shwe Mandalar, welche an eingen Sitzen sogar mit Steckdosen bestückt sind.

Man kann wählen zwischen **Tag- und Nachtfahrten**. Vor allem kleine Hotels versuchen aus unerfindlichen Gründen, ausschließlich Nachtfahrten zu verkaufen, was dann aber zur Folge hat, in einem unterkühlten Bus durch die Nacht zu reisen und nichts zu sehen. Tagfahrten sind die Empfehlung, es sei denn man kann gut im Sitzen schlafen und möchte keine wertvolle Reisezeit auf Achse verschwenden.

Die **Klimaanlagen** sind auf die höchste Stufe gestellt, so dass es auch tagsüber sehr kalt werden kann. Es gibt Decken im Bus, aber selbst bei geschlossenen Luftdüsen über dem Kopf tritt aus diesen kalte Luft aus. Man kann diese mit einer einfachen Plastiktüte vollständig abdichten, um einer Erkältung vorzubeugen.

Es werden genügend Pausen für Toilettengänge und Essen eingelegt. In Yangon befinden sich die **Büros der Busunternehmen** am Südflügel des Bogyoke-Aung-San-Stadions. Preise sollten verglichen werden, und zwei Tage vorher gebucht werden. Manche Unternehmen fahren Scania- oder Volvo-Busse, die links gesteuert werden. Die **Busstation Aung Mingalar Highway Bus Terminal** befindet sich weit außerhalb der Stadt, und muss mit dem Taxi für etwa 10 000 Kyat angesteuert werden. Von der Downtown aus sollte man eine Stunde einplanen.

Schiffsreisen

Auf dem Ayeyawady bieten mehrere Veranstalter **Flusskreuzfahrten** an, zum Beispiel Lernidee und Geoplan (→ S. 369). Solche Reisen erreichen nur einen Teil Myanmars, Yangon und der Inle-See werden, je nach gebuchtem Paket, zusätzlich mit dem Flugzeug angesteuert. Die Königin des Ayeyawady ist die einst auf dem Rhein beheimatete ›Road to Mandalay‹, die aber in der Saison 2012/13 nicht die gesamte Strecke ihrer üblichen Route zwischen Mandalay und Bagan fahren konnte, da der Ayeyawady aufgrund Wassermangels nicht überall schiffbar war. Weitere Abschnitte ab Mandalay in Richtung Norden werden saisonal abhängig angeboten.

Empfehlenswert ist es, den Teil der Reise zwischen Mandalay und Bagan auf einem der vielen Schiffe aller Preisklassen, mit oder ohne Übernachtung, zu absolvieren (→ S. 255). Manche Schiffe legen unterwegs in Yandabo an, einem kleinen Dorf, dessen tonhaltige Erde eine blühende Töpferindustrie hervorgebracht hat, so dass jede Familie im Dorf mit der Herstellung von Tonkrügen beschäftigt ist.

Die ›Road to Mandalay‹ auf dem Ayeyawady

Bahnreisen
→ S. 365

Reisen per Fahrrad

Diese Art des Reisens erfreut sich zunehmender Beliebtheit. Mittlerweile gibt es sogar einen Veranstalter für Radreisen (S. 361). Solch eine Reise selber zu planen ist wenig empfehlenswert, sollte aber unter drei Gesichtspunkten geschehen. Am Ende des Tages muss sichergestellt sein, einen größeren Ort mit Übernachtungsmöglichkeit für Ausländer zu erreichen, wenigstens aber ein Kloster. Auch darf die Hitze in Myanmar nicht unterschätzt werden. Außerdem gilt, dass Radfahrer im Straßenverkehr wenig Ansehen genießen, und eine Straßenverkehrsordnung dort etwas völlig anderes ist. Als Inhaber eines Touristenvisums hat man am Zoll am Flughafen Yangon mit keinen Problemen zu rechnen, eventuell muss das Rad deklariert und das Dokument bei der Ausreise wieder vorgelegt werden.

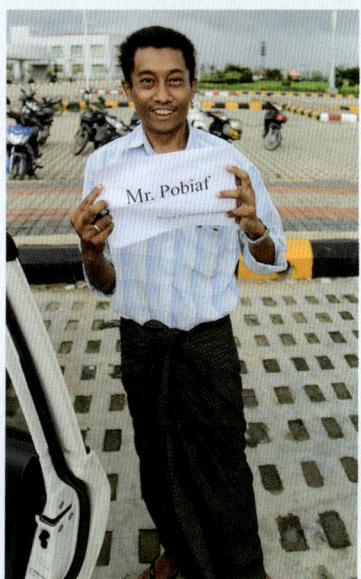

Unkonventionelle Transkription: der Fahrer des Autors in Naypyitaw

Auto mit Fahrer

Diese individuellste Art des Reisens kann man sich über jedes Hotel oder Reisebüro vermitteln lassen. Inhaber eines Touristenvisums dürfen auch mit internationalem Führerschein kein Fahrzeug lenken, daher ist ein **Fahrer immer zwingend vorgeschrieben**. Wenn ein Fahrer nicht sympathisch ist, kann man das problemlos lösen und nach einem Ersatz fragen mit der Begründung, dass man die nächsten zwei Wochen auf engstem Raum zusammen verbringen wird und die Chemie stimmen muss. Es gibt zwei Arten von Fahrzeugen: PKW und Kleinbus für bis zu acht Personen. Folgende Punkte sind mit dem Fahrer zu klären: Route, Dauer, Übernachtungen und Preis. Im Preis sollten **sämtliche Ausgaben für den Fahrer sowie Kraftstoff** enthalten sein, ebenso dessen Übernachtung und Verpflegung (Fahrer zahlen lokale Preise im Hotel und keinen Ausländerpreis).
Darüber hinaus spielen **Brücken- und Mautgebühren** eine Rolle. Unbedingt muss das Thema **Klimaanlage** angesprochen werden, wer die Benutzung auf der gesamten Strecke wünscht, muss das sagen, da das auf den Preis Auswirkungen haben kann. Viele Fahrer sind freundlich, sprechen gutes Englisch, was im Gespräch überprüft werden sollte, und können unterwegs auf so manche Sehenswürdigkeit hinweisen. In der Saison 2012/13 musste man pro Tag etwa 80 bis 100 US-Dollar einplanen, ohne eigene Übernachtungskosten.

Bekannte Probleme

Flugverspätung: Passiert öfter, sollte aber entspannt betrachtet werden. Der häufigste Grund ist Bodennebel, vor allem im Shan-Staat. Mit Betreuungsleistungen sollte nicht gerechnet werden.
Reifenpannen: Sowohl Busse als auch PKW sind davon öfter betroffen, daher auch die hohe Dichte an Werkstätten entlang der Strecke, die schnelle Hilfe anbieten.
Ankunftszeiten: Kein Fahrer mag die Frage nach der Ankunftszeit am Zielort!

Die jüngste ehemalige Hauptstadt Myanmars ist weiterhin wirtschaftliche Metropole und mit rund fünf Millionen Einwohnern größte Stadt des Landes. Der Besuch der Downtown ist eine Reise 50 Jahre in die Vergangenheit, während über allem der große goldene Stupa Shwedagon strahlt.

Die gewaltige Shwedagon Paya überragt Yangon

YANGON UND UMGEBUNG

Yangon

Für jeden Besucher ist die ehemalige Hauptstadt das Tor nach Myanmar und eine erste Sehenswürdigkeit. Reiseveranstalter bieten üblicherweise nur wenige Tage Aufenthalt in Yangon an – dabei hat die Stadt mehr zu bieten, als in drei Tage passen würde. Noch überstrahlt der Stupa Shwedagon mit seinen rund 100 Metern Höhe das Stadtbild weitestgehend, während gleichzeitig Autos und Busse, die teilweise aus der Zeit des Zweiten Weltkriegs stammen, mehr und mehr rechtsgesteuerten Neuwagen aus Japan Platz machen. Es wird viel gebaut und erneuert, Gehwege sowie Parkplätze für Autos werden in großen Stil angelegt und die Stromversorgung ist nun weniger oft unterbrochen, während an chronisch verstopften Kreuzungen die ersten Brücken entstehen.

Hatten die Generäle der letzten Militärregierung das heutige Verkehrschaos absehen können, und diese Überlegung in ihre Entscheidung, eine neue Hauptstadt zu bauen, mit einbezogen? Viele Erklärungsversuche wurden unternommen, um dem Wechsel sämtlicher Ministerien weg von Yangon zu begründen. Einige Gründe sind plausibel: Die meisten früheren Hauptstädte Myanmars befanden sich im Landesinneren, erst die Briten haben das ziemlich peripher gelegene Yangon (damals Rangoon) zur Hauptstadt erkoren, nachdem König Thibaw von der damaligen Hauptstadt Mandalay ins indische Exil geschickt worden war. Näher am Indischen Ozean gelegen, hatten die Generäle wohl auch die Befürchtung, einer seeseitigen Invasion ausländischer Streitkräfte nicht lange genug standhalten zu können, verglichen mir der zentraler gelegenen Hauptstadt Naypyitaw. Während Naypyitaw neu und langweilig ist, ist Yangon alt und schön.

Es gibt ernsthafte Bemühungen, die beeindruckenden kolonialen Gebäude zu erhalten. Ein Verband von Architekten identifizierte erhaltenswerte Gebäude, um sie vor dem Abriss zu bewahren, wie überall sonst in Südostasien bereits geschehen. ›Der Vorteil, spät dran zu sein‹ titelte ein Magazin 2012 über das Bemühen des genannten Verbands, mit dem Hinweis, dass nun in Yangon mit Blick auf andere Städte in der Region nicht dieselben Bausünden begannen werden wie in Bangkok oder Singapur, wo man heute wieder erkennt, dass eine echte Altstadt mehr Charme versprüht als Stahl, Glas und Beton. Es gibt nur ein Problem: Das Geld, denn Abreißen wäre viel preiswerter als Sanierung. Selbst das berühmte Strand Hotel auf der Strand Road, das 1991 von Investoren aufwendig saniert wurde, ist streng genommen ein Neubau, der auf Alt getrimmt wurde. Rund 90 Prozent der Bausubstanz mussten aufgrund des morschen Fundaments sowie instabiler Wände ersetzt werden, weiß der damals federführende australische Bauunternehmer des Projekts zu berichten.

Ein Besuch der Downtown rund um die Sule Paya, die von den Briten als Ausgangspunkt für die weitere Stadtplanung genommen worden ist, zeugt von der kolonialen Vergangenheit der Stadt. Um den Stupa herum verlaufen die Straßen quadratisch im Schachbrettmuster, und gleich daneben sieht man das Rathaus, dessen Fassade nach jeder Regenzeit neu geweißt wird.

Orientierung

Yangon wird im Süden und Westen durch den **Yangon River** begrenzt. Der **internationale Flughafen** befindet sich etwa 15 Kilometer nördlich des Stadtzent-

Karte S. 141 ▲

Yangon und Umgebung

0   1   2 km

Blick auf Downtown und die Sule Paya

rums. Ganz im Süden befindet sich die **Downtown**, die mit der Strand Road am Flussufer endet. Am anderen Ufer liegt der Ort Dala.

Ab dem Fluss rechnet man in Richtung Norden in Meilen. Zwei parallel verlaufende mehrspurige Hauptstraßen verkehren in **Nord-Süd-Richtung**, deren **Abschnitte in Meilen** eingeteilt sind. So ist die Kreuzung Pyay Road und Inya Road bekannt als 6,5. Meile. Das Ocean Shopping Center liegt an der 8. Meile. Für den Besucher ist vor allem der Abschnitt zwischen Downtown und dem nördlichen Ende des Inya-Sees interessant, zumindest aber der Abschnitt zwischen Downtown und Shwedagon Paya.

Das **Restaurant Thiripyitsayar Sky Lounge** in der 22. Etage des Sakura Towers in der Downtown bietet einen 360-Grad-Rundumblick, man sollte sich aber an das Verzehrgebot halten und rücksichtsvoll sein.

Stadtgeschichte

Einleitend werden einige bemerkenswerte Ereignisse als Eckpfeiler der jüngeren Geschichte Yangons skizziert: Der Abzug der Briten am frühen Morgen des 4. Januar 1948 aus Yangon, und aus Myanmar, hinterließ der nachfolgenden Regierung unter U Nu einen souverän gewordenen Staat, in dem die Folgen von jahrzehntelanger kolonialer Herrschaft bis heute zu spüren sind.

Der Militärputsch am frühen Morgen des 2. März 1962 in Yangon war eine dieser Folgen. General Ne Win wurde Staatsoberhaupt und später Vorsitzender der Sozialistischen Einheitspartei bis 1988. Er hinterließ in den 26 Jahren seiner Herrschaft von Yangon aus ein wirtschaftlich ruiniertes Land. Seit der Unabhängigkeit wurde jede Regierung in Yangon als ›Yangon-Regierung‹ bezeichnet, da die Macht des Staates zu keinem Zeitpunkt das ganze Land abdeckte, bis Mitte der 1990er Jahre war häufig nur der Großraum Yangon unter staatlicher Kontrolle.

Die prekäre wirtschaftliche Situation mündete in Massenunruhen im Jahr 1988, bekannt geworden unter dem Begriff 8888-Uprising, die blutig endeten. Ein Jahr später wurde verfügt, dass Rangoon nun wieder Yangon heißt.

Karte S. 141

Am 7. November 2005 gab die Regierung bekannt, dass am frühen Morgen des Vortags damit begonnen wurde, alle Ministerien und sonstigen Regierungsbehörden aus Yangon nach Naypyitaw zu verlegen, und Naypyitaw somit ab Dezember 2005 der neue Regierungssitz des Landes sein würde. Dadurch verlor Yangon nach über 100 Jahren seinen Status als Hauptstadt.

Im August 2007 schließlich gab es wieder Demonstrationen in Yangon, die unter dem wenig korrekten Begriff Safran-Revolution bekannt wurden. Anlass waren drastisch gestiegene Lebenshaltungskosten.

Wie die Baedeker-Karte des Jahres 1914 zeigt, endete das alte Rangun nördlich der Shwedagon Paya, an der North East Boundary Road. Diese Straße heißt heute Dhammazedi Road und bildet sich abseits der Downtown nun zum neuen hippen Zentrum mit schicken Restaurants und Bars entlang der dort abzweigenden Inya Road heraus, während sich dort ebenfalls das noble Villenviertel Gol-

den Valley anschließt. Diese Northeast Boundary Road schloss natürlich auf der Karte gut erkennbar die Shwedagon Paya mit ein, denn die Geschichte der Stadt Yangon ist aufs Engste mit der Geschichte der Shwedagon Paya verbunden, einem der wichtigsten buddhistischen Bauwerke der Welt.

Die Stadt gehörte zum Reich der Mon, als schließlich die Bamar, angeführt von König Alaungpaya im Jahr 1753, die damalige Stadt Dagon, ein Dorf nahe der Shwedagon, einnahmen. Alaungpaya gab ihr auch ihren heutigen Namen: Yangon, was soviel bedeutet wie ›Ende des Streits‹. Eventuell soll dieser Name andeuten, dass die Rivalitäten zwischen den Mon und den Bamar mit diesem symbolischen Namen enden sollten.

Bis zum Ende des zweiten Eroberungsfeldzugs der Briten in Myanmar im Jahr 1852 konnte man Yangon höchstens als Dorf bezeichnen, dessen einzige Besonderheit die Stupa Shwedagon war. Die Briten besetzten die Stadt und gaben ihr ihren Kolonialnamen Rangoon, dessen

Yangon und Umgebung

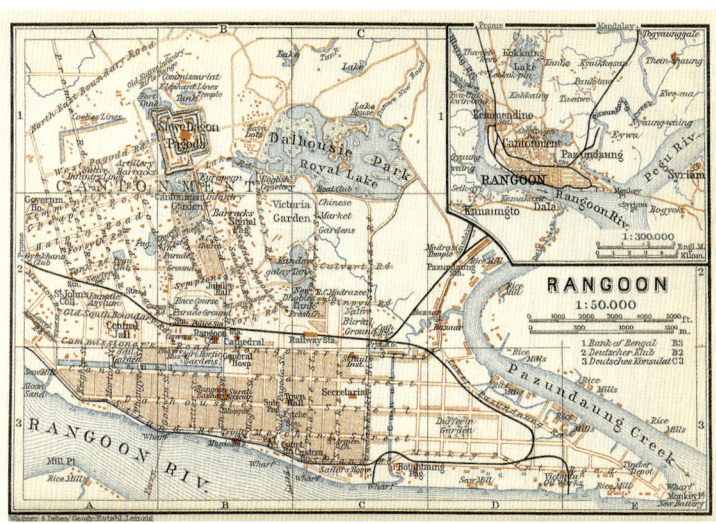

Baedeker-Karte Yangons, damals noch Rangoon, von 1914

semantische Beziehung zum tatsächlichen Namen Yangon sich aus dem Alphabet des Myanma erschließt.

Seit der Besetzung der Stadt durch die Briten entwickelte sich dieses Dorf mit der Shwedagon Paya zu einer immer größer werdenden Stadt. Ein Vergleich an dieser Stelle ist sehr aufschlussreich: Anfang des 20. Jahrhunderts kamen jährlich 250 000 Einwanderer aus Indien in Yangon an. Im Jahr 1927 stieg diese Zahl auf 480 000, und, gemessen an diesen Zahlen, überholte Yangon damit die Stadt New York als weltweit wichtigstes Ziel für Auswanderer. Bis zum Jahr 1937 war Myanmar mit der Hauptstadt Yangon ein Teil Britisch-Indiens, was die Einwanderung indischer Arbeiter problemlos machte. Ab 1852 bereits wurde das Delta des Ayeyawady westlich von Yangon durch Bewässerungssysteme fruchtbar gemacht, was einerseits den Zuzug vieler Inder begünstigte, und andererseits innerhalb der Bevölkerung Myanmars einen ›Drang nach Süden‹ hervorrief, da in Yangon Arbeit und Geld warteten.

Die Briten hatten ausgehend von der Sule Paya in der heutigen Downtown ein rechteckiges Straßennetz errichtet, das ebenfalls die Windverhältnisse in dieser heißen Stadt berücksichtigte, und sich streng an den vier Himmelsrichtungen orientierte. Die englischen Straßennamen stammen noch aus dieser Zeit, was erklärt, warum die Shwedagon Paya Lan auf englisch Shwedagon Pagoda Road heißt. In Anbetracht der schnellen Idee, die neue Kolonie Burma von einem Mönch regieren zu lassen, der wiederum vom Kaiser in China im Amt bestätigt werden sollte, ergibt sich auch sinngemäß die Einführung des Wortes Pagode für die Paya, denn Pagoden findet man überwiegend in China. Nur einige der kolonialen Straßennamen wurden im Zuge des Gesetzes zur Anpassung von Namen und Bezeichnungen von 1989 angepasst; die Anpassung aller Straßennamen hätte ein zu großes Chaos gestiftet.

Ein Erdbeben im Jahr 1930 und einige Großbrände haben die Stadt in Mitleidenschaft gezogen, wodurch vor allem

Karte S. 141

▲ *Fassaden in der Downtown*

Das Leben findet in der größten Metropole Myanmars öffentlich statt, auch die Massage

die einfachen Holzhütten vernichtet wurden. Zur Zeit der japanischen Besatzung im Zweiten Weltkrieg wurde Yangon von Bombenangriffen schwer in Mitleidenschaft gezogen.

Heute ist die 5-Millionen-Einwohner-Stadt eine Ausnahme in Südostasien, da sie einen relativ großen Baubestand aus der Kolonialzeit bewahrt hat. Dazu zählen ehemalige Regierungs- und Verwaltungsgebäude, Wohn- und Geschäftshäuser sowie darüber hinaus zahlreiche Stupas und Kultstätten unterschiedlichster Religionen. Die religiöse Vielfalt ist das Ergebnis der großen Zuwanderungsströme unter britischer Herrschaft, vor allem aus Indien. So finden sich heute in der Altstadt neben buddhistischen Bauwerken etliche hinduistische und chinesische Tempel, zahlreiche Moscheen und einige Kirchen. Auch kleinere Religionsgemeinschaften haben eigene Gebäude, die noch aus der Kolonialzeit stammen. Dazu zählt auch eine kleine Synagoge (in der 26. Straße). Der Gebetsruf von

Muezzins gehört in der Downtown von Yangon genau so zum Alltag wie buddhistische Mönche oder das Läuten der Kirchen. Besonders sonntags empfiehlt es sich, gegen 18 Uhr das Café Bar Boon im Erdgeschoss des FMI-Centers, rechts neben dem Aung-San-Markt zu besuchen, und sich von der Stimmung gefangennehmen zu lassen.

Die Altbauten der Downtown sind durch jahrzehntelange Vernachlässigung stark bedroht, aber es gibt Bemühungen, diese kolonialen Gebäude zu erhalten und zu sanieren, bevor Yangons Stadtbild dem von Bangkok oder Singapur zu sehr ähnelt.

Shwedagon Paya

›Mehr Gold, als in Eurer Bank von England‹, war ein gern geäußerter Seitenhieb in Richtung der kolonialen Besatzer aus England.

Man ist nicht in Myanmar gewesen, wenn man nicht die Shwedagon besucht hat, denn sie ist nicht nur die Hauptattraktion Yangons, sondern nimmt landesweit eine Sonderstellung ein. Goldglänzend bestimmt der mächtige Stupa das Stadtbild, und schon vom Flugzeug aus kann man ihn in der Ferne erkennen. Das Gelände der Shwedagon Paya auf dem Singuttara-Hügel ist riesig, und vier gewaltige Aufgänge führen zur Plattform. Die breiten Treppen sind von Händlern gesäumt, die buddhistische Devotionalien anbieten, es herrscht ein ständiges Kommen und Gehen von Mönchen, Nonnen und Besuchern.

Auf der Plattform rund um den knapp 100 Meter hohen Stupa sieht man Gläubige im Gebet versunken, spielende Kinder, Mönche beim Rezitieren der Pali-Sutren und Scharen von jungen Menschen, die nebeneinander herlaufend mit Besen in der Hand die Plattform im Uhrzeigersinn umrunden – natürlich barfuß!

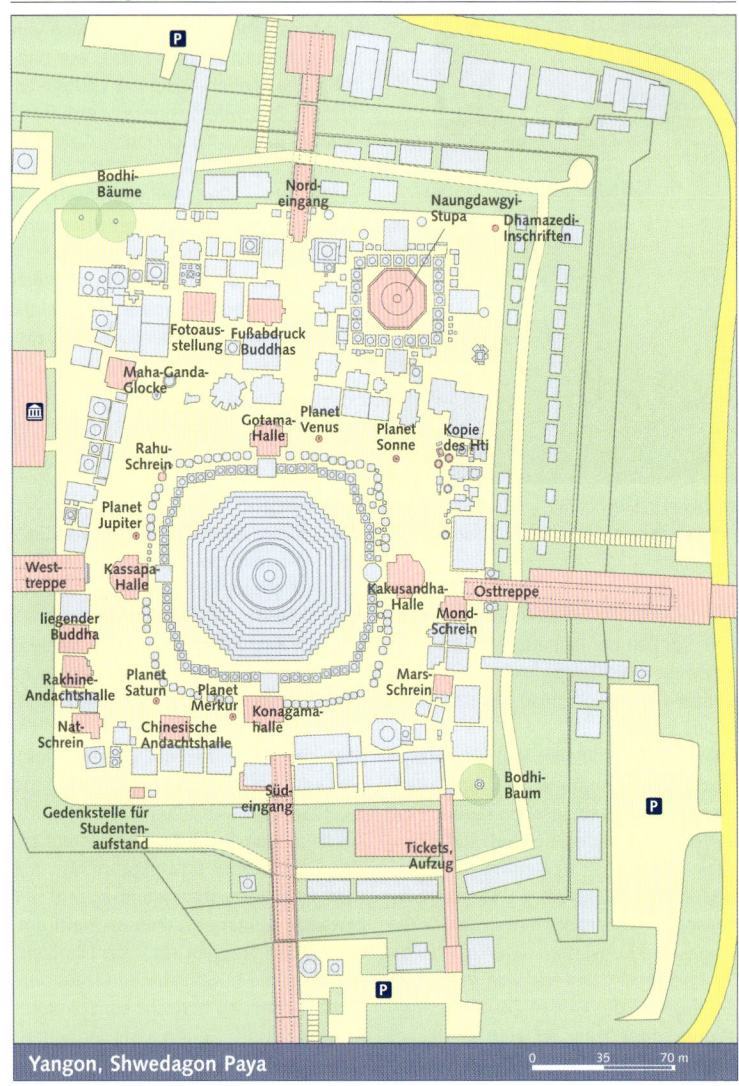

Bodhi-Bäume

Nord-eingang

Naungdawgyi-Stupa

Dhamazedi-Inschriften

Fotoaus-stellung

Fußabdruck Buddhas

Maha-Ganda-Glocke

Gotama-Halle

Planet Venus

Planet Sonne

Kopie des Hti

Rahu-Schrein

Planet Jupiter

West-treppe

Kassapa-Halle

Kakusandha-Halle

Osttreppe

liegender Buddha

Mond-Schrein

Rakhine-Andachtshalle

Planet Saturn

Planet Merkur

Mars-Schrein

Nat-Schrein

Chinesische Andachtshalle

Konagama-halle

Süd-eingang

Bodhi-Baum

Gedenkstelle für Studenten-aufstand

Tickets, Aufzug

Yangon, Shwedagon Paya

0   35   70 m

Karte S. 141

Von morgens bis abends herrscht hier Betriebsamkeit, und man kann wunderbar eine Zeit lang in einer Ecke sitzen und einfach nur beobachten, wie dort der Buddhismus gelebt wird, während der Stupa mit dem Sonnenstand seinen Farbton ändert.

Nicht nur der Farbton ändert sich: Bei der Umrundung wird man feststellen, dass der Stupa manchmal kleiner als vorher erscheint, während er nur ein paar Meter weiter wieder riesig wirkt. Es empfiehlt sich, die Shwedagon Paya zwei Mal zu besuchen, möglichst am Anfang und wieder am Ende einer Rundreise. Beim zweiten Mal wird vieles klarer erscheinen als beim ersten Besuch, dessen erster Eindruck einfach nur überwältigend ist.

■ Geschichte

Archäologen glauben, dass der Stupa irgendwann zwischen dem 6. und 10. Jahrhundert von den Mon erbaut wurde, aber diese Datierung ist nicht unumstritten. Es ist möglich, dass der Stupa im Lauf der darauf folgenden Jahrhunderte verfallen ist und wieder aufgebaut wurde. Weiterhin stammen nicht vollständig gesicherte Erkenntnisse über den Stupa vom Ende des 14. Jahrhunderts, als die Shwedagon (wieder) errichtet und auf eine Höhe von 18 Metern vergrößert wurde. Seine jetzige Höhe von 98 Meter erreichte der Stupa unter König Hsinbyushin aus Innwa im Jahre 1774, während um ihn herum weitere Gebäude wie Klöster, Andachtshallen und dergleichen entstanden. Die erste Vergoldung des Stupa hingegen ist der Königin des Mon-Reiches im Süden, Shinsawbu, zuzuschreiben, die bereits im 15. Jahrhundert ihr Körpergewicht in Gold stiftete. Es liegt in der Tradition, dass durch

die Geschichte hinweg die Herrscher zur Verschönerung der Shwedagon beitrugen. Als mehrere Naturgewalten im 20. Jahrhundert Teile der Anlage zerstörten, folgten darauf Instandsetzungsmaßnahmen und Verschönerungen. So wechselten sich zwei Erdbeben 1919 und 1970 mit einem Großbrand 1931 ab, die nicht nur viele Gebäude rund um den Stupa, sondern auch Teile der Stadt zerstörten. Anfang der 1990er Jahre wurde die Shwedagon Paya umfassend saniert, eine neue Plattform und neue Aufgänge gehörten zum Sanierungsprogramm ebenso wie viel Gold, um den Stupa wieder majestätisch strahlen zu lassen.

■ Die Legende

Schon die Legenden um die Botataung und die Sule Paya deuten die Legende der Shwedagon Paya an (→ S. 156). Als das vorangegangene Weltzeitalter endete, blühten fünf (!) Lotosblüten auf dem Singuttara-Hügel auf. Von jeder stieg ein Vogel hinauf in die Lüfte und jeder der Vögel trug eine Robe. Die Zahl Fünf deutet an, dass im kommenden (jetzigen) Weltzeitalter insgesamt fünf Buddhas erscheinen würden. Der vierte

Yangon und Umgebung

Die Basis des Stupa Shwedagon

Buddha war Gotama Buddha, während der fünfte Buddha – Metteyya (Mätreya) – der kommende und der letzte Buddha dieses Weltzeitalters sein wird. Die vier bereits erschienen Buddhas, unter ihnen Gotama Buddha, hinterließen jeweils eine Reliquie, die auf diesem Hügel eingeschreint werden sollte. So hinterließ Gotama Buddha vor etwa 2500 Jahren acht Haare. Hier kommen die beiden Kaufleute Taphussa und Bhallika ins Spiel: Am siebten Tag nach der Erleuchtung des Gotama Buddha in Indien, trafen die beiden Kaufleute mit ihrer riesigen Karawane auf einen Nat, der den Brüdern die Neuigkeiten überbrachte, worauf diese den Buddha aufsuchten und ihm ihren Respekt erwiesen. Der Erleuchtete riss sich sodann acht Haare vom Kopf und übergab sie den beiden Brüdern, mit dem Auftrag, nach Myanmar zurückzukehren und die acht Haare auf dem Singuttara-Hügel neben den anderen Relikten der vorangegangen drei Buddhas einzuschreinen. Sie erreichten schließlich Myanmar nach einer langen und beschwerlichen Reise, wo ihnen der König der Nat, Thagyamin, den Weg zum Singuttara-Hügel zeigte. Der Hügel und die dort vergrabenen Reliquien wurden gefunden und schließlich zusammen eingeschreint.

▲ *Gläubige bei der Andacht*

■ Architektur

Die 60 000 Quadratmeter große Plattform besteht aus Marmorplatten, die gesamte Anlage bedeckt mehr als fünf Hektar Land. Die Plattform für den Rundgang ist die zweithöchste, die höchste Plattform direkt unterhalb der Basis des Stupa ist nur buddhistischen Würdenträgern vorbehalten. Auf der höchsten Plattform erhebt sich die achteckige Basis und sie steht exemplarisch für den niedermyanmarischen Stil, verglichen mit dem Stupa Shwezigon in Bagan (→ S. 289), der auf einer quadratischen Basis steht. Charakteristisch für die Stupaarchitektur ist der allmähliche Übergang von einer mehreckigen Basis in eine sich nach oben verjüngende Kegelform. Auf jeder der acht Seiten der Basis stehen acht Repliken des Stupa, die sich leicht über die oberste Plattform erheben. Der obere Teil des Stupa hat eine Glockenform und ist mit 16 Blumen verziert und geht sodann in eine umgekehrte Schale über. Daran schließt sich der sogenannte Lotoskranz an, gefolgt von der darauf aufbauende Bananenknospe. Die Spitze bildet der Hti (Schirm). Lotoskranz und Bananenknospe sind mit gut 13 000 Goldplatten gedeckt, der restliche Teil des Stupa ist mit Blattgold belegt. Das Gewicht des Goldes wird auf 60 Tonnen geschätzt, der an der Spitze befindliche Diamant soll 76 Karat wiegen. Der Hti an der Spitze wiegt über eine Tonne. Einheimische Reiseleiter auf der Plattform kennen die Position, die man einnehmen muss, um den Diamanten glitzern zu sehen, desweiteren findet man vereinzelt Ferngläser, mit denen man den Hti im Detail beobachten kann.

Auf der Plattform rund um den Stupa wurden erst im 18. bis 19. Jahrhundert die vielen Andachtshallen errichtet, auf alten Gemälden sieht man den Stupa ganz allein auf dem Singuttara-Hügel

Auf der Plattform zum Sonnenuntergang

stehen. Ein Feuer Anfang des 20. Jahrhunderts zerstörte viele dieser früheren Holzbauten, weshalb man sie mit Stein und Beton wiederaufgebaut hat. Diese Hallen wurden jeweils von einer gesellschaftlichen Gruppe (Polizei, Handelskammer, Chinesen, die Gliedstaaten der Union etc.) errichtet, die nahe der Shwedagon einen Raum zur Andacht haben wollten.

■ Ein Rundgang

Interessierte Besucher können sich auf der Plattform gegen ein geringes Entgelt von einem englischsprachigen Fremdenführer begleiten lassen. Häufig nehmen sie sofort Kontakt auf, wenn sich ein Besucher nähert. Ein Rundgang zur Mittagszeit ist nicht zu empfehlen, da die Temperaturen unerträglich werden können und die heißen Marmorplatten den Fußsohlen wenig schmeicheln. Der frühe Vormittag oder der späte Nachmittag sind besser geeignet. Die Shwedagon Paya Road führt aus südlicher Richtung zum Südaufgang der Anlage.

Im Westen von der mehrspurigen Pyay Road aus gesehen kann man gegen Sonnenuntergang riesige Schwärme von Fledermäusen beobachten, die vom Stupa in Richtung Westen fliegen.

Die meisten Besucher wählen den **Südaufgang**, wie alle anderen bewacht von zwei riesigen Fabellöwen (*chinthes*). Bei einem zweiten Besuch empfiehlt sich die Benutzung des **Ostaufgangs**, der im Bahan-Viertel liegt.

An jedem der vier Zugänge zu Plattform ist einer der **vier Buddhas** dieses Weltzeitalters zu sehen. Im Norden befindet sich Gotama Buddha, und direkt gegenüber des Südaufgangs befindet sich die **Andachtshalle**, die dem Konagamana, dem zweiten der vier in diesem Weltzeitalter erschienenen Buddhas, gewidmet ist.

Auf der **Plattform** befinden sich um den Stupa herum unzählige **Schreine** und **Andachtshallen.** So findet man in der Südostecke einen **Ableger des Bodhibaums** (lat. ficus religiosa; engl. Banyan tree), unter dem einst der Gotama

Schwer mit Gold und Diamanten behangen – der Hti (Schirm)

Buddha im indischen Bodhgaya die Erleuchtung fand. Vom Wort Bodhi leitet sich Buddha ab, was ›Der Erleuchtete‹ bedeutet. Östlich des Südaufgangs liegt etwas versteckt, eine **Galerie**, in der die Legende um den Stupa und die beiden Kaufleute sehr schön bildlich dargestellt wird. Besonders das rechte Gemälde ist interessant, denn hier wird eine Grube gezeigt, in der die Reliquien eingeschreint worden sind, bevor der Stupa darüber errichtet wurde.

Dieser ursprüngliche Stupa befindet sich am Nordaufgang und heißt **Naungdawgyi Stupa**, der ›große, ältere Stupa‹. Dieser wurde vorläufig errichtet, bis der Zentralstupa vollendet war. Ganz in der Nähe befindet sich in einem auffälligen Gebäude eine **Kopie des Hti** (Schirm) aus dem Jahr 1871, wie er auf der Spitze des Stupa zu sehen ist.

Ein oft zu beobachtendes Bild sind **Gläubige**, die Buddha-Statuen mit **Wasser übergießen**: Die Woche in Myanmar hat acht Tage, weil der Mittwoch in Vormittag und Nachmittag unterteilt wird. Jedem dieser Wochentage ist ein Schrein zugeordnet, und wer zum Beispiel an einem Sonntag geboren wurde, wird den Schrein am nordöstlichen Punkt des Stupas aufsuchen, welcher dem Planetenzeichen der Sonne zugeordnet wird. Dort angekommen ist es Sitte, die Buddhafigur mit Wasser zu übergießen, und zwar so oft, wie man alt ist plus ein Jahr. Die dahinter stehende Figur des Götterkönigs Sakka (Thagyamin) beehrt man mit drei- oder fünfmaligem Übergießen, die davor stehende Figur des Garuda-Vogels ebenso oft. Wer zwischenzeitlich durstig geworden ist, findet überall auf der Plattform verteilt Trinkwasserspender, die auch gekühltes Wasser vorrätig haben. Eines der wenigen weltlichen Elemente auf der Plattform ist die **Steinstele in der Südwestecke**. In vier Sprachen erinnert

sie an die Studentenbewegung gegen die britischen Besatzer im Jahr 1920. Auch heute noch wird an jedem 5. Dezember an die Studentenführer erinnert, die damals einen Universitätsstreik ausriefen als Antwort auf ungleiche Chancen der einheimischen Studenten gegenüber den indischen Studenten während der Kolonialzeit.

Unweit der Stele geht es wieder in die Welt der Nat, wo der **Schrein des Shwedagon Bo Bo Gyi**, dem Beschützer der Shwedagon Paya, und seinem Herrn, dem **Geisterkönig Thagyamin**, zu finden sind. Da der Singuttara-Hügel schon lange vor der Ankunft der Haare des Buddha die Domäne des Shwedagon Bo Bo Gyi war, wurde ihm zu Ehren dieser Schrein auf der Plattform errichtet, wenngleich unter den wachsamen Augen des Götterkönigs Sakka, hier bekannt als Thagyamin. Wer sich wundert, was die **drei runden Steine** auf dem Boden vor dem Geisterschrein für eine Funktion haben, sollte sich still etwas wünschen, um dann einen der drei Steine mit beiden Händen anzuheben. Falls der Stein leicht erscheint, wird sich der Wunsch erfüllen.

In der wenige Meter entfernten **Andachtshalle** mit dem gut acht Meter langen **liegenden Buddha** fällt auf, dass der Kopf des Buddha nach Süden zeigt. Daher handelt es sich nicht um einen Buddha, der ins Nirvana übergeht, sondern in der Tat um einen ruhenden Buddha. Somit passt auch das Lächeln in den Gesichtern der ihn umgebenden Mönchsfiguren in das Gesamtbild. Ein Buddha, dessen Kopf in nördliche Richtung zeigt (Norden=Tod), symbolisiert den physischen Tod und den Eintritt in das *parinibbana*. Diese höchste Stufe des Nirvana ist gleichbedeutend mit dem ›Nichtmehrsterbenmüssen‹, also der Erlösung. Aus diesem Grund befindet sich der Gotama Buddha im Nordaufgang der

Anlage, während seiner drei Vorgänger auf die anderen Eingänge verteilt sind. Ebenso unterscheidet sich die Beinhaltung zwischen einem ruhenden und einem sterbenden Buddha.

In der **Andachtshalle der chinesischen Gemeinde**, südöstlich der Basis, sieht man alle 28 Buddhas, die bisher erschienen sind, während nur die letzten vier diesem Weltzeitalters zuzuordnen sind. Jeder der insgesamt 28 erschienenen Buddhas lässt sich unterscheiden, wenn man den Baum betrachtet, unter dem er erleuchtet wurde, und das Fahrzeug, mit welchem er in die Hauslosigkeit zog. Beim Prinzen Siddhartha war es eine Pferdekutsche, die mitten in der Nacht von Geistern getragen wurde, um seine Familie nicht zu wecken. Damals war er 35 Jahre alt, und nach seinem Tod 45 Jahre später wurden seine Haare und auch Knochen aufgeteilt, damit jedes buddhistische Land diesen Reliquien zu Ehren einen Stupa (Grabhügel) errichten konnte.

Buddhafiguren in einem Schrein in der Shwedagon Paya

ℹ Shwedagon Paya

Öffnungszeiten: 4–22 Uhr.
Eintritt: 8 US-Dollar.
Ticketschalter und Aufzug zur Plattform am Südaufgang. Das Ticket gilt den ganzen Tag (Einlass nur einmal). Weitere Fahrstühle gibt es am nordöstlichen Aufgang.

Umgebung der Shwedagon Paya

■ Wizaya Paya

Am Fuße des Südaufgangs zur Shwedagon befindet sich diese fälschlicherweise als ›U-Ne-Win-Pagode‹ bekannte Anlage, benannt nach General Ne Win. Die eingeschreinten Reliquien stiftete der König von Nepal im Jahr 1980, lediglich der Hti stammt von General Ne Win. Den Bau finanziert aber hat die Busfahrergewerkschaft Yangons, wie anhand der Steintafeln rund um die Anlage ersichtlich wird. Anlass war die Gründung des staatlichen Sangha-Komitees, einer Behörde zur Regelung der Angelegenheiten der Mönchsgemeinde (Sangha). Diesem Akt ist eine hohe Bedeutung beizumessen, da seit der Abschaffung der Monarchie 95 Jahre zuvor, im Jahr 1885, in Mandalay dem Sangha die Ordnungsmacht abhanden gekommen ist, was in einer Orientierungslosigkeit mündete. Ab 1980 begann der Staat wieder direkt, die Angelegenheiten des Sangha zu regeln. Außer dass der Stupa innen hohl, also begehbar ist, ist der größte Vorteil dieser Anlage, dass sie kaum besucht wird und somit ein Ort der Erholung ist. In Inneren des Stupa ist es angenehm kühl, und an der Decke findet man Malereien.

■ Die Riesenbuddhas von Yangon

Einen über 70 Meter langen liegenden Buddha gibt es nicht nur in Bago, sondern auch in Yangon. Er befin-

Das Restaurant Karaweik am Kandawgyi-See

Yangon und Umgebung

det sich etwa 1,5 Kilometer nordöstlich der Shwedagon Paya in der **Chauk Htat Gyi Paya**.

Ein zehn Meter hoher sitzender Buddha befindet sich nicht weit entfernt, in der **Ngar Htatt Gyi Paya**, auf der gegenüberliegenden Seite der viel befahrenen East Shwe Gon Taing Road. Auf dieser Straße in Richtung Westen, über die große Kabar Aye Paya Road hinweg, befindet sich auf der rechten Straßenseite das Hauptquartier der NLD, in direkter Nachbarschaft zu einem Verwandten des verstorbenen General Ne Win.

■ **U Thant-Mausoleum**

Unweit der Wizaya Paya, weiter südlich auf der Shwedagon Paya Road, sieht man vier auffällige Gebäude, eines davon mit Hammer und Sichel auf der Fassade. Beim diesem linken dieser vier Gebäude handelt es sich um das **Mausoleum des Nationaldichters Thakin Kodaw Hmaing**. Daneben befindet sich die **Ruhestätte von Königin Supayalat**, der letzten Königin der Konbaung-Dynastie, die zusammen mit ihrem König Thibaw von den Engländern aus Mandalay ins indische Exil geschickt wurde, wo sie auch beide starben. Darauf folgt das **Mausoleum von Aung San Suu Kyis Mutter**, die ab der Unabhängigkeit 1948 vor allem die Botschafterin Myanmars in Indien war. Zu guter Letzt – und mit reichlich Emotionen beladen – sieht man das Mausoleum von U Thant, dem früheren Generalsekretär der Vereinten Nationen. Erst nach langem Hin und Her gestattete General Ne Win die Errichtung eines ehrenvollen Denkmals, ging er doch ursprünglich davon aus, dass U Thant in New York zusammen mit U Nu gegen ihn arbeitete.

Heute ist es vor allem der Enkel von U Thant, Thant Myint-U, der sich über seinen Großvater sehr profiliert hat. Er ist einer der Direktoren des Yangon Heritage Trust, der sich um den Erhalt der Altbausubstanz Yangons kümmert. 2013 wurde auf seine Initiative hin das ›U Thant-Museum‹ in Yangon (nicht in Naypyitaw) eröffnet, dessen Besuch sich sicherlich lohnt (→ S. 166). Folgt man den Diskussionen im Internet, entsteht der Eindruck, dass der schon lange verstorbene U Thant von der Bevölkerung als mehr als nur eine historische Figur begriffen wird. Es scheint, als stellten sie ihn in eine Reihe zusammen mit General Aung San.

Die Downtown

Die Downtown ist das wirtschaftliche Zentrum Yangons und daher immer sehr betriebsam. An einem Sonntagnachmittag allerdings kann man wunderbare Spaziergänge in der Innenstadt unternehmen, und das in relativer Ruhe.

■ **Sule Paya**

Mitten im Zentrum Yangons, von einem Kreisverkehr umgeben, ist die Sule Paya eine der wichtigsten Sehenswürdigkeiten Yangons. Auch die Umgebung ist sehr sehenswert.

Wer die Sule Paya einmal umrundet, wird schnell feststellen, dass sich in direkter Nachbarschaft eine **Moschee** befindet. In westlicher Richtung, nur einen kurzen Marsch entfernt, sieht man die **Immanuel-Kirche** und entlang der Maha Bandoola Road, nicht weit in Richtung

Die Sule Paya bildet den Mittelpunkt der Downtown

Osten, kommt man schließlich auch an einem **Hindu-Tempel** vorbei. Somit steht zwar der goldene Stupa im Zentrum, schließt aber andere Religionen nicht aus, und dieses Arrangement zeugt eher von Harmonie zwischen den Religionen. Wenn im südlich gelegenen Hochhaus **Centrepoint Towers** in naher Zukunft das erste Hilton Hotel in Myanmar seine

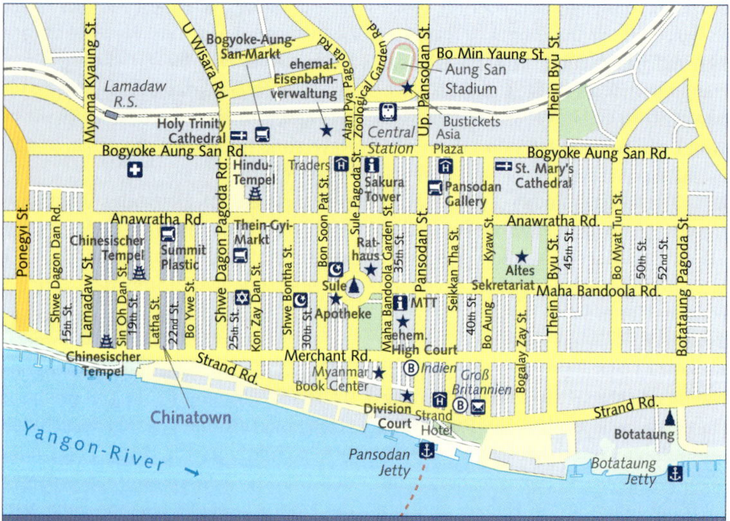

Pforten öffnet, wird dieser Platz in der Tat das alte und neue Zentrum Yangons sein. Das große weiße Gebäude nordöstlich der Sule Paya ist das **Rathaus**, dessen weiße Fassade nach jeder Regenzeit wieder erneuert wird.

Der die Sule umgebende Verkehrslärm steht in starkem Widerspruch zur meditativen Ruhe seiner buddhistischen Besucher, die dort kurz nach Feierabend eintreffen, um ihren religiösen Pflichten nachzukommen. Der Name ›Sule‹ bezeichnet den Schutzgeist (Nat) des Singuttara-Hügels, auf dem die Shwedagon steht. Dieser Nat hat der Legende zufolge den beiden Brüdern Taphussa und Bhallika den Weg zum Hügel gezeigt, damit die beiden Kaufleute dort schließlich den Stupa Shwedagon errichten konnten (→ S. 148). Natürlich wurden auch im Stupa Sule Reliquien eingemauert.
Eintritt: 3 US-Dollar.

■ Chinatown

Von der Sule Paya aus kann man am späten Nachmittag wunderbar auf der **Maha Bandoola Road** in Richtung Westen laufen, um über kleine Umwege links und rechts entlang der Strecke vorbei am **Theingyi-Markt** schließlich Chinatown zu erreichen.

An der Anawrahta Road, Ecke Latha Street steht ein Gebäude, das ein Kaufhaus namens **Summit Plastic** beherbergt und früher ein chinesischer Tempel mitten in Chinatown war. Daher lohnt sich ein Blick hinein, denn in ihm findet man noch Überreste der ehemaligen Ausstattung, während die neuen Betreiber heute durch den Verkauf von Plastikwaren den Raum mit Leben füllen.

Vollständig erhalten ist der chinesische Tempel **Kheng Hock Keung** auf der Strand Road. Er ist weit über 100 Jahre alt und bildet das südliche Ende der Chinatown.

Nacht in Chinatown

■ Kolonialbauten

Die Sule Paya ist auch ein guter Startpunkt zur Erkundung der kolonialen Altbauten. Man läuft in Richtung Süden zur Strand Road, um dann links abzubiegen. Vorbei am **Strand Hotel**, in das man einen Blick werfen sollte, sieht man beeindruckende Gebäude, unter ihnen die **britische** und die **australische Botschaft.** Anschließend biegt man links in die **Bo Aung Kyaw Street** ein, und dort sollte man einmal nach rechts schauen. Das Schild ›Grand Hotel‹ an einem der wunderbaren Säulenbalkone ist alles, was übrig geblieben ist, als ein Deutscher dort bereits etwa 2000 die Zeichen der Zeit erkannte, und einen Jazz-Club gründete. Probleme mit den Eigentümern des Gebäudes beendeten das Projekt 2009. Seit 2002 schon zeichnete sich ab, dass das Grand Hotel der neue deutsche Club werden könnte, und heute wäre er jeden Abend gut besucht.

Weiter in Richtung Norden laufend erreicht man bald ein wunderbares Beispiel an kolonialer Architektur. Das **Alte Sekretariat** war bis 2006 Sitz der Regierung. Da die Dimensionen des Sekretariats von der Straße aus schwer zu erfassen sind, sollte man am späten Nachmittag

Solche Gebäude aus der Kolonialzeit versucht man zu erhalten

die **Dachgeschossbar des Asia Plaza Hotels** aufsuchen und von dort in Richtung Südosten schauen – es nimmt einen ganzen Straßenblock ein. Hier wurden General Aung San und acht seiner Mitstreiter am 19. Juli 1947 von einem Söldnertrupp ermordet, wobei die genauen Hintergründe bis heute unklar sind. Das Sekretariat, auch als Ministers' Office bekannt, wurde 1905 erbaut und ist das größte Gebäude seiner Art in Yangon. Über die Jahre war es auch entweder als Sitz des Nationalmuseums und sogar des Parlaments benutzt worden. Heute ist es ein eher verfallenes Grundstück mit ungepflegtem Rasen, auf dem die anwesenden Soldaten ihre Wäsche zum Trocknen ausbreiten. Mit etwas Glück und nettem Lächeln wird einem der Osteingang geöffnet, um nicht durch die Gitter fotografieren zu müssen; der Eintritt hingegen wird verwehrt. 2012 wurde bekannt, dass ein Investor chinesischer Abstammung das Gebäude in ein Hotel verwandeln will, was einen Betrag in Milliardenhöhe kosten wird. Diese Entscheidung wurde begrüßt, reicht es doch dem Gebäude zu Ehre, auch weil ein Museum Teil des Plans ist.

Ein weiteres Hotel wird im **ehemaligen Gebäude der Eisenbahnverwaltung** entstehen. Es befindet sich gegenüber dem Traders Hotel hinter einem Zaun an der Ecke. Das daneben liegende Hotel Grand Meeyahta (Meeyahta heißt Eisenbahn) von 1995 wird abgerissen. Zusammen mit dem **FMI Centre** (Hochhaus) wird an dieser Ecke ein neues Wohn- und Geschäftszentrum entstehen.

Der **Yangon Heritage Trust** bemüht sich um die Katalogisierung erhaltenswerter Gebäude, und hat zu diesem Zweck eine alternative Stadtkarte Yangons herausgegeben, die man bereits am Flughafen Bangkok oder Yangon erwerben kann. Die Karte namens ›Historical Walks in Yangon‹ beschreibt drei leicht zu erlaufende Routen mitsamt Erklärungen und historischen Fotos der jeweiligen Gebäude. Neben den beiden Routen in der Innenstadt befasst sich der dritte Rundgang mit Gebäuden nördlich der Downtown, rund um das wunderbare frühere Außenministerium mitsamt einiger prächtiger Botschafterresidenzen und dem Pegu Club von 1890. Nach der Lektüre von George Orwells ›Tage in Burma‹ wird man den alten Club mit anderen Auge sehen. Die Karte wurde herausgegeben von Silkworm Books in Thailand und ist im Internet bestellbar.

■ Botataung Paya

Im gleichnamigen Stadtteil Yangons befindet sich direkt am Yangon-Fluss dieser Stupa, dessen Geschichte, oder besser Legende, eng mit der Shwedagon weiter nördlich verbunden ist. Dieser Stupa der ›1000 Offiziere‹ (so die Übersetzung des Namens) befindet sich direkt am Yangon-Fluss und soll etwa zeitgleich wie der ungleich größere Stupa Shwedagon entstanden sein. Innen ist dieser Stupa begehbar, aber nur, weil diese Replik erst nach der vollständigen Zerstörung des

Karte S. 154

Originals während des Krieges im Jahr 1943 erbaut wurde. Archäologen hatten aufgrund der Zerstörung des originalen Stupas 1943 das seltene Glück, die normalerweise unzugänglichen Reliquien zu untersuchen. Es heißt, dass man 700 Buddhafiguren in der Reliquienkammer gefunden hat. Auch eine Tafel mit einer Pali-Inschrift, die sich auf ein Haar des Buddha bezog, war unter den Fundstücken. An dieser Stelle am Fluss, so die Legende, landeten einst die beiden Brüder Taphussa und Bhallika, nachdem sie aus dem fernen Indien die berühmten acht Haupthaare des Gotama Buddha mitbrachten. Der damalige König der Mon ließ 1000 Offiziere Spalier stehen, um die beiden Brüder gebührend zu empfangen. Die Legende berichtet, dass König Okkala persönlich ins Wasser stieg, um zu helfen, das Schiff an Land zu ziehen. Einige der Reliquien des Buddha, die die Brüder mitbrachten, sollen an dieser Stelle eingeschreint worden sein. Da der endgültige Bestimmungsort der Reliquien jedoch der Singuttara-Hügel weiter nördlich sein sollte, wurde die Entfernung zwischen Botataung Pa-

Die Botataung Paya und das
Alte Sekretariat (Prime Minister's Office)

ya und Shwedagon Paya auf 1000 *tar* (3300 Meter) in südöstlicher Ausrichtung festgelegt. Dieser Stupa hat eine Höhe von etwa 40 Metern. In seinem Inneren finden sich verspiegelte Gänge, Figuren und natürlich der Schrein, der ein Haar des Buddha enthalten soll.
Eintritt: 2 US-Dollar.

■ **Bogyoke-Aung-San-Markt**
Der von den Bewohnern Yangons einfach nur **Bogyoke Zay** (bohdschoh see) genannte Hauptmarktplatz für, neudeutsch, Non-food-Artikel in der Downtown Yangon war seit seiner Eröffnung zur Kolonialzeit im Jahr 1926 unter dem Namen Scott Market bekannt. James George Scott war damals ein Verwaltungsbeamter im kolonialen Dienst Großbritanniens und brachte das Fußballspiel nach Myanmar. Unter seinem Pseudonym Shway Yoe schrieb er das bekannte Buch *The Burman: His life and notions*, aus dem das bekannte Zitat stammt: »The Burmans are very fond of Football, because its very much like fighting« (in etwa: Die Burmesen sind ganz versessen nach Fußball, weil es einer Schlacht gleicht). Nach der Unabhängigkeit im Jahr 1948 wurde der Name angemessen umbenannt in Aung-San-Markt und er befindet sich auf der Straße gleichen Namens.
Bislang war für viele Touristen der Markt der einzige Ort, um bei Schwarzmarkthändlern alle Währungen der Welt zu tauschen. Auch heute lohnt es sich noch, dort die Wechselkurse zu erfragen.
Für ausländische Besucher hat der Markt aber noch einen anderen ganz eigenen Reiz. Dort findet man neben Gold- und Jadeschmuck allerlei Rubine und Diamanten, kunstvolle Ketten und Armreife. Lackarbeiten, Gemälde, Stoffe und Tücher werden feilgeboten, und bei einem der zahlreichen Schneider kann man sich für wenig Geld einen Maßan-

Yangon und Umgebung

zug anfertigen lassen. Ein Blick in die **Antiquitätengeschäfte** lohnt sich auch. Wenn man Geld wechseln möchte, dann sollte das Geschäft eine Geldzählmaschine besitzen.

Ab circa 15 Uhr kann man außerhalb der Haupthalle an der nordöstlichen Ecke den vielen **Edelsteinhändlern** über die Schulter schauen, die aus dem ganzen Land Edelsteine kaufen und verkaufen. Die **Haupthalle** ist gekennzeichnet von einem breiten Mittelgang, in dessen Abzweigungen man sich ziemlich schnell verlieren kann. Um die Haupthalle herum führen kleine Straßen und Gassen, in jeder Ecke gibt es etwas zu entdecken. Dieser Markt verströmt die Atmosphäre eines orientalischen Basars. Die Haupthalle ist verwinkelt, von ihr zweigen Übergänge in kleinere Nebenhallen ab, und hin und wieder sieht man eine Treppe, die zum Erkunden der oberen Etagen einlädt.

Öffnungszeiten: 9–17 Uhr, montags und feiertags geschlossen.

■ **Thein-Gyi-Markt**

Ein riesiger Gebäudekomplex, dessen Struktur kaum zu bestimmen ist, erstreckt sich auf der Shwedagon Paya Road zwischen Anawrahta und Maha Bandoola Road (zwischen den beiden Fußgängerbrücken). Es gibt viele Eingänge, Untergeschosse und unzählige Geschäfte. Die gesamte Struktur lädt zum Erkunden ein, und man wird sehr bald von dubiosen Händlern angesprochen, bei denen man vermutet, dass sie einem halbillegale Waren verkaufen wollen. Im Halbdunkel dieser Schattenwelt lächeln die Leute aber genau so wie anderswo und freuen sich, wenn sich ein Ausländer tiefer hinein wagt. An der Universität Köln gibt es ein über mehrere Jahre andauerndes Forschungsprojekt zum Thein-Gyi-Markt, da dieser unter stadt- und wirtschaftsgeographischen Gesichtspunkten eine

Die Straße der Edelsteinhändler auf dem Bogyoke-Aung-San-Markt: Millionen werden hier täglich umgesetzt

Besonderheit darstellt, was sogar Mitarbeiter des Lehrstuhls der Uni Köln dazu veranlasst hat, sich vorübergehend in Yangon niederzulassen, um zu forschen. Auf der rechten Straßenseite in Richtung Norden findet man eine rote Fahrstuhltür. Der Lift führt hinauf zum **Zero Zone Rooftop Restaurant**, das sich erst abends füllt, aber auch tagsüber als Ort der Ruhe nach einem anstrengenden Stadtrundgang dienen kann.

Sehenswertes rund um den Inya-See

Der Inya-See befindet sich auf halbem Weg zwischen der Downtown und dem internationalen Flughafen. In Yangon verkehren zwei Hauptstraßen in Nord-Süd-Richtung, und beide führen entweder westlich (Pyay Road) oder östlich (Kabar Aye Paya Road) am See vorbei. Im Süden wird der See begrenzt von der University Avenue sowie der Inya Road. Diese beiden Straßen verknüpfen die Kabar Aye Paya Road mit der Pyay Road. Im Norden schließlich wird der See begrenzt durch die Parami Road, die auch die beiden Hauptstraßen miteinander verbindet.

▲ Karte S. 154

Der Nagani-Buchclub

Wer einen Hauch Geschichte atmen will, der sucht im äußeren Westflügel des Aung-San-Markts das Geschäft mit der Nummer 151 (unweit des Tiger Shop). Heute befindet sich dort ein Modegeschäft, zuvor war dort ein Stoffgeschäft namens ›Victorious Store‹. Welcher Siegeszug aber dort am 4. November 1937 angetreten wurde, wissen heute die wenigsten. In jenem Jahr hatte eine Gruppe junger Männer dort eine Bücherhöhle eingerichtet, von der aus das Land mit Hilfe von aufklärenden Büchern siegreich in die Unabhängigkeit geführt werden sollte. Thakin Nu, der spätere Ministerpräsident Myanmars ab der Unabhängigkeit 1948, hatte die Idee zur Gründung des Buchclubs.

Die Folge war die Publikation von 100 Büchern, die in dreieinhalb Jahren von dem Jahr der großen Unruhen 1938 bis 1941, kurz vor dem Einmarsch der Japaner herausgegeben wurden – und zwar auf Myanma. Außerdem vertrieb der Buchclub auch englischsprachige Bücher. Wirklich wichtig aber waren die Titel in der Landessprache. In großer Auflage gedruckt, hatten sie erschwingliche Preise. Broschüren erreichten eine Auflage von 100 000 Exemplaren. Das Volk sollte gebildet und aufgeklärt werden, nicht die Englisch sprechende Elite an den Universitäten, zu denen der Zugang während der Kolonialzeit beschränkt war.

Diese Vereinigung ist weiterhin im ganzen Land unter dem Namen Nagani bekannt. Die Nagani-Hymne wird als zweite Nationalhymne Myanmars angesehen. Die Mitglieder des Nagani-Club waren neben U Nu unter anderem der spätere General Aung San, der Gründer der Armee und Vater von Suu Kyi. Am 4. November 2012 wurde in einem feierlichen Akt im Nationaltheater von Yangon die Gründung von Nagani vor 75 Jahren gewürdigt, verbunden mit der Absicht, das Verlagshaus weiter zu führen. An der Universität Passau läuft ein umfangreiches Forschungsprojekt zur Geschichte und zu den Veröffentlichungen von Nagani, dessen Ergebnisse im Internet verfügbar sind (Passauer Beiträge zur Südostasienkunde, Working Paper No. 10:1.1, ISSN 1435-5310, Lehrstuhl für Südostasienkunde, Universität Passau 2008).

Schuhgeschäft auf dem Aung-San-Markt

■ Residenz von Aung San Suu Kyi

Rund um den See befinden sich prachtvolle Villen, und einige berühmte Adressen sind dort zu finden. Angefangen auf der University Road, wo ›Die Lady‹ Daw Aung San Suu Kyi im Haus ihrer Familie wohnt, unweit der US-amerikanischen Botschaft, die eher wie ein riesiges, beinahe bedrohlich wirkendes Einkaufszentrum erscheint. Die Residenz der Lady wurde erst vor Kurzem mit Stacheldraht gesichert, in den Jahren ihres Hausarrests gab es nur einen normalen Zaun. Interessanterweise hatte die Vertretung der DDR in Myanmar ihre Mitarbeiter in dieser Villa untergebracht, als in den 1960er Jahren Suu Kyi und ihre Mutter in Indien lebten. Heute sind Touristen vor dem Haus von Suu Kyi ein normaler Anblick, der beinahe vergessen lässt, dass die University Avenue jahrelang gesperrt war.

■ Fremdsprachenuniversität

Wenn man vom Haus von Suu Kyi weiter in westlicher Richtung, also nach links, läuft, passiert man auf der rechten Seite die **Botschaft der USA** und rechts neben der Botschaft befindet sich das **Café Dibar**, Treffpunkt der amerikanischen Diplomaten zur Mittagspause. Kurz darauf, auf der linken Straßenseite, erblickt man dann die Fremdsprachenuniversität (UFL), die im Jahr 1964 eröffnet wurde. Ein Jahr nach der Eröffnung wurde sämtlichen Sprachbildungseinrichtungen ausländischer Staaten die Lizenz entzogen, und somit war nur noch die UFL berechtigt, Fremdsprachen zu unterrichten. Um den Lehrstuhl für deutsche Sprache haben sich natürlich beide deutschen Staaten beworben, da auch das Goethe-Institut (BRD) sowie das Herder-Institut (DDR) 1965 schließen mussten, aber ihre kulturpolitische Präsenz in Myanmar nicht verlieren wollten. Aufgrund eines Besuches des damaligen Bundeswirtschaftsministers Erhard im Jahr 1964, der einige Kreditangebote mitbrachte, wurde dann der Lehrstuhl für Deutsch an der UFL von Herrn Lechner besetzt, bis 1965 Leiter des Goethe-Instituts (auf dem Gelände des heutigen Cafés Dibar, rechts neben der amerikanischen Botschaft). Ausländern ist der Zutritt zur UFL ohne Genehmigung des Ministeri-

▲ *Parkidyll mitten in der Stadt*

ums verboten. Den Akten zufolge hätte der damalige Minister für Erziehung, U Kar, einen Dozenten aus der DDR an der UFL bevorzugt, musste sich aber schließlich dem wirtschaftlichen Entgegenkommen der BRD beugen. Heute unterrichtet ein Dozent des Deutschen Akademischen Austauschdienstes an der UFL Deutsch. Im Frühjahr 2013 wurde mit Myanmar die baldige Gründung eines neuen Goethe-Institutes in Yangon vereinbart.

■ **Yangon University**
Wenn man von der University Avenue dann rechts in die Inya Road einbiegt, findet man auf der linken Straßenseite den weitläufigen Campus der Yangon University. Alternativ kann man auch auf der University Avenue weiter geradeaus laufen. Der Zutritt zum Campus ist Ausländern verboten. Die Universität wurde 1878 als Außenstelle der Universität Kalkutta gegründet, und hier hatten alle drei landesweiten Streiks der Jahre 1920, 1936 und schließlich 1938 gegen die britische Kolonialherrschaft ihren Ausgangspunkt. Im Laufe der 1930er Jahre war die Universität die Keimzelle der nationalen Bewegung Myanmars, und einige bekannte Personen waren dort als Studenten eingeschrieben, wie der spätere General Aung San, Premierminister U Nu und der Nationaldichter U Thein Pe Myint. Noch mindestens drei Mal geriet die Uni in die Schlagzeilen: Im Juli 1962 wurde das Gebäude der studentischen Union auf dem Campus von der Armee gesprengt, weil die Studenten gegen ungerechte Regelungen protestierten. General Ne Win schob später die Verantwortung für die Sprengung auf seinen Stellvertreter. Im Jahr 1974 schließlich wurde dem verstorbenen Generalsekretär der Vereinten Nationen, U Thant, ein Staatsbegräbnis

durch General Ne Win verwehrt, was die Studenten veranlasste, dem Leichnam auf dem Campus ein zwischenzeitliches Mausoleum zu errichten. Der erste US-amerikanische Präsident, der jemals Myanmar besuchte, war Barack Obama am 19. November 2012. Teil seines nur wenige Stunden währenden Aufenthaltes in Myanmar war eine Rede im Hauptgebäude der Universität Yangon.

■ **Pyay Road**
Die Pyay Road an sich hat nichts Interessantes zu bieten, es sei denn, man interessiert sich für **DDR-Architektur**: An der Ecke Pyay Road und Inya Road befindet sich ein zwölfgeschossiges Wohnhaus, das erste Hochhaus Yangons, in blau und weiß gehalten. Dessen Architekt war unter den allerersten Studenten des Herder-Instituts, die schließlich 1965 in die DDR zum Studium geschickt wurden. Die Pyay Road verläuft entlang des Seeufers und man kann auf der Seepromenade spazieren gehen, allerdings nicht in der Hitze des Tages. Abends sieht man auf den Bänken Pärchen sitzen.

■ **Parami Road**
Am Nordende des Sees, auf der Parami Road, wohnt der alte Adel, teilweise noch hinter Stacheldraht. Angehörige der Familie von General Ne Win leben hier in ihren Villen, und auch der den amerikanischen Staatsbürgern vorbehaltene American Club ist nicht weit. Kleiner Tipp für einen Spaziergang durch eine ruhige Villengegend: Von der Parami Road führt noch vor der großen Kreuzung mit der Kaba Aye Paya Road eine kleine Straße namens **U Tun Nyein Road** nach rechts (U Tun Nyein war ein bekannter Autor von Wörterbüchern der englischen Sprache). Diese Straße kann man in Ruhe entlang spazieren. Sie führt vorbei an prächtigen Villen, am ersten und bes-

ten **italienischem Restaurant** Yangons (l'Opera), von wo man einen wunderbaren Blick auf den See hat, und schließlich weiter zum Inya Lake Hotel (am Ende rechts halten), dessen Grundstückswert heute bei rund einer Milliarde US-Dollar liegen soll. Das 50 Jahre alte Hotel war ein Geschenk der Regierung der Sowjetunion im Jahr 1962, was man an der Architektur erkennt. Ein Enkel des russischen Architekten ist heute Mitarbeiter an der russischen Botschaft in Yangon. Eine weit verbreitete Anekdote besagt, dass General Ne Win einmal von seiner Residenz an der Nordseite des Sees zum Inya Lake Hotel in einem Boot herüber ruderte, da die Band, die anlässlich eines Festes des diplomatischen Corps spielte, zu laut war, und er nicht schlafen konnte. Nachdem er die Instrumente zerstört und die Band verprügelt haben soll, war die Party dann vorbei.

Freunde des Golfspiels kommen am südlichen Seeufer auf Höhe des Hotels Sedona auf der Kaba Aye Paya Road auf ihre Kosten, wo ein findiger Geschäftsmann eine **Driving Range** errichtet hat. Die Bälle werden weit auf den See hinaus geschlagen und in einem Netz unter Wasser aufgefangen. Dort befindet sich auch ein **Vergnügungspark** mit Riesenrad.

▲ *Auf dem Hledan-Markt*

■ **Kaba Aye Paya**

Ebenfalls auf der Kaba Aye Paya Road befindet sich unweit des nun leerstehenden Gebäudes des Edelsteinmuseums die ›Weltfriedens-Paya‹ – Kaba Aye, die erst 1952 von Ministerpräsident U Nu eröffnet wurde. Ganz in der Tradition seines Vorgängers, König Mindon, etwa 100 Jahre zuvor, lud U Nu 1954 zur sechsten buddhistischen Synode in die Kaba Aye Paya ein. Zu diesem Zweck ließ U Nu auf dem Gelände der Kaba Aye die **Maha-Pasana-Höhle** erbauen, um den mehreren Tausend Teilnehmern Platz zu bieten. Das Edelsteinmuseum samt seiner jährlichen Auktion, die jedes Jahr Milliardensummen umsetzt, befindet sich jetzt in Naypyitaw (→ S. 188). Dort wurden auch die Auktionsregeln geändert: Anstatt in US-Dollar wird nun in Euro gehandelt.

■ **Der Hledan-Markt**

Dort, wo die neue Brücke über Yangons schlimmste Kreuzung Mitte 2013 fertiggestellt wurde, existiert ein von Touristen wenig besuchter Markt. Anders als der Bogyoke-Aung-San-Markt bedient der Hledan-Markt nahe der fünfeckigen Hledan-Kreuzung keine Touristen, sondern ist ganz und gar auf die alltäglichen Bedürfnisse der Bevölkerung eingestellt – ein Grund, dem Markt einen Besuch abzustatten. Vormittags ist die beste Zeit, die Fisch- und Fleischhändler sitzen noch hinter ihrer vollen Auslage, und durch die engen, teils recht dunklen Gassen strömen Menschen, Lastenträger und tausendfach Gerüche. Wer nicht wusste, dass in Myanmar auch Pfeffer angebaut wird, sieht den Beweis hier, neben unzähligen anderen Gewürzen, Arzneien und der berühmten Fischpaste, *ngapi*, die zu Hause auf keinem Tisch fehlt. Das Gebäude besteht aus mehreren Etagen, und jede davon ist

Eine Fächerpalme vor der russischen Botschaft

in verschiedene Bereiche eingeteilt. So teilen sich die Frischwarenhändler oder die Gewürzhändler jeweils einen Bereich, während weiter oben Stoffe verkauft werden und Schneidereien aus diesen gleich ganze Kleidungsstücke herstellen. Irgendwo versteckt zwischen all den Geschäften gehen die Leute zum Frisör, ins Nagelstudio und kaufen Lotterielose. Dieser Markt bietet als Ergänzung zum Bogyoke-Aung-San-Markt (→ S. 157) eine etwas geheimnisvollere ortsübliche Atmosphäre, und obwohl in der Nähe das gläsern glitzernde Hledan Center eröffnen wird, haben die vielen anderen modernen Shopping Malls bislang nicht zum Aussterben solcher ›Märkte für das Volk‹ beigetragen.

Shopping Malls

Die neueste unter ihnen ist **Junction Square**, ganz nach Vorbildern in Singapur oder Bangkok erbaut, aber mit heimischen Mitteln. Fugenmaße zwischen den Fußbodenfliesen stimmen nicht, und an manchen Stellen fragt man sich, warum mitten aus der Wand ein Brett heraus-

ragt. Wenn man hin und wieder in einer ruhigen Ecke das Reinigungspersonal ein Nickerchen machen sieht, oder die roten Spuckflecken der Betelnusskauenden auf den weißen Fliesen, weiß man, dass außer dem Bestreben, Shopping Malls zu bauen, dennoch enorme Unterschiede zwischen dem supermodernen Singapur und Yangon bestehen. Es gibt dort vieles zu kaufen, vieles aber auch nicht. Verglichen mit Bangkok ist Yangon kein Shopping-Paradies. Wer sich dort ein Mobiltelefon oder einen Laptop kaufen will, sollte bedenken, dass die Tastaturbelegung anders und die Software in englischer Sprache ist. Das Junction Square findet man südlich des Hledan-Marktes in einer westlichen Seitenstraße der Pyay Road.

Zwei weitere Shopping Center befinden sich an der **russischen Botschaft** (am südlichen Ende der Pyay Road), die auch aufgrund ihrer Architektur wie ein Relikt aus alten Zeiten wirkt. Daneben befindet sich das Kaufhaus **Sein Gay Har** auf mehreren Etagen und gegenüber das modernere **Taw Win Centre**.

Yangon und Umgebung

Eisenbahnfahrt mit der Circle Line

Die Circle Line ist ein Zug, der in knapp drei Stunden einmal Yangon umrundet. Das Tempo ist gemächlich, die Waggons schaukeln und es ist nicht sonderlich bequem. Dennoch kann man hier schöne Szenen entlang der Gleise beobachten, und, da Yangons Straßen durch die vielen Neuwagenimporte immer mehr verstopft sind, gegebenenfalls auch Zeit sparen, wenn man dieses preiswerte aber langsame Fortbewegungsmittel wählt, um ein bestimmtes Ziel zuerst mit dem Zug und dann abschließend mit dem Taxi anzusteuern.

Die meisten Reisenden beginnen an einer der Stationen in der Downtown, häufig am Hauptbahnhof. Als Ausländer muss man das **Ticket für einen Dollar** kaufen, Kyat werden nicht akzeptiert. Es ist unerheblich, wo man später aussteigen wird. In welche Richtung man fährt, entgegen oder mit dem Uhrzeigersinn, ist jedem selbst überlassen. Aufgrund der Länge einer Umrundung, die spätes-

tens ab der Hälfte zugegebenermaßen langweilig werden kann, ist es sinnvoll, unterwegs auszusteigen und entweder den Gegenzug oder ein Taxi zurück in die Downtown zu nehmen. Eine Möglichkeit wäre, den Zug im Uhrzeigersinn zu nehmen und bis zur Station Kamaryut zu fahren. Bahnfahrten am Vormittag sind besser, da es nachmittags mitunter sehr heiß wird und die alten Waggons natürlich nicht klimatisiert sind.

Flusshafen und Überfahrt nach Dala

Dala ist eine Kreisstadt (eher ein Dorf), die südlich von Yangon an der anderen Seite des Yangon-Flusses liegt. Beim Besuch von Dala bietet sich gleich eine Besichtigung des Hafens an, insbesondere des Teils, der unter dem Begriff **Pansodan Jetty** nahe dem Strand Hotel jedem Taxifahrer bekannt ist. Dort kann man in Ruhe das geschäftige Treiben beim Be- und Entladen von kleinen und großen Schiffen beobachten und eine der oft ablegenden Fähren nach Dala am anderen Ufer nehmen, oder auch eine Hafenrundfahrt zum Sonnenuntergang buchen. Eine Überfahrt nach Dala kostet einfach zwei Dollar und dauert rund 30 Minuten. In Dala angekommen, befindet man sich in einem Dorf, das mit Yangon kaum noch etwas gemein hat. Man kann es bequem zu Fuß erkunden und in eine der zahlreichen **Teestuben** einkehren. Wer in Dala ein Motorrad mit oder ohne Fahrer mieten will, kann bis nach **Twante** (Tunnde) fahren und entlang der Strecke wunderbare Dorfszenen beobachten. In Twante bietet sich der Besuch einer Teestube an, bevor man die Rückkehr nach Dala antritt. Der weiter südlich gelegene Strand ist keinen Besuch wert. Der Fährverkehr wird nach Sonnenuntergang eingestellt, danach fahren noch kleine Boote.

Anlegestelle Dala am anderen Ufer des Yangon River

Karte S. 141

Der Yangon River: Täglich kommen viele Pendler aus Dala

Ein weiterer sehenswerter Hafenabschnitt ist **Wardan Jetty**, weiter westlich von der Pansodan Jetty gelegen. Die Wardan Street führt direkt zum Hafeneingang. Hier versammeln sich gegen Abend vor allem verliebte Paare, um auf den Sonnenuntergang zu betrachten. Ein Spaziergang entlang der ›Uferpromenade‹ offenbart interessante Szenen rund um den derzeit wichtigsten Hafen Myanmars.

Museen

Nicht nur die Regierung ist in die neue Hauptstadt umgezogen, sie hat auch gleich viele der Museen Yangons mitgenommen. Zwar waren diese nicht sehr spektakulär, aber sie rundeten das Besuchsprogramm in Yangon ab. Ein paar sind noch in Yangon. Alle Museen sind montags geschlossen.

■ Nationalmuseum

Hier befindet sich der originale Löwenthron aus Mandalay, während im rekonstruierten Palast in Mandalay nur eine Kopie steht. Seit 1886 bis zu seiner Rückgabe im Jahr 1948 befand er sich in England. Vor dem Neubau auf der Pyay Road befinden sich die Statuen der drei großen Könige, Anawrahta, Bayintnaung und Alaungpaya. Das Gesamtkonzept des Museums entspricht der nationalen Geschichtsschreibung Myanmars, die das friedliche Zusammenleben der verschiedenen Völker in Myanmar seit Äonen hervorhebt und ist allein deswegen einen Besuch wert.

ⓘ

National Museum, Pyay Road, südlich des Volksparks.
Öffnungszeiten: 10–16 Uhr, dienstags geschlossen.
Eintritt: 5 US-Dollar.

■ Bogyoke-Aung-San-Museum

Viele Jahre war es geschlossen, jetzt ist es das einzige Museum für Aung San in Myanmar, dessen Eintritt gerade einmal 200 Kyat kostet. Das ehemalige Wohnhaus des Gründers der Streitkräfte liegt nördlich des Kandawgyi Lake und ist genau so eingerichtet wie zur Zeit als der Bogyoke (Supreme Commander) dort lebte und arbeitete. An den Wänden hängen Fotos der Familie. Die Privatbi-

Auf der Sule Paya Road

bliothek des Generals ist ebenfalls erhalten und bezeugt dessen Belesenheit.

ℹ Bogyoke-Aung-San-Museum, Bo Gyoke Museum Lane (gleich neben der deutschen Botschaft).
Öffnungszeiten: 10–15.30 Uhr.
Eintritt: 200 Kyat.

■ U Thant-Museum

Im früheren Wohnhaus von U Thant, wird man von einem großen Foto des früheren Generalsekretärs der Vereinten Nation begrüßt. Es liegt im bekannten Windermere Compound Yangons und wurde bis 2014 mit Hilfe von Investoren für etwa 80 000 US-Dollar saniert. Treibende Kraft war U Thants Enkel, ein bekannter Schriftsteller. Interessantes Foto im Haus ist das aus der Zeit der Kuba-Krise, das U Thant zusammen mit President Kennedy zeigt.

ℹ U Thant House, 31 Pan Wah Lane, Kamayut Township, Yangon.
Öffnungszeiten: 9–17 Uhr.
Eintritt: bei Drucklegung noch unklar.

■ Drogenbekämpfungsmuseum

Im Jahr 1974 erfuhr der deutsche Botschafter in Yangon vom amerikanischen Geschäftsträger, dass die USA Myanmar 18 Helikopter zur Verfügung stellen würden. Damit sollte die staatliche Armee die Produktion von Opium im Goldenen Dreieck kontrollieren können. Das dort produzierte Heroin wurde überwiegend in die USA verschickt, so dass man das Problem an der Wurzel packen wollte. Myanmar aber benötigte darüber hinaus diese Helikopter für ein weiteres dringendes Problem: Die Bekämpfung von Rebellenaktivitäten im Shan-Staat. Der amerikanische Geschäftsträger gab dem deutschen Botschafter zu verstehen, dass sich die USA darüber im klaren waren, dass diese Helikopter nicht nur ausschließlich für die Drogenbekämpfung verwendet werden. Neben der Forderung nach Demokratie und der Freilassung von Aung San Suu Kyi waren auch Menschenrechtsverletzungen, wie zum Beispiel im Shan-Staat, Grund für amerikanische Sanktionen.
Fotos in der staatlichen Tageszeitung The New Light of Myanmar ab etwa 1995

Karte S. 141

zeigten häufig die Generäle, wie sie mit ernsten Gesichtern einer Drogenverbrennungszeremonie beiwohnten, nachdem die Armee im Goldenen Dreieck Opiumfelder beschlagnahmt hatte.

Das Museum wurde im Rahmen einer Kampagne zur Verbesserung der Beziehungen zu den USA am 26. Juni 2001 eröffnet und zeigt den Kampf der staatlichen Armee gegen den Drogenanbau in Myanmar. Myanmar teilt(e) sich mit Afghanistan im Drogenanbau die vorderen Plätze weltweit. Im Jahr 2004 verweigerten die USA aus politischen Gründen die Anerkennung (›Zertifizierung‹ in der Sprache der US-Gesetzgebung) der Erfolge Myanmars im Kampf gegen den Drogenanbau, obwohl die Berichte der Vereinten Nationen den Fortschritt bestätigten.

Die Entfernung von General Khin Nyunt aus dem Militärrat war eine Folge dieser verweigerten Zertifizierung, da es sich bei der Drogenbekämpfung um seinen Verantwortungsbereich handelte. Daher wurde auch das Gesicht Khin Nyunts aus vielen Fotos entfernt.

Drug Elimination Museum, Ecke Kyundaw Road und Hanthawady Road, unweit der neuesten Shopping Mall Myanmars namens Junction Square.
Ungeregelte Öffnungszeiten.
Eintritt: 3 US-Dollar, Fotogebühr 5000 Kyat.

■ **Zoo**

Nördlich des Kandawgyi-Sees befindet sich der Eingang zum Zoologischen Garten mit vielen, vor allem in Asien heimischen Tieren. Wer gerade an einem Feiertag oder auch Sonntag in Yangon ist, hat gute Chancen, ein umfangreiches Programm zu erleben, das tanzende Elefanten und Kunststücke mit Affen mit einschließt. Auch bietet sich ein Besuch des angrenzenden Kandawgyi-Parks an, der an Sonntagen beliebt ist.

Zoo, Südseite des Kandawgyi Lake (Haupteingang).
Öffnungszeiten: 8–18 Uhr.
Eintritt: 2000 Kyat.

Yangon und Umgebung

Zu Besuch im Zoo

Yangon-Informationen

Allgemeines

Vorwahl: +95/(0)1.

Yangon ist das Tor nach Myanmar. Von hier aus lässt sich die gesamte Weiterreise organisieren.

Das **staatliche Reisebüro MTT** (Myanmar Travel & Tour Office) befindet sich an der südwestlichen Straßenecke an der Sule Paya. Es ist behilflich bei **Sondergenehmigungen**, ansonsten gibt es keine offizielle Touristeninformation.

Am **Flughafen Yangon** findet man in der Ankunfts- und Abflugshalle Wechselstuben, Zimmervermittlung und einige Reisebüros sowie Mietwagenangebote.

Der erste Ansprechpartner ist ansonsten die **Rezeption des Hotels**. Häufig befinden sich im Hotel oder in der Nähe Partnerreisebüros, die Rundreisen, Tickets für Bus, Zug und Flugzeug usw. beschaffen. Mehrere **Reisebüros** befinden sich der Lobby des Asia Plaza Hotels (→ S. 172).

Rucksackreisende, die Anschluss suchen, tun das am besten im White House Hotel (→ S. 170) oder abends im Myanmar-Restaurant Danupyhu Daw Saw Yi (→ S. 173) sowie natürlich auf der 19. Straße.

Weitere **Informationen zu den Altbauten Yangons** gibt es unter http://yangonheritagetrust.org.

Gesundheit

Gesundheit: Eine rund um die Uhr geöffnete **Apotheke** (AA Pharmacy) liegt an der südwestlichen Ecke der Kreuzung an der Sule Paya. In Notfällen wendet man sich am besten an die SOS Clinic im Inya Lake Hotel → S. 173, 350.

Geld

Geldautomaten der CB-Bank gibt es erst seit kurzem in Myanmar und man sollte sich noch nicht vollständig auf sie verlassen und nach Bargeld als zweite Wahl betrachten. Zentrale der CB-Bank: 334/335, Strand Road, Ecke 23. Straße, Tel. +95/(0)1/372646. Geldautomaten (ATM) für Kreditkarten befinden sich:

► Am Südaufgang der Shwedagon Paya, oben
► Inya Lake Hotel
► Junction Square Shopping Mall
► Am Bogyoke-Aung-San-Markt

Auf dem Bogyoke-Aung-San-Markt im Stadtzentrum und in dessen Nähe befinden sich ebenfalls **offizielle Wechselstuben** mit Kursanzeigen für Euro, US-Dollar und Britisches Pfund. Die zahlreichen Schwarzhändler auf dem Markt kaufen alle Währungen. Nur Schwarzhändler mit Ladengeschäft und Geldzählmaschine aufsuchen, wie z. B. den Tiger Shop in der Nordwestecke des Mark-

Skyline und Hafen von Yangon vom Schiff aus gesehen.

tes. Wer außerhalb Yangons Geld tauscht, kann das zumeist nur im Hotel und dann zu leicht schlechteren Kursen machen. Der Wechselkurs in Yangon ist ein Richt- aber kein Fixwert.

Seit Anfang 2013 unterhält **Western Union** etwa 150 lokale Standorte im ganzen Land, an denen Bargeld gesendet und empfangen werden kann. Weitere Stellen sollen hinzukommen. In Yangon findet man entsprechende Schalter u.a. im Einkaufszentrum Junction Square und in der Pyay Road unweit des Hledan-Marktes (www. westernunion.com).

Wechselkurs im Frühjahr 2014: 1 Euro = 1340 Kyat.

Post

Die **Hauptpost** befindet sich in der Downtown auf der Strand Road an der Ecke Bo Aung Kyaw Street, zwischen dem Strand Hotel und der Union Bar. Postkarten sollten als Einschreiben in einem Briefumschlag verschickt werden, um sicherzustellen, dass sie auch ankommen.

Mobiltelefone und Internet

Am Flughafen Yangon kann man sich gegen Pfand und Gebühr eine SIM-Karte ausleihen, teilweise auch mit Internet-Anbindung. Mit dem eigenen Smartphone kann man so im Internet surfen oder selbiges an den eigenen Laptop anschließen. Sehr langsam, funktioniert nur in Ballungsräumen, selten außerhalb von Yangon! Viele Cafés, Restaurants und natürlich Hotels bieten einen W-Lan-Zugang an, der WiFi genannt wird. Ausreichende Geschwindigkeit nur in Yangon, sonst extrem langsam. Eine recht gute Verbindung, die mitunter auch für Skype-Telefonate mit dem eigenen Laptop/Smartphone genutzt werden kann, gibt es im 24h-Restaurant 365 im Thamada Hotel (→ S. 172).

Verkehr
▪ Flugtickets und Reisebuchungen
Dana Moe Air Ticket Centre, im Central Hotel, 335-337, Bogyoke Aung San Street, Tel.

+95/(0)1/383655, danamoemyanmar@ gmail.com.
Sun Far Travels & Tours, im Sakura Tower, 339, Bogyoke Aung San Street, 3. Etage, Zimmer 03–08, www.sunfartravels.com.
Im Sakura Tower befinden sich die Büros der meisten nationalen und internationalen Fluglinien sowie viele weitere Reisebüros.

▪ Fernbusse
Am Südflügel des Aung San Stadiums, unweit nördlich des Sakura Towers, befinden sich die Büros aller Busunternehmen, die Verbindungen ins ganze Land anbieten. Man sollte die Tickets mehrere Tage vorher kaufen; die Busstationen selbst befinden sich am Stadtrand, die wichtigste ist die **Aung Mingalar Station**, Aung Mingalar Street, nordöstlich des Flughafens. Hier fahren u.a. Busse nach Mandalay (8 Std.), Bagan (8 Std.) und Taunggyi (10 Std.). Die Ticketpreise liegen zwischen 13 000 und 18 000 Kyat.

▪ Stadtbusse
Es verkehren zahlreiche Busse innerhalb der Stadt, viele halten an der Sule Paya, wo man auch Auskünfte bekommt. Der Preis für eine Fahrt beträgt 200 Kyat, die bei einem mitfahrenden Ticketverkäufer bezahlt werden (am besten passend bereithalten). Der Bus Nr. 43 durchquert die Stadt in Nord-Süd-Richtung: Sule Paya – Shwedagon Paya – Inya-See – Aung Mingalar Station (Fernbusse).

▪ Taxi
Das Taxi ist das wichtigste Fortbewegungsmittel in Yangon. Für eine Taxifahrt vom Flughafen in die Downtown zahlt man zur Zeit etwa 8000 bis 10 000 Kyat, je nach Verhandlungsgeschick. Meist findet man nur sehr alte Taxis, ohne Klimaanlage und Sicherheitsgurte. Erst seit Kurzem gibt es Taxis neueren Baujahrs. Benutzung der Klimaanlage, falls überhaupt vorhanden, muss vorher verlangt werden. Vor dem Einsteigen muss der Preis verhandelt werden. Die Fahrer sprechen wenig bis kein

Englisch, aber es wird einem immer weitergeholfen. Das Hotel kann die wichtigsten Adressen von Sehenswürdigkeiten auf Myanma aufschreiben.

Mopeds und Motorräder sind in Yangon verboten. Für kurze Strecken, insbesondere am Abend in der Downtown, kann man eine Fahrrad-Rikscha mieten.

■ **Circle Line**
→ S. 164

■ **Fähre**
→ S. 164

Übernachtung

Am Flughafen Yangon gibt es mehrere kleine Agenturen, die bei der Zimmervermittlung behilflich sind. Wer ohne Buchung in Yangon ankommt, läuft möglicherweise Gefahr, kein Zimmer zu finden, das der eigenen Preisvorstellung entspricht.

■ **Downtown**
Strand Hotel, 92, Strand Road, Tel. +95/(0)1/243377, www.ghmhotels.com; ab 300 US-Dollar. Das ist die historische und luxuriöseste Adresse Yangons und ein Besuch wert. Die Totalsanierung Anfang der 1990er Jahre verhalf dem heruntergekommenen Hotel von 1901 zu neuer Größe. Obwohl ohne Pool, zählt es zu den Fünf-Sterne-Häusern, und bietet einen 24-Stunden-Butlerservice. Freitags volles Haus zur Happy Hour in der **Strand Bar**. Leider gibt es in der direkten Umgebung des Hotels wenig Sehenswertes, und die Strand Road ist eine viel befahrene Straße.

Traders Hotel, 223, Sule Pagoda Road, Ecke Bogyoke Aung San Road, +95/(0)1/242828, www.tradershotels.com; ab 200 US-Dollar. Einer der ersten Hotelneubauten der 1990er Jahre. Lange Zeit bestimmte dieses Hochhaus neben dem Sakura Tower gegenüber das Bild der Downtown. Wie der Name schon sagt, steigen hier viele Geschäftsreisende ab. Die Zimmer der oberen Stockwerke bieten einen tollen Blick über Yangon.

Um die Ecke befindet sich das **Central Hotel**, ein eher nüchterner Bau, mit günstigeren Preisen unter 100 US-Dollar, teilweise sogar unter 50 US-Dollar. Massagesalon in der 6. Etage. 335–337 Bogyoke Aung San Road. Tel. +95/(0)1/248001, www.centralhotelyangon.com.

Das **East Hotel** schräg gegenüber dem Traders ist ein orangefarbenes Gebäude im ehemaligen Sule Mogok Tower. Einige Zimmer haben ein offenes Bad und WC – ohne Tür. Es wurde erst vor wenigen Jahren eröffnet. Unter 100 US-Dollar. 234–240 Sule Pagoda Road. Tel. +95/(0)9/73135311, www.east.com.mm.

Das **Okinawa Guest House** in einer kleinen und ruhigen Seitenstraße nahe der Sule Paya ist sehr gemütlich und liegt mitten in der Downtown. Die ruhige Seitenstraße schirmt den Verkehrslärm ab. Die Zimmer sollen japanischen Stil nachempfunden sein. Das Bagan Central Hotel gehört dem selben Eigentümer. Etwa 50 US-Dollar. Nr. 64, 32. Straße, zwischen Maha Bandoola Street und Anawrahta Street, Tel. +95/(0)1/374318.

Mitten in der Chinatown Yangons gibt es nur ein empfehlenswertes Hotel. Das **Chit Sayar Hotel** (auf dt. etwa: Liebenswertes Hotel) ist ein chinesisch geführtes Haus mit einfachen Zimmern, manche ohne Fenster. Vor dem Hotel beginnt die Chinatown in Richtung Westen, vor allem der Nachtmarkt und die 19. Straße sind interessant. Um 50 US-Dollar. 646, Maha Bandoola Road, zwischen 21. und 22. Straße, Tel. +95/(0)1/242094. csyhotel@myanmar.com.mm, www.chitsayarhotel.com.

Auf halber Strecke zwischen Okinawa Guest House und Chit Sayar Hotel befindet sich das bei Rucksackreisenden sehr beliebte **White House Hotel**. Hier das günstigste Zimmer für 17 Dollar zu erhalten, setzt eine Reservierung voraus – es ist naturgemäß sehr oft ausgebucht. Frühstücksbuffet auf dem Dach. No. 69/71 Konzaydan Street, Tel. +95/(0)1/240780, 240781, whitehouse.mm@gmail.com; whitehousehotelyangon.blogspot.com.

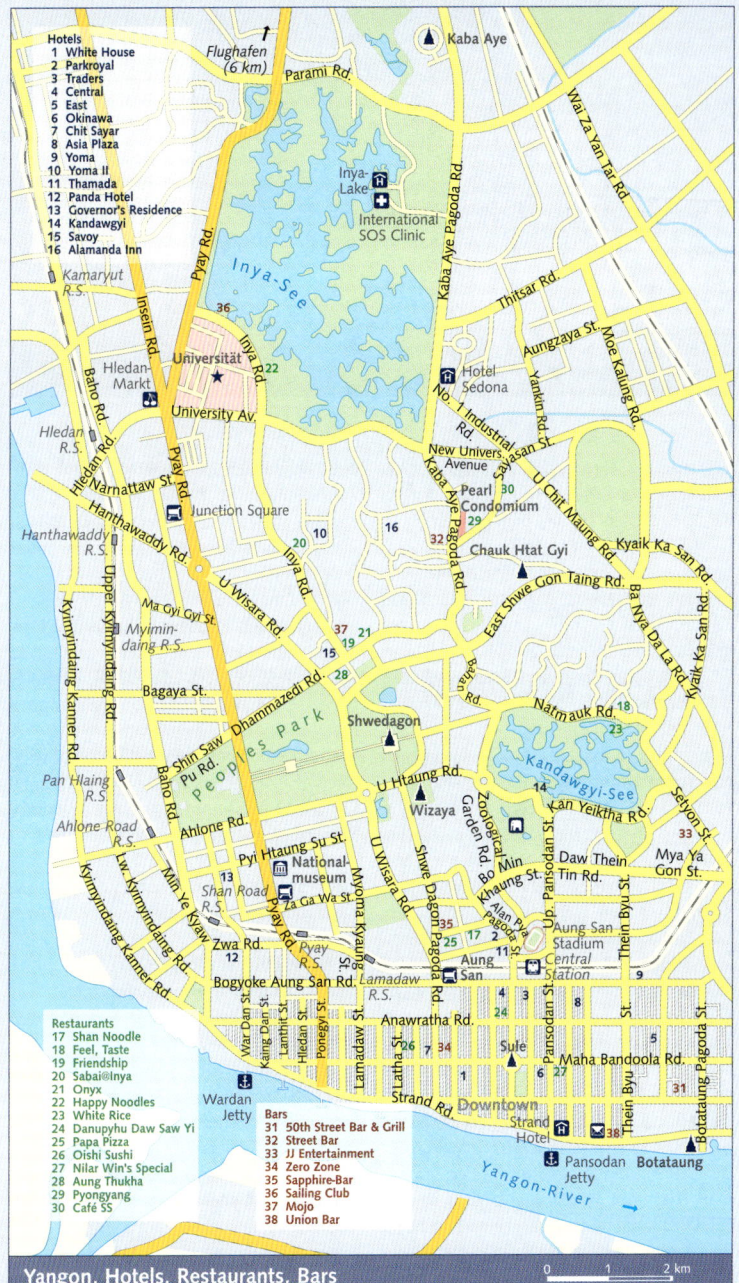

Hotels
1 White House
2 Parkroyal
3 Traders
4 Central
5 East
6 Okinawa
7 Chit Sayar
8 Asia Plaza
9 Yoma
10 Yoma II
11 Thamada
12 Panda Hotel
13 Governor's Residence
14 Kandawgyi
15 Savoy
16 Alamanda Inn

Restaurants
17 Shan Noodle
18 Feel, Taste
19 Friendship
20 Sabai@Inya
21 Onyx
22 Happy Noodles
23 White Rice
24 Danupyhu Daw Saw Yi
25 Papa Pizza
26 Oishi Sushi
27 Nilar Win's Special
28 Aung Thukha
29 Pyongyang
30 Café SS

Bars
31 50th Street Bar & Grill
32 Street Bar
33 JJ Entertainment
34 Zero Zone
35 Sapphire-Bar
36 Sailing Club
37 Mojo
38 Union Bar

Yangon, Hotels, Restaurants, Bars

0   1   2 km

Das Strand Hotel

In Richtung Osten findet man das kürzlich renovierte **Asia Plaza Hotel** samt Rooftop Bar. Die meisten Zimmer bieten einen guten Blick Richtung Shwedagon. In der Lobby haben einige Reisebüros ihren Sitz. Guter Ort, um einen Spaziergang Richtung Süden durch die alte Downtown zu beginnen. Zimmerpreise ab 110 US-Dollar. 277, Bogyoke Aung San Road und Ecke 38. Straße, Tel. +95/(0)1/391070/1, hotelasiaplaza@gmail.com.

Unweit des Asia Plaza Hotels befindet sich das **Yoma Hotel Yangon**, eines der preiswertesten Hotels in Yangon. Ab 40 Dollar bekommt man ein einfaches Zimmer. Frühstück inbegriffen. 146, Bogyoke Aung San Street, Tel. +95/(0)1/299243, yoma.one@mptmail.net.mm. www.yomahotelone.com. Das **Yoma II Hotel** befindet sich im Stadtteil Golden Valley, abseits der Inya Road. Details dazu über oben genannte E-Mail-Adresse.

Three Seasons Hotel ist ein Familienbetrieb in der östlichen Downtown. Aufgrund des günstigen Preises von 40 Dollar ist es oft ausgebucht. 83/85, 52. Street, Ecke Maha Bandoola Street, Tel. +95/(0)1/9010066, 8610069, phyuaung@mptmail.net.mm.

Das **Thamada Hotel** war bereits in den 1970ern neben dem Strand Hotel und dem Inya Lake Hotel eines der drei möglichen Hotels für Touristen. Im Erdgeschoss befindet sich das **24-Stunden-Restaurant 365**. Zimmerpreise ab 80 Dollar. 5, Alan Pya Pagoda Street, Tel. +95/(0)1/24363943, info@thamadahotel.com, www.thamadahotel.com.

Gleich daneben befindet sich der Neubau des luxuriösen **Parkroyal Hotels** mit Preisen ab 180 Dollar. 33, Alan Pya Pagoda Street, Tel. +95/(0)1/250388, enquiry.prygn@parkroyalhotels.com, www.parkroyalhotels.com.

Weitaus günstiger und westlich der Downtown gelegen ist das **Panda Hotel**. Ein funktioneller Neubau mit einfachen Zimmern. Rund 60 Dollar. 205, Ecke Wardan und Min Ye Kyaw Swa Street. Tel. +95/(0)1/212850, info@myanmarpandahotel.com, www.myanmarpandahotel.com.

■ Nördlich der Downtown

Der Name **Governor's Residence** hält, was er verspricht. Das ehemalige Pansea Hotel gehört zur Orient-Express-Gruppe und lässt keine Wünsche offen. In der Nähe befinden sich das ehemalige Außenministerium, Botschafterresidenzen und prächtige Villen. Beliebt bei Reisegruppen. Ab 380 Dollar. 35, Taw Win Road, Tel. +95/(0)1/229860, www.governorsresidence.com.

Das **Kandawgyi Hotel** am gleichnamigen See wurde an einen neuen Eigentümer verkauft, der es sanieren ließ. Das ganze Gebäude ist mit Teakholzelementen gestaltet wurden, die es unaufdringlich, aber prächtig in die Umgebung des Sees einpassen. Schöner Garten mit Bungalows. Ab 150 Dollar. Kan Yeik Tha Road. Tel. +95/(0)1/382919, www.kandawgyipalace-hotel.com.

Unter deutscher Leitung befindet sich das **Savoy Hotel** in einer beliebten Gegend Yangons, umgeben von unzähligen Restaurants und Geschäften. Wunderbar ausgestattete Zimmer im Kolonialstil. Die Captain's Bar im Erdgeschoss ist mittwochs gut besucht. Ab 200 Dollar. Zur Uniteam-Gruppe gehören darüber hinaus die Bayview Hotels in Ngapali Beach (→ S. 346) und Ngwe Saung Beach (→ S. 344). 129, Dhammazedi Road, Tel. +95/(0)1/526289, general manager@savoyhotel-yangon.com, www.savoy-myanmar.com.

Mitten im Nobelviertel Golden Valley befindet sich das liebevoll von zwei Französinnen geführte **Alamanda Inn**. In einer noblen Villa wurden acht Zimmer eingerichtet, während im großzügigen Vorgarten das halboffene **Restaurant** und die Rezeption sind. Erholung pur ab 70 Dollar. 60B, Shwe Taung Gyar Road, Tel. +95/(0)1/534513, alamanda.inn@gmail.com, www.hotel-alamanda.com.

Ein traditionsreiches Haus ist das 1962 erbaute **Inya Lake Hotel,** ein Geschenk der damaligen Sowjetunion an die Union von Burma, was man an der Architektur unschwer erkennen kann. Inzwischen renovierungsbedürftig. Der Deutsch sprechende Direktor ist ebenfalls zuständig für das Thamada und das Strand Hotel. Direkt am Inya See und mit einem riesigen Garten liegt dieses Hotel zwar etwas außerhalb, ist aber dennoch ein beliebter Veranstaltungs- und Tagungsort – vor allem Hochzeiten finden fast jeden Sonntag statt. Ab 150 Dollar. 37, Kaba Aye Paya Road, Tel. +95/(0)1/9662866, 9662857, inyalake@inyalakehotel.com, www.inyalakehotel.com. Im Hotel befindet sich auch die **International SOS Klinik** mit einem französischen Arzt (→ S. 350).

Essen und Trinken
■ Downtown

Berühmt, und daher von vielen Reisenden besucht, ist das **Myanmar-Restaurant Danuphyu Daw Saw Yi** unweit vom Bogyoke-Aung-San-Markt. Hier wird serviert, was auch abends bei den Familien zu Hause auf den Tisch kommt: Reis und ein Curry vom Schwein, Huhn, Rind oder Fisch

Typisches Gericht (Homalin)

Zehn Restaurants buhlen lautstark um jeden Kunden, der die Halle des Aung-San-Marktes betritt

nebst einem großen Teller Gemüse und einer pikanten Suppe. Empfehlenswert! 175/177, 29. Straße, zwischen Bogyoke Aung San Road und Anawrahta Road, Tel. +95/(0)1/248977.

Im angesagten **Yawmingyi-Quarter** direkt nördlich des Aung-San-Markts findet man eine Reihe Restaurants, Cafés und auch Konditoreien.

An der Ecke Bo Yar Nyunt und Nawaday Street befindet sich das **Aung Mingalar Shan Noodle Restaurant** in enger Nachbarschaft mit vielen weiteren Restaurants. Neben ausgezeichneten Nudelgerichten werden auch Fruchtsäfte frisch zubereitet. Gut besucht von den vielen westlichen Ausländern, die in diesem Viertel wohnen, Tel. +95/(0)1/385185.

Im **Oishi Sushi Restaurant** braucht man sich keine Sorgen um nicht fachgerecht gelagerten rohen Fisch machen! Zwischen 18 und 20 Uhr muss man einige Zeit warten, um einen freien Tisch zu bekommen. 98, Latha Street (mittlerer Block zwischen Anawrahta Road und Maha Bandoola Road), Tel. +95/(0)1/708685.

Bereits im Jahr 1979 eröffnet (und seitdem nie renoviert worden), ist das Geschäft **Nilar Win's Special Yoghurt & Cold Drinks** ein kleiner Geheimtipp, wenn man in der heißen und staubigen Downtown Yangons eine Erfrischung zu sich nehmen will. Wer sich nicht allzu genau die Inneneinrichtung anschaut, wird hier Joghurt aus Biergläsern genießen können, der, je nach Wunsch, mit verschiedenen Früchten vermischt worden ist, dazu flüssiger Zucker nach Belieben. Im Februar gibt es Erdbeeren aus dem Shan-Staat. Nilar Win ist eigentlich ein Frauenname, aber hier handelte es sich um einen Boxer, der längere Zeit in Frankreich lebte und dort sportliche Erfolge verbuchen konnte. Später eröffnete er dieses Geschäft, an den Wänden hängen Bilder von ihm. Direkt von der Sule Paya in Richtung Osten laufen, auf der rechten Straßenseite. Nr. 377, Maha Bandoola Road, zwischen 37. und 38. Straße, Tel. +95/(0)1/378364.

Der erste Pizzalieferservice, bei dem die Pizza wie eine Pizza schmeckt, wurde von einem Engländer eröffnet. Ein Tipp für alle, die irgendwann keinen Reis mehr sehen können. **Papa Pizza**, 9B/F1, Nawaday Street, Tel. +95/(0)1/376907. Bei Lieferung (auch ins Hotel) kommt Hin-und Rückfahrt per Taxi dazu. Pizza zwischen 6000 und 11 000 Kyat.

Fast um die Ecke befindet sich das Thamada Hotel mit dem **365 Restaurant** im Erdgeschoss. Reisgerichte, Steaks, Kuchen und Croissants rund um die Uhr. Besonders gut besucht an Wochenenden nach Mitternacht.

■ Nördlich der Downtown

Nebeneinander liegen die Restaurants **Feel** und **Taste**, und der Erfolg blieb nicht aus. Während im Feel myanmarische Küche serviert wird, kann man im Taste zum Beispiel Club Sandwiches bestellen. Das Feel ist besonders bei Reisegruppen beliebt. 124, Pyi Htaung Su Yeikthar Street, Tel. +95/(0)1/725736, www.feelrestaurant.com.

Ein weiteres viel gelobtes Myanmar-Restaurant befindet sich unweit des Savoy Hotels in der kleinen Verbindungsstraße zwischen Dhammazedi Road und Shwegondine Road. **Aung Thukha Traditional Myanmar Food House** ist ebenso beliebt wie Danuphyu Daw Saw Yi in der Downtown. Einfach in die kleine Straße gegenüber dem Savoy einbiegen und rechts schauen, Tel. +95/(0)1/525194.

Ebenfalls unweit vom Savoy Hotel liegt das in einer Gasse etwas versteckt gelegene **Onyx Restaurant**, eines der beliebtesten in Yangon. Hervorragende Steaks und gemischte Salate sowie ein gutes Weinangebot. Die wenigen Tische im frisch renovierten Restaurant sind abends immer besetzt. 135, Dhamazedi Road. Tel. +95/(0)1/524271, onyxmartin@gmail.com.

Am Savoy Hotel beginnt die Inya Road, die bis zur Pyay Road reicht. Angefangen mit dem **Friendship Restaurant**, gibt es unzählige Restaurants entlang der Inya Road. Wer Thai-Küche mag, ist im **Sabai@Inya** gut aufgehoben. 6, Inya Road, Tel. +95/(0)1/524321.

Noch weiter in Richtung Pyay Road sieht man am Straßenrand einen großen gelben Smiley, der zum **Happy Cafe & Noodles Restaurant** gehört. Hervorragende Nudelsuppen mit Rippchen und feinster Erdbeerjoghurt. 62, Inya Road, Tel. +95/(0)1/525112.

Das **White Rice** ist nur eins von vielen empfehlenswerten Restaurants rund um den Kandawgyi Lake. Ausgezeichnetes Cashewnut Chicken! Kandawgyi Park, gegenüber der Augenklinik, Tel. +95/(0)1/556837.

Das beste **Brunch** der Stadt findet sonntags im **Inya Lake Hotel** statt. Für 25 Dollar kann man sich zwischen 11.30 Uhr und 15 Uhr am üppigen Buffet bedienen und sich unbegrenzt Bier und Wein nachschenken lassen. Poolbenutzung inbegriffen.

Pyongyang Koryo Restaurant, A-5, Sayasan Road (ein einzelnes Haus gleich hinter dem Block namens Pearl Condominium), Tel. +95/(0)9/73104544. Im Jahr 1983 verübten Attentäter aus Nordkorea einen Anschlag auf die Delegation des südkoreanischen Premierministers in Myanmar, bei dem unter anderem der Neffe des Regierungschefs ums Leben kam. Dies führte zum Abbruch der diplomatischen Beziehungen, die erst 2007 wieder aufgenommen wurden. Im selben Jahr eröffnete die Botschaft Nordkoreas in Yangon dieses Restaurant – eine Praxis, die auch in anderen Ländern durchgeführt wird. Zweck ist die Devisenbeschaffung. Es bietet mit Abstand das beste Unterhaltungsprogramm in Yangon ab 20 Uhr. Man sollte nicht später als 18.30 eintreffen, da es jeden Abend bis auf den letzten Platz gefüllt ist. Größere Gruppen sollten reservieren. Viele attrak-

Im Nordkorea-Restaurant in Yangon ist Fotografieren verboten

tive und gebildete Kellnerinnen aus Pjönjang, die allesamt mehrsprachig sind, sowie eine Tanzgruppe mit beeindruckenden Choreographien erwartet die Gäste. Die Blumensträuße aus Plastik kosten 20 000 Kyat. An das Fotografierverbot wird sich mit zunehmenden Alkoholpegel nicht mehr gehalten. Absolut empfehlenswert!

Nachtleben

Yangon bietet als einzige Stadt Myanmars ein äußerst lebendiges Nachtleben. Unzählige Bars, Restaurants und einige Diskotheken sowie eine nachts beleuchtete Driving Range für Golfer sorgen für Unterhaltung. Die Internetseite www.whatsonyangon.com zeigt an, was abends angesagt ist.

Die etablierteste Bar ist die **50th Street Bar & Grill**, etwas entfernt von der Downtown und nicht ganz preiswert, aber oft mit Happy Hour. Hier treffen sich freitags in Yangon lebende Ausländer, Stars und Sternchen, um die Arbeitswoche ausklingen zu lassen. 9/13, 50. Straße, Botathaung Township, Yangon, Tel. +95/(0)1/1397060, www.50thstreetyangon.com.

Freitags ist die Happy Hour in der Bar des **Strand Hotels** angesagt, bevor man von dort entweder geschlossen in die 50th Street Bar oder in eine Disko geht.

Fünf Minuten entfernt, in östlicher Richtung, hat die **Union Bar** neu eröffnet. Frühstücksangebot sowie eine große Auswahl an Cocktails – für jeden ist etwas dabei. 42, Strand Road, im Gebäude des Roten Kreuzes.

Am ersten Freitag des Monats öffnet der sonst nur Mitgliedern vorbehaltene **British Club** seine Türen für die Öffentlichkeit. Für 10 US-Dollar kauft man einen Gutschein, von dem dann die Getränke abgerechnet werden. Die Gäste treffen in der Regel frühestens ab 21 Uhr ein. Diplomatengrundstück, daher Ausweis oder Führerschein mit Foto nicht vergessen! Eingang zum Club auf der kleinen Verbindungsstraße zwischen Alan Pya Paya Road und Gyo Phyu Street. Zentral gelegen ist **The Music Club** im Keller des Parkroyal Hotels, eine Disko mit gelegentlichen Live Bands. Eintritt 10 000 Kyat.

Die Union Bar auf der Strand Road

Neu sind die sehr laute **Sports Bar** und die äußerst moderne **Street Bar**, beide auf dem selben Grundstück: Mya Yeik Nyo nahe dem Pearl Condominium in der Pale Street. Weiter nördlich, links ab von der Kaba Aye Paya Road befindet sich die neu eröffnete **Escape Gastro Bar**, vor deren Eingang schon mal der ein oder andere Ferrari steht. 31D, Kan Yeiktha Street und Ecke Kaba Aye Paya Road, Tel. +95/(0)1/660737, whereismy drink@escapegastrobar.com.

Unweit befindet sich die **Lake View Bar** im Inya Lake Hotel. Freitags ebenfalls Happy Hour mit gelegentlichen Auftritten von Bands. Auf dem Gelände dieses Hotels befinden sich die beiden Diskotheken **GTR** und **DJ Club**.

Die Diskothek **JJ Entertainment** am Mingalar Zay (Mingalar Markt) östlich des Kandawgyi-Sees bietet stündliche Fashion Shows im Wechsel mit Musikeinlagen.

■ Rooftop-Bars

Die Anzahl der Rooftop-Bars nimmt stetig zu. Auf dem Theingyi Zay (Theingyi Markt) in der Downtown empfiehlt sich das **Zero Zone Rooftop Restaurant** mit einem tollen Blick über die Stadt von der offenen Dachterrasse. Auch tagsüber ist dieses Restaurant ein guter Ort, um dem Lärm und dem Verkehrschaos zu entkommen. Der Lift mit der roten Tür liegt etwas versteckt und muss per Klingel gerufen werden. Fashion

Shows, gutes Essen und eine gut bestückte Bar sorgen für Unterhaltung.

Auf dem Dach des Alfa-Hotels hat erst kürzlich die **Sapphire-Bar** eröffnet. Bei einer angenehmen Brise nach Sonnenuntergang hat man von dort den besten Blick auf die Shwedagon samt der zu ihr führenden Shwedagon Paya Road.

Weiter östlich und ebenfalls in der Downtown gelegen hat der Betreiber des **Asia Plaza Hotels** ebenfalls eine Bar auf dem Dach eröffnet, von der man ebenfalls einen ausgezeichneten Blick auf die Shwedagon und auf das östlich gelegene Sekretariat hat.

Vista Bar, 168, Shwegondaing Road und Ecke Old Yedashe Road. Tel. +95/(0)1/559481. www.vistabaryangon.com. Der beste Blick auf die Shwedagon Paya mit erstklassigen Drinks und Lounge-Musik.

Im **Mojo Lounge and Restaurant** finden unregelmäßig DJ-Auftritte statt. Seitdem findet sich dort an einigen Samstagen ein gemischtes Publikum auf beiden Etagen ein. 135, Ecke Dhammazedi und Inya Road, Tel. +95/(0)1/511418. Gleich daneben befindet sich die offene Terrasse des **Friendship**, ein weiterer Platz zum Sehen und Gesehen werden.

Der Klassiker bis kurz nach Mitternacht ist seit Jahrzehnten die **19. Street** in der Chinatown. Im nördlichen Teil der drei Abschnitte der 19. Straße, zwischen der Anawrahta und Maha Bandoola Road, wird auf der Straße günstiges Zapfbier und Gegrilltes verkauft, während Lotteriehändler und fahrende Musikanten die Straße beleben. Besonders voll an Wochenenden. Zwischen all den Beer Stations befindet sich die geschmackvoll eingerichtete (und sehr saubere) **Kosan Snack & Bar** mit den preiswertesten Mojitos Südostasiens, während der japanische Besitzer seine Jazz-Platten spielt (Karte → S. 154).

Am Flusshafen befindet sich das kürzlich eröffnete Thai-Restaurant **Sweet Farm** für alle, die es abends etwas ruhiger mögen, während vom Fluss her eine kühle Brise weht. Strand Road, Ecke Wardan Road. Durch das Tor zum Hafen erreicht man das Restaurant.

Auf der Sayar San Road, kennt jeder Taxifahrer das **Café SS**, wo man rund um die Uhr das Nationalgericht Myanmars, die Mohinga-Suppe, löffeln kann. 60, Sayar San Road, Tel. +95/(0)1/556224.

Der elitäre **Sailing Club** auf der Inya Road am Inya-See ist nur für Mitglieder zugänglich, aber Freitagabends öffnet der Club seine Türen und bietet gezapftes Bier zur Happy Hour an. Inya Road, fast am Ende in Richtung Pyay Road, rechte Straßenseite.

Liebhaber der Kunst sollten dienstags ab 20 Uhr die **Pansodan Gallery** in der Downtown aufsuchen. Auf zwei Etagen in einem uralten Haus werden Gemälde und Zeichnungen diverser Künstler aus Myanmar ausgestellt. Die beiden Betreiber der Galerie bestellen für alle Gäste Zapfbier und Gegrilltes vom Restaurant gegenüber, und jeder Gast wird um eine kleine Spende gebeten. Hier trifft sich Yangons junge Künstlerszene. 286, Pansodan Street, 1. Etage, rechte Straßenseite am Beginn der Brücke, vor dem Panorama Hotel. Nach dem Balkon mit vielen Menschen schauen (Karte → S. 154).

Einkaufen
■ Märkte
→ S. 157, 158, 162

■ Einkaufszentren
→ S. 163

■ Bücher
Myanmar Book Centre, 55, Baho Road, Ecke Ahlone Road (Nandawun), Tel. +95/(0)1/221271, www.myanmarbook.com. Der Sohn des berühmten früheren Chefbibliothekars der Yangon Universität U Thaw Kaung betreibt dieses gut sortierte Buchgeschäft.

Radtouren
Yangon Cycling Tours bietet organisierte Radtouren an. Derzeit wird die Strecke Yangon–Dala angeboten. Inkl. Guide und Rad etwa 30 USD per Person. Kontakt: www.facebook.com/yangoncyclingtours.

Hakenkreuze in Myanmar

Anlässlich des Jahrestages zum Gedenken an den Holocaust veranstalteten die deutsche und die israelische Botschaft in Yangon einen Festakt, der von einer Fotoausstellung und einem Kerzenumzug flankiert wurde. Neben allerlei Würdenträgern nahmen an dem Umzug besonders viele Jugendliche aus Yangon teil. In einem später erschienen Zeitungsartikel brachten Botschaftsangehörige ihren Unmut über das öffentliche Zurschaustellen von Hakenkreuzen während des Gedenktages zum Ausdruck.

Auch wenn das Hakenkreuz als Glückssymbol (Swastika) eine lange Tradition auf dem indischen Subkontinent hat, handelt es sich bei den T-Shirts vieler Jugendlicher in Yangon eindeutig um das Hakenkreuz des Dritten Reiches mit den Farben schwarz, weiß und rot. In Yangons Downtown sieht man recht häufig Jugendliche mit T-Shirts, die Kriegsszenen aus dem Zweiten Weltkrieg in Verbindung mit Hakenkreuzen, Abbilder von Adolf Hitler und dergleichen zeigen. ›Nazi Bike‹ etwa zeigt eine Kompanie Mot-Schützen auf ihren Motorrädern an der Ostfront, und auf den Straßenmärkten findet man Kriegshelme, auf deren Stirnseite das Hakenkreuz in den drei bekannten Farben zu sehen sind.

Es gibt zwei Erklärungen dafür: Die erste ist Unkenntnis. Anlässlich des Gedenktages des Holocaust hatte der Jugendliche mit dem Hakenkreuz T-Shirt schlichtweg keine Ahnung, was dieses Symbol auf seinem T-Shirt – in den drei Farben – für einen Hintergrund hat. Im indischen Viertel in Yangon und auch an buddhistischen Orten kann man das Hakenkreuz öfter sehen. Wer aufmerksam die Shwedagon Paya Road in Yangon von Süden nach Norden in Richtung des Stupa entlangläuft, wird auf dem Gehwegplatten Hakenkreuze sehen, die dann aber keinen Bezug zum Nationalsozialismus haben, sondern in einem religiösen Kontext zu verstehen sind. Dass nun der Jugendliche, der am deutschen und am israelischen Botschafter mit einem ›echten‹ Hakenkreuz auf dem T-Shirt vorbeilief, diesen Zusammenhang erst einmal verstehen muss, wäre umgedreht genau so kompliziert, wenn Inder in Deutschland ›ihr‹ Hakenkreuz zur Schau stellen würden, und sich über die Aufregung wundern würden.

Es gibt aber durchaus noch einen anderen, nicht so offensichtlichen Grund, den man zumeist im Gespräch mit der älteren Generation in Myanmar erfahren kann. In den Augen vieler Menschen in Myanmar ist Hitler nämlich ein großer Held, der Deutschland zu Größe gebracht hat. Dazu muss man wissen, dass die Bevölkerung Myanmars generell sehr nationalistisch eingestellt ist. Bei Fußballspielen gegen Thailand zum Beispiel rufen die Anhänger der Nationalmannschaft Myanmars laut das Wort ›Bayintnaung‹ von den Tribünen, um ihre Spieler anzufeuern. Bayintnaung war der zweite Reichs-einiger und König in Myanmar, der für eine militärische Expansion in weite Teile Südostasiens verantwortlich war. Weiterhin darf man nicht vergessen, dass Myanmar einst britische Kolonie war, und viele Menschen sind überzeugt, dass der Rückzug Großbritanniens aus Myanmar auch in der Schwächung der einstigen Kolonialmacht durch das nationalsozialiste Regime in Deutschland während des Zweiten Weltkrieges begründet war, so dass auch hier eine Erklärung für das ungenierte Zurschaustellen von Hakenkreuzen liegen kann.

Bago

Bago, die alte Hauptstadt der Mon liegt etwa 80 Kilometer nordöstlich von Yangon. Die Stadt kann entweder als Tagesausflug angesteuert oder als Zwischenstopp auf einer Reise in den Norden besucht werden. Einen Ausflug mit einem Mietwagen samt Fahrer kann man bequem in Yangon organisieren. In wenigen Jahren soll der Flughafen von Bago den internationalen Flughafen von Yangon entlasten. Deutsche Unternehmen haben sich erfolgreich um den Ausbau des Airports beworben. Unterwegs entlang der Strecke bietet es sich an, den Soldatenfriedhof Htaukkyant zu besuchen, der 30 Kilometer nördlich von Yangon liegt. Der Weg nach Bago führt an einem **Nat-Schrein** vorbei, der im Schatten eines enormen Banyanbaumes steht. Dieser Nat wird als Beschützer der Autofahrer verehrt, die den Segen dieses Geistes durch kräftiges Hupen während der Vorbeifahrt erbitten. Gleich hinter diesem Schrein steht ein weiteres Geisterhäuschen, das ›Bago-Medaw‹ gewidmet ist, einem Nat, der in der Region um Bago besonders verehrt wird, aber nicht zu den 37 Nat gehört.

Soldatenfriedhof Htaukkyant

Nach ungefähr 40 Minuten Fahrtzeit in Richtung Bago erreicht man die Htaukkyant-Kriegsgräberstätte. Ein beeindruckendes Säulenrund in der Mitte der Anlage zählt all die Namen derer auf, die seit dem Zweiten Weltkrieg in Südostasien verschollen sind. Insgesamt wurden auf der weitläufigen und sehr gepflegten Anlage mehr als 27 000 alliierte Soldaten begraben, die in Myanmar ihr Leben ließen. Die meisten von ihnen waren Inder und nepalesische Gurkhas, die in den Diensten der britischen Streitkräfte standen. Die Nachfahren vor allem der Gurkhas sind heute vor allem in Pyin U Lwin anzutreffen. Der Kriegsgräberfürsorge-Verein des Commonwealth unterhält die Anlage, und bis heute besuchen Angehörige aus aller Welt jährlich diese der insgesamt drei Kriegsgräberstätten in Myanmar.

Geschichte der Stadt

Die von den Briten einst Pegu genannte Stadt war die Hauptstadt des mächtigen Mon-Königreiches. Es wird angenommen, dass sich die Mon frühestens zum En-

Yangon und Umgebung

Der Soldatenfriedhof Htaukkyant

Vier sitzende Buddhas in Bago

de des 6. Jahrhundert in der Region um Bago ansiedelten. Das Mon-Königreich bestand neben Bago, das westlich des Golfs von Mottama liegt, noch aus den beiden weiteren bedeutenden Zentren Thaton und Mottama östlich des Golfs. Alles begann um 825, als zwei Prinzen die Stadt unter dem Namen Hanthawady gründeten. Das Wort leitet sich ab von der Sanskrit-Bezeichnung für eine Wildgans (*hamsa*), in der Mythologie der Hindus das Reittier des Gottes Brahma. Dieser Vogel, heute als Hintha-Vogel bekannt, gilt seit dem als Nationalsymbol der Mon, was in Bago auch heute noch deutlich zu erkennen ist. Bago lag damals an der Küste, was die Voraussetzungen für das Entstehen einer blühenden Handelsstadt schuf. Doch im Lauf der Jahrhunderte ging das Meer zurück. Hier knüpft die Legende an, die besagt, dass das heutige Bago einmal nur ein kleiner, aus dem weiten Meer herausragender Fleck war, so klein, dass er nur Platz für die bereits erwähnte Wildgans bot, so dass das Weibchen auf dem Rücken des Männchen stehen musste.

Der Wendepunkt in der Geschichte des Mon-Reiches war das Jahr 1057, als König Anawrahta von Bagan unangemeldet auf Staatsbesuch erschien. Der Mon-Kö-

nig, sein Hofstaat und zahlreiche Handwerker wurden nach Bagan verschleppt. In Bagan kann man heute noch den Manuha-Tempel besichtigen, der dem entführten König gebaut wurde (→ S. 304). Man nimmt allgemein an, dass die Architektur sein Erleben der Situation widerspiegelt: Drei Buddhas sind dort in kleinen Nischen eingezwängt wie in Käfigen. Jedoch muss man in Betracht ziehen, dass in jener Zeit die Tempelarchitektur Bagans erst in den Kinderschuhen steckte, so dass den Baumeistern schlicht die Erfahrung fehlte. Manuhas Tipitaka, der Dreikorb der buddhistischen Schriften, war das Ziel König Anwarathas, der als Grundlage zur Errichtung des Buddhismus in Bagan dienen sollte. Anawrahtas Besuch im Mon-Reich ist heute noch in der Erinnerung der Mon-Bevölkerung jenseits des Golfs (im eigentlichen Mon-Unionstaat) negativ behaftet. Dies trifft nicht so sehr in Bago zu, welches zur heutigen Bago-Region gehört, in der die Mon heute in der Minderheit sind.

Erst ab 1365 wurde Bago wieder die Hauptstadt des Mon-Königreiches, und ab dem 15. Jahrhundert begann das goldene Zeitalter unter der Königin Shinswabu (die einzige Königin überhaupt) und ihrem Nachfolger Dhammazedi (etwa 1472–1526).

Zwei weiteren Invasionen dürfen nicht unerwähnt blieben. 1541 waren es wieder die Bamar, die mit dem Überfall auf Bago das zweite Großreich, die Taungoo-Dynastie, auf dem Boden des heutigen Myanmar schufen und schließlich Bago zu ihrer Hauptstadt machten, bis das nördlich gelegene Innwa am Ayeyawady bei Mandalay etwa hundert Jahre später als neue Hauptstadt auserkoren wurde. Einige führende Historiker erkennen in der Verlegung der Hautpstadt von Bago nach Innwa bereits eine Vorbedingung für die Verlegung der Hauptstadt von

Karte S. 181 ▲

Yangon nach Naypyitaw ein paar hundert Jahre später.

1752 erhoben die Mon Bago erneut zu ihrer Hauptstadt, doch König Alaungpaya, der dritte Reichseiniger, zerstörte Bago daraufhin vollständig. Ende des 18. Jahrhunderts wurde begonnen, einige Sakralstätten zu restaurieren, bis Bago in zwei aufeinander folgenden Erdbeben fast vollständig zerstört wurde.

Wie bereits an anderer Stelle erwähnt, gaben führende Persönlichkeiten wie General Ne Win und auch Dr. Maung Maung anlässlich der Gründung der Sozialistischen Einheitspartei 1963 in ihren Parteimitgliedsanträgen an, dass ihre ethnische Zugehörigkeit Myanma sein, während aber U Sein Lwin angab, er sei Mon. Damit soll noch einmal verdeutlicht werden, dass man sich in Myanmar entweder als Teil des Ganzen oder auch nur als Mitglied einer Untergruppe innerhalb des Ganzen identifizieren kann.

Bago präsentiert sich als lebendiges Städtchen, das am Highway zwischen Yangon und Mandalay liegt. Hier werden Waren umgeschlagen, große LKW parken am Straßenrand, während der Verkehrslärm und das Hupen der Motorräder eine permanente Geräuschkulisse bilden. Von der Macht und der Bedeutung des einstigen Mon-Reichs kann man heute noch einen Eindruck erhalten, indem man die zahlreichen Sehenswürdigkeiten besucht, die aufgrund der vielfachen Zerstörung erneuert worden sind.

Sehenswürdigkeiten

Zur Besichtigung der Sehenswürdigkeiten Bagos muss man 10 US-Dollar Zonengebühr entrichten, es gibt vier Ticketschalter:

▶ bei den Kyaikpun-Buddhas am Ortseingang aus Yangon kommend
▶ bei der Shwethalyaung Paya in der Nähe des Bahnhofs
▶ bei der Shwemawdaw Paya im Stadtzentrum
▶ am Kanbawza-Thardi-Palast südlich zzdes Marktes.

Yangon und Umgebung

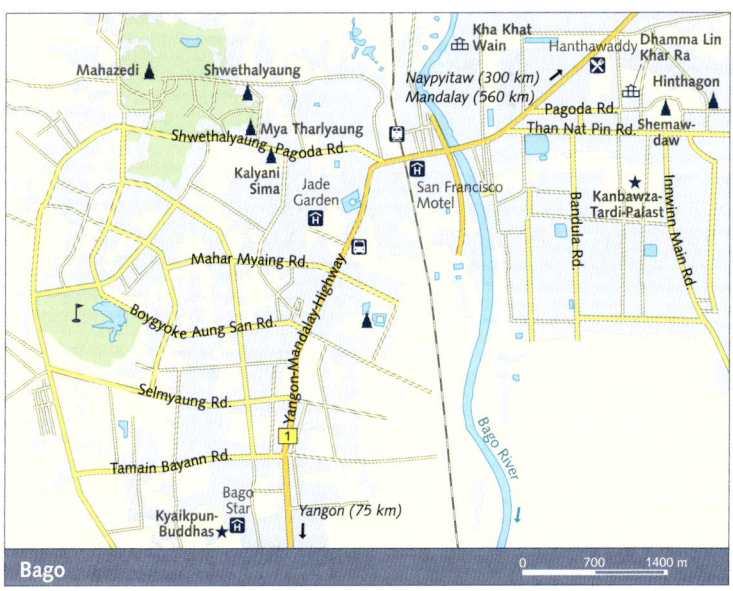

Bago

0   700   1400 m

■ **Kyaikpun-Buddhas**

Der bereits erwähnte König Dammaze-di machte Bago zu einem Zentrum des Theravada-Buddhismus, was das Stadtbild somit nachhaltig prägte. Aus Yangon kommend, sieht man am Stadteingang zu Bago König Dhammazedis vier Rücken an Rücken sitzende Kyaikpun-Buddhas aus dem Jahr 1476, die den Besucher grüßen. Die Statuen der vier Buddhas des gegenwärtigen Weltzeitalters wurden erst vor wenigen Jahren restauriert, um die durch das Erdbeben 1930 verursachten Schäden zu beseitigen. Der letzte erschienene Buddha, Gotama, schaut in Richtung Norden. Die Legende spricht von vier Schwestern, die an dem Bau der Statuen beteiligt waren. Der Pakt, den diese Schwestern schlossen, besagte, dass sie nie jemanden heiraten würden, wurde von einer der Schwestern gebrochen, und die Prophezeiung trat ein: Die Statue des Kassapa-Buddha kollabierte bald darauf.

■ **Shwethalyaung Paya**

Der älteste liegende Buddha Bagos und der schönste des Landes befindet sich hier. Der Übergang in Nirwana ist neben dem stehenden und dem sitzenden Buddha eine oft gesehene Darstellung. Der etwa 56 Meter lange und 18 Meter hohe Buddha stammt aus dem Jahr 994, also 63 Jahre vor der Ankunft König Anawrahtas im Mon-Königreich, um die buddhistischen Schriftrollen zu holen. Das macht die Legende um den liegenden Buddha von Shwethalyaung umso interessanter. Es ist anzunehmen, dass es erst der Mon-König Dhammazedi war, der im 15. Jahrhundert im Rahmen der Renovierungsarbeiten die Legende dazu konstruierte: Der Sohn von König Migadipa traf auf der Jagd eine junge Dame, die unerhörterweise dem buddhistischen Glauben anhing. Unter der Bedingung,

weiterhin ihren buddhistischen Glauben ausüben zu dürfen, folgt sie ihm in den Palast. Dort angekommen sieht sie sich umringt von Anhängern des Geisterglaubens, des Nat-Kultes, so wie zu jener Zeit weiter nördlich in Bagan vor König Anawrahta. Der Mon-König Migadipa konnte die junge Dame zwingen, vor der Statue des Nat-Kults zu beten, die sofort zerbrach. Verängstigt, wie der König war, verordnete er die Einführung des Buddhismus in seinem Reich und vollendete 994 den liegenden Buddha. Vermutlich wurde die Legende später konstruiert, um die Mon im Süden als erste Hüter und Bewahrer des Buddhismus darzustellen.

Nachdem man lange nicht von der Existenz des liegenden Buddhas wusste, fanden ihn Bauarbeiter umwuchert von Dschungel, als sie 1881 die Bahnstrecke Yangon–Bago bauten. Der Hauptbahnhof von Bago ist ganz in der Nähe. Das Dach für den Buddha wurde erst viel später errichtet und passt nicht zu der Aura des Orts. Der Zugang zum Buddha jedoch ist gesäumt mit kleinen **Verkaufsbuden**, wo man zum Beispiel kunstvoll geschnitztes Besteck aus Holz und andere Dinge kaufen kann.

■ **Kalyani Sima**

Diese Ordinationshalle (*thein*) wurde unter König Dhammazedi 1476 errichtet, da der Mönchsorden in mehrere Sekten gespaltenen war. Sie war nur eine von vielen, die König Dhammazedi, der frühere Mönch, im ganzen Land errichten ließ. Die Ordinationshalle wurde mehrfach zerstört, heute befindet sich an ihrer Stelle ein Nachbau aus der Mitte des 20. Jahrhunderts.

■ **Mya Tharlyaung Paya**

Im Freien, auf einer weitläufigen Plattform, erwartet ein gigantischer liegen-

Karte S. 181 ▲

der Buddha den Besucher. Ohne Bezugspunkt in der Landschaft fällt es schwer, dessen Dimensionen zu erfassen. Erst wenn jemand davor entlang läuft, wird klar, wie riesig der Buddha – oder wie klein man selbst – ist.

Ein weiterer liegender Buddha befindet sich in der **Sein Tharlyaung Paya** östlich des Palastes.

■ Mahazedi Paya

Unweit des liegenden Buddha befindet sich die gewaltige Mahazedi Paya. König Bayintnaung ließ sie Mitte des 16. Jahrhunderts einer Zahnreliquie zu Ehren errichten, aber vier Jahre später zerstörte das Erdbeben von 1564 weite Teile der Anlage. Nach dem zweiten Erdbeben 1930 wurde sie wieder aufgebaut. Frauen dürfen sich dem Stupa nicht nähern.

■ Kloster Dhamma Lin Khar Ra

Ein Mönch dieser weitläufigen und wunderschönen Klosteranlage hat es sich zur Lebensaufgabe gemacht, aus allen Teilen der Welt **Buddha-Figuren** zu sammeln und sie in der Haupthalle des Klosters auszustellen. Die Halle besteht aus Teakholz, und große Teakholzpfeiler stützen das Dach.

Die vielen Buddha-Figuren entstammen allen Epochen, und man sehr gut die Unterschiede in der Darstellung des Buddha in verschiedenen Ländern erkennen.

■ Shwemawdaw Paya

Die Shwemawdaw Paya ist mit etwa 117 Metern größer als die Shwedagon in Yangon und dominiert das Stadtbild von Bago, in dessen Mitte sie sich befindet. Mehrere Erdbeben zerstörten die Anlage, und in den 1950er Jahren unter Premierminister U Nu, einem ausgesprochenen Buddhisten, erreichte der Stupa seine heutige Höhe, und ist somit der größte des Landes. Nach dem Aufstieg über den westlichen Aufgang findet man sich auf einer riesigen Plattform wieder, die den Stupa umgibt. Der Marmorpfad stammt ebenfalls von U Nu. Erst Anfang der 1990er Jahre wurde der Stupa neu vergoldet.

Yangon und Umgebung

Der liegende Riesenbuddha von Bago

Die Shwemawdaw Paya

Das **alljährliche Fest** um die Shwemaw-daw Paya findet im April statt, und ist, so eines der Mitglieder der Verwaltung der Shwemawdaw, mit über 100 000 Teilnehmern das am meisten besuchte Fest im Süden von Myanmar. Allein aus der Umgebung von Bago kommen die Familien mit täglich etwa 1000 Ochsen-karren angefahren, um an den Festlich-keiten teilzunehmen. Sie schlafen, wo sie einen Platz finden, und bringen für die mehrere Tage dauernden Festlich-keiten rund um das buddhistische Neu-jahr gleich den gesamten Hausrat mit. Verkaufsbuden, Tänze und viele andere Aktivitäten gehören dazu, und im Jahr 2014, so die Legende, wird das 2595. Fest dieser Art stattfinden.

■ Hinthagon Paya

Gleich östlich der Shwemawdaw Paya liegt die Hinthagon Paya, sie steht stell-vertretend für die Entstehungslegende Bagos. Der Hintha-Vogel (lat. *tadorna*

ferruginea) ist eng mit der Legende um Bago verbunden, und in der Halle findet man vor der zentralen der Buddhafigu-ren erneut die Legende um die beiden Hintha-Vögel dargestellt. Hintha-gon be-deutet nichts anderes als Hintha-Hügel, und auf einem solchen befindet sich die gleichnamige Paya.

■ Yan Pyay Man Pyay Paya

Wer sich nicht vor einer sechs Meter langen Python fürchtet, dem sei ein Be-such in der Yan Pyay Man Pyay Paya angeraten. Man glaubt, die Python sei eine Reinkarnation Buddhas, weshalb sie innerhalb von je drei Wochen mit reichlich 50 Hähnchen gut ernährt wird. Über ein paar Stufen gelangt man nach oben und hat einen schönen Rundum-blick über Bago.

■ Kanbawza-Thardi-Palast

Der Besuch des Kanbawza-Thardi-Palas-tes darf auf keinen Fall fehlen. Obwohl das Original natürlich aus Holz bestand, wurden zum Wiederaufbau teilweise Zie-gel und Beton benutzt. Das Fundament wurde von Archäologen erst Anfang der 1990er Jahre identifiziert, und es ist noch nicht lange her, dass weite Teile des Ge-ländes der Armee als Kaserne dienten, ganz wie es weiterhin im Fall des wie-der aufgebauten Palastes in Mandalay ist (→ S. 245).

Es war Bayintnaung, der zweite soge-nannte Reichseiniger, der diesen Palast 1566 trotz der von ihm angeordneten Eroberung Innwas im Norden bauen ließ und sich in diesem ebenso zum König krönen ließ. Er betrachtete Bago als sei-ne Heimat, weswegen es zwischen 1539 und 1599 die Hauptstadt Myanmars war. Der Schlafsaal König Bayintnaungs und die große Audienzhalle wurden kürz-lich wieder aufgebaut. Ein Teil der von den Archäologen ausgegrabenen Fund-

Karte S. 181

stücke befindet sich im angegliederten **Museum**, während vieles aber im Nationalmuseum in Yangon zu besichtigen ist. (→ S. 165).

■ **Kya-Khat-Wine-Kloster**

Es ist sehr taktvoll, sich bei der morgendlichen (10.30 Uhr) Speisung der etwa 1000 Mönche, die in diesem Kloster leben, dezent zurückzuhalten oder es vielleicht lieber doch am Nachmittag zu besichtigen, um dann einer von wenigen zu sein, und sich in Ruhe der klösterlichen Stille hinzugeben.

Das gleich gilt im Fall des Klosters in Amarapura bei Mandalay (→ S. 272)

🛏 **Bago**

Bago Star Hotel, 11–21, Kyaik Pon Paya Road, Tel. +95/(0)52/30066. https://sites.google.com/site/bagostarhotel. Ein einfaches Hotel ohne besonderen Anspruch. Da kaum jemand in Bago übernachtet, sind die Hotels weniger auf die Wünsche von Touristen eingestellt.

🍴

Bago hat als Durchgangsstadt wenig zu bieten abgesehen von den überall üblichen einfachen Lokalen, wo landestypisch gekocht wird. Zahlreiche **Restaurants** und **Imbisse** befinden sich an der Hauptstraße durch den Ort, vor allem im Abschnitt zwischen Bahnlinie und Fluss sowie rund um den Uhrturm.

Hervorzuheben ist das **Hanthawaddy Restaurant**, 129, Hintha Street, Tel. +95/(0)52/201647. Es trägt den alten Namen der Stadt Bago und gehört zu den besseren Lokalen. Auf zwei Etagen wird thailändische und chinesische Küche serviert, von der ersten Etage mit Blick auf den Shwemawdaw-Stupa.

Ein Biryani (Curry-Reis mit Hühnerkeule) erhält man im **Biryani Shop** nahe dem Uhrturm am Flussufer. Wie überall in Myanmar preiswert und schmackhaft.

Yangon und Umgebung

Weiße Elefanten bewachen das Kloster Dhamma Lin Khar Ra

Naypyitaw

Die Hauptstadt Myanmars hat wenig zu bieten und versetzt dennoch den gelegentlichen Besucher in Staunen. Eine im August 2013 erlassene Verordnung, dass die Hauptstadt nun wieder für Touristen gesperrt sein sollte, bestärkte den Mythos um die Stadt. Dahinter dürfte aber die Absicht gesteckt haben, die vielen Reparaturarbeiten an Straßen und Gehwegen möglichst unbeobachtet durchführen zu können, bevor im Dezember 2013 die Südostasienspiele stattfanden, zu deren Zweck auch zwei neue Stadien gebaut wurden.

Wenn nicht gerade das asiatische Weltwirtschaftsforum wie im Juni 2013 stattfindet und die Zimmerpreise auf 1000 Dollar steigen, herrscht gähnende Leere auf den Straßen, nur unterbrochen von wenigen Fahrzeugen, die sich etwa von der Hotelzone zur Ministeriumszone bewegen. Die Stadt in offizielle Zonen einzuteilen, entspricht klar dem Denken des Militärs, die wohl an einen schmucklosen Kasernenhof dachten, als etwa um das Jahr 2000 die ersten Bauarbeiten begonnen haben.

Man munkelt, dass die Stadt auch deshalb am Rand des Shan-Gebirges gebaut worden ist, um sich im Falle eines Angriffs in ein unterirdisches Höhlensystem zurückziehen zu können – oder schnell mit dem Flugzeug nach China zu flüchten.

Die Zufahrtsstraße zum Verteidigungsministerium ist etwa 20 Spuren breit, und das Überqueren zu Fuß dauert ein Weilchen. Am Ende dieser Straße befindet sich der – nicht öffentlich zugängliche – Paradeplatz mit den gigantischen Statuen der drei Gründerkönige, die man aber auch aus der Ferne gut erkennen kann (→ S. 70, 98).

Derzeit entsteht eine zweite Hotelzone, da das westliche Vorhaben, in Myanmar Geschäfte zu tätigen, stets Besuche bei Ministerien voraussetzt, die nun alle in Naypyitaw ihren Sitz haben. Zwar existiert auch eine Zone, die mit mehreren Hektar den Botschaften anderer Staaten vorbehalten ist, aber bislang befindet sich einzig die Botschaft von Nordkorea dort. Alle anderen bleiben vorerst in Yangon. Um die Dimensionen des Stadtgebiets

Das Unionsparlament in Naypyitaw

zu verdeutlichen: Vom südöstlich gelegenen Hauptbahnhof zur Hotelzone 1
dauert es mit dem Taxi etwa 25 Minuten bei 80 Stundenkilometern auf lee-
ren Straßen. Flächenmäßig entspricht die
Stadt dem fünffachen der Größe Berlins.
Aufgrund der Entfernungen ist man vor
Ort auf ein Auto mit Fahrer angewiesen, was etwa 60 000 Kyat pro Tag kostet und vom Hotel organisiert werden
kann. Ein Motorradtaxi empfiehlt sich
nur für kurze Entfernungen, etwa vom
Hotel zur Shopping Mall. Bei allen Wegen von A nach B wird man feststellen,
dass die Strecke zwischen den Punkten
durchs buchstäbliche Nichts führt, was
schon allein den 30-minütigen Fußweg
von der Hotelzone zur Shopping Mall
sehr langweilig macht.

Eine schöne Möglichkeit, Naypyitaw zu
erreichen, ist die Bahnfahrt ab Yangon.
Es ist sehr anachronistisch, sich gemächlich in alten Waggons der Upper Class
der nagelneuen Hauptstadt aus Glas,
Stahl und Beton zu nähern. Wenngleich
die Stadt zu recht als Retortenstadt bezeichnet werden darf, muss man aber
berücksichtigen, dass sie vielleicht in 20
oder 30 Jahren eine lebenswerte Stadt
sein kann.

Sehenswürdigkeiten

Das **Unionsparlament Pyidaungsu Hluttaw** darf zwar nicht betreten werden, offenbart seine gewaltigen Dimensionen
aber auch am besten aus der Ferne. Der
Weg dorthin führt vorbei an verschiedenen Ministerien, die links und rechts
der Straße auf grünen Hügeln errichtet
wurden. Die Zufahrtstraße hinter der
Absperrung ist gigantisch.

Der **National Landmark Garden** (Eintritt
10 000 Kyat, inkl. Erfrischungstuch) ist
Myanmar im Miniaturformat: Alle Unionsstaaten sind hier modellhaft vertreten. Es geht mit dem Golfcar von der

*Einer der beiden Aussichtstürme im
National Landmark Garden*

Miniatur der Shwedagon in Yangon nach
Mandalay, vom Mandalay Hill in den
Shan-Staat, und man quert sogar den
Chindwin.

Für die einen ist es nur ein nüchterner
Garten, für den Kenner hingegen offenbart sich hier, was auch schon in Indonesien getan wurde. Dieses riesige Insel-
reich lässt sich nur durch Verkleinerung
oder Abstraktion erfassen, so dass Gar-
tenanlagen dieser Größe in Hauptstäd-
ten nicht nur der Erholung dienen, sondern gleichzeitig ein mahnendes Symbol
der Einheit der Union sind. Die beiden
Aussichtstürme sind hier zwar aus Stahl
und Beton, aber dennoch ein bekanntes
Element, das man auch am Palast von
Mandalay oder in Bagan findet.

Das Restaurant bietet einen herrlichen
Rundumblick über die Anlage, und in

Die Uppasasanti Paya

der Ferne kann man das **Museum der Streitkräfte** erkennen, das Ende 2013 eröffnet wurde, nachdem es aus Yangon nach Naypyitaw geholt wurde. Ein Besuch dürfte sich lohnen, allein die ausgemusterten Jagdflieger sind vielversprechend. Erstmalig wird nun auch General Ne Win als ehemaliger Chef der Streitkräfte seinen Platz im Museum finden – eine späte Ehre für eine konfliktbeladene Persönlichkeit.

Unweit befindet sich eines der beiden **Stadien** in denen die Südostasienspiele im Dezember 2013 ausgetragen werden. Nach vielen Jahrzehnten ist Myanmar wieder Gastgeber und entsprechend groß sind die neuerbauten Sportanlagen. Eine **Nachbildung des Mahabodi-Tempels** in Indien wurde kürzlich vollendet. Dieses Sinnbild macht abermals deutlich, wie sehr der Staat den Buddhismus fördert – oder gar bevorzugt: anderen Glaubensrichtungen wurde kein Denkmal

gesetzt. Einige Fahrer wissen von einer Stelle unweit des Tempels, an der das Auto wie von Geisterhand ein kleines Stück bergauf rollt – ein beliebter Spaß auch bei den Bewohnern Naypyitaws.

In der **Hotelzone** befinden sich die zwei riesigen **Shopping Malls** Capital und Junction, die im Gegensatz zu denen in Yangon von besserer baulicher Qualität zu sein scheinen.

Der **Fountain Park** ist tatsächlich eine schöne Anlage mit allerlei Springbrunnen und Wasserspielen. Hier ist vor allem die Jungen unterwegs, um etwas Abwechslung von der Shopping Mall zu haben. Abends verwandelt sich der Park in ein Freiluftkino.

In der Nähe des Fountain Park liegt auch das aus Yangon hierher transferierte und durchaus sehenswerte **Edelsteinmuseum** (Mo geschl. Eintritt 5000 Kyat).

Nur wenig kleiner als die Shwedagon in Yangon ist die **Uppasasanti Paya** – und es wird kein Eintritt verlangt. Der Stupa ist in seinem Inneren begehbar. Dort findet man allerlei Darstellungen aus dem Leben des Buddha.

Am Fuße der Anlage befindet sich ein weiteres Element königlicher Macht – Naypyitaw lässt sich mit ›königliche Residenz‹ übersetzen: **Fünf weiße Elefanten**, die eher braun sind, wurden vor einigen Jahren im Rakhine-Staat gefangen und sofort zur Staatsangelegenheit erklärt. Im Rahmen der Feierlichkeiten zum 50-jährigen Bestehen der diplomatischen Beziehungen zwischen Myanmar und Thailand 2014 wurde überlegt, die fünf Elefanten an Thailand auszuborgen – ein Plan, der wegen ›logistischer Probleme‹ wieder verworfen wurde. Möglicherweise erinnerte man sich an diverse frühere Kriege zwischen den Nachbarstaaten, in denen es um auch um weiße Elefanten und um königliche Besitzansprüche ging.

🚆🚌✈ Naypyitaw

Aus Yangon fahren viele Busse zu allen Tageszeiten, ebenso gibt es ein reichliches Flugangebot, jetzt auch direkt aus Bangkok. Empfohlen sei die Anreise per Bahn als Zwischenstop auf dem Weg nach Mandalay. Der Zug verlässt Yangon morgens 6 Uhr und erreicht Naypyitaw gegen 16 Uhr. Ein Ticket in der Upper Class (besser als First Class) kostet 18 Dollar. Der Bahnhof und der Flughafen liegen weit außerhalb im Südosten.

Von Naypyitaw kann man Mandalay bequem mit Bus oder Bahn erreichen. Andere Busziele wird man am Busbahnhof am Myoma-Markt mit Leichtigkeit in Erfahrung bringen. Hinweis: Bei Bussen nach Mandalay fragen, ob dieser sofort den Highway ansteuert oder zuerst durch alle möglichen Dörfer fährt, um weitere Passagiere einzuladen. In diesem Fall dauert die Fahrt ab etwa 19 Uhr bis etwa 2.30 morgens. Wer alleine sitzen will, kauft zwei Plätze und hat so seine Ruhe.

Wer es in Naypyitaw nicht aushält, kann im östlich gelegenen Pyinmana übernachten, das wieder ganz typisch Myanmar ist. In der Hotelzone jedoch ist das **Royal Kumudra Hotel** der bekannten Max-Gruppe eine günstige und gute Wahl: Hotel Zone, Hotel No.10, Tel. +95/(0)67/4207605, 414177, Fax 414193, sales@maxhotels-group.com, www.maxhotelsmyanmar.com, www.maxhotelsgroup.com. Ausgezeichnetes Frühstück, schöne Bungalows in einer Gartenanlage. Ab 50 Dollar, wenn gerade kein hochrangiger Besuch da ist. **Hotel Amara**, Yarza Thingaha Road, Hotel Zone (1), Naypyitaw, Tel. +95/(0)67/42220113, Fax 414514, www.thehotel amara.com. 131 Zimmer und Bungalows in einem schönen Garten. Ab 150 Dollar. Wer nicht bis 21 Uhr in den **Shopping Malls** gegessen hat, kann das in einem der Hotels erstaunlich günstig tun. Im **Myoma-Markt** gibt es Restaurants sowie einen Nachtmarkt auf der Straße.

Yangon und Umgebung

Weißer Elefant am Fuß der Uppatasanti Paya

Kühle Bergluft, grüne Wälder, Höhlen und ein großer See.
Der Shan-Staat war schon bei den Briten beliebt, um der Hitze
und dem Staub der Zentralebene zu entkommen. Deren
frühere Residenzen sind heute wunderbare Hotels.
Einen schöneren Kontrast kann man sich in Myanmar kaum
vorstellen.

DER SHAN-STAAT

Mönche auf dem Inle-See

Der Shan-Unionsstaat

Dieser Teil im Osten von Myanmar ist einer wichtigsten Gliedstaaten der Union. Erst im April 2005 hat der Sohn des früheren Shan-Fürsten von Nyaungshwe und des ersten Präsidenten des unabhängigen Myanmar, Prinz Surkhanpha (Sao Hkam Hpa), aus dem kanadischen Exil den Shan-Staat für unabhängig erklärt, wobei er glaubte, die Unterstützung der Bewohner des Shan-Staates zu genießen. Die Regierung, die NLD und der Bruder des Prinzen in Brüssel sowie einige Minderheitenführer erklärten diesen Vorstoß sofort als nichtig. Niemand wollte zu alten Forderungen zurückkehren. Heute ist einer der beiden Vizepräsidenten unter Präsident Thein Sein ein Shan, was die Bedeutung dieses Landesteils für die Union unterstreicht, aber auch der Größe des Unionsstaates gerecht wird – schon der erste Präsident des unabhängigen Myanmar war ein Shan.

Die drohende Abspaltung von der Union wenige Jahre nach der Unabhängigkeit rief das Militär auf den Plan. General Ne Win entmachtete 1962 die einstmals mächtigen Shan-Fürsten, deren Fürstentümer schon früheren Königreichen des Kernlandes tributpflichtig gewesen waren, und stellte das Volk unter die Gewalt der Zentralregierung. Die Idee eines eigenen Staates hingegen, zumindest aber weitreichende Autonomie, wurde den Shan-Fürsten erst zur Zeit der kolonialen Besatzung versüßt, als man diese Frontier Area weitestgehend sich selbst überließ, und ethnische Kategorien benutzte, um die Völker Myanmars zur klassifizieren, was einen ›Ihr-Wir-Gegensatz‹ erzeugte. War die Unabhängigkeitserklärung des Jahres 2005 der letzte Versuch, die frühere Vorherrschaft der Fürsten im Shan-Staat wiederherzustellen?

Vor wenigen Jahren erst ließ die Zentralregierung in Lashio, im nördlichen Shan-Staat, einen großen goldenen Stupa errichten. Sein Name: Yan Taing Aung – immer siegreich. Unter anderem ist der

▲ *In der Shwe Yan Pye Paya in Nyaungshwe*

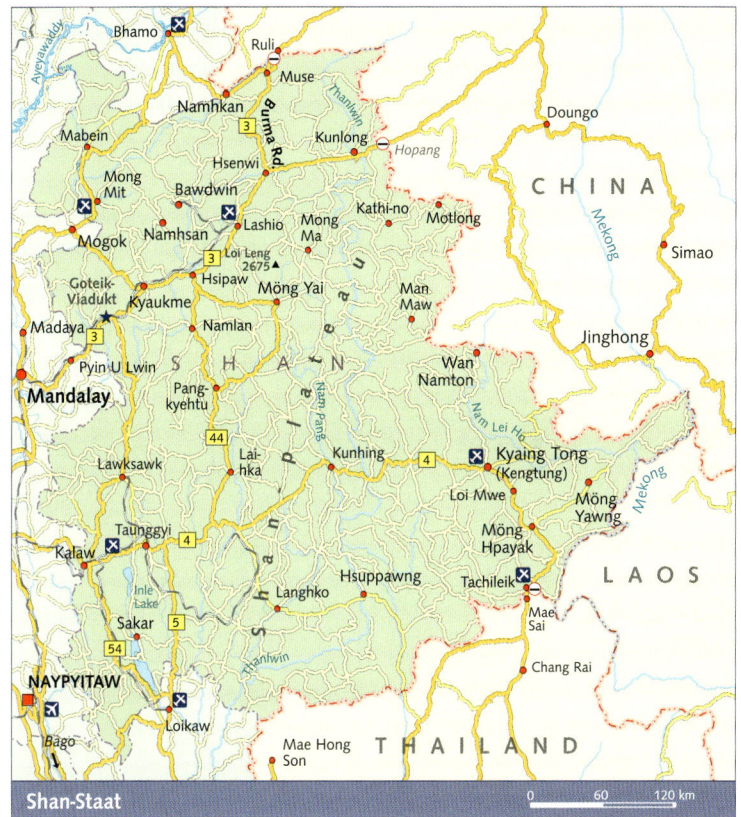

Shan-Staat

Der Shan-Staat

Buddhismus auch hier das einigende Band, das die Shan und die Bamar doch nicht so verschieden sein lässt.

Schon vom Mandalay Hill (→ S. 247) aus kann man die Ausläufer des Shan-Plateaus im Osten erkennen, das im Mittel eine Höhe von etwa 1000 Metern erreicht, dessen höchster Berg aber gut 2600 Meter hoch ist. Die Shan sind nicht die einzigen, die hier siedeln. Im Nordwesten leben die Palaung, im Norden leben einige Kachin, die Pa-O leben in der Umgebung des Inle-Sees. Viele dieser Völker kann man in ihren weitab jeglicher (westlicher) Zivilisation gelegenen Dörfern besuchen.

Insgesamt bietet der Shan-Staat durch seine Gebirge und Naturlandschaft eine wunderbare Abwechslung zur staubigen Ebene des Kernlandes. Flüsse, Seen und Wälder gehören genau so dazu wie zahlreiche kleine Dörfer, in die auch heute noch nur einige Trekkingtouristen kommen. Bahnfahrten auf kleinen Abschnitten bieten sich hier besonders an, da sie Abwechslungen versprechen im Vergleich zur fast monotonen Landschaft der Tiefebene. Die gemeinsame Grenze zu Thailand könnte in naher Zukunft durchlässiger werden, um auch die Einreise über Land mit einem ASEAN-Visum zu ermöglichen.

Reisehinweise

Grundsätzlich gilt im Hochland des Shan-Staats, dass es abends, nachts und morgens empfindlich kalt ist, teilweise mit Temperaturen um den Gefrierpunkt. Insbesondere bei einer morgendlichen Bootsfahrt auf dem Inle-See sollte man den sehr kalten Fahrtwind berücksichtigen. Einige Teile des Shan-Staates sind für Touristen noch nicht zugänglich. Eventuell geplante Grenzübertritte zur Einreise von oder endgültigen Ausreise nach Thailand unterliegen gesonderten Bestimmungen. Von China über Muse nach Myanmar ein- und weiterzureisen ist mit einer Genehmigung möglich. Gruppenreisen haben den Inle-See sowie dessen Umgebung als Teil einer Rundreise durch Myanmar im Programm, während der nördliche Shan-Staat selten im Programm eines Reiseveranstalters zu finden ist. Eine Reise in den Norden ist noch spannender, wenn man sich auf der vor über 100 Jahren fertiggestellten Eisenbahnstrecke von Pyin U Lwin bis hoch nach Lashio begibt.

Rund um den Inle-See

Der Inle-See ist zweifellos eine der Hauptattraktionen, die man auf einer Rundreise durch das Land genießen kann. Schwimmende Gärten, auf denen die Intha, die Söhne des Sees, Gemüse anpflanzen, wurden über Jahre kultiviert. In der Umgebung des Inle-Sees befinden sich weitere sehenswerte Ort. Die Stadt Pindaya wurde durch eine großläufige Höhle berühmt, in welcher abertausende Buddhafiguren stehen. Eine Bahnfahrt durch die ›Schweiz Myanmars‹ rundet das Erlebnis ab.

Anreise

Da der Inle-See zu den wichtigsten Zielgebieten in Myanmar zählt, ist das Angebot an Bus- und Flugverbindungen mehr als reichlich. Flugzeuge landen in dem Städtchen Heho, von wo aus man per Taxi ab 30 000 Kyat weiterreisen kann. Wer andere Reisende rechtzeitig anspricht, kann die Kosten teilen. Am Flughafen Heho gibt es eine Passkontrollstelle, aber in der Praxis wird die Kontrolle selten durchgeführt. Von Heho reist man entweder nach Nyaungshwe, Pindaya oder Kalaw. In Nyaungshwe findet man unweit der Bootsanlegestelle etliche Büros verschiedener Busgesellschaften. Bei Hotelbuchungen in der Region sollte man, falls möglich, den Transfer vom und zum Flughafen anfordern.

Reisen zum Inle-See und in dessen Umgebung sind Bestandteil einer jeden Rundreise, die von einem Veranstalter organisert wurde. In solchen Fällen geht es per Flugzeug zum Flughafen Heho, wo bereits der Bus wartet, um die Gruppe an den See zu bringen, wo dann meistens auf dem See übernachtet wird. Dieser Reiseabschnitt dauert oft zwei bis drei Tage, bevor es zur nächsten Reiseetappe geht.

Wer sich in Yangon entschließt, selbst zum Inle-See zu fahren, wendet sich dort am besten an eines der Reisebüros und bezahlt einen Komplettpreis, der An- und Abreise (Flug) sowie Transfers und Übernachtungen (eine bis zwei Übernachtungen auf dem See, eine in Nyaungshwe und vielleicht eine in Kalaw oder Pindaya) mit einschließt. Pro Person sollte man ab/bis Yangon etwa 600 US-Dollar rechnen, vor allem da die Hotels auf dem See ausgesprochene Luxusresorts sind und darüber hinaus erhöhte Betriebskosten haben.

Karte S. 195

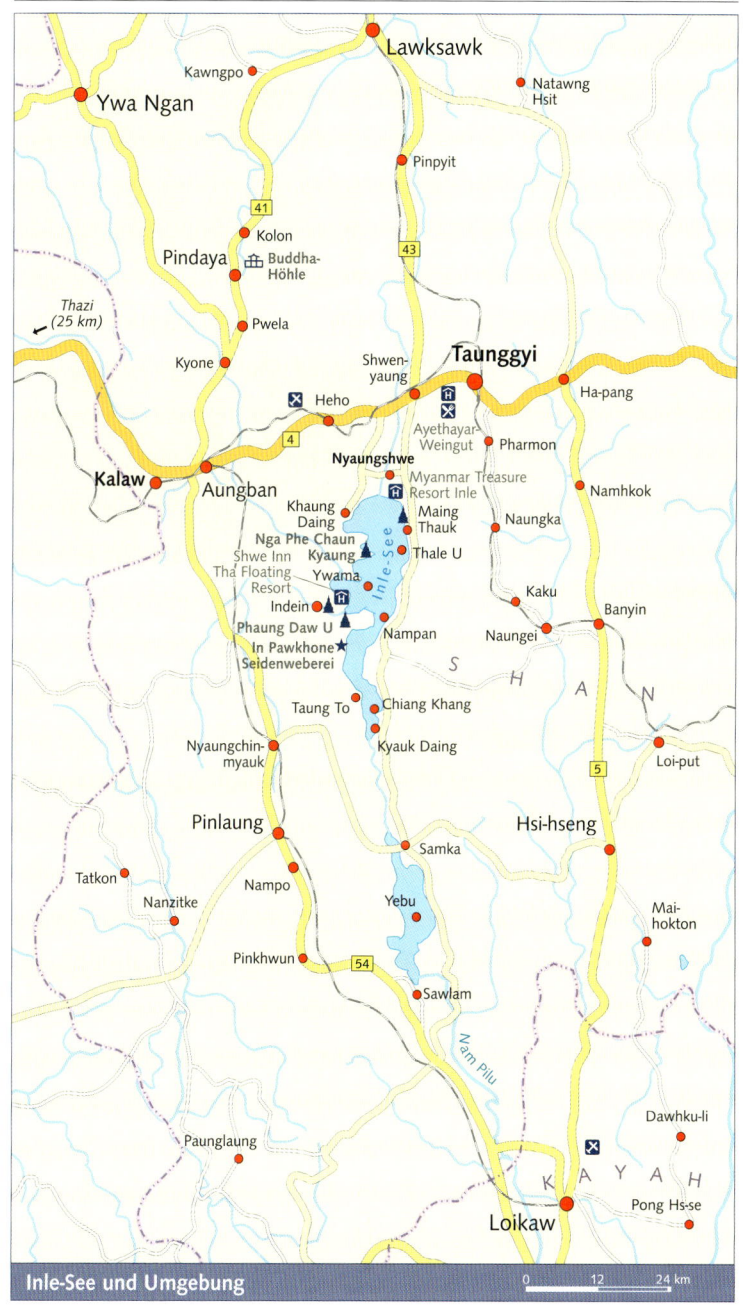

Lawksawk

Kawngpo

Natawng
Hsit

Ywa Ngan

Pinpyit

41

Kolon

Pindaya

Buddha-
Höhle

43

_Thazi
(25 km)_

Pwela

Kyone

Shwen-
yaung

Taunggyi

Ha-pang

Heho

4

Ayethayar-
Weingut

Pharmon

Kalaw

Aungban

Nyaungshwe

Myanmar Treasure
Resort Inle

Namhkok

Khaung
Daing

Maing
Thauk

Naungka

Nga Phe Chaun
Kyaung

Thale U

Shwe Inn
Tha Floating
Resort

Ywama

Kaku

Indein

Phaung Daw U
In Pawkhone ★
Seidenweberei

Nampan

Naungei

Banyin

S   H   A   N

Taung To

Chiang Khang

Kyauk Daing

Nyaungchin-
myauk

5

Loi-put

Pinlaung

Hsi-hseng

Samka

Tatkon

Nampo

Yebu

Mai-
hokton

Nanzitke

Pinkhwun

54

Sawlam

Nam Pilu

Paunglaung

Dawhku-li

K   A   Y   A   H

Pong Hs-se

Loikaw

0   12   24 km

Kalaw

Aus der Tiefebene kommend, ist Kalaw auf gut 1300 Metern Höhe das Tor zum südlichen Shan-Staat. Kalaw liegt auf halber Strecke Taunggyi und Thazi, der Flughafen Heho liegt weiter östlich. Neben Pyin U Lwin weiter im Norden war diese Stadt eine beliebte *Hill Station* der Engländer, die der Hitze der Zentralebene entfliehen wollten. Deswegen findet man hier auch alte englische Kolonialresidenzen mit angeschlossenem Garten sowie Tennisplatz.

Die Bevölkerung setzt sich zusammen aus Shan, Bamar und Gurkhas (deren Vorfahren einst im Dienst des britisch-indischen Militärs standen). Wer etwas Zeit mitbringt, kann hier gut und gerne eine Nacht verbringen. Von Kalaw aus starten viele Trekkingtouren in die Umgebung unter Anleitung eines erfahrenen Führers. Die Krönung ist der zweitägige Marsch zum Inle-See, wobei unterwegs bei Ein-

Das Amara Resort in Kalaw war eine frühere britische Residenz und ist nun in deutscher Hand

Thazi (60 km)

Thirigayha

National Highway 4

Theindaung-Kloster

Sunshine Travel

Heho, Airport, Inle-See (40 km)

Eastern Paradise
Golden Kalaw Inn

Thirimingalar Rd.

Zattla Rd.

Kone The Rd.

Station Rd.

Dream Villa

Heho, Shwenyaung

anglikanische Kirche

Amara Resort

Kalaw Hotel

Thazi

0   200   400 m

Kalaw

heimischen übernachtet wird. Das Gepäck wird im Auto transportiert. Leider wurden weite Teile des Baumbestandes entlang der Strecke abgeholzt.

Eine der Hauptattraktionen Kalaws ist der regelmäßig stattfindende **Markt**, zu dem sich die verschiedenen Bergstämme aus der Umgebung, unter ihnen die Palaung, einfinden. Der Markt findet in einem ständigen fünf-Tage-Zyklus rund um den Inle-See statt. Dort tauschen die Völker der Umgebung ihre Produkte gegen Dinge ein, die es in ihren abgelegenen Orten nicht gibt.

Abgesehen von einigen Tempeln, die man besichtigen kann, lohnt sich der Besuch des **Theindaung-Klosters**, das auf dem gleichnamigen Hügel in der Nähe des Marktes einen schönen Ausblick auf Kalaw bietet. Der Reiz der Stadt liegt in einem Spaziergang entlang der alten Kolonialvillen.

Im Süden der Stadt befindet sich ein schönes Beispiel einer englischen Sommerfrische. Das alte **Kalaw Hotel** stammt aus dem Jahr 1906 und obwohl es etwas abgewohnt ist, lohnt es sich doch, auf einen Kaffee dort einzukehren.

 Kalaw

Kalaw ist die erste Station für Reisende, die mit dem Bus/Auto aus der Zentralebene in den südlichen Shan-Staat kommen und zum Inle-See wollen. Reisegruppen im Bus machen hier üblicherweise einen Halt oder bleiben gleich eine Nacht in einem der Hotels, bevor es weiter nach Nyaungshwe am Ufer es Inle-Sees geht. Unterwegs zum See wird häufig noch ein Abstecher nach Pindaya gemacht. Wer mit dem Flieger in Heho landet hat neuerdings auch die Wahl, ab dem Flughafen und mit gesondertem Gepäcktransport per Mountainbike die Umgebung des Inle-Sees und somit auch Kalaw zu erfahren. Der Veranstalter Khiri Travel Myanmar (http://khiri.com) hat solche Angebote im Programm. Busverbindungen gibt es in der Regel früh morgens zwischen 6 und 8 Uhr: nach Bagan (8 Std.), nach **Mandalay** (8 Std.), **Taunggyi** (3 Std.).

Nach **Yangon** bzw. von Yangon kommt man per Bus in 12 Stunden, dann zumeist aber nur über Nacht.

Nach **Nyaungshwe** gibt es keine direkten Verbindungen, man kann bis Taunggyi fahren, von dort gibt es Pick-ups.

Die Busse fahren im Stadtzentrum vor der Reiseagentur **Sunshine Travel** ab, wo auch die Tickets verkauft werden.

Nach **Pindaya** (→ S. 198) nimmt man am besten ein Taxi.

Von Kalaw gibt es Zugverbindungen über **Thazi** nach **Yangon** sowie über **Heho** nach **Shwenyaung** (Inle-See). Die Fahrt von/nach Thazi ist besonders spektakulär, die ebenfalls reizvolle Fahrt zwischen Kalaw und Shwenyaung bietet sich für Reisende zum Inle-See an (→ S. 206). Die Züge Richtung Thazi verlassen Kalaw am Nachmittag (ca. 7 Std.), Richtung Shwenyaung gegen Mittag (4 Std.). Genaue Fahrplaninformationen und viele Tipps zum Bahnfahren in Myanmar gibt es unter: www.seat61.com/Burma. Siehe auch → S. 365 in diesem Buch.

Im Stadtzentrum befinden sich eine Reihe von günstigen Unterkünften. Heißes Wasser ist abends, wenn es kühl wird, eine Wohltat, aber nicht immer verfügbar. Die Zimmerpreise im Stadtzentrum liegen zwischen 20 bis 40 Dollar. Eventuell sollte man abseits der Hauptstraße wohnen, da der morgendliche Verkehrslärm ab etwa 5 Uhr einsetzen kann. Anders als in Nyaungshwe bekommt man hier zumeist auch ohne Reservierung ein Zimmer.

Am günstigsten wohnt man im **Golden Kalaw Inn**. Einfache, saubere Zimmer und freundliches Personal wie fast überall in Myanmar. 64, Mingalar Street, Tel. +95/(0)81/50311.

Das **Eastern Paradise Hotel** hat gepflegte, große Zimmer und eine schöne Dachterrasse. Von dort lassen sich Trekkingtouren in die Umgebung sehr schnell organisieren. 15, Thirimingalar Road, Tel. +95/ (0)81/50315.

Die **Dream Villa** empfiehlt sich als Mittelklassehotel Kalaws mit schönen Zimmern mit gutem Ausblick. Ansprechendes Frühstück. Zatila Street, Tel. +95/ (0)81/50144, dreamvilla@gmail.com.

Im Süden der Stadt liegen die luxuriösen Hotels, unter ihnen das ehemals in deutscher Hand befindliche **Amara Resort**, das in einem großzügigen Garten liegt. Die einzelnen Gebäude sind originale Fachwerkhäuser, die Zimmer wurden luxuriös ausgestattet. 182, Thida Road, Tel. +95/ (0)81/50470, amara@myanmar.com.mm.

Das **Golden Wing Restaurant** bietet chinesische Gerichte und befindet sich der Nachbarschaft weiterer Restaurants ähnlicher Qualität, hat aber am längsten geöffnet. Zeigyo Road, Ecke Merchant Road.

Der **Fünf-Tage-Markt** findet reihum in folgenden Gemeinden der Umgebung statt: 1. Tag: Heho; 2. Tag: Taunggyi, Aungban, Schwimmender Markt von Ywa-ma auf dem See; 3. Tag: Phaung Daw U auf dem See; 4. Tag: Shwenyaung, Kalaw; 5. Tag: Nyaungshwe, Pindaya. Danach beginnt der Zyklus wieder von vorne, so dass man erst vor Ort in Erfahrung bringen kann, an welchem Wochentag der Markt jeweils stattfindet.

Trekkingtouren kann man über die Hotels organisieren.

Pindaya

Kurz vor Pindaya führt die Straße durch eine Allee mit riesigen Ficus-Bäumen, die ein Abt im 19. Jahrhundert dort pflanzte. An den Hügeln wachsen in der Umgebung wilde Kirschbäume, und schon aus der Ferne kann man die am Berghang befestigten, langgezogenen Aufgänge zur Pindaya-Höhle erblicken. Diese Höhle, die mit tausenden und abertausenden kleinen und größeren Buddha-Statuen bestückt ist, hat den kleinen Ort berühmt gemacht.

Höhlen haben im Buddhismus eine besondere Bedeutung, tragen doch zum Beispiel einige der Tempel von Bagan das Wort ›Höhle‹ (gu) als Bestandteil im Namen (Shwegugyi-Tempel oder Gubyaukgyi-Tempel).

Da die Verbindung von Geisterglaube und Buddhismus in Myanmar bereits angesprochen wurde, findet sich auch hier ein weiterer Anknüpfungspunkt.

Wenn auch eher nicht im Voraus planbar, so kann man das seltene Glück haben, eine Zeremonie zur Geisteraustreibung besuchen zu können – natürlich in einer Höhle. Dieses eher bizarre Ritual zielt augenscheinlich auf schlichtweg verwirrte Personen ab, von denen man aber in Myanmar glaubt, sie seien von einem Geist besessen. Wie bereits erklärt, glaubt man an die Existenz von persönlichen Nats, die die Persönlichkeit eines Menschen beeinflussen können. Wenn nun ein Mensch etwas ›schräg drauf‹ ist, glaubt man, diese Nat seien erzürnt, was nach einer entsprechenden Zeremonie verlangt. Während also in unseren westlichen Augen psychische Probleme als Erklärung für sonderbares Verhalten dienen, so sieht man in Myanmar böse Kräfte, die für sonderbares Verhalten verantwortlich sind.

Die Höhle von Pindaya hingegen ist ausschließlich dem Buddhismus gewidmet,

Karte S. 199 ▲

und sie begrüßt ihre vielen Besucher mit einer gigantischen Spinne am Eingang, die natürlich eng mit der Legende um die Entstehung dieser Höhle verbunden ist: Sieben Prinzessinnen waren unterwegs im Shan-Land, als ein schweres Unwetter hereinbrach. Glücklicherweise fanden sie die Höhle von Pindaya und beschlossen, dort zu übernachten, bis sich das Unwetter am nächsten Morgen verzogen hätte. Dem war auch so, aber über Nacht hatte eine riesige Spinne den Eingang zur Höhle mit einem Netz verschlossen, wobei die Spinne ihre ›Beute‹ bewachte. In ihrer Angst riefen die Prinzessinnen dem zufällig vorbei reitenden Prinzen zu und baten ihn um Hilfe. Mit einem Pfeil aus seinem Bogen tötete der Prinz diese riesige Spinne, während er – so will es die

Legende – dabei laut ›Pindaya‹ rief. Es heißt, dass Pindaya soviel heißt wie ›Hab ich dich endlich, du Spinne‹. Natürlich nahm der ledige Prinz die jüngste und schönste Prinzessin zur Frau und sie ritten weg. Sie kamen aber nicht weit, denn unter einem Baum angekommen ließ eine Bilu – ein Menschenfresser – sein Netz auf die beiden fallen. Die Waffen des Prinzen befanden sich gerade nicht in Reichweite, als eine Schlange den beiden zu Hilfe eilte und dem Prinzen dessen Schwert reichte. Der Prinz kämpfte gegen den Bilu, und beide fielen im Eifer des Gefechts in den Fluss, während die Prinzessin am Flussufer nebenher lief, die beiden aber sehr bald verlor. Sie traf dann auf einen vermeintlichen Zauberer am Flussufer, der seine Hilfe anbot. Die

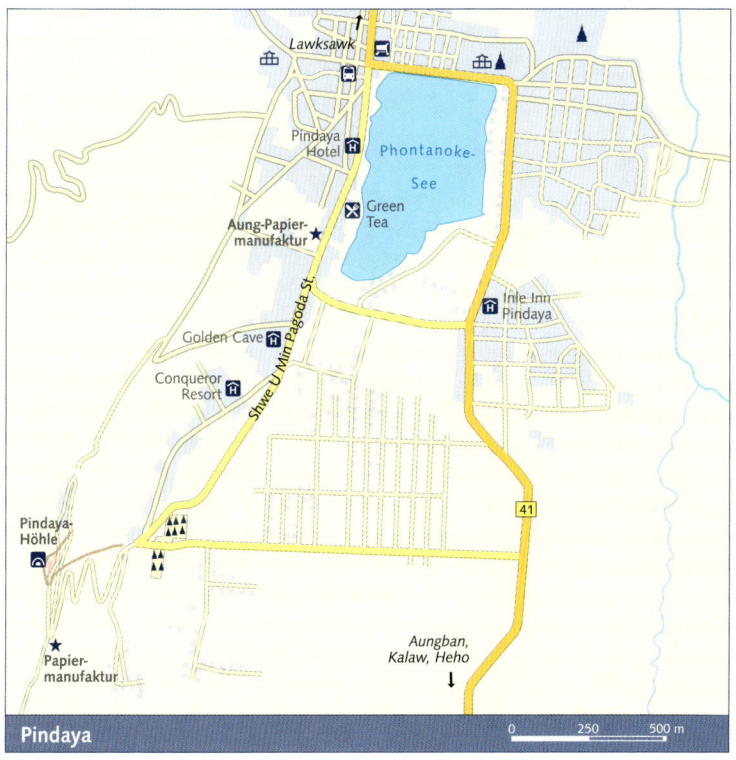

Pindaya

Der Shan-Staat

Viele Buddhisten pilgern täglich zur Höhle

Prinzessin aber erkannte den Bilu und stieß ihn in die Fluten. Schließlich fand die Prinzessin ihren Prinzen bewusstlos am Ufer liegen – er hatte mittlerweile seinen Gegner besiegt – sie küssten sich, und wenn sie nicht gestorben sind …
Natürlich ergibt die Geschichte erst einen Sinn, wenn man die Charaktere erklärt. Die Spinne, die die Höhle verschlossen hatte, war zuvor ein Adler. Dieser Adler hatte also in seinem früheren Leben mit einer Schlange gekämpft. Der Prinz, bevor er die Prinzessinnen traf, mischte sich in diesen Kampf ein und stand der Schlange bei. Beide besiegten den Adler, der als Spinne wieder geboren wurde. Diese Schlange nahm die Prinzessinnen gefangen, um des Prinzens habhaft zu werden! Dem Prinzen gelang es aber, die Spinne (zuvor Adler) am Eingang der Höhle zu besiegen. Als der Prinz davonritt, trafen sie auf den Bilu auf dem Baum, der nichts weiter war als die wiedergeborene Spinne (Adler-Spinne-Bilu). Die Schlange, die zuvor vom Prinzen unterstützt worden war, befand sich also glücklicherweise in der Nähe und reichte dem Prinzen sein Schwert. Als der Prinz und der Bilu in den Fluss stürzten, konnte die Prinzessin nicht wissen, dass der Prinz den Bilu getötet hatte, welcher dann erneut geboren wurde und der Prinzessin als Zauberer am Ufer erschien.

■ Besuch der Pindaya-Höhle
Die Pindaya-Höhle ist in Myanmar als Shwe U Min bekannt und sie ist ein wichtiger Wallfahrtsort für Buddhisten von nah und fern. Dementsprechend ist der Aufgang – wahlweise per Treppe über Hunderte von Stufen oder auch Lift (barfuß natürlich) – prächtig gestaltet. In ihrem Inneren befinden sich nach der letzten Zählung über 8000 Buddha-Statuen. Die Höhle ist zwar recht weitläufig, sie dürfte aber dennoch nichts

für Menschen mit Platzangst sein. Wer seinem Entdeckerdrang folgen will, wird sich hin und wieder auf Händen und Füßen fortbewegen müssen, während man aber im hinteren Teil der Höhle eine Treppe erklimmen kann, um von dort einen guten Überblick zu haben. Wann und wer damit begonnen hat, diese Höhle zu bestücken, ist nicht geklärt. Man nimmt an, dass die ersten Figuren aus Gips, Holz, Stein und Zement im Laufe des 18. Jahrhunderts hier ihren Platz fanden. Man ist sich aber einig, dass die Höhle bereits zuvor für bestimmte Rituale benutzt wurde.

■ Papiermanufaktur
Nach dem Besuch der Höhle bietet sich auf dem Rückweg der Besuch der Papiermanufaktur an. Mehrere Familienbetriebe haben dieses traditionelle Handwerk erhalten und bieten interessierten Besuchern einen Einblick in den Herstellungsprozess an. Aus einer schlammigen Masse entstehen am Ende prächtige Schirme aus Papier, deren Funktion der Schutz vor der Sonne ist.

■ Wanderungen
Pindaya ist ein sehr guter Ausgangspunkt für Wanderungen in der hügeligen Umgebung. Ausflüge zwischen einem bis zu drei Tagen sind vor Ort durch die Hotels organisierbar. Man kommt vorbei an Teeplantagen und idyllischen Bergdörfern der Danu und Palaung, deren Siedlungsgebiet sich teils nur über einige wenige Dörfer erstreckt. Die Übernachtung erfolgt entweder in den Dörfern oder man schläft auch in einem Kloster entlang der Strecke. Ein Führer sollte ausreichend Nahrungsmittel dabei haben. Man muss mit etwa 10 Dollar pro Person und Tag rechnen. Schweres Gepäck kann Trägern gegen ein weiteres Entgelt überlassen werden.

Der Shan-Staat

Über 8000 Figuren sollen es sein

 Pindaya

Zwischen Pindaya und Shwenyaung fahren Pick-ups für wenig Kyat, von Shwenyaung geht es schnell und günstig nach Nyaungshwe.

Eine Fahrt dem Taxi ab Nyaungshwe oder Heho nach Pindaya kostet zwischen 30 000 und 40 000 Kyat.

🛏

Das **Inle Inn Pindaya Hotel** ist eine wunderschöne Bungalow-Anlage entlang einer Straße mit gigantischen Bäumen. Die Betten sind mit Heizdecken ausgestattet, was in einer frischen Nacht eine wahre Wohltat ist, Tel. +95/(0)81/662280.

Am Ufer des Sees gelegen, ist das **Green Tea Restaurant** die beste und auch preiswerte Wahl. Das halboffene Teakholz-Gebäude lässt vom See eine kühlende Brise herein.

■ Heho

Mitten im sprichwörtlichen Nichts liegt Heho. Der Ort ist nur für Durchreisende wichtig, da sich hier der Flughafen befindet. Einzige Attraktion ist der Fünf-Tage-Markt rund um den Inle-See, der auch in regelmäßigen Abständen in Heho stattfindet. Mehrere Fluglinien bedienen mehrmals täglich die Strecke Yangon–Heho, aber auch Mandalay und Bagan werden angeflogen. Wer ohne zuvor organisierten Transport hier landet, muss etwa 30 000 Kyat für die Taxifahrt nach Nyaungshwe bezahlen.

Karte S. 193 ▲

Der Pon-Taloke-See in Pindaya wurde künstlich angelegt

Eine kurze Geschichte der Welt

Das Thema Wiedergeburt ist eng mit der Geschichte der Pindaya-Höhle verknüpft, und aus diesem Grund findet man oben am Eingang der Höhle eine große Schautafel mit den verschiedenen Wiedergeburtswelten des Buddhismus, die hier kurz beschrieben werden sollen.

Bei den Buddhisten unterliegt die Welt einem ständigen Wechsel von Werden und Vergehen. Drei Grundübel, die unheilbaren Wurzeln, führen dazu, dass die Welt immer wieder zerstört wird: Hass, Gier und Verblendung. Die 31 Bhumis der Schautafel beginnen unten bei den acht Haupthöllen, dann folgt die Menschenwelt und schließlich die Welten der Götter. Zerstört werden die Welten von Wasser (Hass), Feuer (Gier) und Wind (Verblendung). Anhand der Schautafel erkennt man, dass die Zerstörung durch den Wind am größten ist. Von den acht Haupthöllen reicht die Zerstörung der Welt durch den Wind bis über den Tavatimsa-Himmel, wo der Götterkönig Sakka (Thagyamin) residiert, und auch über den Tusita-Himmel, wo der nächste Buddha auf seine Herabkunft wartet.

Beim Stichwort ›Wind‹ sollte man sich einmal an den Zyklon Nargis von 2008 erinnern, dessen Windgeschwindigkeit im Delta des Ayeyawady über 100 000 Menschenleben forderte. Dennoch wurde das Verfassungsreferendum wenige Tage nach dem Zyklon durchgeführt. Nicht wenige sahen das als Zeichen.

Wenn nun die Welt zerstört ist, bleibt ein riesiger Ozean zurück. Der Wind bläst und Schaum entsteht, der schließlich in einer ›Ecke‹ des Ozeans zusammengepresst wird. Die Sonne härtet den Schaum aus, und auf diesem Schaum entsteht die neue Welt. Da aufgrund der vorigen Zerstörung der Welt nur die obersten Himmel übrig blieben, wie auf der Tafel dargestellt, steigen auf diese neue Welt nur Geister, Tiere und Menschen mit einem besonders hohen Erlösungsgrad hinab. In dieser neuen Welt gibt es Wunschbäume, die Menschen werden eine Million Jahre alt, und sie brauchen nicht zu arbeiten. Allmählich kommen wieder die drei Grundübel ins Spiel: Hass, Gier und Verblendung. Das bewirkt, dass die Menschen sich schuldig machen, sie werden nicht mehr so sehr alt und müssen nun auch arbeiten, da die Wunschbäume absterben. Schließlich steht die Welt wieder vor ihrer Zerstörung und entsteht neu.

Der Buddhist kann in all diesen 31 Stufen wiedergeboren werden, je nachdem, wie viel gutes oder schlechtes Verdienst er gesammelt hat. Von den acht Haupthöllen ist die Hölle Awizi die furchtbarste. Dorthin gelangt nur, wer die eigenen Eltern tötet, oder gar Buddha-Statuen schändet. Dort wiedergeboren zu werden heißt, am Marterrad gefesselt zu sein, Qualen zu erleiden, bis die Schuld getilgt ist – es gibt also einen Ausweg!

Das von allen angestrebte Nirwana ist hier nicht dargestellt, da Nirwana in einem selbst liegt, und daher nur in der Welt der Menschen erlangt werden kann. Bevor man aber das ›Nichtmehrsterbenmüssen‹ erlangt, wünschen sich viele Buddhisten, zuvor noch im Götterhimmel Tavatimsa wiedergeboren zu werden, da dort angeblich 84 000 Jungfrauen in Palästen warten.

Einen guten Überblick zur buddhistischen Glaubenswelt und zu den verschiedenen Himmeln und den Höllen bieten einige Bücher, die am Eingang zur Höhle von Pindaya in englischer Sprache für wenig Geld angeboten werden.

Die alte Fürstenstadt Nyaungshwe

Die frühere Stadt eines Shan-Fürsten ist das Ziel aller, die auf den See wollen. Nyaungshwe liegt an einem Kanal, der zum Inle-See führt. Von hier brechen die Langboote auf zu Tagesausflügen oder sie bringen die Gäste zu ihren Hotels auf dem See. Da die Hotels auf dem See zumeist luxuriöser und damit erheblich teurer sind als Hotels in Nyaungshwe, sollte man die Übernachtung in Nyaungshwe rechtzeitig vorher buchen. Falls diese Reservierung nicht eingehalten werden kann, tut man anderen Reisenden einen Gefallen, wenn man sie auch wieder absagt.

Interessanterweise erhält man gerade in Nyaungshwe Essen, das man anderswo in Myanmar schwerlich findet: Pancakes und Pizza. Das Restaurant Pancake-Kingdom wirkt so weit entfernt von den Metropolen Yangon und Mandalay etwas deplatziert, serviert aber ausgezeichnetes Essen.

Entgegen aller Moderne ist die Stadt als früherer Sitz der Shan-Sawbwas (Herren des Himmels) bekannt. Der **frühere Palast** (*haw*) aus Teak ist nun ein Museum, nachdem General Ne Win nach dem Putsch die Sawbwas entmachtete. Am 12. Februar 1947 aber endete in der Stadt Panlong im Shan-Staat die Panlong-Konferenz, auf der es General Aung San, vier Monate vor seiner Ermordung, gelang, die Sawbwas zum Beitritt in eine unabhängige Union von Myanmar ab 1948 zu bewegen und sich der Zentralregierung zu beugen. Das Abkommen aber sah das Recht der Abspaltung des Shan-Staats zehn Jahre nach der Unabhängigkeit vor, und einige Shan-Fürsten wollten ab 1958 dieses Recht wahrnehmen. Nur General Aung San, der Architekt dieses Abkommens von Panlong, genoss das Vertrauen der Fürsten, aber seine frühe Ermordung höhlte das Abkommen, das auf Vertrauen basierte, aus. In einer Geste im Geiste des Abkom-

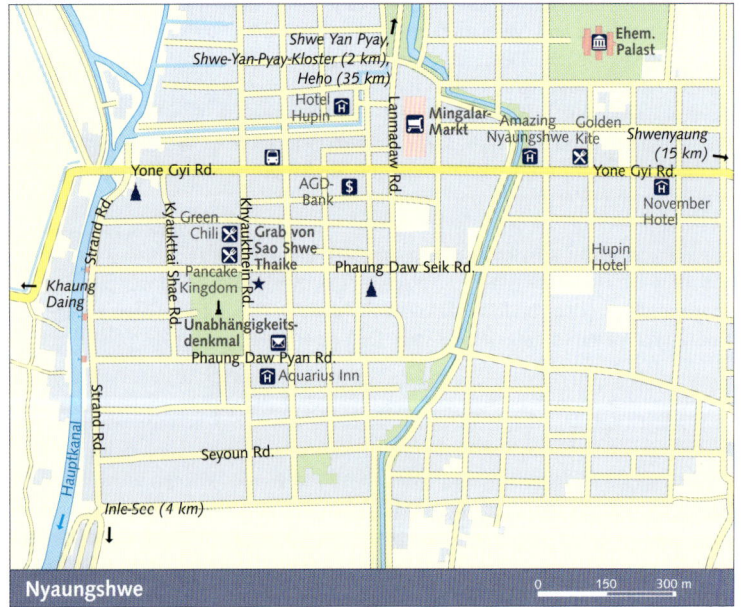

Nyaungshwe

0   150   300 m

Das Shwe-Yan-Pye-Kloster

Der Shan-Staat

mens wurde aber der frühere Sawbwa von Nyaungshwe, Sao Shwe Thaik, der erste Präsident der unabhängigen Union Myanmar ab 1948. Dessen Palast kann man in Nyaungshwe besichtigen, aber bis auf einige wenige Gegenstände, die einst Ausdruck der Macht des Shan-Fürsten waren, gibt es dort nicht viel zu sehen. Bis vor wenigen Jahren konnte man im Museum der Streitkräfte in Yangon ebenfalls die Limousine des Präsidenten besichtigen.

■ Shwe-Yan-Pye-Kloster

Novizen, die am offenen Fenster sitzen, sind der häufigste Anblick in diesem über 100 Jahre alten Holzkloster. Es wurde von einem der Shan-Fürsten von Nyaungshwe errichtet. In der Andachtsstätte nebenan befinden sich unzählige Buddha-Figuren in kleinen Nischen in der Wand. Besonders eindrucksvoll ist die Darstellung des Sumedha, der sich vor dem zukünftigen Dipanakara Buddha lang hinlegt, da er dessen Erleuchtung prophezeite.

ℹ Nyaungshwe

Die **AGD Bank** unterhält seit kurzem eine Filiale und Wechselstube auf der Yone Gyi Road.

Die **Taxifahrt von Heho-Flughafen** nach Nyaungshwe kostet 30 000 Kyat.

Boote auf den See fahren ab Nyaungshwe morgens zeitig am Kanal von Nyaungshwe, der zum See führt. Wer im Hotel in Nyaungshwe wohnt, wird mit Sicherheit an der Rezeption Angebote finden. Eine Tagestour ab/bis Nyaungshwe kostet ca. 20 000 Kyat pro Person, individuelle Abstecher in entlegene Teile des Sees (z.B.

nach Indein) entsprechend mehr. Man kann die Bootsführer am Pier einfach ansprechen. Auf ein Boot passen 4–5 Leute, hintereinander sitzend, der Steuermann steht am Motor ganz hinten. Die Standardtour: Phaung Daw U, Schwimmende Gärten, Restaurant zum Mittagessen, Schwimmender Markt (terminabhängig), Ruinen von Indein (auf Wunsch). Die meiste Zeit fährt man zwischen den Orten auf dem See.

Die Hotels bieten **Mountainbiketouren** (geführt/nicht geführt) in die Umgebung an.

Pick-ups fahren von Nyaungshwe zu allen anderen Orten rund um den See. Tatsächlich ist ein Fahrer mit Auto für Besuche in Kalaw, Pindaya etc. eher zu empfehlen.

Es ist dringend geboten, in der Hochsaison vor der Ankunft ein Zimmer reserviert zu haben.

Aquarius Inn, günstige und hoch gelobte Unterkunft ab 35 Dollar, sollte daher frühzeitig gebucht werden, Geldwechsel. Tel. +95/(0)81/209352.

November Hotel, mitten im Zentrum. Guter Ausblick aus der Bar in der obersten Etage. 16, Yone Gyi Road. Ab etwa 70 Dollar, Tel. +95/(0)81/209226, 22107, 22621. **Hotel Amazing Nyaungshwe**, ein gehobeneres Hotel mit gutem Restaurant. Ab

80 Dollar, Tel. +95/(0)81/209079, www. amazing-hotel.com.

Hupin Hotel, zwei mehrstöckige Häuser; besitzt eigene Boote. Am Ortseingang westlich vom Markt. Etwa 80 Dollar, Tel. +95/(0)81/209291, 22298, 23825, 21374.

Hupin Restaurant, nach wie vor beliebt als eines der ersten Restaurants in Nyaungshwe. Beim gleichnamigen Hotel.

Pancake Kingdom, Milchshakes, Eis, Joghurt und Pancakes. Nördlich des Unabhängigkeitsdenkmals.

Green Chili Restaurant, unweit südlich des Zentrums. Sehr beliebtes Thai-Restaurant, guter Service.

Der Inle-See

Schon aus der Ferne sieht man den See glitzern, bis man ihn einige Zeit später erreicht hat. Mit über 30 Kilometern Länge und teilweise 10 Kilometern Breite sowie einer Fläche von 12 000 Hektar dauert es seine Zeit, die Dimensionen zu begreifen, daher sollte man zwei Nächte auf dem oder am See bleiben. Auf knapp 900 Metern Höhe über dem Meeresspiegel haben sich vor allem die Intha, die ›Söhne des Sees‹, hier eine Heimat geschaffen, als sie vor Jahrhunderten vermutlich aus dem Süden Myanmars hierher kamen und sesshaft wurden. Ursprünglich gehörten sie der Mehrheitsgruppe der Bamar an. Bei ihrer Ankunft gründeten sie vier Siedlungen, woraus sich auch der Name des Sees ergibt: Inle bedeutet ›See der Vier‹.

Bekanntheit erlangte der See durch seine Einbeinruderer und die schwimmenden Gärten. Das Leben der Intha ist bis heute völlig auf den See ausgerichtet. Auf und am See gibt es mittlerweile etwa 17 Dörfer, die etwa 100 000 Menschen

ein Zuhause bieten. Die Häuser stehen auf Pfählen, die im Grund des Sees stecken. Der See ist von den Shan-Bergen umgeben, und dessen Zufluss namens Nam Pilu liegt am südwestlichen Ende des Sees.

■ **Schwimmende Gärten**

Eine der Sehenswürdigkeiten und zugleich Hauptattraktion auf dem See sind die schwimmenden Gärten. Sie bilden die wirtschaftliche Grundlage der Intha. Auf ihnen werden Gemüse, Blumen und Früchte angebaut. Die Beete werden vom Boot aus bestellt, da man sie oft nicht betreten kann. Die Grundlage dieser Beete ist eine sehr fruchtbare feste Masse bestehend aus Wasserhyazinthen, zwischen deren Wurzeln sich allmählich Sumpf und Erde angereichert hat. Um die Beete vor dem Abdriften zu bewahren, werden sie mittels Bambuspfählen am Seeboden befestigt. Von der Wasseroberfläche aus betrachtet, erreichen sie eine Tiefe von etwa einem Meter, während der See im Mittel eine Tiefe von drei Metern hat.

Karte S. 195 ▲

Ein schwimmender Garten wird befestigt

Man kann aber auch beobachten, dass hin und wieder einige Beete, in Portionen zerteilt, umziehen. Nicht nur der Ertrag dieser schwimmenden Beete, sondern auch die Beete selbst werden gehandelt. In ganz Myanmar freut man sich auf die Erdbeersaison ab Februar, und Teile der Ernte stammen vom Inle-See.

■ Einbeinruderer

Das Motorboot wird vermehrt sowohl für Rundfahrten im Rahmen eines Tagesausflugs als auch vermehrt von den Seebewohnern benutzt. Hin und wieder aber sieht man in den schmalen Kanälen die Einbeinruderer, die einst ein typischer Anblick auf dem See waren. Bei dieser Art der Fortbewegung steht der Rudernde am Heck des Bootes, während ein Bein das Ruder einklemmt und für Vortrieb sorgt. Dieses jahrelange Training beginnt schon während der Kindheit. Somit sind beide Hände frei und können für das Fischen mit dem Netz eingesetzt werden. Diese Technik sieht man nur hier. Für große Strecken quer über den See benutzt man Boote mit Außenbordmotor. Für kurze Strecken, zum Beispiel zur Schule und zurück, oder zum Markt, werden Kanus benutzt, vor allem aber in den schmalen Kanälen der Ortschaften, aber auch auf den Feldern sowie in Ufernähe.

■ Phaung Daw U Paya

Diese Paya ist die Hauptattraktion des Sees am Westufer und eine der wichtigsten buddhistischen Stätten des Shan-Staats. Auf einem Podest, das nur von Männern betreten werden darf, stehen **fünf Buddha-Figuren**. Der Legende nach stammen sie aus dem 12. Jahrhundert, also aus der Zeit, als der Aufstieg Bagans begann. Ihre Form ist kaum noch zu erkennen, da sie im Laufe der Zeit so sehr mit Blattgold beklebt wurden, dass sie inzwischen wie runde Steine aussehen, eben nur vergoldet. Wer bereits in Mandalay den Mahamuni besucht hat, wird hier am Inle-See diese höchste Form des Respekts erneut wiederfinden.

Gleich neben der Phaung Daw U Paya liegt ein **Markt**, wo man in einer der Teestuben einkehren kann, nachdem man das bunte Markttreiben beobachtet hat. Händler aus der gesamten Umgebung des Sees bieten hier ihre Waren an. Frisches Gemüse von den schwimmenden Gärten, Obst, Fleisch und elektronische Geräte aus China runden das Angebot ab.

Einbeinruderer als Touristenattraktion

Der Shan-Staat

■ Phaung-Daw-U-Fest

Das Phaung Daw U oder auch Lichter-Fest findet alljährlich zur Zeit des Vollmondes im Oktober statt. Nur vier der fünf Buddha-Steine werden auf einem Schrein auf der Königlichen Barke Karaweik (wie in Yangon auf dem Kandawgyi-See) aufgestellt. Bei zwei Zwischenfällen in der Vergangenheit ist die Barke gekentert, und alle fünf Steine gingen über Bord. Beide Male konnten aber nur vier der fünf Steine geborgen werden, und als man sie schließlich wieder tief betrübt zu ihrem ursprünglichen Ort brachte, war der fünfte wie von Zauberhand schon da!

Etwa 50 Meter westlich der Phaung Daw U Paya kann man diese Barke sehen. Sie ist nach einem Hintha-Vogel gestaltet worden, und im Schnabel hängt eine kleine, aber gut sichtbare Kugel, wahrscheinlich ein Symbol für den fünften Stein. Gezogen von vielen geschmückten Booten mit vielen Einbeinruderern begibt sich das Boot auf den Weg durch alle größeren Dörfer und zu zahlreichen Klöstern des Sees. Nach drei Wochen endet die Fahrt in Nyaungshwe, wo das abschließende Fest drei Tage dauert. Das Ganze wird von Ruder-Wettbewerben begleitet. Wer zur Zeit des Festes den See besuchen will, sollte ein Zimmer reservieren, denn es scheint, als ob ganz Myanmar an diesem Fest teilnimmt.

■ Nga Phe Chaung Kyaung

Weiterhin als ›Kloster der springenden Katzen‹ bekannt, haben die Mönche inzwischen ihre Aktivitäten eingeschränkt, da ihnen vermehrt kommerzielle Interessen vorgeworfen wurden. Dennoch werden Katzenfreunde auf ihre Kosten kommen, denn obwohl sie nun mittlerweile kaum noch ihre Kunststücke vorführen, gehören sie zum Klosteralltag weiterhin dazu. Interessant sind die Buddha-Statuen, die dem Kloster im 19. Jahrhundert von einem Sawbwa gestiftet wurden.

Nur vier der fünf früheren Buddhastatuen verlassen beim jährlichen Phaung-Daw-U-Fest ihren Platz

■ **Schwimmender Markt**

Im Dorf Ywa-ma findet zwar nach wie vor der schwimmende Markt statt, aber das Angebot geht mittlerweile weg von Waren des täglichen Bedarfs hin zu Souvenirs. Dennoch ist es ein eindrucksvolles Beispiel des Lebens auf dem See, wenn über mehrere Boote hinweg Waren ihren Besitzer wechseln.

■ **Cheroot-Zigarren**

Billiger als Zigaretten und an jeder Ecke zu kaufen sind die Cheroot-Zigarren, die man nur in Myanmar findet. Auf dem See werden sie in Manufakturen hergestellt, deren Besuch den passionierten Tabakfreund begeistern wird. Cheroots bestehen neben Tabak auch aus einigen weiteren Zutaten, wie getrockneten Holzstücken und Bananen sowie Nüssen, Tamarindensaft und sogar Palmzucker, was den einzigartigen Geschmack erzeugt. Der Filter besteht aus getrockneten Maisblättern, während der Inhalt von größeren Maisblättern zusammengehalten wird. Die Zigarren sind lang und dünn, die verschiedenen Sorten sind durch unterschiedliche Banderolen gekennzeichnet. Pro Tag dreht eine Arbeiterin an die 1000 Cheroot, das sind mehr als 2 Stück pro Minute!

■ **Indein**

Der Zufluss zum See ist ein Kanal namens Nam Pilu, und sein Weg führt in etwa einer Stunde nach Indein, einer Ruinenstätte, die wahrscheinlich aus dem 17. Jahrhundert stammt und früherer Sitz eines Sawbwa war. Dennoch ist die Geschichte Indeins ein Mysterium, auch weil es keinerlei Aufzeichnungen gibt. Eine Theorie jedoch lautet, dass es König Ashoka aus dem weit entfernten Indien war, der bereits im dritten vorchristlichem Jahrhundert diese Anlage errichten ließ, nachdem Gotama Buddha an einer

25 000 Kyat kostet eine Tagesrundfahrt auf dem See

Lebensmittelvergiftung ›nicht mehr sterben musste‹. Andere Theorien verorten die Ruinen von Indein in die Zeit von König Bayintnaung, als er das benachbarte Ayutthaya überfiel und auf dem Rückweg aus dem heutigen Thailand diese Stupas errichten ließ.

Die etwa 1000 verfallenen Stupas und Tempel haben ihren eigenen Reiz abseits des Sees. In diesem ›Stupa-Dschungel‹ lohnt sich oft ein Blick in einen der verfallenen Tempel, hin und wieder wird man eine erstaunlich gut erhaltene (oder sanierte?) Buddha-Statue entdecken. Oben auf dem Hügel in der Nähe wurden einige Stupas wieder errichtet, und wer genau hinschaut, wird auch den ein oder anderen deutschen Namen auf den Steintafeln der Stifter bemerken. Den anwesenden Bauarbeitern kann man dabei zuschauen, wie sie einen verfallenen Stupa wieder herrichten.

Der Weg von der Bootsanlegestelle zum Ruinenfeld führt an einem sehr **belebten Markt** vorbei, auf dem es sogar Gemälde und viele Souvenirs zu kaufen gibt, was seltsam anmutet angesichts der relativen Abgeschiedenheit Indeins. Auf

Renovierter Buddha in den Ruinen von Indein

dem Weg zurück lohnt sich der kleine Umweg durch ein Wäldchen, am Kanal entlang, wo man oft Wasserbüffel und planschende Kinder beobachten kann.

■ **Übernachtung auf dem See**

Eine Übernachtung auf dem See in einem der Hotels, die auf Pfählen stehen, ist ein besonderes Erlebnis. Umgeben von Wasser residiert man in einer eigenen Welt – wie auf einer Insel, die gänzlich auf die Versorgung vom Ufer angewiesen ist. Nach oder vor dem Essen ist zumeist die Hotelbar das Ziel aller Gäste, um den Sonnenuntergang hinter den Bergen zu betrachten. Auf dem See sind die Preise für Übernachtung deutlich höher als am Ufer in Nyaungshwe, aber auch angemessen in Anbetracht der luxuriösen Bungalows. Wer zwei Nächte oder länger bleibt, kann eine Nacht in Nyaungshwe (→ S. 204) und eine Nacht auf dem See verbringen. Da es besonders auf dem See nachts empfindlich kühl wird, sind die meisten Klimaanlagen mit Heizfunktion ausgestattet. Leider ist, wie überall in Myanmar, die Stromversorgung meist ungenügend, so dass man besser warme Kleidung mitbringt.

Man sollte die Übernachtung auf dem See unbedingt vorab buchen, entweder direkt bei den Hotels oder über ein Reisebüro in Yangon, das sich dann auch um die nötigen Transfers kümmert. Bei Buchung direkt über Hotel muss man den Transfer vom Flughafen Heho nach Nyaungshwe selbst sicherstellen (Taxi ca. 30 000 Kyat). In Nyaungshwe wartet das Boot vom Hotel schon an der Anlegestelle und fährt zum Resort auf dem See.

🛏️ Inle-See

Shwe Inn Tha Floating Resort, Tel. +95/(0)1/543714 (Yangon), shweinntha@gmail.com, www.inlefloatingresort.com. Eine wunderbare Bungalow-Anlage, durch schmale Stege miteinander verbunden. Die Lage auf dem Seitenarm des Sees schirmt es vom zeitig einsetzenden Motorenlärm der Boote ab. Es gibt sogar einen Swimming Pool. Das Frühstücksbuffet übertrifft alle Erwartungen. Zimmer ab 180 Dollar. Auf der Internetseite werden Komplettpakete mit Flug, Übernachtung und Ausflügen verkauft.

Myanmar Treasure Resort Inle, Büro Yangon im Kandawgyi Palace Hotel, Tel. +95/(0)1/399334, sales.mtr@gmail.com. Ein weiteres Hotel, das keine Wünsche offen lässt. Fantastischer Blick auf den See. Alle Hotels der Treasure-Kette sind auch über die Internetseite www.myanmartreasureresorts.com buchbar.

Da man während eines Ausflugs den gesamten Tag mit dem Boot auf dem See unterwegs sein wird, kann man die Wahl des Restaurants getrost dem Bootsmann überlassen. Das Restaurant des Inn Tha Lay hat eine großzügige Terrasse, von der man während des Essens das Leben auf dem See beobachten kann. Manchmal wird dort in einer Trockenübung gezeigt, wie die Fischer auf dem See ihre Fische fangen.

Taunggyi

Wer noch nicht genug hat, dem sei der Besuch Taunggyis nördlich des Sees empfohlen, alternativ kann man aber auch auf dem Ayethayar-Weingut zwischen Heho und Nyaungshwe eine Nacht verbringen, und einen Deutschen darum beneiden, wie er Hobby und Beruf in schöner Umgebung vereinen konnte.

Der ›Große Berg‹, wie die Hauptstadt des Shan-Staates heißt, stammt – wie der Begriff Shan-Staat übrigens auch – aus der Zeit der britischen Besatzung. Fünf Jahre nach der Eroberung Mandalays wurde Taunggyi im Jahr 1890 auf knapp 1500 Metern Höhe gegründet. Heute ist die Bevölkerung mit etwa 200 000 Einwohnern bunt gemischt. Ähnlich wie in Pyin U Lwin findet man hier Nachfahren der Hindus, Gurkhas und Muslime, die einst in der Armee Britisch-Indiens dienten. Das Klima war einer der Hauptgründe für die Gründung der Stadt unter britischer Besatzung, und aus diesem Grund findet man hier einige wenige ehemalige Residenzen, die heute teilweise in Hotels umgewandelt sind. Die Kirchen sind ein Erbe christlicher Missionare, die nach den Soldaten eintrafen und ihre Mission erfüllten.

Heute ist Taunggyi ein Schmelztiegel vieler verschiedener ethnischer Gruppen. Der alle fünf Tage um den See herum stattfindende **Markt** (→ S. 198) kommt auch nach Taunggyi. Wenn es soweit ist, dann verwandelt sich die Stadt schon am frühen Morgen in ein emsiges Warenhaus, auf dem sich unzählige Bevölkerungsgruppen aus der Umgebung treffen und Handel treiben.

Ein **Heißluftballonfest** findet etwa Ende Oktober, Anfang November statt. Es dauert mehrere Tage und wird von reichlich Feuerwerk begleitet. Anlässlich dieses Festes versammelt sich – so scheint es – die gesamte Bevölkerung des Shan-Staates in Taunggyi, um den Wettbewerb der Heißluftballons zu erleben. Für Ausländer gibt es eine eigene Bühne, um sie dort vor den immer mal wieder vorkommenden Unfällen mit Feuerwerkskörpern, die von den Ballons gezündet werden, zu schützen. Es wird getanzt, getrunken und gefeiert.

Besonders sehenswert ist der **Sulamuni-Tempel**. Weiß und golden strahlt er in die Umgebung. Im Inneren finden sich vier stehende Buddha-Figuren.

Die vielen Sikh haben sich in Taunggyi einen Tempel geschaffen, dessen Be-

Der Shan-Staat

Pfahlbausiedlung am Inle-See

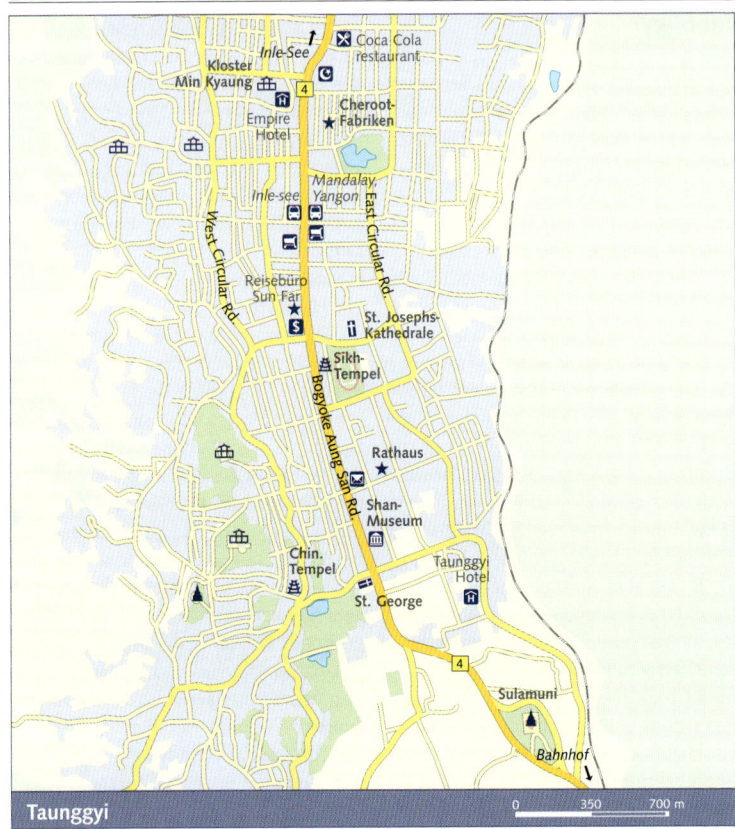

Taunggyi

0   350   700 m

such man nicht versäumen sollte, den **Gurdwara-Tempel**. Ebenso verdienen die **Moscheen** Beachtung. Ganz wie in Yangon um die Sule Paya herum existieren auch hier verschiedene Religionen auf begrenztem Raum.

Nördlich des Marktes befindet sich die **Ma Op Cheroot Factory**, in der Frauen in atemberaubender Akkordarbeit diese traditionellen Zigarren herstellen.

■ Museum

Das Museum bietet eine vertieften Einblick in die Geschichte der Shan. Interessantestes Ausstellungsstück des Museums ist die Kopie der Abschlusserklärung der Panlong-Konferenz, die General Aung San mit den Fürsten der Shan, der Chin und der Kachin im Februar 1947 unterzeichnete. Sie sollte den Weg in eine Union Myanmar ebnen, aber mit der Ermordung des Architekten hielt der Frieden nur wenige Jahre. Fotos untermalen den historischen Augenblick.

Dazu passend ist die Übersicht zu den im Shan-Staat lebenden Völkern hilfreich, um einen Einblick in den Flickenteppich verschiedener Völker zu bekommen. Eine Gitarre aus Schlangenhaut sowie Exemplare der bunten Nationaltracht der Shan gehören auch zu den Exponaten (Mo, Di geschlossen, Eintritt: 3 US-Dollar).

Taunggyi

Ein Büro der staatlichen Tourismusbehörde MTT befindet sich im Hotel Taunggyi.

Empire Hotel, ein chinesisch geführtes Hotel mit anständigen Zimmern. 31, Bogyoke Aung San Road, Tel. +95/(0)81/23737.
Hotel Taunggyi, in einer Parkanlage ist es eines der besseren Hotels der Stadt, dennoch etwas entfernt vom Zentrum. Shu

Myaw Khin Road, Tel. +95/(0)81/21127, taunggyihotel.tgh@gmail.com.

In und um den Markt herum findet man viele Garküchen, die überwiegend Nudeln, aber auch Reisgerichte servieren.
Das **Coca Cola Restaurant** in der Bogyoke Aung San Road wird zunehmend auch von Reiseveranstaltern angesteuert.

■ Bahnfahrt Shwenyaung–Kalaw

Eine der schönsten Bahnfahrten, die man in Myanmar absolvieren kann, ist die etwa vier Stunden dauernde Fahrt von Shwenyaung nach Kalaw oder andersherum (→ S. 197). Wer mit Auto und Fahrer unterwegs ist, lässt sich am Zielbahnhof wieder einsammeln. Ein Ausländer zahlt etwa sechs Dollar in der Upper Class. Die Abfahrt in Shwenyaung ist morgens um 8 Uhr. Die Fahrt führt vorbei an Feldern, über Brücken und durch kleine Orte, in denen genug Zeit ist, auszusteigen und das geschäftige Treiben auf dem Bahnhof zu bestaunen. Die gesamte Strecke wird mit dem pittoresken Begriff der ›Schweiz in Myanmar‹ beschrieben, und er trifft zu: Strahlend blauer Himmel, Berge, Felder und ab und zu eine Kuh erinnern an die Eidgenossenschaft.

Kalaw liegt in schöner Umgebung

■ Ayethayar-Weingut

»Wussten Sie, dass in Myanmar Wein hergestellt wird?«, lautet der Werbeslogan des Ayethayar-Weinguts. Der Deutsche Bert Morsbach war erst sehr erfolgreich mit einer Firma für Surfbretter in Thailand, bevor ihn, Anfang 60, die Unternehmerlust erneut packte und er 1997 ein paar Hektar Land unweit des Inle-Sees kaufte. Schnell wurde Geld von Freunden und Bekannten eingesammelt, Rebstöcke aus Frankreich importiert, und wenige Jahre später wurde die erste Ernte verarbeitet. Wer also auf dem Weg von Heho nach Nyaungshwe kurz in Ayethayar anhält, kann im Restaurant ein Mittagessen mit Blick auf das Gut zu sich nehmen. Selbstverständlich werden Weinproben angeboten, kommentiert vom ersten Mann vor Ort, Hans Leiendecker, einem ausgewiesenen Fachmann. Im Detail erfährt der Besucher alles über den komplizierten Prozess der Weinherstellung in Myanmar, was auch Landrechte und Bodenwirtschaft mit einschließt. Wer sich nicht satt sehen kann, hat die Möglichkeit einer Übernachtung in einem der neuen Bungalows am Weinberg.

 Ayethayar-Weingut

Tel. +95/(0)1/664386, 664756 (Yangon). 38G, Myitzu Street, Yangon, sales@myanmar-vineyard.com.mm, www.myanmar-vineyard.com.

Der Shan-Staat

Pyin U Lwin

Pyin U Lwin ist das Sprungbrett in den nördlichen Shan-Staat. Wenngleich die Stadt noch zur Mandalay-Region (→ S. 236) gehört, folgt dieses Kapitel dem Nat Ko Myo Shin, dem ›Herrn der neun Städte‹, dem Beschützer der Reisenden und der Shan. Dessen Zuständigkeit erstreckt sich von Mandalay über Pyin U Lwin bis in den Shan-Staat hinein, und im Fahrzeug sollte man darauf achten, dass bei genau neun Reisenden im Fahrzeug ein Stein als zehnter Passagier eingeladen wird, damit Ko Myo Shin nicht zornig wird! Sein Schrein befindet sich in Pyin U Lwin.

Knapp 70 Kilometer östlich von Mandalay liegt Pyin U Lwin auf 1095 Meter über dem Meeresspiegel. Wer hierher kommt, dem sei empfohlen, wenigstens eine Nacht zu bleiben, anstatt nur von morgens bis abends die wenigen Sehenswürdigkeiten abzuhaken. Spätestens ab der Hälfte der Strecke ab Mandalay wird man bemerken, dass man auf dem Weg in eine andere Welt ist.

Zu Zeiten der britischen Besatzung war Pyin U Lwin eine Sommerfrische, eine so genannte *Hill Station* für britische Verwaltungsangestellte. Schon vor über 100 Jahren bemerkte ein britischer Schriftsteller, dass das Klima der Stadt für die Bamar aus der Ebene nicht geeignet sei, aber dafür den Europäern, Indern und Gurkhas umso besser tut, da sie sich hier alle bester Gesundheit erfreuen. Noch heute ist die Stadt von den Nachkommen der Inder und Gurkhas bewohnt, die einst im Dienst der britischen Armee standen.

Eine Reise nach Pyin U Lwin bietet sich sowohl mit dem Bus, dem Zug oder einem Sammeltaxi an (→ S. 219). Eine Übernachtung in einer der wunderbaren früheren Hill Stations der Briten, umgeben von Nadelwäldern und kühler Luft, lässt einen glauben, man habe nach Yangon und Mandalay plötzlich Myanmar verlassen.

Von Mandalay aus ist die zweite Hälfte der Strecke, wenn es in die Berge mit engen Kurven geht, besonders ansehnlich. Auf halber Strecke etwa befindet sich ein Aussichtspunkt namens 21 Miles, von dem man aus einen Blick zurück

▲ *Prächtig gestaltete Pferdekutschen prägen das Stadtbild Pyin U Lwins*

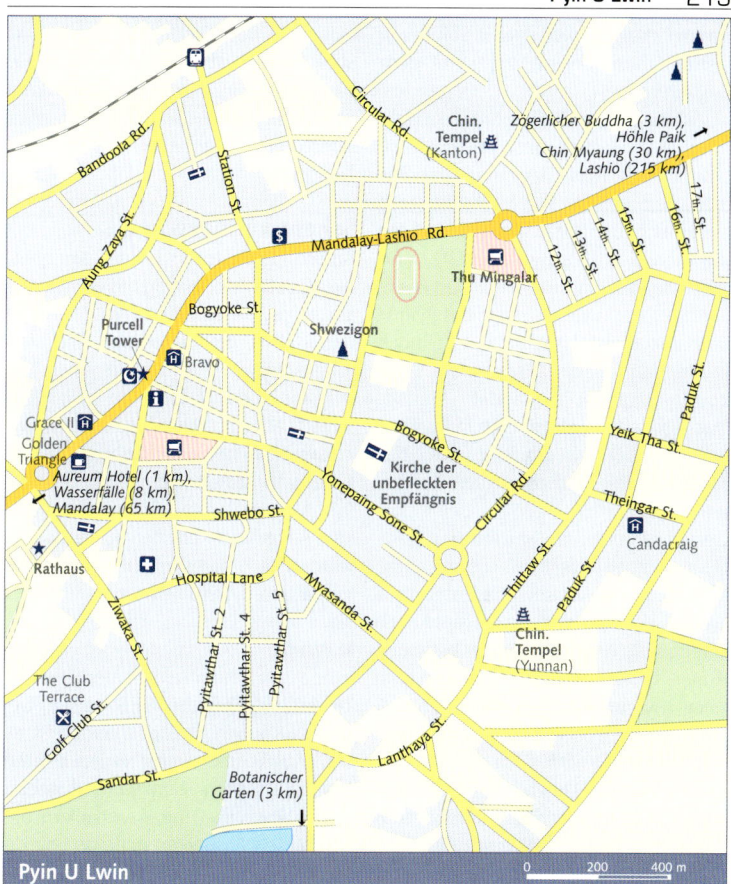

Pyin U Lwin

0   200   400 m

auf Mandalay und die weite Umgebung werfen kann.

Es ist ratsam, **warme Kleidung** mitzunehmen, denn auch tagsüber ist es kühl, da schnell vorbeiziehende Wolkenformationen die Sonne immer wieder verdunkeln und eine einzigartige Atmosphäre schaffen. Nach einigen Tagen in Mandalay braucht es seine Zeit, sich an den eher gemächlichen Rhythmus dieser Kleinstadt anzupassen. Ungewohnt für den Reisenden sind die zahlreichen Pferdekutschen, deren hölzerne Kabinen in allerlei Farben auf den Straßen oder an

Ecken auf Kundschaft wartend zu finden sind, und durchaus nicht nur Touristen chauffieren. Schnell wird klar, warum die Briten sich hier gerne aufgehalten haben. Die kühle, saubere Luft und die Nähe zu Mandalay machten diesen Ort zu einem bevorzugten Rückzugspunkt, wenngleich der Straßenverkehr zugenommen hat. Dennoch lassen die staubigen Straßen, die Pferdekutschen und hölzernen Gebäude in der Downtown eine spannende Wild-West-Stimmung aufkommen, die so völlig anders ist als im Rest Myanmars.

Schon George Orwell hat die Stimmung treffend beschrieben, als er mit dem Zug eintraf:

»Es ist eine recht ungewöhnliche Erfahrung. Man verlässt mit Mandalay eine typische asiatische Stadt, mit ihren Palmen, dem Geruch von Fischpaste und Knoblauch und tropischen Früchten, an die man sich so gewöhnt hatte, und nimmt diesen Eindruck mit in den Eisenbahnwaggon. Wenn Du dann in Pyin U Lwin ankommst, bist Du im Geiste noch in Mandalay. Beim Verlassen des Waggons ist plötzlich alles anders. Man atmet frische Luft, als ob man in England ist, und um Dich herum ist grünes Gras, andere Bäume und es werden Erdbeeren verkauft.«

Der Uhrenturm im Zentrum der Stadt zeugt von der britischen Vergangenheit. Der alte Name Maymyo bedeutet nicht anderes als ›May Stadt‹, so benannt nach Oberst May, einem Offizier der britischen Armee. Oberst May errichtete nach dem Krieg Myanmars gegen die Briten von 1885 in dem Dorf Pyin U Lwin eine Garnisonsstadt, die schließlich nach ihm benannt wurde. Aufgrund des kühlen Klimas wurde der Ort von den Briten bis zum Zweiten Weltkrieg als Sommer-Residenzstadt genutzt. Als Folge des Gesetzes zur Anpassung von Namen und Bezeichnungen wurde die Stadt in Pyin U Lwin (auch Pyin Oo Lwin) zurückbenannt.

Orientierung

Im Zentrum von Pyin U Lwin befindet sich der Uhrenturm mit dem Namen Purcell Tower. In dessen Nähe befinden sich der Markt und einige Hotels. Von Mandalay aus nähert man sich der Stadt aus Richtung Westen, das Shan-Hochland befindet sich weiter in Richtung Osten. Im Norden befindet sich der Bahnhof, im Süden die beiden Seen, wobei der südlichere der beiden, der Kandawgyi,

nahe dem Botanischen Garten ist. Das Stadtzentrum ist nicht besonders groß, so dass man es bequem zu Fuß erkunden kann. Um die Seen oder die Wasserfälle zu erreichen braucht man ein Transportmittel.

Sehenswürdigkeiten

An Sonntagen ist Pyin U Lwin sehr grün: Alle Kadetten der hier ansässigen Militärakademie DSA genießen ihren freien Tag, und in ihren Uniformen und mit ihren Aktenkoffern bestimmen sie einen Tag lang das Stadtbild, bevor sie nach Haarschnitt, Anruf zu Hause und Kino wieder in die Kasernen zurückkehren. In den Cafés und Restaurants weisen Schilder (auf Myanma) darauf hin, dass absolut kein Alkohol an Kadetten ausgeschenkt werden darf, da es anscheinend in der Vergangenheit Probleme gab.

■ Markt

Vorbei am Uhrenturm namens **Purcell Tower** aus dem Jahr 1936, der ein Geschenk Königin Victorias war, geht es zum Markt und seinen vielen bunten Pferdekutschern. Hier werden neben vielen anderen Dingen vor allem die berühmten Erdbeeren verkauft, die in der Umgebung Pyin U Lwins angebaut

Der Purcell-Uhrenturm und eine Moschee

Karte S. 215

Das Golden Triangle Café in Pyin U Lwin ist Treffpunkt für Reisende

werden, und deren Saison in ganz Myanmar sehnsüchtig erwartet wird. In der gesamten Umgebung des Zentralmarktes findet man Buchhändler, Frisöre sowie das erstklassige **Golden Triangle Café**.

■ Botanischer Garten (Kandawgyi)

Sehr empfehlenswert ist der Besuch dieser schönen Gartenanlage aus dem Jahr 1917. Vom Stadtzentrum aus ist er in etwa dreißig Minuten zu Fuß zu erreichen. Dort findet man knapp 5000 Bäume verschiedenster Arten, Blumen und Tiere wie Schwäne und Enten. Im Jahr 1942 wurden dort 178 verschiedene Orchideenarten registriert. Heute gilt der Garten als schönster im ganzen Land, daher ist die Stadt auch als Blumenstadt Myanmars bekannt; sie beherbergt heute noch die größte Orchideensammlung des Landes. Wenn nicht im Candacraig Hotel, dann werden vor allem hier Außenaufnahmen für Hochzeiten gemacht. Eintritt 4000 Kyat.

Unweit des Botanischen Gartens befinden sich der **National Garden** und der **National Landmark Garden**. Dort kann man Repliken aller wichtigen Bauwerke Myanmars in Miniaturform bewundern.

In der Nähe führt auch die so genannte **Lover's Bridge** über den kleinen See. Dort treffen sich zum Sonnenuntergang die verliebten Pärchen.

■ Religiöse Bauwerke

Religiöse Vielfalt wie in Yangon bestimmt das Leben auch in Pyin U Lwin, hier aber auf deutlich kleinerem Raum. Für die etwa 120 000 Einwohner gibt es vier Kirchen, sieben Moscheen und eine beträchtliche Anzahl buddhistischer Stupas sowie einen chinesischen Tempel. Die **Kirche der unbefleckten Empfängnis** (Church of Immaculate Conception) ist einen Besuch wert. Sie gehört zu den ältesten Kirchen der Stadt. Erbaut im Jahr 1906 zieht die Kirche auch heute noch etwa 70 Gläubige jeden Sonntag an, so der Priester Peter Maung Shwe.

Beeindruckend ist der **chinesische Tempel** der Stadt. Wenn schon Mandalay chinesisch dominiert wird, nimmt dieser Eindruck weiter in Richtung Yunnan an der chinesischen Grenze hier bereits zu. Dieser Tempel wurde von Einwanderern aus Yunnan errichtet, auf dem Gelände gibt es außerdem noch ein Waisenhaus. Hin und wieder sieht man dort Studenten, die die hohe Kunst der Kalligraphie studieren.

Die **Moschee** direkt am Purcell Tower empfängt freundlich jeden Besucher, was nicht überall in Myanmar selbstverständlich zu sein scheint.

Im Westen der Stadt

Unweit des Stadtzentrums, etwa 5 Minuten Fußweg vom Golden Triangle Café, befindet sich der berühmte **Schrein des Nat Ko Myo Shin**, des ›Herrn der neun Städte‹. Hier findet einmal im Jahr ihm zu Ehren ein großes Fest statt. Es ist unklar, welche neun Städte genau gemeint sind, aber man weiß, dass dieser Geist dem Shan-Staat Schutz bietet. Es heißt,

Der Shan-Staat

zu Lebzeiten hätte Ko Myo Shin, der ursprünglich in der Gegend um den Ayeyawady beheimatet war, ein Fürstentum im Shan-Staat angegriffen, um die Tochter des Fürsten zu rauben. Nach langem hin und her wurde dem Schwager Ko Myo Shins befohlen, Ko Myo zu töten. Als es dem Schwager gelang, Ko Myo Shin zu finden, war er nicht in der Lage, seinen Auftrag auszuführen. Ko Myo Shin starb darauf eines unnatürlichen Todes – eine Voraussetzung, um ein Nat zu werden: Er enthauptete sich selbst.

Am Ortseingang, unweit vom örtlichen Büro der Partei NLD, befindet sich einer der beiden **Wasserfälle** der Stadt, die äußerst beliebt und belebt sind. Familien fahren dorthin um zu baden und veranstalten Picknicks. Aber Achtung: Vom Parkplatz aus sind es noch etwa 45 Minuten zu Fuß, bevor man den dreistufigen Wasserfall erreicht.

Das alte Candacraig Hotel ist eine Augenweide

Östlich der Stadt

Der **zweite Wasserfall** befindet sich wenige Kilometer östlich der Stadt, etwa 50 Kilometer vor dem Goteik-Viadukt, und er heißt Pwe Kauk, früher bekannt als Hampshire Fall. Hier versammelt sich manchmal an Feiertagen die militärische Führung des Regionalkommandos ›Goldenes Dreieck‹ auf der VIP-Plattform am Wasserfall. Der Shan-Staat ist in drei militärische Regionalkommandos aufgeteilt: Nord, Ost und Süd.

■ Zögerlicher Buddha

In der Nähe des Wasserfalls befindet sich auf einem Hügel an der Hauptstraße nach Lashio die Statue des ›Zögerlichen Buddha‹ (Maha Ant Htoo Kan Thar). Dessen Geschichte beginnt in Mandalay in der Marmor-Straße, und sie sollte in Yunnan in China enden. Dort hatte ein Tempelvorsteher drei Buddha-Statuen aus Jade in Mandalay geordert. Per LKW sollten diese von Mandalay über Pyin U Lwin nach Lashio und anschließend auf der alten Burma Road nach China gelangen. Der LKW kam aber nur bis nach Pyin U Lwin, weil er dort in einen Unfall geriet und einer der drei Buddhas von der Ladefläche fiel. Der LKW-Fahrer hatte kein Interesse, den Buddha zu bergen, und behauptete, im Traum in der Nacht zuvor von Buddha erfahren zu haben, dass er nicht wünscht, nach China gebracht zu werden. Seitdem befindet sich eine der drei Statuen hier. Daher stammt auch sein Name, ›Zögerlicher Buddha‹.

■ Paik-Chin-Myaung-Höhle

Wer die erst vor wenigen Jahren entdeckte Höhle besucht, kann eine Reise 250 Millionen Jahre zurück in die Vergangenheit unternehmen. Sie befindet sich knapp 30 Kilometer außerhalb der Stadt, in der Nähe des Dorfes Wetwun. In der Höhle, die einige Kilometer tief ist, fließt ein Gebirgsfluss, während die Beleuchtungsanlage die zahlreichen Stupas und Buddhas ins rechte Licht setzt. Es wird sehr warm, je weiter man in die Höhle vordringt.

Karte S. 215

Pyin U Lwin

Das **Fremdenverkehrsbüro** des Tourismusministeriums liegt im Stadtzentrum auf dem kurzen Abschnitt der Zaygyi (zay=Markt gyi=groß) Street zwischen Uhrenturm und Marktplatz auf der linken Straßenseite. Gleich daneben befindet sich ein **Reisebüro**. Die Internetseite www.pyinoolwin.info bietet sehr gute Informationen.

Die CB-Bank hat einen **Geldautomaten**, der gegenwärtig MasterCard und Maestro-Karten akzeptiert (Kein V-Pay!). VISA-Karten sollen bald funktionieren. Mandalay-Lashio Road, vom Uhrenturm in Richtung Osten ca. 10 Minuten Fußweg auf der linken Straßenseite, Tel. +95/(0)85/28407. Ansonsten tauscht man US-Dollar im Hotel.

In Pyin U Lwin findet der interessierte Besucher etwa ein Dutzend **Meditationszentren**, von denen viele auch Ausländer aufnehmen.

Die Fahrt **von Mandalay** (→ S. 238) bis Pyin U Lwin dauert zwei bis drei Stunden, je nachdem, welches Verkehrsmittel man benutzt.

Ein **Sammeltaxi** kostet pro Person rund 7000 Kyat, Fahrtdauer knapp 2h. Ein Taxi für die gesamte Ausflugsdauer zu buchen ist möglich und eine Frage des Verhandlungsgeschicks. Somit hat man gleich ein Auto vor Ort zum Besichtigen der einzelnen Sehenswürdigkeiten.

Linecars hingegen sind Pick-up Trucks, deren Ladeflächen mit Sitzbänken ausgestattet wurden, ca. 3000 Kyat. Abfahrt in Mandalay in der Nähe des Zegyo-Markts bzw. des Uhrenturms, beide im Zentrum Mandalays. Am besten organisiert man diesen Ausflug über das Hotel. Die letzten Linecars verlassen Pyin U Lwin in Richtung Mandalay gegen Sonnenuntergang und erreichen es zwischen 19 und 20 Uhr. Sie fahren in Pyin U Lwin am Kreisverkehr unweit des Myoma-Kinos bzw. des Uhrenturms ab.

Man kann die knapp 70 Kilometer nach Pyin U Lwin auch mit dem **Motorrad** zurücklegen, aber auf das riskante Fahrverhalten der anderen Verkehrsteilnehmer sei ebenso hingewiesen wie auf den Umstand, dass man ins Gebirge fährt. Wer am selben Tag wieder nach Mandalay zurück möchte, sollte mit dem Motorrad vor Einbruch der Dunkelheit ankommen. Das **Taxi für die Rückfahrt** muss man vorher arrangieren. Wer nach 16 Uhr kein Taxi mehr nach Mandalay findet, begibt sich zum Kreisverkehr, wo die Mandalay–Lashio Road, die Aung Zaya Street und die Ziwaka Street aufeinandertreffen; man schaut ein wenig hilflos nach links und nach rechts und wird sehr bald von einem Linecar-Fahrer gefragt werden, ob man nach Mandalay möchte.

Transport in der Stadt: In Pyin U Lwin bewegen sich die meisten Einwohner mit dem Motorrad oder dem Fahrrad fort. Am Markt kann man sich ein Motorrad mieten, 3000 Kyat/h.

Pferdekutschen prägen das Stadtbild weiterhin und werden nicht nur von Touristen benutzt. Man findet sie an jeder Ecke und kann sie für Rundfahrten buchen. Je nach Streckenlänge ab 3000 Kyat pro Kutsche.

Eine der spannendsten Strecken ist die Eisenbahnfahrt von Mandalay nach Pyin U Lwin (→ S. 255, 368).

Von Pyin U Lwin kann man auch mit der Eisenbahn in Richtung Lashio in den nördlichen Shan-Staat fahren (→ S. 223). Ein sehr zeitig ab Mandalay fahrender Zug (ca. 04 Uhr) trifft gegen 8 Uhr morgens in Pyin U Lwin ein. Über den berühmten Goteik-Viadukt (→ S. 223) erreicht dieser Zug Hsipaw (→ S. 224) am Nachmittag, Lashio (→ S. 229) am Abend (Fahrpreis ca. 6 US-Dollar).

Aureum Palace @ The Governor's House, Ward 6, Governor's Hill, Mandalay–

Der Shan-Staat

Lashio Highway, Tel. +95/(0)85/21902, 085/23215, -16, aureumpalace@myanmar.com.mm. Ab 75 US-Dollar. In der Nähe der Militärakademie im Ortseingangsbereich. Die Aureum-Hotelkette für findet man in allen wichtigen Orten Myanmars. In diesem Hotel sieht man einige Schwarz-Weiß-Fotografien an den Wänden sowie lebensgroße Figuren der früheren Gouverneure Pyin U Lwins. Es heißt, die Einheimischen vermeiden nachts dieses Hotel, weil sie fürchten, die Geister der beiden Engländer würden durchs Haus irren.

Bravo Hotel & Store, Mandalay–Lashio Road, Tel. +95/(0)85/21223, 21826, +95/(0)9/2044249, Fax +95/(0)85/21826; etwa 30 US-Dollar. Nahe des Uhrenturms in Richtung Osten. Ein sauberes und gemütliches Hotel zu einem günstigen Preis.

Grace II, Mandalay–Lashio Road, Tel. +95/(0)85/21230. Das Hotel ist zentral gelegen, gegenüber dem Uhrenturm, mit einfachen Zimmern.

Candacraig Hotel, 6th Quarter, Anawrahta Road, Tel. +95/(0)85/22047, etwas außerhalb; etwa 48 US-Dollar. Das Hotel heißt heute auch **Thiri Myaing Hotel** und ist eine besondere Empfehlung. Ab 1904 war es ein Erholungsheim der Bombay Burma Trading Company und ist heute eines der schönsten Hotels, das Pyin U Lwin zu bieten hat, obwohl es an einigen Stellen lieblos renoviert worden ist und sich in den Ecken der Staub sammelt. Der Service lässt mitunter ebenfalls etwas zu wünschen übrig, auch wenn sich das Personal sehr bemüht. Falls einem das Frühstück nicht zusagen sollte, empfiehlt sich angesichts des günstigen Übernachtungspreises, das Frühstück im Golden Triangle Café einzunehmen. Manche Reiseveranstalter ordern für ihre Gruppen auch kistenweise Croissants vom Golden Triangle Café in ihr Hotel.

Golden Triangle Café & Bakery, Mandalay–Lashio Road, neben dem Myoma-Kino

im Stadtzentrum unweit des Uhrenturms gelegen. Vor rund 7 Jahren entschloss sich der amerikanische Betreiber, in der Umgebung von Pyin U Lwin Kaffee anzubauen, den er von morgens bis abends in seinem Café nebst Pizza und ausgezeichneten Backwaren wie Croissants und Hamburgern sowie Kuchen verkauft, Tel. +95/(0)85/21288, 28202.

The Club Terrace, 25, The Club Road, 085/23311 clubterrace.pyinoolwin@gmail.com. Das Restaurant gehört dem selben Besitzer wie auch das gleichnamige Restaurant in Hsipaw. In Pyin U Lwin aber befindet es sich in einem schönen Kolonialgebäude und serviert gute Thai-Küche, ist aber nicht ganz billig.

Day & Night, 28, Ze Wa Road, zwischen dem Myoma-Kino unweit des Golden Triangle und dem Markt. Klein, sauber und freundliches Personal, Internetzugang fallweise. Tel. +95/(0)85/21945.

Um den Markt herum befinden sich viele **Teestuben**, die auch einfache Gerichte wie Bratreis anbieten.

Neben dem Golden Triangle Café findet man im ehemaligen **Myoma-Kino**, einem Gebäude im Art-Déco-Stil, den wohl bizarrsten Anblick während einer Reise durch Myanmar. Der Eigentümer hat sehr seltsam anmutenden Automaten im ehemaligen Kinosaal aufgestellt und eine Spielhölle errichtet, die von jung und alt frequentiert wird. Das Ganze wirkt äußerst befremdlich.

Wie in vielen Orten des Shan-Staats gibt es auch für die Umgebung von Pyin U Lwin einige **Trekking-Angebote**.

Wer wenig Zeit hat, kann Hsipaw als ausgesprochenes Ziel für Trekking-Freunde überspringen, und bereits in Pyin U Lwin an einer Wanderung teilnehmen und anschließend direkt nach Lashio fahren.

Ohne Führer sollte man sich allerdings nicht auf den Weg machen. Informationen erhält man im Bravo Hotel und in weiteren Hotels.

Karte S. 215

Das Viereck der Geschichte

Wer auf der Landkarte Bagan, Mandalay, Pyin U Lwin und schließlich Naypyi-taw miteinander verbindet, erhält in etwa ein Viereck, das Yangon im Süden aus-schließt, aber dennoch vollständig die Kernzone des Landes einbezieht. Die kleine Rundreise mit dem Finger beginnt in Pyin U Lwin.

Pyin U Lwin hat auch nach dem Abzug der Briten eine fortdauernde militärische Tradition, denn hier und in ihrer Umgebung befinden sich die wichtigsten Zentren der militärischen Ausbildung Myanmars. Die elitäre Kadettenschule DSA befindet sich unübersehbar am Ortseingang der Stadt. Das Tor zur berühmten Defense Service Academy wird von drei Statuen ›bewacht‹, von den Reichseinigern Ana-wrahta, Bayintnaung und Alaungpaya. Hier wird abermals plastisch deutlich, wie sehr sich das Militär in seiner historischen Rolle versteht. Wenn ein junger Mann in die DSA aufgenommen wird, weiß er, dass er fortan zur militärischen Elite gehö-ren wird, die dort seit 1955 geformt wird. Im früheren Militärrat SPDC waren die obersten drei Generäle Absolventen der DSA. Die OTS (Officer Training School) bei Yangon stellte den Gegenpol dar und war auch Grund für einige Rivalitäten im Militärrat. Das Intake, das Jahr der Aufnahme in die DSA, ist ein entscheiden-der Faktor in der Hierarchie des Militärs bis über den aktiven Dienst hinaus. So ist es sehr interessant zu wissen, dass der gegenwärtige Präsident Myanmars und frühere General U Thein Sein zum DSA-Intake Nummer 9 gehört. Der Chef der Streitkräfte hingegen begann seine Ausbildung an der DSA im Intake 19. Der Prä-sident hat also zehn Jahre mehr Erfahrung und somit mehr Autorität, auch wenn er die Uniform inzwischen abgelegt hat. Diese Personalie deutet die Machtver-hältnisse zwischen der zivilen Regierung und dem Militär vor dem Hintergrund einer möglichen zukünftigen Machtübernahme durch das Militär an.

Ein Beispiel, was den Stolz der Eltern und auch die Tradition dieser Militärakade-mie beschreibt, ist das 1974 erschienene Buch ›To my Soldier Son‹ von Dr. Maung Maung. Das Buch erzählt vom großen Tag der Abschlussfeier des Sohnes an der DSA, während der Vater in Rückblenden seine eigene Geschichte aus der Zeit des Unabhängigkeitskampfes gegen die Briten und Japaner darlegt. Er bezeichnet die-ses Buch, das er seinem Sohn, dem spä-teren General und stellvertretenden Au-ßenminister, Kyaw Thu widmete, als ein Geschenk eines Vaters an seinen Sohn, in Tradition miteinander verbunden.

Kurz vor Pyin U Lwin zweigt eine Stra-ße zur **Cyber City Yadanarbon** ab. Diese Stadt wurde um das Jahr 2006 mit dem Anspruch gegründet, das Silicon Valley von Myanmar zu werden. Die Nähe zu Pyin U Lwin ist beabsichtigt, aber man hat seitdem nicht mehr viel von der Cy-ber City gehört. In Südostasien haben die Briten neben Myanmar ebenfalls Malay-sia kolonisiert. Man kann den modernen

Bagan – hier wurde vor 1000 Jahren das erste Großreich gegründet

Die DSA in Pyin U Lwin – von hier kommt die triumphierende zukünftige Elite

Petronas Tower in Kuala Lumpur als Versuch zur Überwindung der eigenen kolonialen Vergangenheit verstehen. Wenn man weiterhin Malaysias ›Multimedia Super Corridor‹ betrachtet, der ein High-Tech-Zentrum zwischen der Hauptstadt Kuala Lumpur und dem internationalen Flughafen darstellt, wird erkennbar, woher das Vorbild für die Cyber City Yadanarbon in Myanmar kommt.

Die Stadt **Naypyitaw**, nahe Pyinmana, wurde von den Generälen zur Jahrtausendwende gegründet und 2006 bezogen. Sie liegt wie die früheren Hauptstädte im Landesinneren. Pyinmana hingegen war schon unter der Führung von General Aung San ein Ausbildungsort der Armee im Kampf um die Unabhängigkeit. In Naypyitaw befindet sich die größte Ausgabe der drei königlichen Statuen. Während sich zwar der Name der Stadt mit ›königliche Residenz‹ übersetzen lässt, ist sie aber dennoch ein Ausdruck modernen Städtebaus, langweilig und ohne Sehenswürdigkeiten zwar, aber unter diesem Gesichtspunkt interessant.

Nordwestlich von Naypyitaw, in **Bagan**, wurde vor etwa 1000 Jahren das erste Großreich auf dem Boden des heutigen Myanmar durch König Anawrahta begründet, dessen Spuren und Traditionen bis heute wirken. In Bagan wurden zwar die Grundmauern des königlichen Palastes freigelegt, aber die Erbauung einer Kopie in der Nähe des alten Fundaments, die ungefähr den Charme von Naypyitaw hat, führt weiter nach Mandalay, wo sich ähnliches zugetragen hat. Dort wurde der Palast innerhalb der alten Mauern erst vor wenigen Jahren wieder aufgebaut, und weite Teile des Geländes dienen der Armee als Kaserne.

Mandalay war die letzte Königshauptstadt bis zur vollständigen kolonialen Besetzung. Dort endete mit der Verbannung König Thibaws nach Indien auch die Tradition, die in Bagan begann. Der jeweilige Monarch, unbeliebt oder nicht, galt als anerkannter Hüter der sozialen Ordnung und Repräsentant des Buddhismus auf Erden. Der Palast war das strahlende Zentrum des Landes. Die Entfernung des Königtums aus Myanmar bedeutete die Zerstörung der nationalen Identität.

Da die heutige Armee 1945 gegründet wurde, um die nationale Unabhängigkeit zu erlangen, und diese Tradition an der DSA seit 1955 fortgeführt wird, lassen sich die Palastbauten inklusive Naypyitaw unter der Herrschaft des Militärs ab 1988 besser verstehen. Das Militär begreift sich selbst und die drei Könige als Reichseiniger und als Waffenbrüder. Die Vergangenheit von Bagan und Mandalay wird verknüpft mit der Zukunft in Form der DSA und der Cyber City sowie Naypyitaw.

Der nördliche Shan-Staat

Der nördliche Teil des Shan-Unionsstaates wird von wenigen Reisenden besucht, während aber der Inle-See im südlichen Teil auf jedem Reiseplan zu finden ist. Im Norden ist man einer von wenigen westlichen Ausländern, und die Gegend lädt zum Erkunden und Wandern ein. Einerseits ist es die Grenze zu China und andererseits sind es die vergleichsweise wenigen Touristen, gepaart mit angenehmen bis kühlen Temperaturen, die das Erkunden des nördlichen Shan-Staats so besonders macht. Spätestens in Lashio haben die meisten Reisenden den Endpunkt erreicht. Wer von Lashio weiter an die chinesische Grenze nach Muse fahren will, sollte rechtzeitig Kontakt zur MTT (→ S. 168, 213) aufnehmen, die die erforderliche Genehmigung beschafft.

Anreise

Von Mandalay aus kommend, gibt es mehrere Möglichkeiten, sich in der Region zu bewegen. Eine Mischung aus Auto- bzw. Bus- sowie Bahnfahrt ist dabei angebracht, da man so interessante Einblicke erhält. Vorweg: Mit der Eisenbahn kann man morgens ab ungefähr vier Uhr mit dem Zug direkt nach Lashio fahren, der dort am Abend eintreffen wird. Verzögerungen und Verspätungen von mehreren Stunden gehören hier zum Alltag. Allerdings ist diese lange Bahnfahrt wirklich nur etwas für Enthusiasten und man wird bei rund 30 Stundenkilometern ordentlich durchgeschüttelt, während die zeitige Abfahrt aus Mandalay einen lange vor der Ankunft in Lashio zeitig müde werden lässt (→ S. 368).

Entspannter lässt es sich mit folgender Kombination reisen: Nach dem Frühstück in Mandalay fährt man mit dem Taxi oder Bus nach Pyin U Lwin (→ S. 214). Die Fahrt dauert zwei bis drei Stunden, je nach gewähltem Transportmittel. In Pyin U Lwin mindestens eine, höchstens zwei Übernachtungen einplanen und dann den erwähnten Zug aus Mandalay kommenden Zug um ungefähr acht Uhr morgens in Richtung Lashio nehmen. Mittags erreicht man das Goteik-Viadukt und steigt entweder nachmittags in Hsipaw oder abends in Lashio aus. Wer in Hsipaw aussteigt, kann mit einem von mehreren Bussen täglich die letzten zwei Stunden nach Lashio zurücklegen oder alternativ den Zug am späten Nachmittag nehmen. Auf diese Weise hat man eine angenehme Bahnfahrt und die Überquerung des Goteik-Viadukts zwischen Pyin U Lwin und Hsipaw erlebt, ohne allzu sehr erschöpft am Zielort einzutreffen.

Das Goteik-Viadukt

Der Höhepunkt der Strecke von Pyin U Lwin nach Hsipaw oder Lashio ist die Überquerung des Goteik-Viadukts, der berühmtesten Eisenbahnbrücke Myanmars. Sie wurde im Jahr 1899 von den Briten in Auftrag gegeben und innerhalb

Der Schnellzug, der morgens um acht von Pyin U Lwin Richtung Goteik-Viadukt und Hsipaw fährt

Das Goteik-Viadukt wird in Schrittge-schwindigkeit überquert

von sechs Monaten von der Pennsylvania and Maryland Bridge Construction gebaut. Die Firma ließ dazu eigens das Material aus den USA anliefern. Das Viadukt sollte die Anbindung der Eisenbahn nach Lashio ermöglichen, von wo schließlich die legendäre Burma Road (→ S. 234) nach China führt. Die Bahnfahrt in Schrittgeschwindigkeit über dieses knapp 111 Meter hohe und fast 800 Meter lange Bauwerk bietet reichlich Spannung und gute Möglichkeiten zum Fotografieren. Schon 1975 beschrieb der Reisende Paul Theroux in seinem Buch *The Great Railway Bazaar* von der Brücke als ›silbernes Monstrum in einer Landschaft von Dschungel und Fels‹. Für die Baukosten von reichlich 111 000 Britschen Pfund wurde für damalige Verhältnisse ein Meisterwerk der Ingenieurskunst geschaffen.

Frühere Warnungen, mit der Kamera aufgrund starker militärischer Präsenz diskret zu sein, scheinen nicht mehr zu gelten. Ab Pyin U Lwin nach Hsipaw mit der Bahn zu reisen kostet nur sechs US-Dollar in der Upper Class und hat den Vorteil, dass der sehr zeitig ab Mandalay fahrende Zug erst gegen acht Uhr morgens in Pyin U Lwin eintrifft, so dass das Frühstück noch im Hotel eingenommen werden kann. Die Fahrt endet in Hsipaw am Nachmittag oder in Lashio am Abend. Natürlich gibt es auch Sammeltaxis von Pyin U Lwin nach Hsipaw ab 15 000 Kyat pro Person.

Wer sich dazu entschließt, die Strecke mit dem Auto zurückzulegen, erreicht die Schlucht bereits nach etwa einer Stunde. Im Gegensatz zur Bahn winden sich Fahrzeuge über mehrere Kilometer nach unten, bis eine schmale Holzbrücke erreicht wird. Diese quert einen wilden Fluss, bevor es wieder auf der anderen Seite nach oben geht. An dieser Stelle angelangt, befindet man sich auf etwa 700 Höhenmetern, während die umgebenden Gebirge noch einmal gut 300 Meter höher liegen. Das Eisenbahn-Viadukt kann man von hier aus sehen. Ab dieser Stelle befindet man sich tief im Shan-Staat.

Hsipaw

Von Mandalay oder Pyin U Lwin kommend ist Hsipaw der erste Stop im nördlichen Shan-Staat entlang der Straße in Richtung China. Hsipaw ist überwiegend für Wanderer interessant, da man von dort aus (auch mehrtägige) Trekkingtouren in die Umgebung zu verschiedenen Bergvölkern unternehmen kann. Es gibt einige Sehenswürdigkeiten. Der Shan-Palast, in dem zuletzt die Österreicherin Inge Sargent, die frühere Shan-Prinzessin, gelebt hat (→ S. 228), ist nur manchmal geöffnet, aber mit etwas Geduld wird man auf die Bewohnerin persönlich treffen und die Geschichte der Familie erfahren, die vom Shan-Fürsten und seiner aus Österreich stammenden Ehefrau handelt. Wie an anderer Stelle bereits erwähnt, hat der Sohn des ers-

Karte S. 193 ▲

ten Präsidenten von Myanmar aus dem kanadischen Exil im Jahr 2005 einen unabhängigen Shan-Staat ausgerufen. Diese Forderung wurde sofort von allen Beteiligten abgewiesen, und zur Sicherheit wurde ein Nachfahre der Familie inhaftiert, aber kürzlich wieder frei gelassen.

■ **Geschichte**

Die Stadt wurde bereits 1636 gegründet. Als die Briten nach der vollständigen Annektion Myanmars Hsipaw erstmalig erreichten, waren noch Reste einer alten Stadtmauer zu erkennen, völlig vom Dschungel überwuchert. Seit Anfang der 1960er Jahre wurde vor allem im Shan-Staat der Kampf verschiedener Rebellengruppen gegen den Zentralstaat ausgetragen, so auch in der Umgebung von Hsipaw. Kommunistische Rebellen, von China finanziert, hatten eine Volksrepublik Myanmar im Sinn. Seit Anfang der 1990er Jahre wurden hier die wichtigsten Waffenstillstandsabkommen erreicht, die auf General Khin Nyunt zurückgehen. Heute ist es friedlich, aber nur einen Tagesmarsch entfernt kommt man in Dörfer, die weiterhin unter Kontrolle von Rebellen sind, denen die Zentralregierung Selbstverwaltung gewährt hat.

■ **Orientierung**

Die Stadt ist klein. Im Osten wird sie durch den Fluss Duthawady begrenzt, an dessen Ufer sich zwei nette Restaurants befinden. Duthawady ist der alte Name Hsipaws. Im Westen verlaufen die Bahngleise und dort befindet sich der Bahnhof Hsipaws. Im Süden beginnt das Zentrum an der Bogyoke Road nahe dem Uhrenturm in Richtung Norden, wo Mr. Charles sein Guest House hat. Die Nanthu Road hat man von der Bogyoke Road im Süden bis zu Mr. Charles in 10 Minuten passiert.

Aufgrund der kurzen Entfernungen braucht man in Hsipaw kein Fortbewegungsmittel. Fahrräder sind dennoch eine Option. Bei Ankunft am Bahnhof oder am Busplatz stehen Fahrer bereit, die einen sofort ansprechen und für wenig Geld zur Unterkunft bringen, obwohl man die Strecke, abhängig vom mitgeführten Gepäck, auch laufen kann. Wer die nähere Umgebung erkunden will, kann sich in der Unterkunft ein Motorrad ausleihen. Man erreicht und verlässt Hsipaw entweder mit dem eigenen Fahrer, dem Zug in Richtung Lashio oder Mandalay oder dem Bus.

■ **Sehenswürdigkeiten**

Im Nordwesten befindet sich der **Shan-Palast** (*haw*), in welchem Inge Sargent zuletzt lebte. Leider ist das Grundstück oft verschlossen. Man kann aber Glück haben, und die jetzige Bewohnerin wird durch das Hundegebell auf den Gast aufmerksam und lädt ihn ins Haus ein. Sie erzählt bereitwillig die Geschichte der Familie (→ S. 228), und man wird gebeten, sich ins Gästebuch einzutragen. Im Norden findet man ein **Ruinenfeld** mit einigen Stupas sowie das **Maha-Nanda-Kantha-Kloster**, dessen Buddha-Statue

Außerhalb Yangons ist das Motorrad das häufigste Fortbewegungsmittel

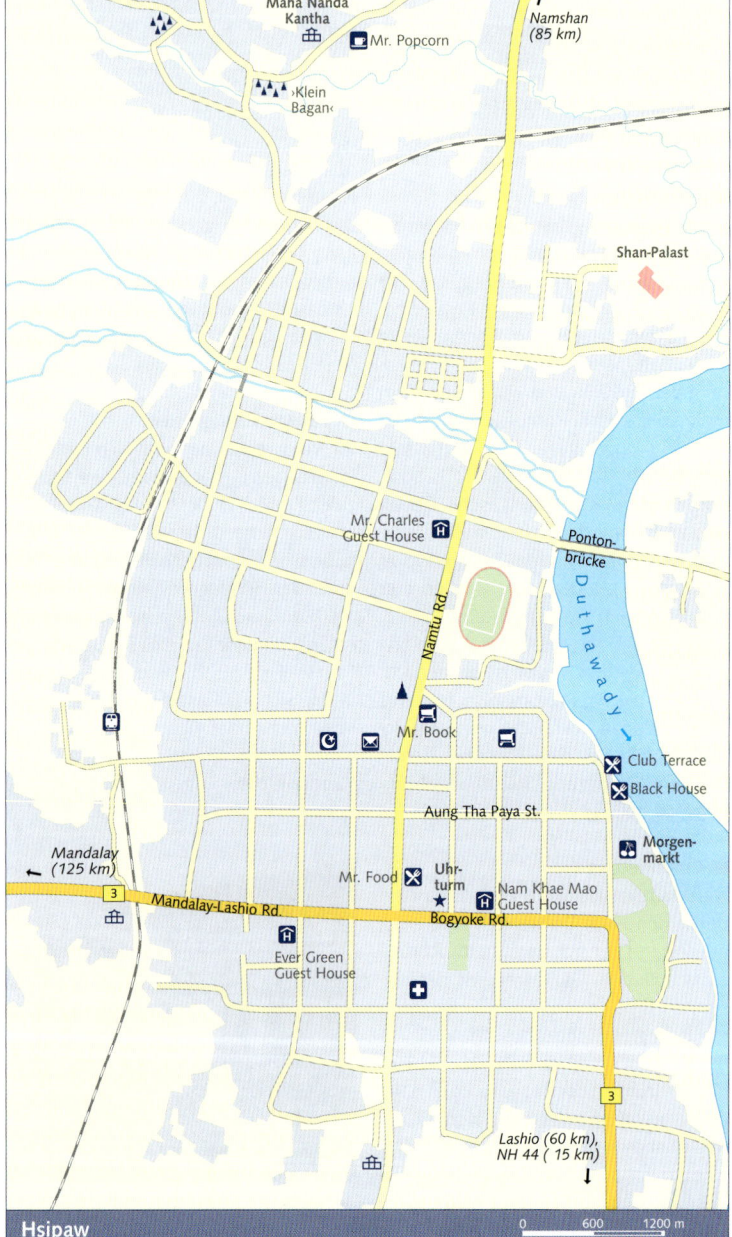

Maha Nanda
Kantha
Mr. Popcorn

›Klein
Bagan‹

↑
Namshan
(85 km)

Shan-Palast

Mr. Charles
Guest House

Ponton-
brücke

Namtu Rd.

Duthawady

Mr. Book

Club Terrace

Black House

Aung Tha Paya St.

Mandalay
(125 km)

Morgen-
markt

Mr. Food

Uhr-
turm
★

Nam Khae Mao
Guest House

Mandalay-Lashio Rd.

Bogyoke Rd.

3

Ever Green
Guest House

Lashio (60 km),
NH 44 (15 km)
↓

3

Hsipaw

0   600   1200 m

ursprünglich vollständig aus Bambus gefertigt worden war, und im Laufe der Jahrzehnte ab 1848 mit Goldplättchen beklebt wurde. Nach dem Abendessen in einem der Restaurant, wo man die meisten Reisenden wiedertreffen wird, ist nicht viel los in Hsipaw. Einzig auf dem Balkon von Mr. Charles Guest House sitzt man abends mit anderen Reisenden in gemütlicher Runde beisammen.

■ **Trekkingtouren**

Das Angebot, was Trekking und Unterkunft angeht, liegt fest in der Hand von Mr. Charles, dessen Guest House gleichen Namens die meisten Reisenden anzieht. Nebenher betreibt die Familie ein Transportunternehmen, dessen Fahrzeuge auf der Strecke Mandalay–China hin und her pendeln. Ausgedehnte Wanderungen zu den Dörfern der Palaung und der Shan bieten einen Einblick in die Lebensweise dieser Bevölkerungsgruppen. Wer eine Trekkingtour mit Übernachtung bucht, wird bleibende Eindrücke vom Leben dieser Bergvölker behalten, die ganz einfach und doch sehr glücklich ohne Mobiltelefon und Fernseher in ihren traditionellen Gemeinschaften leben. Wer einige Tage Zeit hat, dem sei eine ausgedehnte Trekkingtour zu den Palaung oder nach Kyaukme empfohlen. Speziell in Namshan kann man die Palaung besuchen, die sich in ganz Myanmar als Teebauern einen Namen gemacht haben.

🛏 **Hsipaw**

Es gibt einfache Unterkünfte, die allesamt saubere Zimmer bieten. Obwohl auf Grund der Temperaturen unnötig, bieten die meisten Unterkünfte Klimaanlagen, während die Warmwasserversorgung teilweise eine Frage des rechtzeitigen Einschalten der Boiler im Bad ist.

Mr. Charles Guest House in der 105, Auba Street ist die zentrale Anlaufstelle für Reisende in Hsipaw. 25–50 US-Dollar, Tel. +95/(0)82/80105, +95/(0)9/6710278, resv.mrcharles@gmail.com

Das **Ever Green Guest House** liegt wenige Gehminuten abseits der belebten touristischen Mitte Hsipaws südlich der Mandalay–Lashio Road (Bogyoke Road). Hier übernachten überwiegend Einheimische, das Personal ist sehr hilfsbereit und freut sich über die wenigen westlichen Besucher, die nicht bei Mr. Charles übernachten. Die Zimmerpreise liegen bei ortsüblichen 25 Dollar für ein Zimmer mit Bad. Bogyoke Aung San & Thein Ni Street, Tel. +95/(0)82/80670, +95/(0)9/5278274.

Nam Khae Mao Guest House, Nr. 134, Bogyoke Road, am Uhrenturm, Tel. +95/ (0)82/80077, namkhaemaoguesthouse@ gmail.com. Zimmer mit Bad ab 25 Dollar. Es gibt W-Lan und Fernseher auf den Zimmern. Wandertouren in die Umgebung werden von diesem Hotel ebenfalls organisiert.

Mr. Food, Namtu Road, auf dem ersten Abschnitt ab der Bogyoke Road, rechte Seite, Eckrestaurant, das zur Straße hin offen ist. Dies ist das Restaurant Hsipaws, in dem man alle Reisenden abends wiedertrifft. Die Gerichte sind günstig und schnell serviert.

Am Ufer des Duthawady gibt es zum einen das **Black House**, wo man tagsüber bei Kaffee und Kuchen den Blick auf den Fluss genießen kann, während gleich daneben **The Club Terrace** für das Abendessen auf der Terrasse besucht werden kann. Nr. 35, Shwe Nyaung Pin Street. Tel. +95/(0)9/49242416.

Mrs. Popcorn, Tel. +95/(0)9/402664925. Auf dem Rückweg von einer Trekking-Tour, nahe dem Bambuskloster Maha Nanda Kantha, gibt es im Garten einer pensionierten Lehrerin einen Coffee-Shop. Es sind ausgezeichneter Kaffee sowie Kuchen und Fruchtsäfte im Angebot. Eine Adresse gibt es nicht, Fragen hilft.

Der Shan-Staat

Die Shan-Prinzessin

Beim Studium in Denver hatte Inge Eberhard Anfang der 1950er Jahre den aus Myanmar stammenden Bergbauingenieur Sao Kya Seng kennengelernt und am 7. März 1953 geheiratet. Erst ein Jahr später, im Hafen von Yangon, enthüllte er seine wahre Identität: Sao Kya Seng war der regierende Prinz von Hsipaw. Es heißt, sie reagierte darauf mit den Worten: »Du hättest mir das sagen müssen. Ich bin nicht richtig angezogen.«

Die Tochter eines Oberförsters begab sich mit ihrem Mann in dessen Reich – Hsipaw, nahe der chinesischen Grenze, entlang der aus dem Zweiten Weltkrieg bekannt gewordenen Burma Road.

Der Shan-Staat, einst in 34 Fürstentümer, heute hingegen in 48 Bezirke aufgegliedert, strebte wie viele andere teilautonome Staaten in Myanmar nach der einst versprochenen Unabhängigkeit ab 1958. Der junge Prinz Sao Kya Seng war mit vielen neuen Ideen aus den USA zurückgekehrt und wollte das Feudalsystem beseitigen. Er übereignete Reisfelder an Bauern und überließ ihnen sogar kostenlos neue Landwirtschaftsmaschinen, ging gegen Korruption vor und investierte Profite aus dem Abbau der immensen Bodenschätze in Weiterentwicklungen. Seine Frau, die inzwischen den Namen Sao Thusandi trug, wurde 1957 offiziell zur Mahadavi, zur himmlischen Regentin. Sie führte viele positive Neuerungen ein, etwa eine dreisprachige Schule, eine Entbindungsstation und eine Kinderwohlfahrtsgesellschaft zur Senkung der hohen Kindersterblichkeit.

Einige Staaten der jungen Union Myanmar wollten sich von der Zentralregierung in Yangon loslösen. Deren Anspruch darauf war im Sezessionsrecht der Verfassung von 1947 begründet. Als schließlich der bewaffnete Arm der Kachin-Unabhängigkeitsorganisation im Norden Myanmars zu den Waffen griff, um sich gegen die Einführung des Buddhismus als Staatsreligion unter U Nu im Jahr 1961 zu wehren, schritt 1962 der Oberbefehlshaber der staatlichen Armee, General Ne Win, ein. Er beendete die separatistischen Bestrebungen gewaltsam und entmachtete die Regierung sowie die Oberhäupter der verschiedenen Staaten. Bis heute ist unbekannt, was mit Prinz Sao Kya Seng geschah. Nach dessen Verhaftung wurde auch die Prinzessin unter Hausarrest gestellt, und erst 1964 gelang ihr mit den zwei Töchtern die Flucht nach Österreich.

In Hsipaw ist die Shan-Prinzessin weiterhin unvergessen. In einigen Häusern findet man (wieder) Schwarz-Weiß-Fotos des ›himmlischen Paares‹ und man erfährt, dass es bis 1962 in Hsipaw üblich gewesen sein soll, neben dem Buddha-Bildnis ein Hochzeitsfoto der beiden zu platzieren. Manche Bewohner Hsipaws zeigen bereitwillig Fotos, oft aus der eigenen Kinderzeit, spielend mit den beiden Töchtern des Prinzenpaares.

Die Verhaftung des Verwalters des Palastes, Soa Oo Kya, im Jahre 2005 wurde offiziell damit begründet, dass er keine Touristenlizenz für seinen Palast habe, aber mit Sicherheit hatte das Vorgehen des Staates mit dem Ruf aus Kanada im selben Jahr zu tun. Im Jahr 2012 erhielt seine Frau die offizielle Genehmigung, wieder Besucher im Palast zu empfangen, und seitdem gelangen täglich interessierte Touristen nach Hispaw und erhöhen die Besucherzahlen des Palastes gewaltig, um dort von der Familie mehr über deren bewegte Geschichte zu erfahren.

Lashio

Die größte Stadt des nördlichen Shan-Staates hat etwa 130 000 Einwohner, wobei rund 60 Prozent Chinesen sind. Lashio liegt in der Mitte der Strecke zwischen Mandalay und der chinesischen Grenze bei Muse. Die 1154 Kilometer lange frühere Burma Road beginnt in Lashio (→ S. 234). Sie endet in Kunming in China. Ungefähr 45 Kilometer südlich befindet sich der Loi Leng, der höchste Berg des Shan-Plateaus mit 2675 Metern. Bis 2010 war Lashio das Verwaltungszentrum des nördlichen Shan-Staates, was man anhand der Vielzahl der Außenstellen einiger Ministerien nordöstlich des Zentrums erkennen kann. Lashio dient, wenn überhaupt, den meisten Touristen nur als Zwischenstation nach Norden, wenn man von dort aus weiter nach Muse an die chinesische Grenze will, was aber eine in Yangon erteilte Sondergenehmigung voraussetzt.

Dabei hat die Stadt einen unvergleichlichen, schwer zu beschreibenden Reiz. Sie ist rau, untouristisch, geschäftig, mit freundlichen Menschen, und die Nähe

Aus alt mach neu: Schuhe aus Altreifen

zu China ist nicht nur sichtbar, sondern auch spürbar, wenn man sich mehr als nur einen kurzen Tag dort aufhält. Gerade weil Ausländer ohne Genehmigung nicht weiter dürfen, fühlt sich Lashio wie das Ende der Welt an, und man könnte fast glauben, man sei der erste Ausländer, der Lashio je betreten hat.

Geschichte

Wenige Gebäude – mit Ausnahme der Sehenswürdigkeiten – sind alt. Ein kleiner Brand in einer Küche entwickelte sich zu einem Inferno, das etwa um 1988 viele der Holzgebäude zerstörte.

Bevor die Briten Lashio im Jahr 1887 erreichten, war die Stadt das Zentrum des nördlichen Shan-Staats. Lashio liegt in einer Senke, die einst stark bevölkert war. Etwa um 1878 startete der Sawbwa von Hsenwi ein Rebellion was zu einer Abwanderung führte.

Die Moderne hielt im Jahr 1903 Einzug, als Lashio nach Fertigstellung des Goteik-Viadukts an die Eisenbahntrasse aus Mandalay angeschlossen wurde. Zu diesem Zeitpunkt wurde die Stadt der vorübergehende Wohnort von nicht weniger als fünf Shan-Fürsten (Sawbwas). Im Zweiten Weltkrieg wurde die Stadt aufgrund der Eisenbahnstrecke ein strategisch wichtiger Punkt, da hier das südliche Ende der Burma Road liegt, über welche die Alliierten China mit Nachschub versorgten, um den Japanern in China und deren Plänen zu einer ›Großasiatischen Wohlfahrtsphähre‹ Einhalt zu gebieten. Es gelang den Japanern, im Rahmen der Besetzung Myanmars, im Kampf gegen die Briten und zur Unterstützung von General Aung San, die Stadt einzunehmen. Drei Jahre später, am 7. März 1945 erreichten die Alliierten Lashio und befreiten die Stadt wieder.

Der Shan-Staat

Orientierung

Im Süden der Stadt befindet sich das chinesische Kloster Kuan Yin San, das unbedingt besucht werden sollte. Von der Aussichtsplattform links neben dem Eingang gewinnt man einen Eindruck von der Stadt, die in einer Senke, umgeben von geheimnisvoll anmutenden Bergen liegt. Vom Kloster kann man die Entfernungen abschätzen, insbesondere angesichts des Pyi Lon Chantha im Norden der Stadt, von dem man ebenfalls einen guten Blick über die Stadt hat. Dazwischen liegen das Zentrum mit Nachtmarkt und den Hotels. Der National Highway 3, auch als Asia Highway 14 (Burma Road) bekannt, verläuft durch die Stadt nach Norden in Richtung China und nach Süden in Richtung Hsipaw. Die Bewohner Lashios unterteilen die Stadt in Lashio-gyi (groß) und Lashio-lay (klein).

■ Sicherheitshinweis

Die Stadtgrenze in Richtung Norden, jenseits der heißen Quellen, sollte keinesfalls auf eigene Faust überschritten werden. Die Straße nach Muse an der chinesischen Grenze wird von Truppen der Kachin Independence Army (KIA), einer Widerstandsbewegung, kontrolliert, um den Warenverkehr und Truppenbewegungen der Regierung zu kontrollieren. Ein westlicher Ausländer, der allein auf dieser Straße unterwegs ist, erregt sofort Aufmerksamkeit, was zu Problemen führt. Dabei geht es allen

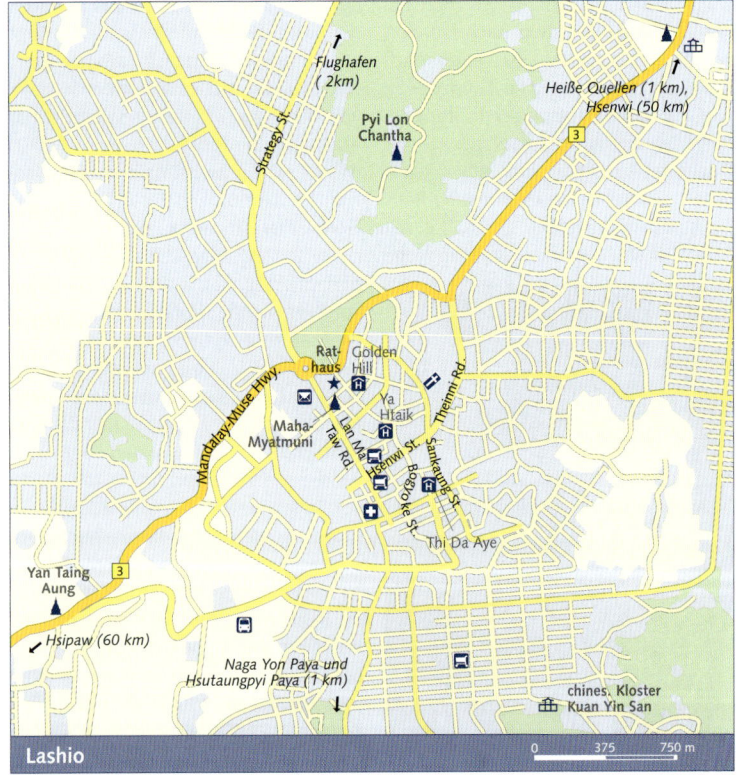

Beteiligten um die Sicherheit von Touristen, nicht um Schikane. Eine bereits im Vorfeld organisierte und genehmigte Fahrt von Lashio nach Muse oder in entgegengesetzter Richtung ist die einzige Möglichkeit für Touristen, sich auf dieser Strecke zu bewegen. In der Nacht kann es hin und wieder zu bewaffneten Auseinandersetzungen entlang der Strecke kommen, insbesondere nach Auflösung des Waffenstillstandsabkommen zwischen der Zentralregierung und der KIA seit dem Sommer 2012. Ende 2013 gab es Gerüchte, dass die Fahrt nach Muse jetzt doch ohne Genehmigung möglich ist. Dies konnte jedoch noch nicht überprüft werden. Wer weiter nach China will, benötigt ein Visum, das im Voraus eingeholt werden muss.

Die Nähe zu China ist hier deutlich zu spüren

Um den höchsten Berg des Shan-Plateaus, den Loi Leng, 45 Kilometer südlich von Lashio gelegen, zu erreichen, sollte man im Hotel um Auskunft bitten und auch diesen keinesfalls auf eigene Faust erkunden.

Sehenswürdigkeiten

Das **chinesische Kloster Kuan Yin San** im Süden der Stadt wurde 1950 erbaut. Es handelt sich um den größten chinesischen Tempel in Myanmar. Dort leben Mönche und Nonnen, die leider kein Englisch sprechen. Auf dem Gelände gibt es mehrere Gebäude, im oberen Gebäude findet man riesige Buddhafiguren hinter Glas, wobei der Raum durch schwache Beleuchtung sehr mystisch wirkt. Sehr schön ist die große Terrasse mit Blick über Lashio, wo sich ab und zu Lashios Jugend auf ihren Mopeds versammelt. An Sonn- und Feiertagen strömen die Familien hierher und veranstalten Picknicks. Der **Mansu Stupa** nordwestlich des Stadtzentrums ist über 100 Jahre alt und ist am Sockel von Bilu-Figuren in Schreinen umgeben.

Südwestlich des Stadtzentrums, am National Highway 3, sieht man die weitläufige Anlage mit dem **Stupa Yan Taing Aung** sowie einer riesigen, sitzenden Buddhafigur. Der Stupa hat große Ähnlichkeit mit dem Stupa Shwedagon in Yangon, wenngleich der Yan Taing Aung innen hohl ist. Eine Tafel im Inneren des Stupas listet die ›Goßen religiösen Bauwerke‹ in Myanmar chronologisch auf, wobei die Zahl der errichteten Bauwerke unter dem Militärrat ab 1988 als am höchsten dargestellt wird, verglichen mit zum Beispiel Bagan! Hier soll wohl deutlich gemacht werden, dass diese Regierung den Buddhismus massiv fördert. Die vielen Buddha-Statuen im Inneren wurden von hohen Generälen gestiftet. Yan Taing Aung ist der Stolz der Generäle des früheren SPDC. Übersetzt bedeutet es ›immer siegreich‹ und steht stellvertretend für den Anspruch auf das Gewaltmonopol der Zentralregierung im nördlichen Shan-Staat. Lashio und der nördliche Shan-Staat waren jahrzehntelang der Schauplatz des Kampfes zwischen staatlicher Armee und den Rebellen. Thant Myint-U schreibt, dass in dieser Gegend Schlachten stattgefunden

Die Naga Yon Paya: Der Schlangenkönig schützt Buddha vor dem Regen

über die Umgebung; beide Örtlichkeiten werden auch gerne von Familien zum Picknick besucht. Im Hsutaungpyi findet man neun Abbildungen des Buddha, die verschiedene Mudras, also Handgesten zeigen. Die Hsutaungpyi Paya hat eine ähnliche Geschichte wie die Yan Taing Aung Paya. Der Vorsitzende des früheren Militärstaatsrates SPDC sowie dessen erster Sekretär sind die Stifter dieser Anlage. Der **Myoma-Markt** im Stadtzentrum bietet ein riesiges Warenangebot. Am Abend sollte man sich die Straßenmärkte anschauen, deren Aufbau schon mittags beginnt. Hier befindet sich ein Handelsplatz für in China produzierte Hautcremes mit Weißmacher, die in ganz Myanmar verteilt werden.

haben, von denen man im Ausland nie etwas gehört hat, und die Generäle haben hier viele Kameraden verloren. Der Stupa steht also möglicherweise für den verlustreichen Krieg, der gewonnen wurde – nahe der Grenze zu China.
Aus dem Jahr 1955 stammt der **Mahamyatmuni Stupa** im Stadtzentrum, dessen Aufmachung und das Gelände wirken aber wie der Yan Taing Aung etwas leblos. In der Nähe der Fernsehstation liegt nördlich des Stadtzentrums die **Pyi Lon Chantha Paya**, die 2500 Jahre nach Buddhas Ableben, dann also im Jahr 1957, erbaut wurde, was ihr den Beinamen 2500-Jahre-Paya einbrachte.
Südlich des Zentrums und nur mit etwas Ortskenntnis zu erreichen befinden sich neben dem Wasserreservoir auf dem Yay-Kan-Taung-Hügel rechts die **Naga Yon Paya** und links die **Hsutaungpyi Paya**. Von beiden hat man einen guten Blick

■ Außerhalb der Stadt
45 Kilometer südlich von Lashio befindet sich der höchste Berg des Shan-Plateaus, der **Loi Leng**, mit 2675 Metern (→ S. 231).
Die **heißen Quellen** (Ye Pu San) sind im Norden der Stadt Richtung Stadtgrenze. Eine Abzweigung führt nach rechts, wo auch ein gut sichtbares Schild auf Englisch auf die heißen Quellen hinweist (Eintritt 3 Dollar, Kyat werden akzeptiert). Die Badekultur hier im offenen Becken mit sehr warmem Wasser unterscheidet sich erheblich von der europäischen: Familien baden und waschen sich gleichzeitig mit Seife im Becken, während am Abflusskanal auch gleich die Wäsche gewaschen wird. Dennoch ist ein Aufenthalt in kühler Höhenlage recht erholsam. Ein neues Hotel steht unübersehbar an der Abzweigung von der Hauptstraße zu den Quellen.

ℹ Lashio
Jedes Hotel in der Stadt hilft mit Auskünften weiter. Es gibt zudem Büros verschiedener Fluglinien und Reisebüros. Im Stadtzentrum unweit des Marktes findet man zum Beispiel eine der beiden Filialen der **Reisebürokette Sun Far**. Sie befin-

det sich in der Nr. 84, Theinni Road, Tel. +95/(0)82/23669, +95/(0)9/5262959. **Geldwechsel**: AGD Bank, 51, Kyar Phyu Road (Ecke Rotes-Kreuz-Gebäude), Tel. +95/(0)82/26690.

Transport in der Stadt: In Lashio geht man zu Fuß oder benutzt eines der vielen dreirädrigen Taxis mit offener Kabine. Die Fahrt vom Zentrum zum Flughafen kostet zum Beispiel ungefähr 2000 Kyat. Alternativ mietet man ein Motorrad im Hotel ab 10 000 Kyat pro Tag, aber fragt sich vorher ehrlich, ob man dieses tatsächlich beherrscht. Man sollte auch bedenken, dass man genaugenommen ohne gültigen Führerschein unterwegs ist (siehe auch → S. 355).

Lashio hat einen Flughafen, von dem aus man nach Mandalay, Tachileik, Heho (Inle-See) sowie Yangon und je nach Saison auch zu anderen Zielen fliegen kann. Meistens erfolgt ein Zwischenstopp entlang der Route, so in Mandalay auf dem Weg nach Yangon. Die Reisebüros im Stadtzentrum Lashios stellen Tickets aus und informieren über Routen und Zeiten, die ständigen Veränderungen unterliegen.

Mit der Eisenbahn oder mit Bus kann man zurück nach **Mandalay** reisen. Der **Inle-See** ist von Lashio aus manchmal per Bus erreichbar, je nach Sicherheitslage entlang der Strecke werden Ausländer von Busreisen ausgeschlossen. Der Zug nach Mandalay verlässt Lashio frühmorgens um 4.45. Busse fahren am frühen Abend (ca. 7 Std. Fahrtdauer), Sammeltaxis dagegen morgens um 8 Uhr.

Wer nach **Muse** an die chinesische Grenze fahren will, braucht dazu eine Genehmigung, deren Ausstellung in Yangon mindestens 4 Wochen benötigt. Eine Genehmigung kann keinesfalls in Lashio erteilt werden. Ein Reiseleiter als Begleiter sowie ein Taxi sind dann Pflicht, und die übrigen Formalitäten werden geregelt.

Es gibt gute Übernachtungsmöglichkeiten in Lashio.

Thi Da Aye Hotel, Nr. 11/4, Thiri Road, Tel. +95/(0)82/22165, 22371, 25265. Definitiv die erste Wahl, wenn auch ohne Frühstück. Ein sauberes, renoviertes Gebäude mit professionellem Personal. Recht große Zimmer in der oberen Kategorie ab 30 US-Dollar. Im Keller fensterlose Zimmer mit eigenem Bad ab 10 US-Dollar, was wiederum bei der morgendlich einsetzenden Geräuschkulisse hilfreich sein kann. Von der Dachterrasse, die als Wäscheplatz dient, hat man einen schönen Blick über die Stadt. In der Nähe befinden sich Teashops, wo man Hefefladen und Tee oder Kaffee frühstücken kann, eine Abwechslung vom immer gleichen Hotelfrühstück landesweit, das regelmäßig aus Spiegelei und Toast besteht.

Dem selben Besitzer gehört das ebenfalls empfehlenswerte **Golden Hill Hotel** mit Zimmerpreisen zwischen 45 und 85 US-Dollar (inkl. Frühstück). Das große Gebäude befindet sich unweit des 1995 erbauten Mahamyatmuni Stupas. Bagan Street Ecke Hnin Si Street, Block 2, Tel. +95/(0)82/25656, 25657, 30123, Fax 23204, goldenhillhotel.lashio@gmail.com. Diese E-Mail-Adresse kann auch für Reservierungen im Thi Da Aye genutzt werden.

Das **Ya Htaik Hotel** befindet sich ebenfalls im Zentrum und bietet einen ähnlichen Standard ab 25 US-Dollar. 2nd Quarter, Bogyoke Road, Tel. +95/(0)82/22655, +95/(0)9/5261863.

Bazaar Club, Nr. 448, Myopat Road, 4th Quarter, Tel. +95/(0)9/403751203. In dieser Karaoke-Disco werden neben Bier auch verschiedene Cocktails angeboten. In einer unscheinbaren Seitenstraße außerhalb des Zentrums und südlich der Wasserreservoirs gelegen ist dieser Ort in rund 30 Minuten zu Fuß zu erreichen, besser ist ein Motorradtaxi. Wenn überhaupt, dann nur am Wochenende gut besucht.

Der Shan-Staat

Die Burma Road – Chinas Weg nach Westen

Die frühere Burma Road zwischen China und Myanmar stammt aus dem Zweiten Weltkrieg und ist heute ein Teilstück des transasiatischen Highways 14 (AH 14), der einzigen Straße zwischen Myanmar und China. Schon die Mongolen kamen im 13. Jahrhundert über diese gemeinsame Grenze, um Bagan zu erobern.

Die Bauarbeiten an der 1154 Kilometern lange Straße begannen 1937 und wurden bereits 1938 abgeschlossen. 200 000 Arbeiter aus Myanmar und China waren dazu erforderlich, denn die Route führt größtenteils durch bergiges Terrain. 1940 wurde Lashio angeschlossen, von wo die Eisenbahn schließlich bis zum Hafen in Yangon führte. Die Straße war während des Zweiten Weltkriegs wichtig, um Nachschub an Chiang Kai-shek in China zu liefern, da die Japaner in den 1930er Jahren bereits sämtliche Häfen im Süden und Osten Chinas besetzt hatten. Großbritannien und die USA wollten verhindern, dass Japan sich in ganz Asien ausbreitet um die japanische ›Großasiatische Wohlfahrtssphäre‹ zu errichten.

Während des Zweiten Weltkriegs versuchten die Japaner, die Burma Road zu zerstören, um die alliierte Unterstützung für China zu unterbinden. Im März 1942 gelang es ihnen, Myanmar über die Grenze zu Thailand zu erobern, wo bereits General Aung San und seine 30 Kameraden warteten, die allesamt in Japan ausgebildet worden waren, um mit japanischer Hilfe die Briten aus Myanmar zu vertreiben. Nach dem japanischen Angriff auf Pearl Harbour am 7. Dezember 1941 schließlich traten auch die USA in den Zweiten Weltkrieg ein und suchten Möglichkeiten, die Japaner auch in Myanmar zu bekämpfen. Mehrere chinesische Armeen marschierten über die Burma Road nach Myanmar, um den anti-japanischen Krieg zu unterstützen. Über 50 000 Soldaten fanden den Tod. Die Japaner marschierten von Süden nach Mandalay, das im selben Jahr völlig zerstört wurde, und nahmen kurze Zeit später Pyin U Lwin und Lashio ein.

Mit der Belagerung der Burma Road durch die Japaner waren die Truppen von Chiang Kai-shek in China von der Versorgung durch die Alliierten abgeschnitten, so dass schließlich amerikanische Versorgungsflugzeuge von Indien über den Himalaja nach China flogen, um die chinesischen Truppen zu unterstützen. Aufgrund der geringen Kapazität der Luftversorgung wurde die Stilwell Road gebaut, die von Indien durch Myanmar nach China führte. Die ›Ledo Road‹, wie sie auch hieß, wurde in 18 Monaten von tausenden Arbeitern gebaut. Die meisten waren afroamerikanische Soldaten, von denen die Menschen im Norden Myanmars glaubten, sie könnten aufgrund ihrer dunklen Hautfarbe auch im Dunkeln sehen. Unter ihnen befand sich der Großvater des heutigen amerikanischen Präsidenten Obama. Die Ledo Road wurde nur ein einziges Jahr genutzt, zwischen Januar 1945 und dem Abzug der amerikanischen Truppen 1946.

Nach dem Ende des Krieges verwilderte die Burma Road, doch vor einigen Jahren wurde diese alte Straße neu ausgebaut und erweitert und ein Teil des Asia-Highway-Projekts. Weiterhin werden Waren in Lashio auf dem Bahnhof umgeschlagen und entweder von Myanmar nach China oder, viel öfter, von China nach Myanmar transportiert. Schwer beladene LKW quälen sich ab Lashio auf der Straße durch das Gebirge, und an den Straßenrändern sieht man Steinbrüche, in denen das Material für zukünftige Straßenerweiterungen gewonnen wird. Checkpoints des Militärs sind ein häufiger Anblick, während aber nur der Kenner die verschiedenen Uniformen zuordnen kann. Menschen, die entlang der Strecke zwischen China und Mandalay leben und zwischen beiden Ländern pendeln, wechseln je nach Ort ebenso ihre Sprache als auch die Kleidung. Händler aus China, die nach Mandalay reisen, werden dort Myanma sprechen, im Shan-Staat sprechen die meisten Shan und schließlich in China wird Chinesisch gesprochen.

Für China bietet die Burma Road einen direkten und verkürzten Zugang zum Indischen Ozean unter Umgehung der von Piraten bedrohten Malakka-Straße. Während die USA einen direkten Zugang zum Atlantik und zum Pazifik haben, hat China nur einen Zugang nach Osten und nach Süden, während das ›Kalifornien Chinas‹ in Myanmar liegt.

Die Burma Road in den 1940er Jahren

»When I was young and had no sense
In far-off Mandalay.
I lost my heart to a Burmese girl
as lovely as the day.
Her skin was gold, her hair was jet
Her teeth were ivory.
I said, ›For twenty silver pieces, maiden, sleep with me‹
She looked at me, so pure, so sad
The loveliest thing alive
And in her lisping, virgin voice
Stood out for twenty-five«

George Orwell

MANDALAY
UND UMGEBUNG

Mandalay ist berühmt für sein Marionettentheater

Mandalay

Der britische Kolonialbeamte George Orwell lebte gleich nach seinem Studium Anfang der 1920er Jahre in Mandalay. Als Orwell die Stadt erreichte, diente sie den Briten als Stützpunkt, und die Monarchie war schon über 30 Jahre abgeschafft. Aus dieser Zeit stammt auch sein bekanntes Buch ›Tage in Burma‹ (Burmese Days). Damals befand sich Orwell im Dienst der Polizei, und seine Aufgabe war es, Statistiken über die Verbrechen, die in der Region passierten, anzufertigen. Zu jener Zeit war Myanmar das Land mit der höchsten Kriminalitätsrate in ganz Britisch-Indien, was viele auf den Verfall des Buddhismus zurückführten, der unter den britischen Besatzern keinen Hüter in Form des Königtums mehr hatte. Orwell war für seine Abneigung gegenüber Mandalay bekannt, und er benannte die fünf Dinge, die Mandalay ausmachten, wie folgt: Pagoden, Schweine, Ausgestoßene, Priester und Prostituierte. Seit den japanischen Bombenangriffen 1942 im Zuge des Zweiten Weltkriegs ist nicht mehr viel übrig von dem Mandalay, das George Orwell erlebte.

Die letzte Königsstadt Mandalay (Naypyitaw seit 2006 nicht mitgezählt) befindet sich auf einer Ebene, im Westen begrenzt vom Ayeyawady, im Osten vom Shan-Plateau und im Norden schließlich vom Mandalay Hill (240 m), dem Wahrzeichen der Stadt. Der Palast war während der japanischen Angriffe 1942 zerstört worden und wurde erst von der Militärregierung ab 1988 wieder aufgebaut. Die unversehrt gebliebenen Palastmauern ergeben mit jeweils einer Länge von knapp zwei Kilometern ein perfektes Quadrat und bilden das Zentrum Mandalays.

In der Nähe der zweitgrößten Stadt Myanmars drängeln sich auf engstem Raum frühere Hauptstädte einstiger Reiche. Eine davon ist Innwa. Vom 14. bis zu Beginn des 19. Jahrhunderts war sie mit Unterbrechungen das Zentrum. Die Reste der alten Hauptstadt erreicht man mit dem Auto; dann folgt eine kurze Fahrt mit dem Boot über einen Nebenarm des großen Flusses Ayeyawady. Anschließend muss man in eine Pferdekutsche umsteigen. Amarapura ist auch nicht weit.

Karte S. 242

▲ *Der Mandalay Hill, im Vordergrund der Palastgraben*

Das Handwerk hat eine lange Tradition in Mandalay

Die Region ist darüber hinaus das Zentrum des Buddhismus und der schönen Künste. Vor allem in Sagaing, am anderen Ufer des Ayeyawady, wird man eine große Zahl an Klöstern vorfinden, die die buddhistische Lehre weiterhin bewahren. Der goldene Mahamuni-Buddha ist die meist verehrte Buddha-Statue in Myanmar, was Mandalay zu einem beliebten Ziel für die Buddhisten des ganzen Landes macht. Ebenso wird die 500-jährige Tradition des Marionettentheaters hier von alten und jungen Meistern lebendig gehalten, und die Besucherzahlen geben ihnen recht. Das Kunsthandwerk hat in Mandalay eine große Tradition und in vielen Werkstätten lassen sich die Schnitzer, Bronzegießer und Steinmetze bereitwillig über die Schulter schauen, ohne die Verpflichtung, etwas kaufen zu müssen. Mandalay ist eine junge Stadt. Etwa ein Drittel der Bewohner sind Chinesen, die für ihre Geschäftstüchtigkeit bekannt sind. Entlang der großen Straßen sieht man moderne Häuser mit Glasfassaden, überall herrscht geschäftiges Treiben. Man bewegt sich, anders als Yangon,

mit dem Motorrad fort, das einen erheblichen Anteil am wirtschaftlichen Leben von Mandalay hat. Da ein Motorrad bereits ab etwa 500 Euro erhältlich ist, versetzt es viele Händler in die Lage, schnell von A nach B zu kommen, um ein Geschäft abzuschließen. Anders als in Yangon, wo das Motorradfahren verboten ist, erlebt man Mandalay als viel dynamischer und betriebsamer. Schon lange bevor Yangon im Zuge der politischen Reformen seit 2011 modernisiert wurde, gab es in Mandalay bereits große moderne Shopping Malls, Einkaufszentren von Chinesen finanziert. Sie stehen im starken Kontrast zu den kleinen Straßenmärkten, wo der durchschnittliche Bürger die Waren des täglichen Bedarfs einkauft.

Einige chinesische Einwohner Mandalays, die sich noch an die anti-chinesischen Ausschreitungen des Jahres 1967 in Yangon erinnern, fürchten eine Wiederholung der Geschichte. Schon damals hatten sich die Chinesen als Geldverleiher unbeliebt gemacht, aber nur sie hatten und haben auch die Ressourcen, verglichen mit der durchschnittlichen Bevölkerung, um solche geschäftlichen Aktivitäten zu entfalten. Heute sind ein Drittel an der Gesamtbevölkerung Mandalays Chinesen, sie stellen also etwa 350 000 Einwohner, und sind somit relativ und absolut viel präsenter als 1967 in Yangon. Der Charme der lauten, staubigen und überfüllten Metropole erschließt sich dem Besucher erst auf den zweiten Blick. Ein Hauch von Moderne liegt in der Luft, wenn man die Straßen entlang läuft. Sich hier ein paar Tage aufzuhalten ist wie eine Reise in die Vergangenheit Myanmars – und in eine mögliche Zukunft zugleich. Wer auf der Landkarte um Mandalay einen Kreis mit einem Radius von 1100 Kilometer zeichnet, umschließt eine Fläche, in der zehn Prozent der Weltbevölkerung wohnen. Wenn ab 2014 Mandalay vermehrt von Reiseanbietern als Einreisepunkt angeboten wird, geschieht dies auch unter wirtschaftlichen Gesichtspunkten.

Von Mandalay fahren Fernbusse zu mehreren Tageszeiten in alle Richtungen, so dauert die Fahrt nach Bagan rund acht Stunden. Ebenso bietet sich ein Ausflug nach Pyin U Lwin an, entweder als Tagesausflug, oder mit anschließender Weiterreise in den nördlichen Shan-Staat (→ S. 223).

Geschichte

1857 von König Mindon gegründet und 1859 fertiggestellt, wurde Mandalay die letzte Hauptstadt Myanmars, bevor die Briten das Land ab 1885/86 als Teil von Britisch-Indien verwalteten. Von hier aus wurde der letzte König der Konbaung-Dynastie, Thibaw, ins Exil nach Indien geschickt. Die Gründung der Stadt kommt einem Bruch mit der Geschichte gleich, enthält aber auch bekannte Elemente. Die Legende besagte einerseits, dass einst auf dem Mandalay Hill Buddha

seinem Schüler Ananda erklärte, dass 2400 Jahre nach seinem Tod hier eine Stadt entstehen wird. Die Gründung von Mandalay und die fünfte buddhistische Synode zwischen 1868 und 1871 fanden unter diesen Vorzeichen statt. 2400 Mönche und Nonnen rezitierten monatelang die buddhistischen Schriftrollen (*tipitaka*), um zu einem bereinigten Text zu kommen.

Andererseits erkannte König Mindon die Realitäten der kolonialen Besatzung, die sich in weiten Teilen Südostasiens abzeichnete, vor allem aber im eigenen Land, das schon seit dem ersten Krieg gegen die Briten weite Landesteile an diese verloren hatte. So war die Verlegung der Hauptstadt von Amarapura nach Mandalay auch eine militärische Entscheidung des Königs, sehr zum Ärger seiner Minister. Mandalay und der Palast befanden sich weit genug vom Ayeyawady entfernt, so dass Attacken durch (damalige) britische Kanonenboote keine Wirkung gehabt hätten.

Die Bemühungen des Königs, die Verwaltung und die Monarchie zu modernisieren, sollten eine weitergehende Kolonisierung verhindern. Sie entsprachen genau den Reformen, die seit 1851 im benachbarten Thailand mit dem Tod von Rama III. in Gang gesetzt worden waren. Damals waren Frankreich im Osten und die Briten im Westen bereits auf thailändisches Territorium vorgedrungen. Während in Thailand auch nach König Mongkut die Reformen anhielten und Wirkung zeigten, war in Myanmar Mindons Nachfolger Thibaw kein fähiger König.

Unter Mindons Herrschaft in Mandalay wurde ein Münzsystem eingeführt, und 1873 entstand das erste Gesetz zur Pressefreiheit in Südostasien, da Mindon viele seiner höchsten Mitarbeiter auf Erkundungsreisen nach Europa geschickt

▲ Karte S. 242

hatte, auf dass sie ihre Erfahrungen mit nach Hause brächten und umsetzten. Ein gestärkter Ministerrat (*hluttaw*) erhielt das Recht, dem König tatsächlich zu widersprechen, was eindeutig ein Zeichen für die Abkehr von der Tradition war.

Die Palastrebellion im Jahre 1866 hingegen verunsicherte Mindon, zu diesem Zeitpunkt bereits 58-jährig, zunehmend, und er konnte lange keinen Nachfolger bestimmen, da jeder mögliche Nachfolger, sobald namentlich bekannt, bald starb. Auf Betreiben seiner Königin Hsinbyume wurden schließlich alle möglichen Thronanwärter vorsorglich ermordet, was schließlich in die Thronbesteigung durch den weltfremden Thibaw und seine herrische Königin Supayalat im Jahr 1878 mündete.

Der dritte und letzte Krieg gegen die Briten ging auf den Plan Thibaws zurück, den Franzosen Handelskonzessionen zu gewähren, was England veranlasste, den finalen Schlag gegen das Königshaus zu führen. Die Eröffnung des Suez-Kanals im Jahr 1869 und die damit einhergehende erhöhte Nachfrage nach tropischen Edelhölzern in Europa trugen gleichfalls zur vollständigen Kolonisierung Myanmars bei. König Thibaw und Königin Supayalat mussten auf Ochsenkarren schmachvoll den Weg vom Palast zum Hafen hinunterziehen, um ihre Reise ins indische Exil anzutreten.

Kurz darauf wurde Yangon zur Hauptstadt ernannt, während Mandalay ein eher unbedeutender Ort wurde, der schließlich 1942 von den Japanern zerbombt wurde. Hier begann nämlich die Eisenbahnstrecke in Richtung Lashio, die bereits 1903 fertiggestellt worden war. Ab Lashio wurde der Nachschub vom Zug aus LKW geladen, die auf der legendären Burma Road (→ S. 234) nach China fuhren, um die Alliierten im Kampf gegen die Japaner mit Nachschub zu unterstützen.

Nach der Unabhängigkeit wurde Mandalay teilweise wieder aufgebaut, aber unter der Herrschaft des Revolutionären Rates unter General Ne Win ab 1962 verfiel die Stadt zusehends, zwei Großbrände taten ihr übriges. Erst mit der Neuerrichtung des Palastes Anfang der 1990er Jahre bekam die Stadt einen neuen Anstrich. Die Idee zum Palastneubau war vermutlich eine Vorbedingung für die Gründung von Naypyitaw, der ›Königlichen Residenz‹ und Hauptstadt Myanmars seit 2006.

Mandalay und Umgebung

Blick über den nachgebauten Palast in Mandalay

Orientierung

Der internationale Flughafen verbindet neben vielen inländischen Zielen auch China mit Mandalay und befindet sich eine Stunde Fahrtzeit vom Stadtzentrum entfernt im Süden. Spätestens auf der Fahrt in die Stadt fallen die Zählsteine entlang der Autobahn mit ihrer ungewöhnlichen Nummerierung ins Auge. Jeder Abschnitt ist ein *furlong*. Ein *furlong* ist eine Achtelmeile und acht Zählsteine ergeben eine Meile.

Der **Mandalay Hill**, der Ayeyawady und das weit entfernte Shan-Plateau begrenzen die Stadt. Der Palast befindet sich im Zentrum der Stadt, wohingegen sich eine recht lebendige Innenstadt mit einem spannenden Nachtmarkt rund um den Zeygyo-Markt herausgebildet hat.

Es gibt kaum Taxis in Mandalay, da jeder Einwohner ein Motorrad zu besitzen scheint. Fahrer mit PKW für Tagestouren lassen sich bequem über die Hotels buchen. Alternativ leiht man sich ein Motorrad aus (siehe Marie Min Restaurant, → S. 257) falls man dieses sicher beherrscht (→ S. 355, 357), oder man fragt einen Motorradfahrer, die offensichtlich alle im Zweitberuf Taxifahrer sind. Ein Helm ist eher fakultativ. Benzin wird in Wasserflaschen am Straßenrand verkauft; in der Dunkelheit sind diese Flaschen leicht beleuchtet.

Mahamuni-Buddha

Die wichtigste Buddha-Statue Myanmars befindet sich im Mahamuni-Tempel. Mahamuni bedeutet ›Erhabener Weiser‹. Weitere Bezeichnungen sind Paya-gyi und, weitaus passender, Rakhine-Buddha, da selbiger während eines Beutezuges von König Bodawpaya im Jahr 1784 aus dem heutigen Rakhine-Unionsstaat nach Mandalay gebracht wurde.

Die Entstehungslegende erklärt die große Bedeutung dieser Statue, die durch Blattgoldspenden erheblich an Größe zugenommen hat: Einst erschien Buddha beim König von Rakhine, um mit seiner Gefolgschaft von Mönchen dem König eine Predigt zu halten. Der König bat daraufhin den Buddha, ihm ein Bildnis als Andenken an diese Begegnung zu hinterlassen. Gotama Buddha stimmte zu, und der Götterkönig Thagyamin höchstpersönlich stieg aus dem Tavatimsa-Himmel herab und erschuf diese Statue in einer einzigen Nacht.

Am nächsten Morgen umrundete Gotama diese Statue drei Mal und hauchte ihr somit Leben ein. Jedes Volk und jede Region haben ihre spezielle Legende, in welcher sie vom Buddha mit seiner Anwesenheit geehrt wurden.

Wenngleich die ersten Buddha-Statuen erst im zweiten nachchristlichen Jahrhundert entstanden sind und nicht schon bereits zu Buddhas Lebzeiten, erklärt die Legende, dass Buddha Modell gesessen haben soll, die überaus große Bedeutung des Mahamuni für die Buddhisten in Myanmar.

1784 schließlich raubte König Bodawpaya das damalige Nationalsymbol des Rakhine-Staates, ließ es in drei Teile zersägen und verschiffte es zuerst nach Amarapura, von wo aus der Buddha schließlich in den eigens errichteten Tempel in Mandalay gebracht wurde. Einhundert Jahre später, im Jahr 1884, zerstörte ein Brand den Tempel, und knapp 90 Kilogramm geschmolzenes Gold, das bis dahin an der Statue haftete, konnten noch geborgen werden. Inzwischen klebt dem

Der Mahamuni-Buddha erfährt großen Respekt, Frauen dürfen sich ihm nicht nähern

Vernehmen nach bereits tonnenweise Gold an der Buddha-Statue, deren Haupt mit Diamanten, Rubinen und Saphiren bestückt ist.

Die Handgeste des Buddha, die Mudra, ist die Erdberührungsgeste, mit welcher der Buddha einst die Armee von Mara (Mara bedeutet Tod) vernichten ließ, welche ihn von der bevorstehenden Erleuchtung abhalten sollte. Ursprünglich wurde die Statue aus Bronze gegossen, und daraufhin von Gläubigen mit Blattgold verziert. Frauen dürfen sich dem inneren Bereich und der Statue nicht nähern und somit auch kein Blattgold anbringen – sie müssen erst als Mann wieder geboren werden. Der ›Erhabene Weise‹ selber trägt, entgegen der Ordensregeln, eine Krone auf dem Haupt sowie Schmuck – beides Dinge, die ursprünglich eher nicht zur Ausrüstung des Buddha gehörten.

Nicht nur den Frauen zuliebe wurden große Bildschirme installiert, damit man den Mahamuni auch aus einiger Entfernung sehen kann. Dessen Gesicht ist das einzig deutlich erkennbare Merkmal, der Rest der Statue ist mittlerweile so sehr mit Gold behaftet, dass er im wahrsten Sinne des Wortes völlig auseinandergegangen ist. Apropos Form: Hier strenger

als überall sonst auf die Einhaltung der Bekleidungsvorschriften geachtet, und während man zwar in kurzen Hosen den Tempel betreten mag, wird einem das Heraufsteigen zur Statue versagt werden. Rund um den Buddha sieht man morgens bis abends Gläubige andächtig in Meditation versunken, so dass man beim Fotografieren Rücksicht nehmen sollte, auch wenn Touristen sehr tolerant behandelt werden. Während der Regenzeit werden dem Buddha Mönchsroben angelegt, und jeden Morgen um 4 Uhr wird der Abt der Anlage persönlich – in einer Art rituellen Geste – dem Buddha die Zähne putzen und das Gesicht waschen. Die Waschtücher werden später verkauft, da sie als Glücksbringer gelten.

Auf der Tempelanlage, die nach dem Brand von 1884 erneuert wurde, findet man in einem Gebäude auf der Nordseite **Khmer-Figuren** aus Bronze, die im Jahr 1563 von König Bayintnaung nach dem Sieg über das heutige Thailand mitgebracht wurden. Sie stammen ursprünglich aus Angkor Wat in Kambodscha. Später vermachte sie der Herrscher der Taungoo-Dynastie im ausgehenden 16. Jahrhundert dem König von Rakhine, da dieser half, die Thais erneut zu besiegen. Später aber, im Jahr 1784 wurden sie zusammen mit dem Mahamuni aus Rakhine gestohlen und nach Mandalay gebracht. Es handelt sich hierbei um erstaunlich gut erhaltene Zeugnisse aus dem früheren Großreich Angkor Wat, das damals mit Bagan in Myanmar in Südostasien auf einer Stufe stand, was Einfluss, Größe und Vermächtnis angeht. Noch mehr als auf der Plattform der Shwedagon Paya in Yangon wird im Mahamuni-Tempel die tiefe Verehrung des Buddha und die Hingabe an den Buddhismus sichtbar. In Scharen lassen sich die Leute von nah und fern auf den Teppichen vor dem Paya-gyi nieder, um ihren

Gebet im Mahamuni-Tempel

Karte S. 242

Vor dem Nachbau des einstigen königlichen Badehauses auf dem Palastgelände

Respekt zu bezeugen. Die Aufgänge zum Mahamuni sind belebt, hier, wie auch fast überall sonst, bieten Händler allerlei Devotionalien, Bücher und Schnitzwerk an. Die letzte Neuerung ist eine Wechselstube der CB-Bank nah am Mahamuni, während an der Plattform der Shwedagon in Yangon lediglich ein Geldautomat der selben Bank steht. Ob die Entsendung von Mitarbeitern im Vergleich zu einer Maschine auch ein Zeichen der Achtung vor dem Mahamuni ist?

Eine **Fotogalerie** in der Haupthalle zeigt führende Persönlichkeiten wie zum Beispiel den Präsidenten U Thein Sein, als er zusammen mit seiner Frau dem Mahamuni Respekt zollte. Älteren Datums sind Fotos des letzten Vorsitzenden des SPDC, Senior General Than Shwe. In kaum einer anderen Andachtsstätte wird man solche Fotos finden.

Palast

Acht Meter hohe Mauern sollten vor den Angriffen der Briten schützen, aber das Problem saß zunächst vor allem in-

nen und kam erst dann von außen. König Thibaw spielte ein doppeltes Spiel, als er die Franzosen mit Handelsbefugnissen lockte. Die Briten hatten ebenso wenig Respekt vor dem König wie vor den Franzosen, aber Thibaw erreichte wenigstens, dass sie mit gesenkten Häuptern vor ihm erschienen: Er ließ in die Fußböden überall Nägel nur zur Hälfte einhämmern, so dass jeder Besucher beim Wandeln durch den Palast fortan konzentriert nach unten blicken musste. Da sich Briten und Franzosen seitdem gleichermaßen, wenn auch unfreiwillig, vor dem König verneigten, liegt die Annahme nahe, dass König Thibaw vielleicht doch nicht so weltfremd war, wie ihm nachgesagt wurde. Möglicherweise versuchte er, die Briten gegen die Franzosen auszuspielen, während Myanmar der lachende Dritte bleiben sollte. Die endgültige Eroberung Myanmars im Jahr 1885 ging nicht nur mit der Abschaffung der Monarchie einher, sondern es wurden ebenfalls sämtliche Schätze aus dem Palast entwendet.

Rund um die Palastmauern verläuft ein breiter Wassergraben als letzte Verteidigungslinie vor der Mauer, die einst zwölf Tore hatte. Innerhalb der Mauern befinden sich heute Kasernen der Armee, die wiederum um den wiederaufgebauten Palast in der Mitte gruppiert sind. Der originale Palast bestand natürlich vor allem aus Teakholz, während aber die heutige Kopie überwiegend aus Beton gefertigt wurde.

Im Unterschied zu vielen anderen Ländern bestand der Palast nicht nur aus einem großen Baukörper, sondern aus zahlreichen Einzelgebäuden. Diese Gebäude entstanden bereits im Jahr 1840, also vor der Gründung von Mandalay, und sie wurden in Folge des Umzugs von Amarapura nach Mandalay zerlegt und an der heutigen Stelle wieder zusammengesetzt, mit nur wenigen Ausnahmen. Spätestens durch Amitav Goshs Roman ›Der Glaspalast‹ gelangte der Palast, oder vielmehr sein Nachbau, zu großer Bekanntheit.

Erste Station am Eingang ist natürlich der Löwenthron, dessen Original sich im Nationalmuseum in Yangon befindet, aber damals in Mandalay im Thronsaal mit dem siebenstufigen Dach den Mittelpunkt der Welt darstellte. Hier gewährte der König Audienzen und hier erwiesen Untertanen dem König ihren Respekt, in Myanmar *kadaw* genannt.

Die einstige Pracht und Größe des Palastes lässt sich erahnen, wenn man den Wachturm Nanmyint erklimmt und von dort auf die Nachbauten schaut. Dieser Turm diente bereits König Thibaw dazu, nach Feinden Ausschau zu halten. Gleich neben dem Wachturm befindet sich das weiße Fontänenhaus mit einem Springbrunnen am Eingang. König Thibaw ließ es errichten, um seinen Nebenköniginnen zuschauen zu können, wenn sich diese während des Wasserfests Thingyan ausgelassene Wasserschlachten lieferten. Im hinteren Teil lagen die Quartiere der Frauen, und der Zutritt war für jedermann außer dem König streng verboten. Nur ein originales Gebäude ist heute noch erhalten, das Goldene Kloster zu Mandalay unweit des Mandalay Hill. Natürlich darf man die Mauern nicht vergessen, sie sind ebenfalls im Original erhalten und haben eine Gesamtlänge von 2400 *ta* (ein historisches Längenmaß, die Gesamtlänge entspricht etwa 8100 m). Die Länge der Mauern ist an die Gründungslegende Mandalays angelehnt, als Buddha auf dem Mandalay Hill die Existenz der Stadt 2400 Jahre nach seinem Tod prophezeite.

▲ *Die Palastanlage von der Sky Bar aus gesehen*

Karte S. 242

Der Eintritt zur Anlage erfolgt durch das Osttor; Soldaten zu fotografieren ist verboten.

Mandalay Hill

Dieser 240 Meter hohe Berg ist eng mit der Gründung Mandalays verbunden. Hier soll einst Gotama Buddha mit seinem Schüler Ananda gestanden haben und die Gründung einer Stadt 2400 Jahre nach seinem Tod vorausgesagt haben. Südlich des Berges liegt die ›Stadt der Juwelen‹, wie sie König Mindon nennen wollte, wenngleich sich innerhalb der Bevölkerung Mandalay durchsetzen konnte. Im Osten kann man deutlich die Shan-Berge erkennen, deren Tor die angenehm luftige Stadt Pyin U Lwin ist (→ S. 214). Am Fuß des Berges befinden sich zwei riesige **Chinte-Löwen**, die den Berg bewachen. Es lohnt sich, auf den Lift an der Westseite zu verzichten und den Aufstieg über die überdachten Stufen barfuß zu unternehmen, da unterwegs einige interessante Dinge auf ihre Entdeckung warten.

Auf der ersten Plattform, vorbei an Händlern, Teestuben und Handlesern, steht die **U Kanthi Paya**, bekannt für die Reliquien aus Peshawar, heute eine Stadt in Pakistan. Im zweiten Jahrhundert wurden Buddhas Reliquien aus der Stupa des Kaisers Ashoka in Peshawar entfernt und neu verteilt. Erst im 20. Jahrhundert wurden diese aller Wahrscheinlichkeit nach echten Knochenstücke des Gotama Buddha von britischen Archäologen entdeckt, und man beschloss, diese nach Myanmar zu bringen, da Pakistan mittlerweile kaum eine Verwendung für buddhistische Reliquien mehr gehabt haben dürfte.

Weiter aufwärts gelangt man bald beim **Byadeikpay-Buddha** und dessen neben ihm knienden Schüler Ananda an. An dieser Stelle, so die Legende, stand einst

Auf dem Mandalay Hill: der Byadeikpay-Buddha mit seinem Schüler Ananda

der Erleuchtete und sagte die Gründung Mandalays voraus, daher auch sein schwierig auszusprechender Name – *byadeikpay* heißt prophezeihen. Bevor also König Mindon mit dem Bau der Stadt begann, stiftete er diese Buddha-Statue, die später vom Mönch U Kanthi, einem Einsiedler des Mandalay Hills, saniert wurde. Die ungewöhnliche Handgeste (Mudra) – den Zeigefinger in Richtung Mandalay gerichtet – ist nirgends sonst zu sehen.

Etwas weiter wird man bald auf die **Dämonin Sanda Muh-kit** treffen, die ihre abgeschnittenen Brüste dem Buddha opferte, weil sie von der Begegnung mit dem Erleuchteten überaus beeindruckt war.

Die **Hsutaungpyi Paya** auf der Aussichtsplattform wurde überwiegend von Spendern aus dem Ausland finanziert, wie man anhand der Inschriften reihum erkennen kann. Schließlich erschließt sich einem die Weite Mandalays in fast alle Richtungen, während das Shan-Plateau im Osten zu weiteren Abenteuern einlädt.

Goldenes Kloster

Das Goldene Palastkloster (Shwenandaw) ist ein Holzbau, der ursprünglich innerhalb der Palastmauern stand. Neben dem Löwenthron, der im Nationalmuseum in Yangon steht, ist dies das einzige erhaltene Bauwerk des originalen Königspalastes, welcher in den 1990er Jahren als Replik wieder aufgebaut wurde. Jetzt befindet es sich südöstlich der Kyauktawgyi Paya. An einigen Stellen, besonders oberhalb der Eingänge, kann man noch kleine Überreste der Vergoldung sehen.

Das Kloster wurde bereits 1782 erbaut und war das Privatgemach König Mindons, dem Gründer von Mandalay. Da die Thronfolge zu Zeiten König Mindons nicht klar geregelt war, ernannte Mindon zuerst den Prinzen Kanaung zu seinem Nachfolger, was dessen Todesurteil war. Kanaung wurde ermordet, und Mindon wurde bewusst, dass jeder von ihm benannte Nachfolger ebenso ermordet werden würde. Die letzten Jahre seines Lebens verbrachte er in diesem Kloster, wusste aber nicht, wen er zu seinem Nachfolger ernennen sollte, bis schließlich die Entscheidung auf den Prinzen Thibaw fiel. Im Zuge der Thronbesteigung Thibaws wurden viele Verwandte umgebracht, was sich wohl bald danach auf das Gewissen von König Thibaw niedergeschlagen hat. Aus Furcht vor dem Geist seines Vorgängers Mindon aufgrund der Morde, ließ Thibaw das Kloster 1880 außerhalb der Palastmauern aufbauen, um sich vor der möglichen Rache seines Vorgängers zu schützen.

Das Shwenandaw-Kloster ist neben dem Holzkloster in Innwa ein sehr schönes Beispiel für die **Holzschnitzkunst** im Myanmar des 18. Jahrhunderts. Bei einem Rundgang auf der Galerie erkennt man kleinste Details, wie etwa Drachen oder tanzende Figuren sowie Blumen und Tiere. Der Zahn der Zeit nagt auch an diesem alten Gebäude, und so wurden bereits einige Teile ersetzt, die aber nicht an die Detailtiefe des Originals reichen. Man muss sich außerdem vor Augen halten, dass das gesamte Gebäude früher vollständig vergoldet war und mit Glasmosaiksteinen bestückt war. Beim Besuch einer der Goldwerkstätten in Mandalay erfährt man, wie diese hauchdünnen Goldbahnen entstehen. Mittels dieser Goldblättchen werden auch heute noch Schnitzereien vergoldet, indem zuerst das Gold auf das Holz gepresst wird,

▲ *Im Goldenen Kloster zu Mandalay*

und später mittels eines Föns mit dem Untergrund eine Verbindung eingeht.

Der **Thron** im Kloster ist dem Löwenthron des Palastes nachempfunden. Vor dem Thron befinden sich einige Holzreliefs, die die Geburtsgeschichte des Buddha erzählen. Diese Reliefs heißen *Jatakas*, während das Wort *Jati* Geburt bedeutet. Das Jataka rechts vor dem Zugang zum Thron ist als Suvannasama-Jataka (*suvanna* heißt Gold) bekannt, welches die Tugend der Liebe zu den Eltern thematisiert: Suvannasama war ein junger Mann, der sich aufopfernd um seine blinden und verarmten Eltern kümmerte. Unglücklicherweise tötete ein König den ›Goldjungen‹ versehentlich während der Jagd. Mit letzter Kraft richtete er seine letzte Bitte an den König, dass er sich doch um seine armen Eltern kümmern möge. Auch der Götterkönig Sakka (Thagyamin) erfuhr von diesem Unglück und stieg auf die Erde hinab, um den Eltern einen einzigen Wunsch zu gewähren. Der einzige Wunsch der klugen Eltern lautete, ihren Sohn mit einem Topf voll Gold an ihnen vorbei laufen zu sehen. Somit hatten die Eltern drei Fliegen mit einer Klappe geschlagen: Ihr Sohn war wieder lebendig, sie hatten einen Topf voll Gold, und die vormals blinden Eltern konnten wieder sehen.

Kuthodaw Paya und Sandamuni Paya

Unweit des Mandalay Hill warten weitere Sehenswürdigkeiten. Erbaut im Jahr 1868 wird die **Kuthodaw Paya** mit ihren 729 Marmortafeln als größtes Buch der Welt bezeichnet, wenngleich direkt daneben die Sandamuni-Paya 1700 Tafeln beherbergt, die allein nur die Kommentare zum Pali-Kanon in der benachbarten Kuthodaw Paya beinhalten.

Als die Bauarbeiten 1868 begannen, waren sie rechtzeitig zu Beginn der fünf-

ten buddhistischen Synode 1871 abgeschlossen. Während dieser Synode, die mehrere Monate andauerte, einigten sich die Gelehrten auf einen einheitlichen Text des Pali-Kanons (Tipitaka; Dreikorb), dessen damalige Endfassung in den 729 Marmortafeln rund um den goldenen Zentralstupa dargestellt wird. Einst war auch das Schriftbild vergoldet, worauf heute aber verzichtet wird. Die Verschriftlichung der Texte auf Stein war seinerzeit ein Novum, denn bis dahin dienten weitaus empfindlichere Palmblätter als Schriftträger des Pali-Kanons. Somit hat die Bezeichnung ›größtes Buch der Welt‹ eine Berechtigung, wenn man dessen Bedeutung, aber nicht die tatsächliche Größe betrachtet.

Der **Zentralstupa** der Kuthodaw Paya ist dem Stupa der Shwezigon Paya in Bagan nachempfunden, wie man an der gemeinsamen quadratischen Basis erkennen kann. Auf der Anlage befindet sich ebenfalls ein Modell der Anlage. Ob auch eigens für das Modell exakt 729 kleine Tempel angefertigt worden sind, ist unbekannt. Die Kuthodaw Paya ist seit Juni 2013 UNESCO-Weltkulturerbe. Als König Mindon im Alter von 56 Jahren seinen Halbbruder Kanaung zum Thronfolger bestimmte, wurde dieser bald darauf von den Söhnen König Mindons ermordet, die den Thron für sich beanspruchten. Der König selbst war auch das Ziel dieser Palastrevolution, aber er überlebte. Ab diesem Zeitpunkt verzichtete Mindon, einen Nachfolger beim Namen zu nennen, und er ließ die **Sandamuni Paya** im Gedenken an den getöteten Prinzen Kanaung errichten, der an diesem Ort sein Ende fand. Hier befinden sich die Kommentartexte zum Pali-Kanon, die die Tafeln in der Kuthodaw Paya zahlenmäßig deutlich übertreffen. Vom Mandalay Hill aus gesehen sind beide leicht miteinander zu verwechseln.

Mandalay und Umgebung

Kyauktawgyi Paya

Die Kyauktawgyi Paya wurde zwischen 1853 und 1878 fertiggestellt und sollte wie ihr Vorbild in Amarapura erbaut werden. Die lange Bauzeit hat ihren Grund in der Palastrevolution und weiteren innenpolitischen Problemen Mitte der 1860er Jahre.

Im Inneren der Kyauktawgyi Paya thront eine aus einem einzigen Marmorblock gefertigte **Buddhastatue**. Der Block wog einst 800 Tonnen und es brauchte angeblich 10 000 Männer, um ihn vom Ufer des Ayeyawady zu seinem jetzigen Standort zu bringen. Somit hatte jeder Mann ein Gewicht von 80 Kilogramm zu ziehen. Jeden Oktober wird das Kyauktawgyi-Fest eine Woche lang gefeiert, das zu den größten Festen in Mandalay gehört.

In der mit Spiegelmosaik verzierten **Zugangshalle** findet man kurz vor der Statue links und rechts **16 Gemälde**, von deren Entstehung folgende Legende berichtet wird: Der Vater von Siddhartha Gotama (des späteren Buddhas) war ein kleiner Fürst, und herrschte über 5000 Untertanen (einer anderen Legende zufolge hatte aber alleine der Palast schon etwa 1000 Bedienstete). Der Fürst war ein Vasall des Königs von Koshala und dieser war mit Gotama befreundet. König Koshala hatte einst 16 Träume, die er nicht verstand. Daher bat er seinen Freund Siddhartha um Hilfe bei der Interpretation dieser Träume. Sowohl der Traum und die Interpretation sind hier wiedergegeben. Sie sollen als moralischer Leitfaden für jeden Buddhisten dienen. So zum Beispiel hat der Traum, in dem der Frosch eine Kobra frisst, seine weltliche Erklärung gleich rechts daneben: Wenn Frauen ihre Männer ausschimpfen und ihnen die Gefolgschaft verweigern, dann ist das Ende der Welt nicht mehr fern.

Zegyo-Markt

Mitten im Stadtzentrum, unweit des Palastes, markiert der alte **Königin-Viktoria-Uhrenturm** das symbolische Tor zum Zeygyo-Markt. Mandalay ist auch für außerhalb wohnende Familien ein wichtiger Marktplatz, und auf dem Zegyo-Markt verdichtet sich dieser Eindruck. Das originale Gebäude aus dem Jahr 1903, dem Jahr, als auch die Eisenbahnstrecke nach Lashio vollendet wurde, stammt von einem italienischen Grafen namens Caldari. Erst im Jahr 1990 musste es einem modernen Ungetüm aus Beton weichen, was aber im Rahmen der bereits erwähnten chinesischen Präsenz ein logischer Vorgang scheint. Am frühen Morgen sieht man die Händler, wie sie ihre Waren in riesigen Körben anbringen und bald darauf die Auslage anrichten. Wie auf allen anderen Märkten im ganzen Land spiegelt sich auch hier der einzigartige Sinn der Händler für die Präsentation der Waren wieder. Tomaten werden in Pyramidenform angerichtet und von grünem Chilli umgeben, während gleich nebenan das Thanakha-Holz auf Käufer wartet. Ähnlich wie der Thein-Gyi-Markt in Yangon stellt sich auch das große Kaufhaus dar, nur hier sehr viel größer. In all den verwinkelten Gängen, nur von schwachem Licht beleuchtet, werden alle Waren der Welt angeboten, während gehandelt, verkauft, getauscht und diskutiert wird. Hin und wieder fährt sogar ein Motorrad durch die schmalen Gänge, wahrscheinlich, um den Stau draußen vor dem Kaufhaus zu umgehen. Wer bereits draußen an einem der vielen Stände ein Stück Kuchen gekauft hat, kann dieses anschließend in einer der Teestuben verzehren und dabei das Treiben beobachten.

Der **Zegyo-Nachtmarkt** beginnt mit einsetzender Dunkelheit und verläuft zwischen dem Uhrenturm vorbei am Zegyo

Süßigkeiten soweit das Auge reicht auf dem Zegyo-Markt

Hotel auf einer Länge von etwa einem Kilometer. Was man tagsüber nicht gefunden hat, wird man hier finden. Autos dürfen dann nicht mehr fahren, nur Motorräder passen noch durch.

Weitere Sehenswürdigkeiten

■ Shwekyimyint Paya

König Alaungsithu von Bagan verbannte seinen Sohn Minshinzaw. Dieser gründete im Jahr 1167, also viele Jahre vor der Gründung Mandalays die Shwekyimyint Paya unweit des heutigen Zegyo-Markts. Die Buddha-Statue stammt ebenfalls aus dem 12. Jahrhundert, und bevor der König von Mandalay nach Indien verbannt wurde, fanden einige Schätze des Palastes vor den anrückenden Briten hier ein Versteck.

■ Eindawya Paya

Der ›Ort des königlichen Hauses‹ wurde 1847 von Prinz Pagan Min errichtet, bevor er den Thron bestieg – zu jener Zeit noch in Amarapura. Der Stupa wirkt durch zahlreiche Motive sehr filigran, während die gesamte Anlage

Karte S. 242

aufgrund weniger Besucher angenehm friedlich wirkt. Zu öffentlicher Bekanntheit gelangte sie im Jahr 1919, also zu jener Zeit, in der in Yangon die ersten Studentenorganisationen gegründet wurden. In Mandalay entfernten hingegen aufgebrachte Mönche eine Gruppe westlicher Besucher vom Gelände, da sich diese weigerten, die Schuhe auszuziehen. Einer der Mönche erhielt anschließend eine lebenslange Gefängnisstrafe. Die ›Schuhfrage‹ hatte auch in Yangon auf der Shwedagon für Aufruhr gesorgt. Mitunter ließen sich ausländische Besucher sogar von Trägern auf dem Rücken tragen, um die Plattform nicht barfuß betreten zu müssen.

■ Shwe-In-Bin-Kloster

Neben dem Goldenen Kloster zu Mandalay ist das Shwe-In-Bin-Kloster eine weitere Attraktion. Man findet es auf der Pe-Boke-Tan-Straße, südlich der 35. Straße. 1895, zehn Jahre nach der vollständigen britischen Besatzung Myanmars, stifteten zwei wohlhabende chinesische Jadehändler dieses mit zahlreichen Schnitzereien versehene Teak-Kloster.

■ Marionettentheater

Sehr empfohlen ist der Besuch des Marionettentheaters. Die rund 500 Jahre alte Tradition (→ S. 259) wird in Mandalay von alten und jungen Meistern fortgeführt. Bevor Fernsehen und Kino in Myanmar Einzug hielten, war das Spiel der Marionetten eine sehr gefragte Form der Unterhaltung. Zu Zeiten der Monarchie war das Ansehen der Puppenspieler so groß, dass sie sogar den König in ihrem Spiel kritisieren durften. **Mandalay Marionettes** nahe dem Sedona Hotel bietet mehrmals täglich Vorstellungen an, sogar eine Spätvorstellung ist im Programm, die man bequem nach dem Abendessen besuchen kann. Das Spiel dauert rund eine Stunde und ist äußerst unterhaltsam. Größter Vorteil ist das Orchester, dessen Spiel Improvisationen erlaubt, während andere Theater die Musik vom Band spielen. (Beginn 20.30, Eintritt 10 000 Kyat. 66. Straße, zwischen 26. und 27. Straße, Tel. +95/(0)2/34446, mandalaymarionettes@gmail.com, www.mandalaymarionettes.com). Im angeschlossenen **Laden** kann man die Marionetten kaufen.

■ **Handwerksbetriebe**
Der **Schnitzereibetrieb Aung Nan** bietet auf einer großen Verkaufsfläche, alles, was Mandalays Schnitzkunst zu bieten hat. Überlebensgroße Figuren sowie feinste Marionetten werden in der hauseigenen Werkstatt produziert, wo man den Künstlern bei der Arbeit über die Schulter schauen kann. (Nr. 97–99, Mandalay-Sagaing By-Pass Road, gegenüber dem Myohaung Warehouse, Pyitawthar Quarter, Chanmyathazi Tonwship, Mandalay, Tel. +95/(0)2/70145, +95/(0)9/2015813, www.aungnan.com).
In der so genannten **Marmorstraße** kann man auf einigen Hundert Metern links und rechts am Straßenrand beobachten, wie kleine und riesige Buddhastatuen aus

Barfuß am Arbeitsplatz: Blattgoldherstellung für buddhistische Verdienste

Marmor entstehen. Der Marmor stammt aus dem 60 Kilometer nördlich gelegenen Ort Sangyin. Hier werden Auftragsarbeiten aus aller Welt angefertigt. Wer Glück hat, kann die Verladung der tonnenschweren Statuen beobachten. Die Straße heißt Kyak Sit Tan und ist jedem Fahrer ein Begriff.

Blattgoldproduktion: In Mandalay finden sich etliche Betriebe, die meisten auf der 36. Straße, zwischen der 77. und der 78. Straße. Man wird bereitwillig herumgeführt und erfährt alles über den Entstehungsprozess vom Goldbarren bis zum hauchdünnen Blattgold. Der neueste Trend ist der Goldverzehr in Form von vergoldeter Schokolade. Viele Werkstätten haben einen Verkaufsraum.

Seidenweberei: Gegenüber dem Osteingang zum Palast findet man links und recht der Straße zahlreiche Seidenwebereien. Im Zweifel folgt man dem Klackgeräusch der Webstühle. Hier befindet sich das Zentrum der Longyi-Produktion. Zwei Mädchen arbeiten immer gleichzeitig an einem Longyi, dessen Maße bei knapp zwei Metern mal einem Meter liegen.

Handwerkskunst in der Marmorstraße

Nizwa und der Westliche Hajar

Mandalay-Informationen

Allgemeines

Informationen zu Mietwagen, Flügen, Bussen und Ausflugsprogrammen kann man im Hotel erhalten oder im **Reisebüro Sun Far Travels**, SY Building, 30. Straße, zwischen 77. und 78. Straße, gegenüber dem Bahnhof, Tel. +95/(0)2/69712, 69713, 72743, www.sunfartravels.com.

Das **Reisebüro Ngu War** für sämtliche Busreisen in Myanmar befindet sich wie das Sun Far Reisebüro unweit des Hauptbahnhofs im SY-Building (mit dem Hauptbahnhof im Rücken den Kreisverkehr geradeaus queren und auf der rechten Straßenseite schauen), Tel. +95/(0)2/68353.

Mandalay Motorbike Rental, No. 193, 32. Straße, zwischen 79. und 80. Straße. Tel. +95/(0)9 444022182, www.mandalaymotorbike.blogspot.com, mandalaymotorbike@gmail.com. Der Amerikaner Zach Benoy hat sich mit einem Motorradverleih selbstständig gemacht. Gut gewartete Maschinen und umfangreiche Kenntnisse möglicher Motorradtouren in ganz Myanmar. Dieser Service hat seinen Preis und man erhält akkurate Information.

Zonentickets: In Mandalay müssen Ausländer (ebenso wie in Bagan und Inle) für die Sehenswürdigkeiten ›Eintritt‹ bezahlen. Das Ticket muss immer mitgeführt werden. Für die *Mandalay Archaeological Zone* (Mandalay, incl. Amarapura und Innwa) ist eine Gebühr in Höhe von 10 US-Dollar zu zahlen. Kyat werden nicht akzeptiert; alternativ 10 Euro. In Mingun braucht man ein zusätzliches Zonenticket für 3 US-Dollar. An einigen Orten muss zusätzlich eine kleine Fotogebühr in Kyat bezahlt werden.

Geldwechsel: Im Ostaufgang des Mahamuni-Tempels befindet sich eine Filiale der CB Bank mit ähnlichen Kursen wie in Yangon. US-Dollar und Euro werden akzeptiert. Ein Geldautomat der CB Bank befindet sich nahe des Uhrenturms am Zegyo-Markt. Hotels wechseln US-Dollar in Kyat zum hauseigenem Kurs.

Gesundheit: Es gibt mehrere **Apotheken** in der 30. Straße zwischen 77. und 78. Straße, gegenüber dem Krankenhaus; eine rund um die Uhr geöffnete **Privatklinik** liegt in der 333, 82. Straße zwischen 29. und 30. Straße (Nyein Diagnostic Centre, Tel. +95/(0)2/32050).

An- und Weiterreise
■ Flughafen

Der Flughafen befindet sich etwa 50 km südlich von Mandalay und es gibt keinen regulären Taxiverkehr. Man sollte also bereits vor Ankunft für den Transfer gesorgt haben oder sich vom Hotel organisieren lassen. Manche Fluggesellschaften bieten einen Bustransfer zwischen Stadt und Flughafen an.

Mandalay wird mehrmals täglich von etlichen einheimischen Airlines aus **Yangon**, **Bagan** und **Heho** (Inle-See) angeflogen. Die meisten Fluglinien verlassen morgens Yangon, um über Bagan (NYU) nach Mandalay (MDL) und zum Inle-See (HEH) im Uhrzeigersinn zu fliegen, bevor der Kreis in Yangon mittags wieder geschlossen wird. Umgekehrt herum geht es nachmittags ab Yangon zum Inle-See, nach Mandalay und Bagan. Neu ist der Direktflug mit Golden Myanmar Airlines (GMA) ab Yangon um

Kunsthandwerk in Mandalay

Karte S. 242

6.15 nach Mandalay, der zudem einen Flughafentransfer in Mandalay per Bus beinhaltet. GMA bietet Direktflüge ab 40 US-Dollar, meisten jedoch höher, www.gmairlines.com.

Ab **Bangkok** kann man direkt nach Mandalay fliegen. Thai Airways und auch Thai Air Asia bieten mehrmals pro Woche direkte Flüge an; bei Thai Air Asia gibt es ebenfalls einen Bustransfer (www.airasia.com). Mandalay wird auch aus China direkt angeflogen.

■ Busse

Busse und **Pick-ups** sind das Hauptbeförderungsmittel in Mandalay. In der Nähe des Zegyo-Marktes fahren die meisten von ihnen in alle möglichen Richtungen, und dort treffen sich auch die Sammeltaxis, die losfahren, wenn vier Passagiere gefunden worden sind. Wer zum Beispiel nach Pyin U Lwin möchte, sucht sich unter den vielen wartenden Pick-ups das richtige Fahrzeug durch Fragen aus und steigt ein. Auch hier wird aus Gründen der Wirtschaftlichkeit erst losgefahren, wenn der letzte Platz besetzt ist.

Individualtaxis findet man am besten vor den Hotels, so z.B. vor dem Nylon Hotel. Dort kann man für etwa 80 US-Dollar auch Tagestouren buchen.

■ Motorradtaxi

In Mandalay gibt es kaum Taxis, da hier, im Gegensatz zu Yangon, das Motorradfahren erlaubt ist. Man hat also entweder einen eigenen Fahrer samt Auto oder mietet sich ein Motorrad ohne (→ S. 355) oder auch mit Fahrer; mit letzterem legt man kurze Strecken für 1000–2000 Kyat zurück. Ein Motorradtaxi sucht man nicht, sondern man wird gefunden. Im Zweifel bleibt man eine Zeit lang am Straßenrand stehen, bis man gefunden wird, man sollte aber einen Helm verlangen.

■ Bahnverkehr

Zwischen Mandalay und Yangon wird man aufgrund der langen Fahrtzeit von etwa

Der Marmorbuddha in der Kyauktawgyi Paya wiegt etwa 800 Tonnen

14 Stunden kaum den Zug nehmen. Viel beliebter ist die Fahrt um 4 Uhr morgens ab Mandalay nach **Pyin U Lwin** und darüber hinaus. Um ins Gebirge zu kommen, überwindet der Zug den Höhenunterschied mittles Spitzkehren – die Lokomotive zieht den Zug auf das erste Plateau, koppelt ab, fährt am Zug vorbei und koppelt am anderen Ende wieder an, bis schließlich nach vier dieser Vorgänge der Zug seine Fahrt fortsetzt. Ankunft in Pyin U Lwin nach etwa 4 Stunden um etwa 8 Uhr morgens (→ S. 368).

Weitere Informationen zu Fahrplänen unter www.seat61.com.

■ Schiffsreisen

Mandalay – Mingun:

Morgens um 9 Uhr legt das **Linienboot** von der Mayachan Jetty am Ende der 26. Straße ab und kehrt etwa um 13 Uhr wieder dorthin zurück. Der Fahrpreis beträgt 5000 Kyat. Man sollte schon 8.30 am Jetty erscheinen, um das Ticket zu kaufen.

Charterboote hingegen fahren erst los, wenn genügend Passagiere zusammen sind. Wer also in einer Gruppe unterwegs ist, kann sich so die Kosten von etwa 40 000 Kyat je Boot teilen und die Zeiten selber festlegen. Wer Mingun nachmittags besucht, wird dort weniger Touristen (und Souvenirhändler) antreffen als am Vormittag.

Mandalay – Bagan:
Schiffe in Richtung Süden fahren an Sagaing vorbei weiter nach Bagan. Viele Reiseanbieter allerdings empfehlen, die Strecke Mandalay–Mingun–Mandalay–Sagaing/Innwa als Tagestour zu buchen, da dieser Teil des Ayeyawady auch der landschaftlich reizvollste ist. Wer bis nach Bagan fahren will, kann wählen zwischen einer Tagestour mit einer Dauer von etwa 12 Studen (morgens bis abends) oder gar dreitägigen Luxustouren auf diversen Schiffen für entsprechend hohe Preise.

Für eine Tagestour bietet sich die **Malikha 2** an. Das klimatisierte Schiff kann über 100 Passagiere befördern, die Fahrt kostet pro Person knapp 50 US-Dollar. (Mandalay–Bagan: 7 Uhr ab Gawein Jetty, Fahrtdauer hin und zurück 9h). Getränke und Verpflegung können an Bord erworben werden. Wer nicht den halben Tag damit verbringen möchte, die Tickets vorher selber zu organisieren, bittet das Hotel über Tel. +95/(0)2/72279 oder +95/(0)9/73152680 das Ticket zu organisieren, www.malikharivercruises.com.

Das luxuriöse Flusskreuzfahrtschiff **Road to Mandalay** der Orient-Express Gruppe ist ein Erlebnis. Der ehemalige Rheindampfer wurde von Deutschland nach Myanmar verbacht und dort zum Luxuxkreuzfahrtschiff umgebaut, für das der Passagier den Preis einer Fünfsterneübernachtung zahlen muss. www.orientexpress.com.

Neuestes Angebot ist die **MS Hintha**, die über das Reisebüro Azure Sky Tours von Dr. Axel Bruns vertrieben wird. Dieses Schiff legt nicht ab Mandalay ab, sondern ab Innwa, weiter südlich von Mandalay, um so gleich diese Insel besuchen zu können. Nach Bagan pro Person etwa 100 US-Dollar, Chartermöglichkeit, www.baganflotilla.com.

Übernachtung
■ Gehoben

Das **Hotel by the Red Canal** ist ein Boutique Hotel und bietet allerhöchsten Komfort ab rund 230 US-Dollar. 417, Ecke 63. und 22. Straße, Tel. +95/(0)2/61177, 68543, info@hotelredcanal.com, www.hotelredcanal.com.

Das **Sedona** liegt an der Südostecke des Palastes. Es unterscheidet sich kaum von seinem Pendant in Yangon. Mit etwas Glück erhält man bereits ein Zimmer bereits ab 100 US-Dollar. Gleich um die Ecke liegt das **Marionettentheater Mandalay Marionettes** (→ S. 252).

Sehr schön in einer großzügigen Anlage gelegen ist das **Mandalay Hill Resort** am Fuß des Hügels. Die 206 Zimmer versprechen einen angenehmen Aufenthalt, der keine Wünsche offen lässt. Der Spa-Bereich befindet sich hinter dem großen Pool und ist von einem Bach umgeben. Zimmerpreise ab 170 US-Dollar. Nr. 9, 10. Straße, Tel. +95/(0)2/35683, mdyhill@mptmail.net.mm, www.mandalayhillresorthotel.com.

Rupar Mandalar Resort, Ecke 53. und 30. Straße, Tel. +95/(0)2/61553 www.ruparmandalar.com. Holz, soweit das Auge reicht. Dieses luxuriöse Hotel östlich des Zentrums ist besonders beliebt bei Reiseveranstaltern.

■ Mittelklasse

Das **Nadi Myanmar Hotel** bietet gute Qualität zum günstigen Preis. Die Zimmerpreise beginnen bei 35 000 Kyat. 62. Straße, zwischen 37. und 38. Straße. Tel 02/66858, 02/62259, nadimyanmarhotel@gmail.com.

Im Stadtzentrum, direkt am Zegyo-Markt befindet sich das **Zegyo Hotel** auf der dritten bis fünften Etage eines Mehrzweckgebäudes. Die Bungalows auf dem Dach bieten einen guten Blick, auch wenn neuerdings das erste Hochhaus Mandalays mit gut 20 Etagen diesen etwas einschränkt. Direkt vor dem Eingang des Hotels findet allabendlich der Nachtmarkt statt. In der Nähe des Hotels fahren viele Busse und

Karte S. 242 ▲

Das Mandalay Pacific Hotel am Haupt-bahnhof

Taxis in die Umgebung Mandalays ab, und hier kann man am besten ein Auto mit Fahrer für Ausflüge organisieren. 84. Straße, zwischen 27. und 28. Straße, Tel. +95/(0)2/39494, 39991, Fax 39992, zegyo@mandalay.net.mm.

Pacific Hotel, Tel. +95/(0)2/32506 pacifichotel@mandalaynet.com. Direkt am Hauptbahnhof befindet sich dieses chinesisch geführte Hotel mit 7 Stockwerken. Ruhiger sind die Zimmer hintenraus.

■ **Preiswert**
Günstige Zimmer ab 30 US-Dollar bietet das **Royal City Hotel** südlich des Palastes an. Dieses Hotel ist bei Rucksackreisenden sehr beliebt. 130, 27. Straße, zwischen 76. und 77. Straße, royalcity@wimaxmail.net.mm. Tel. +95(0)2/66559.
Nylon Hotel, Ecke 25. und 83. Straße. Tel. +95/(0)2/33460. nylonhotel25@gmail.com. Einfache Zimmer zum günstigen Preis. Frühstück auf der Dachterrasse. Wer ein anständiges Frühstück mit ordentlichem Kaffee haben will, erreicht Hunter's Bar in etwa 10 Minuten Fußweg. Wer morgens länger schlafen möchte, sollte ein fensterloses Zimmer hinten raus buchen – die Klimaanlage liefert gefilterte Luft ins Zimmer. In dieser Preisklasse ist das Nylon eines der

wenigen Hotels, das immer heißes Wasser zum Duschen liefert. Reisebüros und Nylon-Eisbar liegen an der selben Ecke.
Golden City Crown Hotel Mandalay, Nr. 1/F, 30. Straße, zwischen 70. und 71. Straße, Tel. +95/(0)2/61516, citycrownmdy@mandalay.net.mm. Mehrstöckiges Gebäude mit funktionalen Zimmern ab 55 US-Dollar und einem Massageservice in der 6. Etage.
Royal Guesthouse, 41, 25. Straße, zwischen 82. und 83. Straße, Tel. +95/(0)2/65697. Beliebte Herberge gleich ums Eck vom Nylon Hotel. Mopedverleih.

Restaurants
Nach der Rückkehr aus Mingun zur Mittagszeit lässt es sich vorzüglich direkt am Hafen im **Restaurant Mya Nanda** speisen, während man von der Terrasse auf den Ayeyawady blickt. In der Mittagshitze ist eine leichte Nudelsuppe sehr empfehlenswert. Strand Road, zwischen 26. und 35. Straße, Tel. +95/(0)2/66110, +95/(0)9/402600888.

Besonders empfehlenswert ist das vegetarische indische **Restaurant Marie Min**, das von einer katholischen Familie in einer versteckten Seitenstraße betrieben wird. Ein Lassi kann gefahrlos probiert werden, der Avocadosalat ist herausragend. Gegenüber befindet sich das thailändische Restaurant **Rainforest**, das ebenfalls der Familie gehört. Mit **Souvenirgeschäft im Erdgeschoss**. Begrenzte Plätze, Stoßzeit von 18–20 Uhr. Ebenfalls **Motorradverleih** ab 10 000 Kyat pro Tag. 27. Straße, zwischen 74. und 75. Straße. Tel. +95/(0)2/36234, mariemin@mandalay.net.mm.

Das von Reisegruppen häufig angesteuerte Thai-Restaurant **Ko's Kitchen** sollte ebenfalls rechtzeitig reserviert werden. Günstige Preise für hervorragendes Essen. Ecke 19. und 80. Straße, am Palastgraben. Tel. +95/(0)2/28042.

Die **V-Café Sky Bar** hat eine offene Terrasse auf dem Dach, wo man den Abend mit Blick auf den Palast gemütlich ausklingen lassen kann. Die Terrasse wird ab 18.30 Uhr geöffnet. 408, Ecke 25. und 80. Straße, westlich des Palastes, Tel. +95/(0)2/24688.

Koffee Korner ist ein modernes Restaurant, das vor allem abends gut besucht ist – ein Ort zum Sehen und Gesehen werden. Verschiedene Kaffeespezialitäten sind im Angebot, auf der Speisekarte ist für jeden etwas dabei. Ecke 27. und 70. Straße, Tel. +95/(0)2/68648, koffeekorner@gmail.com.

Das **Lashio Shan-Restaurant** ist so beliebt, dass auf der kleinen Straße zur Mittagszeit ein Durchkommen kaum noch möglich ist. Nr. 80, 33. Straße, zwischen 72. und 73. Straße, Tel. +95/(0)9/6804316.

Nachtleben

Mehr und mehr westliche Ausländer lassen sich in Mandalay nieder, was nun auch das Nachtleben etwas belebt. Aber Mandalay wird als letzte Königshauptstadt historisch geschätzt und die Regierung trägt Sorge, dass es nicht allzu ausschweifend wird – nach Mitternacht werden die Gehwege hochgeklappt, aber dafür ist die Stadt wesentlich sauberer als Yangon, was ja nun eher stiefmütterlich behandelt wird, dafür aber ein reges Nachtleben zulässt.

Hunter's Café & Bar, 167, 27. Straße, zwischen 80. und 81 Straße, Tel. +95/(0)9/402537298. Ein neuseeländisches Geschwisterpaar betreibt dieses zweistöckige Restaurant/Bar, das sich in kurzer Zeit zu einem Magneten des Nachtlebens entwickelt hat. Gutes Essen, vor allem das englische Frühstück, wird jeden erfreuen, der das ewig gleiche Frühstück in den Hotels der unteren und mittleren Kategorien nicht mehr sehen kann.

Central Park Bar, 27. Straße, zwischen 68. und 69. Straße, Tel. +95/(0)9/91013500, wilbursprite@gmail.com. Im Stil einer Strandbar auf dem Gelände des Myanandar Hotels hat Wilbur Hong seine Bar eröffnet. Ausgezeichnete Auswahl an Cocktails und vielen weiteren Getränken. Gegrilltes und Happy Hour zwischen 18.30 und 19.30 sorgen für Partylaune.

BarCode Restaurant & Outdoor Bar, Disco und Bar in minimalistischen Design, außerhalb des Stadtzentrums. Nur für Freunde lauter und elektronischer Musik aus der Konserve. Ecke 35. Straße und Pyin-U-Lwin-Straße, Tel. +95/(0)9/402770700, kokyawkyi07@gmail.com.

König Mindon und seine Königin im Palast von Mandalay

Karte S. 242

Das Marionettentheater

von Dr. Axel Bruns, Yangon

Das Marionettentheater Myanmars, des früheren Birma, kann auf eine mehr als 500-jährige Tradition zurückschauen. Es wird zum ersten Mal im Jahre 1444 schriftlich erwähnt: in einer Stifterinschrift auf dem Htupayon-Stupa (Sagaing). Bisher ist nicht bekannt, wie jenes Figurentheater aussah und ob es vielleicht schon auf die Bagan-Zeit (1044–1287) zurückgeht. In den folgenden Jahrhunderten finden sich immer wieder sporadische Erwähnungen, unter denen die des Mönchspoeten Rahtathara (1458–1530) hervorragen. In seinen Gedichten beschreibt er Feiern, die von Marionettenspielen begleitet werden. Seinen Höhepunkt erreichte das Marionettentheater Myanmars im 18. und 19. Jahrhundert. Nach der Eroberung der siamesischen Hauptstadt Ayutthia (1767) wurden der gesamte Hofstaat und zahlreiche Künstler nach Innwa (Ava) verschleppt. Die Neuankömmlinge bereicherten die Kultur des Nachbarlandes in vielerlei Hinsicht. Offenbar wurden auch Elemente des höfischen siamesischen Figurentheaters importiert und aus denen entstand vermutlich die heutige Form des Marionettentheaters.

Während der letzten Dynastie des Landes (Konbaung, 1752–1885) war das Marionettentheater die führende darstellende Kunst des Landes. Das burmesische Tanztheater *zat pwe* war zwar auch populär, aber dessen Darsteller entstammten der Gruppe der Geistertänzer: es wäre als unangemessen betrachtet worden, wenn diese nicht besonders angesehenen Tänzer buddhistische Charaktere, womöglich gar den Bodhisatta, den zukünftigen Buddha, dargestellt hätten. Die Marionettenspieler hingegen waren angesehene Männer mit einer konservativen Grundeinstellung, die vom Königshaus protegiert wurden. Zudem ›entschärften‹ die hölzernen Marionetten das Problem der Blasphemie, das allen Darstellungen religiöser Themen innewohnt. Zur Kontrolle der Puppenspieler wurde ein Theaterministerium eingerichtet. Die Puppenspieler genossen höchstes Ansehen und wurden von den Königen reich beschenkt.

Das Marionettentheater kann in keiner Weise mit unserem Kasperletheater verglichen werden. Zur Aufführung kamen ausschließlich religiöse Themen zur Erbauung und Belehrung der Zuschauer. Die traditionelle Marionettentheateraufführung begann stets mit der Schöpfung: Der Buddhismus geht von einer Vielzahl nebeneinander bestehender Welten aus, die in einem ständigen Wechsel von Werden und Vergehen durch die Naturkräfte Feuer, Wasser und Wind begriffen sind. Der Grund für das Vergehen der Welten liegt im negativen Karma, das die Bewohner der Welt anhäufen. Um ein Marionettenspiel aufzuführen, muss demgemäß erst einmal eine Welt existieren, in der es stattfinden kann. Die Schöpfung wird symbolisiert durch eine musikalische Ouvertüre, es folgt der Auftritt der *natkadaw* (Geistermedium), denn die Geister sind die ersten Bewohner der Welt. Es folgen die übernatürlichen Wesen wie Magier und Menschenfresser und dann die Tiere: die Szene *himavanta* (Himalaya) wird stets eingeleitet durch den Auftritt des Pferdes, das vom Himmel auf die Erde hinab fliegt. Ihm folgen Affen, Vögeln, Elefanten, Tiger usw. Diese Szene ist vor allem für die jüngeren Zuschauer sehr unterhaltsam. Die Menschen betreten die Erde als letzte: die Szene *taingpyi*

ESSAY

tegann (Gründung des Königreiches) zeigt den König im Kreis seiner Minister – keine menschliche Gesellschaft ist ohne den König vorstellbar, so die Botschaft dieser Szene. Der König bespricht mit seinen Ministern wichtige Staatsangelegenheiten, und langsam kommt die Rede auf den Prinzen, der an der Universität Taxila studiert hat und nun wieder an den Hof zurückkehrt. In seiner Begleitung ist eine Prinzessin, die er während des Studiums kennen gelernt hat. Die Szene *napathwa* zeigt beide im Duett tanzend. Erst im Anschluss daran entwickelt sich die eigentliche Handlung, deren Stoff im wesentlichen aus drei Quellen stammt: Pagodenlegenden, *jatakas* (die früheren Existenzen des Buddha) und alten Chroniken, z. B. der Mahavamsa.

Das burmesische Marionettentheater ist ein Wandertheater ohne feste Bauten. Die Bühne wird stets vor Ort vom Veranstalter aufgebaut. Einzige Ausnahme waren die vier Marionettenbühnen am königlichen Hof, von denen drei ausschließlich für den König spielen durften. Die Vorstellung beginnt bei Sonnenuntergang und dauert die ganze Nacht. Die Zahl der Marionetten, die zu einem Spiel gehören ist Gegenstand von Spekulationen: sehr häufig wird die Zahl 28 genannt, andere Quellen berufen sich auf 36. Meines Erachtens gibt – zumindest heute - keine festgelegte Anzahl von Figuren mehr. Die Marionettenspieler benutzen so viele Figuren, wie sie für das Spiel brauchen: das sind meist erheblich weniger als 28. Einige Figuren dürfen jedoch nie fehlen: unter den menschlichen Charakteren sind das Prinz und Prinzessin (die beiden Hauptdarsteller), der König, der Brahmane (der die Rolle des Schurken spielt), der ältere Prinz und die Minister. Hinzu kommen der Page, der Einsiedler und andere – je nach Drehbuch. Unter den Tieren sind das Pferd, der Elefant, der Tiger (sie sind erbitterte Gegner) und der Affe fast unverzichtbar; auch Vögel kommen vor. Bei den übernatürlichen Wesen müssen Menschenfresser und Magier dabei sein und natürlich darf auch eine *natkadaw* (siehe oben) nicht fehlen. Die Figuren werden an Fäden gespielt, deren Zahl zwischen elf und sechzehn (für menschliche Figuren) variiert, die Tierfiguren haben weniger Fäden. Die Fäden hängen an einem Spielkreuz, das der Spieler in

der linken Hand hält, die rechte manipuliert die Fäden.

Mit dem Untergang des letzten Königreiches erlosch die königliche Protektion und das vorher geschmähte Tanztheater zat pwe gewann an Bedeutung. Heute gibt es nur noch einige wenige Marionettentheater, die in den Touristenzentren spielen – die Burmesen selbst interessieren sich nicht mehr besonders für die alte Kunstform. Aber so lange es Marionettenspieler gibt, wird auch das Marionettentheater leben und so lange der Beruf seinen Mann ernährt (seien die Zuschauer nun Einheimische oder Touristen) wird auch der Nachwuchs nicht aussterben.

Marionetten in Mandalay

Ausflüge von Mandalay

Bevor 1857 Mandalay die letzte Hauptstadt wurde, waren die Städte Innwa und Amarapura südlich von Mandalay je zwei Mal im Wechsel der Sitz des Königs. Ebenso lohnt sich der Besuch der goldglänzenden Hügel von Sagaing, die man schon von Innwa aus erkennen kann. Weiter stromaufwärts befindet sich mit Mingun, zwar keine ehemalige Hauptstadt, dafür aber Standort der Mantaragyi Paya, was einst unter König Bodawpaya die größte Paya samt Stupa der Welt werden sollte; immerhin geriet sie zur größten Ziegelanhäufung der Welt.

Alle Orte kann man innerhalb eines Tages besuchen. Da aber sowohl Sagaing als auch die U-Bein-Brücke in Amarapura zum Sonnenuntergang besonders attraktiv sind, bietet es sich an, das nahe gelegene Amarapura extra zu besuchen – oder dort statt des Sonnenuntergangs den Sonnenaufgang zu bewundern. Informationen zur Anreise → S. 255, 273.

Mingun

Für einen Halbtagesausflug erreicht man den Ort der Superlative per Fähre in 1,5 Stunden stromaufwärts. Schon von

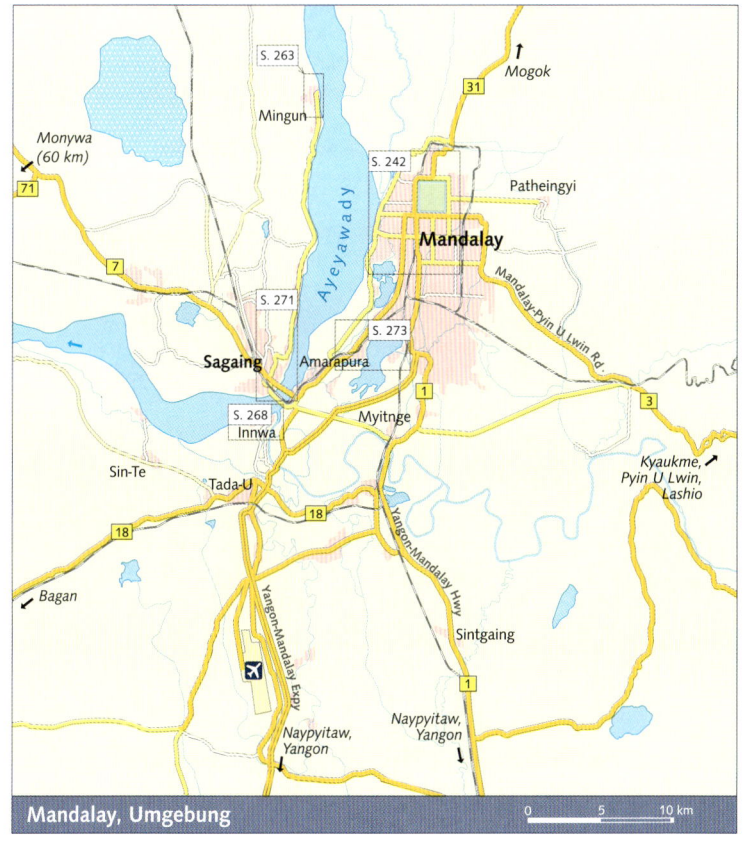

Mandalay, Umgebung

Mandalay und Umgebung

weitem erkennt man die größte Ziegelanhäufung der Welt am Westufer des
Ayeyawady, in deren Umgebung sich
noch einige andere interessante Sehenswürdigkeiten befinden, wie zum Beispiel
die größte noch klingende Glocke der
Welt. Unterwegs auf dem Schiff finden
sich viele Fotomotive auf und am Fluss
wie etwa schwer beladene Holztrans-
porte oder riesige Flöße. Die Souvenirhändler Minguns sind die geschäfts-
tüchtigsten in Myanmar, so dass es sich
kaum vermeiden lässt, alle paar Minuten
angesprochen zu werden. Wer vor Ort
die Strecke von etwa zwei Kilometern
nicht zu Fuß zurücklegen will, kann sich
einen Ochsenkarren mieten. Entlang der
Sehenswürdigkeiten Minguns befinden
sich viele Teestuben, die Snacks und Getränke anbieten.

■ **Geschichte**

Nachdem König Bodawpaya in Rakhine den Mahamuni-Buddha konfisziert
hatte, gründete er die neue Hauptstadt
Amarapura. Er plante darüber hinaus,

weitere Teile Asiens zu erobern, als ob
der Erwerb des Mahamuni-Buddha ihn
hat größenwahnsinnig werden lassen.
Im Jahr 1790 gab er den Auftrag zum
Bau des größten buddhistischen Bauwerks der Welt in Mingun, das mit etwa 150 Metern Höhe eine wertvolle
Zahnreliquie des Buddha beherbergen
sollte. Er verlegte sogar seinen Wohnsitz von Amarapura nach Mingun auf
die Nandaw-Insel in der Flussmitte, um
von dort den Bau der Mantara-gyi Paya
(›Mingun Pagode‹) zu überwachen. Der
Umstand, dass zum Bau der Mantara-
gyi Zwangsarbeiter aus Rakhine, an der
Grenze zu Britisch-Indien, entführt worden waren, begünstigte den Untergang
der Konbaung-Dynastie. Nach dem Tod
des Königs 1819 wurden die Bauarbeiten unvollendet eingestellt.

■ **Sehenswürdigkeiten**

Die erste Station nach Verlassen des
Schiffs an der südlicheren der beiden Anlegestellen ist die **Pondaw Paya** die Mini-
aturausgabe der gigantischen Mantara-

Karte S. 263 ▲

*Die Mantara-Gyi-Paya konnte aufgrund eines Erdbebens nur zu einem Drittel fertigge-
stellt werden*

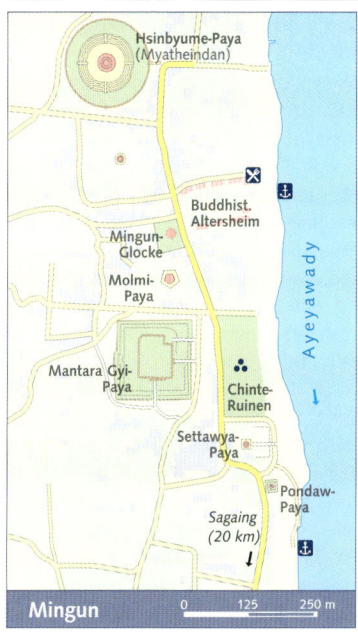

Mingun

1819 die Bauarbeiten eingestellt worden waren, beschädigte knapp 20 Jahre später ein Erdbeben das unfertige Gebäude. Im November 2012 befand sich das Epizentrum eines weiteren Erdbebens etwa 100 Kilometer nördlich von Mandalay. Es richtete zwar kaum weiteren Schaden an, aber aus Sicherheitsgründen wurde daraufhin der Zugang zur oberen Plattform in 50 Metern Höhe gesperrt, die man über die lange Treppe an der rechten Seite barfuß erklimmen kann.

Nachdem der Kaiser von China im Jahr 1790 König Bodawpaya durch die Übergabe einiger Reliquien von seinen Kriegsvorhaben in Asien hatte abbringen können, widmete sich dieser ganz dem Bau von buddhistischen Bauwerken. Unter den Reliquien aus China befand sich ein Zahn. Viele wollten die Zahnreliquie haben, aber König Bodawpaya erhielt sie und plante dieser Reliquie zu Ehren den Bau der Mantara-gyi Paya. Mit 72 Metern Seitenlänge und mehr als 150 Metern Höhe, so der Plan, sollte man den Stupa auf der Spitze noch im entfernten

Gyi Paya. Die Pondaw Paya zeigt, wie die Mantara-Gyi Paya nach ihrer Fertigstellung hätte aussehen sollen. Ein paar Meter weiter sieht man die strahlend weiße **Settawya Paya**, in deren Inneren sich eine Buddha-Statue sowie ein Fußabdruck des Buddha befinden: Ein Fußabdruck wird spiralförmig gelesen, die Anzahl der Zeichen ist 108 (wie übrigens die Anzahl Kugeln einer Meditationskette). Bevor der Buddha etwa ab dem 2. Jahrhundert auch in menschlicher Gestalt dargestellt wurde, waren es Fußabdrücke, der Bodhibaum und natürlich der Stupa, die den Buddha repräsentierten. Man verlässt den Tempel über die zum Flussufer führende Treppe, geht nach links wenige Meter am Flussufer entlang, um sich schließlich zwischen den Überbleibseln der beiden riesigen Wächterlöwen hindurch der **Mantara-Gyi Paya** zu nähern, so wie es bereits König Bodawpaya 1790 geplant hatte. Nachdem

Die Glocke von Mingun ist die zweitschwerste intakte Glocke der Welt

Mandalay und Umgebung

Amarapura erkennen können. Von der Reliquenkammer wurde behauptet, dass sie, neben dem Zahn, auch unzählige Schätze aus Gold enthalten sollte und auch eine Sodamaschine aus England. Allerdings wurde diese Kammer aus Blei gefertigt, was schon im Jahr 1797 den englischen Gesandten Captain Cox die Frage nach der Stabilität des Bauwerkes in den Raum stellen ließ. Bei seinem Besuch konnte Cox kein Gold finden, sondern sah nur gefärbtes Glas und Steine. Weiter nördlich befindet sich die **Mingun-Glocke**, und wenn man dem Guinessbuch der Rekorde Glauben schenken darf, dann handelt es sich mit über 100 Tonnen um die schwerste intakte Glocke der Welt (die Glocke in Moskau wurde beschädigt). Mit knapp 4 Metern Höhe und 15 Metern Umfang wurde sie im Jahr 1808 auf der Flussinsel Nandaw gegossen, und anschließend mit zwei Katamaranen nach Mingun gebracht, wo sie in der Mantara-gyi Paya aufgehängt werden sollte. Die Zahl auf der Glocke, bestehend aus fünf Ziffern, liest sich 55 555. Gemeint sind 55 555 Viss, also knapp 90 Tonnen.

Die vorletzte Station ist die **Hsinbyume Paya**, auch **Myatheindan** genannt, die, ganz in weiß, den Weltberg Meru in der buddhistischen Kosmologie repräsentiert. König Bodawpayas designierter Thronfolger Bagyidaw erbaute sie 1816 für sein Frau Hsinbyume. Die sieben Terrassen repräsentieren die sieben Ringgebirge, die den Berg Meru umschließen. Ganz oben angekommen hat man einen schönen Blick auf Mingun.

Auch das **Altersheim** ist einen Besuch wert. Gestiftet wurde es von zwei Brüdern, die vor etwa 100 Jahren mit der Erfindung des Tiger Balms berühmt wurden, jene wohlriechende Salbe, die gegen allerlei Beschwerden hilft. Auch heute ist das Altersheim auf Spenden angewiesen, und im Gegenzug erhält man interessante Einblicke in das Leben der sehr betagten Bewohner, die einen bereitwillig einlassen. Altersheime sind eher die Ausnahme in Myanmar. Das soziale Netz bildet die Familie.

Sie steht stellvertretend für den Weltberg Meru: die Myatheindan Paya

Die Familie

Die klassische Familie besteht nicht nur aus Vater, Mutter und Kind, sondern bezieht Großeltern, Onkels, Tanten und Neffen mit ein. Hinzu kommen für unser Verständnis schwer nachvollziehbare Beziehungen, die scheinbar willkürlich die Begriffe ›große Schwester‹ und ›kleiner Bruder‹ mit einschließen, obwohl besagte Personen gar nicht blutsverwandt sind. Doch der Reihe nach.

Wie in der allgemeinen gesellschaftlichen Ordnung gilt auch in der Familie das Recht des Älteren. Somit wird Großeltern und Eltern ein besonderer Respekt entgegengebracht, der eine Form von Gehorsam mit einschließt, die in Europa vielleicht noch vor 100 Jahren existierte. Die Großfamilie lebt zumeist zusammen; von den Großeltern bis zu den Enkeln wohnen alle unter einem Dach. Da es in Myanmar keine Rentenkasse gibt, ist die Familie das soziale Netz. Im Kapitel zur Wirtschaft fällt im Essay ›Viele Nüsse für Suu Kyi‹ (→ S. 109) das Wort ›Familieneinkommen‹, das diese Situation treffend beschreibt: ›Pflanzt Purgiernüsse an, um das Familieneinkommen zu erhöhen‹. Abgesehen von der beschriebenen staatlichen Propaganda hinsichtlich der Purgiernuss trifft doch der Begriff ›Familieneinkommen‹ genau den Punkt und entspricht der gesellschaftlichen Realität in Yangon sowie auf den Dörfern. Das Wohl der gesamten Familie ist das Ziel. Wer mit einem Reiseleiter unterwegs ist, wird auf Nachfrage bald erfahren, dass das gesamte Gehalt plus Trinkgeld in die gemeinsame Familienkasse eingezahlt wird, die meist von der Mutter oder eventuell der Großmutter – in jedem Fall eine Frau – verwaltet wird. Nicht im Traum würden junge und alte Reiseleiter in Myanmar daran denken, mit dem Geld ›eigene Pläne‹ zu schmieden.

Genau so sieht es aus beim Einkaufen in den modernen Shopping Malls oder auf Reisen. Alles wird zusammen erledigt, und wenn die Oma sich zwischendurch setzen muss, warten zehn weitere Familienmitglieder um sie herum, bis sie wieder aufsteht. Schwer nachvollziehbar, dass nervende Verwandte in Deutschland ein häufiges Gesprächsthema sind. Beim regelmäßigen Klosterbesuch sitzen die Großeltern und Eltern vorn beim Mönch, sitzen dort aber tiefer als dieser. Insbesondere bei Reisen zum Goldenen Felsen, einer Pilgerfahrt, bricht die gesamte Familie mit Kind und Kegel auf und teilt sich zusammen das Zimmer. Individuelles Reisen, Alleinsein und Privatsphäre sowie alles, was damit einher geht, hat in Myanmar keinen Wert.

Zwar trägt jeder in Myanmar einen Namen, doch als Mittel zur persönlichen Identifizierung wird dieser selten benutzt. Wenn also nach Einbruch der Dunkelheit ab 18 Uhr die Mutter in großer Sorge ihre 25-jährige Tochter auf ihrem neuen iPhone anruft und fragt, wann sie denn nach Hause kommt, wird die Tochter der Mutter antworten: »Die Tochter kommt bald nach Hause, Mutter«. Das Wort ›ich‹ wird weitaus weniger benutzt als bei uns. Diese Antwort drückt ein lebenslanges Identifikationsmerkmal aus, das die junge Frau immer zuerst als Tochter ihrer Mutter und ihres Vaters beschreibt. Daher stammt auch die etwas seltsam anmutende Frage auf dem Antragsformular zum Visum für Myanmar. Der Name des Vaters, in Verbindung mit dem eigenem Namen und schließlich dem Geburtsdatum ermöglicht die Identifikation einer Person. Wenn jemand seinen Freund erblickt, wird er ihn nicht beim Namen rufen, sondern einfach »Hey, großer/klei-

Jungs in Bagan

ner Bruder« (je nach dem Altersunterschied) laut über die Straße rufen. Ein Name gilt als Schall und Rauch, und kann im Laufe eines Lebens auch schon einmal geändert werden.

Erst nach der Hochzeit, und dann auch nicht immer, gründet das junge Paar einen eigenen Haushalt. Oft genug aber zieht die junge Frau zur Familie des Ehemanns, sofern dort genug Platz vorhanden ist. Wilde Ehen gibt es in Myanmar nicht. Wenn nun also die 25-jährige Frau mit der Familie des Ehemanns lebt, wird die Schwiegermutter automatisch ihre ältere Schwester/Tante. Der Schwiegervater wird zum älteren Bruder/Onkel. Ihnen gegenüber wird sie sich aber auch als Tochter zu erkennen geben. Da das junge Paar auch die Welt bereisen will, wird anlässlich einer Flugreise nach Thailand für ein langes Wochenende die gesamte Großfamilie, das heißt die Familie der Frau und die des Mannes, die beiden zum Flughafen bringen und auch wieder abholen. Somit kommen schnell drei Minibusse zusammen, die zum Flughafen fahren. Bei der Ankunft am Flughafen Yangon kann man sehr gut beobachten, dass draußen zehn Leute stehen, um jemanden abzuholen. Auch wenn der Sohn oder Tochter nur wenige Tage weg war, ist die Wiedersehensfreude auf beiden Seiten so groß, als hätten sie sich jahrelang nicht gesehen.

Kinder sind das höchste Gut. Ihnen lässt die Großfamilie alle Zuneigung zuteil werden, wobei kaum ein Unterschied zwischen den eigenen Kindern und denen der Familie gemacht wird. Man kann aber beobachten, dass der männliche Nachwuchs weitaus mehr verwöhnt wird als die Mädchen. In der Tat werden Jungs wie kleine Prinzen behandelt. Das mag eine Erklärung sein, warum später vor allem die Frauen im Handel tätig sind, während – um ein Klischee zu bedienen – die Männer der Lotterie und Gerüchteverbreitung frönen.

Innwa

Die auch unter dem Namen Ava bekannt gewordene ehemalige Hauptstadt wurde das Machtzentrum Myanmars, nachdem Bagan Ende des 13. Jahrhunderts unbedeutend geworden war. Ein Nachfahre früherer Minister am Hof von Bagan gründete 1364 Innwa, während zeitgleich im Süden das Königreich der Mon entstand. Innwa blieb die Hauptstadt der Bamar, bis 1555 erstmalig die Shan aus dem Osten einfielen, nachdem der Hof von Innwa die innere Sicherheit zugunsten des Handels mit der Küste riskiert hatte. Bis zur Gründung Amarapuras 1782 blieb Innwa – mit Unterbrechungen – Hauptstadt. Auch nach dem Wegzug aus Innwa blieb der Staat unter dem Begriff ›Königshof von Innwa‹ bekannt. Die alte Stadt wurde 1839 durch ein Erdbeben fast vollständig zerstört, viele der Sehenswürdigkeiten stammen daher aus dem späten 19. Jahrhundert, als Innwa wieder einmal Hauptstadt wurde. Die Insel, auf der Innwa erbaut wurde, liegt am Zusammenfluss des Myitnge-Flusses und des Ayeyawady. Zusätzliche Kanäle an allen vier Seiten umgeben die Stadt mit Wasser, so dass eine kurze Fährfahrt notwendig ist. Am anderen Ufer warten vor dem Small River Restaurant die Pferdekutschen.

Die Insel Innwa liegt rund 20 Kilometer südwestlich von Mandalay entfernt, und ihr Reiz ist hauptsächlich die ruhige ländliche Umgebung, durch die man mit der Kutsche gemütlich an Reisfeldern und Wasserbüffeln vorbeifährt. Die Sehenswürdigkeiten liegen verstreut zwischen einzelnen Dörfern, in denen die Zeit stillzustehen scheint. Reisende mit Rückenproblemen seien gewarnt, denn die Kutschen-Rundfahrt auf holprigen Wegen dauert etwa zwei Stunden. Am schönsten ist Innwa am Nachmittag, wenn man die Rundfahrt bei sanftem Nachmittagssonnenschein genießen kann.

■ **Nanmyint Watchtower**

Der schiefe Turm von Innwa, den man schon von weitem als solchen erkennen kann, war einst der Aussichtsturm von

Innwa ist besonders wegen seiner reizvollen Umgebung einen Ausflug wert

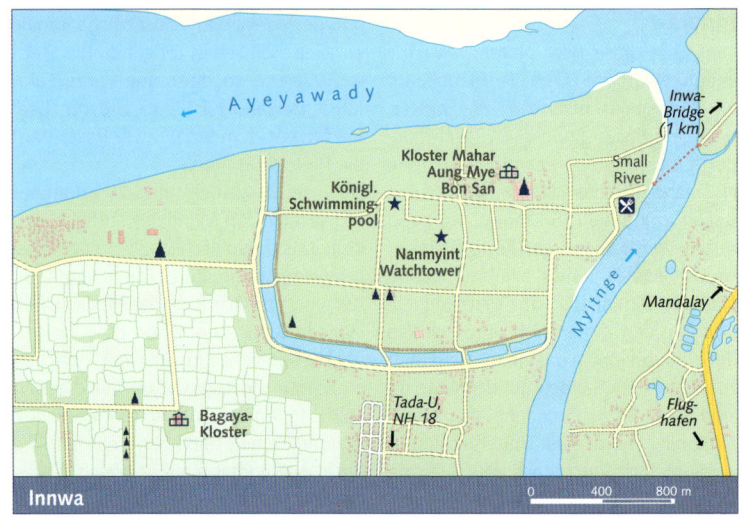

König Bagyidaw. Zu seiner Schieflage kam er durch das Erdbeben von 1839. Seine jetzige Höhe von 30 Metern wurde wieder hergestellt, nachdem der obere Teil weggebrochen war. Leider ist der Zutritt oft nicht gestattet.

Der Turm ist nicht alles, was vom 1822 erbauten Königspalast übrig blieb. In seiner Nähe befindet sich der sehr gut erhaltene königliche Swimming Pool (→ S. 73), allerdings ohne Wasser, dafür aber mit viel Pflanzenwuchs.

■ Bagaya-Kloster

Dieses Kloster, in Myanmar *kyaung* (Schule) genannt, ist neben dem Goldenen Kloster zu Mandalay eines der schönsten Holzklöster Myanmars. Die vollständig aus Teakholz erbaute Anlage wurde 1834 von König Bagyidaw in Auftrag gegeben; man zählt 267 massive Pfosten aus Teak, die das Kloster tragen. Der seltsame Geruch im Gebäude stammt von den Hinterlassenschaften zahlreicher Fledermäuse, die im dunklen Gebälk hausen. Im Kloster leben einige Mönche und zeigen dem Besucher gerne das Kloster.

■ Kloster Mahar Aung Mye Bon San

Ungewöhnlich an diesem Kloster ist die Tatsache, dass es vollständig aus Ziegeln erbaut wurde und somit dem Zahn der Zeit besser widerstehen konnte als Klöster aus Holz. Es wurde im Jahr 1818 von Königs Bagyidaws Hauptfrau Meh Nu für den Abt Nyaungyan Sayadaw errichtet, von dem es hieß, dass er ihr Liebhaber gewesen sei. Das Kloster ist ein großes,

Komplett aus Teakholz erbaut: im Bagaya-Kloster

Pferdekutschen am Small River Restaurant in Innwa

blassgelbes Gebäude dekoriert mit feinen Reliefs. Im Inneren des Gebäudes thront auf einem mit Glasmosaik verziertem Podest eine Buddhafigur.

Sagaing

Sagaing ist die Hauptstadt der gleichnamigen Sagaing-Division. Sie liegt etwa 20 Kilometer südwestlich von Mandalay nahe der früheren Königsstadt Innwa. Eine 700 Meter lange, von den Briten erbaute Brücke mit 16 großen Bögen überquert hier den Ayeyawady und verbindet Mandalay mit Sagaing. Diese Brücke war bis 1998 die einzige am Ayeyawady. Von ihr und auch von der benachbarten Yadanabon-Brücke aus gewinnt man einen ersten Eindruck von Sagaing am anderen Ufer. Unzählige Stupas und Klöster rund um und auf dem Sagaing-Hügel bieten einen faszinierenden Anblick, während im Vordergrund Schiffe verkehren.

Sagaing ist eines der buddhistischen Zentren Myanmars und mehr als 600 Stupas, Meditationszentren und Klöster gruppieren sich um den Sagaing-Hügel. Die Einwohnerzahl beträgt etwa 300 000, dar-

unter befinden sich rund 6000 Mönche und Nonnen. Im 18. Jahrhundert verlegte König Alaungpaya, der Gründer des dritten und letzten vorkolonialen Königreiches, die Hauptstadt von seinem Heimatort Shwebo nach Sagaing.

Reisebusse können den Sagaing-Hügel aufgrund der engen Straßen nicht erklimmen, so dass man am Fuß des Hügels in kleinere Linecars umsteigen muss. Wer mit einem PKW oder Motorrad unterwegs ist, hat die Gelegenheit, die vielen kleinen Nebenstraßen, die von der bergaufführenden Hauptroute abzweigen, zu erkunden und manches schöne Kloster zu entdecken. Falls man vormittags Mingun und anschließend Innwa besucht, bietet sich an, ein Mittagessen im Small River Restaurant an der Anlegestelle in Innwa einzunehmen, und anschließend Sagaing zu besichtigen. Man sollte Sagaing dann allerdings spätestens 16 Uhr erreicht haben. Der Sonnenuntergang über dem Ayeyawady, vom Sun U Ponnya Shin auf der Spitze des Sagaing-Hügels aus betrachtet, ist wesentlich beeindruckender als am Mandalay Hill.

Blick auf den Sagaing-Hügel

■ Tilawka-guru-Höhle

Der Eingang zur Höhle am Fuß des Sagaing-Hügels ist verschlossen, der Schlüssel kann im nahe gelegenen Büro des Kulturministeriums durch einen der anwesenden Mönche organisiert werden. Die Wandmalereien in der ›Höhle des Lehrers der drei Welten‹ stammen aus der Innwa-Zeit des 17. Jahrhunderts, deswegen darf hier auch nicht fotografiert werden. Neben Abbildungen der Buddhas der verschiedenen Zeitalter findet man auch Abbildungen von Höllenszenen.

■ U Min Thonze Paya

Die ›30-Höhlen-Paya‹, U Min Thonze, liegt auf halbem Weg zum Gipfel. 45 Buddhafiguren befinden sich in einem Raum, der durch 30 (*thonze*) kleine Eingänge zu betreten ist.

Die U Min Thonze Paya zeichnet sich durch ihre relative Abgelegenheit aus, und die vielen kleinen engen Gänge, die durch den Stupa hindurch nach oben und nach unten führen, lassen das Gefühl aufkommen, in einer Höhle zu sein. Auf allen vier Seiten befinden sich Räume, in denen in langen Reihen Buddhafiguren

zu sehen sind. Diesen Stupa darf man über enge Wendeltreppen an allen vier Ecken besteigen, auf der oberen Etage befindet sich ein Raum, dessen Wände mit Spiegelmosaiksteinen und Gold verziert sind, während die Mönche des nahegelegenen Klosters vor der großen Buddhafigur Andacht halten. Nicht nur mitreisende Kinder dürften durch die schmalen Gänge, die durch den Stupa führen, fasziniert sein.

■ Sun-U-Ponnya-Shin Paya

Diese Paya stammt aus dem Jahre 1322 und liegt auf dem Gipfel des Hügels. Sie bietet einen wunderbaren Rundumblick zum Sonnenuntergang – über den Ayeyawady manchmal sogar bis nach Mandalay. Die Hasenfigur in der Nähe der recht großen Buddhastatue unterstreicht die Legende, dass Buddha einst in Gestalt des Hasenkönigs den Hügel besucht haben soll.

■ Stupa Kaunghmudaw

Der leuchtend weiße, 46 Meter hohe Stupa (auch unter dem Pali-Namen Rajamanicula bekannt), befindet sich knapp

Karte S. 271
▲

zehn Kilometer westlich außerhalb von Sagaing. Zwischen 1636 und 1648 unter König Thalun fertiggestellt, um den größten Stupa Sagaings, angelehnt an das Vorbild der Mahaceti-Stipa in Sri Lanka. Anstelle des singhalesischen *harmika* auf der Spitze des Stupa wurde ein *hti*, also ein Schirm nach lokalem Vorbild auf die Spitze gesetzt. Vor Ort wird gerne die unsinnige Geschichte erzählt, in der es heißt, dass König Thaluns Ehefrau dem Baumeister ihre Brust gezeigt haben soll, um so das Vorbild für den perfekten Stupa zu schaffen. Das würde nämlich bedeuten, König Thalun wuss-

Der Stupa der Sun U Ponnya Shin Paya

te nicht wie Brüste aussehen. Rund um die Pagode stehen einige hundert Steinsäulen, in denen Öllampen aufbewahrt wurden. In über 100 Nischen befinden sich Abbildungen der Nat, und auf einem drei Meter hohen Marmorstein wird die Geschichte der Erbauung beschrieben.

■ **Ywataung**

Das Dorf Ywataung am Fuße des Sagaing-Hill ist die Heimat vieler Silberschmiede, deren Vorfahren von König Alaungpaya und seinem Nachfolger aus Ayutthaya während des 18. Jahrhunderts verschleppt wurden. Die Silberschmiede stellen filigrane Arbeiten, wie zum Beispiel Behältnisse in Form von Mönchsschalen, her, die man später vor allem in Mandalay, aber auch im ganzen Land erwerben kann.

Amarapura

Die ›Stadt der Unsterblichen‹ (Mara ist der Tod) liegt elf Kilometer südlich von Mandalay zwischen dem Ayeyawady und dem Taungthaman-See. Der Ort wurde 1781 unter König Bodawpaya zur Königshauptstadt, nachdem Sagaing und Innwa aufgegeben worden waren. In der

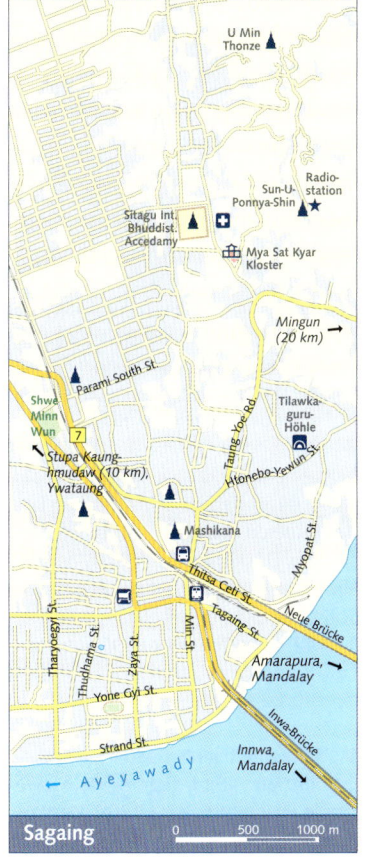

U Min
Thonze ▲

Radio-
Sun-U- station
Ponnya-Shin ▲★

Sitagu Int. ▲
Bhuddist.
Accedamy

✚ Mya Sat Kyar
Kloster

Mingun →
(20 km)

Parami South St.

Shwe
Minn
Wun   7

Tilawka-
guru-
Höhle

Stupa Kaung-
hmudaw (10 km),
Ywataung

Htonebo-Yewun St.

Taung Yoe Rd.

▲ Mashikana

Thitsa Ceti St.

Neue Brücke

Tagaing St.

Myopat St.

Tharyoegyi St.

Thudhama St.

Zaya St.

Min St.

Amarapura, →
Mandalay

Yone Gyi St.

Inwa-Brücke

Strand St.

Innwa,
Mandalay →

← A y e y a w a d y

Sagaing   0   500   1000 m

Mandalay und Umgebung

Zeit von 1823 bis 1841 verlor Amarapura diesen Status wieder an Innwa, wurde unter König Mindon jedoch erneut zur Hauptstadt, bis 1857 dann Mandalay endgültig die letzte Hauptstadt der Konbaung-Dyanastie wurde. Von der alten Königsstadt und Hauptstadt bis 1857 ist heute leider nicht mehr viel erhalten. Es heißt, dass der Tag des Umzugs nach Mandalay ein Freitag der 13. war. Die 100 000 Bewohner der Stadt zogen weiter landeinwärts, nachdem König Mindon diese Entscheidung unter strategischen Gesichtspunkten getroffen hatte (→ S. 77). Der Palast wurde, von wenigen Ausnahmen abgesehen, demontiert und in Mandalay wieder aufgebaut.

Von der einstigen Pracht sind heute nur noch ein paar Stupas und wenige Mauerfundamente geblieben, was aber nichts daran ändert, dass Amarapura heute eine sehr lebendige Stadt ist, in der sich vor allem zahlreiche **Webereien** angesiedelt haben. In den kleinen Straßen ist das Klackern der Webstühle allgegenwärtig, während auf den Zäunen eingefärbte Seide zum Trocknen hängt. Viele Besucher legen die kurze Distanz zwischen Mandalay und Amarapura mit dem Fahrrad zurück, besonders um den Sonnenuntergang auf der U-Bein-Brücke zu genießen.

▲ *Am Ufer des Thaung-Da-Man-Sees.*

■ **Die U-Bein-Brücke**

Diese etwa 1200 Meter lange Brücke aus Teakholz wird vor allem zum Sonnenuntergang besucht, aber wer es ruhiger haben möchte, kann ebenso spektakuläre Lichtverhältnisse zum Sonnenaufgang erleben. Selten erlebt man einen Anblick wie den am Ende eines Tages, wenn Mönche, Familien und verliebte Paare über die Brücke schlendern – diese Brücke ist der lebendige Mittelpunkt der Bewohner Amarapuras nach einem Arbeitstag (Abbildung → S. 20/21).

Es wird berichtet, dass König Pagan im Jahr 1847 Mittel einwarb, um endlich eine Brücke über den See bauen zu können. Der damalige Bürgermeister, ein gewisser U Bein, nahm das viele Geld, ließ aber altes Holz aus dem Palast von Innwa zum Bau dieser längsten Teakholzbrücke der Welt verwenden.

Einst war der See nur während der Regenzeit vorhanden, während in der Trockenzeit der Seegrund zum Reiseanbau benutzt wurde. Durch die Errichtung eines Dammes konnte das Wasser nicht wie gewohnt abfließen, und der See blieb. Die Anwohner, die je nach Zustand des Sees entweder Bauern oder Fischer waren, sind seitdem nur noch Fischer. Auf einer der zahlreichen Bänke auf der Brücke hat man vielleicht die Gelegenheit, einem der Fischer beim eindrucksvollen Auswerfen seines Netzes zu sehen. Am anderen Ende der Brücke befindet sich das Dorf Thaung Thaman.

Für einen Rundgang auf der Brücke zum Sonnenuntergang sollte man spätestens 17 Uhr eintreffen. Es bieten sich ebenfalls Bootstouren auf dem See entlang der Brücke an.

■ **Mahagandhayon-Kloster**

Das im Jahr 1914 gegründete Kloster ist die Heimat für etwa 1300 Mönche. Aufgrund seiner Berühmtheit werden die

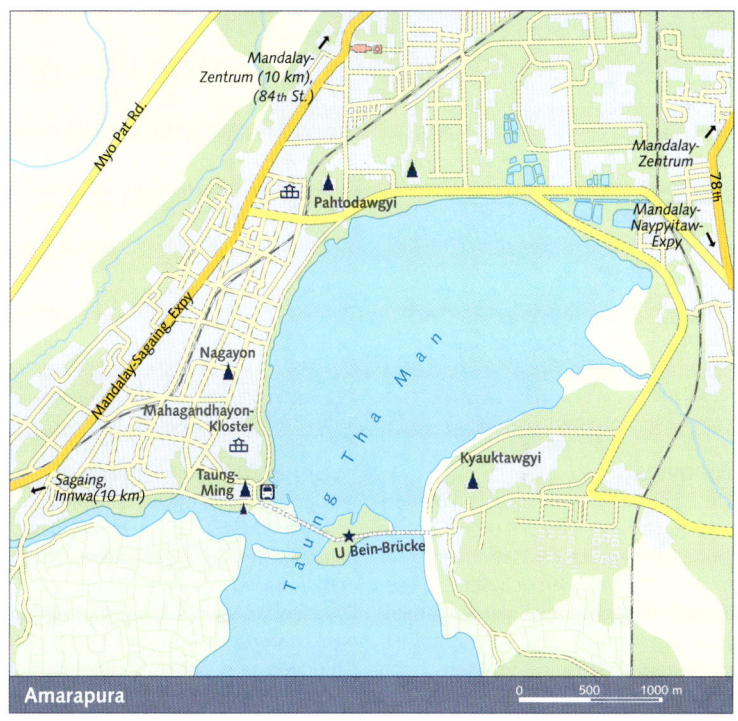

Amarapura

morgendlichen Speisungen direkt an das Kloster geliefert, auf dass die Mönche nicht ihre Runde gehen müssen. Vier riesige Dampfkochtöpfe bereiten den Reis zu. Die morgendliche Mönchsspei-sung wurde von vielen Reiseveranstal-tern entdeckt, so dass scharenweise fo-tografierende Touristen das Frühstück der vielen Mönche zu einer bizarren Angelegenheit machen.

ℹ️ Umgebung von Mandalay

Tagestour: Morgens geht es mit dem Schiff nach Mingun wenige Kilometer in Richtung Norden (siehe auch → S. 255). Während der Rückfahrt geht es wieder vorbei an Mandalay, weiter nach Innwa, einer Insel. Hier bietet sich das Mittages-sen im Small River Restaurant an, vor oder nach der Rundfahrt mit Pferdekutschen auf holprigen Feldwegen, vorbei an Reise-feldern und Wasserbüffeln. Nachmittags geht es von Innwa nach Sagaing, wo vom Hügel aus der Sonnenuntergang über dem Ayeyawady betrachtet werden kann. Die Schifffahrt endet bei Innwa. Ein Fahrzeug wird spätestens dann benötigt. Die Tou-ren lassen sich vom Hotel in Mandalay organisieren, das Zonenticket (→ S. 254) sollte mitgebracht werden.

Innwa: Der Ort liegt auf einer kleinen In-sel. Man muss den kleinen Fluss Myitnge per Fähre für 2000 Kyatt überqueren. Am anderen Ufer warten Pferdekutschen, die für eine Rundfahrt auf Innwa 10 000 Kyat verlangen. Laufen ist zu anstrengend. Zu-rück an der selben Stelle nach der Rund-fahrt kann man im Small River Restaurant Mittag essen und nimmt dann die kleine Fähre zurück ans andere Ufer, wo dann das Auto mit Fahrer oder der Bus der Reisegruppe warten. Wer mit Motorrad selber gefahren ist, lässt sein Motorrad an der Fähre stehen. Mit dem Fahrrad fährt man ab Mandalay etwa 1 Stunde.

Sagaing: Von Mandalay aus entweder per Sammeltaxi, Pick-up oder Auto mit Fahrer bzw. Motorrad nach Sagaing. Allerdings kann das Besteigen des Sagaing-Hügels sehr beschwerlich sein, so dass man zwar mit Pick-up oder Sammeltaxi am Fuß des Hügels ankommt, aber dann ordentlich marschieren muss. Es empfiehlt sich, ein Auto mit Fahrer oder ein Motorrad (→ S. 254, 255) zu mieten, dann aber in Verbindung mit einem Besuch in Innwa und Amarapura als Halb- oder Ganztagesausflug.

Amarapura: Entweder als Bestandteil eines Ausfluges mit Auto samt Fahrer zu erreichen. Alternativ kann man mit dem Fahrrad oder Motorrad selbst anreisen. Restaurants liegen unschwer erkennbar an der Brücke beim Parkplatz.

Radfahren in Mandalay und Umgebung: Geführte Tagestouren und mehrtägige Reisen per Fahrrad in Myanmar bei Grasshopper Adventures, Tel. +95/(0)9/421715068, anne@grasshopper adventures.com.

Leihfahrräder bekommt man an vielen Stellen in der Innenstadt von Mandalay; der Mietpreis für einen Tag beträgt je nach Ausstattung 3000 bis 150 00 Kyat.

Monywa

Die Stadt Monywa kann man ab Mandalay bequem als Tagesausflug buchen, ein Unternehmen, dass sich wirklich lohnt! In der Nähe befinden sich nicht nur der Thanbboddhay-Tempel, der ein farbenprächtiges Zeugnis des Buddhismus ist, sondern auch der etwa 90 Meter hohe stehende Buddha – der größte Myan-

mars! Am Ufer des mächtigen Chindwin gelegen, ist Monywa außerdem das Sprungbrett für Schiffsreisen in den Norden nahe der Grenze zu Indien – wenn man entsprechend Zeit mitbringt.

Die siebtgrößte Stadt Myanmars verdankt ihre Bedeutung ihrer Lage am Chindwin und hat mittlerweile über 300 000 Einwohner, die nun auch auf-

Karte vordere Umschlagklappe

▲ *Das Hauptgebäude des Thanboddhay-Tempels*

grund der beiden neuen Brücken über den Fluss besser Handel treiben können. Wer mit dem Schiff gen Norden fährt, wird eine der beiden Brücken unterqueren. Wer hingegen eine der Flusskreuzfahrten ab Bagan bucht (z.B. über Geoplan → S. 359) wird bereits südlich der Stadt die andere der beiden Brücken sehen.

Monywa gehört zu den heißesten Städten Myanmars – das Thermometer erreicht teilweise über 40 Grad Celsius während der in Myanmar als ›heiße Zeit‹ bekannten Periode im April und Mai.

■ Thanboddhay-Tempel

Die Umgebung der Stadt hat allerhand Sehenswürdigkeiten zu bieten, angefangen mit diesem Tempel, der noch während der Besatzungszeit 1939 begonnen wurde und 1951 zur Unabhängigkeit beendet wurde. Er liegt etwa neun Kilometer südöstlich von Monywa, östlich der Straße Richtung Mandalay. Auf der Anlage sieht man die Tafeln der Stifter (auch auf Deutsch), deren Spendengelder es dem Abt der Anlage damals ermöglichten, dieses Bauwerk zu vollenden und der gesamten Menschheit zu widmen. Mehr als 400 Mini-Stupas stehen rund um den zentralen Stupa. Wer schwindelfrei ist, kann barfuß den Aussichtsturm besteigen, aber Vorsicht: Die Steintreppen aber auch die Wegplatten der gesamten Anlage sind tagsüber fürchterlich heiß.

Das Hauptgebäude ist wunderschön gestaltet und vor allem seine Farbenprächtigkeit trägt dazu bei, dass diese Anlage zu den schönsten in Myanmar gehört. Die Anlage soll insgesamt über 500 000 Buddha-Figuren und -bildnisse beherbergen. Der Eintritt in Höhe von 5 US-Dollar, der von Ausländern verlangt wird, ist es wahrlich wert, hier eine Zeitlang zu verweilen.

Wahrhaft gigantisch: die Riesen-Buddhas bei Monywa

■ Riesen-Buddhas

Die beiden Riesen-Buddhas befinden sich sieben Kilometer östlich des Thanboddhay-Tempels auf einem Hügel mitten in der kargen Landschaft und sind schon von weitem zu erkennen. Auf der Zufahrtstraße zur Bodhi-Tataung-Anlage passiert man erst den liegenden Buddha, hinter dem sich der stehende Buddha erhebt. Beide sind innen begehbar, und wer entsprechende Ausdauer mitbringt, kann im stehenden Buddha sehr weit nach oben steigen und auf jeder Etage Darstellungen aus dem Leben des Erleuchteten betrachten. Auch wenn der Lift an der Außenseite inzwischen fertiggestellt wurde, wird er dennoch nicht betrieben.

■ Höhlen von Hpo Win Daung

Auf der anderen Seite des Chindwins, die man zum Beispiel vom Hafen nahe dem Markt per gemietetem Boot ansteuern kann, befinden sich die Höhlen von Hpo Win Daung weitere 45 Autominuten vom Westufer entfernt. Alte Jeeps und auch neuere Vans stehen schon bereit um für gut 20 000 Kyat Touristen zu den Höhlen zu bringen. Alternativ organisiert man sich ein Motorrad(-taxi) und fährt von Monywa über die Brücke zu den Sandsteinhöhlen, die nach einem Alchimisten gleichen Namens benannt sein sollen. Diese Region geriet vor einigen Jahren in die internationalen Schlagzeilen, als dort Überreste einer vor Millionen von Jahren lebenden Zivilisation gefunden wurden.

In den unzähligen Höhlen finden sich abertausende Buddhastatuen und Wandmalereien – und mindestens genau so viele Affen, die allesamt gefüttert werden wollen.

 Monywa

Obwohl etwas schäbig ist das **Shwe Taung Tan Hotel** mit etwa 20 Dollar unschlagbar günstig. Wer es besser haben will, fragt nach einem der netten Bungalows in der Gartenanlage direkt hinter dem Hauptgebäude. Direkt daneben befindet sich ein Restaurant mit einer wunderbaren Dachterrasse. Der Besitzer der gesamten Anlage ist Chinese und hat Hotels in Mandalay und in Bagan. Nr. 70, Yone Gyi Quarter, neben dem Moonlight Cinema. Tel. +95/ (0)71/21478.

Erste Wahl vor Ort ist das **Win Unity Resort** mit netten Bungalows. Bogyoke Road, Fahrer kennen das Hotel. Tel. +95/ (0)71/22438. Wer nicht im Hotel essen will, kann das genau so gut im **Golden Orange** gegenüber dem Hotel auf der künstlichen Insel im See machen.

Flussfahrt auf dem Chindwin

Ab Monywa bietet sich für Abenteuerlustige eine Schifffahrt in den Norden der Sagaing-Region an. Letztes erreichbares Ziel dort ist **Hkamti**, doch entlang der Strecke bieten sich die Städte **Mawlaik** und besonders **Homalin** als Etappenziele an.

Alternativ fährt man von Mandalay nicht nach Monywa, sondern direkt nach **Kalewa**, besteigt dort eines der aus Monywa kommenden Schiffe und beginnt sofort mit dem landschaftlich reizvollen Teil. Kalewa ist der Haupthafen für den Handel mit Indien. Es gibt einen Markt und einen Stupa.

■ **Streckenverlauf**

Die Schifffahrt auf der Strecke Monywa–Homalin dauert etwa 30 Stunden, und für 17 000 Kyat sitzt man in einem gemütlichen Sessel im klimatisierten Oberdeck. Das Schiff legt morgens um 4 Uhr in Monywa ab, erster großer Halt ist Kalewa, das zwischen 14 und 18 Uhr erreicht wird. Zwischen 18 und 22 Uhr wird Mawlaik erreicht, das etwa 55 Kilometer flussaufwärts ab Kalewa liegt. Hier kann man die Fahrt bis zum nächsten Abend unterbrechen (Hinweis zu Unterkunft beachten, → S. 279), um anschließend mit dem folgenden Schiff – wieder aus Monywa kommend – weiter nach Homalin zu fahren.

Wenngleich die Fahrt bis zur Ankunft in Homalin am nächsten Morgen um etwa 10 Uhr größtenteils durch die stockdunkle Nacht führt, ist die Dramatik umso höher. Wer ein Smartphone mit eingebautem GPS-Modul mitführt, kann sich

Auf dem Chindwin bei Kalewa zur Regenzeit

schon in Deutschland die entsprechenden Kartenabschnitte herunterladen und so während der Schifffahrt per GPS verfolgen, wann denn die nächste Flussverengung kommt! Ein riesiger 30 000-Watt-Flutscheinwerfer vorne am Schiff sucht die Fahrrinne ab, während der Kapitän den mit hoher Geschwindigkeit entgegenkommenden größeren Treibgutstücken ausweicht und das etwa 50 Meter lange Schiff durch recht wildes Wasser steuert, das im Scheinwerferlicht besonders bedrohlich wirkt. In der stockdunklen Nacht ist dieser Scheinwerfer das einzige Navigationshilfsmittel, während man selber kaum die eigene Hand sehen kann, so dass man als Passagier wenig Müdigkeit verspüren wird!

Hin und wieder wird ein Fahrgast das Schiff mitten in der dunklen Nacht verlassen wollen, weil nicht weit entfernt sein Dorf liegt. Da es in einem solchen Fall keine Anlegestelle gibt, steuert das Schiff mit genau abgestimmter Geschwindigkeit im 45-Grad-Winkel Richtung Ufer, um den Bug gerade richtig im schlammigen Grund aufsetzen zu lassen. Die permanente Gegenströmung verlangt dem Kapitän während eines solchen Manövers viel ab, aber ab und zu sitzt das Schiff dann doch fest, so dass der Kapitän per Schubumkehr bei maximaler Leistung aus dem 12-Zylinder-Diesel zurücksetzt, während die Gegenströmung an der Längsseite das Schiff vollständig ans Ufer drücken will.

Unterwegs auf dem mächtigen Chindwin in Richtung Norden gibt es kein Mobilfunknetz und keine Touristen, und während der gelegentlichen Anlegemanöver bei den Dörfern werden staunende Blicke ob des fremden Gesichts dieses Gefühl der Abgeschiedenheit verstärken. Flöße, schwer beladen mit Baumstämmen, treiben Richtung Süden, wo unweit Bagans der Chindwin in den Ayeyawady mün-

Badefreuden im Chindwin

det. Besonders während der Regenzeit bieten sich in diesem Teil des Landes spektakuläre Anblicke. Während Yangon überschwemmt wird, ist es in Naypyitaw schon weniger nass, während Mandalay weiter unter der trockenen Hitze stöhnt. In der Sagaing-Region wechseln sich Sonnenschein und Wolkenformationen in allen Größen und Farben mit heftigen Regenschauern ab.

Was besonders während einer solchen langen Fahrt auffällt, ist die Müllproblematik. Schilder auf den Schiffen fordern dazu auf, den Müll einfach über Bord zu werfen (→ S. 26), was auch anstandslos befolgt wird. So landen Plastiktüten, Coladosen und Styroporboxen im Wasser und treiben gen Süden Richtung Indischer Ozean.

■ **Reisehinweise**

Man kann entweder nach Homalin oder Hkamti fliegen, um von dort das Schiff flussabwärts zu nehmen, oder man kommt in Homalin oder Hkamti mit dem Schiff an und nimmt das Flugzeug, um zurück nach Mandalay oder Yangon zu gelangen. Es gibt allerdings derzeit keine täglichen Flugverbindungen nach Homalin oder Hkamti, so dass man die Schiffsreise nach dem Flugplan von My-

Mandalay und Umgebung

anma Airways (Phenom-Jets) oder Asian Wings (Turboprops) ausrichten muss. Zumeist wird unterwegs mehrmals zwischengelandet.

Wer Zeit und Lust hat, nimmt wieder das Schiff von Hkamti oder Homalin zurück nach Monywa und sieht aufgrund der versetzten Abfahrtszeiten die Landschaften, die von Schiffen stromaufwärts in der Nacht passiert werden.

Überall in Myanmar empfehlenswert und für diese Schifffahrt unbedingt nötig ist das Mitführen von reichlich **Kopien des Reisepasses**, des Visums und des Einreisestempels, da diese unterwegs eingesammelt werden. Genehmigungen werden nicht benötigt, dennoch wird der Staat ein wachsames Auge auf westliche Besucher in dieser Region haben. An den einzelnen Stationen sollte man in den Orten bleiben und nicht versuchen, auf eigene Faust das Umland zu erkunden, auch wenn ein gemietetes Motorrad dazu verführt.

Für die langen Schiffspassagen sollte man sich etwas zu lesen mitbringen. Fliegende Händler an den größeren Anlegestellen Monywa, Kalewa, Mawlaik, Homalin und Hkamti sorgen für Verpflegung an Bord, wer allerdings nichts riskieren will, nimmt sich Gebäck mit. Es ist kein Problem, freundlich darauf hinzuweisen, dass die Karaoke-Anlage an Bord den nächtlichen Schlaf stört, meistens wird sie aber ab 23 Uhr abgestellt.

■ Mawlaik

Dies ist die erste große Station ab Monywa. Nach etwa 14 bis 18 Stunden auf dem Wasser erreicht man abends Mawlaik und kann hier unter primitiven Bedingungen eine Nacht verbringen, bevor es weiter gen Norden geht. In Mawlaik befand sich einst das Verwaltungszentrum der Bombay Burmah Trading Company. Die Stadt ist klein, und jeder Ausländer wird sofort von der Polizei um Kopien der Papiere gebeten, verbunden mit der Frage, was man hier wolle (Sightseeing!) und wohin die Reise weiter gehen soll. Schon bei der Ankunft am Hafen wird man von einem Tuk-Tuk-Fahrer angesprochen werden, der für den nächsten Tag eine Stadtrundfahrt anbietet.

Karte vordere Umschöahklappe

▲ *Nickerchen an Deck eines Frachtschiffes*

Interessant sind die **Überbleibsel der Kolonialzeit**: ein christlicher Friedhof, der inzwischen völlig vom Dschungel eingenommen wurde, prächtige Holzvillen und ein beeindruckendes Verwaltungsgebäude. Der Golfplatz von Mawlaik war der allererste Golfplatz in Myanmar und stammt ebenfalls aus der Kolonialzeit! Hin und wieder wird man gefragt werden, ob man eine Runde spielen möchte. Ein Marktbesuch am Vormittag sollte auch nicht vergessen werden. Am Markt befindet sich auch der Uhrenturm und in dessen Nähe das Verwaltungsgebäude. Da Mawlaik klein ist und man jede Menge Zeit bis zur Abfahrt nach Homalin am nächsten Abend hat, kann man die übrigen Stunden bequem verbummeln. Am Markt wird man sehr wahrscheinlich vom sehr betagten Englischlehrer des Orts angesprochen werden, der seine Dienste als Reiseleiter anbietet. Er kennt den Weg zum Friedhof und kann viel zur Geschichte des Ortes berichten.

🛏 🍴 Mawlaik

Wer nicht auf einer gebuchten Flusskreuzfahrt eines Reiseveranstalters unterwegs ist und an Bord nächtigen kann, muss sich mit sehr primitiven Unterkünften im Ort begnügen. Stellvertretend soll hier das **AKZ Guesthouse** am Flussufer, wenige Gehminuten von der Schiffanlegestelle flussabwärts, erwähnt werden. Gleich gegenüber befindet sich die Meldestelle der Polizei. Die Zimmer sind Verschläge, die durch Sichtschutzelemente voneinander abgeteilt werden. Ab 22 Uhr wird der Strom abgestellt, und der winzige Ventilator funktioniert nicht mehr. Hin und wieder huscht eine Maus durchs recht saubere Zimmer. Die drei Hocktoiletten in Einzelkabinen liegen im Erdgeschoss neben der Kabine mit dem Bassin zum Duschen, das mit echtem Wasser aus dem braunen Chindwin gefüllt ist! 5000 Kyat pro Nacht. Man sollte ein Zimmer im Obergeschoss nehmen. Sehr freundlicher und zuvorkommender Service. Unschwer zu erkennen sind einige Restaurants entlang der Uferstraße.

■ Homalin

Am Abend zwischen 18 und 22 Uhr geht es von Mawlaik weiter nach Homalin, wo man am nächsten Vormittag eintreffen wird. In Homalin leben viele Shan, die einst aus dem Shan-Staat hierher eingewandert sind und weiter ihre Kultur und Sprache pflegen.
Ausländern ist es aus Sicherheitsgründen verboten, die Stadt zu verlassen um die Umgebung und deren Goldabbaugebiete zu erkunden, dennoch ist Homalin ein nettes kleines Städtchen, das seinen ganz eigenen Charme so weit weg von den touristischen Punkten Myanmars hat.
Flugzeuge von Myanma Airways fliegen jeden Dienstag nach Yangon, Samstags startet ein Flieger von Asian Wings.
Es gibt ein Hotel in Homalin, das für Ausländer zugelassen ist. Für etwa 30 Dollar sollte man aber seine Erwartungen sehr zurückschrauben.

■ Hkamti

Näher kommt man an die indische Grenze nicht. Der kleine Ort liegt zwischen zwei Flussschleifen am linken Ufer des Chindwin und besitzt einen Flughafen. Hkamti ist berühmt für das Neujahrsfest der Naga, einer Volksgruppe, die sich einst einen Namen als Kopfjäger gemacht hatten.
Zum Recherchezeitpunkt wurde dem Autor die Bitte angetragen, doch lieber nicht mit dem Schiff nach Hkamti zu reisen, da das für alle beteiligten Behörden viel Arbeit bedeutet hätte. Es ist aber zu erwarten, dass sich etwaige Reiserestriktionen für Ausländer bald lockern dürften.

Mandalay und Umgebung

Der Besuch von Bagan ist ohne Zweifel der Höhepunkt einer
Reise durch Myanmar. Unzählige Tempel einer längst
vergangenen Epoche zeugen vom einstigen Ruhm des ersten
Königreiches und sind heute einer der Eckpfeiler des kulturellen Erbes in Myanmar. Ein stiller Sonnenuntergang, erlebt
von einem der Tempel, taucht die Landschaft in prachtvolle
Farben und raubt jedem Besucher den Atem.

BAGAN

Das Tempelfeld von Bagan

2229 Bauwerke aus drei Jahrhunderten

Das von den Briten Pagan genannte größte buddhistische Ruinenfeld Südostasiens liegt mitten in der Trockenzone Myanmars. Bagan wird im Norden und im Westen durch den mächtigen Ayeyawady begrenzt und zählt zu den großartigsten Sehenswürdigkeiten, die man in Myanmar und in ganz Südostasien besichtigen kann. Bagan war und ist eine architektonische Meisterleistung. Es ist das Zeugnis der eigenen Vergangenheit, die mit der Errichtung des ersten Territorialstaates im 11. Jahrhundert begann: Im Jahr 1044 bestieg König Anawrahta den Thron und schuf das erste konsolidierte Königreich von Myanmar. Unter ihm und seinem Sohn Kyansittha (1084–1113) erreichte die Stadt ihre Blüte.

Während der Herrschaft dieser beiden Könige wurde der Theravada-Buddhismus in Konkurrenz zum alten lokalen Geisterglauben zur Staatsreligion und zum Instrument des Machterhalts. Bis 1287 war Bagan das kulturelle, politische und wirtschaftliche Machtzentrum. Im Verlauf der Blütezeit von 250 Jahren und unter 14 verschiedenen Herrschern wurden unzählige Tempel und weitere Sakralbauten von den Königen und wohlhabenden Einwohnern Bagans gestiftet, die man heute auf einer riesigen Ebene bestaunen kann.

Es ist ratsam, einige Tage in Bagan zu verbringen, um in aller Ruhe nicht nur die wichtigsten Bauwerke an einem oder zwei Tagen zu besuchen, sondern auch um diese überwältigende Erfahrung ausreichend verarbeiten zu können, die sich dem Besucher auf rund 40 Quadratkilometern Fläche bietet.

In der näheren Umgebung gibt es weitere Ausflugsziele, wie zum Beispiel den Mount Popa oder das Städtchen Sale. Für besonders interessierte Besucher bietet sich eine Ballonfahrt zum Sonnenaufgang an, die ein unvergessliches Erlebnis bleiben wird. Während in der Nacht die meisten der imposanten Bauwerke festlich erleuchtet sind, so ändern sich die Schattierungen der Landschaft in jeder Minute des Sonnenaufgangs, und man kommt mit den Augen kaum hinterher.

▲ *Blick über Bagan*

Geschichte

Bagan existierte als lose Siedlung unter verschiedenen Namen bereits seit dem frühen 2. Jahrhundert. Erst im Jahr 849 wurde eine Stadtmauer mit 12 Toren errichtet, ganz wie bei den frühen Pyu-Siedlungen weiter südlich in der Nähe des heutigen Pyay. Nach dem Niedergang des Pyu-Königreiches im 9. Jahrhundert durch eine Invasion der Nanchao aus dem heutigen Yunnan wurde die verbliebene Bevölkerung allmählich von Bagan assimiliert. Das politische Vakuum nach dem Niedergang der Pyu ermöglichte den Aufstieg der Bamar.

Tempel dienen der Verehrung Buddhas

Wie im Kapitel zur Geschichte Myanmars erwähnt wurde, war die Fläche innerhalb der Stadtmauer Bagans deutlich kleiner als bei den Pyu weiter südlich. Die Pyu bauten innerhalb der Stadtmauer Reis an, was aber in der Trockenzone Bagans nicht möglich war. Einer der früheren Namen Bagans entstammt diesem Umstand. Das ›verdorrte Land‹, wie es hieß, war daher auf den Reisanbau in Kyaukse nahe dem heutigen Mandalay und in Minbu im Süden angewiesen. Der Ayeyawady verband Bagan mit beiden Städten und ermöglichte darüber hinaus den Zugang zum Meer, was wichtig für die Beziehungen zum heutigen Sri Lanka und zu Indien war.

König Anawrahta, der 42. König seit der ersten Besiedlung Bagans, machte ab 1044 aus dieser unbedeutenden Siedlung eine der größten Städte des Mittelalters und errichtete das erste Großreich Myanmar. Ab diesem Zeitpunkt war Bagan unter dem Namen ›Stadt der Feindevernichter‹ bekannt. In den folgenden 250 Jahren bis zum Niedergang erstreckte sich Bagan von Bhamo im Norden bis tief in den Süden, vom Thanlwin-Fluss im Osten bis zum westlichen Rakhine-Gebirge. Nachdem König Anawrahta durch einen Mönch vom buddhistischen Glau-

ben überzeugt worden war, wurde der Theravada-Buddhismus zur vorherrschenden Religion und fortan ein wichtiges Instrument des Machterhalts. Um seinen Machtanspruch zu untermauern, bat Anawrahta den Mon-König Manuha von Thaton um die buddhistischen Schriften zur Unterweisung des Volkes. König Manuha jedoch schien sich geweigert zu haben, diese Schriftrollen herauszugeben, was im Jahr 1057 in der sogenannten Eroberung des Mon-Reichs mündete. Gesichert scheint, dass König Manuha aufgrund der exponierten Lage seines Reiches durch seeseitige Angriffe sehr geschwächt war und schließlich Anawrahta um militärische Unterstützung bat. Letztlich war dieser Kulturimport aus dem Süden die Voraussetzung für das Erstarken Bagans, denn Bagan erschloss sich dadurch materielle und kulturelle Ressourcen bis dahin nicht gekannten Ausmaßes.

Der Staat war nach dem Vorbild hinduistischer Königreiche aufgebaut. Das Mandala-Prinzip kennt das Zentrum und tributpflichtige Fürstentümer, die um das Zentrum gruppiert waren. Je weiter

Bagan

S.290

A y e y a w a d y

Shwezigon

Nyaung U

Myingyan, Mandalay

Wetkyi-In

Gubyaukyi

Leya

Upali Thein

Tetthe

S. 294

Taungbi

Anauk Myhene

Alt-Bagan

Tharapa-Tor

Htilominlo

Anawrahta Rd.

Shwe

Flughafen (1 km)

Shwegugyi

Ananda

Aussichtsturm Nanmyint

Bahnhof (4 km), Mount Popa (50 km)

Thabbinyu

Sulamani

Tayokpye

Shwesandaw

Hsinbyushin

Thambula

Mingalazedi

Dhammayangyi

Gubyaukgyi

Payathonzu

Myinkaba

Minnanthu

Manuha

Myinkaba

West-Pwasaw

Hypauk-seikpin

Nanpaya

Konsin Kye

Abeyadana

Nagayon

Dhammayazika

Ost-Pwasaw

Kontan Gyi

S. 306

Sein Nyet Ama

Neu-Bagan

Thuteikan

Yeosin

Chauk

Twinywa

Bagan, Übersicht

0   750   1500 m

ein Fürstentum vom Zentrum entfernt war, desto weniger unterlag es dessen Einfluss. König Anawrahta wurde häufig von den tributpflichtigen Staaten mit Geschenken bedacht. Bemerkenswert war eine Geste des südlichen Mon-Königreiches: Dem General Kyansittha, dem späteren Nachfolger Anawrahtas, wurde Prinzessin Mani Sandar als Geschenk für König Anawrahta mitgegeben, nachdem Bagan militärische Hilfe gewährt hatte.

Das Königtum und dessen enorme Machtfülle wurde auch durch die Rolle des Königs als Bewahrer des Buddhismus legitimiert, was die Erklärung für den Bau von etlichen Tausend Tempeln liefert. Die Umsetzung der Bauten hingegen ist den Mon zu verdanken, da nur sie über entsprechende Erfahrung verfügten. Die Anwesenheit der Mon in Bagan war schlichtweg die Grundvoraussetzung für die enorme Bautätigkeit unter Anawrahta und seinem Nachfolger Kyansittha, während sich erst später ein eigener und verbesserter architektonischer Stil herausbilden sollte.

Im Verlauf der 250 Jahre begann der Stern Bagans aber wieder zu sinken. In den weiter entfernten Fürstentümern erstarkten Autonomiebestrebungen. Wachsender Reichtum an den Küsten, der aber vermehrt einbehalten wurde, trug zu schwindenden Steuereinnahmen im Zentrum bei – Steuereinnahmen, die aber weiterhin für den Bau von Tempeln benötigt wurden. Klöster hatten eine Sonderstellung, ihnen wurden große Ländereien geschenkt, die somit nicht mehr bewirtschaftet werden konnten, was in weiteren Steuerausfällen mündete. Als schließlich im Jahr 1287 die Mongolen von Norden kamen, fanden sie einen geschwächten Gegner vor, wie einst Bagan reichlich 200 Jahre zuvor ein geschwächtes Mon-Königreich im Süden

vorfand. Erst ab 1364 sollte, nach einer Unterbrechung von 77 Jahren, das Erbe Bagans in Innwa weitergeführt werden.

Orientierung

Bagan besteht aus **drei größeren Ortsteilen** und einigen umliegenden Dörfern, die sich in Nord-Süd-Richtung erstrecken und allesamt im Westen und Nordwesten durch den Ayeyawady begrenzt werden. In diesen drei Orten sowie östlich davon befindet sich weitläufig die vielfältigen Sehenswürdigkeiten, die teils auf unbefestigten Sandwegen von den Hauptstraßen aus erreichbar sind.

Wer gleich am ersten Tag den **Aussichtsturm Nanmyint** besucht (5000 Kyat Eintritt) kann sich einen Überblick verschaffen.

Im Norden liegt der erste Ort, **Nyaung U**, wo sich auch der Flughafen NYU befindet. Zwei Hauptstraßen verbinden Nyaung U mit dem rund fünf Kilometer entfernten mittleren Ort **Alt-Bagan** (Bagan Myohaung), der noch teilweise von der historischen Stadtmauer umgeben ist und einst das Zentrum des Staates war. Im Süden befindet sich der Ort **Neu-Bagan** (Bagan Myothit), der durch eine Straße mit Alt-Bagan verbunden ist. Zwischen Alt- und Neu-Bagan liegt das Dorf **Myinkaba**.

Neu-Bagan, wie der Name schon sagt, wurde erst Anfang der 1990er Jahre angelegt, da Alt-Bagan mit knapp zwei Kilometern Durchmesser zu klein war, um neben den Tempeln noch Bewohner beherbergen zu können. Daher erhielten die Anwohner Alt-Bagans weiter südlich ein Stück Land zugeteilt, und seitdem ist Neu-Bagan ein moderner und sehr lebendiger Ort geworden. Von Neu-Bagan führt eine weitere Straße östlich außen um das Ruinenfeld herum und am Flughafen vorbei zurück nach Nyaung U, womit der Kreis geschlossen ist. Diese

Bagan

Das weitläufige Gelände kann man per Kutsche oder mit dem Fahrrad erkunden

Umgehungsstraße wurde erst anlässlich des Besuchs des indonesischen Präsidenten Suharto gebaut, damit er schnell vom Flughafen zum Hotel kommen konnte. Seitdem ist die Straße bei den Anwohnern als Suharto-Straße bekannt. Eine Umrundung Bagans mit dem Auto oder Bus auf der beschriebenen Route dauert ohne Halt bis zu einer Stunde.

In allen drei Orten befinden sich Hotels und Restaurants (→ S. 313). Im Rahmen einer Gruppenreise werden die einzelnen Sehenswürdigkeiten zumeist mit dem Reisebus angefahren, während Einzelreisende meistens Fahrräder, Autos oder Pferdekutschen zum Erreichen der Sehenswürdigkeiten mieten.

Wer eine Pferdekutsche tageweise mietet, ist nicht auf genaue Ortskenntnisse angewiesen, sollte aber mit dem Kutscher das Tagesprogramm besprechen. Die beliebteste Art der Fortbewegung aber ist das Fahrrad, das man an fast jeder Straßenecke und in vielen Hotels günstig mieten kann. Hierzu einige Hinweise: Nach dem Erleben des Sonnenuntergangs auf einem der Tempel verliert

man in der Dunkelheit sehr leicht die Orientierung, so dass man sich bereits vorher Gedanken über den Rückweg machen sollte. Mit einbrechender Dunkelheit kann es empfindlich kühl werden, daher empfiehlt sich die Mitnahme von Jacken. Eine Taschenlampe mitzubringen ist immer ratsam. Die Besichtigung der einzelnen Sehenswürdigkeiten mit dem Fahrrad sollte so geplant werden, dass man es nach dem Sonnenuntergang nicht mehr allzu weit zum Hotel hat, da erfahrungsgemäß am Ende des Tages die Kräfte schwinden und obendrein die Straßen nicht beleuchtet sind. Spätestens im März wird es in der Trockenzone tagsüber unerträglich heiß werden. Die beste Reisezeit, wie auch für alle anderen Teile Myanmars, liegt zwischen November und Februar.

Architektur und Zeitlinie

Neben der Lage der drei Orte Bagans, die sich dem erstmaligen Besucher erst nach einiger Zeit erschließt, ist es ratsam, einen Überblick zur bauhistorischen Orientierung zu haben. Die Anzahl der Ge-

Karte S. 284

samtzahl der Bauten Bagans schwankt je nach Quelle erheblich. Mal ist von rund 5000 Bauwerken die Rede, was aber auch kleinste unscheinbare Reste sowie einfache Ziegelhaufen mit einschließt, mal werden etwa 2000 Bauwerke erwähnt, die auf 40 Quadratkilometern Fläche verstreut liegen.

Die UNESCO hat **2229 Bauwerke** registriert. Diese 2229 Bauwerke müssen wiederum unterteilt werden in knapp 1000 Tempel (*patho*), über 500 Stupas (*zedi*), rund 400 Klosteranlagen (*kyaung*) und eine Anzahl übriger Gebäude, wie zum Beispiel die Ordinationshalle (*thein*) Upali-Thein sowie frühere Bibliotheken.

■ Tempel

Sie machen den Hauptteil der Bauwerke Bagans aus. Auch wenn der Begriff ›Tempel‹ (*patho*) einen Ort zur Verehrung eines Gottes beschreibt, während Buddha kein Gott war, wird er hier benutzt. Ein Tempel ist begehbar, ein Stupa hingegen nicht (wobei Ausnahmen die Regel bestätigen).

Es existieren Tempel mit einem oder mit vier Eingängen. Eine Ausnahme bilden genau 17 Bauwerke Bagans mit 5 Eingängen – auf sie wird noch eingegangen werden (→ S. 309). In einem Tempel findet man eine oder mehrere Buddha-Statuen, üblicherweise höchstens vier, die um einen massiven Tempelkern herum gruppiert sind. Die zweite Tempelart besitzt nur einen Eingang und einen hohlen Innenraum, in dem eine Buddha-Statue aufgestellt ist.

Manche Tempel schließen oben mit einem Stupa ab, was die Klassifizierung etwas komplizert machen kann. Der Einfachheit wegen wird dennoch der Begriff Tempel benutzt. Alle Tempel wurden aus roten Ziegelsteinen gebaut, die unweit Bagans gebrannt wurden und per Schiff angeliefert wurden.

■ Stupa

Wie beim Stupa Shwedagon in Yangon handelt es sich auch in Bagan um massive Bauwerke, die außen oft vergoldet sind. Ein Stupa dient der Aufbewahrung einer Reliquie des Buddha. Die Form des Stupa soll den Weltberg Meru symbolisieren. Der Stupa Shwezigon in Bagan hat eine quadratische Basis. Der Stupa Shwedagon in Yangon hat eine achteckige Basis. Man unterscheidet an diesem Merkmal einen Stupa aus Obermyanmar und einen Stupa aus Niedermyanmar.

■ Architektonische Phasen

Zwischen König Anawrahtas Kulturimport aus dem Mon-Reich im Süden 1057 und dem Ende Bagans 1287 unterscheidet man drei architektonische Phasen, die zuerst den Tempel betreffen. Die Frühphase ist gekennzeichnet vom starken Einfluss der Mon-Architektur in Ermangelung eines eigenen Architekturstils. In der Interimsphase (12. Jahrhundert) beginnt sich ein eigener Bamar-Stil herauszubilden, der in der Spätphase schließlich perfektioniert und seitdem für alle weiteren Bauwerke verbindlich wurde.

Der Stupa der Shwezigon Paya

Bagan

Die entsprechenden Beispiele werden im Text gegeben.

Beim Stupa lassen sich vier Typen unterscheiden, die sich von ihrer Pyu-Form vor dem 10. Jahrhundert langsam loslösten und schließlich zum Ende des 11. Jahrhunderts eine eigenständige Form fanden. Auf sie wird weiter unten verwiesen werden.

An oder vor allen Gebäuden befinden sich Tafeln, die die wichtigsten Eckdaten eines Bauwerks, wie Alter und Erbauer, angeben, daher wird im Text meistens auf Zahlenangaben verzichtet.

Konzept und Grenzen des Stadtstaates Bagan

Vier markante Stupas bilden ein imaginäres Viereck, welches weitläufig die Grenzen des früheren Stadtstaates Bagans bildete. Im Norden ist es der Stupa **Shwezigon**. Auf der Straße zum Mount Popa erblickt man auf einem Hügel rechts der Straße einen weiteren goldenen Stupa namens **Tuyindaung**, der die östliche Grenze des Zentrums markierte. Im Süden steht der **Lawkananda Stupa**, dessen Name sich aus dem Pali-Begriff *Lokapala*, dem Beschützer der Kardinalhimmelsrichtungen, ableitet. Schlussendlich befindet sich jenseits des Ayeyawady in weiter Ferne der **Tantkyidaung Stupa** auf einem Berg, der nachts gut zu sehen ist, da er angestrahlt wird. Innerhalb dieser Fläche befindet sich das weitläufige Tempelfeld, in dessen Zentrum die Stadtmauer war und ist.

Innerhalb der Stadtmauer liegt das **Fundament des Palastes**, der damals als kosmisches Zentrum, als Mittelpunkt der Welt, mit Strahlkraft bis in die entfernten tributpflichtigen Provinzen begriffen wurde (zum Mandala-Prinzip siehe das Buch von Michael Aung-Thwin → S. 378). Eine alternative Auffassung begreift die Shwesandaw Paya, südlich der Stadtmauer, als Zentrum Bagans. Teile der Stadtmauer sind noch erhalten. Einst waren es zwölf Tore in der Stadtmauer, bis heute ist das Tharapa-Tor sehr gut

Der Dhammayangyi-Tempel vom Heißluftballon aus gesehen

erhalten und ist eine der Sehenswürdigkeiten des heutigen Alt-Bagan.

Der Theravada-Buddhismus war die treibende Kraft für die Entwicklung der Stadt. Enorme finanzielle Mittel wurden in den Bau von Tempeln, Stupas und Klöstern investiert, die mit Sandstein, glasierten Tafeln und Stuck verziert wurden. Nur so ist die große Anzahl an Gebäuden zu erklären, die in etwa 250 Jahren entstanden. Dass das Ruinenfeld von Bagan heute so weitläufig wirkt, ist der Tatsache geschuldet, dass nur die Sakralbauten aus Stein errichtet wurden. Der Bau von Wohnhäusern erfolgte hingegen aus Materialien wie Holz und Bambus. Die Wohnhäuser befanden sich früher zwischen den Tempeln. Heute wird man hingegen Ziegen- und Schafhirten mit ihren Herden sehen.

Besichtigung der Tempel

Noch zu Beginn der 1990er Jahre war es kein Problem, auf einen beliebigen Tempel zu steigen, um Bagan aus luftiger Höhe zu überschauen. Im Laufe der Jahre wurden immer mehr Restriktionen auferlegt, was den Zugang nach oben angeht. Während der Saison 2012/13 wurde die Anzahl der zu besteigenden Bauwerke erneut reduziert. Zum einen gibt es natürlich Bedenken, dass die Besuchermassen mehr und mehr Schaden anrichten, zum anderen aber soll wohl der erst wenige Jahre alte noch und wenig besuchte **Aussichtsturm Nanmyint** mehr Umsatz generieren. Viele lokale Reiseleiter ignorieren den Turm, der in den Augen vieler und seitens der UNESCO als Verschandelung der Landschaft gilt. Pferdekutscher, Hotelangestellte sowie Reiseleiter können mit tagesaktuellen Informationen dienen. Gegenwärtig darf man auf folgende Bauwerke klettern: Shwesandaw, Shweguygyi, Bupaya, Pyathetgyi und Dhammayazika.

■ Die wichtigsten Bauwerke

Ananda-Tempel: einer der schönsten und beeindruckendsten Tempel mit vier enormen Buddhastatuen (→ S. 294).

Shwezigon Paya: vom Gründer des Bagan-Reiches in Auftrag gegeben (→ S. 289).

Gubyaukyi-Tempel in Wetkyi-In: mit beeindruckenden Wandmalereien (→ S. 291).

Thabbinyu-Tempel: der höchste Tempel Bagans (→ S. 289).

Shwesandaw Paya: besonders schön zum Sonnenauf- oder untergang (→ S. 301).

Shwegugyi-Tempel: kann ebenfalls bestiegen werden (→ S. 299).

Tharapa-Tor: an den Resten der Stadtmauer in Alt-Bagan (→ S. 297).

Dhammayazika: einer der schönsten Stupas Bagans (→ S. 307).

Dhammayangyi: erbaut von Narathu, dem ›Vatermörder‹ (→ S. 301)

■ Shwezigon

Nyaung U ist der lebendigste der drei Orte Bagans, denn hier befinden sich neben Flughafen, Busplatz und den günstigen Unterkünften auch die Mehrheit der Reisebüros und die beliebte Straße mit vielen Restaurants (→ S. 315).

Nördlich des früheren Zentrums hat der Gründerkönig Anawrahta (1044–1077) hier mit dem Bau des Stupa Shwezigon den Stadtstaat begrenzt und den Nat-Kult beschränkt. Die Shwezigon Paya wurde 1059 in Auftrag gegeben, aber beim Tod des Königs waren erst drei Terrassen gebaut worden. Sein Nachfolger Kyansittha (1084–1113) stellte den Stupa, der eng mit der Reichsgründung Bagans verknüpft ist, im Jahr 1090 fertig, somit betrug dessen Bauzeit etwa 20 Jahre.

Als König Anawrahta das Reich gründete, führte er nicht nur den Buddhismus als Staatsreligion ein, sondern begann gleichzeitig, den in der Region herrschenden Animismus, dem die Mehrheit der

Bagan

Bewohner anhingen, zu bekämpfen. So ließ er Bäume fällen, deren angebliche Baumgeister von den Bewohnern verehrt worden sind, musste aber feststellen, dass diese Maßnahmen erfolglos blieben: der Geisterkult der Bewohner Bagans ließ sich nicht auslöschen. Sodann ersann er eine Möglichkeit, wie er den Animismus dem Buddhismus unterordnen konnte. Die Shwezigon ist Zeugnis dieser Assimilation: Abseits des goldenen Stupas, der als Sinnbild des Buddhismus gilt, findet man im Südostteil der Anlage den **Geisterschrein mit den 37 Nats**. Der fertige Schrein stand damals neben der Baustelle des Stupas. Der Götterkönig Sakka wurde zum König der Geister, Thagyamin, erklärt, und er ist die größte

dieser Figuren im Schrein. Zum Zweck der Konsolidierung der Herrschaft Anawrahtas war diese Tat die Erweiterung seiner Herrschaft in die Götterwelt hinein. Somit befinden sich sowohl Geisterkult als auch Buddhismus in ausreichender Distanz auf ein und demselben Grundstück. Der Legende nach wurde das Grundstück zum Bau des Stupa durch einen weißen Elefanten bestimmt, der sich genau an dieser Stelle niedergekniet haben soll. Unter all diesen Vorzeichen erklärt sich auch der ursprüngliche Name der Shwezigon, Jeyyabhumi, was ›Land des Sieges‹ heißt. Dieser Sieg drückt sich auch aus durch die Beschaffung der Mon-Schriftrollen zwei Jahre zuvor und durch die Anerkennung durch den König von Sri

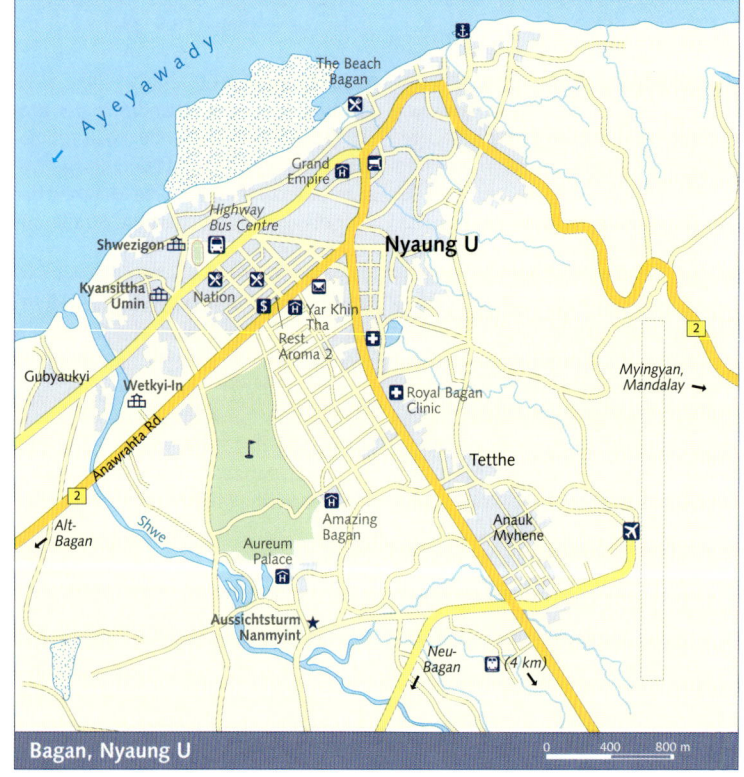

Bagan, Nyaung U

Lanka, der Anawrahta eine Kopie einer Zahnreliquie schickte. Diese Reliquie soll hier eingeschreint sein.

Mit der Vollendung des Stupas durch Kyansittha im Jahre 1090 wurde erstmals ein eigener Stil für den Stupa gefunden, der schließlich zum Vorbild für alle weiteren Bauten dieser Art wurde. Die **Architektur des Stupas** ist bestechend einfach und doch ausgeklügelt. Von der dreistufigen quadratischen Basis erfolgt der Übergang zu einer achteckigen Plattform, die durch weitere Verjüngung allmählich in eine runde Form übergeht, die sich nach oben hin verjüngt. Die Terrasse ist über Treppen zu erreichen, aber der Zutritt ist nur einem bestimmten Personenkreis vorbehalten. Die Seitenlänge der Basis beträgt 49 Meter, und ein Rundgang eröffnet interessante Perspektiven auf den Stupa. Die vier Ecken und der Stupa zusammen genommen ergeben das Abbild des Weltbergs Meru mit seinen vier ihn umgebenden Kontinenten, ein Konzept, dass auch umgesetzt worden ist, um den Großraum Bagan mittels der bereits genannten vier Stupas abzugrenzen, während der Shwesandaw Stupa südlich der Stadtmauer Alt-Bagans wiederum stellvertretend für das Zentrum steht.

An jeder Seite befindet sich dem Stupa vorgelagert ein kleiner **Tempel** mit einem der vier bereits erschienenen Buddhas dieses Weltzeitalters. Beim **Gotama-Buddha** angekommen, wird man in der Galerie Gemälde sehen, deren Thema die berühmten vier Ausritte des Prinzen Siddhartha sind, die ihn veranlassten, in die Hauslosigkeit zu ziehen, was zu seiner Erleuchtung führte.

■ Kyansittha Umin

Unweit der Shwezigon Paya befindet sich dieser Höhlentempel, der aber nichts mit König Kyansittha zu tun hat. In seinem

Blick zur Shwezigon-Paya

Inneren sieht man **Wandmalereien**, die erst viele Jahre nach dessen Erbauung im frühen 12. Jahrhundert entstanden sein können: Sie beschreiben die Mongoleninvasion von 1287, die mit dem Untergang Bagans einherging. Zuvor wurde dieser dunkle und innen angenehm kühle Höhlentempel von Mönchen als Unterkunft benutzt.

■ Gubyaukyi (im Dorf Wetkyi-In)

Als Archäologen mit der systematischen Erforschung Bagans begannen, waren die Anwohner in der Nähe der einzelnen Stätten die ersten Ansprechpartner. So lautete die Antwort auf die Frage, wie denn dieser Tempel genannt würde, dass es sich um den ›Großen (*gyi*) farbenprächtigen (*byauk*) Tempel (*gu*)‹ handelt.

Dieser Tempel ist berühmt für seine **Wandmalereien** in der Eingangshalle im Osten und hat einem Deutschen über seinen ungeklärten Tod hinaus zu einem schlechten Ruf verholfen, da er teile diese Wandmalereien stahl und dem Völkerkundemuseum in Hamburg verkaufte. Vermutlich wurde der Tempel im

Bagan

13. Jahrhundert erbaut, bis schließlich im Jahr 1899 Dr. Thomann begann, die Wandmalereien heimlich zu entfernen. Er konnte seine Arbeit nicht beenden, aber auch heute noch kann man quadratische Schnitte zwischen den einzelnen Wandmalereien erkennen. Thomann klebte feuchtes Zeitungspapier auf die einzelnen Bilder und sägte anschließend die einzelnen Elemente aus der Wand heraus. Bevor die Engländer merkten, was vor sich ging, hatte Thomann bereits einen Teil seiner Beute nach Hamburg verschifft, wo sie heute aber als verschollen gilt. Dennoch scheint die Causa Thomann die deutsche Botschaft in Yangon bis in die jüngste Vergangenheit hinein beschäftigt zu haben, da erst im Jahr 2000 die Sammelakte mit dem Titel ›Kunstraub Affäre Thomann Pagan‹ mit der Laufzeit 1980–86 von der Botschaft ins Archiv des Auswärtigen Amtes abgegeben wurde. Aus korrespondierenden Aktennotizen im Archiv, die bereits älter als 30 Jahre und somit einsehbar sind, geht hervor, dass die Regierung von Myanmar mehr als einmal an die Bundesregierung heran-getreten ist, um sich nach dem Verbleib dieser Wandmalereien zu erkundigen und um über deren eventuelle Rückführung zu verhandeln. Im Jahr 1925 noch veröffentlichte Thomas H. Thomann ein – in den Worten des damaligen deutschen Botschafters in Yangon – grundlegendes Buch zu Bagan, mit dem Titel ›Pagan, Jahrtausend buddhistischer Tempelkunst‹, das von einheimischen Archäologen wie zum Beispiel U Bo Kay mehrmals angefordert worden ist.

Dieser Tempel aus dem 13. Jahrhundert wurde wahrscheinlich erbaut, nachdem Handwerker im Auftrag des Königs nach Indien reisten, um dort den Tempel von Bodhgaya zu restaurieren, da der Buddhismus in Indien schon im 10. bis 11. Jahrhundert durch den Hinduismus verdrängt worden war. In Bodhgaya, wo einst Siddhartha unter einem Bodhibaum zur Erleuchtung gelangte, erfuhren die Handwerker vermutlich die Inspiration für den Gubyaukyi, wie er heute in Bagan zu sehen ist.

Die Wandmalereien links und rechts in der Eingangshalle zeigen die **28 Buddhas**,

▲ *Schaf- und Ziegenherden bevölkern die Flächen zwischen den Tempeln*

die jeweils unter dem Baum sitzen, unter dem sie erleuchtet wurden. Unter den Buddha-Abbildungen sind auf kleinen Bildtafeln die *jatakas* aufgemalt, also die Geburtsgeschichten des Bodhisatta, bevor er als Gotama wiedergeboren wurde. An der Decke findet man **Fußabdrücke**, eines der ersten Symbole, die den Buddha repräsentierten, bevor er im zweiten nachchristlichen Jahrhundert in menschlicher Gestalt dargestellt worden ist.

Die **Buddhastatue** in der Halle wurde kürzlich erneuert. Links und rechts hinter der Statue ist der Angriff der Armee Maras (Mara ist der Tod) auf den Buddha dargestellt, hier wieder wohlgemerkt von der bösen linken Seite, da das Gute immer auf der rechten Seite steht. Die Erdberührungsgeste des Buddha, mit der er die Göttin der Erde anruft, resultiert in der Abwehr der Armee Maras durch die gewaltigen Wassermassen, geschickt von der Göttin der Erde. Dieser Angriff Maras auf den Buddha ist einer von insgesamt dreien, da Mara wiederholt versuchte, die Erleuchtung des zukünftigen Buddha zu verhindern. Auf der rechten Seite neben der Statue sieht man den letzten Versuch Maras, Buddha aufzuhalten, indem er ihm seine drei Töchter schickte, die einen unzüchtigen Striptease aufführen. Mit einem einzigen Blick verwandelte Buddha sie in alte, hässliche Weiber, womit der dritte und letzte Angriff von Maras Armee abgewendet wurde und der Buddha schließlich seine Lehre ungehindert verbreiten konnte.

Htilominlo

Zwischen Nyaung U und Alt-Bagan befindet sich dieser etwa 50 Meter hohe Tempel aus dem frühen 13. Jahrhundert. Wort für Wort übersetzt bedeutet der Name ›Weil Schirm, weil König‹. An dieser Stelle, so die Legende, ließ der König

Htilominlo bedeutet »Nur der König darf den Schirm tragen«

mittels eines Schirms entscheiden, welcher seiner Söhne sein Nachfolger würde. Die Söhne setzten sich um den Schirm, in wessen Richtung er fiel, der sollte König werden. Am Ende stand der Nachfolger fest, dessen Name fortan Htilominlo war. Am Ort der Entscheidung ließ er bald darauf den Htilominlo-Tempel bauen, der einer der größten Tempel Bagans ist. Er wurde in Anlehnung an den Sulamani aus dem Jahr 1183 errichtet, welcher als Prototyp des Tempelbaus der architektonischen Spätphase gilt (→ S. 287). In seinem Inneren findet man Treppen, die in die massiven Wände geschlagen wurden, über die man die zweite Etage erreichen kann.

Upali Thein

Die Upali-Ordinationshalle (*thein*) gegenüber dem Htilominlo-Tempel steht beispielhaft für die vielen Mönchsweihen, die während der Bagan-Ära stattfanden, im Einklang mit dem Buddhismus als staatsfördernde Religion. Die Upali-Halle wurde nach einem Mönch benannt, der einst unter König Htilominlo gelebt hatte, also zwischen 1211 bis etwa 1234. Obwohl es sich um einen Nachbau aus

Bagan

Alt-Bagan

dem 18. Jahrhundert handelt, dessen Vorbild anscheinend eine verfallene Holzhalle war, ist diese Ordinationshalle das beste Beispiel für diese Bauwerke, das man in Bagan finden kann, da alle anderen sehr verfallen sind.

■ Ananda-Tempel

Der Ananda-Tempel am östlichen Rand von Alt-Bagan zählt zu den beeindruckendsten und schönsten Tempeln in Bagan. Ananda (das Paliwort *anantapanna* bedeutet: Unendliche Weisheit) war ein Cousin des Buddha und wurde später zu seinem Lieblingsjünger. Ananda überzeugte Buddha, dass auch Frauen einen Nonnen-Orden einrichten durften. Die Ordensdisziplin der Mönche wurde dafür um einige Regeln für Nonnen erweitert. Das Erscheinen von Buddha und seinem Schüler Ananda auf dem Mandalay Hill ist eng mit der Gründungslegende um

Mandalay verbunden (→ S. 240). Der gleichnamige Tempel in Bagan wurde 1090 oder 1091 unter König Kyansittha (reg. 1084–1113) fertiggestellt.

Der **Grundriss** des Tempels entspricht einem griechischem Kreuz mit vier Eingängen, die zum massiven Kern des Tempels führen. Zwei parallel verlaufende Korridore führen um den Kern herum, und an dem massiven Pfeiler in der Mitte sind an jeder Seite Nischen eingelassen, in denen sich **vier stehende Buddha-Statuen** befinden, die rund zehn Meter hoch und mit Blattgold überzogen sind und in die vier Himmelsrichtungen schauen. Sie stellen jeweils einen der vier letzten Buddhas dieses Weltzeitalters dar: Kakusandha im Norden, Konagamana im Osten, Kassapa im Süden und Gotama im Westen mit Blick auf den Ayeyawady, wo der Legende nach Gotama einst mit seinem Schüler Ananda gestanden haben soll und die Herrlichkeit Bagans vorausgesagt hatte. Letzte Statue wird von **zwei Porträt-Statuen** flankiert: der des Bauherrn, König Kyansittha, sowie der eines Theoretikers des burmesischen Buddhismus mit Namen Shin Arahan. Die beiden Statuen im Norden und im Süden sind original erhalten, während die beiden anderen Nachbauten der zerstörten Originale sind. In der westlichen Eingangshalle befindet sich auch ein Fußabdruck des Buddha aus Marmor. Viele Ebenen führen zur Spitze des Tempels, die durch einen Schikara und einen Schirm gebildet wird. An den Außenwänden befinden sich 1472 glasierte Kacheln mit **Terrakotta-Reliefs**, auf denen Szenen aus den Jataka abgebildet sind – nur der Ananda-Tempel hat eine derart große Zahl an Reliefs. Auf den 400 Kacheln der oberen Terrassen werden die letzten zehn Jataka in der Sprache der Mon erzählt. An den Balustrade des Oberbaus befinden sich 537 Kacheln, auf denen weitere Jataka abgebildet und in Pali erläutert sind. Auf Reliefs am Sockel des Gebäudes sind Szenen aus dem Leben des Siddhartha Gotama abgebildet. Sie sind ebenfalls in der Mon-Sprache kommentiert.

Die Innenwände des Tempels waren mit Wandmalereien geschmückt, von denen Fragmente bei Restaurierungsarbeiten in den 1960er Jahren entdeckt wurden. Im äußeren der beiden Korridore befinden sich **80 Nischen auf zwei Ebenen**, deren Absperrungen man öffnen kann. In den Nischen sind Reliefs, die das Leben Siddharthas von der Geburt bis zu seiner Erleuchtung beschreiben. Um den Erzählungen chronologisch korrekt zu folgen, beginnt man an der unteren Seite rechts vom Westeingang des Tempels, und läuft im Uhrzeigersinn weiter. Um alle 80 Geschichten zu sehen, muss man den Korridor zweimal umlaufen, beim zweiten Mal beginnt man wieder am Westeingang, dieses Mal aber mit der oberen der beiden Ebenen.

Es gibt auch eine Legende zur Entstehung des Tempels: Während König Kyansitthas Herrschaft sollen einst acht Mönche vom Gandhama-Berg (Pali: *gandhamādana*) in Indien in Bagan erschienen sein. Der Gandhama-Berg in Indien ist in der buddhistischen Kosmologie einer von vier Bergen, die den Berg Meru umgeben. König Kyansittha wünschte, die Nandamula-Grotte am Fuße des Gandhama-Bergs zu sehen, in welcher die acht Mönche lebten. Die Mönche schickten dem König daraufhin eine Vision der Grotte, die schließlich als Vorlage für den Tempelbau diente. Im Jahr 2011 stellte die Regierung Indiens 22 Millionen Dollar bereit, um den Ananda sanieren zu lassen.

Im Ananda-Tempel

Der Ananda-Tempel

■ Ananda-Okkyaung

Neben dem Ananda-Tempel befindet sich das Ziegelsteinkloster Ananda-Okkyaung, das nach elf Jahren Bauzeit im Jahr 1785 vollendet wurde. Die aus dem ausgehenden 18. Jahrhundert stammenden **Wandmalereien** im Inneren des Klosters beschreiben alltägliche Szenen aus jener Zeit sowie Szenen aus dem Leben des Buddha. Einige der Jataka-Szenen sind sehr unterhaltsam, so zum Beispiel berichtet das auf der Westwand befindliche Kukkura-Jataka (Nr. 22) von einer früheren Existenz Buddhas als Bodhisatta, hier als Anführer der Straßenköter. Der König ließ sämtliche Straßenköter töten, da das Leder der königlichen Kutsche wiederholt zerbissen worden war. Der Bodhisatta konnte schließlich den König davon überzeugen, dass die wahren Schuldigen nicht die Straßenköter, sondern die edlen Palasthunde waren, und der König erkannte daraufhin die vier schlechten Tugenden namens Parteilichkeit, Widerwillen, Unwissenheit sowie Furcht.

■ Pitaka-Taik

Unweit nördlich des Tharapa-Tors befindet sich die Pitakat-Bibliothek. Nachdem König Anawrahta im Jahr 1057 die buddhistischen Schriftrollen (*tipitaka*) aus dem Mon-Königreich im Süden mitgebracht hatte, ließ er etwa 1058 diese Bibliothek errichten, um den ›32 Elefantenladungen‹ der Schriftrollen einen angemessenen Platz zu bieten. Wo die Elefanten von König Manuha aus dem Mon-Reich untergebracht worden sind, ist unbekannt. Jedoch hat die Bibliothek einen quadratischen Grundriss mit je etwa 15 Metern Seitenlänge und erinnert doch eher an einen Tempel, da im Inneren ein umlaufender Korridor zu finden ist. Über 700 Jahre später, im späten 18. Jahrhundert, wurde die Bibliothek

unter König Bodawpaya renoviert. Das Ergebnis ist das in fünf Stufen gestaffelte Dach, was auch bei einigen Gebäuden des späteren Palastes von Mandalay zu finden ist.

■ Das Tharapa-Tor

Einst führten, wie im Palast von Mandalay auch, zwölf Tore in die Stadt Bagan hinein, das Tharapa-Tor ist als einziges erhalten geblieben. Durch die östliche Mauer führt es hinein in das ehemalige Zentrum Bagans, dessen Mittelpunkt wiederum der Palast war. Die Mauer wurde bereits im Jahr 849 errichtet.

Links und rechts des Tors befinden sich unübersehbar zwei **Schreine für die beiden Mahagiri-Nat**, Maung Tinde (›Herr Stattlich‹) und seine Schwester Shwe Myehna (›Goldgesicht‹). Zu Lebzeiten war Maung Tinde ein Schmied, der so kräftig war, dass sich sogar der König vor ihm fürchtete. Sehr bald schickte der König seine Männer zu Maung Tinde mit dem Auftrag, diesen zu töten. Maung Tinde jedoch konnte entkommen und versteckte sich in den Wäldern. Der König beschloss darauf eine neue Taktik, und nahm die Schwester von Maung Tinde zu seiner Frau. Bald darauf sagte er seiner neuen Frau, dass ihr Bruder gefahrlos zurückkehren könne, und er am Hof leben könne. Die List ging auf, Maung Tinde kehrte zurück und wurde sofort gefangen genommen. Er wurde an einen Baum gefesselt und bei lebendigem Leibe verbrannt. Seine Schwester konnte das nicht ertragen und sprang zu ihrem Bruder ins Feuer. Beide starben in den Flammen, und die Voraussetzungen für ihre Wiederauferstehung als Nat waren geschaffen, da alle Nat eines unnatürlichen Todes gestorben sein müssen. Fortan also lebten die Geister der beiden im Baum, was die Anwohner tief bestürzte. Bald wurde der Baum gefällt und in den

Buddhastatuen, wohin man blickt

Ayeyawady geworfen. Bevor der Stamm in Bagan ankam, hatte der König bereits von dessen Geschichte erfahren. Er ließ aus dem Stamm zwei Figuren schnitzen und zum Mount Popa bei Bagan bringen. Der Name Mahagiri-Nat bedeutet die ›Herrscher des großen Berges‹. Seit ihrem Tod im Feuer sind diese beiden Nat für alles verantwortlich, was mit Feuer zu tun hat.

■ Thabbinyu-Tempel

König Alaungsithu ließ diesen mit 61 Metern höchsten aller Tempel in Bagan in der Mitte des 12. Jahrhunderts errichten und gab ihm den Namen ›Allwissend‹: Thabbinyu, eine Entlehnung der Allwissenheit Buddhas. Er ist dem Ananda-Tempel nicht unähnlich. Dennoch ist er ein Beispiel der Übergangsphase in der Architektur Bagans, und so ist es kein Zufall, dass er von oben aus gesehen im Dreieckverbund mit dem Ananda-Tempel aus der Frühphase und dem Gawdawpalin-Tempel der Spätphase steht.

Der Unterschied fällt auch im Inneren auf. Hier befindet sich nur eine Buddha-Statue – im oberen Stockwerk – und

durch mehr Fenster dringt mehr Licht ins Innere. Auf jeder der beiden Stockwerke führen drei sich verjüngende Terrassen nach oben, so dass der Tempel nach oben hin verjüngt wird und mit einem vergoldeten *shikara* abschließt. Auf den Ecken der insgesamt sechs Terrassen befinden sich kleine goldene Stupas, die das Bild abrunden. Der Thabbinyu-Tempel ist einer der frühesten zweistöckigen Tempel, während spätere zweistöckige Tempel wieder anders aussehen. In der Übergangsphase wurde experimentiert, bis schließlich in der Spätphase der Stil fest gelegt und nicht mehr verändert wurde. Dennoch gilt der Thabbinyu-Tempel als einer der majestätischsten aller Tempel in Bagan, auch wenn König Alaungsithu die Fertigstellung nicht mehr erleben konnte: Er wurde von seinem Sohn getötet.

Unweit des Thabbinyu-Tempels auf dem Gelände eines Klosters, stehen zwei Pfeiler aus Stein, die ursprünglich die Tempelglocke aus Bronze halten sollten. In nordöstlicher Richtung hingegen werden die Relationen für den Bau des Thabbinyu klar. Dieser zweite Tempel wurde erbaut, da man für jeden 10 000. Ziegelstein 1 Ziegelstein zur Seite gelegt hatte.

Der Thabbinyu-Tempel ist der höchste aller Tempel in Bagan

Karte S. 294

■ **Shwegugyi**

Die Inschrift besagt, dass der Bau im April 1131 begann und sieben Monate später vollendet wurde. Darüber hinaus ließ König Alaungsithu seine Besitztümer in der Inschrift auf Pali verewigen, namentlich die Anzahl seiner weißen und schwarzen Elefanten sowie die Anzahl der Boote, die er besaß. Die Nähe zum Palast war beabsichtigt, denn dieser Großen (*gyi*) Goldenen (*shwe*) Höhlen (*gu*) Tempel hat seinen Eingang an der Nordseite, die zum heutigen Fundament des Palastes zeigt. Daher stammt auch sein zweiter, weniger geläufiger Name: Nan U Paya – der Tempel am Palast.

Architektonisch lässt er sich in die Zeit der Übergangsphase einordnen. Es wird angenommen, dass der Tempel sowohl als Bibliothek als auch als Andachtsschrein diente. Wie schon angedeutet, wurde König Alaungsithu von seinem Sohn ermordet. Dieser Mord geschah hier. Sein Sohn Narathu erstickte ihn, als der König alt und schwach geworden war. Drei Jahre später hatte aber auch Narathus letzte Stunde geschlagen: Da er die Tochter eines indischen Königs tötete, ließ dessen Rache nicht lange auf sich warten. Seitdem erinnert man sich Narathus auch unter seinem Spitznamen Kalagya Min – der König, der von den Kala (!) getötet wurde!

Die obere Plattform des Shwegugyi ist zugänglich. Von hier kann man das Palastfundament sehen und den Sonnenuntergang bewundern (vor 17 Uhr gibt es noch Sitzplätze, dann wird es schnell voll).

■ **Palastfundament**

Innerhalb der früheren Stadtmauer ist das Fundament des Palastes freigelegt worden. Aufgrund der dabei gewonnenen Erkenntnisse wurde schließlich der Palastnachbau in der Nähe begonnen.

Der Gawtawpalin-Tempel

Wie der Palast in Mandalay und die Hauptstadt Naypyitaw besteht auch dieser Nachbau aus Beton, nicht aus Holz. Neben dem Aussichtsturm Nanmyint hat die UNESCO auch den Palastnachbau heftig kritisiert.

■ **Gawdawpalin**

Wie an anderer Stelle in diesem Buch bereits erwähnt, bedeutet das Wort *kadaw/gadaw* sich entschuldigen oder auch Respekt bezeugen (Umschriften sind immer ungenau). Als dieser Tempel von König Narapatisithu im frühen 13. Jahrhundert begonnen wurde, diente entweder der Sulamani- oder der Thabbinyu-Tempel als Vorbild. Fertiggestellt wurde er jedoch von König Htilominlo. Da der Sulamani als Prototyp der Spätphase der Architektur Bagans gilt, könnte man den Gawdawpalin-Tempel als eine Respektbezeugung an die Vorfahren betrachten. Wie der Sulamani ist er zweistöckig, das Fundament ist quadratisch. Im Erdgeschoss führt ein Korridor rund um den massiven Kern, wo man an jeder der vier Seiten eine Buddha-Statue findet. Eine recht schmale Treppe führt

Bagan

steil nach oben zu einem Buddha, der nach Osten schaut. Aufgrund des Erdbebens im Jahr 1975 sieht der Tempel an einigen Stellen etwas mitgenommen aus.

■ Archäologisches Museum
Am südlichen Rand Alt-Bagans wurde vor einigen Jahren ein Archäologisches Museum eröffnet. Zu sehen sind in dem großen Gebäude vor allem Stelen und Sandsteinreliefs, unter anderem die ältesten myanmarischen Schriftzeugnisse (→ S. 29, 304), außerdem Alltagsgegenstände sowie Buddhafiguren. Das Museum dürfte vor allem für Historiker und Sprachwissenschaftler von Interesse sein (Mi–So, Eintritt 5 US-Dollar).

■ Bupaya
Als die Stadtmauer um 849 errichtet worden ist, entstand auch der erst viel später vergoldete Bupaya-Stupa, dessen Form eindeutig den Pyu zugeordnet wird. Man glaubt, dass dieser Stupa eines der frühesten Symbole des Buddhismus in Bagan ist. Als die Pyu ihr Reich bei Sri Ksetra weiter südlich verloren hatten, wanderten diejenigen, die nicht nach China verschleppt worden waren, nach Bagan und vermischten sich allmählich mit den Bamar. Dicht am Ayeyawady gelegen, diente er wahrscheinlich, wie der Lawkananda Stupa weiter südlich, als Wegzeichen. Der Stupa stürzte während des Erdbebens 1975 in den Fluss, so dass es sich bei dem heute zu sehenden Bauwerk leider nur um eine Kopie handelt. Bu-paya bedeutet ›Kürbis‹, was auch die Form des Gebäudes erklärt.

■ Shwesandaw
Dieser südöstlich von Alt-Bagan gelegene Tempel ist einer der frühesten Tempel Bagans, dessen Geschichte eng mit der Gründung des Reiches unter König Anawrahta zusammenhängt. Einige Quellen

scheinen zu bestätigen, dass Anawrahta tatsächlich den Mon im Süden zu Hilfe geeilt war, da diese sich vermehrt gegen Angriffe wehren mussten. Es heißt nämlich, dass in diesem Stupa ein Haar des Buddha eingeschreint worden ist, dass der Herrscher von Bago (damals Mon) Anawrahta aus Dankbarkeit vermachte. Daher rührt auch der Name des Bauwerks, Goldenes (*shwe*) sakrales (*daw*) Haar (*san*). Da erwiesenermaßen der Stupa Shwezigon weiter nördlich erst nach Anawrahtas Tod fertiggestellt wurde, stellt der Shwesandaw ein Vorbild des späteren Shwezigon dar. Interessanterweise kann man den Shwesandaw als spirituelles Zentrum sehen, in relativer Ferne umgeben von den vier Stupas, die Bagan weitläufig begrenzen, und vor allem den Palast innerhalb der Mauern beschützen sollten.

Wie der Shwezigon hat der Shwesandaw eine quadratische Basis, während aber hier die darauf folgenden achteckigen Terrassen noch wie eine Übung aussehen, bevor der architektonische Übergang zum runden Stupa in Vollendung wie beim Shwezigon erreicht wurde. Treppen, die an allen vier Seiten außen entlang nach oben führen machen den Shwesandaw zu einem guten Ort, um

Der gewaltige Dhammayangyi-Tempel

Karte S. 294

den Sonnenuntergang anzuschauen, weswegen er meist sehr gut besucht ist.

Unweit des Shwesandaw befindet sich im **Shinbin-Thalyaung-Tempel** eine liegende **Buddha-Figur** mit knapp 20 Metern Länge. Während der Tempel aus dem 12. Jahrhundert stammt, nimmt man an, dass die Buddha-Figur erst später ihren Weg in den Tempel fand. Ob es sich hierbei um einen ruhenden oder sterbenden Buddha handeln soll, ist unklar, da der Kopf eines sterbenden Buddha in Richtung Norden zeigen müsste.

■ **Dhammayangyi**

Bevor der Vatermörder Narathu durch die Truppe eines indischen Königs, dessen Tochter ebenfalls von Narathu getötet worden war, seinen Tod fand, ließ er noch schnell diesen Tempel bauen. Die Fertigstellung konnte er nicht mehr erleben – dieses Schicksal teilt er mit vielen seiner Vorgänger. Die Bauarbeiten begannen im Jahr 1166, und die Baumeister gaben sich größte Mühe, die Ziegel so eng wie möglich aneinander zu mauern. Entstanden ist eines der beeindruckendsten Bauwerke Bagans, und man nimmt an, dass Narathu den Bau anordnete, um sein Gewissen ob der Morde zu erleichtern. König Narathu galt als tyrannischer König, es heißt, er ließ die Maurer enthaupten, falls auch nur eine Nadel zwischen die Ziegel passte. Trotz seiner schieren Größe reicht der Dhammayangyi-Tempel dennoch nicht an den Ananda oder den Thabbinyu-Tempel heran, auch wenn sie als Vorbilder gedient haben mögen. Bis heute rätseln noch Gelehrte darüber, warum man in seinem Inneren zwei nebeneinander sitzende Buddha-Figuren errichtet hat. Eine Theorie deutet an, dass hier der Gotama-Buddha zusammen mit seinem Nachfolger, Metteyya, dem zukünftigen fünften Buddha sitzt, was wohl von Narathu als Ausweg aus seinen Seelenqualen gesehen wurde. Diese Erklärung scheint auch sinnvoll vor dem Hintergrund einiger Bauwerke mit fünf anstelle von vier Eingängen (→ S. 309). Ein weiteres Rätsel gibt der innere der beiden Korridore auf, er wurde nämlich zugemauert. Vielleicht haben ihn ja die acht Kala (Inder), zugemauert, nachdem sie Narathu dort einsperrten?

■ **Sulamani**

Östlich außerhalb der Stadtmauer von Alt-Bagan, vorbei am Dhammayangyi, liegt der Sulamani-Tempel, der aus dem Jahr 1183 stammt. Der Sulamani gilt als der Prototyp der Spätphase Bagans. Nach seinem Vorbild wurden fast alle späteren Tempel gebaut. Das hatte den Vorteil, dass Berechnungen der Statik für neue Bauwerke entfielen und die Bauzeiten wesentlich verkürzt werden konnten. So ist der Htilominlo-Tempel (→ S. 293) aus dem Jahr 1211 dem Sulamani sehr ähnlich.

Für den bautechnisch sehr einfachen Stupa Shwezigon aus dem 11. Jahrhundert hat man über 20 Jahre bis zur Fertigstellung gebraucht, und die später einsetzende Rationalisierung der Bauprojekte ermöglichte eine Fertigstellung von sehr großen Tempeln in rund 100 Tagen. Stuck wurde mit großen Schablonen auf die Ziegel aufgebracht, ebenso die Innenbemalung. Das Ziel war eine Art Massenfertigung, um das buddhistische Verdienst zu erhöhen.

Auch beim Sulamani fällt auf, dass es zwischen den Ziegeln kaum Fugen gibt, um entsprechend dem Wunsch des Bauherrn einen monolithischen Eindruck zu erzeugen. Der Legende zufolge hätte der König dem Baumeister den Kopf abgeschlagen, falls es ihm gelänge, mit seinem Schwert zwischen die Ziegel stoßen. An einigen Stellen außen erkennbar sind die

Bagan

Der Sulamani-Tempel

waagerechten Ziegelreihen durch senkrechte Ziegelreihen unterbrochen, um einen gewissen Schutz vor Erdbeben zu haben, da so die Flexibilität des Gebäudes erhöht wurde. An anderen Stellen, insbesondere an den Ecken, findet man Sandsteinblöcke, die als Ankerpunkte mit demselben Zweck dienen. Der großflächig abgeplatzte Putz zeugt von vielen Erdbeben in der Vergangenheit. Rund um die Außenseite des Tempels sieht man grün glasierte Terrakottatafeln, die früher bei Sonnenschein dem Tempel als strahlenden Palast erscheinen lassen sollten. Der Sulamani und alle seine Nachfolger haben eine Gemeinsamkeit, die sie von ihren Vorgängern, dem Mon-Tempel und denen der Interimsphase, unterscheiden: Sie sind alle zweistöckig und innen deutlich lichtdurchlässiger. Die zweite Etage des Sulamani ist nicht zugänglich. In der Vorhalle des Haupteinganges im Osten ist auf der rechten Seite eine Wandmalerei zu sehen, wie der Schlangenkönig mit seinen 13 Häuptern ein schützendes

Dach über den Buddha formt, damit er beim Meditieren nicht vom Regen gestört wird. Hier handelt es sich um ein sehr schönes Beispiel, wie die Unterordnung des animistischen Schlangenkultes unter den Buddhismus gelang, die mit dem Gründerkönig Anawrahta begann, als er den Buddhismus in Bagan einführte und den Animismus zwar nicht auslöschen, aber dennoch assimilieren konnte.

■ Hsinbyushin

Auch 24 Jahre nach der Mongoleninvasion wurde in Bagan noch gebaut. Dennoch erwähnen die staatlichen Veröffentlichungen zu Bagan den Hsinbyushin-Komplex nicht, nur einige private Autoren von Büchern zu Bagan nehmen sich des Themas an. Die Anlage stammt aus dem Jahr 1311 und entstand somit deutlich nach der ersten Mongoleninvasion 1287 und der zweiten Mongoleninvasion 1301. König Hsinbyushin war demnach der ›Herr der weißen Elefanten‹, und er schuf diese Anlage beste-

Karte S. 294

hend aus Stupa, Tempel, Wasserbecken sowie einem Kloster gleichen Namens. An diesem Punkt widersprechen sich verschiedene Ansichten der Geschichtsschreibung. Häufig wird die Zeit nach dem Zusammenbruch Bagans als die Zeit der Herrschaft der Shan beschrieben. Wenn aber, wie in diesem Buch dargelegt (→ S. 72), das Innwa-Reich als Nachfolger Bagans existierte, ist es wahrscheinlich, dass die drei Minister, die einst Bagan dienten, auch diesen Klosterkomplex anlegten. Zu jener Zeit saß ein schwacher König auf dem Thron in Bagan, und der jüngste der Minister erhob Anspruch auf den Thron. Darüber hinaus begehrte er die Frau des Königs von Bagan, um die königliche Linie weiterzuführen. Die Errichtung des Hsinbyushin sollte wohl diesen Anspruch unterstreichen. Die einzige Autorin, die sich des Hsinbyushin-Komplex annahm, schrieb dazu:»Wahrscheinlich ist es der ruhigste Ort in ganz Bagan. Ein Beispiel des Übergangs von der vergangenen militärischen Größe Bagans zu dem ruhigen Ort, der es heute ist.«

■ Mingalazedi

Der letzte Stupa dieser Größe wurde im Jahr 1268 in Bagan begonnen. Die Fertigstellung im Jahr 1274 und der Untergang Bagans 13 Jahre später gingen laut Legende Hand in Hand. Es hieß innerhalb der Bevölkerung, dass mit der Fertigstellung des Stupas das Königreich untergehen würde. Aus diesem Grund ließ König Narathihapate die Bauarbeiten unterbrechen, und erst sein Wahrsager konnte ihn sechs Jahre später überzeugen, sie wieder aufnehmen zu lassen. Dieser letzte Stupa entstand also knapp 200 Jahre nach der Shwezigon in Nyaung U, die als Vorbild diente. Nur vergoldet wurde der ›Glücksverheißende Stupa‹, so die Übersetzung des Namens, nie.

■ Gubyaukgyi

In der Nähe des Dorfes Myinkaba befindet sich dieser im Jahr 1113 erbaute Tempel. Er gilt als der Prototyp des Mon-Tempels mit einer großen Vorhalle und einer nach Osten ausgerichteten Buddhafigur, die wiederum in einem weiter innen befindlichen Raum steht. Im Tempel herrscht Dämmerlicht, das durch die in den Fenstern eingelassenen Rosetten erzeugt wird. Die UNESCO ließ eine Beleuchtungsanlage installieren, die aber wenig benutzt wird.

Mit der Geschichte des Tempels ist eine romantische Geschichte vom Prinzen und General Kyansittha und seiner Geliebten Thambula verbunden. Die Mon-Prinzessin Mani Sandar war ein Geschenk an König Anawrahta, die in Begleitung von Kyansittha nach Bagan reiste. Der lange Weg vom Mon-Königreich im Süden zurück nach Bagan brachte sie ihrem Begleiter Kyansittha näher, was den Zorn von dessen Vater Anawrahta hervorrief. Als schließlich Kyansittha aus Furcht vor der Rache Anawrahtas floh, traf er in einem Wald einen Mönch und dessen bezaubernde Nichte Thambula. Kyansittha verweilte bei den beiden, bis sich der Sturm in Bagan gelegt hatte.

Der Gubyaukgyi gilt als Prototyp des Mon-Tempels

Zum Abschied gab er ihr einen wertvollen Ring, auf dass sie das gemeinsame Kind zukünftig versorgen könne. Sieben Jahre später erschien Thambula vor König Kyansittha in Bagan, den Ring an der rechten und das Kind an der linken Hand. Kyansittha war darüber so erfreut, dass er Thambula zu Frau nahm und seinen Sohn Raja Kumar später zu seinem Berater. Als König Kyansittha alt und schwach war, erschuf Raja Kumar ihm zu Ehren und aus Dankbarkeit eine Buddha-Statue, deren Schrein der heutige Gubyaukyi-Tempel ist. Des Königs Nachfolger allerdings wurde einer seiner Enkel, Alaungsithu.

Eine Anedokte am Rande: Der erste Vorsitzende des militärischen Kontrollgremiums SLORC (*State Law and Order Restoration Council*), Saw Maung, wurde 1991 abgelöst, weil er anfing zu glauben, der wiedergeborene König Kyansittha zu sein. Beim Golfspielen schoss er mit seiner Pistole in die Luft, während er laut rief »Ich bin Kyansittha«, was sich übersetzen lässt mit: Ich bin der (letzte) verbliebene Soldat.

■ Das Wort Myanma[r]

Die erste schriftliche Erwähnung des Wortes Myanmar findet man auf der Steinstele, die von Prinz Raja Kumar anlässlich der Gründung des Gubyaukyi-Tempels errichtet worden ist. Manchmal wird die Raja-Kumar-Stele auch Myazedi-Inschrift genannt, da man sie ursprünglich auf dem Gelände der benachbarten gleichnamigen Paya gefunden hatte. Dort befindet sich heute eine Kopie der Stele, das Original steht im Archäologischen Museum in Alt-Bagan (→ S. 300). Die Stele enthält auf jeder der vier Seiten den gleichen Text, allerdings in vier verschiedenen Sprachen: Pali, Mon, Pyu und – Myanma. Das hatte zwei Auswirkungen: Zum ersten war es Dr. Bladgen im Jahr 1911 endlich möglich, die Pyu-Schrift zu entziffern, und zweitens handelt es sich hierbei um den Beleg, dass das Wort ›Myanmar‹ keinesfalls eine spätere Erfindung gewesen sein kann.

■ Manuha-Tempel

Als der Mon-König Manuha den Bagan-König Anawrahta vermutlich um Hilfe

▲   *Der liegende Buddha im Manuha-Tempel*

bat, konnte er nicht ahnen, dass die gesamte Mon-Kultur nach Bagan verschleppt werden sollte, den König und seine Frau eingeschlossen. Heute kann der Besucher des Tempels erfahren, wie es damals um die Seelenlage des Königs gestanden haben muss. Die drei riesigen Buddha-Statuen lassen kaum Platz für den Besucher, sie sind eingezwängt wie in einem Käfig. Es heißt, dass Manuhas Äußerungen von einem geheimnisvollen Licht aus seinem Mund begleitet wurden. Um dieses Licht einzudämmen, wurde der Tempel so eng gebaut. Desweiteren zeigt der Kopf des liegenden Buddha in Richtung Norden, was symbolisch für den Übergang ins Nirwana steht. Anawrahta ließ nicht nehmen, seinem Konkurrenten aus dem Süden einen Schrein auf dem Gelände zu errichten, in dem Figuren von Manuha und seiner Frau zu sehen sind.

Myinkaba-Stupa

Das Dorf Myinkaba, der nur während der Regenzeit wasserführende kleine Fluss und dieser Stupa tragen alle den gleichen Namen. An der Stelle, wo dieser Stupa steht, tötete König Anawrahta im Jahr seiner Krönung 1044 seinen Rivalen Sokkate in einem Speerkampf hoch zu Ross. Der Speer jedoch traf das Pferd des Sokkate, das darauf hin fortlief – mit Sokkate im Sattel. Am Ufer des Flusses fiel dieser hinein und starb. Als er und der Sattel davon trieben, bekamen der Fluss und der Stupa ihren Namen: ›Mit dem Sattel gekommen‹.

Nanpaya

Der ›Palasttempel‹ soll auf der Stelle stehen, wo einst König Manuhas letzter Palast lag. Hierbei handelt es sich um einen der insgesamt vier Tempel Bagans, die überwiegend aus Sandstein hergestellt wurden. Schnell fallen die vielen Reliefs ins Auge, die aber keinen buddhis-

tischen, sondern einen hinduistischen Hintergrund haben. Ein verbindendes Element zwischen dem Mon-König und dem Hinduismus gibt es jedoch. Der Vogel Hintha ist einerseits das Symbol der Mon und andererseits das Reittier Brahmas. Zwischen den vier Säulen, die das Gebäude stützen, sieht man zwar noch den Sockel, aber die offensichtlich dazugehörige Statue ist verschwunden.

Nagayon und Abeyadana

Einen Nagayon findet man mehrmals in Myanmar, zum Beispiel in Lashio. Nagayon ist eine Naga-Schutzstätte, und typisch für eine solche Schutzstätte ist das Abbild des Buddha, der vom vielköpfigen Schlangenkönig beschützt wird. Zumeist geht diese Geste der Schutzgewährung einher mit starkem Regen, der Buddha bei der Meditation stören könnte. Daher formt der Schlangenkönig mit seinen vielen Köpfen ein Dach. König Kyansittha soll einst an dieser Stelle unter dem ›Dach‹ des Schlangenkönigs Mucalinda geschlafen haben, als er auf der Flucht vor seinem Vorgänger König Sawlu war. In den Nischen in der Wand finden sich Kopien der Steinskulpturen der 27 Buddhas, die vor Gotama auf der Erde erschienen sind. Eine Inschrift verweist auf König Kyansitthas Ehrerbietung an Mucalinda, bevor er den Tempel errichten ließ. Nur wenige Meter weiter befindet sich der Abeyadana-Tempel aus dem späten 11. Jahrhundert, der ebenfalls in Verbindung zur Flucht Kyansitthas vor Sawlu steht. Abeyadana war die dritte Frau, mit der Kyansittha Umgang pflegte, und es heißt, dass sie an dieser Stelle auf ihn wartete, während Kyansittha im Nagayon geschlafen hat. Der Tempel ist dem Nagayon-Tempel sehr ähnlich, aber die Wandmalereien im Inneren zeugen von verschiedenen buddhistischen und auch hinduistischen Einflüssen.

Bagan

Neu-Bagan

0   250   500 m

■ Sein-Nyet-Ama-Tempel und Stupa Sein Nyet Nyima

Die Sein-Nyet-Schwestern ›Ama‹ (die ›ältere‹) und ›Nyima‹ (die ›jüngere‹), stehen hier in schwesterlicher Konkurrenz vereint. Es heißt, dass einst eine Prinzessin und eine Königin im Wettbewerb und den Bau des schönsten Tempels oder Stupa standen. Sofort fällt der obere Teil des Stupa der jüngeren Schwester ins Auge, dessen gerippte Spitze sich nach oben verjüngt.

■ Lawkananda

Neu-Bagan, auch als Thiripyitsaya bekannt, war der Haupthafen Bagans und liegt etwa vier Kilometer südlich von Alt-Bagan entfernt. Vom Golf von Bengalen fuhren die Schiffe aus Indien und Sri Lanka den Ayeyawady hinauf, um hier anzulegen. Hier befindet sich auch einer Stupas, die Bagan begrenzten.

Nur zwei Jahre nach dem Sturm auf den Mon-Staat ließ Anawrahta im Jahr 1059 diesen Stupa errichten, um einer Zahnreliquie aus Sri Lanka ein würdiges Gebäude zu schaffen. Aufgrund dieser Reliquie gehört dieser Stupa zu den wichtigsten in Bagan und stellt gleichzeitig einen der geographischen Markierungspunkte Bagans dar. Wie schon in Yangon König Okkala ins Wasser gestiegen sein soll, um die beiden Kaufleute Taphussa und Bhallika mit den acht Haaren des Buddha zu empfangen (→ S. 148), so heißt es auch von König Anawrahta, er sei an dieser Stelle in den Ayeyawady gestiegen, um die Schatulle mit dem Zahn Buddhas auf seinem Kopf zur Shwezigon Paya zu tragen. Wenig später hatte sich der Zahn wie von Zauberhand vervielfältigt, so dass je einer in der Shwezigon und einer in der Lawkananda eingeschreint wurde.

Die Form des Stupa deutet auf einen Pyu-Einfluss hin, während die Basis aus drei sich verjüngenden achteckigen Terrassen besteht, die begehbar sind.

■ Dhammayazika

Diesen Stupa sieht man schon aus der Ferne gold und rot glänzen, er gehört zu den schönsten Bagans und liegt etwas außerhalb Neu-Bagans an der Umgehungsstraße. Da die Vergoldung erst Mitte der 1990er Jahre vorgenommen wurde und seit dem Arrest Khin Nyunts (→ S. 93) keine Renovierungsarbeiten geschehen sind, entstand diese eigentümliche Mischung aus Rot und Gold. Der fünfeckige Grundriss ist das Alleinstellungsmerkmal, und an allen fünf Seiten befinden sich Vorbauten mit Buddha-Statuen, unter ihnen der fünfte, der Metteyya. Fünf Treppen führen auf die Plattform, von der aus man einen herrlichen Blick über

Bagan hat. Dieser Stupa wird aufgrund seiner relativen Entfernung von Nyaung U zum Sonnenuntergang etwas weniger besucht, ist aber nie leer.

Die Legende beschreibt, dass König Narapati Sithu im ausgehenden 12. Jahrhundert einen Standort für den zu bauenden Stupa suchte, als er Rauch sah, der auf unerklärliche Weise aus dem Boden aufstieg. Dieses erste Bauwerk mit fünf anstatt vier Seiten und der Rauch können stellvertretend für den Beginn des Untergangs Bagans 91 Jahre später stehen.

■ Thambula

Für diesen Tempel nahe dem Dorf Minnanthu war die Namensgeberin nicht König Kyansitthas Geliebte im Wald (→ S. 303), sondern die Frau von König Uzana. Auch das Datum der Fertigstellung im Jahr 1255 weist eine große Lücke zu Kyansittha auf. Man bezweifelt, dass der

Bagan

Die Dhammayazika Paya schimmert rot und golden zugleich

Kenari und Kenara stehen für ewige Treue

Name Thambula korrekt ist, und eher Thonlula heißen sollte, was soviel bedeutet wie ›Mond dreier Welten‹. Dieser Tempel steht etwas verlassen in der Landschaft, was nach einem Tag voller Besichtigungen einladend sein kann. Die Wandmalereien im Inneren sind sehr verblasst, ein Bild verdient aber Aufmerksamkeit. Die Darstellung des Kenara ist ungewöhnlich, da diese männliche Ausgabe des Menschenvogels (die weibliche Form ist Kenari) menschliche Füße anstatt der üblichen Vogelkrallen hat. Figuren von Kenari und Kenara sieht man in Myanmar häufig, sie stehen stellvertretend für ewige Treue.

■ Payathonzu

Der ›Bau der drei Tempel‹ ist sehr markant und wurde erst zum Ende des 13. Jahrhunderts errichtet. Die drei Schreine stehen hintereinander und sind mittels kleiner Korridore verbunden, was er Anlage ihr einzigartiges Aussehen gibt. Im Inneren findet man Abbildungen der 28 Buddhas, die allesamt durch den Baum unterschieden werden, unter dem sie einst zur Erleuchtung gelangten. Von anderen Wandmalereien heißt es, sie seien dem Mahayana-Buddhismus entnommen, dessen Einfluss in der Zeit vor König Anawrahta durch den Theravada-Buddhismus eingedämmt, aber nicht eliminiert wurde.

Besonders bestechend ist, dass in der Umgebung des Payathonzu-Tempels ›Waldmenschen‹ lebten, die sich nicht der Ordnung des Theravada-Buddhismus beugen wollten und stattdessen zu Rauschmitteln griffen. Die Vermutung liegt also nahe, dass diese ›Waldmenschen‹ den Tempel nutzten, um bestimmte Rituale zu praktizieren.

■ Tayokpye

Der, der angeblich vor den Chinesen (oder auch Türken) floh, hat hier ein Denkmal gesetzt bekommen, denn dieser Tempel hieß einmal anders, bevor er in Tayokpye umbenannt worden ist. Wie er aber zuvor hieß, ist unbekannt. Er gehört zu den letzten großen Bauwerken Bagans, die erschaffen wurden, bevor 1287 ›die Chinesen kamen‹. Wenn sich nichts geändert hat, darf man diesen Tempel noch besteigen.

Karte S. 306
▲

Die fünfeckigen Tempel von Bagan

Bereits im Jahr 1991 veröffentlichte der französische Architekt Pierre Picard sein Buch ›The Pentagonal Monuments of Pagan‹, in welchem er untersuchte, warum 17 Tempel Bagans von der Norm abwichen. Allen ist gemeinsam, dass sie erst in der Spätphase Bagans entstanden sind, aber der Grund dafür ist nicht allein in der architektonischen Herausforderung zu suchen, die der Bau dieser Tempelform darstellte.

Es ist bekannt, dass viereckige Tempel einen oder maximal vier Buddha-Statuen beherbergen, wie es zum Beispiel beim Ananda-Tempel der Fall ist. Die vier Buddhas dieses Weltzeitalters sind dort dargestellt. Mit der Einführung fünfeckiger Tempel haben die Baumeister die Zukunft im Auge gehabt, aber vor allem mussten sie neue Berechnungen anstellen, um von der Norm der viereckigen (*lei-myet-hna*) Tempel abzuweichen und eine neue Form der fünfeckigen Tempel (*nga-my-et-hna*) zu erschaffen.

Der buddhistischen Kosmologie entsprechend, war der Tusita-Himmel der Aufenthaltsort von Setaketu, bevor er als Gotama-Buddha vor etwa 2500 Jahren auf die Erde herabkam. In diesem Himmel lebt heute noch ein weiterer Zukunftsbuddha: Metteyya. Wenn dieser fünfte Buddha auf die Erde herabsteigt, kommt dieses Ereignis in etwa einer Erlösung gleich. Und Erlösung war es, was die letzten Könige Bagans gesucht hatten.

Angefangen mit König Narapatisithu, der 1196 den Dhammayazika (→ S. 307) errichten ließ, begann ein Architekturtrend, der parallel mit dem langsamen Niedergang Bagans einherging. Man begann, dem Zukunftsbuddha einen Schrein zu bauen, in Erwartung seiner baldigen Ankunft. So war der Buddhismus, von König Anawrahta 150 Jahre zuvor eingeführt, nicht nur der Legitimation des Staates dienlich, sondern war gleichzeitig auch ein Hoffnungsträger, der helfen sollte, wenn sich dieser Staat in einer Krise befand.

Besonders bemerkenswert ist der Umstand, dass der Dhammayazika-Tempel das Lieblingsprojekt von General Khin Nyunt war, der zwar den Fahrplan zur Demokratie im Jahr 2004 veröffentlicht hatte, aber kurz darauf in Ungnade fiel und zu Hausarrest verurteilt wurde. Seinem Bemühen ist es zu verdanken, dass gerade dieser Tempel renoviert wurde. Ob dahinter eine bestimmte Absicht zu vermuten ist? 2014 soll er erneut renoviert werden, obwohl das letzte Mal noch gar nicht so lange her ist

Der Dhammayazika war der erste fünfeckige Tempel in Bagan

ESSAY

Bagan-Informationen

Allgemeines

■ Reisebüro

In Nyaung U sowie in Neu-Bagan findet man praktisch an jeder Ecke ein kleines oder größeres Reisebüro. Des weiteren bieten die großen Hotels und auch einfache Guest Houses zumeist sämtliche Dienstleistungen rund um Flug, Auto sowie Bustickets an. Hier eine Auswahl der etablierten Unternehmen vor Ort:

Indochina Services (ICS), Neu-Bagan, Khayae Street, direkt gegenüber dem Myanmar Treasure Hotel, Tel. +95/(0)61/65130. Akzeptiert Kreditkarten.

Columbus Travels & Tours, Neu-Bagan, Khayae Street, Tel. +95/(0)61/65015.

Diethelm Travels, Nyaung U, Airport Road, Tel. +95/(0)61/60887, diethelm-bgn@ myanmar.com.mm.

Seven Diamonds Travel, Nyaung U, Hauptstraße (nahe dem Maykhalar Guest House), Tel. +95/(0)61/60883.

Exotissimo Travel, Neu-Bagan, Ecke 2nd und Gan Gaw Road, Tel. +95/(0)61/65383.

■ Post

In Nyaung U: Anawrahta Road, Mo–Fr 9.30–15 Uhr.
In Neu-Bagan: Bagan Chauk Road, Ecke Gangaw Street.

■ Gesundheit

Royal Bagan Clinic, Privatklinik in Nyaung U, an der Straße Richtung Flughafen, Tel. +95/(0)61/60060.

■ Eintrittsgelder

Jeder ausländische Besucher muss eine einmalige Zone Fee in Höhe von 15 US-Dollar entrichten, die entweder gleich am Flughafen, an der Busstation oder am Hafen kassiert wird. An den Sehenswürdigkeiten wird auf Schildern auf unregelmäßige Kontrollen der Tickets hingewiesen. Für das Archäologische Museum sind 5 US-Dollar extra zu bezahlen.

■ Geldangelegenheiten

Hotels quotieren Preise in US-Dollar, aber auch das Zahlen mit Kyat ist möglich, wobei man dann aber einen ungünstigeren Wechselkurs in Kauf nehmen muss. Gegenwärtig ist Bagan noch nicht an das Geldautomatennetz der CB-Bank angeschlossen, was sich aber bald ändern kann. Es ist anzunehmen, dass der erste Geldautomat dann in Nyaung U zu finden sein wird. Wer US-Dollar in Kyat tauschen will, kann das im Hotel erledigen, wird aber nicht den offiziellen Kurs erhalten. Wechselmöglichkeiten bieten in Nyaung U die KBZ-Bank und die AGD-Bank.

An- und Weiterreise

Bagan lässt sich von den verschiedenen Landesteilen entweder per Flugzeug, per Reisebus oder mit dem gemieteten PKW oder Kleinbus samt eigenem Fahrer erreichen. Im Rahmen einer bereits gebuchten Rundtour ab/bis Yangon über den Inle-See und Mandalay ist Bagan üblicherweise als Reisestation enthalten – entweder als erstes oder als letztes Ziel der Rundreise ab Yangon. Ein Flug von Mandalay (Flughafencode MDL) nach Bagan lohnt sich aufgrund der kurzen Entfernung fast nicht,

Karrenspuren neben der Teerstraße

stattdessen kann man eine Flussreise auf dem Ayeyawady von oder nach Mandalay mit zum Beispiel der neuen MV Hintha für 100 Dollar Betracht ziehen. Details dazu bei Azure Sky Travel & Tours in den Reisetipps (→ S. 360).

■ Flug

Ab Yangon (Flughafencode RGN) bieten diverse einheimische Fluggesellschaften mehrmals täglich Flüge nach Bagan (Flughafencode NYU) an, die Flugzeit beträgt knapp 90 Minuten. Die Preise für eine einfache Strecke lagen in der Saison 2013 bei rund 130 US-Dollar. In Yangon befindet sich das Abfluggebäude für Inlandsflüge rechts neben dem Abfluggebäude für internationale Flüge.

Ab Heho (Inle-See; Flughafencode HEH) zahlt man für einen einfachen Flug knapp 90 US-Dollar, die Flugzeit dauert rund 40 Minuten. Wenn man von Bagan nach Yangon fliegt, kommt es ohne vorherige Ankündigung vor, dass viele Fluggesellschaften zuerst zum Inle-See und dann erst nach Yangon fliegen. Dies gilt auch für andere Strecken und Fluggesellschaften in Myanmar, also sollte man zeitlich etwas großzügiger planen. Es gibt ab Bagan gelegentlich Flugverbindungen nach Thandwe (Flughafencode SNW), wenn man in Bagan die Rundreise beenden und zum Ngapali-Beach weiterreisen will. Die einfache Strecke kostet rund 140 US-Dollar und dauert eine knappe Stunde. Flugpläne sind in Myanmars sehr variabel.

Fluglinien: Air Bagan, Nyaung U, Lanmadaw Road, Tel. +95/(0)61/60588. Air Mandalay, Nyaung U, Lanmadaw Road, Tel. +95/(0)61/60774. Asian Wings, Nyaung U, Tel. +95/(0)61/60391.

■ Anreise mit dem Bus

Insbesondere von kleineren Hotels in Yangon werden aus unerfindlichen Gründen bevorzugt Nachtfahrten angeboten, die nachmittags bis abends in Yangon beginnen und am frühen Morgen des nächsten Tages in Bagan enden. Wer nicht im Sitzen schlafen kann, sollte eine Tagesfahrt buchen, die morgens in Yangon beginnt und abends in Bagan endet. So bekommt man etwas von der Landschaft zu sehen und vermeidet obendrein, morgens völlig übernächtigt in Bagan anzukommen und dann noch ein ganztägiges Ausflugsprogramm zu absolvieren.

Eine Fahrt im klimatisierten Bus ab Yangon dauert 9–10 Stunden und kostet rund 15 000 Kyat (derzeit rund 15 Euro). **Bustickets** kann man über verschiedene Reisebüros und Hotels problemlos erwerben. Die Verkaufsbüros der Busunternehmen findet man an der Südkurve des Aung San Stadions **in Yangon**. Das entsprechende Busterminal am Stadtrand Yangons ist auf den Tickets gekennzeichnet und muss mit dem Taxi angefahren werden, wofür man sicherheitshalber eine Stunde Zeit einplanen sollte. Es empfiehlt sich, Angebote und Preise zu vergleichen. Auf manchen Strecken gibt es VIP-Busse mit Komfortsesseln. Tipp: Auf Fahrten in Richtung Norden rechts im Bus sitzen, da die Nachmittagssonne von links sehr heiß ist, während es rechts angenehm bleibt.

In Bagan findet man die Büros der verschiedenen Reisebusgesellschaften in kleinen Holzhütten, High Way Bus Center genannt, unweit der Shwezigon Paya in Nyaung U. Tickets sollte man einige Tage vorher erwerben.

■ Schiff

Für die Strecke Mandalay–Bagan–Mandalay bietet sich eine Fahrt auf dem Ayeyawady an, entweder als Tagestour oder mit Übernachtung auf dem Fluss in den Schiffskabinen. Viele Reiseanbieter haben diese Passage im Programm. Unterwegs legen manche Schiffe in Yandabo an, wo man Töpfereiwerkstätten besichtigen kann. Ansonsten ist die Fahrt auf dem mächtigen Strom eine Möglichkeit, gigantische Flöße sowie das Leben am Fluss zu beobachten. Die einst auf dem Rhein eingesetzte Road to Mandalay bietet großen Luxus zum hohen Preis (www.orientexpress.com), während das Schnellboot Malikha nur einen halben Tag für die Strecke benötigt. Preise sowie Abfahrtszeiten sind variabel.

Transport in Bagan

■ Schiff
Vor Ort liegen an den Anlegestellen in Nyaung U und Alt-Bagan Ausflugsboote. Die Preise schwanken je nach Dauer zwischen 10 000 und 20 000 Kyat.

■ Fahrradverleih
An vielen Stellen und in den meisten Hotels kann man Fahrräder ausleihen, Preise je nach Zustand 2000–3000 Kyat.
Geführte Touren kann man bei Grasshopper Adventures in Neu-Bagan buchen: 4th Street, Tel. +95/(0)9/421715068, www. grasshopperadventures.com.

■ Pferdekutschen
Es gibt sie in großer Zahl; Fahrten zwischen den Ortsteilen bzw. zwischen Nyaung U und Flughafen jeweils ca. 4000 Kyat, Tagesmiete etwa 25 000 Kyat.

■ Autos mit Fahrer
Sie können über die o.g. Reisebüros oder über die Hotelrezeption gebucht werden.

■ Ballonfahrten
Ein Erlebnis der Extraklasse ist die Besichtigung Bagans aus der Luft in einem der gegenwärtig acht Heißluftballons, die von ›Balloons over Bagan‹ betrieben werden. Zum stattlichen Preis von 330 US-Dollar pro Person und mit Hilfe einer Monate vorher zu tätigen Reservierung übertrifft diese Fahrt über Bagan alle anderen Besichtigungsprogramme. Viele Gruppenveranstalter bieten die Ballonfahrt als buchbare Option in ihren Katalogen an. Morgens gegen fünf Uhr wird man von einem der antiken, aber komfortablen Busse abgeholt und zum Sportplatz in Nyaung U gefahren, wo man beim morgendlichen Kaffee sowie Gebäck die Vorbereitungen beobachten kann. Die Piloten kommen aus Europa und besitzen Lizenzen aus Großbritannien. Zum Sonnenaufgang beginnt die rund 45 Minuten dauernde Fahrt über das Tempelfeld Bagans, und eine atemberaubende Perspektive auf die Monumente ist garantiert, während man in luftiger Höhe die gewaltigen Dimensionen Bagans begreift. An den Ballons sind Kameras installiert, die während der Fahrt Gruppenfotos vor ausgewählten Hintergründen machen.
Balloons over Bagan: Business Suite 03-06, Sedona Hotel, Yangon. Tel./Fax: +95/(0)1/

▲ *Markttreiben in Bagan*

652809, balloons@myanmar.com.mm,
www.easternsafaris.com.

Hotels

Rucksackreisende werden in Nyaung U und
in Neu-Bagan die günstigsten Unterkünfte
finden, wobei aber dringend empfohlen
wird, rechtzeitig vorher zu buchen. In der
Saison 2012/13 kam es nicht nur in Bagan
vor, dass Besitzer kleinerer Guest Houses in
der Rezeption Matratzen bereitstellen mussten, um Reisenden wenigstens für die erste
Nacht ein Lager bieten zu können, in der
Hoffnung, dass am nächsten Tag ein Zimmer frei wird. Spätestens bei der Ankunft
in Yangon also sollte man die Unterkünfte
entlang der geplanten Route entsprechend
buchen. Bagan bietet Unterkünfte für fast
jeden Geldbeutel, auch wenn die Preise hier
bereits während des Recherchezeitraums erhöht worden sind. Derzeit muss man für ein
einfaches Guest House 40 bis 50 US-Dollar
und mehr pro Nacht einplanen – wobei die
Preise aber weiter steigen dürften. In Alt-
Bagan finden sich nur wenige Hotels, die
alle sehr luxuriös sind.

Mönch in der Shwezigon Paya

■ **Hotels in Nyaung U
und Umgebung**

Luxus

Das **Aureum Palace Hotel & Resort** unweit
des Nanmyint-Aussichtsturms befindet sich
mitten im Tempelfeld und zählt zu den
besten und auch teuersten Unterkünften
in Bagan, Tel. +95/(0)61/60046, www.
aureumpalacehotel.com.
Ebenfalls äußerst luxuriös ist das **Amazing
Bagan Resort**, das über einen eigenen
Golfplatz verfügt (was vielfach Kritik her-
vorgerufen hat). Spa-Bereich und Pool fehlen natürlich hier auch nicht. Leider etwas
abseits gelegen, Tel. +95/(0)61/60035,
amazingrm.abr@amazing-hotel.com, www.
bagangolfresort.net.

Mittelklasse

Mitten in Nyaung U auf der Lanmadaw
Street liegt das neu erbaute **Grand Empire
Hotel** mit zur Straße offenem Restaurant.

Von dort aus ist sind nur ein paar Gehminuten zur Shwezigon Paya und zu den meisten Restaurants. Saubere, einfache Zimmer ab 40 Dollar, Tel. +95/(0)61/60206,
grandempirehotel.nyu@gmail.com.

■ **Hotels in Alt-Bagan**

Anfang der 1990er Jahre wurden die Bewohner Alt-Bagans nach Neu-Bagan um-
gesiedelt, wo ihnen Grundstücke zugeteilt
worden sind. Dort betreiben diese Bewohner jetzt Guest Houses, Galerien und dergleichen – es scheint also, dass niemand
zu kurz gekommen ist. Auf den knapp
zwei Quadratkilometern Alt-Bagans wurden zwischen den Tempeln einige wenige Hotels errichtet, die in die Umgebung
eingepasst sind. Von hier ist es nicht weit
zum Ayeyawady und zu einigen der wichtigsten Sehenswürdigkeiten.

Luxus

The Hotel@Tharabar Gate, Bagan–Nyaung
U Main Road, Tel. +95/(0)61/60037,
www.hoteltharabarbagan.com. Gegenwärtig unter deutscher Leitung und, wie der

Name schon sagt, nahe dem Tharapa-Tor. Dieses Hotel fügt sich harmonisch in die Umgebung von Alt-Bagan ein. Viel Teakholz und Tempelmalereien in den Zimmern machen einen Aufenthalt zu einem Erlebnis. Das **Bagan Hotel River View** nahe dem Archäologischen Museum verfügt über einen großen Garten mit einem eigenen Stupa. Das abendliche Dinner nebst dezenter musikalischer Untermalung direkt am Ayeyawady ist nicht nur ein kulinarischer Genuss. Das teuerste Zimmer ist die Bagan Villa für 600 Dollar, Tel. +95/(0)61/60317, http://bagan.kmahotels.com.

Eingenommene Spenden werden registriert

■ Hotels in Neu-Bagan
Neben den hier erwähnten Hotels gibt es auf der Hauptstraße namens Khayae Street eine recht große Anzahl von einfachen Guest Houses sowie Reisebüros, Fahrradverleih, Internetcafés uvm.

Luxus
Die nachts prächtig beleuchtete Kopfsteinpflasterstraße zum **Myanmar Treasure Resort** lässt bereits erahnen, dass es sich um ein Hotel der Extraklasse handelt. Frühstück und Abendessen werden am Pool eingenommen, abends spielt eine Theatertruppe zur Unterhaltung der Gäste. Khayae Street, Tel. +95/(0)61/65443, www.myanmar treasureresort.com.

Mittelklasse
Das **Kumudara Hotel** liegt etwas abseits von Neu-Bagan. Hier steigen Gruppen und Einzelreisende ab. Ecke 5. und Daw Na Street, Neu-Bagan, Tel. +95/(0)61/65142, 65402, +95/(0)9/6505221, kumudara_bg@yangon.net.mm.
Das sehr empfehlenswerte **Thiri Sandar Hotel** liegt zentral und ist nur wenige Schritte von einer Reihe von Restaurants Neu-Bagans entfernt. Das Hotel wurde erst kürzlich renoviert und ist sehr sauber. Viele lokale Reiseleiter übernachten hier, während deren Reisegruppen in Hotels der höheren Kategorie nächtigen. An der Rezeption werden sämtliche Dienstleistungen rund um Flug- und Bustickets, Autovermietung

etc. angeboten. Preise von 30 bis 50 Dollar. Khayae Road (Main Road), Tel. +95/(0)61/65069, uzawweikbgn@gmail.com. Immer beliebt bei jung und alt ist das **Betelnut Hotel**, wenngleich es zur einfacheren Kategorie gehört. Die Zimmer sind sauber, aber etwas abgewohnt. Schöner Garten. Rund 40 Dollar pro Nacht. Khayae Street, Tel. +95/(0)61/65262.

Essen und Trinken
■ Restaurants in Nyaung U
In der Nähe der Shwezigon Paya, schräg gegenüber dem Busplatz, führt eine kleine Verbindungsstraße von der Bagan–Nyaung U Road zur Anawrahta Road. Auf dieser Straße bieten eine Vielzahl von preiswerten und doch sehr guten Restaurants für jeden Geschmack das passende Gericht, und hier kann man bei romantischer Beleuchtung durch Kerzen und Lampions den Abend ausklingen lassen.
Eine Empfehlung hier ist das vielfach gelobte **Aroma 2 Restaurant**, am Ende dieser Straße, wo exzellente indische Küche serviert wird. Mittlerweile haben auch Reiseveranstalter dieses Restaurant für ihre Gruppen entdeckt.
Eine weitere Empfehlung und von allen Reisenden vielfach gelobt ist **A little bit of Bagan** auf derselben Straße.

Karte S. 306

Ebenfalls sehr empfehlenswert, da am Flussufer gelegen, ist **The Beach Bagan** mit einem schönen Garten. Vom Kreisverkehr im Zentrum Nyaung Us ist es ausgeschildert. Die blau-weißen Tischdecken lassen erkennen, dass hier ein Deutscher am Werke ist.

■ Restaurants in Neu-Bagan

Entlang der Hauptstraße gibt es eine Vielzahl Restaurants.

Hervorzuheben ist zum Beispiel das **Green Elephant** (mit Filialen in Yangon, Mandalay und Bagan), das neben einheimischer auch thailändische und chinesische Spezialitäten anbietet. In Neu-Bagan gibt es außer der Filiale an der Hauptstraße ein weiteres Green Elephant, das **Nandawun River View Restaurant** am Flussufer, Tel. +95/(0)61/65182, www.greenelephant-restaurants.com.

Gegenüber dem Thiri Sandar Hotel, am kleinen Kreisverkehr mit der Myothit Paya (bzw. Shit-Myathna-Paya) in der Mitte, befinden sich **drei Restaurants** nebeneinander, die abends durch ihre nette Beleuchtung viele Touristen anlocken.

Auch wenn man kein Gast des **Myanmar Treasure Resorts** ist, kann man sich dort in das abendliche Dinner für rund 20 Dollar einbuchen.

Souvenirs und Bücher

An jedem Tempel kann man von den dort ansässigen Händlern Lackarbeiten, Schirme, Bilder, Bücher in mehreren Sprachen, Übersichtskarten und vieles mehr kaufen. Oftmals wird man beim Betreten der Anlagen von den Souvenirhändlern regelrecht belagert.

Wer sich intensiv mit den Bauten Bagans beschäftigen will, dem sei der **Pictoral Guide to Bagan** empfohlen, ein Büchlein, das seit 1955 vom Ministerium für Kultur immer wieder neu aufgelegt wird. Hinten im Buch befindet sich eine Karte Bagans mit einer vollständigen Liste aller Bauwerke, die allesamt von Archäologen durchnummeriert worden sind.

Wer nicht nur **Lackarbeiten** kaufen, sondern auch etwas über den Herstellungsprozess lernen möchte, dem sei die Lackwarenmanufaktur von U Ba Nyein in Neu-Bagan empfohlen. Die Werkstatt mit angeschlossenem Verkaufsraum befindet sich im Zentrum Neu-Bagans direkt an dem kleinen Kreisverkehr auf der Khayae Street.

Neben dem Thabbinyu-Tempel in Alt-Bagan werden in einem kleinen Laden **Handtaschen**, Schuhe und **Kunstgewerbliches** aus Naturmaterialien wie Bambus oder Rattan verkauft.

In der Lackwerkstätte von U Ba Nyein

Die Umgebung von Bagan

Unweit Bagans befinden sich der Mount Popa, die Heimat der Nat, sowie das zauberhafte Städtchen Sale. Entlang der Strecke gibt es viele Dinge, die die Neugier wecken werden, wie etwa Schnapsbrennereien oder Süßigkeitengeschäfte. Wer einen Tag lang Zeit hat, sollte sich ein Auto mit Fahrer mieten und von Bagan zum Mount Popa und anschließend nach Sale fahren (ca. 80 US-Dollar für die Gesamtstrecke).

Etwa eine Stunde Fahrt von Bagan entfernt, vorbei am vormals östlichen Grenzpunkt, dem Stupa Tuyindaung, gelangt man auf eine Allee, die von **Palmyrapalmen** gesäumt ist. Ein Halt ist empfehlenswert. Lange Leitern sind an die hohen Palmen geknotet, da sie jeden Tag bestiegen werden. Wer den Weg der Leiter bis ganz nach oben verfolgt, wird oft jemanden auf der Spitz dieser schwindelerregend hohen Palmen arbeiten sehen. In den kleinen schwarzen Eimer sammelt sich der **Toddy-Saft**, die Basis für eine ganze Reihe von Produkten. An einer der zahlreichen Verkaufsbuden lässt sich wohlschmeckendes Zuckerwerk kaufen, das aus dem Toddy-Saft hergestellt wird. Etwas abenteuerlicher ist der Toddy-Schnaps, mit etwa 50 bis 60 Prozent Alkoholanteil. Dazwischen liegt der Toddy-Wein für weniger trinkfeste Naturen. Die Familien, die solch eine Palmenplantage bewirtschaften, leben gleich neben dem Feld in einfachen Holzhütten. Hinter der Hütte steht der Büffel, der zumeist seine Arbeitskraft für die Erdnussölmühle einsetzen muss. Es gibt viel zu entdecken, und viel faszinierender ist, dass trotz der Mengen an Touristen, die jeden Tag dort entlang fahren und anhalten, immer noch keine Souvenirs verkauft werden, sondern nur die Produkte, die die Palmen und das Feld hergeben. Wer wissen wollte, wie es früher in Bagan zugegangen sein muss, findet hier die Antwort. Abgerundet wird das Bild noch von einer der vielen

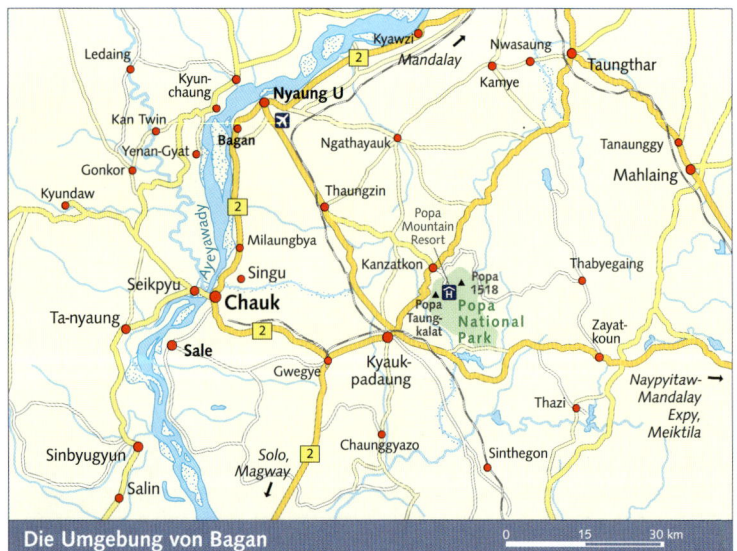

Die Umgebung von Bagan

Blick auf den Popa Taung Kalat vom Popa Mountain Resort

Ziegenherden entlang der Straße, an deren Seite die Fahrrinne für Ochsenkarren zu sehen ist.

Mount Popa – der Geisterberg

Das Wort ›Popa‹ kommt aus dem Sanskrit und heißt Blume, und wer den Berg aus der Nähe betrachtet, wird die reiche Flora entdecken. Einige seltene Orchideenarten sollen hier wachsen.

Der Mount Popa ist ein erloschener Vulkan und mit etwa 1500 Metern weit und breit die höchste Erhebung, während sein kleiner Bruder, der **Popa Taung Kalat**, die eigentliche Legende beherbergt. Die Geschichte beginnt im 4. Jahrhundert, also lange bevor König Anawrahta seine Armee am Mount Popa versammelte, um schließlich seinen Konkurrenten im Jahr 1044 zu besiegen.

Hier war die Heimat der Nat, deren Verehrung dem späteren König Anawrahta ein Dorn im Auge war. Das Tharapa-Tor in Bagan steht stellvertretend für die beiden Geschwister, die nach ihrer Verbrennung als Mahagiri-Nat wieder geboren wurden (→ S. 298). König Thinlikyaung von Bagan (reg. 344–387) wollte dem

Töten durch die wütenden Nat ein Ende setzen. Er ließ aus dem am Ufer des Ayeyawady angetriebenen Baumstamm Figuren der beiden schnitzen, die schließlich in einer großen Zeremonie zum Popa Taung Kalat gebracht wurden. In dem Schrein am Fuße der Treppe stehen die Figuren bis zum heutigen Tag. Es handelt sich um den bedeutendsten Geisterschrein Myanmars, der von Pilgern aus dem ganzen Land verehrt wird. Entsprechend groß ist der Andrang dort, und wieder einmal bewahrheitet sich, dass der Geisterglaube wenigstens genau wichtig ist wie der Buddhismus.

Man kann den Popa Taung Kalat über viele Stufen erklimmen, sollte aber den vielen Affen dort keinen Grund geben, einem die Handtasche oder die Kamera aus der Hand zu reißen.

Wer zur Mittagszeit ankommt, sollte sich den kleinen Luxus gönnen und zum nahe gelegenen **Popa Mountain Resort** fahren, von wo aus man einen herrlichen Blick auf den Taung Kalat hat (www.myan martreasureresorts.com). Wer Badebekleidung mitbringt, kann für 10 Dollar den Ininity-Pool benutzen.

Bagan

Sale

Rund 40 Kilometer südlich von Bagan befindet sich am Ufer des Ayeyawady der beschauliche Ort Sale, dessen berühmtester Sohn der Literat U Ponnya war. Von Bagan aus empfiehlt es sich, Sale in einem Tagesausflug in Verbindung mit dem Mount Popa zu besuchen, wofür ein Auto mit Fahrer nötig ist. Alternativ kann man auch per Boot ab Bagan nach Sale gelangen. Die Bootsfahrt lässt sich einfach im Hotel in Bagan arrangieren. Mit dem Auto verlässt man üblicherweise Bagan morgens in Richtung Mount Popa, hält entlang der Strecke an einem der Straßenstände an, wo Palmwein und Süßigkeiten produziert werden, bevor man den Popa-Berg erreicht. Nach einem Mittagessen im Mount Popa Resort fährt man, vorbei an einer Düngemittelfabrik, weiter in Richtung Sale und hat dort genug Zeit, die Sehenswürdigkeiten zu besichtigen und in einer Teestube einen Kaffee zu trinken, während man das entspannte dörfliche Leben beobachtet. Anschließend kann man am Ufer des Ayeyawady den Son-

Affe am Mount Popa

nenuntergang genießen, um dann zum Abendessen nach Bagan zurückzukehren. Unterwegs kommt man in Chauk vorbei, wo es einige Erdölförderanlagen gibt – einzigartig in Myanmar, und in der Dunkelheit sehen diese Ungetüme im weißen Sand sehr fremdartig aus! Der Weg führt durch einige ausgetrocknete Flussbetten, die nur während der

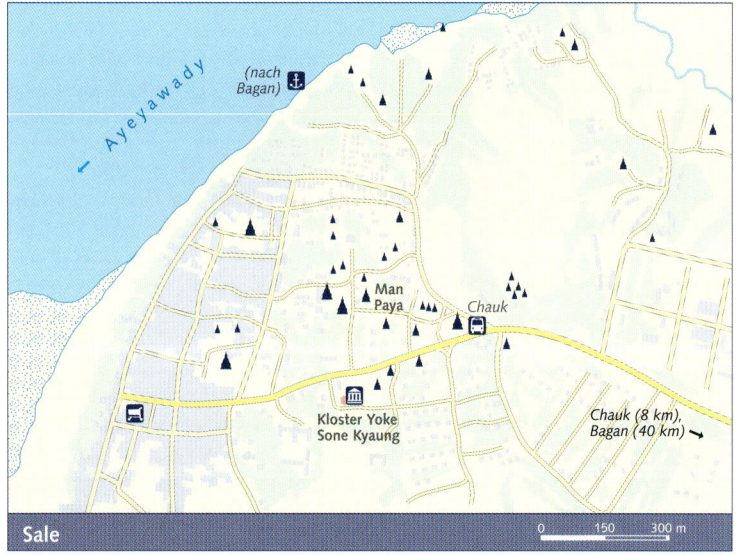

Sale

Sonnenuntergang am Ayeyawady bei Sale

Regenzeit (sehr viel) Wasser führen, und daher auf Myanma eine andere Bezeichnung tragen als der Ayeyawady. Diese Flussbetten nennt man Chaung, während der Ayeyawady ein Myit ist.

Nur wenige Ausländer kommen nach Sale, daher ist der Besuch dieses Örtchens umso reizvoller. Die Legende besagt, dass König Anawrahta in Sale die Karawane aus dem Mon-Staat empfangen hatte, die die buddhistischen Schriftrollen nach Bagan brachte. Während der Kolonialzeit war Sale eine recht wohlhabende Handelsstadt und wird als Zwillingsstadt von Bagan bezeichnet.

■ Sehenswürdigkeiten

Das Holzkloster **Yoke Sone Kyaung** wurde im Jahr 1882 von einem reichen Kaufmann gestiftet, und König Thibaw in Mandalay gestattete das Fällen der dazu benötigten Bäume. Das Kloster ist Sitz des **U-Ponnya-Museum**, in Erinnerung an einen der größten Literaten Myanmars (1812–1867). Er war ein Meister aller literarischen Genres mit einer Vielzahl von veröffentlichten Werken. Inspiration fand er oftmals in den *Jatakas*, den Geburtsgeschichten des Buddha.

Außen findet man aus Holz geschnitzte Jatakas, während im gesamten Kloster verteilt weitere Ausstellungsstücke hinter Absperrungen zu sehen sind. Die 45 Jataka-Darstellungen an der vorderen Außenseite thematisieren die Zügelung sexueller Begierde zugunsten eines besseren Lebens. Im Jahre 1994, als schließlich der letzte Abt des Klosters gestorben war, wurde das Kloster in ein Museum für Sakralkunst unter der Aufsicht des Staates umgewandelt (Eintritt 5 US-Dollar. 9 Uhr – 16.30 Uhr, Mo geschlossen). In der **Man Paya** befindet sich eine drei Meter hohe Buddhafigur aus Lack, die innen hohl ist. An der Rückseite gibt es eine Tür, durch die man in das Innere der Figur blicken kann. Gewöhnlich ist immer jemand auf dem Gelände und kann die Tür aufschließen. Ansonsten hat das Gebäude nicht viel zu bieten. Es lohnt sich, vom Holzkloster zur Man Paya zu laufen und anschließend weiter in Richtung Ortsmitte zu spazieren. Von dort ist es zum Ufer des Ayeyawady nicht mehr weit, wobei dieses aber teilweise an eine Plastikmüllhalde erinnert. Es gibt kein Hotel in Sale, in dringenden Fällen sollte man sich an das Kloster wenden.

Bagan

Diese beiden Teile Myanmars sollte man während der Monsunzeit zwischen Mai und Oktober nicht besuchen. Außerhalb der Regenzeit aber bietet sich ein Strandaufenthalt oder eine Ergänzungstour nach Süden als perfekter Abschluss einer Myanmar-Reise an.

DER SÜDEN UND WESTEN MYANMARS

Traumstrand in Ngapali

Der Mon-Staat

Wer nach einer klassischen Rundreise durch Myanmar noch ein paar Tage Zeit hat, kann den nördlichen Teil des Südens erkunden. Kurz hinter der alten Mon-Hauptstadt Bago, nördlich von Yangon, zweigt die Hauptstraße in Richtung Osten ab. Bald darauf überquert man den Sittaung-Fluss, der die Grenze zwischen der Bago-Region und dem Mon-Unionsstaat bildet. Sofort hinter der Brücke wird die Landschaft hügelig und die Vegetation ändert sich. Wieder einmal überrascht Myanmar mit vielseitigen Landschaftsbildern, nachdem man zuvor den Shan-Staat, Mandalay und Bagan erkundet hat.

Der bislang wenig besuchte Süden dürfte mittelfristig ein begehrtes Touristenziel werden, wozu auch die Nähe zu Thailand und dessen viel besuchtem Süden beitragen dürfte. Bislang führte der Weg nach Myanmar immer noch über Yangon, was einem ›schnellen Blick‹ auf die andere Seite nicht lohnte. Seit 2013 bietet die thailändische Fluggesellschaft Nok Air eine Verbindung aus Thailand nach Mawlamyine an. Im August 2013 wurden vier Grenzübergänge zwischen Thailand und Myanmar für die Ein- und Ausreise von Touristen geöffnet. Unzählige Inseln vor der Küste des südlichen Myanmars werden erschlossen und bebaut werden, wobei erste Investoren bereits Land gekauft haben. Derzeit passiert dort noch wenig, und auf den Inseln leben Menschen, die noch nie eine Langnase gesehen haben. Der Vergleich mit dem Thailand der 1950er Jahre drängt sich auf, als der Süden dort ebenfalls noch unerschlossen war, wovon man aber heute kaum etwas ahnen kann.

Hier kommt wieder die Geschichte ins Spiel. Der Süden des heutigen Myanmars und Thailand waren einst ein Reich, genannt *Suvannabhumi*, das ›goldene Land‹. Die 1996 errichtete Thai–Myanmar-Friendship-Bridge zwischen Myawaddy und Mae Sot war ein Anfang, die alte Verbindung wieder herzustellen, auch wenn sie zu Zeiten sich abkühlender bilateraler Beziehungen hin und wieder einseitig geschlossen wurde. Die Brücke ist Teil eines der vielen Asia Highways, die über verschiedenen Routen die Länder Südostasiens miteinander verbinden sollen. Dazwischen, entlang der Grenze zu Thailand, stehen weiterhin Rebellenorganisationen, wie etwa die Kayin National Union, die bis vor wenigen Jahren in Zwischenfälle mit der staatlichen Armee verwickelt war um den Kampf für einen eigenen Staat. 2012 wurden zwischen der Regierung von Präsident Thein Sein und den Rebellen erneut Friedens- oder Waffenstillstandsabkommen geschlossen. Abseits dieser weit entfernten Schauplätze bieten sich dem Reisenden erstaunliche Eindrücke, angefangen beim Goldenen Felsen, der jeden Augenblick in den Abgrund zu stürzen scheint, bis zum größten liegenden Buddha der Welt. Die Stadt Mawlamyine liegt am mächtigen Thanlwin-Fluss, über den My-

Kautschukgewinnung im Mon-Staat

Karte S. 323

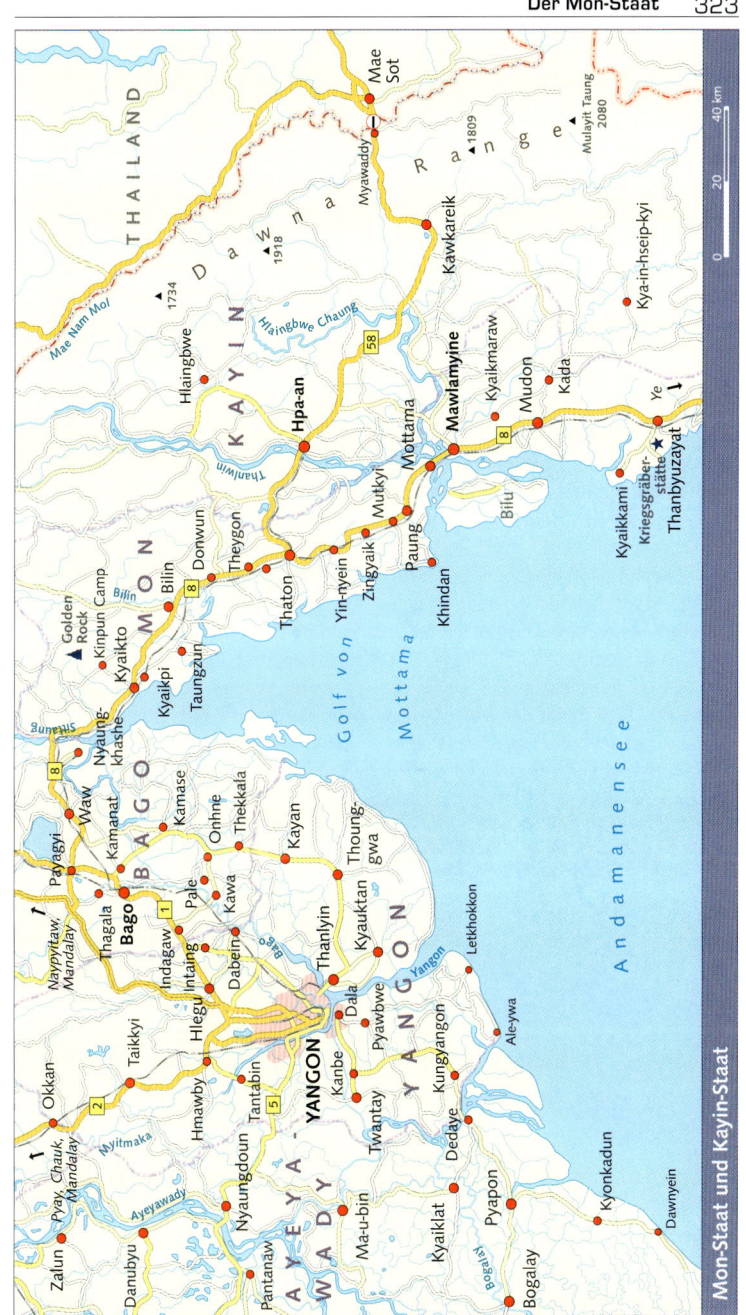

Mon-Staat und Kayin-Staat

Der Süden und Westen Myanmars

anmars längste Brücke führt. Die Uferpromenade scheint der Stadt Brighton in England nicht unähnlich zu sein.

Geographie und Geschichte

Der Mon-Staat grenzt im Norden an die Bago-Region, im Osten an den Kayin-Staat, im Süden an die Taninthayi-Region und im Westen an das Andamanische Meer. Im Südosten existiert außerdem eine schmale Grenzlinie zur thailändischen Provinz Kanchanaburi am sogenannten Drei-Pagoden-Pass, der aber kaum zugänglich ist. Zum Mon-Staat gehören etwa 300 der Küste vorgelagerte Inseln. Um das Jahr 825 gründeten die Mon die Städte Bago und Thaton. Bago wurde 1757 von den Bamar unter König Alaungpaya vollständig zerstört, nachdem er auch Dagon eingenommen hatte und der Stadt den Namen Yangon gab. Die Stadt Bago besaß seinerzeit etwa 150 000 Einwohner.

Das Gebiet des heutigen Mon-Staats wurde ab 1826 durch den Vertrag von Yandabo von der britischen Kolonialregierung annektiert und wurde somit ein Teil von Britisch-Indien. Während des Kriegs unterstützten die Mon die Briten gegen ihre Widersacher, die Bamar, in der Hoffnung auf einen eigenen späteren Staat. Der heutige Mon-Staat entstand im Zuge der Verwaltungsreform aufgrund der zweiten Verfassung Myanmars von 1974 aus dem nördlichen Teil der Tanintharyi-Division und aus Teilen der Bago-Division und der Ayeyawady-Division (heute heißen die Divisionen Regionen). Mit dieser Maßnahme versuchte die Zentralregierung unter Ne Win, die Autonomiebestrebungen der Mon zu mindern, zu denen es seit 1948 immer wieder kam. 1949, also ein Jahr nach der Unabhängigkeit, wurde die *Mon Peoples Front* von Separatisten gegründet, die einen bewaffneten Unabhängigkeitskampf gegen die Zentralregierung aufnahm.

In den frühen 1990er Jahren wurden mehrere Waffenstillstandsabkommen geschlossen, und die Verfassung von 2008 sowie die Wahlen von 2010 haben den Mon durch ein Regionalparlament eine Teilhabe am Zentralstaat verschafft. Die alte Hauptstadt Bago allerdings gehört

Karte S. 323

▲ *Mit der Sänfte auf dem Weg zum Goldenen Felsen*

heute zur Bago-Region, und es ist sinnvoll, wenn man den Sittaung-Fluss als natürliche Grenze begreift.

Der Goldene Felsen von Kyaikhtiyo

Viele glauben, dass er eines Tages ins Tal stürzen wird, aber niemand hofft es. Wenn man sich Auflagefläche des Felsen auf der Klippe anschaut, ist diese kaum mehr als eine Handbreit groß, und darum handelt es sich um einen der spektakulärsten Anblicke in Myanmar. Es gab einmal eine Zeit, in der Ausländer ein Genehmigung benötigten, um den Berg zu erklimmen. Er gehört zu den wichtigsten Wallfahrtsorten in Myanmar. Auch heute ist der Goldene Felsen ein Wallfahrtsort, was man am regen Betrieb erkennt, wenn man oben auf dem Berg angekommen ist.

Am Fuß des Berges befindet sich der ähnlich lautende Ort **Kyaikhto**, der an sich wenig zu bieten hat. Falls man mit einem eigenen Fahrer unterwegs sein sollte, kann man diesen bitten, die weitläufige Anlage der **Kyaik Paw Law Paya** anzusteuern, bevor das eigentliche Abenteuer beginnt.

Das Basislager auf dem Weg zum goldenen Felsen heißt **Kinpun Camp** und liegt zehn Kilometer entfernt. Viele Hundert oder sogar Tausend Pilger kommen täglich durch Kinpun, um von dort entweder den alten 15 Kilometer langen Pilgerpfad in reichlich vier Stunden in andächtiger Meditation nach oben zu laufen, oder, wie die meisten, auf der Ladefläche eines LKW zu fahren. Die zentrale Rampe für das Besteigen der LKW-Ladefläche kann man nicht verfehlen. Es gibt viele Teestuben rings um die Rampe, in denen man gut und gerne eine Zeit lang sitzen kann, bevor es losgeht.

Etwa alle halbe Stunde fährt ein LKW ab, und in etwa 45 Minuten Fahrtzeit geht

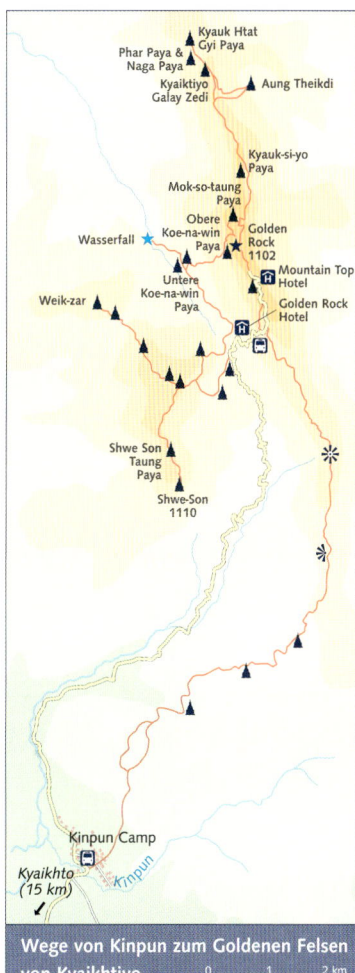

Wege von Kinpun zum Goldenen Felsen von Kyaikhtiyo

es steil bergauf, dann wieder steil bergab, unterbrochen von Spitzkehren, die in den Berg getrieben wurden. Am besten sichert man sich einen Platz ganz vorn hinter der Fahrerkabine, um die Fahrt im Stehen und mit bester Aussicht erleben zu können, während man sich instinktiv mit beiden Händen gut festhalten wird, um in der Kurve bei hoher Geschwindigkeit nicht vom LKW zu fallen.

Der Süden und Westen Myanmars

Während es im Basislager Kinpun recht schwül und heiß ist, erreicht der LKW sein Ziel in luftiger Höhe und frischer Luft. Von dort geht es bis zum Felsen noch etwa eine Stunde Fußweg steil bergauf. Ausländer dürfen ab hier kein Fahrzeug benutzen, im Gegensatz zu Einheimischen. Es ist mehr als empfehlenswert, und auch sehr erwünscht, sich von jeweils vier Trägern in einer bequemen **Bambussänfte** nach oben tragen zu lassen. Um das Gepäck wird sich gekümmert. Wer den anfänglich aufgerufenen viel zu hohen Preis von knapp 20 000 Kyat nicht bezahlen will, läuft ein paar Meter zu Fuß, um entlang des Weges ein günstigeres Angebot annehmen. Wer noch am selben Tag zurück will, muss spätestens gegen 18 Uhr wieder im Zwischenlager angekommen sein, um den letzten LKW zu erwischen. Wer sich vorher in der Sänfte hat nach oben tragen lassen, kann den etwas weniger anstrengenden Rückweg bergab zum LKW schnellen Schrittes selbst bewältigen.

Entlang des Weges geht es durch tropische Vegetation. Es gibt kleine **Teestuben** und **Andenkenhändler**, die auch bizarre Dinge wie Schlangen in Gläsern, medizinischen Tinkturen und Büffelschädel verkaufen, die man aber besser ignoriert. Wer das traditionelle Make-up Thanakha kaufen möchte, kann das hier tun.

Auf dem letzten Drittel des Wegs nach oben wird man endlich den **Goldenen Felsen** sehen können. Der bereits erwähnte Kolonialbeamte George C. Scott, der das Fußballspiel nach Myanmar brachte, beschrieb die Szenerie: »Der Fels steht auf der Kante eines anderen Felsens. Es scheint, dass nur ein Windstoß oder eine kleine Gewichtsverlagerung reichen würden, um den Felsen in den Abgrund stürzen zu lassen.« Auf dem Felsen befindet sich ein Stupa, der diesem Wunder der Natur sein buddhis-

Hart an der Kante: der Goldene Felsen

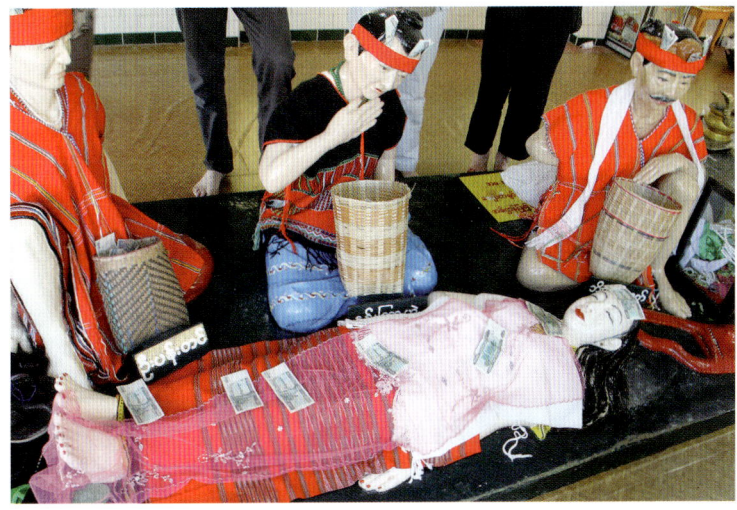

Prinzessin Shwenankyin wurde vom Nat getötet, weil sie ihn nicht um Erlaubnis für ihre Reise gefragt hatte

tisches Motiv verleiht. Im Laufe der Zeit wurde der Felsen mittels Goldblättchen, die auf der Plattform verkauft werden, vollständig vergoldet, so dass sich vor allem nachts ein spektakuläres Bild bietet. Wie bei einigen anderen Andachtsstätten in Myanmar ist Frauen hier der Zutritt zum und das Berühren des Felsens nicht gestattet, nur die Männer dürfen ihn immer weiter vergolden.

Oben angekommen, werden fünf Dollar Eintritt verlangt, bevor man sich – barfuß – auf die weitläufige Plattform begibt, an deren Ende der goldene Felsen thront. Es heißt, er sei die drittwichtigste buddhistische Stätte Myanmars und die vielen Pilger scheinen dem Recht zu geben. Es lohnt sich auch Abstecher in das Gebäude auf der linken Seite. Dort wird man den **Schrein von Prinzessin Shwenankyin** sehen, in dem sie umringt von Familienangehörigen gezeigt wird. Der Legende nach wurde sie von einem Nat getötet, weil sie ihn nicht um Erlaubnis für eine geplante Reise gefragt hatte.

■ **Legende**

Ein Haar von Gotama Buddha hält der Sage nach den Felsen im Gleichgewicht. Wie beim Mahamuni-Buddha in Mandalay (→ S. 243) geht die Legende auch beim Golden Felsen davon aus, dass dieser samt Stupa bereits zu Lebzeiten Gotama Buddhas entstand. Damals soll ein Eremit, von denen heute noch einige auf dem Berg leben, von Buddha das Haar erhalten haben. Das Haar verwahrte er sodann in seinem Haarknoten. Als der Eremit schließlich starb, war es sein letzter Wunsch, dass das Haar in einem Stupa eingeschreint werden sollte, der wiederum auf einem Felsen errichtet an die Kopfform des Eremiten erinnern sollte. Hier kommt wieder der König der Nat, Thagyamin, ins Spiel, mit dessen Unterstützung es gelang, solch einen Felsen zu beschaffen, um den Stupa darauf zu errichten. Daher stammt auch der Name Kyaikhtiyo, was in der Mon-Sprache bedeutet: ›Der Stupa auf dem Kopf des Eremiten‹.

Der Süden und Westen Myanmars

Beliebtes Ausflugsziel: der Wasserfall am Kyaikhtiyo

■ Die Einsiedler vom Berg

Entlang des Weges nach oben sieht man oft Eremiten, die sich in den nahen Wäldern niedergelassen haben, um dort durch Alchemie den Stein der Weisen zu finden. Auch oben auf der Plattform wird man sie in ihren dunkelbraunen Kutten mit eigenartigen Kopfbedeckungen treffen. Wer sich für sie interessiert und auch einen Reiseleiter dabei hat, sollte ein Treffen vereinbaren. Die Eremiten leben wie die Mönche in einer Gemeinschaft, die aber nichts mit der Mönchsgemeinde (*sangha*) gemein hat. Von den vielen Hundert Regeln des Sangha befolgen sie

einige, aber nicht alle. Zumeist handelt es sich um Männer, die sich irgendwann in ihrem Leben dazu entschlossen haben, ihr Leben der Alchemie zu widmen. Ein Besuch in einer Eremitage sollte mit einer Geld- oder Sachspende einhergehen. Die Eremiten freuen sich über Besucher und geben bereitwillig Auskunft über ihr Leben – sie sprechen aber kein Englisch (Abb. → S. 50).

■ Wanderungen

Eine Wanderung rundet das Erlebnis des Golden Felsen ab. Berge, ein Wasserfall und tropische Vegetation warten entlang des Berges auf ihre Entdeckung. Es gibt eine Tageswanderung und eine Halbtageswanderung. Beide erreichen den Wasserfall, von dem man entweder die große Runde um den Felsen beginnt, oder wieder zurück zum Goldenen Felsen gelangt. Auf der großen Runde kommt man in sehr entlegene Gegenden, in denen man vereinzelt auf Klöster trifft, die mit dem Auto nicht erreichbar sind. Am frühen Abend erreicht man wieder das Zwischenlager und kann von dort entweder nach oben zur Plattform in der Sänfte gelangen oder mit den LKW nach unten fahren. Ein Gepäckträger lässt sich über das Hotel organisieren. Diese kennen die Gegend und können entlang des Wegs auf einige Besonderheiten hinweisen.

🚌 Goldener Felsen

Zwischen Kyaikhto und **Yangon** (Aung Mingalar Station) verkehren tagsüber zahlreiche Busse, die Fahrt dauert gut 4 Stunden, ein Ticket kostet um die 7000 Kyat. Nach **Bago** (ca. 2 Std.) kostet ein Ticket 5000 Kyat.
Zwischen **Hpa-an** und Kyaikhto verkehren Pick-ups. Zwischen Kyaikhto und Kinpun Camp verkehren Pick-ups. In **Kinpun Camp** erfolgt die ›Verladung‹ der Pilger und Besucher und die Auffahrt zum Felsen.

 Es fahren täglich drei Schnellzüge von **Yangon** über **Bago** nach Kyaikhto und weiter nach **Mawlamyine** (7.15, 18.25, 21 Uhr). Die Fahrt dauert etwa fünf Stunden und kostet ca. 9 US-Dollar.
Am Wochenende wurde kürzlich ein **Sonderzug** eingerichtet, der samstags früh morgens in Yangon startet und sonntags von Kyaikhto zurück nach Yangon fährt (10 US-Dollar).
Infos auch über www.seat61.com.

Mountain Top Hotel, Tel. +95/(0)1/502479, 536553, Fax 01/527379, grtt@goldenrock.com.mm. Das beste Hotel mit spektakulärer Aussicht. Von dort läuft man in zwei Minuten zum Goldenen Felsen. Ein Deluxe-Zimmer kostet knapp 100 Dollar. Genau gegenüber dem Eingang und nebenan gibt es kleine Teestuben, wo man abends gemütlich sitzen kann. Da es sich beim Golden Rock in erster Linie um eine Pilgerstätte handelt, kehrt dort abends sehr zeitig Ruhe ein. Das Abendessen wird im Hotel eingenommen. **Golden Rock Hotel**, Tel. +95/(0)9/8718391, +95/(0)1/502479, grtt@goldenrock.com.mm. Entlang des letzten Abschnitts auf dem Weg nach oben, etwa auf halber Strecke. Die Preise liegen zwischen 55 und 85 Dollar.

Mawlamyine

Mawlamyine wurde von den Briten Moulmein genannt und ist eine kleine bezaubernde Stadt direkt an der Mündung des mächtigen Thanlwin-Flusses sowie dem Zusammenfluss vier kleinerer Flüsse. Zum Westen hin befindet sich der Golf von Mottama. Obwohl die vorgelagerte Insel Bilugyun die Sicht verdeckt, kommt das Gefühl auf, sich in einer Hafenstadt zu befinden. Bevor durch den Vertrag von Yandabo 1826 zum Ende des ersten Krieges gegen England der gesamte Süden Myanmars an die Engländer überging, war Mawlamyine nur einer kleiner Handelsort, von dem aus Teakhölzer als Flöße den Thanlwin hinunterschwammen.

Aber die heute viertgrößte Stadt Myanmars mit etwa 300 000 Einwohnern war schon vor 1000 Jahren ein wichtiges Zentrum der Mon. König Anawrahta integrierte während des 11. Jahrhunderts das Mon-Reich in sein neu geschaffenes Großreich (→ S. 283). Ab etwa 1365 entstand durch eine Allianz mit dem siamesischen Hof von Sukothai ein neues Mon-Reich, das von folgenden Reichen und zuletzt von den Engländern annektiert wurde.

Heute ist die Stadt einer wichtigsten Häfen des ganzen Landes, was durch den Bau der Mawlamyine-Brücke, der größten Myanmars mit 3,5 Kilometern Länge, weiter unterstützt wird.

Die hölzernen Häuser sind sehr oft in freundlichen Pastelltönen gestrichen, was das Stadtbild einzigartig macht. Der Verkehr besteht weiterhin zumeist aus Trishaws (Fahrradrikschas) und alten Bussen, was sich aber bald ändern dürfte.

■ **Sehenswürdigkeiten**

Der **Mahamuni-Buddha** wird auch in Mawlamyine verehrt, wobei aber dieses Ausgabe nicht ganz so sehr mit Gold bedeckt worden ist.

Adoniram Judson übersetzte die Bibel auf Myanma und hielt später Predigten in der First **Baptist Church**. Weiterhin gilt Jusdon als erster Autor eines Wörterbuchs Englisch-Myanma aus dem 18. Jahrhundert.

Keinesfalls verpassen sollte man die **Kyaikthanlan Paya** (Tschai-tan-lan) und

Transport in Mawlamyine

Mawlamyine

0   300   600 m

Karte S. 323

die nähere Umgebung. Dieser Stupa thront mit seinen 45 Metern Höhe auf einer Hügelkette, was zum Sonnenuntergang einen wunderbaren Überblick über die Stadt und den mächtigen Thanlwin-Fluss verspricht. Das berühmte Gedicht ›Mandalay‹ von Rudyard Kipling aus dem Jahr 1889 ist möglicherweise hier entstanden, als der Dichter die Kyaikthanlan Paya besuchte hatte, worüber man aber immer noch spekuliert (»By the old Moulmein pagoda, Lokkin' lazy at the sea,/There's a Burma girl a-sittin'. And I know she thinks of me;/For the wind is in the palm-trees, and the temple-bells they say; ›Come you back, you British Soldier; come you back to Mandalay!‹ ... «). Obwohl es einen Aufzug gibt, empfiehlt es sich, die Treppen zu benutzen und unterwegs kurz das aus Holz erbaute **Taunglay Lone-Kloster** anzuschauen. Das Kloster mit seinen vergoldeten Teaksäulen wurde in den Ende des 19. Jahrhunderts von König Mindon erbaut.

Auf der Aussichtsplattform oben angekommen, fällt in westlicher Richtung sofort das von den Briten erbaute Gefängnis von Mawlamyine auf. Die Kyaikthanlan Paya wurde etwa 875 erbaut, und es heißt, dass sowohl buddhistische Schriften als auch eine Haar-Reliquie dort eingeschreint sein sollen. Eine nette Legende rundet den Besuch ab: Die gegnerischen Heeresführer der Mon und der Siamesen kamen überein, anstatt eines großen Blutvergießens eine Wette abzuschließen: Wer zuerst einen Stupa bauen würde, hatte gewonnen, und der Gegner musste sich zurückziehen. Während die Siamesen anfingen, Steine herbeizuschleppen, bauten die Mon in einer einzigen Nacht aus Papier und Bambus einen Stupa und bemalten diesen golden. Die Siamesen zogen sich alsbald zurück, und die Mon errichteten dann den heutigen Stupa zur Feier ihres Sieges. Gleich südlich befindet sich das **Seindon-Kloster** (Yadana Bon Myint). Die über 100 Jahre alte Anlage stammt von einer der Frauen König Mindons aus Mandalay, die aber Mindons Nachfolger Thibaw fürchtete und daher in ihre Heimatstadt

Mawlamyine zurückkehrte. Königin Seindon verbrachte die Zeit bis zu ihrem Tod hier als Nonne. Die Grundmauern sind aus Stein, aber innen befinden sich Holzschnitzereien – ein Ausdruck der königlichen Pracht wie einst im Palast von Mandalay. Innen steht auch eine Kopie des Löwenthrons aus Mandalay. Falls verschlossen, kann man gegen eine kleine Spende seinen Wunsch nach Besichtigung an die Anwesenden richten. Noch weiter südlich liegen die **U Khanti-Paya**, benannt nach dem Eremiten vom Mandalay Hill, und die **U Zina Paya**, in der die vier berühmten Ausritte des Buddha dargestellt sind, die ihn schließlich in die Hauslosigkeit ziehen ließen (→ S. 53).

Das **Museum der Mon-Kultur** befindet sich an der Ecke Baho Road und Dawei Jetty Road. Ein rotes Schild sowie die Kanone im Vorgarten weisen auf das Museum hin. Unter den Ausstellungsstücken befinden sich neben traditioneller Mon-Tracht auch ein Brief, den General Aung San Ende 1945 an den Führer der Mon Chit Hlaing geschrieben hatte. Am **Hafen** kann man einen Eindruck vom geschäftigen Warenverkehr erhalten, wenn Lastenträger schwere Säcke auf und von den Schiffen tragen. Ein

Der Süden und Westen Myanmars

Die Mawlamyine-Brücke ist die längste in ganz Myanmar

Spaziergang entlang der **Uferpromenade** auf der Strand Road führt vorbei an netten Gebäuden am Ufer des Thanlwin. Der **Markt** ist, wie überall in Myanmar, einen Besuch wert.

Einen Besuch der **Shampoo-Insel** (Kaungse Kyun) und der **Menschenfresser-Insel** (Bilu Kyaun) mitten im Fluss kann man entweder am Hafen oder im Hotel organisieren, wo es Komplettangebote um etwa 60 Dollar gibt. Die letztgenannte Insel ist sehr groß und auf ihr befinden sich viele Dörfer. Dort ist die Zeit tatsächlich stehengeblieben, aber Menschenfleisch hat dort nie auf der Speisekarte gestanden.

Südlich von Mawlamyine bieten sich Ziele für Tagesausflüge mit Auto und Fahrer an. Ab den genannten Orten aber dürfen Touristen derzeit auf dem Landweg nicht weiter Richtung Süden vordringen, was sich aber ändern kann. Man kann aber zurück nach Yangon fahren und von dort einen Flug nach zum Beispiel Dawei oder Myeik buchen. Seit September 2013 ist es offiziell erlaubt, über den **Grenzübergang bei Mae Sot** in Thailand nach Myawaddy in Myanmar mit einem Touristenvisum einzureisen, was mit Sicherheit Auswirkungen auf den Tourismus im Süden Myanmars haben wird (→ S. 349).

Auf der Strecke in Richtung Mudon zweigt eine Seitenstraße zum **größten liegenden Buddha der Welt** (Win Sein) mit über 180 Metern Länge ab. In der riesigen begehbaren Statue befinden sich teilweise gruselige Darstellungen. Es heißt, dass sich dort die Gläubigen auf die Ankunft des fünften Buddha Metteyya vorbereiten können. Zur Zeit wird dort ein zweiter liegender Buddha errichtet.

Die **Kriegsgräberstätte Thanbyuzayat** 60 Kilometer südlich von Mawlamyine ist neben der Kriegsgräberstätte nördlich von Yangon (→ S. 179) ein ebenso beeindruckendes, wenn auch traurig stimmendes Zeugnis des Zweiten Weltkriegs in Myanmar. Das Gelände wird von der Commonwealth-Kriegsgräberfürsorge verwaltet und wurde anlässlich der etwa 100 000 Soldaten angelegt, die beim Bau der Eisenbahnstrecke von Myanmar nach Thailand über den River Kwai ihr Leben ließen.

Karte S. 330

▲ *Eintracht zwischen Streitkräften und Bevölkerung im Stadtzentrum von Mawlamyine*

In den Straßen von Mawlamyine

Etwa 70 Kilometer südlich von Mawlamyine, unweit der Kriegsgräberstätte, befinden sich **Kyaikkami** (Amherst) und

 Mawlamyine

Die Internetseite www.mawlamyine.com ist eine hervorragend strukturierte und vollständige Plattform für Informationen zur Stadt und Umgebung. Ansonsten ist wie immer das Hotel bei Fragen rund um Transport und Ausflüge behilflich.

Die Anreise erfolgt zumeist mit dem Fernbus aus Yangon. Die **Zegyo-Busstation** befindet sich im Süden der Stadt, unweit des Bahnhofs. Dort findet man verschiedene Unternehmen, die Tickets nach Yangon und auch in die nähere Umgebung verkaufen. Wer hier in Versuchung kommt, ein Ticket in den tiefen Süden zu erwerben, kann das Pech haben, auch eines verkauft zu bekommen. Spätestens beim ersten Armee-Checkpoint wird man dann aber aus dem Bus heraus komplimentiert und muss mit Konsequenzen rechnen. Dies kann sich aber in Zukunft auch ändern.

Die Eisenbahnstrecke Mawlamyine–Yangon bietet sich als Alternative an; ab Yangon 7.15, 18.25, 21 Uhr (über Kyaikhto);

der einsame **Setse-Beach** mit allerdings schmutzigem Wasser.

Kyaikkami wurde berühmt durch den Missionar und Lexikographen Adoniram Judson, der das erste Wörterbuch Englisch–Myanma im Jahr 1849 herausgab. Allerdings wurden viele Wörter, die er bizarr anmutenden Nat-Ritualen zuschrieb, häufig als Sünde (sin) deklariert. Deswegen übersetzte er wohl auch die Bibel in Myanma-Sprache: um die vielen Sünder zu bekehren. Kyaikkami war ein bevorzugter Erholungsort und Seebad für die Briten.

Die berühmte **Yele Paya** steht auf einem Felsen und kam der Legende nach über das Meer geflogen. Bei Flut verwandelt sich die Paya in eine Insel. Frauen dürfen sich ihr nicht nähern.

ab Mawlamyine 8, 19.30 20.55 Uhr; Fahrtdauer etwa 9 Stunden, etwa 15 US-Dollar.

Spätestens am Markt findet man Taxis und Trishaws. Wer sich ein Moped ausleihen möchte, kann im Hotel nachfragen, wobei auch an dieser Stelle wiederholt werden muss, dass man als Tourist praktisch ohne gültigen Führerschein unterwegs ist (→ S. 355). Autos mit Fahrer für Ausflüge in die Umgebung lassen sich ebenfalls im Hotel organisieren, je nach Ausflugsziel zwischen 30 000 und 50 000 Kyat. Stadtrundfahrten sind günstiger.

Breeze Guesthouse, 6, Strand Road, Tel. +95/(0)57/21450, breeze.guesthouse@gmail.com, etwa 20 US-Dollar. An dieses Hotel wird sich jeder Reisende aufgrund seines blauen Anstrichs und wenig einladender Zimmer erinnern. Die Zimmer sind günstig, aber eng und klein. Dennoch eine der beliebtesten Adressen der Stadt.
OK Hotel, unweit des Marktes, am Ufer gelegen, Tel. +95/(0)57/25097,

okhotel.mlm@gmail.com, etwa 25 US-Dollar. Saubere einfache Zimmer, die wesentlich ruhiger sind als im Breeze Guest House.

Cinderella Hotel, 21, Baho Road, Tel. +95/(0)57/24860, www.cinderellahotel.com; etwa 45 US-Dollar. Es bietet unter all den Hotels der Stadt das beste Preis-Leistungs-Verhältnis, schnelles W-Lan und saubere Zimmer.

Mawlamyine Strand Hotel, Tel. +95/(0)57/25624, 24787, info@mawlamyaingstrandhotel.com, www.mawlamyaingstrandhotel.com. Am Nordende der Strand Road. Dem Besitzer gehört auch das Central Hotel in Yangon. Seit der Eröffnung 2011 gab es einiges Lob, aber auch einige Klagen. Es ist das einzige Hotel Mawlamyines, das mit 24 Stunden Elektrizität wirbt.

Attran Riverside, Lower Main Road, nördlich des Marktes am Flussufer, Tel. +95/(0)57/25764. Im Attran Hotel gelegen, ist das Restaurant mit Blick auf den Fluss eine gute Entscheidung. Verschiedene lokale und auch internationale Gerichte sowie Cocktails.

Mi Cho Restaurant, North Bogyoke Road, um die Ecke des Attram Hotels, Tel. +95/(0)57/25495. Hochgelobte indische Küche.

Delifrance Café & Cake, 366, Strand Road, am Fluss, etwas südlich vom Attran Hotel. Tel. +95/(0)9/425311122, +95/(0)9/5660192. Hier wird westliches Essen wie Pizza und auch Eis serviert und die adretten Uniformen sowie Englischkenntnisse der Angestellten stehen für ein gut geführtes Restaurant.

Der Kayin-Staat

Die Kayin (alt: Karen) waren eine der bevorzugten Bevölkerungsgruppen christlicher Missionare, die kurz nach den Briten eintrafen. In zwei Phasen eroberten die Briten den Süden Myanmars, wobei zuerst die Taninthayi-Region tief im Süden an die Briten fiel und bald darauf auch der heutige Kayin-Staat. Schon aus den Zeiten des deutschen Reichs (1871–1945) und davor existieren Berichte von Deutschen, die in Myanmar tätig waren, wie das berühmte Beispiel des Ehepaars Johannes Wilhelm und Pauline Helfer zeigt. Die beiden Naturkundler erreichten im Jahr 1837 den Hafen von Mawlamyine und waren die ersten Europäer, die die heutige Region Thanintharyi in Myanmar als Ausgangspunkt der europäischen Kolonisierung Myanmars vorschlugen. Die Kayin waren überwiegend Animisten und erwarteten die Ankunft eines Erretters mit einem Buch in der Hand, was christlichen Missionaren sehr gelegen kam. Im Zuge der Bewirtschaftung des Ayeyawady-Deltas schließlich siedelten ab 1850 viele Kayin dort, weit außerhalb ihres ursprünglichen Siedlungsgebiets.

Heute nimmt man an, dass etwa 20 Prozent aller Kayin dem christlichen Glauben angehören, und aus diesen 20 Prozent rekrutieren sich auch die Separatistenbewegungen, die für einen eigenen Staat kämpften, während die Mehrheit der Bevölkerung diesem Ansinnen neutral gegenüber steht. Im Zuge mehrerer Waffenstillstandsabkommen schließlich, und zuletzt durch die Wahlen 2010 und der Errichtung eines Regionalparlaments kommt Bewegung in die vorher schwierig zu lösende Frage im Spannungsfeld zwischen Autonomie und Zugehörigkeit zur Union.

Reisen im Kayin-Staat

Der Kayin-Staat wird bislang wenig von Touristen besucht, was in der Anzahl der Sehenswürdigkeiten in Yangon, Ba-

Karte S. 323

gan, Mandalay und dem Shan-Staat liegen mag. Für einen kurzen Abstecher, per Bus, Auto oder Zug lohnt sich eine wenige Tage dauernde Reise ab Yangon über Bago, zum Goldenen Felsen, nach Hpa-an und Mawlamyine.

Nur 143 Kilometer von Hpa-an entfernt befindet sich **Myawaddy**, wo die **Thai-Myanmar Friendship Bridge** beide Länder miteinander verbindet. Die Strecke zwischen Hpa-an und Myawaddy darf jetzt auch ohne Sondergenehmigung befahren werden. Wenn mittelfristig der Süden komplett bereisbar ist, dürfte dieser Teil Myanmars einen gewaltigen Aufschwung erleben und als eigenes Reiseziel innerhalb des Landes zu Bekanntheit gelangen.

In Mae Sot auf thailändischer Seite befinden sich etliche Flüchtlingslager, deren Bewohner aufgrund zahlreicher Kampfhandlungen zwischen staatlicher Armee und der Kayin-Armee ins vermeintlich sichere Thailand geflohen sind, wo nun aber auch vermehrt die thailändische Regierung für die Rückführung dieser Flüchtlinge wirbt, insbesondere vor dem Hintergrund mehrerer Abkommen zwischen den Kayin und der Zentralregierung in Naypyitaw ab 2010.

Der Autor dieses Buches versuchte im Jahr 2007 ohne Genehmigung von Hpa-an aus die thailändische Grenze mit dem Motorrad zu erreichen. Erst am gefühlten 30. militärischen Checkpoint, ganz kurz vor der Grenze, erfolgte eine schwer bewaffnete Kontrolle. Zur Rückführung nach Hpa-an, um dort dem Regionalkommando Bericht erstatten, musste der Autor einen der Soldaten auf dem Sozius nach Hpa-an bringen, da diese vor Ort keine Transportmittel hatten. Zurück in Hpa-an suchte ein Offizier der Kayin-Widerstandsbewegung das Gespräch, und er meinte, dass er bei rechtzeitiger Information diese Genehmigung hätte besorgen können. Darüber hinaus sagte er etwas, das die Beziehungen zwischen staatlicher Armee und der Kayin-Armee kennzeichnen mag: »Der SPDC hat uns im Zuge der Waffenstillstandsabkommen (ab 1993, d. A.) mit Nahrung und Ma-

Unterwegs im Kayin-Staat

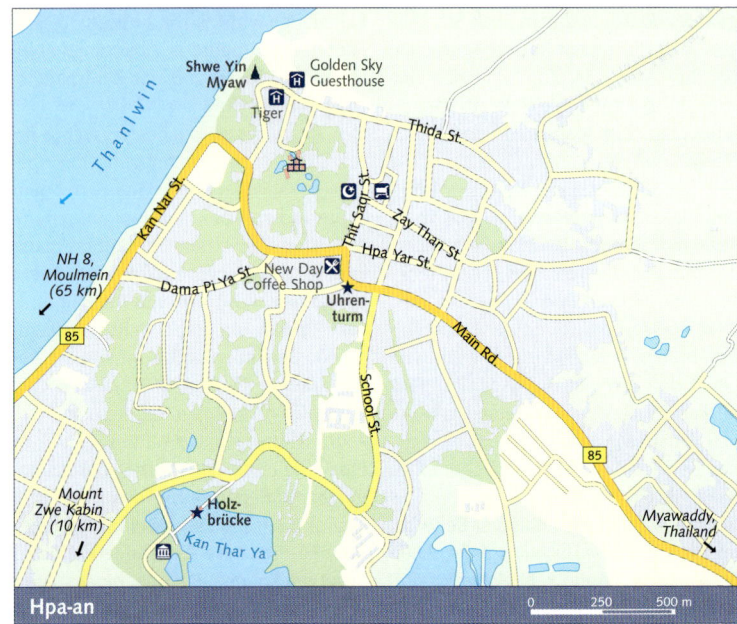

Hpa-an

0   250   500 m

Karte S. 323

terial versorgt, während sich Aung San Suu Kyi hier nie hat blicken lassen (wenn sie frei war, d.A.)«. Eindrucksvolle Worte von einem Mitglied der Organisation, die seit 1949 gegen die Zentralregierung gekämpft hat und zu jener Zeit die Außenbezirke von Yangon erreicht hat, bis es Truppen von General Ne Win gelang, diese zurückzudrängen. Die Zeiten habe sich mittlerweile geändert, aber eine Genehmigung ist weiterhin erforderlich (→ S. 168).

Hpa-an und Umgebung

Die Stadt ist schnell erkundet, und bietet sich daher als Ort an, um einen Eindruck von Land und Leuten im Süden zu gewinnen, was sich in Kombination mit einem Besuch von Mawlamyine als schöner Abschluss einer Rundreise anbietet. Knapp sechs Stunden von Yangon und nur wenige Kilometer von Mawlamyine entfernt liegt die Stadt, deren Namensbe-

standteil ›Hpa‹ Frosch bedeutet. Auf dem Weg von oder nach Mawlamyine wird man entlang der Strecke bizarre Felsformationen zu sehen bekommen. Sowohl in Hpa-an als auch in Mawlamyine sind die uralten Busse und LKW noch nicht durch moderne Fahrzeuge ersetzt worden, wie bereits in Yangon geschehen. Inoffizielles Wahrzeichen der Stadt ist der Frosch, der in Form der Shwe Yin Myaw Paya am Ufer des Thanlwin Gestalt angenommen hat. Ein Besuch bietet sich zum Sonnenuntergang an.

■ Ausflüge in die Umgebung

Die Umgebung von Hpa-an hat einiges zu bieten. Wer kein Fahrzeug hat, kann Tagesausflüge mit PKW in einem der Hotels buchen. Eine Tour in nahegelegene Klöster sowie Höhlen verspricht einen Tag voller Abwechslung. In der Landschaft verstreute einzelstehende Felsen, auf deren Spitze häufig ein Stupa errichtet worden ist, prägen das Bild der Umgebung Hpa-ans.

Empfehlenswert ist der Besuch des markanten 600 Meter hohen **Doppelfelsen Zwekabin** sowie des **Lonpini-Parks** in dessen Umgebung. Der Fels gilt als eine Art Nationalsymbol des Kayin-Staats, im Insein genannten Vorort von Yangon, der mehrheitlich von Kayin bewohnt wird, befindet sich ein Krankenhaus gleichen Namens. Auf dem Gipfel liegt ein Kloster, für dessen Besichtigung man zwei Stunden Aufstieg einplanen muss. Wer etwas Gutes im buddhistischen Sinne tun möchte, der kann zusätzlich ein paar mit Sand gefüllte Säckchen zum Kloster hochtragen, während man sich mit einigen Affen entlang des Weges arrangieren muss. Die vielen verschlissenen Sandalen rechts und links des Weges sind Zeugen der Strapazen des Abstiegs.

Der Besuch des Orts **Eindu,** der für seine Baumwollweberei und das **Thamanaya-Kloster** bekannt ist, bietet sich anschließend an. Der Abt des Klosters, U Bhaddanta, ist bereits 2003 verstorben, verdient aber eine Erwähnung. Er war ein wichtiger, wenn nicht sogar der wichtigste buddhistische Führer in Myanmar, und die frühere Staatsführung war besonders auf sein Wohlwollen angewiesen. Als der Abt diesem Autor einst eine Audienz gewährte, war es erforderlich, aber auch sehr ungewohnt, auf allen vieren zu ihm zu kriechen, und nach Beendigung des Gesprächs rückwärts von ihm wegzukriechen.

Auf dem Thanlwin kann man **Bootsausflüge** unternehmen oder gleich die sehr empfehlenswerte Strecke bis nach Mawlamyine (→ S. 329) in wenigstens drei, wahrscheinlich aber eher sechs Stunden zurücklegen.

Der **Grenzübergang Myawaddy–Mae Sot** (Thailand) ist seit September 2013 dauerhaft für Ein- und Ausreise geöffnet. Ein Visum für Myanmar wird nicht dort erteilt, man muss es vorher bei einer Botschaft besorgen. Für Thailand brauchen EU-Bürger kein Visum (max. 30 Tage). Entlang der Strecke Hpa-an–Myawaddy geht es durch das **Kawkareik Township** und durch die Stadt gleichen Namens. Ausflüge aus Kawkareik in das gleichnamige Township benötigen weiterhin eine Genehmigung!

Am Zwekabin-Berg bei Hpa-an

Der Süden und Westen Myanmars

Hpa-an

Zwischen Hpa-an und Yangon (Aung Mingalar Station) verkehren zahlreiche Busse, die Fahrt dauert etwa 8 Stunden, nach Mawlamyine (2 Std.) verkehren stündlich Pick-ups.

Tiger Hotel, Tel. +95/(0)58/21392, 21397. Nah am Fluss und ist die erste Wahl in Hpa-an für etwa 30 Dollar,
Golden Sky Guesthouse, Tel. +95/(0)58/21510. Ebenfalls nahe dem Fluss mit schöner Aussicht aus der dritten Etage. Wie auch im Tiger Hotel können hier Ausflüge in die Umgebung sowie die Bootsfahrt nach Mawlamyine organisiert werden.

Grand Hill Hotel, Tel. +95/(0)58/22286, info@grandhillmyanmar.com überzeugt mit seinem gepflegten Garten und gepflegten Bungalows.
Hotel Zwe Kabin, Hpa-an–Mawlamyine Road, Tel. +95/(0)58/22556, ab 80 US-Dollar. Mit Abstand das schönste Hotel außerhalb Hpa-ans, direkt am Fuße des Felsens gelegen. Einzelne Bungalows in schöner Gartenanlage.

Die **New Day Coffee Shop & Bakery** hat sich auf westliche Besucher eingestellt. 3/624 Bogyoke Road, Tel. +95/(0)58/21325.

■ Von Thailand zum Kayakfahren bei Hpa-an

Seit September 2013 ist es offiziell erlaubt, über den Grenzübergang bei Mae Sot in Thailand nach Myawaddy in Myanmar mit einem Touristenvisum einzureisen und über den Landweg bis nach Yangon und von dort in weitere Landesteile zu reisen. Ein Visum für Myanmar wird am Grenzübergang nicht erteilt, es muss weiterhin in einer Botschaft beantragt werden.

Die **Grenzstadt Myawaddy** hat wenig zu bieten, sie ist in erster Linie eine Zwischenstation für die vielen Waren, die zwischen beiden Ländern gehandelt werden. Eine neue Flugverbindung, die von NOK Air zwischen Mawlamyine in Myanmar und Mae Sot in Thailand ab November 2013 angeboten wird ist in erster Linie für die vielen Arbeiter gedacht, die in Thailand ihren Lebensunterhalt verdienen, sowie für Fracht, die so schneller zwischen beiden Ländern befördert werden kann. Sobald man die Grenze übertreten hat, wird klar warum: Die Straße zwischen Myawaddy und Hpa-an ist einspurig und wird abwechselnd in die eine und die andere Richtung befahren, wobei die Tachonadel selten die 50km/h-Marke erreicht.

Gerade dieser Grenzübergang hat ein wichtiges wirtschaftliches Potential, denn nicht nur Waren werden hier befördert, sondern auch Touristen werden in Zukunft von Thailand aus an die südlichen Küsten Myanmars über den Landweg reisen können. Ende 2013 stieg die Nachfrage nach Reisen in das **Myeik-Archipel** in der Taninthayi-Region an, und die ersten Hotels verzeichnen zunehmende Buchungszahlen.

Ein Reiseanbieter hat diesen Trend früh erkannt und bietet nun in der Umgebung von Hpa-an **Kayakfahrten** an, bevor es weiter nach Yangon geht, um von dort eine Rundreise zu beginnen. Die Kayaks – wie sollte es auch anders sein – wurden über genau den Grenzübergang aus Thailand nach Myanmar gebracht (weitere Informationen bei Khiri Travel Myanmar, http://khiri.com).

Es ist zu erwarten, dass auch diese Ecke Myanmars in Zukunft als Ziel für Touristen interessant wird. Im Zuge der innenpolitischen Beruhigung dürften Reisebeschränkungen zunehmend aufgehoben werden.

Karte S. 323 ▲

Der Rakhine-Staat

Die Küstenregion am Indischen Ozean überrascht mit weißen Stränden, deren Unterkünfte es mit denen in Thailand ohne weiteres aufnehmen können. Der nördlichste Strand heißt Ngapali Beach und er gilt als schönster Strand im ganzen Land. Er liegt im Rakhine-Staat, einem wenig besuchten Teil der Union. Dort befinden sich in der ›Alten Stadt‹ Mrauk U die Zeugnisse einer alter Zivilisation, die Überreste eines Reiches, das bereits im 15. Jahrhundert gegründet wurde. Der Rakhine-Staat wird durch das über 3000 Meter hohe Rakhine-Gebirge vom Mittellauf des Ayeyawady getrennt. Vor der Küste liegen unzählige kleine und große Inseln. An Teilen der Küste und auf einigen Inseln befinden sich vulkanähnliche Gebilde.

Das Innere des Rakhine-Staats ist gebirgig, mit Erhebungen zwischen 600 und 2600 Metern. In den Wäldern gibt es auch heute noch hin und wieder Tiger und Elefanten. Der letzte Elefant, der dort gefunden worden ist, war ein weißer Elefant. Da weiße Elefanten schon zu Zeiten König Anawrahtas von Bagan als Zeichen königlicher Macht galten, sind sie sehr begehrt. Der weiße Elefant von 2003 wurde damals sofort nach Yangon gebracht und in einer Art ›Elefantenpalast‹ untergebracht, einhergehend mit einer enormen Berichterstattung.

Bis einschließlich März 2013 galt ein Einreiseverbot für Ausländer in den Rakhine-Staat – Ngapali Beach nicht eingeschlossen – da die dort lebenden staatenlosen Rohingya und die ethnischen Rakhine sowie auch die Bamar in religiös und politisch motivierte gewalttätige Auseinandersetzungen verwickelt sind, was im Ausnahmezustand für die Region mündete, der jederzeit wieder ausgerufen werden kann.

Wer plant, den Rakhine-Staat zu besuchen, sollte sich rechtzeitig über Reisebeschränkungen informieren. Wie immer gilt, dass diese Maßnahmen zum Schutz Außenstehender gedacht sind. Eine Reise in den Rakhine-Staat sollte besser über ein in Yangon ansässiges Reisebüro gebucht werden, während in Mrauk U ein Reiseleiter empfehlenswert ist. Im Unterschied zu Bagan ist Mrauk U nicht so perfekt erschlossen, was aber die Reise dorthin sehr besonders macht.

Sittwe

Sittwe wurde von den Briten Akyab genannt, daher stammt der Flughafencode AKY, ganz wie im Fall von Yangon und RGN. Bereits nach dem ersten Krieg Englands gegen Myanmar wurde im Vertrag von Yandabo von 1826 geregelt, dass Sittwe und der Rakhine-Staat an England fallen sollten. Seitdem ist Sittwe und nicht mehr Mrauk U die Hauptstadt von Rakhine, da Mrauk U den Engländern zu weit im Landesinneren lag. In Folge dessen wurde der schon etwa 2000 Jahre alte Hafen- und Handelsplatz weiter

Mädchen im Rakhine-Staat

Der Süden und Westen Myanmars

ausgebaut und ist auch heute der bedeutendste Hafenplatz an der Westküste Myanmars. Die Nähe zu Bangladesch ist hier sicht- und spürbar. Weiter nördlich im Rakhine Staat benutzen die Einwohner Mobiltelefone, die sich im Mobilfunknetz Bangladeschs einbuchen, da das eigene Netz dort kaum ausgebaut ist.

Der Strand von Sittwe ist aufgrund seines dunklen, fast schwarzen Sandes sehenswert, besonders während einer Vollmondnacht. Gleich am Strand befindet sich das **Sittwe Hotel** an einem Ort namens The West Point. Großer Pool sowie Restaurant, etwa 40 bis 50 Dollar, Tel. +95/(0)43/23478. Wer die Gelegenheit nutzen will um mehr über Rakhine zu lernen, kann das **Rakhine State Cultural Museum** besuchen.

Mrauk U

Beim Besuch des beeindruckenden Tempelfelds von Mrauk U – in etwa vergleichbar mit dem in Bagan – muss zuvor geklärt werden, ob die Region zugänglich ist. Man fliegt von Yangon in die Hafenstadt Sittwe und fährt schließlich mit dem Schnellboot etwa fünf Stunden den Kaladan-Fluss in Richtung Osten nach Mrauk U. Bereits die Fahrt auf dem Kaladan ist aufgrund der abwechslungsreichen Landschaft ein Erlebnis. Da der stundenlang knatternde Außenbordmotor jegliche Unterhaltung fast unmöglich macht, ist ein Gehörschutz um so angenehmer.

Im Jahr 1430 gründete König Min Saw Mon den Ort, der unter dem Namen Mrohaung (Alte Stadt) bis 1785 die Hauptstadt des letzten Rakhine-Königreichs war. Etwa Mitte des 16. Jahrhunderts lebten dort ungefähr 120 000 Einwohner, die mit Innwa, Bago und dem fernen Portugal sowie den Niederlanden Handel trieben. Neben Reis waren Edelsteine, Rubine, Pferde, Elfenbein und Sklaven begehrte Güter. Ein Zeugnis dieser Zeit ist das Buch ›Die Reise nach Ostindien‹.

Die damalige Macht von Mrauk U reichte bis nach Bangladesch und in Teile des Bamar-Kernlandes. Wie in Bagan wurden während der Glanzzeit viele Stupas und Tempel errichtet, die heute ein Zeugnis dieser Epoche sind, wenn auch auf kleinerer Fläche. Darunter befinden sich der **Shitthaung-Tempel** (›Tempel der 80 000

Im Ko-Thaing-Tempel von Mrauk U

Karte vordere Umschlagklappe

Bilder‹), der **Htukkann-Thein-Tempel** (Ordinationshalle), der **Ko-Thaung-Tempel** (›Tempel der 90 000 Bilder‹) sowie der **Königspalast**.

Mitte des 16. Jahrhunderts griff König Tabinshwehti Rakhine an, und im Jahr 1784 führte König Bodawpaya einen Sturm auf die Stadt durch und raubte bei dieser Gelegenheit den heute in Mandalay stehenden Mahamuni-Buddha aus Rakhine. Ein Jahr später fiel die Stadt, und Rakhine geriet schließlich im Jahr 1826 an die Briten. Sittwe wurde die neue Hauptstadt, was mit dem Verfall von Mrauk U einherging. Erst im Jahr 1979 wurde Mrohaung wieder in Mrauk U umbenannt.

Fischerin am Ngapali Beach im Rakhine-Staat

Konflikte in Rakhine

Im Juni 2012 brachen im Rakhine-Staat Unruhen aus, nachdem Muslime angeblich eine Buddhistin vergewaltigt haben sollen. Stark schwankenden Angaben zufolge wurden damals 90 Menschen getötet und 3000 Häuser niedergebrannt, auch in Sittwe.

Mit einem Anteil von etwa vier Prozent an der Bevölkerung Myanmars sind die Muslime eine kleine Gruppe unter etwa 89 Prozent Buddhisten. In Myanmar leben etwa eine Million so genannte Rohingya, die im Rakhine-Staat eine regionale Mehrheit bilden. Sie stellen ein Viertel aller Muslime in Myanmar. Die Vereinten Nationen sehen die Rohingya als eine der am stärksten verfolgten Minderheiten der Welt an. Mit dem Staatsbürgerschaftsgesetz von Dr. Maung Maung von 1982 wurde den ›Rohingya‹ als Beschreibung für eine Bevölkerungsgruppe die Staatsbürgerschaft in keiner der drei möglichen Kategorien gewährt, da man nachweisen muss, dass die Großeltern und die Eltern in Myanmar (Rakhine) geboren und gestorben sind. Die als Rohingya bezeichnete Bevölkerungsgruppe ist somit staatenlos.

Einer der weltweit führenden Wissenschaftler zur Geschichte Rakhines ist Jacques Leider. Anlässlich des 2012 ausgebrochenen Konflikts stellte er in einem Interview vom Juli 2012 klar, dass der in den Medien vielfach verwendete Begriff ›Rohingya‹ erstmals von einem britischen Arzt Ende des 18. Jahrhunderts verwendet worden war, als dieser die Region zwischen dem heutigen Bangladesch und Rakhine besuchte. Lange vor der britisch-kolonialen Grenzziehung haben Könige aus Rakhine Menschen aus Bengalen entführt, schließlich war der Zweck vorkolonialer Kriegsführung in Südostasien die Beschaffung von Arbeitskräften, um zum Beispiel das Land zu bewirtschaften. Somit ließen sich viele Muslime aus Bengalen in Rakhine als Bauern nieder. Berichte aus dem 17. Jahrhundert belegen, dass es dort ausschließlich muslimische Dörfer gab, inmitten der Bevölkerung von Rakhine, die, wie anhand des heute in Mandalay stehenden Mahamuni-Buddhas nachvollziehbar ist, überwiegend buddhistisch ist. Während der kolonialen Besatzung ist der Begriff ›Rohingya‹ nie wieder erwähnt worden,

Der Süden und Westen Myanmars

es war lediglich von Bengalis die Rede. Während und nach der kolonialen Grenzziehung waren Staatsgrenzen durchlässig, so dass eine erhöhte Einwanderung stattfinden konnte. Bangladesch ist das am dichtesten bevölkerte Land der Erde, so dass der Rakhine-Staat in Myanmar als Auswanderungsziel verlockend ist. Unter der buddhistischen Bevölkerung in Rakhine muss somit das Gefühl der Überfremdung entstanden sein, das sich schließlich in gewaltsamen Ausschreitungen entladen hat.

Erst zwischen 1942 und 1961 tauchte der Begriff ›Rohingya‹ wieder auf, als in Rakhine die Burma Communist Party in Allianz mit Dschihadisten den jungen unabhämgigen Zentralstaat ab 1948 zu bekämpfen suchte. Erst ab etwa 1965, zur Zeit der Herrschaft General Ne Wins, verlor sich der Begriff wieder, während die Organisation Human Rights Watch die Diskriminierungen gegen ›Rohingya‹ weiterhin dokumentierte, was auch dazu beitrug, dass sich dieser Begriff manifestieren konnte.

Dadurch wurde den ›Rohingya‹ von außen eine eigene ethnische Kategorie zugeordnet, woran sich aber die Geister scheiden. Als Leider in Bangladesch auf eine Gruppe hingewiesen worden war, die anscheinend Rohingya waren und Rakhine verlassen hatten, fragte er ›Seid Ihr Rohingya aus Rakhine?‹ und erhielt die Antwort ›Nein, wir sind Muslime aus Rakhine.‹ Das Konzept der ethnischen Kategorisierung scheint dennoch weiterhin nötig zu sein, damit Medien und Aktivisten eine Kennzeichnung benutzen können, für etwas, das möglicherweise gar nicht so schwer zu verstehen ist. Vor diesem Hintergrund ist auch die Aussage der Regierung Anfang 2013 einzuordnen, in der es hieß ›In Myanmar gibt es keine Rohingya‹, was völlig im Gegensatz zu abertausenden Zeitungsartikeln steht.

Die Strände

Nahezu unbekannt ist die Tatsache, dass Myanmar im Vergleich mit Thailand über ebenso fantastische weiße Strände verfügt, die aber kaum überlaufen sind. Drei Orte bieten sich an: Ngapali Beach im Rakhine-Staat, während Chaungtha Beach und Ngwe Saung Beach jeweils nur wenige Stunden von Yangon entfernt liegen.

Besonders der Ngwe Saung Beach eignet sich für einen schnellen Ausflug von Yangon aus, da man ihn bequem mit dem Bus in etwa sechs Stunden erreichen kann, und hier der westliche Geschmack eher getroffen wird als im benachbarten Chaungtha Beach. Von Yangon kommend passiert man immer die Stadt Pathein, die bekannt ist für ihre Produktion von handwerklich sehr anspruchsvollen Schirmen aus Pappmaché. Von Pathein begibt man sich auf das letzte Stück der Strecke, um entweder nach Ngwe Saung Beach oder Chaungtha Beach zu fahren. Chaungtha Beach wird überwiegend von Einheimischen besucht, die meistens bekleidet ins Wasser gehen. Ngapali Beach im Rakhine-Staat steuert man mit dem Flugzeug an, falls man nicht 24 Stunden und mehr im Bus verbringen will. Seit einiger Zeit werden auch im tiefen Süden Myanmars neue Strände erschlossen, da man einen regen Verkehr über Land aus Thailand erwartet. Man munkelt, dass der Schauspieler Tom Cruise an einem dieser Projekte im Süden beteiligt sein soll.

Alternativ kann man von Yangon mit dem Schiff nach Pathein fahren, und dort

Karte vordere Umschlagklappe ▲

in einen Bus oder in ein Taxi steigen und die restlichen 50 Kilometer nach Chaungtha oder Ngwe Saung zurücklegen.

Pathein

Wer mit PKW und Fahrer zu einem der beiden Strände fährt, kann einen Zwischenstopp in Pathein einlegen. Busse mit Fahrtziel Strand werden hier einen Stopp einlegen, meistens aber nur zur Mittagspause. Unter den Briten hieß die Stadt Bassein, und sie wurde ein wichtiger Handelsplatz für die gestiegene Reisproduktion im Delta des Ayeyawady ab Mitte des 19. Jahrhunderts. Aus dieser Zeit stammt auch die heutige Bedeutung der Stadt als Zentrum der Ayeyawady-Region. Darüber hinaus ist Pathein bekannt für seine **Schirmproduktion**. Wer etwas Zeit mitbringt, kann eine der zahlreichen Werkstätten besuchen und alles über die Schirmherstellung lernen. Da der Schirm als Symbol königlicher Autorität galt, kam und kommt diesem Handwerk weiterhin große Bedeutung zu. In Bagan geht die Geschichte um den Htilominlo-Tempel (›Weil Schirm, weil König‹) auf einen Schirm zurück, welcher letztlich darüber entschied, welcher der Söhne des Königs der Thronfolger werden sollte. Ebenso ist das Bekrönungselement eines Stupa der Hti, also der Schirm. Natürlich werden die Schirme aus Papier keinem Regenguss wiederstehen, aber sie kommen in allerlei Farben und Form daher und sind vor allem ein schönes Souvenir. Die beliebteste Farbe ist ein kräftiges Rot,

Tempel am Chaungtha Beach

gefolgt von Schirmen mit Blumenmotiven. Der Harzgeruch verfliegt nach einigen Tagen des Auslüftens. Wer allerdings einen weißen Schirm kaufen will, wird einen solchen nicht bekommen. Weiße Schirme, wie übrigens weiße Elefanten auch, sind einzig dem König vorbehalten.

Chaungtha Beach

Dieser Strand war bis zur Eröffnung des Ngwe Saung Beach wenige Kilometer weiter südlich der einzige Strand, den man von Yangon aus in wenigen Stunden erreichen konnte. Hier verbringen vor allem einheimische Familien ihr Wochenende oder einige Feiertage. Auch die anderen Strände Myanmars sind nicht gerade überlaufen, hier wird man zudem kaum einen westlichen Touristen treffen. Der Sand ist hier nicht so sehr weiß wie in Ngapali oder Ngwe Saung.

 Chaungtha Beach

Informationen zu Hotels und Transportmöglichkeiten: www.chaungthabeach.com.

Thiri Chaung Tha Beach Resort, etwa auf der Mitte der Hauptstraße, die am Strand entlangführt. Tel. +95/(0)42/42224,

thirihotel074@gmail.com; ab etwa 80 US-Dollar. Eine schöne Bungalow-Anlage samt angeschlossenem Restaurant, das in der Gunst der Besucher weit oben steht. Das **Hotel Max** liegt ein Stück weiter südlich und ist seit der Eröffnung eines der besseren Hotels vor Ort, Tel. +95/(0)1/500123.

Das **Lai Lai Hotel** befindet sich gleich daneben; beide Hotels liegen nicht weit von der einzigen Hauptstraße, die durch den Ort führt, Tel. +95/(0)1/227878, +95/(0)42/42325, lailaibeach@lailai hotel.com.mm.

Das **Pearl Restaurant** an der Ecke zur Hauptstraße, unweit des Hotel Max ge-

legen, ist nicht das einzig empfehlenswerte Restaurant im Ort. Fisch, Tiger Prawns und viele weitere Meeresfrüchte werden täglich frisch serviert.

Pasta Fresca Restaurant, Tel. +95/(0)9/ 422445138, der erste Italiener in Chaung Tha Beach mit umfangreicher Speisekarte und angenehmer Musik am Abend.

Das **Restaurant des Max Hotels** bietet eher westliches Essen und Service.

Ngwe Saung Beach

Die neueste Attraktion unweit von Yangon wurde erst um die Jahrtausendwende eröffnet. Der ›Silberstrand‹ hat sich zu einem beliebten Ausflugsziel der Bewohner von Yangon entwickelt und ist eine ausgesprochene Alternative zum weiter entfernten Ngapali Beach. Wenn ein langes Wochenende vor der Tür steht, fahren die Einwohner Yangons hierher, um ein paar Tage Ruhe und Erholung von der Metropole zu finden. Ein Flughafen ist in Planung, da dieser Strand

mit 15 Kilometern bislang der längste im Land ist und die meisten Besucher beherbergen kann. Aufgrund der himmlischen Ruhe, die nur vom Meeresrauschen unterbrochen wird hat man dennoch oft das Gefühl allein am Strand zu sein. Tauchfreunde kommen hier auf ihre Kosten, jedoch sollte nach Möglichkeit eigene Ausrüstung mitgebracht werden. Wer aus Richtung Pathein kommt, kann unterwegs ein **Elefantencamp** besuchen, oder auch vom Strand aus einen Ausflug dorthin organisieren.

Ngwe Saung Beach

Happy Sea View Restaurant & Residence, Tel. +95/(0)42/40390, bietet Bambushütten direkt am Meer sowie ein gutes Restaurant.
E.F.R. Seconda Casa Beach Resort, Tel. +95/(0)1/381010, manager.efrhotel@ gmail.com, www.efrsecondacasa.com; 65 bis 75 US-Dollar. Zentral im Ort gelegen, mit Restaurant; das Unternehmen bietet auch Komplettpakete an.
Shwe Hintha Hotel, Tel. +95/(0)42/ 40340, shwehinthahotel@gmail.com, www.shwehinthahotel.com. Hotels dieses Unternehmens findet man sowohl in Chaungtha als auch in Ngwe Saung, es

zählt zu den beliebtesten Übernachtungsmöglichkeiten. Mit Preisen zwischen 30 bis 50 Dollar ist es auch sehr günstig, Rabatte in der Regenzeit. Darüber hinaus – wie überall – behilflich bei Planung der Rück- oder Weiterfahrt.
Das **Myanmar Treasure Resort** ist auch hier vertreten. Ohne Frage eine der besten Adressen vor Ort mit entsprechenden Preisen, Tel. +95/(0)42/40224, ngwesaung@myanmar.com.mm, www. myanmartreasureresorts.com.
Die **Captains Bar** im luxuriösen Bay of Bengal Resort bietet eine gute Auswahl an Kuchen und Kaffee.

Ngapali Beach

Die Sicht aus dem Flugzeug auf tiefblaues Wasser und weißen Sandstrand weckt große Erwartungen, die bislang nie enttäuscht worden sind. Dennoch

steht zuerst die Landung bevor, und der Anflug auf die Landebahn lässt so manchen Passagier blass werden. Zuerst fliegt das Flugzeug vom Land im Sinkflug weit aufs Meer hinaus, dreht eine große Runde und nähert sich der Küste. Im weiteren Sinkflug scheinen die Wellen außerhalb des Fensters zum Greifen nahe, bis plötzlich bei hoher Geschwindigkeit die Landebahn beginnt, sie endet an einer Felswand, wie man beim Aussteigen erkennen wird.

Ngapali Beach war schon zu Zeiten der britischen Besatzung der einzige Strand in Myanmar, der stilvolle Unterkunft und Verpflegung bot. Hier verbrachten ab der Unabhängigkeit 1948 Staatsführung und Diplomatenfamilien gleichermaßen ihren Urlaub. Ausländische Touristen gab es vor 1993 kaum.

Der etwa sieben Kilometer lange schneeweiße Strand und blaues Wasser scheinen einem Katalogfoto zu entstammen. Abgerundet wird das Bild durch fahrende Händler, Kokosnusspalmen und den ein oder anderen Ochsenkarren, der den Strand entlang fährt. Direkt hinter der Palmenlinie befinden sich die zahlreichen Hotels aller Klassen. An der dahinter liegenden kleinen Straße bieten unzählige Restaurants Meeresfrüchte zu Preisen weitaus günstiger als anderswo im Land an.

Die Aktivitäten hier bestehen aus Baden, einer Fahrt zu einer der Inseln und dem abendlichen Absacker in einer der Strandbars. Bootstouren auf eine der vorgelagerten Inseln beinhalten zumeist den Besuch bei Fischern, die frisch gefangenen Fisch auf ihrem eigens mitgebrachten Grill zubereiten.

Neben Yangon und Bagan ist Ngapali Beach einer der wenigen Orte in Myanmar, an denen Ausländern kein Motorrad vermietet wird. Grund war ein schwerer Unfall in der Vergangenheit, an dem Touristen beteiligt waren.

Der hochrangigste Besucher aus der Bundesrepublik war Bundespräsident Richard von Weizsäcker im Jahr 1986. Dieser Besuch wurde ein Jahr später von Präsident San Yu erwidert.

Anlässlich seines Besuchs hielt von Weizsäcker eine viel gelobte Rede vor dem Parlament in Yangon. Es hieß, er habe sie frei gehalten mit Hilfe von Notizen, der er sie erst ganz kurz zuvor geschrieben hatte. Natürlich traf der Bundespräsident auch den Parteivorsitzenden und früheren General Ne Win, der weiterhin das Zentrum der Macht war. Ne Win wurde immer

Der Süden und Westen Myanmars

Massagesalon unter Palmen

Strandlodge am Ngapali Beach

als sehr fürsorglich und gastfreundlich im Umgang mit Staats-, aber auch Privatgästen beschrieben. Zeitzeugen berichten zum Beispiel, dass die staubige Sandstraße zur der Residenz des damaligen deutschen Botschafters extra asphaltiert wurde. Es ergab sich auch, dass Richard von Weizsäcker auf Einladung Ne Wins mit ihm an den Strand von Ngapali flog, um dort einige Tage am Meer zu verbringen. Später erschienen Fotos in deutschen Zeitungen, die den Bundespräsidenten auf einem Elefanten reitend am Strand zeigten. Ein Staatsbesuch erfordert auch Sicherheitsmaßnahmen für den Gast, und so ließ es sich der frühere Chef der Streitkräfte nicht nehmen, den Strand durch eine schwer bewaffnete Truppe Kampftaucher absichern zu lassen, damit der deutsche Präsident ohne Gefahr schwimmen konnte. Einer der Kampftaucher im Wasser mit dem Gewehr in der Hand aber war etwas sehr neugierig geworden ob des fremden Gastes auf dem fernen Deutschland. Als von Weizsäcker sich entspannt im Wasser treiben ließ, schwamm der Kampftaucher zu ihm hin, und tauchte plötzlich – und mit voller Bewaffnung – vor ihm auf. Er hatte nur eine einzige Frage an den Präsidenten, als sein breites grinsendes Gesicht unter der Tauchermaske erschien. Sie lautete: ›Are you happy now?‹

🛏 🍴 Ngapali Beach

Neben der Aureum und Treasure Gruppe findet man in Ngapali viele weitere Hotels. Alle Unterkünfte befinden sich direkt am Strand. Abseits des Strands kostet das Essen entlang der Hauptstraße direkt hinter den Hotels weitaus weniger und daher sind die Restaurants auch dort abends gut gefüllt. Man muss nicht weit laufen, um Auswahl zu haben.

Laguna Lodge und Lili's Bar, Tel. +95/(0)1/501123, angel@myanmar.com.mm. Rustikales Ambiente inmitten von Palmen bietet dieses Hotel eines Deutschen, der schon vor Jahren die Zeichen der Zeit erkannt hat. Wenn er denn nicht gerade in Yangon ist, greift er allabendlich zum Kochlöffel und zaubert kulinarische Genüsse bei Kerzenschein, denn in Ngapali gibt es abends meistens keine Elektrizität, was den Anblick der beleuchteten Fischerboote am Horizont nur verbessert. In einigen Zimmern wächst eine Palme durchs Dach, einige haben einen Balkon zur See. Das Frühstück ist eine echte Überraschung.

Linthar Oo Lodge, Tel. +95/(0)1/547216, +95/(0)43/44266, lintharoohotel.ngapali@gmail.com. http://lintharoo-ngapali.com. Eine sehr beliebte, und daher oft ausgebuchte Bungalow-Anlage. Vom Flughafen kommend, ist dieses Hotel eines der ersten entlang der Strecke.

Bayview Hotel, Tel. +95/(0)1/504471, reservation@bayview-myanmar.com, www.bayview-myanmar.com. Das luxuriöse Hotel befindet sich ebenfalls in deutscher Hand. Die Bar am Strand ist abends zur Happy Hour gut gefüllt.

Yoma Cherry Lodge, Tel. +95/(0)43/42339. www.yomacherrylodge.com. Bungalowanlage mit Garten- bzw. Seeblick. Beliebt bei Reiseveranstaltern.

Khin Maung Yin: Ein Birmane in Berlin

Berlin, 1972: An einem kalten Herbsttag betrat ich zum ersten Mal deutschen Boden. Während ich auf mein Gepäck wartete, fiel mir gleich auf, wie groß die weißen Menschen um mich herum sind, mit großen Nasen und Ohren, farbigen Augen, und nur wenige Haare zierten die Köpfe vieler Männer. Auch schienen die Vögel viel größer als bei uns. Das kalte Klima fördert also das Wachstum!

Und die Autos - Marken, die sich bei uns nur Generäle leisten können, alle sauber und neu. Die Autos bei uns sind alt! Viele dieser „Oldies" stammen sogar aus der Kolonialzeit.

Mein erstes Abendessen hatte ich in einem Imbiss, in den mich ein deutscher Freund eingeladen hatte. „Huhn mit Reis" antwortete ich auf seine Frage, wonach mir sei. Er lachte und bestellte ein deutsches Gericht für mich: Hähnchen mit Pommes. Ich staunte – mit dieser Menge Fleisch können bei uns zwei Familien satt werden! Fleisch ist bei uns teuer und eher eine Beilage zum Reis. Mein Freund bestellte für sich einen großen Grillteller - Aha, die Deutschen sind so groß wegen des Fleischkonsums, nicht wegen des kalten Klimas!

Als mich eines Tages ein Kommilitone zu seinen Eltern nach Hause zum Abendessen einlud, freute ich mich und besorgte einen Blumenstrauß für seine Mutter. Am edel gedeckten Tisch wurden mehrere Gänge serviert. Unter größter Mühe versuchte ich alle Geräusche, wie schmatzen und schlürfen, die bei uns zum Essen dazu gehören, zu vermeiden. Umso schockierender war es, dass der Vater sich plötzlich am Tisch laut die Nase putzte. Der Appetit war mir vergangen!

Mir fällt auf, dass im Vergleich zu Myanmar die Kinder in Deutschland zu lasch erzogen sind - sie dürfen sich alles erlauben. Und wenn dabei etwas kaputt geht - kein Problem, man ist ja versichert! Kinder in Myanmar müssen sich benehmen, Erwachsenen gehorchen und sorgfältig mit ihren Dingen umgehen – sonst droht Strafe!

Nach meinen Beobachtungen sind Deutsche gegenüber Fremden sehr misstrauisch und zugleich sehr neugierig. Ich finde, Deutsche lachen selten und sprechen sehr leise. Ich selbst lache gern und viel, und nach ihrer Wahrnehmung scheinbar grundlos. Lächeln gehört zu unserer Kultur. So drücken wir Höflichkeit und Freundlichkeit gegenüber anderen aus. Lächeln hilft uns, Hindernisse zu überwinden.

Deutsche haben ein sehr inniges Verhältnis zu Haustieren. Man lässt sie überall ihr Geschäft erledigen und nimmt sie sogar mit ins Bett. Man ist erbost darüber, dass Südchinesen Hund, oder Südamerikaner Meerschweinchen essen - ohne daran zu denken, was andere Kulturen vom Rind- und Schweinefleischverzehr im Westen halten.

Es sind zwei verschiedene Welten, aber nach 40 Jahren habe ich Deutsche, ihre Kultur und ihre Tugenden liebgewonnen. Ich esse jetzt gerne Käse, trinke gerne frische Milch und Wein und fühle mich unter Deutschen heimisch.

Dieser Text ist zuerst im Februar 2014 im ›Handbuch Myanmar‹ im Horlemann Verlag, Berlin erschienen. Der Abdruck erfolgt mit freundlicher Genehmigung der Herausgeber.

Reisetipps von A bis Z

Anreise mit dem Flugzeug

Es gibt zwei internationale Flughäfen, Yangon (RGN) und Mandalay (MDL), wobei Yangon Anfangs- und Endpunkt der allermeisten Reisen ist und somit am häufigsten angeflogen wird. Mandalay wird mehr und mehr auch von Bangkok aus angeflogen. Man darf in Yangon einreisen und über Mandalay ausreisen oder einen der kürzlich geöffneten Landübergänge zu Thailand nutzen. Mandalay ist überwiegend für aus China einreisende Besucher interessant. In Bago, etwa 80 Kilometer nördlich von Yangon, wird der Flughafen derzeit erweitert, da Yangons Kapazitäten erschöpft sind. Yangon wird von Fluglinien aus Bangkok, Kuala Lumpur, Singapur, Indien, Hongkong, Doha (Qatar Airways) und von vielen weiteren Städten und Fluglinien angeflogen. Die regionale Billigfluggesellschaft Air Asia verkehrt viermal täglich zwischen Yangon und Bangkok, wobei aber in Bangkok der alte Flughafen DMK und nicht der neue Flughafen BKK angeflogen wird! Die etablierteste Gesellschaft zwischen BKK und RGN ist Thai Airways International.

Seit vielen Jahren ist es üblich, von Europa aus nach Bangkok und von dort weiter nach Yangon zu fliegen. Weitere Flugverbindungen von mehreren Gesellschaften sind geplant. Aufgrund der neuen Situation in Myanmar gibt es derzeit viele Neuerungen im Reisesektor. Eine stets aktuelle Übersicht sämtlicher Flugpläne für den Flughafen Yangon findet man man auf der Webseite der Myanmar Times oder man bedient sich einer der vielen Suchmaschinen im Internet.

Anreise über Land

Nun auch von Thailand aus mit Touristenvisum ohne weitere Genehmigung möglich. Die Situation am Übergang zu China (Ruili/Muse) hat sich auch gelockert. Informationen zu weiter bestehenden Reisebeschränkungen und zu eventuell erforderlichen Genehmigungen können beim staatlichen Reisebüro Myanmar Travels and Tours (MTT) eingeholt werden: 118, Mahabandoola Garden Street, Kyauktada Township, Yangon, Tel. +95/(0)1/ 371286, 378376, 74281, 252859, Fax

Seidenweberei hat eine lange Tradition bei den Intha am Inle-See

254417, mtt.mht@mptmail.net.mm, www.
myanmartravelsandtours.com.

■ Anreise über Ostgrenzen von China bis Thailand:

Man muss zwischen zwei Arten der Einreise über Land unterscheiden. Langzeit-Touristen in Thailand verlängern ihr Visum für Thailand, indem sie über einen der drei thailändisch-myanmarischen Grenzpunkte Thailand kurz verlassen und nach Myanmar per Tagesvisum einreisen. In Myanmar dürfen sich diese Tagestouristen dann nur innerhalb eines Bannkreises (drei Meilen) bewegen und müssen innerhalb einer vorgeschriebenen Zeit (Tageslicht) wieder nach Thailand ausreisen, wo dann ein neues Visum für Thailand erteilt wird (Visa Run). Für alle diese Arten der Einreise fallen Kosten zwischen 10 und 50 Dollar an. Diese Grenzübergänge sind Ranong/Kawthaung (Süden), (Mae Sai/Tachileik (Norden) und Mae Sot/Myawadi (Mitte).

Seit September 2013 sind im südlichen Myanmar **erstmals vier Übergänge nach Thailand** zur regulären Ein- und Ausreise geöffnet. Von dort ist die Weiterreise nach Yangon etc. möglich. Hintergrund der bis dahin bestehenden Restriktionen für Ausländer waren vor allem Sicherheitsaspekte. Im Gespräch mit einem Grenzbeamten erfuhr der Autor noch 2005 folgendes: »Mir ist es egal, wenn Du in der Grenzregion von Rebellen oder durch eine Bombe getötet wirst. Dann schreibe ich einen Bericht und fertig. Falls Du aber entführt und als Geisel genommen wirst, muss ich wochenlang Berichte schreiben. Die Regeln sind schon lange bekannt.«

■ Anreise über China:

Der Grenzübergang Ruili/Muse nach China ist mittlerweile ohne Genehmigung möglich, aber dennoch nicht ohne gebuchtes Paket. Diese Paket beinhaltet grundsätzlich Auto mit Fahrer sowie einen lizenzierten Reiseleiter mit den entsprechenden Kosten. Von Muse geht es nach Lashio auf der alten Burma Road, die in letzter Zeit wiederholt

Im Hafen von Yangon

Schauplatz schwerer bewaffneter Kämpfe zwischen Armee und Widerstandsgruppen war, wobei Touristen nicht das Ziel dieser Widerstandsgruppen sind. Daher das Verbot, sich allein auf die Reise zu begeben.

■ Anreise über Westgrenze aus Indien:

Indien grenzt an den Kachin-Staat in Myanmar, in dem es seit 2011 wieder zu schweren Kampfhandlungen zwischen der Kachin Independence Army und der staatlichen Armee gekommen ist. Es ist sehr unwahrscheinlich, dort in Kürze über Land einreisen zu dürfen.

Apps für Smartphones

Für iPhones und Android existieren Apps mit Übersetzungsfunktion speziell für Taxifahrten in Yangon. Ebenso kann man sich auf der Latha Street in Downtown in einem der zahlreichen Geschäfte das Planet Myanmar Dictionary besorgen, das Begriffe von Englisch in Myanma übersetzt. Weiterhin ist der Yangon Xplorer Guide für iPhone und iPod verfügbar.

Ärztliche Versorgung

Nur Yangon bietet ärztliche Versorgung auf internationalem Standard zu hohen Preisen,

Reisetipps von A bis Z

Bei der Palmsafternte

fallpatienten zu behandeln, da im Todesfall der behandelnde Arzt mit Konsequenzen zu rechnen hat.

In der Downtown Yangon kann man während der üblichen Öffnungszeiten die **Pun Hlaing International Clinic im FMI Tower** rechts neben dem Bogyoke-Aung-San-Markt aufsuchen und dort ebenfalls sehr guten Service erwarten. Die Pun-Hlaing-Gruppe betreibt ebenfalls ein internationales Krankenhaus im Westen Yangons. In allen anderen Fällen ist der erste Ansprechpartner immer die Rezeption des Hotels.

Apotheken findet man an jeder Straßenecke in Yangon, und auch kleine Kramläden haben einige Medikamente auf Vorrat, deren Lagerbedingungen aber zweifelhaft sind. Kritische Medikamente sollten daher auch nur über die SOS-Klinik bezogen werden. Eine Ausnahme ist die Golden Bell Pharmacy in Yangon. 6, Yuzana Tower, Shwe Gon Daing Junction, Tel. +95/(0)1/558213. (→ S. 355, Gesundheit)

die aus der eigenen Tasche bezahlt werden müssen. Schwerste Erkrankungen sollten per Evakuierung in Bangkok oder Singapur behandelt werden, wo eine exzellente Versorgung gewährleistet wird. Eine entsprechende Auslandskrankenversicherung ist angeraten. Erste Anlaufstelle in Yangon ist die **International SOS Klinik** im Inya Lake Hotel (→ S. 173) mit europäischen Ärzten und 24-stündiger Bereitschaft, welche auch Evakuierungen per Flugzeug organisieren. Nachts sollte man sich vorher telefonisch ankündigen: Tel. +95/(0)1/667879. Die Behandlung einer Magenerkrankung mit allerlei Untersuchungen sowie Medikamentenabgabe kostet dort rund 170 US-Dollar. Es gibt eine hohe Anzahl kleiner privater Kliniken, die von einheimischen Ärzten betrieben werden und äußerst preiswert sind. Die meisten Reisenden sind aber schlussendlich immer in der SOS-Klinik gelandet. Krankenwagen mit Signalanlage stehen wie jedes andere Fahrzeug im Stau und genießen keine Sonderrechte. In Einzelfällen wurde berichtet, dass staatliche Krankenhäuser sich weigerten, ausländische Not-

Ausrüstung und Gepäck

Sonnencreme ist in Myanmar schwer bzw. überhaupt nicht erhältlich. Mückenschutzlotion mitzubringen, ist ebenfalls ratsam. Die Gehwege, falls vorhanden, sind uneben und voller Lücken. Bei schlechter Straßenbeleuchtung ist eine Taschenlampe hilfreich, ebenso aber auch für dunkle Tempel in Bagan und anderswo. In der Downtown Yangon gibt es viele Geschäfte für Fotozubehör, die alle gängigen Speicherkarten für Digitalkameras verkaufen und überdies auch das Datenmaterial auf CD/DVD brennen können. Fotozubehör und sogar Filme für ältere Kameras erhält man ebenfalls bei vielen Souvenirhändlern in Bagan, Mandalay und anderswo. (→ S. 356, Kleidung)

Baden

In den Badeorten Ngwe Saung, Chaungtha und Ngapali gibt es lange Sandstrände. Das Wasser ist sauber. Das Sonnen oder das Baden oben ohne oder gar unbekleidet ist höchst unangemessen. Chaungtha ist bei Einheimischen der beliebteste Strand, und dort wird man beobachten können, dass Frauen vollständig bekleidet ins Wasser gehen. Die Seen in den Städten und auch der Inle-See sind nicht zum Baden gedacht.

Bahnfahren
→ S. 365

Bargeld, Geldwechsel und Kreditkarten

Es ist seit Jahrzehnten gängige Praxis, für die gesamte Reise ausreichend Bargeld in Euro und/oder US-Dollar mitzubringen. Geldautomaten wurden erst 2013 aufgestellt, und die Meinungen darüber gehen weit auseinander. Ein Vergleich hilft: Den etwa 55 Millionen Einwohnern Myanmars standen Mitte 2013 weniger als 100 Geldautomaten landesweit gegenüber. Nur sehr wenige Einwohner besitzen eine Geldkarte. Eine Liste der landesweiten Geldautomaten (ATM) sowie Wechselschalter für Euro, US-Dollar und Singapur-Dollar der CB Bank findet man hier: www.cbbankmm.com und AGD Bank www.agdbank.com (inkl. aktueller Wechselkurse). Das Netzwerk wird ständig erweitert. Geldabheben am ATM geht einher mit einem leicht geringeren Kurs, einer Transaktionsgebühr vor Ort in Höhe von 5000 Kyat und den Gebühren der Heimatbank.

Seit der Aufstellung von Geldautomaten und der Einrichtung von Wechselstuben in den Banken befindet sich das gesamte System des Geldwechsels im Umbruch. Inzwischen gibt es auch vermehrt Filialen von Western Union.

Der US-Dollar ist die Zweitwährung in Myanmar, und die Banknoten müssen zwingend absolut makellos (keine Knicke) und neueren Jahrgangs sein, um Wechselkursverluste oder Abweisung des Scheins zu vermeiden. Nationale Flüge und Bahntickets sowie bestimmte Eintrittsgelder müssen von Ausländern mit eben diesen makellosen US-Dollar-Banknoten beglichen werden. Die Regierung hat das Zurückweisen gebrauchter Banknoten zwar verboten, aber in der Praxis wird es noch so gehandhabt. Euro-Banknoten werden an allen Wechselstuben in Yangon und Mandalay akzeptiert. Der Bogyoke-Aung-San-Markt in Yangon ist nach wie vor der Ort der Schwarzhändler, wo man jede Währung tauschen kann. Nur größere Hotels akzeptieren Kreditkarten, teilweise mit bis zu zehn Prozent Gebühren. Im März 2013 wurde in einem Supermarkt in Yangon das allererste Kreditkartenterminal an einer Kasse in Betrieb genommen, um Einkäufe bargeldlos bezahlen zu können. In Myanmar zählt weiterhin Bargeld, und der beste Ort zum Tauschen ist immer Yangon oder Mandalay. Traveller Cheques werden nicht anerkannt!

Wechselkurs: Anfang 2014 bekam man für einen Euro etwa 1340 Kyat, für einen Dollar etwa 960 Kyat, für 1000 Schweizer Franken etwas über eine Million Kyat.

Behinderungen

Myanmar ist kein Reiseland für Touristen mit Behinderungen. Weder öffentliche Verkehrsmittel noch Gehwege sind geeignet. Hotels haben nur in den seltensten Fällen behindertengerechte Ausstattungen. Dennoch ist es möglich, trotz Schuhverbot mit einem vorher organisiertem Rollstuhl Tempel und Stupas zu besuchen. Demgegenüber steht eine grenzenlose Hilfsbereitschaft auch unbeteiligter Umstehender, Menschen im Rollstuhl oder mit Gehhilfen den Zugang zu Orten zu erleichtern.

Geldzählmaschine

Besondere strafrechtliche Vorschriften

Kritik an der Regierung ist unter Umständen strafbar. Jegliche politische Betätigung ist verboten. Schon der Versuch einer Kontaktaufnahme mit Oppositionellen bzw. Regimekritikern kann zu Strafverfahren oder anderen Repressalien führen. Ausländische Staatsangehörige sind bereits mehrfach wegen Verstößen gegen diese Bestimmungen inhaftiert und/oder ausgewiesen worden. In Einzelfällen wurden langjährige Haftstrafen verhängt. Man sollte immer in Erinnerung behalten, eine entsprechende Erklärung auf dem Visumsantrag unterschrieben zu haben.

Botschaften

Deutsche Botschaft in Myanmar
9 Bogyoke Aung San Museum Road
Bahan Township 11201
Yangon/Union of Myanmar
Postanschrift: Embassy of the Federal Republic of Germany
GPO Box 12
Yangon/Union of Myanmar

Kein Helm, keine Sicherung und keine Schuhe. Die ›weise Weigerung, sich Sorgen zu machen‹, so das Sprichwort

Tel. +95/(0)1/548951, 548952, 548953
Fax +95/(0)1/548899
In einem dringenden Notfall außerhalb der Geschäftszeiten rufen Sie bitte die folgende Telefonnummern an: +95/(0)9/5023209 (Deutsch/Englisch), +95/(0)9/5023208 (Myanma/Englisch)

Botschaft Myanmars in Deutschland
Thielallee 19
14195 Berlin
Tel. 030/2061570 (wird kaum beantwortet)
Fax. 030/20615720
info@botschaft-myanmar.de
www.botschaft-myanmar.de

Schweizerische Botschaft in Myanmar
No. 11, Kabaung Lane, 5 ½ mile, Pyay Road
Hlaing Township, Yangon
ygn.vertretung@eda.admin.ch
Tel. +95/(0)1/534754, 512873, 507089
Fax +95/(0)1/534754, 512873, 507089

Generalkonsulat Myanmars in der Schweiz
Avenue Blanc 47
1202 Genf
myanmargeneva@hotmail.com
www.myanmargeneva.org
Tel. 022/9069870022
Fax 022/7328919

Botschaft Myanmars in Bangkok
132, Thanon Sathon Nua
Bangkok 10500
Tel. +66/(0)2/2337250
Da viele EU-Staaten nicht vor Ort in Myanmar vertreten sind, übernimmt die deutsche Botschaft in Yangon beim konsularischen Schutz und bei der Visavergabe die Vertretung anderer Staaten: Schengenvisavertretung für Belgien, Finnland, Griechenland, Island, Luxemburg, Niederlande, Norwegen und Österreich; konsularischer Schutz auch für Luxemburger, Niederländer, Österreicher, Polen, Ungarn.

Drogen

Der Besitz schon geringer Mengen von Drogen, einschließlich so genannter ›weicher Drogen‹, wird mit langjährigen Haftstrafen bestraft, in besonders schweren Fällen kann die Todesstrafe verhängt werden.

Glückliche Schweine auf dem Dorf

Elektrizität

Die Stromversorgung ist weiterhin unregelmäßig. Spätestens außerhalb Yangons wird das deutlich. Viele Hotels besitzen Dieselaggregate, um bei Stromsperren Ersatz zu schaffen. Standard ist 230 Volt bei 50 Hertz. Es gibt stets mehrere verschiedene Arten von Steckdosen in den Wänden und für jeden ist eine dabei. Aber auch die guten Hotels haben häufig zu wenig Steckdosen, falls man mehrere Geräte aufladen muss. Die wenigen Steckdosen sind obendrein oft wacklig, und eingesteckte Stecker von mitgebrachten Geräten finden nicht immer Kontakt. Es empfiehlt sich daher, einen Dreifachverteiler mit Schutzkontaktstecker von zu Hause mitzubringen.

Feiertage (→ S. 42)

4. Januar: Tag der Unabhängigkeit von Großbritannien 1948.
12. Februar: Unionstag in Erinnerung an das Panlong-Abkommen.
2. März: Tag der Bauern.
27. März: Tag der Streitkräfte, Beginn des Kampfes gegen die Briten.
März/April: Der erste Monat in Myanmar ist der Tagu. Mitte April findet das Wasserfest Thingyan statt, das mit dem buddhistischen Neujahr endet. Dauer etwa 10 Tage.

April/Mai (Vollmond): Im Monat Kason wird die Geburt Buddhas, seine Erleuchtung und sein Erlöschen gefeiert.
Juni/Juli: Im Monat Waso beginnt die dreimonatige buddhistische Fastenzeit.
19. Juli: Märtyrertag in Gedenken an General Aung Sans Ermordung 1947.
September/Oktober: Im Monat Thadingyut findet das Lichterfest statt. Während der dreimonatigen Fastenperiode predigte Buddha den Göttern im Tavatimsa-Himmel, am Lichterfest sollen die vielen Lichter ihm den Weg zurück auf die Erde leuchten.
Oktober/November: Im Monat Tazaungmon findet das zweite Lichterfest an Vollmond statt.
November/Dezember: Im Monat Nadaw wird der Beginn der kühlen Jahreszeit gefeiert und die Nat verehrt. Der Weihnachtsfeiertag am 25. Dezember ist ein gesetzlicher Feiertag.
Dezember/Januar: Im Monat Pyatho wird in Bagan das Ananda-Tempelfest gefeiert.

Flugverkehr

Die staatliche Inlandsfluggesellschaft Myanma Airways (IATA-Code: UB) hatte früher keinen guten Ruf, allerdings hat sie in letzter Zeit ihre Flotte modernisiert. Myanma Airways ist nicht identisch mit der international operierenden Myanmar Airways International (IATA-Code: 8M). In den letzten Jahren sind jedoch weitere private Fluggesellschaften (z. B. ›Golden Myanmar Airlines‹) auf den Markt gekommen, deren Fluggerät neueren Datums ist. Alle anderen Fluglinien betreiben Turboprops auf inländischen Strecken. Die Fluglinien heißen wie folgt: Air Bagan, Air Mandalay, Yangon Airways, Asian Wings und sind im Internet vertreten.

Die neueste Fluggesellschaft, Golden Myanmar Airlines, bietet einen kostenlosen Bustransfer an, der besonders Besuchern von Mandalay zu Gute kommt (www. gmairlines.com).

Über die Seiten www.oway.com.mm, www. antares-asien-reisen.de ist es möglich, Inlandsflüge und Hotels im Voraus zu buchen und mit Kreditkarte zu bezahlen. Über www.myanmaraviation.aero kann man alle Inlandsflüge buchen und mit Kreditkarte bezahlen.

Fotografieren

Militärische Einrichtungen, Uniformierte sowie strategisch bedeutende Infrastruktureinrichtungen wie Brücken dürfen nicht fotografiert werden. In manchen Museen sowie Sehenswürdigkeiten ist das Fotografieren nur nach Erwerb eines Zusatztickets gestattet. Insbesondere in Bagan gibt es einige Tempel, bei denen schon am Eingang auf ein Verbot hingewiesen wird (Offizielle Begründung: Lichtempfindlichkeit alter Wandmalereien. Alternative: Buch am Eingang kaufen).

Normalerweise freuen sich die Menschen in Myanmar, wenn sie fotografiert werden. Im Zeitalter digitaler Kameras herrscht dann große Neugier, das Foto sofort zu sehen. In manchen Minderheitengebieten ist ein Foto von traditionell gekleidete Menschen nur gegen Gebühr erhältlich. Es ist grundsätzlich nie verkehrt, vorher zu fragen, wenn auch nur durch Handzeichen.

Frauen alleine unterwegs

Alleinreisende Frauen haben kaum etwas zu befürchten. Neugier auf Seiten der Einheimischen, die sich grundsätzlich für jeden Touristen interessieren, sollte man nicht als Annäherungsversuch verstehen. Die Einwohner Myanmars sind allgemein bekannt für ihre sanfte Zurückhaltung, gepaart mit großer Neugier. Sich zurückhaltend zu kleiden, sollte aber selbstverständlich sein.

Der ›Golden Rock‹ war zur Renovierung monatelang verhüllt

Führerschein

Das Führen von Fahrzeugen ist nur Inhabern eines nationalen Führerscheins gestattet. Ein internationaler Führerschein wird nicht anerkannt. Inhaber eines Touristenvisums werden kaum Chancen haben, ihren europäischen nebst internationalen Führerschein in einen lokalen umschreiben zu lassen. In der Praxis allerdings wird bei einer möglichen Verkehrskontrolle auch ein EU-Führerschein akzeptiert, je nach Laune der Polizei bzw. deren Fähigkeit, sich *nicht* auf Englisch mitzuteilen. Im Zweifel hilft *Tea-Money* in Höhe von ein paar Tausend Kyat. Wer also ein Auto mietet, bekommt immer einen Fahrer dazu. Selbst erfahrene Autofahrer werden Schwierigkeiten haben, sich an die teilweise chaotischen Verkehrsbedingungen zu gewöhnen.

Dasselbe gilt für das Ausleihen von Mopeds oder Motorrädern. Wer es dennoch wagt, sollte ein versierter Fahrer sein und sich vom Zustand eines Fahrzeugs selbst überzeugen können.

Selbst gebaute Straßenkehrmaschine

Gesundheit und Impfungen

Das Auswärtige Amt empfiehlt, die **Standardimpfungen** gemäß dem aktuellen Impfkalender des Robert-Koch-Institutes für Kinder und Erwachsene zu überprüfen und zu vervollständigen. Eine gültige Impfung gegen Gelbfieber wird nur für die Einreise aus einem Gelbfieber-Endemiegebiet gefordert. Bei direkter Einreise aus Deutschland bestehen keine Impfvorschriften. Als **Reiseimpfung** wird Hepatitis A, bei Langzeitaufenthalt oder besonderer Exposition auch Hepatitis B, Tollwut, Typhus, Japanische Enzephalitis empfohlen.

Dengue-Fieber wird durch den Stich hauptsächlich tagaktiver, infizierter Mücken übertragen. Eine Impfung oder Chemoprophylaxe ist nicht möglich. Schutz vor Mückenstichen ist die einzig mögliche Schutzmaßnahme. Dengue-Fieber tritt in Myanmar häufig auf, vorwiegend während der Regenperioden. Stadtgebiete sind oftmals stark betroffen, mit einem Übertragungsrisiko ist aber landesweit zu rechnen.

Die Übertragung der **Malaria** erfolgt durch den Stich blutsaugender, nachtaktiver Anophelesmücken. Bei rechtzeitiger Diagnosestellung kann auch die Malaria tropica zuverlässig behandelt werden. In Myanmar besteht ganzjährig ein Malariarisiko, verstärkt in den Regenperioden (März bis Dezember). Ein geringes Risiko herrscht in den südlichen Teilen des Rhakine-Staats mit dem Strand von Ngapali, in größeren Städten sowie in der näheren Umgebung von Yangon. Höhenlagen über 1000 Meter sowie die Stadtgebiete von Yangon und Mandalay sind malariafrei. Es gibt keinen absolut sicheren Schutz vor einer Malariaerkrankung. Ein ausreichender Schutz vor Stechmücken, insbesondere während der Dämmerung und nachts, ist die wichtigste Maßnahme und schützt auch vor anderen von Stechmücken übertragenen Erkrankungen wie Dengue-Fieber und Japanischer Enzephalitis.

HIV/AIDS ist mittlerweile auch in Myanmar, insbesondere in größeren Städten und in den Grenzgebieten, ein gravierendes Problem.

Durchfallerkrankungen treten in Myanmar sehr häufig auf. Durch eine entsprechende Lebensmittel- und Trinkwasserhygiene lassen sich die meisten Durchfallerkrankungen vermeiden. Einige Grundregeln: Ausschließlich Wasser aus Flaschen trinken, nie

Leitungswasser. Zum Zähneputzen ebenfalls Trinkwasser aus Flaschen benutzen. Beim Duschen Mund geschlossen halten. Bei Nahrungsmitteln gilt: kochen, schälen oder desinfizieren. Man sollte sein Essen vor Fliegen schützen und sich möglichst häufig die Hände waschen.

Alternativ zum faden Trinkwasser aus Plastikflaschen hat sich das wohlschmeckende Erfrischungsgetränk ›100 plus‹ in Dosen oder Flaschen bewährt. Ärzte empfehlen es zudem bei Durchfallerkrankungen, um den Mineralienhaushalt auszugleichen.

Landesweit besteht ein hohes Risiko an Bissverletzungen durch streunende Hunde und damit Übertragung einer **Tollwut**. Die notwendigen medizinischen Maßnahmen nach Bissverletzungen eines Ungeimpften sind in Myanmar nicht immer möglich, eine vorbeugende Tollwutimpfung sollte also in Erwägung gezogen werden.

Trinkwasserversorgung in Myanmar

Nähere Information erteilen z.B. die Tropeninstitute (Adressen auf www.dtg.org/institut.html).

Internet

Nur in Yangon manchmal in akzeptabler Geschwindigkeit verfügbar, aber auch nicht immer. Außerhalb Yangons sind die Verbindungen sehr unzuverlässig und dann sehr langsam. Dennoch haben viele Hotels W-Lan (WiFi), auch wenn es nicht immer gut funktioniert. Mobiles Internet über SIM-Karten ist teilweise besser, aber auch nur in Yangon zufriedenstellend.

Kleidung und Verhalten

Da ein großer Teil der Aktivitäten das Besuchen von Tempeln und Stupas ausmacht, empfiehlt es sich, Sandalen zu tragen, die man schnell an- und wieder ausziehen kann. Tagsüber ist es sehr heiß und die Luftfeuchtigkeit ist hoch, daher empfiehlt sich Kleidung aus Naturfasern. Ein T-Shirt unter dem Hemd ist immer hilfreich und beugt Erkältungen vor. Eine Kopfbedeckung ist aufgrund der starken Sonneneinstrahlung angebracht, diese muss nicht beim Besuch von buddhistischen Andachtsstätten abge-

nommen werden. Neben Sandalen sollten für etwaige Wanderungen auch feste Schuhe mitgebracht werden. In Hotels mit oftmals gefliesten Fußböden ist es angenehm eigene Hausschuhe dabei zu haben, oder man bringt seine eigenen Badeschlappen mit, um nicht die meist viel zu kleinen hoteleigenen Badeschlappen benutzen zu müssen. Kurze Hosen setzen sich allmählich bei der Bevölkerung Myanmars durch, vorwiegend aber bei der Jugend.

Für buddhistische Andachtsstätten, Tempel, Klöster und auch Schulen sowie in Privathäusern gilt, dass man diese grundsätzlich barfuß betritt! Beim Besuch von Bagan ist jede Sehenswürdigkeit ebenfalls nur barfuß zu betreten. Daher gilt: Schuhe und Socken ausziehen. Ein Hauptgrund für das Erstarken der nationalistischen Bewegung während der britischen Besatzung war auch die Weigerung der Briten, die Schuhe beim Betreten von Andachtsstätten auszuziehen. Mehr und mehr Reisende zieht es nach Myanmar, die vorher bereits in Thailand gewesen sind. Obwohl Thailand direkt an Myanmar grenzt, sind die Unterschiede gewaltig. Während man in Thailand häufig beobachten kann, dass sich niemand mehr nach Ausländern in knapper Kleidung umdreht, ist es umso fataler, dasselbe für Myanmar anzunehmen. Man kann aber vermehrt beobachten, wie Reisende in absolut unangemessener Kleidung zum

Beispiel den Mahamuni-Buddha in Mandalay besuchen, einen der wichtigsten Orte überhaupt. Obwohl an den Eingängen zu solchen Orten Schilder stehen, die auf angemessene Kleidungsvorschriften bestehen, und die Reisenden vorher bereits in Yangon solche Schilder gesehen haben, werden sie dennoch ignoriert.

Daher gilt beim Besuch von Tempeln und dergleichen: keine kurzen Hosen, keine ärmellosen T-Shirts, keine Miniröcke oder Tops. Myanmar ist ein konservatives Land, und Yangon ist nicht Myanmar. Bei der Ankunft am internationalen Flughafen Yangon sollte man die Comiccollage ›Do's and Don'ts in Myanmar‹ an den Gepäckbändern zur Kenntnis nehmen, um peinliche Situationen vermeiden zu können.

Kriminalität

In der Regel gibt es keine Probleme. Für den Reisenden ist Myanmar ein sehr sicheres Land. Die häufigsten Klagen, die man von Reisenden hört, sind kleinere Betrügereien beim Geldwechsel in dunklen Ecken. Ein im Taxi vergessener Fotoapparat wird erstaunlich oft dem Besitzer zurückgebracht – wobei dann aber ein Finderlohn angebracht ist. Taschendiebstahl und dergleichen sind kaum bekannt. Auch nachts wird man sehr bald feststellen, dass man in Myanmar sehr sicher ist. Ausnahmen sind natürlich einige Grenzgebiete, in denen teilweise bewaffnete Konflikte ausgetragen werden. Als Grundsatz auf den Märkten oder auch im Taxi sollte gelten, dass man häufig einen Ausländerpreis zahlt, den man natürlich verhandeln kann.

Landkarten und Stadtpläne

Die Karten werden immer besser, haben aber bei weitem noch keine europäischen Maßstäbe erreicht. Kaufen kann man Karten am Straßenrand, am Flughafen und in Buchhandlungen. Empfehlenswert sind die Karten von Delta Design und DPS Maps.

Motorräder

In Yangon sind Motorräder seit vielen Jahren komplett verboten, zumindest in der erweiterten Innenstadt. In Mandalay werden Motorräder an Touristen ausgeliehen, man sollte sich aber darüber klar sein, dass man ohne gültigen Führerschein unterwegs ist (→ S. 355). Insbesondere in Städten wie Mandalay, wo es mehr Moped- als Autofahrer gibt, verhalten sich die Verkehrsteilnehmer nicht so, wie man es gewohnt ist. Man kauft Benzin aus Plastikflaschen am Straßenrand, der Liter kostet etwa 1000 Kyat. In Bagan wird mit Rücksicht auf die Pferdekutscher kein Motorrad an Ausländer verliehen.

Öffnungszeiten

Kernöffnungszeiten sind 9 bis 17 Uhr, auch sonntags, mit Ausnahme des staatlichen Sektors. Die Öffnungszeiten der Museen sind uneinheitlich, als Faustregel sollte man den Montag und den Dienstag als Schließtage betrachten.

Tempel und Paya öffnen sehr zeitig und schließen nach Sonnenuntergang.

Gefrühstückt wird in der Regel vor 8 Uhr, das Mittagessen wird bereits um 11.30 Uhr und das Abendessen zwischen 18 und 20 Uhr eingenommen.

Preise

Die nachfolgende Tabelle listet Preise für verschiedene Dienstleistungen und Güter

Junge Frau mit Kind in Meditation versunken

Reisetipps von A bis Z

auf (Stand 2013). In Myanmar gelten häufig verschiedene Preise für Ausländer und Einwohner. Myanmar ist kein so günstiges Reiseland wie Thailand:

Wechselkurse: 1 Euro etwa 1100 Kyat; 1 US-Dollar etwa 1000 Kyat.

Gebühr für Geldautomaten: 5000 Kyat pro Transaktion plus Gebühren der Heimatbank.

Übernachtung: Mindestens 40 Dollar (EZ/DZ), eher 50–70.

Taxifahrt vom Flughafen Yangon bis Downtown: 8000–10 000 Kyat; innerhalb Downtown tagsüber: 1000–2000 Kyat.

Auto mit Fahrer pro Tag: ab 50 000 Kyat.

Flug Yangon–Mandalay: etwa 100 Dollar. Bus: 15 000 Kyat.

Flug Yangon–Bagan: etwa 130 Dollar. Bus: 15 000 Kyat.

Flug Inle-See–Mandalay: ab 50 Dollar. Bus: 10 000 Kyat.

Bahnfahrt Yangon–Mandalay: ab 35 Dollar. Pyin U Lwin–Hsipaw: 6 Dollar.

Taxifahrt vom Flughafen Heho (Inle-See) nach Nyaungshwe: 30 000 Kyat.

Taxifahrt vom Flughafen Mandalay–City: 25 000 Kyat.

Flasche einheimisches Bier: 1200–4000 Kyat.

Flasche Trinkwasser: 200 Kyat.

Zigaretten: 800–3000 Kyat.

Flasche Whisky, Rum, Gin (lokal): 1000–3000 Kyat.

Essen in einfachen Restaurants: z.B. Bratreis mit Ei ab 1000 Kyat, Chicken-Hin mit Reis und Gemüse: 3000 Kyat, Cashewnut Chicken mit Reis: 5000 Kyat.

Arztkonsultation SOS Klinik Yangon: ab 70 Dollar.

Maßgeschneidertes Hemd auf dem Bogyoke-Aung-San-Markt: 10 000 Kyat.

Persönlicher Reiseleiter pro Tag (lokal, Englisch; Deutsch): ab 50 Dollar.

Visa-Überziehungsgebühr: pro Tag 3 Dollar.

30-Tage-SIM-Karte: 20000 Kyat; vollwertige SIM-Karte: 9 Dollar pro Tag.

Hoteltelefonat nach Deutschland: ab 3 Dollar/Minute.

Preise für Unterkunft: Der momentan herrschenden Zimmerknappheit wird durch zahlreiche Hotelneubauten begegnet, wobei aber mehr und mehr hochpreisige Hotels entstehen, während immer mehr Rucksackreisende sich das unverändert gleich bleibende Angebot an preiswerten Unterkünften teilen müssen. Einfache und saubere Hotels sind (noch) ab 40 Dollar zu haben, aber diese sind während der Hochsaison oft ausgebucht. Unter 40 Dollar etwas zu finden ist fast unmöglich. Am Flughafen Yangon gibt es eine Zimmer-

Dorfszene nahe Twante südlich Yangons

Snacks werden auch auf Schiffen verkauft

vermittlung. Schon viele Rucksackreisende haben Myanmar nach einer Woche wieder verlassen, als sie merkten, dass das Budget zu knapp wurde.

Reisezeit

Myanmar liegt im Einflussgebiet des Monsuns, was drei Jahreszeiten zur Folge hat. Die kühle Zeit von Oktober bis März ist Hauptpreisezeit. Der November/Dezember und der Januar/Februar sind die klimatisch angenehmsten Monate, sie entsprechen dem deutschen Hochsommer. In Gebirgslagen wie dem Shan-Staat wird es nachts sehr kalt, teilweise um den Gefrierpunkt. Von März bis Mai wird es sehr heiß, und danach beginnt die bis Oktober dauernde Regenzeit.

Reiseveranstalter in Deutschland

Amara Myanmar Experience, Individuelle zusammengestellte Reisen, Bootsreisen. Kolpingstr. 8, 83646 Bad Tölz, Tel. 08041/9424, Fax 71697, info@amara-myanmar.de, www.amara-myanmar.de.

Antares-Reisen Hamburg, Kleinstgruppen und Einzelreisen. Jahrelang einziger Händler in Deutschland für nationale Flugtickets. Große Bleichen 16, Hamburg, Tel. 040/999987135, info@antares-asien-reisen.de, www.antares-asien-reisen.de.

a & e Erlebnisreisen, Rundreisen und verschiedene Teilprogramme. Hans-Henny-Jahnn-Weg 19, 22085 Hamburg, Tel. 040/2714347-0, Fax, 2714347-14, www.ae-erlebnisreisen.de

Chili-Reisen, Rundreisen in kleinen Gruppen. Pappelstr. 82, 28199 Bremen, Tel. 05051/7564, Fax 1349849, www.chili-reisen.de.

China by Bike, Ein Spezialist für umweltfreundliche Fahrradreisen. Karlsgartenstr. 19, 12049 Berlin, Tel. 030/6225645, Fax 62720590, www.china-by-bike.de.

Diamir Erlebnisreisen, Kulturrundreisen, Trekking. Berthold-Haupt-Str. 2, 01257 Dresden, Tel. 03 51/31207-7, Fax -6, www.diamir.de.

Gebeco, Erlebnisreisen in kleinen Gruppen. Holzkoppelweg 19, 24118 Kiel, Tel. 0431/5446-0, Fax -111, www.gebeco.de.

Geoplan Reisen, Dieses in Berlin ansässige Unternehmen ist seit über 20 Jahren Spezialist für Asien. Mohriner Allee 70 12347 Berlin, Tel. 030/79742279, www.geoplan-reisen.de.

Lernidee Erlebnisreisen Berlin, Gruppenreisen und Flusskreuzfahrten. Deutscher

Tourleader und deutschsprachige Reiseleiter vor Ort. Kurfürstenstraße 112, 10787 Berlin, Tel. 030/7860000, www.lernidee.de.

One World Reisen mit Sinnen, Nachhaltige Erlebnisreisen. Neuer Graben 153, 44137 Dortmund, Tel. 0231/5897920, Fax 164470, www.reisenmitsinnen.de.

Studiosus, Studienreiseveranstalter aus München. Für Reisende mit eindeutig vertieftem Interesse. Postfach 500609, 80976 München, Tel. 0800/24022402, www.studiosus.com.

TSA-Travel Service Asia, Individuelle Rundreisen, Trekking, Badeurlaub. Riedäckerweg 4, 90765 Fürth, Tel. 0911/979599-0, Fax -11, www.tsa-reisen.de.

Taruk Reisen International, Dieser Veranstalter bei Potsdam bietet Reisen für Kleinstgruppen zwischen 8 und 12 Teilnehmern an. Krughof 38, 14548 Caputh, Tel. 033209/21740, www.taruk.com.

Uniteam Tours & Travel, Seit 1992 in Hamburg ansässiger Spezialist für Myanmar-Reisen mit eigenen Hotels in Myanmar (Savoy Hotel in Yangon und einige Bayview Resorts). Das Unternehmen bildet vor Ort Seeleute aus. Glockengiesserwall 3, 20095 Hamburg, Tel. 040/30967455, www.uniteam-travel-myanmar.com.

Ventus Reisen, Individuell zusammengestellte Kleingruppenreisen mit unterschiedlichen Schwerpunktem. Krefelder Str. 8, 10555 Berlin, Tel. 030/3910033-2, -3, Fax 3995587, www.ventus.com.

Reiseveranstalter in Myanmar
Für einfache Ticketbuchungen bitte Reisebüros aufsuchen (s.u.)

Azure Sky Travels & Tours, Dr. Axel Bruns ist seit 25 Jahren im Land, ausgewiesener Experte und begleitet manche Reisen persönlich. Vertrauensreisebüro der deutschen Botschaft in Yangon. Kleinst- und Gruppenreisen. Neuster Service ist die Schiffpassage zwischen Mandalay (Innwa) und Bagan, azuresky@come2myanmar.com, www.azureskytoursmyanmar.com.

Gracious Myanmar Travels & Tours, Das zweite Reisebüro in Myanmar in deutscher Hand mit langjähriger Erfahrung. GMT – Gracious Myanmar Travel. 343, Bo Aung Kyaw Street, Yangon, Tel. +95/(0)1/392552, kerstin.jung@gmail.com, www.myanmartravelagent.com.

Ancient Geographics Travels & Tours, Bietet neben der klassischen Rundreise Spezialtouren in den Chin-Staat an. sweyi@ancientgeo.com, www.ancientgeo.com.

www.Myanmar2Go.com, Der Inhaber des Myanmar Book Centres, Dr. Thant Thaw Kaung, spricht mit diesem Reisebüro Kunden an, die sich ausschließlich für ganz bestimmte Themen in Myanmar interessieren, sei es Archäologie, Botanik oder Architektur. No 55, Baho Road, Corner of Baho and Ahlone Road, Ahlone Township, Yangon, Myanmar, Te. +95/(0)1/221271, 212409, 214708, +95/(0)9/73147732, info@myanmar2go.com. Kontakt: Ms Kyaw Ohnmar.

Reisebüros für Flugtickets, Hotelbuchungen etc.
OWAY ist das erste Internetreisebüro aus Myanmar für Myanmar. Kreditkarten, paypal und Banküberweisungen sind möglich. Es bietet eine Flugsuchmaschine für nationale Verbindungen, Hotels und ebenfalls Einzelbausteine sowie Komplettreisen, www.oway.com.mm.

Markt am Fluss

Dana Moe Air Ticket Center im Erdgeschoss des Central Hotels in Yangon. Vormals bekannt als Vega Air Ticket Center, Tel. +95/(0)1/383655.

Seven Diamonds Travels & Tours vertreibt exklusiv Tickets der neuen Billigflugggesellschaft Golden Myanmar Airlines, Tel. +95/(0)1/299040 sales@sevendiamondtravels.com, www.sevendiamondtravels.com.

Sun Far Travels & Tours, eines der ersten Reisebüros mit Filialen landesweit, verfügt über ein umfangreiches Serviceangebot. No.27/29/31, Ground Floor, 38th Street, Kyauktada Township, Yangon, Myanmar, Tel. +95/(0)1/243993, 384680, ho@sunfartravels.com, www.sunfartravels.com.

Per Fahrrad in Myanmar, Jeff Parry aus Australien betreibt ein Fahrradgeschäft in Yangon und bietet Fahrradreisen an. Bike World Explore Myanmar, No. 10(F), Khapaung Road, 6-miles Pyay Road, Hlaing Township, Yangon. Tel. +95/(0)1/527636, enquire@myanmarpanorama.com. http://bwemtravel.com.

www.myanmaraviation.aero, deutsch-geführtes Groundhandling und Buchung für diverse Fluglinien.

Sperrgebiete

Aktuelle Informationen bietet die Internetseite der deutschen Botschaft in Yangon: www.rangun.diplo.de. Die deutsche Botschaft riet im Herbst 2013 von Reisen in den Rakhine-Staat einschließlich der Städte Sittwe und Mrauk-U ab. Unruhen im Touristengebiet Ngapali-Beach wurden bisher nicht gemeldet. Hintergrund ist der anhaltende Konflikt mit den staatenlosen Rohingya im Rakhine-Staat.

In Teilen des Kachin-Staats bzw. im nördlichen Shan-Staat werden weiterhin bewaffnete Konflikte zwischen Rebellenarmeen und dem staatlichen Militär ausgetragen. In einigen Grenzregionen, in denen bewaffnete Rebellengruppen operieren (Teile des Chin-Staats und der Sagaing-Region, Teile der Staaten Shan, Mon, Kayin und Kayah) bleibt die Lage angespannt. Im März 2013 wurde

In einer Teppichweberei

in der Gegend um Mektila aufgrund von ethnisch/religiös motivierten Spannungen der Ausnahmezustand verhängt, welcher Auswirkungen bis in die Bago-Region hatte. Die Gebiete der klassischen Rundreise sind davon nicht betroffen. Weiterhin wird in diesem Buch auf etwaige Sicherheitsaspekte im jeweiligen Kapitel hingewiesen.

Telefon

Ausländische SIM-Karten können nicht in das Mobilfunknetz Myanmars eingebucht werden. SIM-Karten gibt es am Flughafen. Dieser Sektor befindet sich gerade in einem tiefgreifenden Wandel.

An den Straßenrändern der größeren Städte sieht man Telefone stehen, diese können für Inlandsgespräche benutzt werden. Gespräche von und nach Europa sind mitunter sehr mühselig und sehr teuer. Außerhalb der Großstädte funktionieren Telefone häufig nicht.

Toiletten

Dies ist außerhalb des eigenen Hotelzimmers kein erfreuliches Thema. Die Auswahl der Restaurants wurde auch unter diesem Aspekt vorgenommen. An einigen Sehenswürdigkeiten muss man für die Benutzung bezahlen. Häufig ist die Toilette ein schmaler Bretterverschlag hinterm Haus.

Trinkgeld

In Teestuben, beim Taxifahren etc. ist Trinkgeld eher unüblich. Einige Restaurants erheben selbstständig 10 Prozent Service Charge, wie auf der Rechnung angegeben. Kofferträger am Flughafen erwarten ein Trinkgeld, etwa 400 Kyat pro Koffer. Einem Fahrer und/oder Reiseleiter sollte man am Ende einer Reise ein Trinkgeld überreichen.

Umrundung eines Stupas

Oft gefragt und selten richtig beantwortet: Jeder Stupa und Tempel wird im Uhrzeigersinn umrundet, das heißt, dass die rechte Körperseite dem Stupa zu- und die linke Körperseite dem Stupa abgewandt ist. Die Schuhe hält man dabei in der linken Hand. In Myanmar gilt die rechte Körperseite als edel, die linke weniger. Gotama Buddha wohlgemerkt ist der Legende nach dem Körper seiner Mutter aus der rechten Seite entsprungen. Auch auf Gemälden, die die großen Kriege zwischen Thailand und Myanmar thematisieren, kommt die jeweils böse Armee immer von links, während die eigene gute Armee auf den Gemälden rechts steht. In Bagan wird hinter einigen Buddha-Statuen der Angriff der Armee Maras (Teufel; Tod) als Wandmalerei gezeigt. Wenn man vor dem Buddha steht, sieht man die Armee immer von links angreifen.

Unterkunft

Jede Kategorie ist in Myanmar vertreten – von der Matratze in einem Massenschlafsaal im YMCA bis hin zu Luxussuiten für mehrere Hundert Dollar pro Nacht. Mehr und mehr 5-Sterne-Häuser sind im Entstehen, und die vorhandenen können es bereits mit anderen internationalen Hotels aufnehmen. Es gibt keine einheitliche Sterne-Bewertung in Myanmar. So hat zum Beispiel das berühmte Strand-Hotel in Yangon keinen Pool, aber dennoch 5 Sterne. Bei den meisten Unterkünften gibt es keine Angabe zur Kategorie. In den meisten Hotels wird wenigstens ansatzweise Englisch gesprochen. Die Zimmer sind in der Regel ausreichend groß und sauber. Ab 40 Dollar, eher aber ab 50 Dollar und aufwärts kann man anständige Zimmer erwarten. Reservierungen lassen sich mittlerweile leicht über das Internet erledigen, was zur Hochsaison rechtzeitig erledigt werden sollte: www.oway.com.mm ist die erste vollständig integrierte Suchmaschine aus Myanmar für Myanmar.

www.agoda.com hat verschiedene Geld-zurück-Modelle im Storno-Fall.

Wer sich vorher einen Eindruck vom Hotel verschaffen will, kann das bei www.tripadvisor.com tun.

Verhaltenstipps

Das Verhalten der überwiegend buddhistischen Bevölkerung ist geprägt von sanfter Zurückhaltung. In der Öffentlichkeit die Stimme zu erheben, laut zu streiten oder handgreiflich zu werden, bedeutet einen Gesichtsverlust. Dem Älteren ist immer mit Respekt zu begegnen, von Jüngeren kann man Respekt erwarten.

Begrüßung: Händeschütteln ist üblich, dabei neigt man leicht den Kopf. Hin und wieder benutzt man auch beide Hände. Anders als in Thailand werden in Myanmar nicht die Hände vor dem Gesicht gefaltet und sich dabei verbeugt. Wer der Sprache mächtig ist, wird schnell feststellen, dass eine eher übliche Begrüßung die Frage nach dem Essen ist. Umarmungen und Küsschen sind sehr unüblich. Telefonate werden ohne lange Verabschiedung beendet, nachdem alles gesagt worden ist, wird einfach aufgelegt.

Gesten: In der Teestube oder Kneipe reagieren die Kellner nur auf ein Geräusch, nicht auf Gesten. Das Geräusch wird man sehr bald lernen. Das gilt aber nicht für Restaurants, dort gilt es als sehr unhöflich. Man wird sehr oft Männer sehen, die Hand in Hand gehen. Das ist ein Ausdruck freundschaftlicher Zuneigung und hat keinen homosexuellen Hintergrund. Hin und wieder wird auch der männliche Reisende für längere Zeit an die Hand genommen werden, was er höflich ablehnen kann oder einfach akzeptiert.

Visum

Die Einreise ist nur mit einem vorher ausgestellten gültigen Visum möglich. Visa werden von allen Auslandsvertretungen der Union Myanmar erteilt, z.B. der Botschaft in Berlin. Seit Kurzem gibt die Botschaft in Berlin zu verstehen, dass bis zu **vier Wochen Bearbeitungszeit** einzuplanen sind. Der Reisepass soll zum Ende der Reise noch mindestens sechs Monate lang gültig sein. Man benötigt zwei Passbilder, Antragsformulare vergibt die Botschaft oder man besorgt sich diese von der Internetseite. Die Möglichkeit, Visa für Journalisten zu erteilen, wird derzeit im Parlament diskutiert. In Bangkok liegen Antragsformulare für Journalisten aus.

Ein **Touristenvisum** (T) kostet rund 25 Euro und muss ab Ausstellung innerhalb von drei Monaten zur Einreise benutzt werden. Ab Einreisedatum (Stempel im Pass am Flughafen Yangon) gilt eine Gesamtaufenthaltsdauer von 28 Tagen. Eine mehrfache Ein- und Ausreise mit dem selben Touristenvisum ist grundsätzlich nicht möglich (S: single entry). Eine Aufenthaltsverlängerung über 28 Tage hinaus wird nicht erteilt. Wer als Tourist länger bleiben möchte, zahlt bei **verspäteter Ausreise** ab dem 28. Tag 3 Dollar Gebühr für jeden weiteren Tag. Laut Erkenntnissen von Reisenden ist eine Gesamtaufenthaltsdauer von bis zu 90 Tagen nachträglich problemlos bei der Ausreise am Flughafen Yangon (zweite Etage: Immigration) abzuwickeln, aber man sollte es nicht übertreiben.

Ein Problem kann es sein, mit einem **überzogenen Visum** eine Unterkunft in Yangon, zumindest in den einfacheren Hotels, zu finden. Ein Schild mit dem Hinweis ›no overstay‹ an der Rezeption weist darauf hin. Diese Regelung wurde vor dem Hintergrund der Wahlen im Jahr 2010 erlassen und längst wieder aufgehoben, wobei diese Information noch nicht bei allen Hotels angekommen ist.

Mit einem Touristenvisum darf man nur in Hotels und ähnlichen Unterkünften übernachten. Das Wohnen in Privatwohnungen, etwa bei Freunden, ist offiziell nicht gestattet, auch wenn man kaum mit nächtlichen Kontrollen rechnen muss. Es heißt vereinzelt, dass nationale Fluglinien keine Tickets ausstellen, wenn man mit einem überzogenem Visum ins Landesinnere fliegen will, was aber für den Rückweg nach Yangon nicht gilt.

Ein **Visum bei Ankunft** (Visa on Arrival) für Touristen ist durch viele widersprüchliche Aussagen in den vergangenen Jahren eine unklare Angelegenheit geworden. Wer von Bangkok nach Yangon fliegen will, in der Hoffnung bei der Ankunft ein Visum erteilt zu bekommen, wird möglicherweise nicht ins Flugzeug gelassen, da viele Änderungen der letzten Jahre ein Informationschaos verursacht haben. Gruppenreisen, die von einem Veranstalter organisiert worden sind, machen von dieser Möglichkeit eher Gebrauch als Einzelreisende. Im Recherchezeitraum wurden neue Visa on Arrival Regeln erlassen; deren Handhabung kann hier noch nicht bewertet werden. Wer nicht in Deutschland sein Visum einholen möchte, kann das ebenso gut in Bangkok machen, wobei aber zu beachten ist, dass wenigstens eine Übernachtung und

In der ›Marmorstraße‹ von Mandalay

erhöhte Gebühren einzuplanen sind. Die Antragsformulare der Botschaften in Berlin und Bangkok unterscheiden sich. Die Dokumente für Bangkok sind online verfügbar. Klebstift für Passfotos mitbringen. **Informationen zu den Visabestimmungen** bietet die Internetseite der Botschaft Myanmars in Berlin, www.botschaft-myanmar.de. Auch die Seite www.myanmarvisa.com bietet ausführliche Antworten in Visumfragen, insbesondere zur Entwicklung bei Visa on Arrival.

Wer geschäftlich nach Myanmar reisen will, benötigt ein **Business Visum** (B), das nur erteilt wird, wenn man ein Einladungsschreiben einer in Myanmar registrierten Firma nebst vollständiger Dokumentation besitzt. Dieses berechtigt zu einer Aufenthaltsdauer von zehn Wochen ab Einreise, und, sofern, es sich um ein Visum mit Mehrfacheinreiseberechtigung (M: multiple) handelt, wird dieses sechs oder zwölf Monate lang gültig sein, wobei man aber dann alle 10 Wochen aus- und wieder einreisen muss. Mit einem Business Visum darf man eine Wohnung mieten und auch in selbiger wohnen. Bei verspäteter Ausreise

In der Thanboddhay Paya in Monywa

über 10 Wochen hinaus gelten die selben Gebühren wie beim Touristenvisum.

Die verspätete Ausreise wird mit einem Stempel nachträglich legitimiert, wobei dieser Stempel eine halbe Seite im Reisepass benötigt. Das Visum nimmt eine ganze Seite ein.

Noch im Flugzeug von Bangkok nach Yangon wird man aufgefordert, eine **Arrival Card** auszufüllen, die man bei der Einreise wieder abgibt. Falls man die Adresse des Hotels in Myanmar nicht zur Hand haben sollte, reicht es auch aus, einfach den Namen des Hotels zu nennen.

Hinweis: Für Reisen abseits der üblichen Pfade sollte man nach Einreise viele Kopien des Reisepasses, des Visums und des Einreisestempels anfertigen.

Zeit

Im Winter Mitteleuropäische Zeit plus 5,5 Stunden, zur europäischen Sommerzeit plus 4,5 Stunden. Abstand zu Thailand 30 Minuten. In Myanmar gibt es keine Sommerzeitregelung.

Zollrechtliche Fragen

Die Ein- und Ausfuhr ausländischer Devisen ist in unbegrenzter Höhe zulässig; ausländische Besucher müssen jedoch Beträge, die (insgesamt) den Gegenwert von 10 000 US-Dollar übersteigen, deklarieren. Die Ein- und Ausfuhr der Landeswährung Kyat ist eigentlich nicht gestattet. Tragbare Computer und Mobiltelefone können ohne vorherige Genehmigung eingeführt werden. Einfuhrverbote bestehen u. a. für Waffen und pornographische Materialien. Die Ausfuhr von Antiquitäten ist streng verboten. Zuwiderhandlungen können zu sofortiger Festnahme und mehrmonatiger Haft führen. Die Ausfuhr von Edelsteinen (sowohl ungeschliffen als auch geschliffen und/oder gefasst), von Schmuck und Silber ist nur gegen Vorlage der Kaufquittung eines staatlich zugelassenen Händlers zulässig. Reisegepäck wird bei Ein- und Ausreise durchleuchtet und vereinzelt auch von Hand durchsucht.

Myanmar per Bahn erfahren

von Dieter Hettler, Koblenz

Eisenbahnfahren in Myanmar ist nicht nur etwas für wahre Enthusiasten, die sich extra einen Zug mieten, um ihn dann mehrmals dieselbe Kurve fahren lassen, damit die Fotoeinstellungen passen.

Viele Gegenden in Myanmar kann man per Bahn allein und vor allem unabhängig erreichen. Der Bahnhof liegt, verglichen mit dem Flughafen oder Busplatz, meist zentral in der Stadtmitte. Bahnfahren in Myanmar, das ist die Entdeckung der Langsamkeit, unterwegs in schaukelnden Waggons, umgeben von Familien, die unterwegs ihr Picknick abhalten und den Reisenden aus dem fernen Land schon einmal dazu einladen. Anders als im Bus hat man im Waggon mehr Freiheit, man kann aufstehen und umherlaufen und Kontakte knüpfen. Selten wird es langweilig, wenn es draußen nichts zu sehen gibt, wird es drinnen umso unterhaltsamer. Man lernt Land und Leute kennen, von draußen winken die Erntehelfer, während drinnen schon mal ein paar Hühner gackern.

Das Streckennetz hat heute eine Länge von etwa 6900 Kilometern, was sich aber angesichts der gegenwärtigen Bauunternehmungen im Land bald stark erweitern dürfte. Das gesamte Netz der MR hat eine Meterspur, in Europa ›Schmalspur‹ genannt, wobei es aber keinen Schmalspurcharakter hat wie etwa eine deutsche Museumsbahn. Ein großer Teil der Schweizer Bahnen und Bergbahnen wurde zum Beispiel auch in Meterspur gebaut.

Die Züge im Land tragen den Zusatz *up* (UP) und *down* (DN), und zwar immer von Yangon aus gesehen, dabei sind die ungeraden Zugnummern immer ›UP‹, die geraden ›DN‹. Die in den Reisevorschlägen in eckigen Klammern angegebenen Streckennummern sind zwar die offiziell vergebenen, sie sind aber in Myanmar weniger gebräuchlich; sie stimmen mit den Zahlen der Übersichtskarte (→ S. 370) überein.

Kleiner Überblick zur Geschichte von Myanma Railways:	
1874	Rangoon & Irrawaddy Valley State Railway
1884	Rangoon & Sittang Valley State Railway
1885	Burma State Railways
1896	Burma Railways Company Ltd.
1929	Burma Railways (unter dem Indian Railway Board)
1937	Burma Railway Board
1948	Union of Burma Railways
1972	Burma Railways Corporation
1989	Myanma Railways

Reisevorschlag Yangon – Bagan

Hier gibt es zwei Möglichkeiten: Einmal mit dem direkten Zug 61 (ungerade Nummern sind immer immer UP-Züge) über Pyay [20] und weiter nachts über die sehr rustikale Neubaustrecke [22] über Myade (Allenmyo) und Satthwa [40]–Taungdwingyi–Kyaukpadaung–Bagan.

Etwa bis Myade geht die Strecke parallel zum Ayeyawady und kreuzt in der Regenzeit viele Flüsschen, die alle im Ayeyawady münden. In den ersten Jahren nach der Eröffnung nach 1997 gab es hier zur Regenzeit viele Auswaschungen von Brückenpfeilern.

Die durchaus interessante Alternative ist die Hauptstrecke [10] bis Pyinmana. Von dort geht es mit dem Personenzug 101 UP über die Strecke [40] nach Kyaukpadaung und nach Bagan. Hierbei kreuzt der Zug das Bago Yoma, ein Höhenzug, der das Ayeyawady-Tal in der Ebene zwischen Bago und Mandalay trennt und der hier noch zum Teil Urwaldcharakter hat. Parallel zu einem Flusslauf geht es in leicht geschwungenen Bögen durch dichtes Grün, in Einschnitten und auf Dämmen immer bergauf, vorbei an einigen Dörfern und mehreren Sägewerken. Nach einem nicht markierten Scheitelpunkt geht es genauso wieder bergab, bis man in Satthwa auf die Strecke der Variante 1 mit dem durchgehenden Zug trifft. Von Pyinmana bis hierhin sind es etwa 93 Kilometer, wofür 4,5 Stunden benötigt werden.

In Kyaukpadaung (48 Bahn-Kilometer vor Bagan) besteht die Möglichkeit für einen kleinen Umweg zum Mount Popa (1518 m), der eine knappe Taxistunde entfernt liegt. Vor dem mächtigen Vulkankegel steht wie ein Pfeiler ein weiterer vulkanischer Auswuchs, der Popa Taung Kalat mit 737 Metern Höhe. Er ist der Wohnort der 37 Nat, die auch in einem Schrein am Fuße des Berges figürlich abgebildet sind. Die Popa Mountain Lodge ist ein etwas oberhalb des Taung Kalat gelegenes 4-Sterne-Hotel im Bungalow-Stil, das zum Übernachten einlädt. Von der Terrasse hat man einen

Nur in Myanmar: offene Türen während der Fahrt über den Goteik-Viadukt

einmaligen Blick ins Land und kann einen wunderbaren Sonnenuntergang erleben. Für die 90 Minuten dauernde Weiterfahrt nach Bagan am nächsten Morgen kann man über das Hotel ein Taxi organisieren.

Reisevorschlag Yangon – Shwenyaung – Inle-See

Nach dem Umzug in die neue Hauptstadt Naypyitaw (NPT) ab November 2005 wurden verschiedene Ergänzungen an einigen Strecken-Knotenpunkten ins Auge gefasst, um von den einzelnen Ästen bequemer und ohne Kehrtmachen des Zuges nach Naypyitaw fahren zu können, da bislang alle Strecken auf Yangon ausgerichtet waren. So wurde kurzfristig eine neue Spange von der Hauptstrecke [10] zur Bergstrecke in die südlichen Shan-Staaten [60] unter Umgehung von Thazi geschaffen. Diese Strecke nimmt der durchgehende Zug 141 UP und kommt dadurch etwa zwei Stunden früher auf die Bergstrecke und auch ans Ziel. Für den von der langen Nachtfahrt noch müden Reisenden zu früh, um den ersten Teil der Strecke genießen zu können.

Die zweite Möglichkeit ist, mit einem durchgehenden Zug bis **Thazi** [60] zu fahren, den Ort zu besichtigen – es gibt ein interessantes Kloster und am Locoshed auf einem Sockel die Garratt-Gelenklokomotive GC 833, eine 1'D-D1', 1943 von Beyer-Peacock in Manchester gebaut, die hier bis etwa 1978 die Bergstrecke befuhr. Nach einer Übernachtung nimmt man den Zug 141 UP am nächsten Morgen um sechs Uhr in Richtung Inle-See. Somit kann man den interessanten Abschnitt ab **Yinmabin** (389 m) bei vollem Tageslicht genießen. Nach weiteren kurvenreichen fünf Kilometern fährt der Zug in die *first reversing*, die erste Spitzkehre ein. Hier ist viel los, manchmal auch eine Zugkreuzung. Oft steigen viele Reisende aus. In der Nähe wird Gold gewaschen und eine Zufahrtsstraße gibt es praktisch nicht. Nach etwa zehn Minuten Aufenthalt erfolgt ein Pfiff der Lok, und es geht rückwärts geschoben etwa einen Kilometer bergauf, die Steigungen hier haben alle vier Prozent, oder 1:25, was für eine Hauptbahn schon beachtlich ist.

In der *second reversing* steht der Zug kaum, da geht es wieder gezogen über 7,3 Kilometer bergauf. Zu beiden Seiten der Strecke streben die Hänge steil nach oben, man sieht nur Grün. Und dann kommt der Bahnsteig von **Hkwe Yok**, der *third reversing* auf 924 Höhenmetern. Hier ist wieder viel los, Verkaufsbuden, Garküchen und jede Menge Menschen. Noch einmal wechselt der Zug seine Fahrtrichtung, nun geht es 2,5 Kilometer geschoben bergauf zur vierten Spitzkehre auf 987 Höhenmetern. Auch hier geht das Wenden schnell und bald darauf fährt der Zug wieder vorwärts, immer am steilen Hang zur rechten Seite entlang. Sechs Kilometer geht es so bergauf, dann erscheint nach einer Linkskurve zur rechten Seite das Kloster von Sintaung auf einem Hügel. Der Bahnhof von **Sintaung** (1199 m) liegt direkt am linken Hang, zu einem parallelen zweiten Gleis hat der Platz nicht gereicht, das Ausweichgleis geht als Stumpfgleis in den Ort.

Direkt nach Sintaung macht die Strecke einen vollen Halbkreis nach links und steigt oberhalb des Ortes weiter an, bis sie hinter einem kurzen Tunnel nach etwa 20 Minuten ihren **höchsten Punkt** mit 1406 Metern überschreitet. Das alles findet in einem wunderschönen Hochtal statt, in dem es keine Straße gibt. Die weitere Fahrt ist weniger spektakulär, aber dennoch einmalig schön. Die Strecke folgt einem neuen Hochtal mit Bachlauf und vielen kleinen Gemüse- und Reisfeldern. In **Myindaik** auf 1358 Höhenmetern ist ein großer Obst- und Gemüsemarkt auf dem Bahnsteig, auch Astern werden hier bundweise angeboten. Nach weiteren 45 Minuten durch das immer noch malerische und fruchtbare Tal kommen wir nach **Kalaw** auf 1310 Höhenmetern an, dem Eingangstor zum südlichen Shan-Staat. Nachts kann es hier empfindlich kalt werden. Viele Kolonialhäuser zeugen noch von der Zeit, als pensionierte britische Beamte hier ihren Alterssitz hatten. Die Fahrt geht weiter nach **Aungban**, auf

Freundliche Reisebegleitung

1286 Höhenmetern gelegen. Hier geht die Strecke [65] nach Loikaw im Süden ab. Aungban ist der Ausgangspunkt für Ausflüge zu den 38 Kilometer entfernten **Pindaya-Höhlen** in einem Berghang. Ich habe sie 1978 kennengelernt, als die über 8000 Buddha-Figuren noch in ihrer ursprünglichen Farbe, meist weiß, bei einzelnem Glüh- und Neonlampenlicht beeindruckten, heute ist das alles nur noch eine grell beleuchtete goldene Pracht.

Aber die Fahrt geht noch weiter. Man sieht nun Kieferwälder, was die Landschaft fast heimisch macht. Über **Kanar** (1336 m) kommen wir nach **Heho** auf 1202 Höhenmetern. Kurz vorher sieht man links den Flugplatz für die gesamte Region, bevor es zum letzten Höhepunkt der Strecke geht, die **Schleife von Heho**, dem Loop. Bis zum Ziel in Shwenyaung sind es zwar nur noch 11 Kilometer Gleis, aber dabei werden fast 300 Höhenmeter überwunden. Die Strecke führt kurvenreich durch Waldhänge und Einschnitte, macht dann einen vollen Kreis nach links und fährt auf einer Trogbrücke über sich selbst hinweg. Jetzt geht es nur noch links am Hang bergab, rechts im Tal erscheint der Inle-See auf genau 900 Metern Höhe und hinter dem gegenüberlie-

Reisetipps von A bis Z

*Junge mit Büffel an der Strecke Yangon–
Naypyitaw*

genden Höhenzug können wir Taunggyi,
die Hauptstadt der südlichen Shan-Staaten
vermuten. Nach einem ›Spurt‹ durch das
weite Tal ist **Shwenyaung** (894 m), das
Ziel unserer langen Reise erreicht, 650
Kilometer von Yangon. Die Strecke geht
noch weiter, wieder steil bergauf und über
Taunggyi (1430 m) hinaus, ist aber für den
Personenverkehr nach Taunggyi gesperrt.
Ab Shwenyaung sind es noch elf Kilometer
per Bus oder Taxi zum Inle-See.

Reisevorschlag Mandalay – Pyin U Lwin – Goteik-Viadukt – Hsipaw – Lashio

Es gibt einen durchgehenden Zug nach
Lashio [70], den 131 UP, der Mandalay
zu nachtschlafender Zeit um 04:00 verlässt, in Pyin U Lwin von 07:52 bis 08:22
verweilt. In Pyin U Lwin werden weitere
Wagen angehängt. Gegen 19:35 soll der
Zug dann in Lashio eintreffen. Das ist sogar noch langsamer als im Jahr 1962, als
die Dampflokomotiven Lashio um 17:48
laut Fahrplan erreichten.
Das erste interessante Stück ist der Abschnitt ab **Sedaw** (102 m) bis Pyin U Lwin,
wo es wie bei der südlichen Strecke für
den Eisenbahnfreund ebenfalls vier interessante *reversings* (Spitzkehren) gibt. Wer
diese unbedingt erleben will sollte sich
beim Station-Master erkundigen, ob es

später am Tage noch einen ›Local‹ (GmP,
Güterzug mit Personenbeförderung) gibt,
der die Strecke bei Tageslicht befährt. Bei
der Fahrt mit 131 UP gibt es zu so früher
Stunde noch kein Fotolicht. Allerdings ist
zu bedenken, dass es nach der 4. Reversing
(326 m) gegen 05:45 bis Pyin U Lwin keine interessanten Stellen mehr gibt.
Für alle, die nicht schon um 4 Uhr im Zug
sitzen wollen, empfiehlt sich die Fahrt
nach Pyin U Lwin mit Bus oder Taxi. Ab
Pyin U Lwin geht es um 08:22 vom Bahnhof weiter. Es ist sinnvoll, rechtzeitig anzukommen, um einen guten Fensterplatz
in Fahrtrichtung zu bekommen, die Seite
spielt eigentlich keine Rolle. Die nächsten
64 Kilometer bis **Hsum Hsai** (750 m) geht
es durch eine wunderschöne weite Hü-
gellandschaft immer bergab, dann steigt
die Strecke auf 838 Meter in **Nawnghkio**,
um anschließend bis auf 658 Höhenmeter im Bahnhof Goteik zu fallen. Schon
lange vorher kann man die Brücke sehen,
mal von links, mal von rechts. Auf der anderen Talseite sind steile Felswände, hier
entschwindet die Strecke nach der Brücke
nach links in zwei kurzen Tunnels. Das **Goteik-Viadukt** wurde 1901 mit der Fertigstellung der Strecke bis Hsipaw eröffnet,
er ist 792,5 Meter lang, die Gleise liegen
110,9 Meter über dem Talboden. Und der
ist ein in grauer Vorzeit herunter gekom-
mener Felssturz, unter dem sich im Laufe
der Jahre der Fluss seinen Weg gegraben
hat – dieser liegt noch etwa 335 Meter
tiefer. Nach der Überquerung der Brücke
geht es mit mehreren großen Schleifen bis
auf etwa 940 Höhenmeter bei **Nawnpeng**,
um dann wieder auf 509 Meter im Tal von
Hsipaw zu fallen. Hsipaw ist ein hübsches
Städtchen, zwischen Hügeln am Fluss gelegen, das viele Reisende in seinen Bann
zieht, ein Ort zum Verweilen.
Von hier sind es bis **Lashio** noch etwa
3,5 Stunden, zuerst am Fluss entlang und
dann wieder auf die Höhe 784 Metern im Bahnhof Lashio. Nach einer oder
zwei Übernachtungen geht der 132 DN
morgens ab 05:00 zurück.

Praktische Tipps

■ Verpflegung unterwegs

Wasser sollte man sich vorher besorgen. Unterwegs wird an den Bahnhöfen Nachschub angeboten, die Verkäufer kommen mit ihren Körben direkt ans Fenster. Wer auf die üblichen Snacks und Kuchen verzichten will, dem wird Obst in Form von Mandarinen und Bananen angeboten werden. Warme Gerichte mit Reis gibt es zumeist in Plastiktüten. Nur in einigen wenigen Zügen gibt es neuerdings auch ein Restaurant, das die Reise erheblich vereinfacht.

■ Sanitäre Einrichtungen

Kein erfreuliches Thema. Für Papier sollte man selber sorgen.

■ Fahrpläne

Sie sind nur schwerlich zu finden. Was man findet, sind Abfahrtszeiten der Züge *up* (UP) und *down* (DN), und zwar immer von Yangon aus gesehen. So ist ein Zug nach Ye [30] im Süden ein ›UP‹, da er von Yangon aus gesehen wegfährt.

■ Klassen

Es gibt meist drei Klassen, die *Upper Class*, die *First Class* und die *Ordinary Class*. Viele Züge führen nur Upper- und Ordinary Class. Wer auf Strecke [10] nach Mandalay fahren will, kann auch einen First Class

Bahnhof Goteik–Bitte nicht aussteigen!

Sleeper buchen, mit ähnlichem Komfort wie in Europa.

■ Fahrkarten

Es gibt sie entweder am Schalter oder beim Bahnhofsvorsteher. Ausländer müssen ihre Tickets in US-Dollar und zu einem höheren Preis als die Einheimischen bezahlen. Es empfiehlt sich, dies schon einen halben Tag vorher zu erledigen, dann besteht auch die Möglichkeit der Platzreservierung (nicht bei Ordinary Class). In den großen Städten gibt es manchmal auch Schalter für Touristen.

■ Informationen

www.seat61.com bietet einen hervorragenden Überblick zu Eisenbahnreisen in Myanmar, inkl. Zeiten, Preise und Sehenswürdigkeiten.

■ Strecken

Die Streckennummern korrespondieren mit der von mir erstellten Streckenkarte und wurden erst um 1995 vergeben, um einen Überblick zu bekommen und die uns fremden Ortsnamen leichter zuordnen zu können. Bei der Bahn selbst kennt man sie (noch) nicht. Im nachfolgenden Streckenverzeichnis sind kreuzende oder abzweigende Strecken mit ihrer entsprechenden Nummer in eckigen Klammern [...] angegeben, so dass man sich leichter zurückfinden kann.

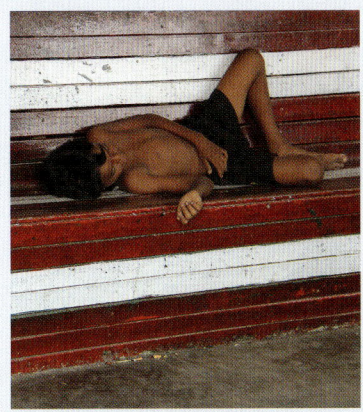

Ein Nickerchen im Bahnhof

Reisetipps von A bis Z

Eisenbahnnetz

—10—	Zweispurige Strecke mit Streckennr.
—20—	Einspurige Strecke mit Streckennr.
------	stillgelegt/geplant

0   85   170 km

Strecke	Beschreibung	km
01*	Ringbahn Yangon, zweigleisig	45,9
10*	Yangon–Bago [30]–Pyuntaza–Toungoo–Pyinmana [40]–Naypyitaw (NPT)–Thazi [60]–Mandalay [70, 75, 80, 85] (zweigleisig)	620,3
14	(Pyuntaza)–Nyaunglebin [10]–Madauk	20,3
20*	Yangon [10]–Letpadan [21]–Pyay/Prome) [22, 23]	259,5
21	Letpadan [20]–Tharrawaw (Fähre nach Hinthada (Henzada) [26]	37,8
22	Pyay [20]–Myade (Allenmyo)–Satthwa [40]	148,0
26*	Bassein (Pathein)–Hinthada (Henzada) [21]–Hinthada (Henzada) [21]–Kyangin–Okshittpin–Kama–Minbu [28]–Seikphyu–Pakhokku [90]	132,3 492,0
30*	(Yangon)–Bago [10]–Sittang–Moktama (Martaban)/Mawlamyine (Moulmein)–Thanbyuzayat–Yai (Ye)–Dawai (Tavoy)	517,7
40**	Pyinmana [10]–Taungdwingyi [43]–Kyaukpadaung–Bagan–Myingyan [50]	196,3
41	Kyaukpadaung [40]–Chauk	45,8
43	Taungdwingyi [40]–Magway	83,0
50	Thazi [10]–Meiktila–Myingyan [40,51]	112,6
51	Paleik [10]–Tada-U–Myingyan [50,51]	11,3
60**	Thazi [10]–Kalaw (1310m)–Aungban–Shwenyaung (894m) [61]	157,7
(Der Abschnitt Shwenyaung–Taunggyi bis Keng Tung ist zum Teil noch in Bau und nur für den örtlichen Verkehr freigegeben)		
61	Shwenyaung [60]–Yat Sauk	59,5
65	Aungban–Pinlaung–Loikaw	164,0
70**	Mandalay [10]–Myohaung–Sedaw–Pyin Oo Lwin (Maymyo) (1069m)–Gokteik Viadukt (658m)–Hsipaw–Lashio (784m)	282,0
75	Mandalay [10]–Madaya	27,4
80*	Mandalay [10]–Myohaung–Ywataung [85]–Shwebo–Khin-U [85]–Kanbalu–Kawlin–Naba [81]–Mohnyin–Myitkyina	542,0
81	Naba [80]–Katha	24,1
85*	(Mandalay–Myohaung–Ywataung [80])–Chaung-U [90]–Monywa–Alon–Budalin–Ye-U–Khin-U [80]	113,4
90	(Mandalay [85])–Chaung-U–Pakhokku [26]–Gangaw–Kalemyo/Kalay	418,0

Sprachführer

Dr. Uta Gärtner

Die Übertragung von fremden Schriften, die zum Teil ungewohnte Laute repräsentieren, in für uns lesbare Buchstaben ist ein kompliziertes Problem. Hinsichtlich des Myanma gibt es eine verwirrende Vielfalt von Lösungsvorschlägen. Für unser Angebot praktischer Sätze des Alltags orientieren wir uns an der Umschrift, die im *English-Myanmar Dictionary* der Myanmar Language Commission und dem empfehlenswerten Sprachführer *Practical Myanmar* benutzt wird – mit einigen *Anpassungen* ans Deutsche. In der Spalte rechts ist die gängige englische Umschrift angegeben, in der mehr oder weniger konsequent die Orts- und andere Namen geschrieben werden.

Im Myanma kann – wie in anderen asiatischen Sprachen – die gleiche Lautfolge völlig andere Bedeutung haben, wenn sie in anderer Tonlage gesprochen wird. Deshalb wenden wir uns zuerst den **Tönen** zu: Die Hauptkriterien sind die Länge bzw. Intensität auf zwei Tonebenen – die eine höher, die andere tiefer. Außerdem gibt es unbetonte Silben, die von manchen Linguisten als fünfter Ton eingeordnet werden.

Transkription		Beschreibung	En
-.	la.	**1. Ton**: hoch, kurz, leicht abfallend, z. B. wie in *Sack, hopp, komm* unter Wegfall der Schlusskonsonanten;	-nt
-	la	**2. Ton**: tief, eben, lang, sanft, z. B. wie in *Oma, sie, Mahl*, bleibt unbezeichnet;	-
-:	la:	**3. Ton**: hoch einsetzend, lang, intensiv, isoliert stark abfallend, als ob Sie mit gehobener Stimme befehlen, z. B. »*Geh!*«; im Wortkontext bleibt er eben auf der oberen Stimmlage, aber weiter intensiv und lang;	-
-'	la'	**4. Ton, glottal**: hoch einsetzend, sehr kurz, abgehackt, als ob Sie sagen wollten ›*Lack*‹ oder ›*satt*‹, vor dem letzten Konsonanten aber plötzlich abbrechen, indem Sie die Stimmritze im Kehlkopf schließen (glottal stop); ähnelt dem 1. Ton.	-p -k -t
ᵃ	ᵃma.	im Tonschatten gesprochen wie auslautendes *e* in *Locke*. IPA: /ə/, Sprachkoms /a/	a

Wenn auch unserem Ohr schwerfällt, die Töne exakt herauszuhören – sie sind wichtig, und der falsche Ton kann fatale Folgen haben: *hsᵃja thinpej:ba* heißt »Unterrichten Sie mich bitte!«, *hsᵃja thin:pei:ba* aber »Kastrieren Sie mich bitte!« In der Praxis hilft natürlich der Kontext, und Sie werden trotz Tonmissgriff richtig verstanden – oder eben gar nicht.

Die Laute entsprechen weitgehend den uns bekannten; zu beachten ist lediglich, dass manche Konsonanten stärker aspiriert (behaucht) werden als wir gewohnt sind, indem ihnen ein deutliches h nach- oder vorangestellt wird, und dass es keine auslautenden Konsonanten gibt, alle Silben klingen vokalisch aus, wenn auch unterschiedlicher Art. Im folgenden werden die Buchstaben vorgestellt, bei deren Aussprache Besonderheiten zu beachten sind, die rechte Spalte bezieht sich auf Umschriften, die englischen Lautregeln folgen:

Buch-stabe	Erklärung	englisch
h-	vor anderem Konsonanten: Aspiration, bei *k, s, t, p* wird der Hauchlaut nachgestellt und stärker gesprochen als in *Kahn*, z. B. hsi, hkaun, ᵃhpej; bei *ng, nj, n, m, l, w* wird es vorgehaucht, z. B. hma, hla., hwej	h-
-n	als letzter Buchstabe: Nasalvokal wie im Französischen	-ng, -n
ng	am Silbenanfang, wie *Zunge* ohne *zu*	ng-
sh	ähnelt eher dem *ch* in *ich* als dem *sch* in *Schule*, z.B. shi.	sh
j	wie *j* in *Jacke*, auch inlautend: ju ›nehmen‹, pja. ›zeigen‹, jou: ›einfach‹	y
tj-	wie *tja!*, z.B. tjo, tjᵃno ›ich‹ (vom Mann gesprochen)	ky
htj-	dasselbe aspiriert, ähnlich *chart, chip*, aber weniger sh, z. B. htjau' ›sechs‹	ch
dj-	ähnlich *jar, jogging, John*, z. B. hpoun:dji:djaun: ›Kloster‹	gy
th-	wie das englische *th* in *thorn*	th
dh-	wie das englische *th* in *whether*	th
z	stimmhaftes *s* wie in *Wiese*	z
a	unter Beachtung der Töne (gilt für alle Vokale) ähnlich in *lang, Vase, Jacke*, für das lange *a* als Silbenauslaut steht meist *ar* wie in *Myanmar*	a, ar
i	wie in *Witz, Kietz*	i
u	wie in *Mucke, Bluse*	u, oo
ej	wie in *See, say*, als Einzelvokal aye geschrieben, wie in *Ayeyawady*	ay, e
æ	wie in *lecker, Käse*	e, ai
o	wie in *offen, Moor*	-aw
ou	wie in *Ofen, Mode*	o, ou, oe
ai	wie in *leise, Mai*	-ai, -ine, -ike
au	wie in *laufen, Bau*	-au

Schließlich noch die *Interpunktion*: Im Myanmarischen wird das Satzende mit II angezeigt; Unterteilungen im Satz werden durch I markiert, allerdings gibt es dafür keine festen Regeln, häufig bei Aufzählungen. In der Transkription dieses Materials gilt < für das Satzende. Als Lesehilfe sind Bindestriche eingesetzt, wenn das Silbenende nicht eindeutig erkennbar ist und der Ausdruck zusammenhängend gelesen werden sollte. Die unbetonte Silbe ist eng mit der nachfolgenden verbunden.

Die *Satzmelodie* wird beträchtlich von dem Rhythmus geprägt, den die Töne bewirken: hoch – tief, lang – kurz. Zum Satzende hin fällt die Stimme auch im Myanmarischen ab, es sei denn, das letzte Wort steht in einem hohen, intensiven Ton; dieser wird dann zwar abgeschwächt, bleibt aber mehr oder minder hoch. Aus den Tönen ergibt sich auch die Wortbetonung, für uns fassbare allgemeine Regeln existieren nicht. Stimmlose Konsonanten innerhalb eines Wortes werden oft stimmhaft, wenn sie zwischen zwei Vokalen stehen (außer nach Glottal); folgen Sie einfach der Umschrift.

Es gibt *keine Formenbildung* per Deklination und Konjugation. Die Beziehungen im Satz werden durch die Wortstellung ausgedrückt – das Prädikat nimmt immer die letzte Stelle ein, vor ihm steht häufig das Objekt – und durch spezielle grammatische Wörter. Ihrer gibt es sehr viele; wir müssen uns hier auf die wichtigsten beschränken:

tæ (dæ): schließt das Prädikat und somit den Aussagesatz ab und bezeichnet als Zeit des Geschehens Gegenwart oder Vergangenheit: thu jan-gon-gou la-dæ< Er kommt nach Yangon/ist nach Yangon gekommen; zur Kennzeichnung der Vergangenheit dienen häufig entsprechende Zeitangaben wie ›gestern‹, ›voriges Jahr‹ usw.

mæ: dasselbe für die Zukunft: John Mandalaygou thwa:mæ< John wird nach Mandalay fahren;

pi (bi) dasselbe, wenn das Resultat des betreffenden Geschehens eingetreten ist, oft ähnlich Perfekt: – thu labi< Er ist da. – mi:jᵃhta: htwæ'pi< Der Zug ist weg.

la: kennzeichnet die Entscheidungsfrage – da ka:la:< Ist das ein Auto?
Enthält der Satz ein Prädikat, steht *la:* nach diesem; *dæ* bzw. *mæ* werden zu *thᵃ* (dhᵃ) bzw. *mᵃ* verkürzt: Mary lamᵃla:< Wird Mary kommen? – Mohinga sa:dhᵃla:< Isst du Mohinga? Oft wird *th (dh)* weggelassen.

læ: kennzeichnet die Ergänzungsfrage – da balæ:< Was ist das? – Betty bæga. la-dhᵃlæ:< Woher kommst du, Betty?
Zu beachten ist bei beiden Frageformen, dass das letzte Wort einen hohen, intensiven Ton trägt, der zwar – da am Satzende – abgeschwächt wird, aber dennoch hoch einsetzt und abfällt. Die Stimme wird also nicht angehoben.

pa (ba): bringt Höflichkeit zum Ausdruck, etwas weniger ausdrücklich als ›bitte‹. Zu häufig verwandt wirkt es unterwürfig, empfiehlt sich aber bei Fragen und insbesondere bei Aufforderungen, die ansonsten grob ausfallen können: laba< Komm (bitte)! – hpjej:bjei: pjo:ba< Sprechen Sie (bitte) langsam!

mᵃVerb-bu: Verneinung erfolgt ausschließlich beim Verb: mᵃkaun:bu:< nicht gut. - mᵃhou'hpu:< Das stimmt nicht = nein. - moun.hin:ga: mᵃsa:babu:< Ich esse kein Mohinga

mᵃVerb-næ. Verneinte Aufforderung: mᵃla-ba-næ.< Komm (bitte) nicht!
Eine Bemerkung zu den *Personalpronomina der ersten und zweiten Person*, da sie statusbezogen und somit ein heikles Kapitel sind: Noch immer ist es üblich, an ihrer Stelle Verwandtschafts-, Berufs-, Statusbezeichnungen oder den Namen zu verwenden. Für uns empfiehlt sich

die höfliche Form des Personalpronomens, die Kindern gegenüber allerdings lächerlich wirkt, deshalb werden dafür Varianten angeboten.

Insbesondere gegenüber jungen und ›westernized‹ Personen können Sie evtl. auch zum statusneutralen ›I‹ und ›you‹ Zuflucht nehmen.

dt.	myanm.	Sprecher	Alternative, besonders bei Kindern zu empfehlen
ich	tjªno	Mann	ªkou ›großer Bruder‹, u:lej: ›Onkel‹, oder an-kæ (uncle)
	tjªma.	Frau	ªma. ›große Schwester‹, dodo ›Tante‹, an-ti (auntie)
Sie/du	hkªmja:	Mann	tha: ›Sohn‹, thªmi: ›Tochter‹
	shin	Frau	dasselbe
	hsªja		achtungsvoll; Bedeutung: Lehrer, Chef, Herr
	hsªjama.		Lehrerin, Chefin, Dame

Wichtige Wörter

deutsch	myanma	Transkription
welche(r,s)?	ဘယ်‑‑‑လဲ။	bæ—læ:<
welches Auto?	ဘယ်ကား:လဲ။	bæ ka:læ:<
was?, was für ein?	ဘာလဲ။ ဘာ‑‑‑လဲ။	balæ:< ba ... lJæ:<
Was ist das?	ဒါ ဘာလဲ။	da balæ:<
Wer ist das?	သူ ဘယ်သူလဲ။	thu bædhulæ:<
Wessen Schirm ist das?	ဒါ ဘယ်သူ့ထီးလဲ။	da bædhu.hti:læ:<
woher?	ဘယ်ကလဲ။	bæga.læ:<
wohin?	ဘယ်ကိုလဲ။	bægoulæ:<
wann? (Gegenwart, Zukunft)	ဘယ်တော့လဲ။	bædo.læ:<
wann? (Vergangenheit)	ဘယ်တုန်းကလဲ။	bædoun:ga.læ:<
wann, zu welcher Zeit?	ဘယ်အချိန်[မှာ]လဲ။	bæªhtjejn[hma]læ:<
womit?	ဘာနဲ့လဲ။	banæ.læ:<

deutsch	myanma	Transkription
warum?	ဘာဖြစ်လိုလလဲ။ ဘာကြောင့်လဲ။	ba-hpji'lou.læ:<
wie viel?	ဘယ်လောက်လဲ။ ဘယ်နှလဲ။	bælau'læ:< (Menge) bæ-hn^{a}læ: (Stück)
wie?	ဘယ်လိုလဲ။	bæloulæ:
Ja/OK.	ဟုတ်ကဲ့။	hou'kæ.<
Nein.*	မဟုတ်[ပါ]ဘူး။	m^{a}hou'[pa]hpu:<
Markt	ဈေး	zej:
Straße	လမ်း	lan:
Dorf	ရွာ	jwa
Stadt	မြို့	mjou.
Stadtplan	လမ်းပြမြေပုံ	lan:pja.mjejboun
(her)kommen	လာ	la
(hin)gehen	သွား	thwa:
da sein, existieren	ရှိ	shi.
befindlich sein, wohnen	နေ	nej
übernachten	တည်း	tæ:
Osten	အရှေ့[ဘက်]	^{a}shej.[bæ']
Westen	အနောက်[ဘက်]	^{a}nau'[hpæ']
Norden	မြောက်[ဘက်]	mjau'[hpæ']
Süden	တောင်[ဘက်]	taun[bæ']
rechts	ညာဘက်	njabæ'
links	ဘယ်ဘက်	bæbæ'
diese(r,s)	ဒီ	di
jene(r,s), der (die, das) da	အဲဒီ၊ ဟို	æ:di, hou
so	ဒီလို	dilou
hier	ဒီမှာ	di-hma
dort	အဲဒီမှာ၊ ဟိုမှာ	æ:di-hma, hou-hma
Farbe	အရောင်	^{a}jaun

deutsch	myanma	Transkription
weiß sein	ဖြူ။ အဖြူရောင်	hpju< ᵃhpju jaun
rot sein	နီ	ni
schwarz sein	မည်း	mæ:
grün sein	စိမ်း	sejn:
blau sein (Farbe, nicht Zustand!)	ပြာ	pja
gelb sein	ဝါ	wa
braun sein	ညို	njou
grau	မီးခိုးရောင်	mi:khou-jaun (rauchfarben)
rosa	ပန်းရောင်	pan:jaun (rosenfarben)
lila	ခရမ်းရောင်	khᵃjan:jaun (auberginenfarben)
bunt	ရောင်စုံ	jaunzoun (komplettfarben)

* wenn kein Verb vorhanden ist; ansonsten verneintes Verb, siehe Beispiele.

Zahlen und Zählen

Die myanmarischen Zahlen sind leicht zu handhaben, denn die Wörter sind kurz, die Bildung zusammengesetzter Zahlen ist regelmäßig und logisch.

Zahl	myanma	Transkription
1	တစ်	ti' (im Kontext tᵃ)
2	နှစ်	hni' (im Kontext hnᵃ)
3	သုံး	thoun:
4	လေး	lej:
5	ငါး	nga:
6	ခြောက်	htjau'
7	ခုနစ်	khun-ni' (im Kontext hkun-nᵃ)
8	ရှစ်	shi'
9	ကိုး	kou:
10	တစ်ဆယ်	tᵃhsæ

Zahl	myanma	Transkription
13	[တစ်]ဆယ့်သုံး	[tᵃ]hsæ.thoun:
20	နှစ်ဆယ်	hnᵃhsæ
22	နှစ်ဆယ့်နှစ်	hnᵃhsæ.hni'
50	ငါးဆယ်	nga:zæ
57	ငါးဆယ့်ခုနစ်	nga:zæ.khun-ni'
100	တစ်ရာ	tᵃja
430	လေးရာသုံးဆယ့်ခြောက်	lej:ja.thoun:zæ.htjau'
3.000	သုံးထောင်	thoun:daun
7.000	ခုနစ်ထောင်	khun-nᵃthaun

Das Problem liegt in der Anwendung, genauer darin, dass bei der Verbindung von Zahlen und Substantiven ein **Zähleinheitswort** (classifier) dazwischentreten muss. Was wir bei unzählbaren Dingen verwenden wie ›ein Stück Brot‹, ›zwei Flaschen Bier‹, ›eine Rolle Draht‹, ist in der myanma Sprache ebenso wie in einigen anderen asiatischen Sprachen Pflicht. Es heißt also nicht ›ein Sohn‹, sondern ›Sohn eine Person‹, nicht ›fünf Äpfel‹, sondern ›Apfel fünf Rundes‹, nicht ›zehn Kugelschreiber‹, sondern ›Kugelschreiber zehn Längliches‹ etc. Nur bei Zehnern ab 20 sind Sie dieser Mühe enthoben: Hier darf das Zähleinheitswort weggelassen werden. Bei Tieren gilt einheitlich kaun. Bei Dingen reicht für Sie als Anfänger hku.– das ist zwar oft nicht elegant, aber besser als gar nichts. Bei Menschen und heiligen Dingen jedoch müssen Sie differenzieren, sonst könnten Sie ungewollt beleidigend oder zumindestens sehr unkultiviert wirken (fett: Zähleinheitswort).

deutsch	myanma	Transkription
ein Kraftfahrer	ကားဆရာတစ်ယောက်	ka:hsᵃja tᵃ**jau'**
vier Ärzte	ဆရာဝန်လေးဦး/ယောက်	hsᵃjawun lej:**u:/jau'**
sechs Mönche	ဘုန်းကြီးခြောက်ပါး	phoun:dji: htjau'**pa:**
fünf Silas (≈ Gebote)	သီလငါးပါး	thila' nga:**ba:**
zwei Buddhastatuen	ဆင်းတုနှစ်ဆူ	shin:du. hnᵃ**hsu**
drei Pagoden	ဘုရားသုံးဆူ	phᵃja: thoun:**zu**
acht Schweine	ဝက်ရှစ်ကောင်	wæ' shi'**kaun**
30 Ziegen	ဆိတ်အကောင်သုံးဆယ်	hsej' [ᵃ**kaun**] thoun:zæ
neun Mücken	ခြင် ၉ ကောင်	htjin kou:**gaun**
zwei Radios	ရေဒီယိုနှစ်လုံး	rejdijou hnᵃ**loun'**
sieben Mangos	သရက်သီးခုနစ်လုံး	thᵃjæ'thi: kun-nᵃ**loun:**
20 Bananen	ငှက်ပျောသီးအလုံးနှစ်ဆယ်	ngᵃpjo:dhi:[ᵃ**loun:**] hnᵃhsæ

deutsch	myanma	Transkription
195 Kyat	တစ်ရာ့ကိုးဆယ်ငါးကျပ်	tᵃja.kou:zæ.nga: **tja'**
50 Dollar	ဒေါ်လာငါးဆယ်	**dola** nga:zæ
1000 Euro	ယူရိုတစ်ထောင်	**jurou** tᵃhtaun

Maße

Die Bezeichnungen für die Maßeinheiten sind selbst Zähleinheitswort, so dass Sie keine weiteren brauchen. Viele sind dem Englischen übernommen. Allerdings ist Myanmar eine andere Welt: Gewöhnlich gelten noch die traditionellen Einheiten, sind unsere nicht geläufig. Deshalb ist es zweckmäßig, die wichtigsten Wörter zu kennen.

Maßeinheit	myanma	Transkription
Kilometer	ကီလိုမီတာ	ki-lou-mi-ta
Meile (1,6093 km)	မိုင်	main
Yard (91,44 cm)	ကိုက်	kai'
Fuß (foot 30,48 cm)	ပေ	pej
Zoll (inch 2,54 cm)	လက်မ	læ'ma. ("Daumen")
Viss (100 Tical = 1,633 kg)	ပိဿာ	pej'tha
ein Zehntel Viss (10 Tical)	တစ်ဆယ် ကျပ်သား	tᵃhsæ tja'tha:
halbes Viss (50 Tical)	ကျပ်သား ငါးဆယ်	tja'tha: nga:ze
Gallone (ca. 4,405 Liter)	ဂါလန်	galan

Zeit

In Myanmar gilt der Zwölfstunden-Rhythmus, deshalb muss die Tageszeit genannt werden.

deutsch	myanma	Transkription
Uhr, Stunde	နာရီ	naji
Minute	မိနစ်	mi.ni' (minute)
Woche	အပတ်	ᵃpa'
Monat	လ	la.
Jahr	နှစ်	hni'
Tag (24 Stunden)	ရက်	jæ'

deutsch	myanma	Transkription
Tag (ohne Nacht)	နေ့	nej.
morgens (bis 12 Uhr)	မနက်	mᵃnæ'
6 a.m.	မနက်ခြောက်နာရီ	mᵃnæ' htjau'naji
mittags (high noon)	မွန်းတည့်	mun:dæ.
mittags (Mittagszeit)	နေ့လယ်	nej.læ
nachmittags (bis ca. 15.00)	မွန်းလွဲ	mun:lwæ:
1 p.m.	မွန်းလွဲ တစ်နာရီ	mun:lwæ: tᵃnaji
nachmittags (bis ca. 18 Uhr)	ညနေ	nja.nej
abends/nachts (ca. ab 18 Uhr)	ည	nja.
heute	ဒီနေ့	dinej.
heute abend	ဒီနေ့ည	dinej.nja.
gestern	မနေ့က	mᵃnej.ga.
vorgestern	တစ်နေ့က	tᵃnej.ga.
morgen	မနက်ဖြန်	mᵃnæ'hpjan
übermorgen	သန်ဘက်ခါ	dhᵃbæ'hka

Klima

Jahreszeit	ရာသီ၊ ဥတု	jadhi; u.du.
heiße Zeit, ›Sommer‹	နွေရာသီ၊ နွေဥတု	nwej-jadhi; nwej-u.du.
Regenzeit	မိုးရာသီ	mou:jadhi
kühle Zeit, ›Winter‹	ဆောင်းရာသီ	hsaun:jadhi
Herbst	ဆောင်းဦးဥတု	hsaun:u:u.du.
Frühling	နွေဦးဥတု	nwej-u:u.tu.
Wetter	ရာသီဥတု	jadhi-u.du.
Sonne	နေ	nej
Die Sonne geht gerade auf.	နေ ထွက်နေပြီ။	nej htwæ'nejbi<
Sonne brennt, es ist heiß	နေပူတယ်	nej pudæ<
Sonne scheint.	နေသာတယ်။	nej thadæ<
Sonnenglut lässt nach.	နေချို့တယ်။	nej htjoudæ<

deutsch	myanma	Transkription
Es regnet.	မိုးရွာတယ်။	mou: jwadæ<
Nebel, Dunst	နှင်း	hnin:
Schnee	နှင်းခဲ	hnin:gæ: (geronnener Nebel)
Es schneit.	နှင်း[ခဲ] ကျတယ်။	hnin:[gæ:] tja.dæ<
Luft, Wind	လေ	lej
Wind weht	လေတိုက်တယ်။	lej tai'tæ<
Sturm	မုန်တိုင်း	moundain:
Monsun	မုတ်သုံလေ	mou'thounlej<

Wohnen

Haus	အိမ်	ejn
Zimmer	အခန်း	ᵃkhan:
Küche	မီးဖိုချောင်	mi:bou-djaun
Badezimmer	ရေချိုးခန်း	jej-htjou:gan:
Tisch	စားပွဲ	zᵃbwæ:
Stuhl	ကုလားထိုင်	kᵃlᵃhtain
Schrank	ဗီရို	bidou (frz. bureau?)
Bett	ခုတင်၊ အိပ်ရာ	khᵃtin; ej'ja
Computer	ကွန်ပျူတာ	kunpjuta
Fan, Ventilator	ပန်ကာ	panka
Air condition	လေအေးစက်၊ အဲယာကွန်	lej-ej:zæ', æ:jakun
Gefäß, Schüssel	ပန်းကန်	bᵃgan
Topf	အိုး	ou:
Herd	မီးဖို	mi:bou
Messer	ဓား	da:
Gabel	ခက်ရင်း	khᵃjin:
Löffel	ဇွန်း	zun:
Besteck (myanma Stil)	ဇွန်းခက်ရင်း	zun:khᵃjin:
Stäbchen	တူ	tu
Tasse, Becher	ခွက်	khwe'
Becher	ဖန်ခွက်	hpan gwæ'

Begrüßung/Unterhaltung

Guten Morgen (Tag, Abend)!	မင်္ဂလာပါ။	min:gᵃlaba<

deutsch	myanma	Transkription
Wie geht's?	နေကောင်း[ရဲ့]လား။	nej kaun:jæ.la:<
Danke, gut!	[နေ]ကောင်း[ပါ]တယ်။	[nej] kaun:[ba]dæ<
Und Ihnen?	ခင်များ/ရှင်ရော။	khᵃmja:/shin jo:<
Ich freue mich, Sie zu sehen!	တွေ့ရတာ ဝမ်းသာပါတယ်။	twej.ja.da wun:dhabadæ<
Ganz meinerseits. (Mann)	ကျွန်တော်လည်း ဝမ်းသာပါတယ်။	tjᵃnolæ: wun:dhabadæ<
Entschuldigen Sie mich bitte! (förmlich)	ကျွန်တော့်ကို ခွင့်ပြုပါဦး။	tjᵃno.gou khwin.pju.ba-oun:<
Auf Wiedersehen!	သွားလိုက်[ပါဦး]မယ်နော်။	thwa:lai'[ba-oun:]mæ no<
Haben Sie schon gegessen?	စားပြီးပြီလား။	sa:bi:bila:<
Ja.	စားပြီးပါပြီ။	sa:bi:babi<
Nein (noch nicht).	မစားရသေးပါဘူး။	mᵃsa.ja.dhej:babu:<
Sprechen Sie Myanma?	မြန်မာလို ပြောတတ်သလား။	mjᵃmalou pjo:ta'thᵃla:<
Nur ein wenig.	နည်းနည်းပဲ ပြောတတ်ပါတယ်။	næ:næ:bæ pjo:ta'padæ<
Myanma kann ich nicht.	မြန်မာစကား မတတ်ပါဘူး။	mjᵃma-zᵃga: mᵃta'pabu:<
Können Sie Myanma auch lesen?	မြန်မာစာရော ဖတ်တတ် သလား။	mjᵃmaza-jo hpa'ta'thᵃla:<
Nein.	မဖတ်တတ်ပါဘူး။	mᵃhpa'ta'pabu:<
Sprechen Sie Englisch?	အင်္ဂလိပ်လို ပြောတတ်သလား။	in:gᵃlej'lou pjo:ta'thᵃla:<
Ja, kann ich. (Yes, I do.)	ဟုတ်ကဲ့၊ ပြောတတ်တယ်။	hou'kæ.< pjo:ta'padæ<
Nein. (No, I don't)	မပြောတတ်ပါဘူး။	mᵃpjo:ta'pabu:<
Wie heißt das auf Myanma?	[ဒါကို] မြန်မာလို ဘယ်လို ခေါ်သလဲ။	[dagou] mjᵃmalou bælou hko-dhᵃlæ:<
Verstehen Sie?	နားလည်သလား။	na:lædhᵃla:<
Ja.	ဟုတ်ကဲ့၊ နားလည်ပါတယ်။	hou'kæ., na:læbadæ<
Nein.	နားမလည်ပါဘူး။	na:mᵃlæbabu:<
Ein bisschen.	နည်းနည်း နားလည်ပါတယ်။	næ:næ: na:læbadæ<
(Bitte) sprechen Sie langsam!	ဖြည်းဖြည်းပြောပါ။	hpjej:bjej: pjo:ba<
Bitte, wiederholen Sie!	[တစ်ဆိတ်လောက်] ထပ်ပြောပါဦး။	[tᵃhsej'lau'] hta'pjo:ba-oun:<
Ich bedanke mich.	ကျေးဇူးတင်ပါတယ်။	tjej:zu:tinbadæ<
Danke! (familiär)	ကျေးဇူး[ပါ]ပဲ။	tjej:zu:[ba]bæ<
Keine Ursache!	ကိစ္စ မရှိပါဘူး။	kej'sa. mᵃshi.babu:<

deutsch	myanma	Transkription
Ist schon o.k./Es geht.	ရပါတယ်။	ja.badæ<
Nichts für ungut, bitte!	စိတ်မရှိပါနဲ့။	sej' mᵃshi.banæ.<
Sorry!	ဆောရီးနော်။	hso:ri: no<
Es tut mir leid, ich bedauere.	ဝမ်းနည်းပါတယ်။	wan:næ:badæ<
Tut mir leid [das zu hören].	[ကြားရတာ] စိတ် မကောင်းပါဘူး။	[tja:ja.da] sej'mᵃkaun:babu:<
Gut! O.K.!	ကောင်းပါပြီ။	kaun:babi<
Lass gut sein!	နေပါစေ။	nejbazej<
Wie heißen Sie?	နာမည် ဘယ်လို ခေါ်သလဲ။	nanmæ bælou hkodhᵃlæ:<
Ich heiße [Peter].	ကျွန်တော်နာမည် [ပေတာ]ပါ။/ ကျွန်တော်နာမည် [ပေတာ]လို့ ခေါ်ပါတယ်။	tjᵃno.nanmæ [Peter]ba</ tjᵃno.nanmæ [Peter] lou. hkobadæ<
Ich heiße [Rita].	ကျွန်မနာမည် [ရီတာ]ပါ။	tjᵃma.nanmæ [Rita] ba<
Woher kommen Sie?	ဘယ်က လာသလဲ။	bæga. ladhᵃlæ:<
Wohin gehen Sie?	ဘယ်[ကို] သွားသလဲ။	bæ[gou] thwa:dhᵃlæ:<
Als was arbeiten Sie?	ဘာအလုပ်လုပ်ပါသလဲ။	ba ᵃlou' lou'padhᵃlæ:<
Ich bin Lehrer/Lehrerin	ကျောင်းဆရာ/–ဆရာမပါ။	tjaun:hsᵃja/~hsᵃjama.ba<
... Universitätslehrer/in	တက္ကသိုလ်ဆရာ/မ	tæ'kᵃthou hsᵃja/ma.
... Dozent(in)	ကထိက	kᵃhti.ka.
... Professor(in)	ပါမောက	pamau'kha.
... Student	တက္ကသိုလ်ကျောင်းသား	tæ'kᵃthou tjaun:dha:
... Studentin	ကျောင်းသ	
... Tutor	နည်းပြဆရာ	ni:bja.hsᵃja
... Linguist	ဘာသာဗေဒရှင်	badhabejda.shin
... Büroangestellter (clerk)	စာရေး	sᵃjej:
... Angest. im öff. Dienst	အမှုထမ်း	[ᵃsou:ja.]ᵃhmu.dan:
... Beamter/<Beamtin	အရာရှိ	ᵃjashi.
... Rechtsanwalt	ရှေ့နေ	shej.nej
... Ingenieur	အင်ဂျင်နီယာ	in-djin-nija (engineer)
... Geschäftsmann	ကုန်သည်	koundhæ
... Arbeiter	အလုပ်သမား	ᵃlou'thᵃma:
... Journalist	သတင်းစာဆရာ	dhᵃdin:za-hsᵃja
... Schriftsteller[in]	စာရေးဆရာမ	sajej:hsᵃja[ma.]
Was ist Ihre Nationalität?	ဘာလူမျိုးလဲ။	ba lu-mjou:læ:<

deutsch	myanma	Transkription
Ich bin Engländer.	အင်္ဂလိပ်လူမျိုးပါ။	in:gᵃlej' lu-mjou:ba<
... Deutscher	ဂျာမန် --- ။	djaman ...<
... Thailänder	ထိုင်းလူမျိုး ---။	htain: ...<
... Chinese	တရုတ် --- ။	tᵃjou' ...<
... Amerikaner	အမေရိကန် --- ။	ᵃmejrikan ... <
... Australier	သြစတြေးလျား --- ။	o:sᵃtᵃrej:lja: ...<
... Österreicher	သြစတြီးယား --- ။	o:sᵃtᵃri:ja: ...<
... Kanadier	ကနေဒါ --- ။	kᵃnejda ...<
... Franzose	ပြင်သစ် --- ။	pjinthi' ...<
... Japaner	ဂျပန် --- ။	djᵃpan ...<
... Inder	အိန္ဒိယ --- ။	ejndi.ja. ...<
... Bama	ဗမာ --- ။	bᵃma ...<
... Kayin	ကရင် --- ။	kᵃjin ...<
Wo übernachten Sie?	ဘယ်မှာ တည်းနေသလဲ။	bæ-hma tæ:nejdhᵃlæ:<
Im Hotel.	ဟိုတယ်မှာပါ။	houdæ-hmaba<
In welchem Hotel?	ဘယ်ဟိုတယ်မှာလဲ။	bæ houdæ-hmalæ:<
Wie ist die Telefonnummer des Hotels?	ဒီဟိုတယ်တယ်လီဖုန်းနံပါတ် ဘယ်လောက်လဲ။	di houdæ. tæli-hpoun-nan-ba' bælau'læ:<
677 215.	၆၇၇၂၁၅ ပါ။ (ခြောက်ခွန်ခွန် နှစ်တစ်ငါးပါ)	htjau'khun khun hni'ti'nga:ba<
Ich wohne im Internat.	ကျောင်းဆောင်မှာ တည်းပါတယ်။	tjaun:zaun-hma tæ:badæ<
...im Gästehaus der Uni.	တက္ကသိုလ်ညှဉ့်ရိပ်သာမှာ။	tæ'kᵃthou æ.jej'tha-hma<
...bei Freunden (im Haus von Freunden).	မိတ်ဆွေတွေဆီမှာ။ – မိတ် ဆွေတွေရဲ့ အိမ်မှာ။	mej'hswejdwej-hsi-hma<
Wie alt sind Sie?	အသက် ဘယ်လောက် [ရှိပြီ] လဲ။	ᵃthæ' bælau' [shi.bi]læ:<
Ich bin neununddreißig Jahre. (Mann)	ကျွန်တော်အသက် ၃၉ နှစ် ရှိပြီ။/အသက် သုံးဆယ့်ကိုးနှစ် ပါ။	tjᵃno ᵃthæ' thoun:zæ.kou:hni' shi.bi </tjᵃno ᵃthæ' thoun:zæ.kou:hni'pa<
Ich bin 30 Jahre alt. (Frau)	ကျွန်မ အသက် ၃၀ ပါ/ [အနှစ်] ၃၀ ရှိပြီ။	tjᵃma. ᵃthæ' [ᵃhni'] thoun:zæba/[ᵃhni'] thoun:zæ shi.bi<
(Schon) über 40.	လေးဆယ် ကျော်ရှိပြီ။	lej:zæ tjobi<
Sind Sie verheiratet?	အိမ်ထောင် ရှိသလား/ရှိပြီလား။	ejndaun shi.dhᵃla: /shi. bila:<

deutsch	myanma	Transkription
Ja.	ဟုတ်ကဲ့၊ ရှိပါတယ်။	hou'kæ., shi.badæ<
Nein [noch nicht].	မရှိ[သေး]ပါဘူး။	mᵃshi.[dhej:]babu:<
Haben Sie Kinder?	သားသမီး ရှိ[သ]လား။	tha:dhᵃmi: shi.[dhᵃ]la:<
Ja (ich habe Kinder).	ဟုတ်ကဲ့၊ [သားသမီး] ရှိပါတယ်။	hou'kæ. [tha:dhᵃmi:] shi. badæ<
Wieviele Kinder haben Sie?	သားသမီး ဘယ်နှယောက် ရှိသလဲ။	tha:dhᵃmi: bæ-hnᵃjau' shi. dhᵃlæ:<
Ich habe zwei Söhne und eine Tochter.	သားနှစ်ယောက် နဲ့ သမီးတစ် ယောက်ပါ/ ရှိပါတယ်။	tha:hnjau'næ. thᵃmi:tᵃjau'pa/ shi.badæ<
Welche Konfession haben Sie?	ဘာ ကိုးကွယ်သလဲ။	ba kou:gwædhᵃlæ:<
Ich bin Christ.	ကျွန်တော် ခရစ်ယာန်ပါ။	tjᵃno khᵃri'janba<
... Buddhist.	---ဗုဒ္ဓဘာသာဝင်	... bou'da.badhawin
... Muslim	---မွတ်စလင်	... mu'sᵃlin
... Hindu	---ဟိန္ဒူ	... hejndu
... konfessionslos.	---မကိုးကွယ်ပါဘူး။	... mᵃkou:gwæbabu:<
Kommen Sie mich besuchen!	ကျွန်တော့်အိမ် လာလည်ပါဦး။	tjᵃno.ejn lalæba-oun:<
Keine Umstände bitte!	ဒုက္ခ မရှာပါနဲ့။	dou'kha. mᵃshabanæ.<
Das macht mich verlegen..	အားနာပါတယ်။	a:nabadæ<
Genieren Sie sich nicht!	အားမနာပါနဲ့။	a:mᵃna:banæ.<
Fühlen Sie sich wie zu Hause!	ကိုယ့်အိမ်လို သဘောထားပါ။	kou.ejnlou dhᵃbo:-hta:ba<

Im Restaurant

Ist hier in der Nähe ein Restaurant?	ဒီနားမှာ စားသောက်ဆိုင် ရှိပါ သ လား။	dina:-hma sa:thau'hsain shi. ba-[dhᵃ]la:<
Was möchten Sie bestellen?	ဘာ မှာမလဲ။	ba hmamᵃlæ:<
Was möchten Sie essen?	ဘာ စားမလဲ။	ba sa:mᵃlæ:<
Frühstück	မနက်စာ	mᵃnæ'sa
Mittagessen	နေ့လယ်စာ	nej.læza
Dinner	ညစာ	nja.za
Gibt es ... ?	--- ရှိသလား။	... shi.dhᵃla:<
Gibt es Nudelsuppe?	ခေါက်ဆွဲပြုတ် ရှိလား။	hkau'hswæ:bjou' shi.la.<
... Mohinga	မုန့်ဟင်းခါး --- ။	moun.hin:ga: ...<
... Spiegelei (vom Huhn)	ကြက်ဥကြော် --- ။	tjæ'u.djo ...<

deutsch	myanma	Transkription
...Rührei (Huhn)	ကြက်ဥမွှေကြော်	tjæ'u'hmwej-tjo
... gekochtes Entenei	ဘဲဥပြုတ် --- ။	bæ:u.bjou' ...<
... etwas Vegetarisches	သက်သတ်လွတ် --- ။	thæ'tha'lu' ...<
... Bratreis	ထမင်းကြော် --- ။	htᵃmin:djo ...<
... Bratnudeln	ခေါက်ဆွဲကြော် ---	hkau'hswæ:djo ...
Ich nehme Schweinefleisch.	ဝက်သားဟင်း စားမယ်။	wæ'tha:hin: sa:mæ<
... Huhn.	ကြက်သားဟင်း --- ။	tjæ'tha:hin: ...<
... Fisch.	ငါးဟင်း --- ။	nga:hin: ...<
... Garnelen.	ပုစွန်ဟင်း --- ။	bᵃzunhin: ...<
... Ziege/Schaf.	ဆိတ်သားဟင်း --- ။	hsej'tha:hin: ...<
... Rind.	အမဲသားဟင်း --- ။	ᵃmæ:dha:hin: ...<
... nur Reis mit Salz.	ထမင်းနဲ့ ဆားပဲ ---။	htᵃmin:næ. hsa:bæ: ...<
Entenei esse ich nicht.	ဘဲဥ မစားပါဘူး။	bæ:u. mᵃsa:babu:<
Grünzeug (Rohes) kann ich nicht essen.	အစိမ်း မစားနိုင်ပါဘူး။	ᵃsejn: mᵃsa:-hnainbabu:<
Es bekommt mir nicht. (Frau)	ကျွန်မနဲ့ မတည့်ပါဘူး/ပါလို့ ။	tjᵃma.næ. mᵃtæ.babu:/balou:<
Was nehmen Sie als Dessert?	အချို့ ဘာ စားမလဲ။	ᵃhtjou ba sa:mᵃlæ:<
Bringen Sie gemischtes Obst.	အသီးစုံ ပေးပါ။	ᵃthi:zoun pej:ba<
... Eiskrem.	ရေခဲမုန့် --- ။ အိုက်စကရင် ---။	jejgæ:moun. ...< ai's ᵃkrin ...<
... Pudding.	ပူဒင်း --- ။	pudin: ...<
Was möchten Sie trinken?	ဘာ သောက်မလဲ။	ba thau'mᵃlæ:<
Wenn man rohes Wasser trinkt, gibt es Probleme.	ရေစိမ်း သောက်မိရင် ဒုက္ခ ရေ-ဂက်မယ်။	jejzejn: thau'mi.jin dou'kha. jau'mæ<
Ich nehme Trinkwasser	ရေသန့် သောက်မယ်။	jejdhan. thau'mæ<
... nur grünen Tee.*	ရေနွေးကြမ်းပဲ ---။	jej-nwej:djan:bæ: ...<
... Kuhmilch.	နွားနို့ --- ။	nwa:nou. ...<
... Bier.	ဘီယာ --- ။	bija ...<
... Fassbier	စည်ဘီယာ	sibija
... Brause (Sparkling).	စပါကလင် --- ။	sᵃpa-kᵃlin ...<
... Pepsi-cola.	ပက်စီ --- ။	pæ'si ...<

deutsch	myanma	Transkription
... Zuckerrohrsaft.	ကြံရည် --- ။	tjanjej ...<
... Kaffee.*	ကော်ဖီ --- ။	ko-hpi ...<
... Tee.*	လက်ဖက်ရည် --- ။	l^{a}hpæ'jej ...<
Bitte ohne gesüßte Kondensmilch und Zucker.	နို့ဆီနဲ့ သကြား မထည့်ပါနဲ့။	nou.zi-næ.th^{a}dja: m^{a}htæ. banæ.<
Bitte ohne Eis!	ရေခဲ မထည့်ပါနဲ့။	jejgæ: m^{a}htæ.banæ.<
Ist [Pepsi] gekühlt?	[ပက်စီ] ရေခဲစိမ်ထားသလား။	[pæ'si] jejgæ: sejn-hta:dh^{a} la:<
Danke, genug!	တော်ပါပြီ။	d**o**babi<
Ich möchte nichts mehr.	မစားတော့ပါဘူး။	m^{a}sa:do.babu:<
Ich bin fertig.	ပြီးပါပြီ။	pj**i:**babi<
Ich möchte zahlen.	ပိုက်ဆံ ရှင်းမယ်။	pai'hsan shin:mæ<
Die Rechnung bitte!	ဘီ ယူခဲ့ပါ။	bill jugæ.ba< gehoben
Wieviel kostet es?	ဘယ်လောက် ကျသလဲ။	bælau' tja.dh^{a}læ:<
Ist hier eine Toilette?	[ဒီမှာ] အိမ်သာ ရှိ[သ]လား။	[di-hma] ejndha shi.[dh^{a}]la:<
Herren	ကျား (ယောကျ်ား)	tja: (von jau'tja:)
Damen	မ (မိန်းမ)	ma. (von mein:ma.)
Mönche	ရဟန်း	j^{a}han:
Novizen	ကိုရင်	kou-jin

Einfacher grüner Tee ist gratis und kommt immer auf den Tisch; notfalls können Sie damit im Straßenrestaurant zweifelhafte Trinkschalen reinigen, ohne dass dies jemand beanstandet. Wenn Sie schlicht ›Kaffee‹ bzw. ›Tee‹ bestellen, ist er mit gesüßter Kondensmilch und Zucker bereitet.

Einkaufen

Ich möchte Bananen kaufen.	ငှက်ပျောသီး ဝယ်ချင်ပါတယ်။	ng^{a}pjodhi: wædjinbadæ<
... Ananas ...	နာနတ်သီး --- ။	nana'thi: ...<
... Kokosnuss ...	အုန်းသီး --- ။	oun:dhi: ...<
... Papaya ...	သင်္ဘောသီး --- ။	thin:bo:dhi: ...<
... Mango ...	သရက်သီး --- ။	th^{a}jæ'thi: ...<
... Pomelo ...	ကျွဲကောသီး --- ။	tjwæ:go:dhi: ...<
... Wassermelone ...	ဖရဲသီး --- ။	hp^{a}jæ:dhi: ...<
... Kuchen ...	ကိတ်မုန့် --- ။	kej'moun. ...<
... Zwieback ...	မုန့်ကြွပ် --- ။	moun.dju' ...<

deutsch	myanma	Transkription
... Kekse ...	ဘီစကွတ်	bisªku' (bisquit)
... Brot ...	ပေါင်မုန့် ––– ။	paunmoun. ... <
... Nudeln ...	ခေါက်ဆွဲ –––။	khau'hswæ: ...
... Reis ... (geschält)	ဆန် –––။	hsan <
... Kartoffeln	အာလူး –––။	alu: ...<
... einen Blumenkohl	ပန်းဂေါ်ဖီတစ်ပွင့်/တစ်လုံး။	pan:gobi tªpwin./tªloun:...<
... zwei Weißkohl	ဂေါ်ဖီထုပ်နှစ်ထုပ်	gobidou' hnªhtou'...
... drei Gurken	သခွားသီးသုံးလုံး	thªhkwa:dhi: thoun:loun:
... ein Viss Tomaten	ခရမ်းချဉ်သီးတစ်ပိဿာ	hkªjan:djindhi: tªpeij'tha
... ein halbes Viss Erdbeeren	စတော်ဘယ်ရီ ကျပ်သား ၅၀	sªtobæri tja'tha: nga:zæ
... Öl	ဆီ	hsi ... <
... Trinkwasser	သောက် ရေသန့်	[thau']jejdhan. ... <
... drei Flaschen Trink-wasser	သောက် ရေသန့်သုံးဘူး	[thau']jejdhan. thoun:bu: <
... Whiskey	ဝီစကီ	wisªki ... <
... zwei Flaschen Bier	ဘီယာနှစ်ပုလင်း	bija hnªpªlin: ...<
....Thermosflasche	ဓာတ်ဘူး	da'bu: ...<
... Postkarten	ပို့စကတ်	pou.sªka' ...<
... Briefmarken	တံဆိပ်ခေါင်း	tªzej'gaun: ...<
...10 Briefmarken zu 30 Kyat	၃၀–တန် တံဆိပ်ခေါင်း ၁၀ လုံး	thoun:zædan tªzej'gaun: hsæ-loun:<
... (Foto-)Film	ဖလင်	hplin ...<
... zwei Videokassetten	ဗီဒီယိုကက်ဆက် နှစ်ခွေ။	vidijou-kæ'hsæ'hnªhkwej ...<
... Landkarte	မြေပုံ	mjejboun ... <
... Stadtplan von Mandalay	မန္တလေးမြို့လမ်းပြမြေပုံ	man:dªlej:mjou.lan:pja.mjejboun <
... Lackware ...	ယွန်းထည် ––– ။	jun:dæ ...<
... Jade ...	ကျောက်စိမ်း ––– ။	tjau'sejn: ... <
... Gold[ware] ...	ရွှေ[ထည်] ––– ။	shwej[dæ] ...<
... ein Paar Sandalen ...	ဖိနပ်တစ်ရန်။	hpªna' tªjan...<
... vier Hüte...	ဦးထုပ်လေးလုံး။	ou'htou' lej -loun: ...<
... zwei Schirme	ထီးနှစ်လက်။	hti: hnªlæ' ...<
... 5 Schultertaschen	လွယ်အိတ်ငါးလုံး (၅) လုံး)	lwæ-ej' nga:loun: ... <
... Wörterbuch ...	အဘိဓာန်	ªbi.dan ... <

deutsch	myanma	Transkription
Ist das Myanmar-English Dictionary da?	မြန်မာ–အင်္ဂလိပ်အဘိဓာန် ရှိလား။	mjªma-in:gªlej' ªbi.dan shi.la:<
Ich suche ein Wörterbuch Englisch-Myanmar.	အင်္ဂလိပ်–မြန်မာအဘိဓာန်ကို ရှာနေတယ်။	in:glej'-mjªma ªbidangou sha-nejdæ<
Wieviel kostet das?	ဘယ်လောက် [ကျသ]လဲ။	da bælau' [tja.dhª] læ:<
Wieviel zahle ich für diese Slipper?	ဒီဖိနပ်ကို ဘယ်လောက် ပေးရသလဲ။	di hpªna'kou bælau' pej-ja. dhªlæ:<
Das ist zu teuer.	ဈေး သိပ်များတယ်။	zej: thej'mja:dæ<
Können Sie nicht reduzieren?	မလျှော့နိုင်ဘူးလား။	mªsho.hnainbu:la:<
Wieviel geben Sie?	ဘယ်လောက် ပေးမလဲ။	bælau' pej:mªlæ:<
150 Kyat. Ist das o.k.?	ကျပ် ၁၅၀ ၊ ရမလား/	tja' tªja.nga:zæ< ja.mªla:<
Das ist zu wenig. Geben Sie 225 Kyat.	နည်းတယ်၊ ၂၂၅ ကျပ် ပေးပါ။	næ:dæ< 225 tja' pej:ba<
Machen Sie's für 200 Kyat.	ကျပ် ၂၀၀ ထားပါ။	tja' hnªja hta:ba<
Gut, ich nehme es.	ကောင်းပါပြီ၊ ယူမယ်။	kaun:babi< ju-mæ<
Ich nehme es nicht.	မယူတော့[ပါ]ဘူး။	mªjudo.[ba]bu:<
Danke, ich schaue mich weiter um.	ကျေးဇူးတင်ပါတယ်၊ ကြည့် ပါဦးမယ်။	tjej:zu: tinbadæ< tji.ba-oun:mæ<
Nehmen Sie's nicht krumm.	စိတ် မရှိပါနဲ့။	sej'mªshi.banæ.<

Krankheit

Ich fühle mich nicht gut.	နေမကောင်းပါဘူး။	nej-mªkaun:babu:<
Ich möchte zum Arzt gehen.	ဆရာဝန်ဆီ သွားပြချင်တယ်။	hsªjawun-hsi thwa:pja.jindæ<
Gibt es hier eine Apotheke?	ဒီနားမှာ ဆေးဆိုင် ရှိလား။	dina:hma hsej:zain shi.la:<
Haben Sie Elektrolytsalz?	ဓာတ်ဆား ရှိသလား။	da'hsa: shi.[dhª]la:<
Ich habe Durchfall.	ဝမ်း သွားနေတယ်။	wun: thwa:nejdæ<
... Bauchschmerzen	ဗိုက် နာနေတယ်။	bai' nanejdæ<
... Kopfschmerzen	ခေါင်း ကိုက်နေတယ်။	gaun: kai'nejdæ<
... Zahnschmerzen	သွား ကိုက်နေတယ်။	thwa: kai'nejdæ<
... Fieber	ကိုယ် ပူနေတယ်။	kou punejdæ<
... Schnupfen	နှာ စေးနေတယ်	hna si:nejdæ<
... Halsschmerzen	လည်ပင်း နာနေတယ်။	læbin: nanejdæ<

deutsch	myanma	Transkription
... wohl etwas Falsches gegessen.	အစား မှားတယ် ထင်တယ်။	ᵃsa: hma:dæ htindæ<
... rohes Wasser getrunken	ရေစိမ်း သောက်မိတယ်။	jejzejn: thau'mi.dæ<
... mich wohl erkältet.	ကျွန်မ အအေးမိတယ်ထင်တယ်။	tjᵃma ᵃej:midæ htindæ<
Ich habe Medizin geschluckt.	ကျွန်မ ဆေး သောက်ထားတယ်။	tjᵃma. hsej: thau'hta:dæ<

Unterwegs

deutsch	myanma	Transkription
Ich suche den Bahnhof.	ဘူတာ ရှာနေတယ်။	buda shanejdæ<
... ein Hotel.	ဟိုတယ် --- ။	houdæ ... <
... die Schiffsanlegestelle.	သင်္ဘောဆိပ် --- ။	thin:bo:hsej'... <
... den Busbahnhof. (gate)	ဘတ်စကားဂိတ် --- ။	ba'sᵃka:gej' ... <
... die Bushaltestelle.	မှတ်တိုင် --- ။	ba'sᵃka:hma'tain ... <
... einen Getränkeausschank	အအေးဆိုင်	ᵃej:hsain
... Telefon	တယ်လီဖုန်း	tælihpoun:
... chinesisches Restaurant	တရုတ်စားသောက်ဆိုင်	tᵃjou'sa:thau'hsain
... Buchladen	စာအုပ်ဆိုင်	sa-ou'hsain
... die Yangon University.	ရန်ကုန်တက္ကသိုလ်	jangoun tæ'kᵃthou ... .<
... das Myanmarsar Dept.	မြန်မာစာဌာန	mjᵃmaza-htana. ...
... die Bibliothek	စာကြည့်တိုက်	sa-tji.dai'
... Zentrale Universitätsbibl.	ဗဟိုတက္ကသိုလ်များစာကြည့်တိုက်	bᵃhou tæ'kᵃthou-mja:sa-tji.dai
... den Institutsdirektor	ဌာနမှူး	htana.hmu:
... den Rektor	ပါမောက္ခချုပ် (ပါချုပ်)	pamau'hka.djou' (umg padjou')
... das Rektorat	ပါမောက္ခချုပ်ရုံး	pamau'kha.djou'joun:
Wo ist die deutsche Botschaft?	ဂျာမန်သံရုံး ဘယ်နားမှာလဲ။	djaman thanjoun: bæna:hmalæ:<
Wie komme ich zum Markt?	ဈေးကို ဘယ်လို သွားရမလဲ။	zej:gou bælou thwa:ja. mᵃlæ:<
... zur Post?	စာတိုက်ကို --- ။	sadai'kou ... <
... zur Bank?	ဘဏ်တိုက်ကို --- ။	bandai'kou ... <
... zum Krankenhaus?	ဆေးရုံကို --- ။	hsej:joungou ... <
... zur ... -Pagode?	--ဘုရားကို --- ။	... hpᵃja:gou ... <

deutsch	myanma	Transkription
Welcher Bus fährt zum Flughafen?	လေဆိပ်ကို ဘယ်ဘတ်စကား ရောက်[သ]လဲ။	lejzei'kou bæ ba'sᵃka: jau'[thᵃ]læ<
Ich möchte Taxi fahren.	တက္ကစီကားနဲ့ သွားချင်တယ်။	tæ'kᵃsika:næ. thwa:jindæ<
... nicht Side-car fahren.	ဆိုက်ကား မစီးချင်ပါဘူး။	hsai'ka: mᵃsi:jinbabu:<
... zu Fuß gehen.	လမ်းလျှောက်[သွား]ချင်တယ်။	lan: shau'thwa:htjinbadæ<
Zu Fuß geht es nicht, ist zu weit.	လမ်းလျှောက်လို့ မရပါဘူး၊ ဝေးတယ်။	lan:shau'lou. mᵃja.babu:< wej:dæ<
Bitte halten Sie vor dem Bahnhof.	ဘူတာရှေ့မှာ ရပ်ပေးပါ။	buda-shej.hma ja'pej:ba<
... nahe der Sule-Pagode.	... ဆူးလေဘုရားနားမှာ ...	... hsu:lej-hpaja:na:hma ... <
... hinter dem Aung-San-Markt.	... ဗိုလ်ချုပ်ဈေးနောက်မှာ ...	... bou-djou'zej-nau'hma ... <
... hinter der Kreuzung.	... လမ်းဆုံ ကျော်ပြီးရင် ...	... lan:zoun tjobi-jin ... <
Fährt dieser Bus nach Bagan?	ဒီဘတ်စကား ပုဂံ ရောက်သလား။	di ba'sᵃka: bᵃgan jau'thᵃla:<
Wo kann man Fahrkarten bekommen?	လက်မှတ် ဘယ်မှာ ရနိုင်သလဲ။	læ'hma' bæ-hma ja.hnaindhᵃlæ:<
Wann fährt der Zug nach [Mandalay] ab?	[မန္တလေး]ရထား ဘယ်အချိန် ထွက်သလဲ။	[mandᵃlej:]jᵃhta: bæ ᵃhtjejn htwæ'[thᵃ]læ:<
Wann wird der Zug in [Thazi] ankommen?	မီးရထား [သာစည်]ကို ဘယ် အချိန် ရောက်မလဲ။	mi:jᵃhta: [tha-zi]gou bæᵃhtjejn jau'mᵃlæ:<
Ist es von hier weit zum Flugplatz?	ဒီကနေ လေဆိပ်နဲ့ ဝေး[သ]လား။	diga.nej lej-zej'næ. wej:[dhᵃ]la:<

Glossar

Ah-nah-de sich genieren; die Vermeidung unangenehmer Situationen.

Amarapura ehemalige Hauptstadt bei Mandalay, ›Stadt der Unsterblichen‹. Siehe → Mara.

Anawrahta erster Gründerkönig Myanmars ab 1044.

Bamar Mehrheitsbevölkerungsgruppe Myanmars (alt: Burmese/Birmane/Burmane).

Betel Nuss der Arecapalme, wird in Blättern eingewickelt gekaut und verursacht rote Zähne.

Bilu Dämon; häufig ein Menschenfresser.

Biriany indisches/muslimisches Reisegericht mit Hühnchen.

Bodhibaum lat. *Ficus religiosa*; Baum, unter dem Buddha erleuchtet wurde; auch: Bobaum.

Bodhisatta, Bodhisattva ›Erleuchtungswesen‹. Bezeichnung eines Buddha vor dessen Erleuchtung.

Bogyoke General; militärischer Führer; auch: Bo.

Buddha Titel des Begründers der buddhistischen Lehre; der Erleuchtete. Neben Gotama werden auch seine drei Vorgänger verehrt, Kakusandha, Konagamana und Kassapa.

Cheroot Maisblattzigarre.

Chinlon Ballspiel.

Curry Gewürz; für die Mahlzeit siehe Hin.

Dagon alter Name Yangons bis 1753. König Alaungpaya.

Daw höfliche Anrede für Frauen (Daw Aung San Suu Kyi; Frau Aung San Suu Kyi).

Dhamma auch: Dharma; die buddhistische Lehre.

Furlong gebräuchliches Längenmaß auf Autobahnen; 201 Meter = 1 Furlong. 8 Furlong = 1 Meile.

Glaspalastchronik 1829 erstellte Chronik über die Anfänge des Buddhismus bis zur Konbaung-Dynastie.

Gotama Name des vierten Buddhas dieses Weltzeitalters; auch Gautama.

Gruppe der 33 Versammlung zur Ausarbeitung einer neuen Verfassung ab 1965 unter General Ne Win, Mitglieder waren u.a. U Nu, der frühere Ministerpräsident.

Hin Begriff für Mahlzeit, zumeist Fleisch, zu der Reis (Thamin) serviert wird.

Hsin byu weißer Elefant.

Hti Schirm, sowohl Regenschirm als auch Krönungselement eines Stupa.

Jati Geburt.

Jataka Geburtsgeschichte (Sanskrit).

Kachin Unionsstaat und Bevölkerungsgruppe im Norden Myanmars.

Der größte liegende Buddha der Welt in Mawlamyine

Kan ›See‹, wie in Kandawgyi (See) in Yangon: See (kan) königlich (daw) groß (gyi): Royal Lake.

Kayin Unionsstaat und Bevölkerungsgruppe im Südosten Myanmars (alt: Karen).

Khamma (Sanskrit karma) Auswirkung der guten und der schlechten Taten eines Menschen auf seine zukünftige Wiedergeburt.

Ko ›älterer Bruder‹; Anrede eines jüngeren männlichen Sprechers an einen älteren männlichen Adressaten.

Kyaung Schule; Kloster.

Longyi Wickelrock für Männer und Frauen.

Mara Tod; Teufel im Buddhismus; siehe → Amarapura.

Meru Weltberg in der buddhistischen Kosmologie.

Metta liebevolle Hingabe, ein zentrales Element buddhistischer Meditation.

Metteyya zukünftiger, fünfter Buddha dieses Weltzeitalters. Aussprache: Meytrāya.

Myo Stadt.

Myohaung alte Stadt.

Myosa Statthalter (›Town Eater‹).

Myothit neue Stadt.

Nat Herrscher, Meister. Bezeichnung für Geister.

Naypyitaw übersetzt: ›königliche Residenz‹, Hauptstadt Myanmars seit 2006.

Ngapi Fischpaste, zum Würzen von Speisen.

Pagode markantes, mehrgeschossiges, turmartiges Bauwerk, dessen einzelne Geschosse meist durch vorragende Gesimse oder Dachvorsprünge voneinander getrennt sind.

Paya Sammelbegriff für buddhistische Bauwerke, aber auch Anrede für hohen Mönch.

Pali mittelindische Sprache, in der die ersten Aufzeichnungen des Theravada-Buddhismus verfasst sind.

Pongyi Mönch.

Pongyikyaung Kloster; ›Mönchsschule‹.

Pwe Feste aller Art.

Sangha Mönchsorden.

Sawbwa Shan-Fürst (Herrscher des Himmels).

Saya Lehrer, Meister, jede Person mit höherem Status; weibl. Form: Sayama.

Sayadaw Abt eines buddhistischen Klosters in Myanmar.

Mitternacht am Stupa

Schikara Bekrönungselement buddhistischer Tempel, so in Bagan.

Shinpyu Novizenweihe.

Shwe Gold, golden.

Shwedagon Paya Goldene Dagon Paya.

SLORC State Law and Order Restoration Council (Staatsrat zur Wiederherstellung von Recht und Ordnung); militärisches Kontrollgremium 1988–1997.

SPDC State Peace and Development Council (Staatsrat für Frieden und Entwicklung); Namensänderung des SLORC 1997; Auflösung 2011.

Stupa Grabhügel, in Myanmar ›Zedi‹ genannt (Beispiel Stupa Shwedagon), Monument zur Aufbewahrung von Reliquien.

Tatmadaw staatliche Armee Myanmars.

Tavatimsa-Himmel Himmel der 33 Götter.

Thagyamin König der Nat. Auch bekannt als Sakka, der Götterkönig im → Tavatimsa-Himmel.

Thein Ordinationhalle.

Thingyan buddhistisches Neujahrsfest.

Tilashin Nonne (Tochter Buddhas).

U höfliche Anrede für Männer (U Thein Sein; Herr Thein Sein).

Wungyi Minister, damals wie heute.

Yangon Hauptstadt Myanmars bis 2006 Der Name bedeutet: ›Das Ende des Streits‹.

Ywa Dorf.

Zawgyi Alchimist, Zauberer.

Zedi → Stupa.

Literatur

Allgemein

Journal of Current South East Asian Affairs, Hamburg. Zeitschrift des Hamburger Asienforschungsinstituts über die Länder Südostasiens, www.giga-hamburg.de.

Internationales Asienforum – International Quarterly for Asian Studies. Freiburg. Arnold Bergstraesser Institut, www.arnold-bergstraesser.de.

Günter Siemers (2003 und 2004): *Myanmar-Aspekte der vorhersehbaren Zukunft – Teil 1 und 2*. Erschienen in Südostasien aktuell (GIGA), Hamburg. Im Internet als PDF: http://www.giga-hamburg.de/openaccess/suedostasienaktuell/2003_5/giga_soa_2003_5_siemers.pdf
http://www.giga-hamburg.de/openaccess/suedostasienaktuell/2004_2/giga_soa_2004_2_siemers.pdf
Eine nüchterne und gleichzeitig äußerst präzise Analyse der Militärregierung und ein differenziertes Bild des Verhaltens von Aung San Suu Kyi. Sehr empfehlenswerte Lektüre!

Politik und Geschichte

Tilman Frasch (1996): *Pagan: Stadt und Staat*. Wissenschaftliche Analyse des ersten Territorialstaat Myanmars.

Thant Myint-U (2009): *Burma – Der Fluss der verlorenen Fußspuren*. Eine persönliche Geschichte. Der Enkel des früheren Generalsekretärs der Vereinten Nationen U Thant verknüpft die Geschichte Myanmars mit seiner Familiengeschichte.

Hans-Bernd Zöllner (2007): *Weder Safran noch Revolution*. Der Autor erstellte eine genaue Chronologie der Demonstrationen der Mönche im Jahr 2007 vor dem Hintergrund einseitiger Berichterstattung in den Massenmedien.

Christina Grein, Ute Köster, Phong Le Trong (Hg.) (2014): *Handbuch Myanmar*. Der aktuellste Sammelband in deutscher Sprache zu vielen Problemfeldern Myanmars.

Jüschke, Anna, Meincke, Katja, Kreuziger, Katja (2010): *Myanmar – Gesellschaft in Bewegung*. Der Band vereint drei Studien, die aktuelle Entwicklungen in verschiedenen gesellschaftlichen Bereichen Myanmars beleuchten. Die Autorinnen zeichnen dabei anstelle der medialen Darstellung von Stagnation das Bild einer dynamischen Gesellschaft.

George Orwell (1982): *Tage in Burma*. Der ehemalige britische Kolonialbeamte vereint

Geisterdarstellungen am Mount Popa

Fiktion und Wirklichkeit in Myanmar während der Zeit der kolonialen Besatzung. Oftmals bei Souvenirhändlern in Bagan und Mandalay auf Deutsch erhältlich.

Amitav Ghosh (2006): *Der Glaspalast.* Dieser erste große Roman über das geheimnisumwitterte Myanmar erzählt die Geschichte des jungen Rajkumar, der in einer Imbissbude auf dem Markt von Mandalay 1885 Zeuge des Einmarsches der britischen Truppen wird.

Ma Thanegi (2012): *Pilgerreise in Myanmar.* Die Autorin schildert spannend und humorvoll mit einem liebevoll kritischen Blick auf die Menschen und die Kultur ihres Landes eine Pilgerreise durch Myanmar auf einer Route, die bereits seit Jahrhunderten zur religiösen Tradition gehört.

Ma Thanegi, Gabriele Fahr-Becker (2008): *Burma – Myanmar: Im Herzen eines unbekannten Landes.* Die in über 20 Jahren bis in die jüngste Gegenwart entstandenen Fotografien lassen uns ebenso wie der Text der burmesischen Autorin die Persönlichkeit der Menschen sowie die großartige, unberührte Landschaft und die durch die allgegenwärtige Spiritualität des Buddhismus geprägte Atmosphäre des Landes besser verstehen.

Christoph Hein, Udo Schmidt (2013): *Reportage Burma/Myanmar: Der steinige Weg zur Freiheit.* Christoph Hein und Udo Schmidt, Asien-Korrespondenten der »Frankfurter Allgemeinen Zeitung« beziehungsweise des ARD-Hörfunks, haben die Oppositionsführerin und Friedensnobelpreisträgerin Aung San Suu Kyi getroffen und sprachen mit Drogenbossen und Straßenhändlern, Ministern und Investoren.

Hans-Bernd Zöllner: *Konflikt der Welt-Anschauungen: Die ›Zwei Birmas‹ seit Beginn der Kolonialzeit.* Die neuere Geschichte Birmas wird oft als eine Folge von Abbrüchen verstanden, die durch Machtübernahmen des Militärs verursacht wurden. Hans-Bernd Zöllner stellt dagegen die Kontinuität eines Konflikts von Welt-Anschauungen in den Vordergrund, der die birmanische Gesellschaft seit dem Beginn der Kolonialzeit bis heute in ›Zwei Birmas‹ spaltet.

Axel Bruns (1999): *Burmesische Marionettenkunst.* Dissertation erschienen beim White Lotus Verlag in Thailand.

Roland Bless (1990): *Divide et Impera? Britische Minderheitenpolitik in Burma 1917–1948.*

Erzählungen

Klaus R. Schröder, Georg Noack (Hg.) (2009): *Myanmar/Burma erzählt: 25 zeitgenössische Kurzgeschichten.* 25 Geschichten aus dem fernen und fremden Myanmar (Burma), und dazu noch von 24 verschiedenen zeitgenössischen Autoren, die bei uns kaum jemand kennt.

Annemarie Esche (Hg.) (1972): *Märchen der Völker Burmas.* Nur noch in Antiquariaten erhältlich.

Inge Sargent (2006): *Dämmerung über Birma.* Mein Leben als Shan-Prinzessin. Die Österreicherin war einst mit dem Shan-Fürsten Sao Kya Seng von Hsipaw verheiratet.

Hannelore Kalwies (2013): *Reisen durch das goldene Land. Mit dem Discotrain nach Mandalay.*
Die Autorin reiste meistens in Begleitung eines Guides in abgelegene Regionen, in die kaum Touristen kommen. Von ihren Begegnungen und Erlebnissen in den Gebieten der ethnischen Minderheiten Myanmars berichtet sie in diesem Buch.

›**Myanmar Literature Project**‹. In: Passauer Beiträge zur Südostasienkunde, Working Papers (über Publikationen des Nagani-Buchklubs).

Sprache Myanmars

Annemarie und Otto Esche (2011): *Wörterbuch Deutsch-Myanma.* Nach 25 Jahren Arbeit in Deutschland und Myanmar entstand dieses erste und einzige Wörterbuch mit 1040 Seiten und 70 000 Eintra-

Die Erdberührungsgeste

gungen – das Lebenswerk eines Wissenschaftlerehepaares.

Uta Gärtner (2010): *Myanmar in 20 Tagen. Sprachintensivkurs in 2 Bänden*. Die ehemalige Hochschuldozentin der Humboldt-Universität zu Berlin hat ihr eigens erstelltes Lehrmaterial erweitert und um eine CD ergänzt, so dass man im Selbststudium die Sprache Myanmars lernen kann.

Englischsprachige Literatur

Michael Aung-Thwin (2012): *A History of Myanmar Since Ancient Times*. Ausführliches Buch eines der profiliertesten Historikers zu Myanmar. Wiederkehrende Muster in der Geschichte Myanmars seit der Gründung Bagans bis in die Neuzeit werden dem Leser nähergebracht.

Dr. Maung Maung (1974): *To a soldier son*. Bei Straßenhändlern in Downtown Yangon erhältlich. Dr. Maung Maung war der oberste Richter Myanmars und im Jahr 1988 Staatsoberhaupt für einen Monat während der Übergangsphase. Dieses Buch widmete er seinen Sohn, Absolvent der Militärakademie DSA und späterer stellvertretenden Außenminister Myanmars Kyaw Thu. Interessante Einblicke in das Leben eines der führenden Persönlichkeiten Myanmars. Außerdem vertiefter Einblick in das soldatische Leben in Myanmar.

Yoshihiro Nakanishi (2013): *Strong Soldiers, Failed Revolution*. Die bislang beeindruckendste Analyse des Militärs im Staat in Myanmar. Der japanische Politikwissenschaftler stellt eindrucksvoll dar, welche Mechanismen seit dem Putsch 1962 zur Durchdringung des Staats durch das Militär geführt haben.

David I. Steinberg (2010): *Burma/Myanmar. What everyone needs to know*. Auf 200 Seiten behandelt dieser Asienspezialist die allerwichtigsten Fragen rund um Myanmar in kurzen, prägnanten Essays, die alle mit dem Fragewort ›Why....‹ bzw. ›What...‹ beginnen. Sehr empfehlenswert!

Robert H. Taylor (2009): *The State in Myanmar*. Der Nachfolger des 1987 erschienenen Buches *The State in Burma* ist eine knapp 600-seitige wissenschaftliche Analyse des Staates in Myanmar, verfasst von einer der weltweit wenigen Koryphäen, was Myanmars Geschichte und Politik betrifft.

Robert H. Taylor (im Erscheinen, SEAS Singapur): *General Ne Win: A political biography* (vorläufiger Titel). Die erste ausführliche Biographie zu Myanmars starkem Mann – General Ne Win.

Thant Myint-U (2011): *Where China meets India*. Dieses hoch interessante Buch des bekannten Autors wird wahrscheinlich auch bald auf Deutsch erscheinen.

Hans-Bernd Zöllner (2012): *The Beast and the Beauty. The History of the Conflict between the Military and Aung San Suu Kyi in Myanmar, 1988–2011, set in a Global Context*

Myanmar im Internet

www.netzwerk-myanmar.de Private Seite des Autors mit Forum zur Aktualisierung dieses Buches. Darüber hinaus tagesaktueller Überblick der deutschen Presselandschaft zu Myanmar-Themen.

www.botschaft-myanmar.de Seite der Botschaft Myanmars in Berlin mit Informationen zu Visa, und Formularen zum Herunterladen.

www.myanmarvisa.com Umfangreiches Informationsangebot rund um Visa und Einreise (engl.).

www.rangun.diplo.de Internetauftritt der deutschen Botschaft in Yangon mit aktuellen Informationen zu Reisebedingungen im Land (engl./dt.).

www.myanmartravelsandtours.com Die Seite des staatlichen Reisebüros.

www.irrawaddy.org Bekannteste Nachrichtenseite auf Englisch, veröffentlicht täglich neue Nachrichten. Nun auch innerhalb Myanmars aufrufbar.

de.wikipedia.org/wiki/Myanmar Ausführlicher Wikipedia-Artikel über Myanmar.

www.help-myanmar.net Internetauftritt des Förderverein Myanmar, e.V., aus Saarbrücken.

www.oav.de Der Ostasiatische Verein in Hamburg ist bei Geschäftskontakten behilflich und unterhält eine Repräsentanz in Yangon.

www.hss.de Die Hanns-Seidel-Stiftung ist die erste deutsche politische Stiftung (CSU) in Myanmar, die 2012 ein Büro in Yangon eröffnet hat.

www.networkmyanmar.org Ein ehemaliger britischer Botschafter betreibt die mittlerweile umfangreichste und vollständigste Nachrichtenseite über Myanmar in englischer Sprache mit einer Vielzahl an Statistiken und Analysen.

www.burmalibrary.org Eine umfangreiche Dokumentensammlung zu Myanmar, inklusive eines Archivs aller Tageszeitungen aus Myanmar. Detaillierte Suchfunktion.

Filme
Alle Filme sind als DVD verfügbar.

Myanmar – Reise in eine verlorene Zeit ist eine meisterhafte Reisedokumentation des Regisseurs Roman Teufel aus dem Jahr 2009.

Das Traumhotel und **Das Traumschiff** haben für jeweils eine Folge den Ort der Handlung nach Myanmar verlegt, und eine Geschichte vor einer beeindruckenden Kulisse spielen lassen.

Pilger am Goldenen Felsen

Anhang

Über den Autor

Tobias Esche (geb. 1979) besuchte Myanmar das erste Mal als Schüler im Jahr 1997 auf Einladung seiner Großeltern Dr. Annemarie und Dr. Otto Esche, die seit 1961 mit Ihrem Sohn Holger-Tobias Esche (dem Vater des Autors) in Yangon lebten und dort als Deutschlehrer und später als Diplomaten tätig waren. Nach ihrer Berentung 1986 stellten sie in 25 Jahren Arbeit das erste und einzige Wörterbuch Deutsch-Myanma in Yangon im Jahr 2011 fertig, welches beim Buske-Verlag in Hamburg verlegt worden ist (ISBN 978-3-87548-609-4). Fasziniert von Myanmar und seiner politischen Geschichte sowie Kultur, trat Tobias Esche in die Fußstapfen seiner Familie und begann im Jahr 2004 ein Magisterstudium an der Humboldt-Universität zu Berlin im Fach Südostasienwissenschaften. Dort lernte er die Sprache Myanmars bei Dr. Uta Gärtner, viele Jahre zuvor die erste (und beste!) Studentin seiner Großmutter. Parallel dazu erwarb er einen Abschluss in Politikwissenschaften an der Universität Potsdam.

Es folgten eine dreijährige Arbeit im Politischen Archiv des Auswärtigen Amts im Rahmen eines Forschungsprojekts zur Erarbeitung einer politischen Biographie zu General Ne Win bei Professor Robert H. Taylor, und verschiedene Tätigkeiten in Reiseunternehmen mit Schwerpunkt Myanmar. Ebenfalls im Jahr 2014 erschienen ist sein Artikel zu den 16 apokalytischen Träumen des Königs von Koshala in einem aktuellen Kontext im Handbuch Myanmar beim Horlemann Verlag.

Tobias Esche lebt seit 2001 mit Unterbrechungen, und seit 2010 dauerhaft, in Yangon und ist dort Geschäftsführer eines Reisebüros.

Auf dem Foto sieht man Tobias Esche auf der Hochzeit eines Polizisten, der ihn nach einem Motorradunfall, der während der Recherche in Lashio geschah, spontan eingeladen hat. Das blutende Knie unter dem Tisch sieht man nicht.

Wer eine Reise buchen und dann Tobias Esche in Yangon treffen möchte schickt rechtzeitig eine Email an tobias@netzwerk-myanmar.de oder ein Fax an seine Nummer in Deutschland: 03212/1140270. Seine private Internetseite mit Forum zu regelmäßigen Aktualisierungen dieses Buches noch vor der nächsten Auflage, insbesondere zu nun zugänglichen Gebieten, findet man unter www.netzwerk-myanmar.de. Konstruktive Hinweise sind willkommen!

Für die Erarbeitung dieses Reiseführers ist Tobias Esche Herrn Dr. Axel Bruns und den Mitarbeitern seiner Agentur Azure Sky zu besonderem Dank verpflichtet.

Tobias Esche

Register

Bildnachweis

alle Fotos Tobias Esche, außer:
S. 7, 207: Mika Itavaara Myanmar
Discovery
S. 7, 210: Eric BOURBIGOT/Fotolia.
com
S. 7, 241: L.Watcharapol/Shutter-
stock.com
S. 10: happystock/Shutterstock.com
S. 19, 288: Balloons over Bagan
S. 20/21: Det-anan/Shutterstock.com
S. 24, 97: Kerstin Duell
S. 70: Aung Shin
S. 85: Pyo Win
S. 86: Siegfried Kühnel
S. 138/139: isarescheewin/Shutter-
stock.com
S. 152: mattbkk/Fotolia.com
S. 190: Nguyen Duy Phuong/Shutter-
stock.com
S. 211: happystock/Shutterstock.com
S. 260: OPIS Zagreb/Shutterstock.
com

S. 280: Bule Sky Studio/Shutterstock.
com
S. 309: LiteChoices/Shutterstock.com
S. 326: tomgigabite/Fotolia.com
S. 340: Rafal Cichawa/Shutterstock.
com
S. 341: Chantal de Brujne/Shutter-
stock.com
S. 343: suronin/Shutterstock.com

Titelfoto (Einbeinruderer auf dem Inle-
See): filmlandscape/Shutterstock.
com
vordere Umschlagklappe (Schwimmender Markt): Zzvet/Shutterstock.com
hintere Umschlagklappe (Marionetten
in Mandalay): L.Watcharapol/Shut-
terstock.com

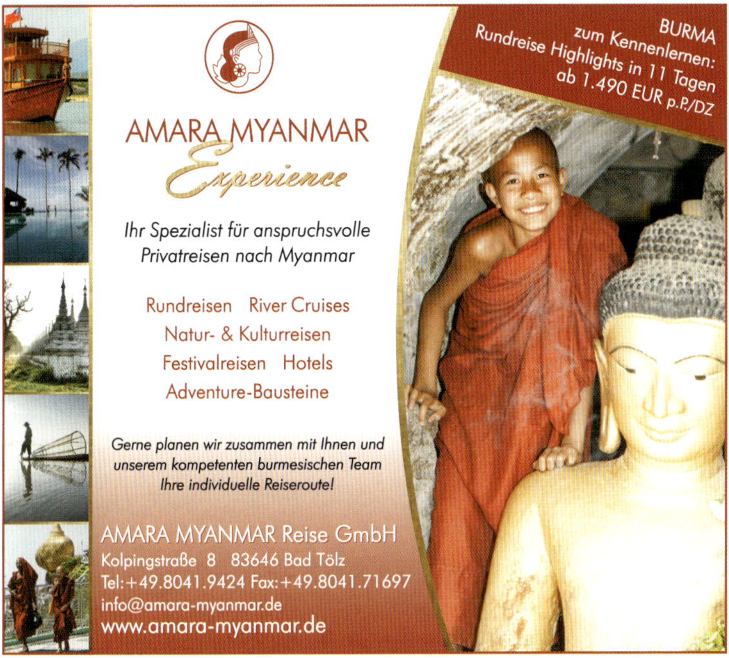
BURMA
zum Kennenlernen:
Rundreise Highlights in 11 Tagen
ab 1.490 EUR p.P./DZ
AMARA MYANMAR
Experience
Ihr Spezialist für anspruchsvolle
Privatreisen nach Myanmar
Rundreisen River Cruises
Natur- & Kulturreisen
Festivalreisen Hotels
Adventure-Bausteine
Gerne planen wir zusammen mit Ihnen und
unserem kompetenten burmesischen Team
Ihre individuelle Reiseroute!
AMARA MYANMAR Reise GmbH
Kolpingstraße 8 83646 Bad Tölz
Tel: +49.8041.9424 Fax: +49.8041.71697
info@amara-myanmar.de
www.amara-myanmar.de

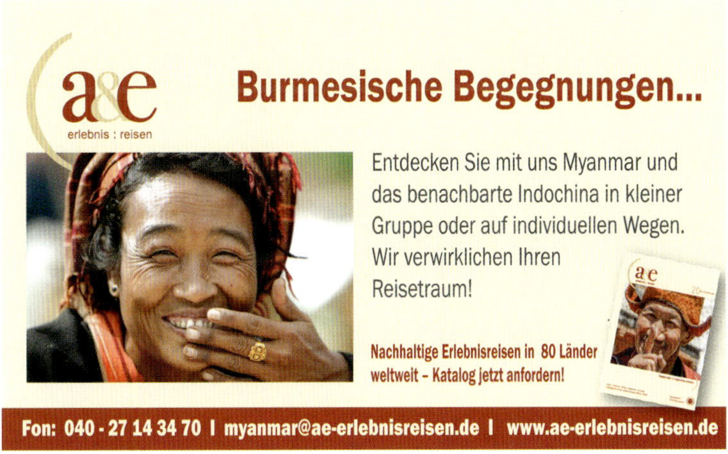
a&e
erlebnis : reisen
Burmesische Begegnungen...
Entdecken Sie mit uns Myanmar und
das benachbarte Indochina in kleiner
Gruppe oder auf individuellen Wegen.
Wir verwirklichen Ihren
Reisetraum!
Nachhaltige Erlebnisreisen in 80 Länder
weltweit – Katalog jetzt anfordern!
Fon: 040 - 27 14 34 70 I myanmar@ae-erlebnisreisen.de I www.ae-erlebnisreisen.de

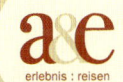

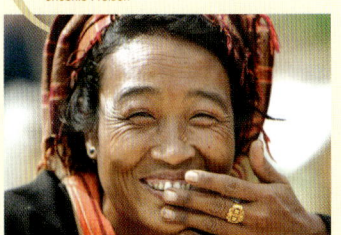

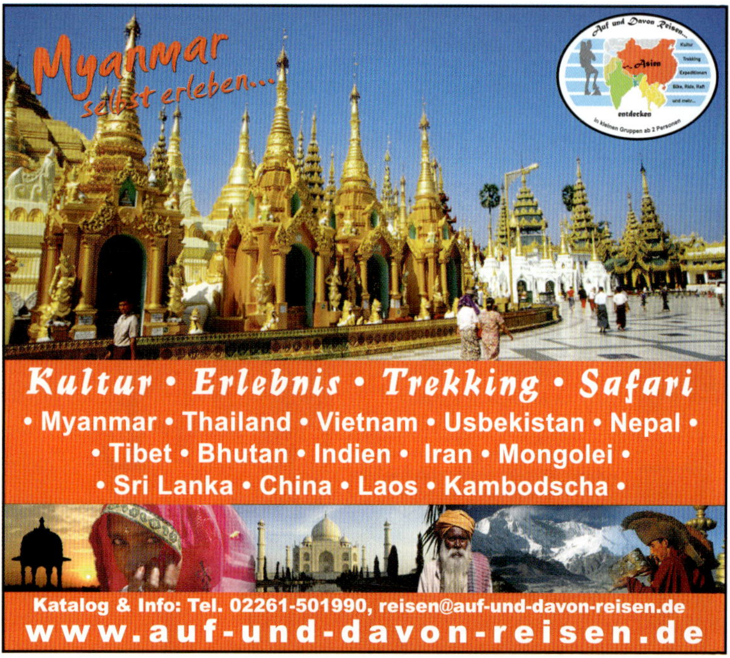
Myanmar
selbst erleben...
Auf und Davon Reisen...
...Asien
entdecken
Kultur
Trekking
Expeditionen
Bike, Ride, Raft
und mehr...
In kleinen Gruppen ab 2 Personen
Kultur • Erlebnis • Trekking • Safari
• Myanmar • Thailand • Vietnam • Usbekistan • Nepal •
• Tibet • Bhutan • Indien • Iran • Mongolei •
• Sri Lanka • China • Laos • Kambodscha •
Katalog & Info: Tel. 02261-501990, reisen@auf-und-davon-reisen.de
www.auf-und-davon-reisen.de

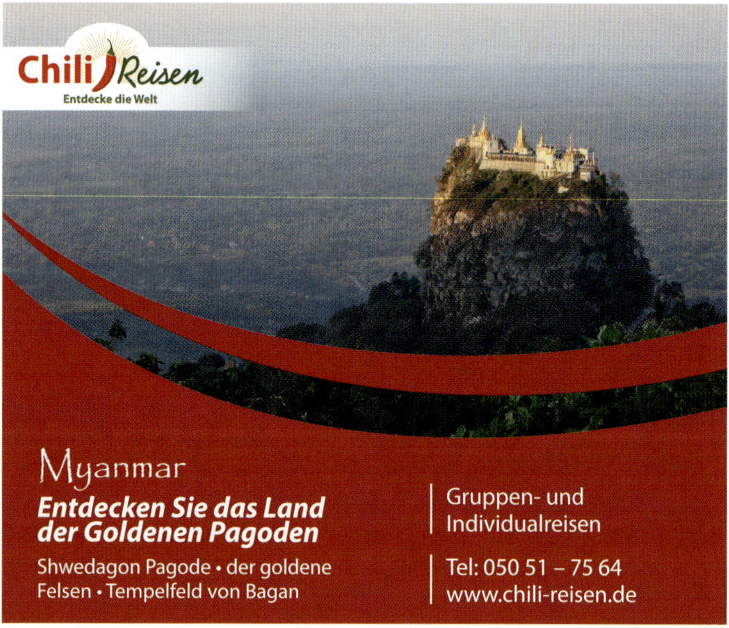
Chili Reisen
Entdecke die Welt
Myanmar
Entdecken Sie das Land der Goldenen Pagoden
Shwedagon Pagode • der goldene Felsen • Tempelfeld von Bagan
Gruppen- und Individualreisen
Tel: 050 51 – 75 64
www.chili-reisen.de

erleben.
begegnen.
verstehen.

Ganz nah dran an Menschen, Landschaften und Kulturen: Unsere Reiseleiter sorgen auf unseren Gruppenreisen
für spannende Begegnungen auf der
ganzen Welt. *Zum Beispiel auf unserer
Erlebnisreise: Myanmar auf einen
Blick, 10 Tage ab € 2.195*

Gebeco

LÄNDER ERLEBEN

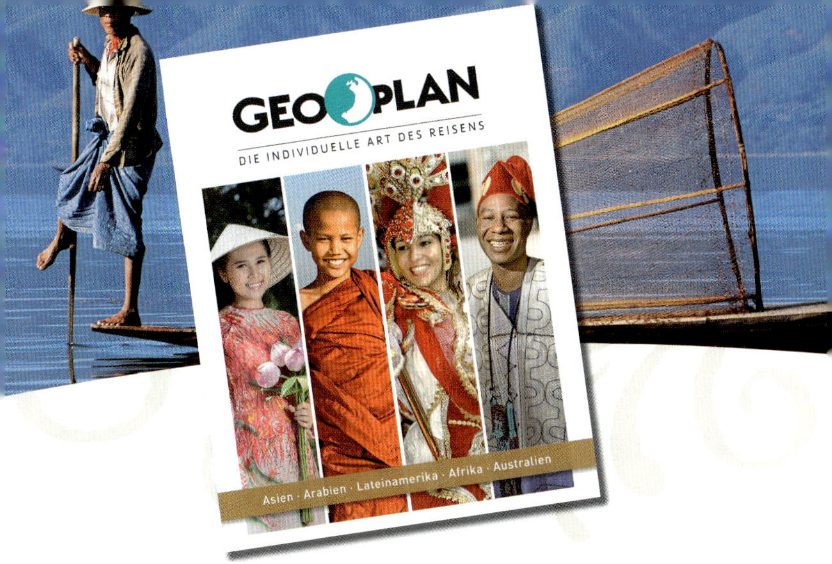

Myanmar

Informationen & Programme: www.tsa-reisen.de
Katalog anfordern: info@tsa-reisen.de

* Individuell geplante Rundreisen durch Burma mit Pkw und Bahn
* Touren abseits der Touristenpfade und Trekking Mount Victoria und Kentung
* Schiffsreise auf dem Ayeyarwady oder Segeltörn im Mergui Archipel
* Badeurlaub an den Stränden von Ngwe Saung und Ngapali

* *

TSA - Travel Service Asia Reisen e.K.
Inhaber: Hans-Michael Linnekuhl
Riedäckerweg 4 * D 90765 Fürth
Tel.: 0911-979599-0 * Fax: 0911-979599-11

Travel Service Asia

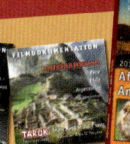

DIE SEIDENSTRASSE

REISEFÜHRER AUS DEM TRESCHER VERLAG

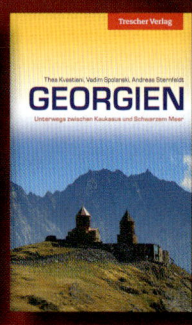

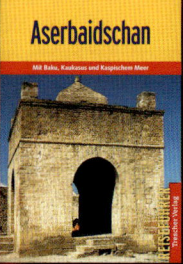

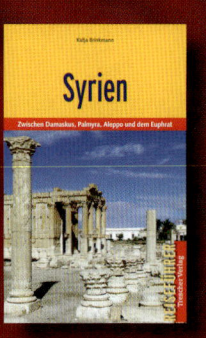

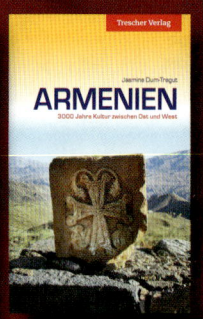

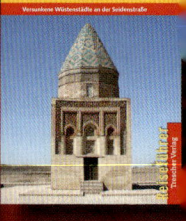

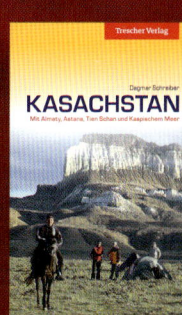
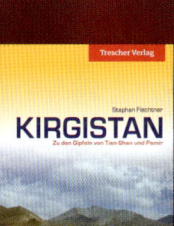
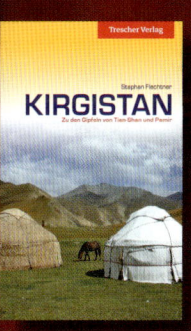
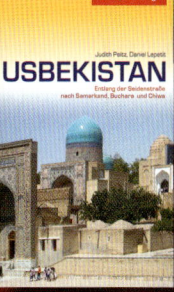
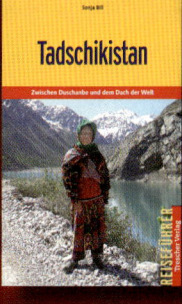

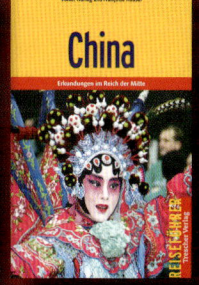

ASIEN-REISEFÜHRER AU

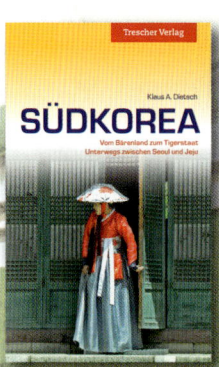

Nepal
456 Seiten
18.95 Euro

Tibet
372 Seiten
19.95 Euro

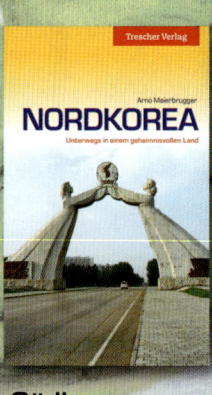

Südkorea
432 Seiten
19.95 Euro

Nordkorea
228 Seiten
16.95 Euro

FLUSSKREUZFAHRTEN
REISEFÜHRER AUS D

Donau
420 Seiten
18.95 Euro

Russland
390 Seiten
16.95 Euro

Dnepr
276 Seiten
14.95 Euro

Yangzi
408 Seiten
15.95 Euro

Kartenlegende

$ Bank
Y Bar
B Botschaft
Busbahnhof
Denkmal
Einkaufszentrum/Markt
Flughafen
Hafen
Höhle
Hotel
Krankenhaus
Moschee
Museum
Paya (buddh. Andachtsstätte)
Post

Restaurant
Sehenswürdigkeit, sonstige Einrichtungen
Tempel
Tor

Schnellstraße
Hauptstraße
Nebenstraße
243 Straßennummern
Eisenbahn
Grenzübergang
Staatsgrenze
Hauptstadt
Stadt/Ortschaft

Kartenregister